追求文明

從近代早期英格蘭的禮儀，重探人類文明化進程的意義

基思·湯瑪斯——著

梁永安——譯

目錄

Courant書系總序

——楊照

進入二十一世紀，「全球化」動能沖激十多年後，我們清楚感受到最快速、最複雜的變化，其實發生在觀念的交流與纏捲上。來自不同區域、不同文化傳統、不同生活樣態的各種觀念，在「全球化」的資訊環境中無遠弗屆到處流竄，而且彼此滲透、交互影響、持續融會混同。面對這些新的、雜混的觀念，每個社會原本視之為理所當然的價值原則，相對顯得如此單純無助，失去了穩固的基礎，變得搖搖欲墜。

我們不得不面對這樣的宿命難題。一方面「全球化」瓦解了每個社會原有的範圍邊界，擴大了社會的互動領域，因而若要維持社會能夠繼續有效運作，就需要尋找共同價值，讓大家能在共同價值的追求下，發揮集體力量。但另一方面，現實中與價值觀念相關的訊息，卻正在急遽碎裂化。不只是觀念本身變得多元複雜，就連傳遞觀念的管道，也變得越來越多元。一種管道聚集一種人群，也就同時形成了一道壁壘，將這群人和其他人在觀念訊息上區隔開來。

過去形塑社會共同價值觀的兩大支柱，最近幾年都明顯失能。一根支柱是教育，共同的教育內容讓大家具備同樣的知識，接受同樣的是非善惡判斷標準。然而在世界快速變化的情況下，臺灣的教育完全跟不上步伐，只維持了表面的權威，孩子還是不能不取得教育體制所頒給的學歷證書，但骨子裡落後僵化的內容則和現實脫節得越來越遠，以至於變成了純粹外在、形式化的過程，無法碰觸到受教育者內在深刻的生命態度與信念。

另一根支柱是媒體。過去有「大眾媒體」，大量比例的人口看同樣的報紙或廣播、電視內容，流行的名人、現象、事件，可以藉由「大眾媒體」的傳播進入每個家戶，也就會從中產生主流的是非善惡判斷標準。現在雖然媒體還在，「大眾」性質卻瓦解了。媒體分眾化，在接收訊息上每個人都多了很大的自由，高度選擇條件下，每個人所選的訊息和別人的交集也就越來越少。於是賴以形成社會共同價值的共同知識都不存在了。

在特別需要冷靜判斷的時代，偏偏到處充斥著更多更強烈的片面煽情刺激。以前所說的「潮流」，一波一波輪流襲來的思想與觀念力量，現在變成了湍急且朝著多個方向前進的奔流、狂流。當下迫切需要的，因而不再只是新鮮新奇的理論或立場，而是要在奔流或狂流中，尋找出一塊可以安穩站立的石頭，讓我們能夠不被眩惑、不被帶入無法自我定位的漩渦中，居高臨下看明白周遭的真切狀況。

這個書系選書的標準，就是要介紹一些在訊息碎裂化時代，仍然堅持致力於有系統地將訊息整合為知識的成果。每一本納入這個書系的書，都必然具備雙重特性：第一是提出一種新的思想見地或主張，第二是援用廣泛的訊息支撐見地或主張，有耐心地要說服讀者接受乍看或許會認為突兀、基進的看法。也就是說，書裡所提出來的意見和書中鋪陳獲致意見的過程，同等重要。因而閱讀這樣的書，付出同樣的時間，就能有雙重的收穫——既吸收了新知，又跟隨作者走了一趟扎實的論理思考旅程。

序

本書是我對二〇〇三年十一月在耶路撒冷發表的三場斯特恩講座（Menahem Stern lectures）的一個修訂和頗大擴充。我感謝「以色列歷史學會」邀我演講，並且非常感激東道主——特別是已故的麥可・海伊德（Michael Heyd）、已故的埃利奧特・霍洛維茨（Elliott Horowitz）和約瑟夫・卡普蘭（Yosef Kaplan）——的親切與熱情接待。我同時感激我那些有警覺性和批判性的聽眾那麼專心聽講，並在後來的討論時間提供我很多有用的意見。我特別感激瑪雅・艾維尼里—雷布洪（Maayan Avineri-Rebhun）以非比尋常的耐性等待我姍姍來遲的稿子。

我同樣必須熱烈感謝為我出書的兩位出版者：新英格蘭大學出版社的理查・普爾特（Richard Pult）和耶魯大學出版社的海瑟・麥卡拉姆（Heather McCallum）。他們效率卓著，對我鼓勵有加。是伊馮・阿斯奎斯（Ivon Asquith）和理查德・費雪（Richard Fisher）把我引薦給耶魯，我欠他們一個人情。瑞秋・朗斯代爾（Rachael Lonsdale）讓我有了一個對我異乎尋常有幫助的編輯。她和同事幫忙我改正了很多不妥。史提夫・肯特（Steve Kent）在圖片的事情上協助我。他們讓我與耶魯的合作成為一趟愉快經驗。

當初當我受邀演講時，主辦單位建議我也許可以談談近代早期英格蘭（early modern England）的禮儀。我樂於為之，因為這可以讓我回到我在英國、北美、日本和澳洲大學的演講和討論課談過的主題。不過這個題目有點棘手，因為「禮儀」（manners）一詞有好幾個不同的意義。今日這個詞最常用來指禮貌的社會行為：當年長者說有些年輕人有很好禮儀、有些禮儀很差，還有些全無禮儀的時候，心裡想著的就是這個意思。這個意義下的禮儀的歷史一度被認為是相當雞毛蒜皮的課題。但近年來歷史學家逐漸認識到，它具有相當大的社會和道德重要性，對於理解人們怎樣看待自己和理解他們與別人的關係有根本重要性。法國社會學家皮耶・布迪厄（Pierre Bourdieu）甚至主張，我們是可以「從『站直』和『不要把刀握在左手裡』這些無足輕重的要求推論出一整套的宇宙論、倫理觀、形上學和道德哲學。」[1]

禮儀會獲得重新重視，德國社會學家諾伯特・愛里亞斯（Norbert Elias, 1897-1990）功不可沒。他的大著《文明化進程》（*On the Process of Civilisation*）一九三九年在瑞士出版，但直到一九六九年再版才受人注意，後來先後被翻譯為法文（1973-75）和英文（1978-82）。此書顯示出，身體舉止和社會行為的日常慣例是一個更大的進程的一部分，而透過該進程，人們讓自己適應於與別人和睦相處的要求。愛里亞斯對禮儀的詮釋有著一些眾所周知的局限性。不過，在討論這個課題時，我們不可能略過他的見解不談。我還尷尬地記得，有一次當我和這位餐桌禮儀史的世界權威會面時，不小心打翻了我們共進午餐的桌子上的一壺水。

自愛里亞斯之後，世界各地出現了大量談禮儀史和禮貌史的作品，其中一些是我指導過的大學生和研究生撰寫。對近代早期英格蘭的近期研究中，特別傑出的是安娜・布萊森（Anna Bryson）的《從禮貌到文雅》（*From Courtesy to Civility*, Oxford, 1998）。這書細緻入微而自信十足，足以阻嚇任何想踵繼其腳步的人。寶貴的材料亦可以在費內拉・柴爾德茲（Fenela Childs）一九八四年的未出版牛津博士論文《1690-1760英格蘭禮貌文獻中的禮儀規定》（*Prescriptions for Manners in English Courtesy Literature*, 1690-1760）找到。彼得・伯格（Peter Burke）、布萊恩・哈里森（Brian Harrison）和保羅・斯萊克（Paul Slack）合編的《文雅史》（*Civil Histories*, Oxford, 2000）的各篇優質文章讓我學到許多。其他有成果地探索過這主題一些方面的學者加起來數以百計。

法國人把 *manières*（社會行為）和 *moeurs*（道德與習俗）區分開來。但直到十九世紀，英格蘭都是用同一個字來指兩者。十六世紀期間，manners（禮儀）一詞慢慢被用來指規範禮貌互動的慣例，但在這之前很久，這個字的意思要廣得多，指一個民族的風俗、習慣、道德觀、社會慣例和生活方式。當十四世紀的主教威克姆的威廉（William of Wykeham）為他在溫徹斯特的學校制定座右銘「禮儀締造一個人」時[2]，心裡想著的就是這個意思的禮儀。對他而言，禮儀指一個男孩的全部道德養成和教育養成，不只是他在禮貌社會互動中的行為。出版於一四八七年和常常再版的《良好禮儀之書》（*The Book of Good Manners*）是威廉・卡克斯頓（William Caxton）對法國僧人雅克・勒格蘭（Jacques Legrand）一部論文的翻譯，該論文是一部有德生活的指南，勾勒出和個人社會地位協調的義務，警告讀者提防七大死罪，教導他們怎樣為死亡和最後審判作準備。

當十八世紀哲學家大衛・休謨（David Hume）在〈論民族性〉（Of National Characters）一文中談到每個民族都有自己一套禮儀*時，他想著的是較廣意義的禮儀。當較他年輕的歷史學家愛德華・吉朋（Edward Gibbon）在《羅馬帝國衰亡史》（*The Decline and Fall of the Roman Empire*）其中一章談到「放牧民族的禮儀」時，他也是這個意思。當manners這樣包羅廣泛時，它的意義非常接近維多利亞時代晚期人類學家愛德華・泰勒（E. B. Taylor）所說的「文化」或「文明」。根據他的定義，「文化」或「文明」是一個複雜整體，其中包括知識、信仰、藝術、道德、法律、習俗和任何人作為社會分子而習得的其他能力與習慣。

一種類似的歧義性也見於和manners密切相關的civility（文雅）。這個字也可以指日常的禮貌，但同時可以指有組織人類社會的最可貴狀態，這種狀態後來被稱為「文明」（civilization），用於對比於野蠻狀態。薩繆爾・約翰生（Samuel Johnson）編的《字典》（*Dictionary*, 1755）收入了這兩個意義：civility同時指「禮貌」和「開化的狀態」。新詞「文明」（civilization）進入英語進入得很慢，因為舊詞civility看來完全夠用。

在追溯狹義和廣義的「禮儀」和「文雅」時，我設法弄明白近代早期的英格蘭人認為他們自己的生活方式有什麼特別和優越之處，特別是在和所謂的野蠻人（barbarians）和生番（savages）的對比之下。換言之，我想知道他們認為什麼叫「開化」（civilized）。我也設法顯示這些假設怎樣影響他們和他們接觸到的人的關係，他們早期的殖民主義和帝國主義活動是怎樣受到「文明」和「野蠻」的古代二分法所形塑。

在至少過去大約七十年來，這個課題受到大量研究歐洲人與其他民族（住在新大陸、亞洲、非洲和太平洋的）互動情形的歷史著作所燭照。還有一些頗為傑出的著作談論英格蘭和他們較不開化的鄰居（即威爾斯人、蘇格蘭人和特別是愛爾蘭人）的關係。在我發表那三場斯特恩講座之後，有關這些課題的學術著作繼續大量湧現。我從其他歷史學家受益良多，也設法在本書密密麻麻的註釋裡把他們指出來。在這些人中間，我特別受惠於大衛・阿米蒂奇（David Armitage）、羅伯特・巴特利特（Robert Bartlett）、尼古拉斯・坎尼（Nicholas Canny）、里斯・戴維斯爵士（Sir Rees Davies）、約翰・埃利奧特爵士（Sir John Elliott）、約翰・吉林漢姆（John Gillingham）、瑪格麗特・霍德根（Margaret T. Hodgen）、安東尼・帕格登（Anthony Pagden）、約翰・波考克（J. G. A. Pocock）、昆廷・斯金納（Quentin Skinner）和理查德・塔克（Richard Tuck）。他們的作品讓我明白，如果我想要勾勒出我的主題的大輪廓和讓一般讀者感到興趣，我必須略過很多值得更加細緻處理的複雜問題。總的來說，我的方法是致力於闡明而不是涵蓋全面。

一如以往，我欠博德利圖書館（Bodleian Library）全部工作人員一個大人情，特別是以前稱為漢弗萊公爵圖書館（Duke Humfrey's Library）而現稱韋斯頓圖書館（Weston Library）的「上層閱覽室」。我同樣受惠於科德靈頓圖書館（CodringtonLibrary）的諾馬・波特（Norma Aubertin-Potter）和蓋伊・摩根（Gaye Morgan）。我還要感謝在不同的事情上幫助過我的朋友和同事，

---

* 即有自己一套生活方式。

他們包括湯瑪斯・愛德華茲（Thomas Charles-Edwards）、傑里米・庫特（Jeremy Coote）、瑟希・法布爾（Cécile Fabre）、帕特里克・芬格拉斯（Patrick Finglass）、詹姆斯・漢金斯（James Hankins）、尼爾・肯尼（Neil Kenny）、吉爾斯・曼德博（Giles Melbrote）、詹姆・沙普（Jim Sharpe）和帕克・希普頓（Parker Shipton）。在萬靈學院，我大大仰賴前後兩位研究員祕書霍梅拉・艾哈邁德（Humaira Erfan-Ahmed）和瑞秋・史蒂芬森（Rachael Stephenson）的能幹和隨時待命。我也深深感激學院提供我那麼設施周全的工作環境。最後我要感謝我的兩個孩子艾蜜莉和愛蒙德給我的幫助、忠告和知性刺激，特別是感激內人瓦萊麗（Valerie）對我的不斷鼓勵、明智批評和無私支持。

K. T.

二〇一七年七月書於牛津大學萬靈學院

導論

「野蠻的」和「文明的」兩個用語經常在談話和書籍中出現，因此，無論誰用思想去考察人類的行為和歷史，都有機會仔細考慮這兩個詞通常要傳達的意義，以及歷史學家和道德哲學家應該在什麼意義上使用它們。

詹姆斯．鄧巴（James Dunbar）：《粗野和有教養時代的人類歷史文集》（*Essays on the History of Mankind in Rude and Cultivated Ages*,1780）

在十七世紀晚期的英格蘭，人們常常隨意地提到所謂的「文明世界」（civil world）、「人類的已開化部分」（civilized part of mankind）、「已開化諸民族」或「已開化世界」等等[1]，但並不總會清楚說明他們指的是哪些國家。一六九〇年，哲學家約翰．洛克（John Locke）問道：「世界上最文明的民族有多少個？他們是誰？」他沒有自己回答，但他拒絕接受「最文明」民族必然是信奉基督教民族的觀點。他以中國為例，指出中國人是「非常偉大和文明的民族。」在查理二世的一位主教看來，巴比倫、阿勒坡（Aleppo）*和日本也包括在「文明世界」之列。[2]

到了十八世紀後期，東方學家威廉・馬斯登（William Marsden）按開化程度把人類分為五個等級，最高級的是「精煉的歐洲諸民族」，中國人緊隨其後，底層的是加勒比人（Caribs）、拉普蘭人（Laplanders）和霍屯督人（Hottentots）。他說最後這幾種人「表現出人類最粗野和最丟臉的一面。」按他同時代人埃德蒙・柏克（Edmund Burke）的觀察：「所有程度的野蠻狀態和高雅狀態都是我們可以同時看到：歐洲和中國的非常不同的文明，波斯和阿比西尼亞的野蠻，韃靼和阿拉伯的古怪舉止，北美洲和紐西蘭的生番狀態。」[3]這個概念架構將會有漫長的後續歷史。正如愛德華・泰勒在一八七一年所指出：「受過教育的歐美人實際上是透過把自己的民族放在社會系列的一端和把生番部落放在另一端而設定一個標準，再按其他人接近野蠻或有文化的程度，把他們安置在這兩端之間某處。」[4]這是一種洛克時代的人會認同的世界觀。對他們來說，「已開化」民族是那些以「文雅」或「光鮮」方式生活的人，與「未開化」民族的「野蠻」和「原始」形成鮮明對比。[5]

這種劃分人類的方式有顯赫的古代血緣。在西元前五世紀的雅典，所有不會說希臘語的外國人一律被稱為「野蠻人」（*barbaroi*），意指這些人的語言費解。一開始，這個詞是中性的、但後來變得越來越有貶義。慢慢地，「野蠻人」不僅被認為語言上有缺陷，而且在政治、道德和文化上也有缺陷。關於這些缺陷是什麼，人們沒有達成共識，不過常被提到的特徵包括了不知節制、殘忍和甘於接受專制統治。希臘人的身分認同端賴把希臘人的價值觀對比於野蠻人的價值觀。然而，不同作家強調外國人的不同屬性，不存在一個單一的野蠻概念。[6]柏拉圖（Plato）是那些認為把所有非希臘人放在同一個籃子裡是荒謬做法的人之一，反對（例如）把不識字和游牧的西徐亞人（Scythian）跟高度有教養的波斯人和埃及人相提並論。

在希臘化時期（336-31 BC），希臘人／野蠻人二分法的重要性縮小了。斯多噶派哲學家強調人類一體。科學作家艾拉托斯提尼（Eratosthenes, *c.* 285-194 BC）反對將人類二分為希臘人和野蠻人，指出有許多希臘人毫無價值，也有許多野蠻人高度開化。[7]實際上，希臘人對其他民族的態度往往比希臘人／野蠻人的簡單對比所暗示的更為微妙。[8]

對羅馬人來說，蠻族是帝國邊界之外的民族。蠻族常常（但非一成不變）被認為是暴力和無法無天，出了名的「凶殘」（*feitas*）和缺乏「人文」（*humanitas*）——即缺乏溫文、文化和知性深度。這些野蠻人的屬性（特別是「凶殘」）被揉在一起，弄成了「野蠻」（*barbaria*）的概念：那是一種反社會衝動的混合體，即便文明人也可能陷入其中。實際上，帝國的疆界是可滲透的，而「野蠻」的外來者很容易就被同化。但刻板印象已經確立。日耳曼人在四至六世紀對西羅馬帝國的反覆入侵也沒有能消除這種印象，儘管這些所謂的蠻族中有許多實際上已經高度羅馬化。[9]

隨著基督教的傳播和古羅馬世界的解體，蠻族的概念變得越來越無關緊要。從七世紀中葉開始，當阿拉伯人因征服北非和伊比利亞半島而對歐洲構成了威脅以後，情形更加是如此，因

---

* 位於今日敘利亞。

為伊斯蘭文化在知性上比西歐文化更為精密複雜，稱之為「野蠻」不再能令人信服。但維京人卻不是如此，他們在九至十一世紀期間對不列顛群島和北歐進行多次襲擊，導致他們有時被指為野蠻人。[10]然而，直到十七世紀，關鍵的二分法仍然是基督徒和非基督徒之分，是十四世紀詩人傑佛瑞・喬叟（Geoffrey Chaucer）所說的「基督教世界與異教世界」（christendom and hethenesse）之分。作為一個地理區域的「基督教世界」觀念是從九世紀之末開始流傳，並在一〇九五至一二七〇年間從反對穆斯林控制耶路撒冷聖地的十字軍東征得到鞏固。[11]在喬叟的時代，鄂圖曼土耳其人的崛起加劇了歐洲人與伊斯蘭教的衝突。這些異教徒征服了巴爾幹半島，占領了君士坦丁堡，摧毀了拜占庭帝國，在在威脅著中歐和地中海。

然而，除了基督徒和異教徒的固執二分法之外，「文明」和「野蠻」的古老二分法並沒有完全被遺忘。這兩種分裂人類的方式有時會被混為一談，即把基督徒視為文明人、把異教徒等同於野蠻人（拉丁文單字 *paganus* 便是同時指異教徒和野人）。在十二和十三世紀，西歐的城市化和經濟進步讓它可以將自己的物質繁榮與不發達的社會對比起來。這個時候，歐洲人也重新發現了古典學問（特別是重新發現了阿拉伯學者研究已久的亞里斯多德著作），而這意味著希臘和羅馬的野蠻／文明觀念的復活。以他們使用的外語為標識，野蠻人再一次被說成是非理性，無法無天，凶殘，精神和物質文化水平低落。最典型的野蠻人變成是歐亞大草原上的游牧民族，但一些基督教民族也被貼上這個標籤：在十二世紀，不列顛群島上的英格蘭人基本上把塞爾特人地區視為野蠻地區。[12]

基督徒和穆斯林之間的軍事衝突本來一直被視為相互競爭宗教間的一場聖戰，但在十五世紀文藝復興時期，人文主義者借用古典的刻板印象，以更俗世的方式來表現這場戰爭，把它描繪為象徵文明的西歐和象徵野蠻的伊斯蘭教之間的競逐。文明的範疇慢慢開始取代宗教的範疇，成為一個國家在外交上是否可被接受的重要指標。[13]

在十六世紀，大多數歐洲人仍然認為區分基督徒和非基督徒至關重要。然而，那些去到新發現美洲和亞洲的旅人雖然強烈意識到它們的居民信奉異教，但他們對這些地方的記述絕大多數是以野蠻／文明的世俗架構寫成。[14]面對美洲土著文化的廣泛多樣性，西班牙作家巴托洛姆・卡薩斯（Bartolomé de Las Casas）和何塞・德阿科斯塔（José de Acosta）創造出一種野蠻類型學，在非歐洲民族中間建立高低等級。按照他們的分類，擁有法律、統治者、城市和使用文字的中國人位居最頂，最底層則是加勒比人之類的生番，他們沒有任何政府組織，也缺乏與其他民族溝通的手段。[15]多個世紀下來，認定野蠻人的標準發生了變化，使用的術語也是如此。[16]學者、旅行家和到過其他大陸的人現在不再把野蠻視為一種絕對狀態，改把它看成一種程度上的問題。他們以文化的等級高低而不是單一的「文明／野蠻」二元區分來思考問題。但在許多其他人，基本的二分法維持不變。它被籠統地套用，並沒有參考民族學家和哲學家提供的細微差別。

在十七世紀的英格蘭，「文明的」（civil）民族越來越常被稱為「開化的」（civilized）。後者是一個更複雜的詞，因為它既意味著一種狀態，即文明狀態，也意味著一個過程、即擺脫野蠻而到達文明狀態的過程。「開化」（civilize）就是從一種狀態轉變到另一種狀態。這種情況可能發生在一個民族身上，例如古不列顛人（據說他們是被羅馬人變成文明人），也可能發生在野生植物——十七世紀的園丁把栽培和改良野生植物稱為civilized（馴化）。[17]到了十七世紀後期，開化的進程開始被稱為「文明化」（civilization）*。例如，一位作家在一六九八年評論說：「歐洲首先要為他們的文學和文明化（civilization）而感謝希臘人。」一七〇六年，劍橋大學國王學院研究員（後來的教務長）安德魯．斯內普（Andrew Snape）把人類之結合為「社會與政治體」稱為「人類的文明化」。[18]律師們還用這個詞來表示將刑事案件轉變為民事案件的過程。[19]civilization一詞最初被用來描述開化的過程或行動，後來也被用來指該過程的最終產物，即指一種開化了的狀態†。很難考究出這層新的意思是在什麼時候獲得。前一種意義逐漸被後一種取代。例如，在一七四〇年代，當肯特郡比克斯利（Bexley）的亨利．皮爾斯牧師（Henry Piers）在佈道中談到「civilization和禮貌行為」時，他就非常接近於在狀態的意義下使用這個詞。[20]但只有從一七六〇年代起，英國作家們才毫無歧義地用civilization來指開化了的狀態。[21]晚至一七七二年，約翰生還著名地拒絕把這個新字收入他編的《字典》中。為表示「開化了的狀態」（「擁有免於野蠻的自由」‡），他堅持使用較古老的字眼：civility§。[22]

civility曾經是（現在也是）一個棘手和不穩定的詞。不過雖然它在近代早期被用來指一堆不同的意義，但這些意義都以某種方式指涉一個秩序井然的政治共同體，以及指涉共同體內成員的恰當素質與行為。在十六世紀初，civility像它的義大利前驅*civiltà*和法國前驅*civilité*那樣，也有了「非野蠻的生活方式」的更大意涵——這種生活方式最終會被稱為civilization（文明）。[23]

然而，civility 意味著一種靜態的狀態、並沒有任何開化過程的意味。¶在十六世紀期間，它也有了一個較狹隘的意義，被用來指良好舉止和禮貌行為**——正如「應該要以共同禮貌（common civility）††待人」這句話所表達的那樣。[24]正是這種歧義性讓詹姆斯・鮑斯威爾（James Boswell）試圖說服約翰生把《字典》裡的 civility 只解釋為「禮貌」，而把「開化了的狀態」這層意思保留給新字 civilization。但他沒有成功。[25]

儘管受到約翰生的抵制，civility 在十八世紀晚期還是窄化為只剩「良好舉止」和「良好公民行為」的意義，而 civilization 一詞則進入了一般的英語，既用來指開化的過程，也用來指開化了的人的文化、道德和物質狀態。「文明」（civilization）這個詞被廣泛使用，帶有不加掩飾的種族優越感，意味著「開化的」民族是人類社會的最完美狀態，與之相比，其他生活方式或多或少是低劣的，是貧窮、無知、管理不善或完全無能的產物。這一假設將被證明對形塑西歐人與其他人

---

* civilization 一詞現在皆指靜態的「文明」。這是後起的意義。

† 即靜態意義的「文明」。

‡ 這是約翰生給「開化了的狀態的定義」。

§ civility 在這裡就是文明的意思。

¶ 作「文明化」解的 civilization 則有這種意味。

** 禮貌意義的 civility 以下翻譯為「文雅」，也偶譯為「禮貌」。

†† 「共同」是指這些行為規範是人人應該奉行，不像有些優雅舉止是專為上層階級而設。

群之間的關係至關重要。

在十九世紀，當歐洲國家試圖界定接納其他國家加入國際社會的條件時，它們推出了一套「文明的標準」，要求希望被承認為主權體的亞洲人和非洲人政府符合。它是近代早期法學家推出的《萬民法》（*ius gentium*）的最新版本。自然地，這套標準體現了西歐本身的法律和政治範規。它不考慮其他文化傳統。如果其他民族達不到其要求，國際法就拒絕承認它們為主權國家，並允許外國干涉其內政。[26]

在歐洲列強看來，此舉與其說是要肯定它們的優越性、不如說是要在國家間實現必要程度的互惠。一個「開化了」的政府應該能夠訂立有約束力的合同、進行誠實的行政管理、保護外國人和遵守國際法的規定。歐洲人認為這些是「未開化」民族總是達不到的要求。就此而言，他們當然是正確的。然而，國際法本身是歐洲的產物，反映的是先進商業國家的利益。缺乏代議制政府、私有財產制度、自由貿易和正式法律的國家不被視為擁有自己獨特的文明形式，而是被視為「落後」的，等待著被按照西方的模子來形塑。以歐洲為中心的單一文明標準反映了對其他文化的行為規範的蔑視。西方優越感被援引來合理化對所謂的野蠻人的殖民或商業剝削，打著「開化使命」的名義向全球的愚昧地區輸出歐洲的合法性標準和正確的管理制度。

一次大戰後成立的「國際聯盟」聲稱只包括「開化」的國家，並堅持把文明傳播到世界其他地區是成員國的責任。* 要直到一九四五年國際聯盟的後繼者「聯合國」成立，「開化」與「未開化」國家的正式區分才最終被拋棄。當時的一位主要法學家說：「在承認的問題上，現代國際法不區別開化國家和未開化國家，也不區別國際開化國家社群之內和之外的國家。」[27]

在近代早期的英格蘭，「文明」和「野蠻」的古老和持久對立經常被用來表達一些基本價值觀。當時關於文明理想（ideal of civility）的論述是在自我描述的話語中進行的。當探險家和殖民者對他們在非歐洲世界遇到的「野蠻」和「蒙昧」表示遺憾時，他們乃是隱含地表達了他們對自己生活方式的珍視。他們透過闡述自己不是什麼來定義自己。就像後宗教改革時代英格蘭的其他大忌（例如「教皇」和「巫術」）那樣，「野蠻」的觀念體現了許多時人感到厭惡的東西，並因此間接透露了他們所讚賞的東西。正如神學家為了顯示什麼是善而闡述罪的意義一樣[28]，「開化」民族的概念需要「野蠻」民族的概念（最好是還有實際存在的「野蠻」民族）來澄清自己的獨特之處。文明（civilization）的概念本質上是對比性的：它必須有一個對立體才能被理解。哲學家暨歷史學家柯靈烏（R. G. Collingwood）在一九三〇年代寫道：「我們創造了生番這種神話人物，他們不是歷史上的真人實事，而是我們所恐懼和厭惡的一切的象徵。我們把我們裡面為我們不齒的所有欲望和我們鄙視的所有思想放入他們之中。」今日的學術術語說得好：「身分是透過創造他性（alterities）所構成。」[29] 詢問近代早期的英格蘭人何謂「文明的」和何謂「野蠻的」，事實上就是在探究他們對於社會應該如何組織和生活應該如何進行的基本假設。它也提供了一個重新考慮我們在這個問題上的想法的視角。

---

* 原注：話雖如此，它照樣承認蘇聯、納粹德國和法西斯義大利。

本書希望證明，在十六世紀早期的宗教改革到十八世紀晚期的法國大革命這段期間，文明（civility and civilization）的理念在英格蘭非常重要。本書顯示出它們在多大程度上左右了當時人的思想，並描述了它們如何被使用。它還探討了它們受到挑戰和甚至被拒絕的一些方式。在可能的情況下，它會考慮全體英格蘭人民的觀點，但它無可避免要強烈依賴能言善道者的意見。因此，文中充斥著大量直接引語。有些人可能會覺得這種做法很笨拙。正如自然哲學家羅伯特·波以耳（Robert Boyle）在一六六五年所言：「我知道，如果我在引用時不那麼準確和謹慎，大多數讀者會更容易接受。許多人認為少引用別人的文章，只說出作者的名字，然後用轉述的而不是直接引用，是一種更為文雅和高明的寫作方式。」[30] 儘管有這樣的提醒，我還是和波以耳一樣，認為引用別人自己的原話比轉述要好，因為後者無可避免會造成扭曲。

當然，我們必須記住，就像關於其他任何議題一樣，所有關於文明和野蠻的評論都是有特定的語境、而且是帶有特定的目的。關於這一問題的許多近代早期的聲明都是在跨文化接觸的過程中產生，所以常常帶有議論目的。自從羅馬史家塔西佗（Tacitus）透過描寫野蠻人的美德來揭露文明人的罪惡而寫了《日爾曼尼亞誌》（*Germania*）以來，對異邦人生活方式的討論通常都是別有用心。在近代早期的英格蘭，很多人會細細描述愛爾蘭人和美洲土著的野蠻行為，目的都是為了掠奪他們，反觀那些強調土著是文明人的人則是意在約束土著的征服者。在這兩種情況下，何謂「文明」或「野蠻」的隱含定義都是為服務特定的目的而建立起來。這些用語的意義會按脈絡的不同、使用它們的人的不同和文學形式的不同而發生變化。還必須考慮的是賴以建構論證的特定「語言」或「論述」所帶來的限制[31]。清教徒神學家、自然法法學家、古典共和主義者、推測史史家（conjectural historians）和政治經濟學家都在特定的知識傳統中寫作，並以不同的方式研究他們的主題。如果對引文來源的語境和形式沒有足夠的重視而將不同來源的引文並列在一起，有可能會引起誤導。正如一位學術評論家指出的，把一文本中的命題看成是自足的那樣進行評估是危險的，必須避免，應該改為把它與其他文本中的類似觀念加以比較。[32]

然而我相信，在近代早期的英格蘭，人們對於何謂文明和何謂野蠻有著共同的想法和假設，而這些想法和假設是可以透過關注人們的所言所書來重建而不受脈絡變化的影響。當然，這是一個經歷了重大變化的時期，經濟上、政治上、宗教上和文化上莫不如此。儘管如此，人們對禮儀和文明的觀念仍然有著很大的連續性。我努力對時間的變化保持敏感，但每當看起來合理，我會毫不猶豫地從不同的世紀「採集」證據。

關於什麼是良好的舉止和文明的生活，許多英格蘭人公認的觀念是其他西歐國家所共有。英格蘭人的文明概念特別得益於義大利和法國的文獻和實踐：部分透過書籍的翻譯，部分透過到歐陸去旅行，他們對這兩個國家越來越熟悉。英格蘭人試圖「開化」世界其他地區之舉是在西班牙征服中美洲和南美洲之後推行，而英格蘭對我們現在所說的「國際法」的觀念是受歐陸思想家所形塑，其中包括西班牙神學家法蘭西斯科・德維托利亞（Francisco de Vitoria, *c.*1483-1546）、荷蘭法學家雨果・格勞秀斯（Hugo Grotius, *c.*1583-1645）和德意志自然法法學家薩繆爾・普芬多夫男爵（Samuel Pufendorf, 1632-1694）。

然而，我的重點是放在一七〇七年與蘇格蘭統一前的英格蘭，那之後是放在英國。儘管威爾斯在十六世紀初就在政治上與英格蘭統一，但它卻像一七〇七年後的蘇格蘭一樣，許多方面保持著文化上的獨特性，所以我在本書裡基本上不去考慮它。不過，我倒是把十八世紀蘇格蘭哲學家和歷史學家對文明的高度自覺反思納入了討論。

在「跨國史」和「全球史」的研究風靡一時之際，以這種方式集中精力於某個特定國家是非常不時髦的。在美國，近代早期英格蘭的歷史曾被廣泛研究，因為美國的第一波移民潮就是從英國來的。英格蘭文化的影響——特別是新教、普通法和代議制政府——在很大程度上影響了這個國家的早期發展。然而，如今多元文化的美國與英國已不再有特殊的關係，而在英國（就像美國那樣）試圖將自己與世界其他地區分離開來之際，英格蘭歷史可理解地被視為狹隘的專業而不是歷史課程的基本組成部分。

然而，對近代早期英格蘭的研究仍然有教益，因為它提供了一個在近代早期歐洲的獨一無二例子，即一個高度一體化的社會，其人民講一種單一的語言，被安排在一個等級性但相對流動的社會結構中，並且長期以來被強大的政治和法律制度所統一。那是一個經濟轉型、知識創新和文學成就非凡的時代。在十八世紀，英國發展成為世界上最先進的經濟體，並將其帝國擴展到世界其他地區。

這些都是繼續研究近代早期英格蘭的好理由。但我之所以把注意力集中在一五三〇年到一七八九年之間的幾個世紀，主要理由則是這種對禮儀和文明的探究是構建一部近代早期英格蘭歷史民族誌（historical ethnography）的一部分，而這一規劃多年來斷斷續續佔據著我的關心。身為威爾斯人、我某種程度上是個局外人，所以我一直設法用人類學家對待一個陌生社會的方法去研究英格蘭人，試圖確立他們的思想範疇和行為範疇，以及主導他們生活的原則。我的目標是在一個特定的環境中展示過去經驗的獨特質感和複雜性。

本書前兩章致力於探討近代早期的「良好禮儀」（good manners）觀念：它們考察了「良好舉止」在統治菁英的自我定義中所佔的地位、在人口其他部分所扮演的角色，以及在多大程度上加強了主流社會結構。第三章探討當時人對何謂「開化」的觀念變化，第四章討論他們對英格蘭是如何成為一個開化國家的看法。第五章考察英格蘭人的文明優越感是如何影響了他們與其他「未開化」民族的關係，特別是如何讓國際貿易、殖民征服和奴隸制變得有正當性。在最後兩章，我展示了近代早期的文明理念（它們絕對沒有得到普遍接受）是如何受到同時代一些人的猛烈抨擊。最後，我思考了這些理念在現代社會還有何現實意義，探問了如果沒有這些理念，社會凝聚力和人類幸福是否可能實現。

第一章 文雅行為

那些小小的客套和禮節性體貼，雖然在科學工作者看來也許是不值得考慮，卻透過促進人與人之間的交往而加強了世界的規範。

約翰生：《漫步者》（*The Rambler*）第九十八期（1751年2月23日）

禮儀的年表

從伊麗莎白時期起，「禮儀」（manners）一詞常常用來表示禮貌的行為。埃德蒙・斯賓塞（Edmund Spenser）在《仙后》（*The Faerie Queene*, 1596）中寫道：

那個粗魯的搬運工，毫無禮儀，
當著他的面把門關上。

同樣，在一六九〇年代，洛克強調兒童需要學習「被稱之為禮儀的事情。」[1]與此同時，「禮儀」一詞也繼續被用在更古老、更廣泛的意義上，即任何特定社會中盛行的風俗、道德和生活方式。例如，在一六五一年，哲學家湯瑪斯・霍布斯（Thomas Hobbes）解釋說，他所說的「禮儀」並不是指「得體行為（decency of behaviour），比如不是指一個人應該如何向他人敬禮，或者應該如何漱口，或者在與人見面前如何刷牙。」他關心的是「人類那些能讓他們和平與統一地生活在一起的品質。」[2]這就是該時代道德家們反覆呼籲「改革禮儀」時，「禮儀」之所指*。他們希望公共當局採取行動，取締罵人、酗酒、賣淫、賭博和違反安息日的行為。[3]相比之下，約瑟夫・艾迪生（Joseph Addison）在一七一一年的《旁觀者》（*Spectator*）雜誌中則是採取狹義用法：「我所謂的禮儀不是指道德，而是指行為和良好教養（good breeding）。」[4]本章的主題是約瑟夫・艾迪生意義下的禮儀，也就是管理人際互動的成規——霍布斯將其稱為「得體行為」。

在中世紀晚期，「良好禮儀」（good manners）的概念由「謙恭」（courtesy）、「教養」（nurture）和「美德」（virtue）之類的字眼表達。從十六世紀中葉起，「文雅」（civility）一詞開始取代它們的作用：大主教克蘭默（Cranmer）在一五四八年的《教義問答》（*Catechism*）中提到了「教養與文雅（civility）」。此後，「文雅的」（civil）和「文雅」逐漸流傳開來。莎士比亞筆下的海倫娜（Helena）在《仲夏夜之夢》（*c.*1595-1596）中說：「如果你是文雅的（civil），懂得謙恭，就不會傷害我如此之甚。」到了十七世紀，「文雅」在流行程度上超過了「謙恭」；在十八世紀，它仍然是最常用來表達「良好禮儀」的用語，比日益流行的politeness（雅緻）一詞更常見，也比「謙恭」和「良好教養」（good breeding）常見得多多。[5]至少直到一七七〇年代為止，civility還有一個更大的意思：指文明的狀態。（這個作用後來被civilization取代。）

顧名思義，「謙恭」（courtesy）一詞最初是指和宮廷（court）有關的行為†，不管那是君主的宮廷還是封建領主的宮廷。「謙恭」是朝臣的本質屬性。[6]反觀「文雅」（civility）‡則是人民的美德。[7]這個詞源於古典概念*civitas*。*civitas*意指有組織的政治共同體，而亞里斯多德和西塞羅都認為*civitas*是唯一可以讓人過上美好生活的地方。正如伊麗莎白時期一位翻譯家指出的，希臘文單字*πολιτεια*（政體）「用我們的話來說可作civility。」[8]在中世紀晚期的義大利，單字*civiltà*（相當於英文的civility）表達了獨立的城邦國家的價值觀：有道是，*la vita civile*（公民生活）「同時是一種開化的、公民的和文雅的生活。」[9]在其所編的《字典》（1538）一書中，外交家湯瑪斯・艾略特爵士（Sir Thomas Elyot）把civility等同於「政治治理」，並解釋說civil意謂「精通與管理跟一個共和國有關的事情。」[10]

透過概推，civility成為了好公民的生活方式的統稱。在都鐸時期，這意味著對既有當權者的恭順接受。十六世紀早期的人文主義者湯瑪斯・斯塔基（Thomas Starkey）宣稱：「服從」一

---

* 這時候的manners指道德。

† 這個意義的courtesy可譯作「朝儀」。

‡ 請讀者記住，這個「文雅」基本上是「禮貌」的同義詞。

直被認為是「所有美德和良好civility的主要紐帶和結。」[11]艾略特還把「文雅」（civility）與「謙恭」和「言語溫和」相提並論。[12]它要求圓滑的行為、壓抑憤怒和侮辱別人的衝動，以及決心盡力減低社會互動時的好鬥心理。就此而言，它的規定跟睦鄰友好（good neighbourliness）和基督教的博愛有重疊之處。伊麗莎白時期的校長理查．穆卡斯特（Richard Mulcaster）認為，文雅的「主要標誌」是「安靜、和諧、一致、夥伴和友誼。」公民們被認為應該表現出寬容、相互尊重和自制，透過克己來促進與他人的和睦相處。對《欽定版聖經》的譯者來說，「文雅」把人類區分於「由肉慾支配的野獸。」埃克塞特郡的紀錄官（Recorder of Exeter）在一六一二年告訴兒子：「人類的所有社會都是透過禮貌和人性而得以維持和保存。」又解釋說：「社會不外就是人與人對溫柔、善良、和藹、親切和禮貌的相互交換。」洛克的看法一樣，指出「文雅」是「對所有人的一種普遍的善意和關懷，它讓任何人不致在舉止上對他人表現出任何的輕蔑、不尊重和怠慢。」[13]

一般說來，行「文雅」（to be "civil"）就是要舉止得體，遵紀守法。「文雅」意味著考慮和照顧他人的需要。它跟仁慈與和藹可親的觀念密切相關，它教導人好客和友好接待外地人的重要性。「文雅錢」（civility money）是入獄坐牢的人付給獄卒以確保可以得到善待的錢。[14]「共同禮貌」（common civility）的要求之一是管好自己的身體*，以免別人看到不雅的景觀和聞到難聞的氣味。推而廣之，它要求「外表、聲音、言語、動作、手勢和所有外在舉止的得體與優雅」，而這也就意味著與人相處要輕鬆隨和。[15]這些行為模式都被視為後來所謂的「文雅的談話」（civil conversation）的必要組成部分：這一概念除了跟語言有關也跟行為有關，因為「談話」是各種社會互動的同義詞。一七〇七年，一位詞典編纂者將「文雅」和「謙恭」（courtesy）視為可互換的詞語，指出兩者都意謂「一種慈愛而親切的行為和自我管理。」[16]隨著「文雅」越來越多被用來表達日常的禮貌，其政治和管理的涵義逐漸消失——在十八世紀晚期，它們改為由「文明」（civilization）這個新字表達。

「文雅」的規則由大量的規範性文獻提出，其中很多文獻都是源自歐陸，因為就這個主題寫作是歐洲文藝復興時期的一種流行，而英格蘭人強烈意識到自己在這一文類上是後輩。談「文雅」的書有多種形式。其中一種是「教養書」（books of nurture），專門教導兒童禮儀，最具影響力的是偉大荷蘭人文主義者德西德里厄斯·伊拉斯謨（Desiderius Erasmus）所寫的《論男孩的文雅》（*De Civilitate Morum Puerilium*, 1530）。該書在一五三二年被英譯，取名《教兒童學習好禮儀的小書》（*A Lytell Booke of Good Maners for Chyldren*），十六世紀期間再版了六次。再來是宮廷行為指南，最著名的是義大利人巴爾達薩雷·卡斯蒂廖內（Benedetto Castiglione）的《宮廷貴婦之書》（*Il Cortegiano*, 1528年；1526英譯）。還有談日常生活的一般性文雅行為的義大利作品，如喬瓦尼·卡薩（Giovanni della Casa）的《禮儀》（*Galateo*, 1558；1576英譯）和斯特凡諾·瓜佐（Stefano Guazzo）的《文雅談話》（*La civil conversazione*, 1574年；1581-1586英

---

* 指不要當眾大小便。

譯）。在十七世紀執牛耳的是法國人，佼佼者是尼古拉斯・法雷特（Nicolas Faret）的《老實人》（*L'Honnête homme*, 1630年；1631英譯）和安東莞・德・考廷（Antoine de Courtin）的《新文雅特質》（*Nouveau traitéde la civilité*, 1671；同年英譯）。兩者都是提供各種社會情境中的正確行為的詳細指引。

這些書和其他類似的書被頻繁地重新發行、轉述、改編、模仿、抄襲和受到廣泛閱讀（圖1）。[17]也有許多談兒童教育、貴族和紳士教育、論談話、信件寫作和其他社會才藝的英格蘭著述。還有無數談禮儀的家書，有有出版的，也有沒出版的，其中最著名的是外交官暨政治家柴斯特菲爾德勳爵（Lord Chesterfield）在一七三八至一七六八年間寫給私生子的信。這些信在他於一七七四年去世後出版，此後反覆被重印或被摘錄。據估計，僅從一六九〇年到一七六〇年，英格蘭就出版了至少五百種談良好禮儀的著作。[18]到十八世紀，小說成為另一個有影響力的行為指南來源。塞繆爾・理查森（Samuel Richardson）在一七七五年出版了《道德和教育的情感、格言、警告和反思合集》（*Collection of the Moral and Instructive Sentiments, Maxims, Cautions and Reflexions*），從而省去了讀者爬梳《潘蜜拉》（*Pamel*）、《克拉麗莎》（*Clarissa*）和《查爾斯・格蘭迪森爵士》（*Sir Charles Grandison*）等多卷本小說的麻煩。*

這些堆積如山的忠告文獻受到了現代歷史學家的極大關注。[19]但必須記住，文雅是一種社會現象而不是一種文學現象。文雅行為先於文雅文獻，而儘管許多人一絲不苟地遵守禮儀手冊中的戒律，但這些戒律通常是對先前存在的社會習俗和態度的編纂和合理化。出版量雖然巨大，但它們只能約略反映近代早期的父母、教師和其他人花在訓練年輕人的身體舉止和文雅行為的時間和精力。

在一九三〇年代著書立說的愛里亞斯將這種活動視為他所稱的「文明化進程」（the civilizing process）的一部分——這進程是指人們對身體驅力和情感衝動加以越來越大的自我節制。[20]他主張，中世紀是一個衝動不受控制的時代，那時的人缺乏自制力，任由自己被孩子般的情緒波動擺佈，對排泄機能漫不經心†，傾向於行使自發性暴力。[21]他認為，只有到了近代早期，西歐君主才透過逼貴族放棄原有的好戰價值觀、學習文雅行為模式、在宮廷追求成就和訴諸法律解決紛爭，成功地近於壟斷了身體暴力‡。愛里亞斯認為，在中世紀晚期，社會地位高的人對地位較低的人的情感和身體衝動有了更嚴格的控制。當著國王或某位貴人的面打嗝或用袖子擦鼻子被認為是冒犯。後來，隨著社會分工越來越增加，隨著宮廷外世界的社會與經濟相互依存的鏈條不斷拉長，自我約束壓力加大，致使暴力情緒的爆發頻率降低，禁令被內化，人們對公開大小便感到羞恥和厭惡，終致讓前往隱蔽處如廁成為大多數人的第二天性。愛里亞斯認為，通過這種方式，禮

---

* 《潘蜜拉》、《克拉麗莎》和《查爾斯．格蘭迪森爵士》都是理查森寫的小說，《道德和教育的情感》是把三本書的道德教誨和行為指引集中起來。

† 指當眾大小便之類。

‡ 原注：這種壟斷當然永遠不可能完全，因為主人會繼續揍僕人，丈夫會繼續揍妻子，父母會繼續揍子女，教師會繼續揍學生。

貌（起源於對統治者和其他上級的尊重）滲透到整個社會，表現為同理心能力的增大。[22]

愛里亞斯誇大和誤解了中世紀人的暴力和不受約束行為。中世紀國王和貴族習慣公開表達憤怒並不必然表示他們無法控制情緒：那是一種被認為與他們的地位相稱的形式化行為方式，即一種政治慣例而不是一種心理狀態。[23]明乎此，我們可知道，在近代早期改變了的不是個人的自制程度，而是如何和何時公開表達情感的流行慣例。[24]

後續研究英格蘭人禮貌觀最佳著作的作者*對中世紀人的看法比愛里亞斯細膩，但她也認為十六世紀標誌著禮儀史上的一個新開端。她主張，在中世紀，大多數禮貌行為的規則只與王室和貴族家庭的晚餐儀式有關，而且只有在有上級在場的情況下被奉行。它們往往僅是禁令和禁忌，沒有哲學上的正當理由支持。她力主，在十六和十七世紀，禮貌的準則被放入了更寬廣的道德和思想脈絡中。人們開始強調文雅（禮貌）是一種自我展示的形式，以及強調禮儀對社會和諧不可或缺。[25]

近代早期的禮儀著作確實達到了中世紀無法與之比擬的複雜和精密。拜印刷術的發明之賜，它也獲得了比它的前輩更廣泛的讀者群。但是，如果把專注於禮貌行為看作是十六世紀的創新，那就錯了。從來沒有社會是沒有規範身體舉止和社會互動的慣例。所有等級化社會都有它們的禮儀和自我控制的規則。這些慣例早在被寫下來之前就已經存在，而近代早期當然不是第一個典律化這些慣例的時代。愛里亞斯的觀點在時間和空間上都有局限性。他沒有把古典時代的社會行為納入考慮，也對歐洲以外的社會的行為沒有多少考察，例如沒有考察以「謙恭、恭維和禮節」著稱的中國人和在社交上有精密規範的鄂圖曼人。[26]歷史與其說是一個穩定的「文明化進程」的例證，不如說是一個不同的慣例模式前後相續的故事。[27]愛里亞斯正確的強調，這些慣例體系的內容各不相同，有些體系比其他體系更容許激情的表達。但是，沒有人群能夠在沒有任何由社會規定的禁令或隱含的行為規範的情況下被管理。正如一位批評愛里亞斯的論者所說的，如果「控制情感」是文明化進程的本質，那麼所謂的原始人將名列前茅。十八世紀一篇有關印地安人的記述指出：「沒有人比他們更能控制憤怒，至少是控制憤怒的流露……這是他們的教育致力的主要目的之一。」蘇格蘭哲學家暨政治經濟學家亞當・斯密（Adam Smith）同樣指出：「開化民族的莊重（decorum）觀容許他們表現出激烈程度超出野蠻人所嘉許的行為。」後者「被迫抑制和隱藏各種激情的表現」，反觀文明人則是坦率和豪爽。[28]

愛里亞斯在晚年退一步承認：「就我們所能回望的最遠處，人類已經將一些約束內化了。」†然而，在他看來，早期社會的特點往往是在極端程度的約束和極端程度的無約束之間波動。相比之下，他認為文明化進程是「朝著穩定、統一和適度的約束水平邁進。」[29]

貫穿整個歐洲中世紀，複雜精密的禮儀和行為規範是在宮廷、貴族之家、主教座堂學校（cathedral schools）、修道院和修女院灌輸。這些機構公認是教養年輕人、訓練他們溫文爾雅和

---

* 指著有《從謙恭到文雅》的安娜・布萊森。

† 指在能夠追溯的歷史範圍內，人類社會總是多少有一些禮貌意識。

糾正社交舉止的場所。[30]教導禮儀（特別是餐桌禮儀）的作品源源不斷，主要是針對富裕人家的孩子而寫。十二世紀由貝克爾斯的丹尼爾（Daniel of Beccles）所寫的《文明人之書》（*Urbanus Magnus*）涵蓋了範圍廣闊的社會情境中的行為——在對得體和身體約束的關注上，它可以與義大利大主教喬瓦尼·卡薩在三百五十年後創作和具有巨大影響力的《禮儀》相提並論。[31]繼承自羅馬的理念——自制、典雅、談吐優雅與和藹可親——在十二和十三世紀的拉丁和盎格魯—諾曼文學中非常顯眼，然後到了十四和十五世紀，它們又在英格蘭的散文和詩中重新出現。中世紀的作家不僅援用了*civilitas*（文雅），而且還援用了一些相關的概念，如*urbanitas*（溫文爾雅）、*facetia*（妙語連珠）、*curialitas*（謙恭）、*modestia*（溫和）、*mansuetudo*（優雅）、*verecundia*（莊重）、*dulcedo*（隨和）。他們又用*incultus*（粗俗）、*sordidus*（骯髒）和*incompositus*（任性）等詞語來表示它們的對立面。[32]

這些禮儀書寫的出現前提是有一個公共的社交領域存在。最近的一項研究指出，面對面的禮貌「在盎格魯—撒克遜時期的英格蘭也許並不起主要作用。」[33]然而，盎格魯—撒克遜國王的大廳裡有一些禮節，在形式化的程度上可能不輸查理二世宮廷的禮節。[34]中世紀的朝臣要想贏得國王青睞就必須具備適當的社交技能，一如僧侶和修女群體如果想要和諧地生活在一起，便不只需要注意身體的排放，還必須有鼓勵體貼和舉止得體的規定。[35]在為他在一五一七年創立的牛津學院制定的規章中，主教理查德·福克斯（Richard Fox）規定，學院成員應避免一切形式的侮辱行為、並努力友好地生活在一起，因為對他的社群來說，沒有什麼比恰當的禮儀更重要。[36]在中世紀晚期的英格蘭，豐富的交往生活（集中在手工藝、行會和宗教兄弟會之中）產生了規範民間互動的慣例，用以取締爭吵和確保社會和諧，強調禮貌、自我克制和相互尊重的重要性。[37]在近代早期的外省城鎮，自由人有自己的禮貌守則，這些守則責成他們負責任地履行公民義務、以有尊嚴的方式聚會、避說「粗野的言詞」和侮辱性的話語，以及確保公眾安寧。[38]每當個人在某種形式的公共空間聚集在一起時，都用得著有利於和睦和有效社交的個人技能。[39]近代早期的禮貌手冊深受古典主義的影響，源頭包括了亞里斯多德的倫理學、西塞羅的教導和斯多噶學派對控制激情與謙遜的強調。伊麗莎白時期詩人喬治·加斯科因（George Gascoigne）寫道：

> 從亞里斯多德，我學會了
> 用美麗來引導自己的舉止，
> 而圖利（Tully）*也教會了我
> 如何分辨甜言蜜語和野蠻無禮。[40]

但文藝復興時期的禮儀著作（例如伊拉斯謨談教養兒童的大有影響力之作）一樣對中世紀的禮貌規範亦步亦趨。[41]認為現代禮儀起源於文藝復興時期的觀念是一種錯覺，而這是印刷術的發

---

* 指西塞羅。

明、本土語言取代拉丁語和文藝復興時期的人文主義者喜歡忽視或貶低他們的中世紀前輩所共同造成的。

當然，行為舉止的理想是經過幾個世紀的演變而來，而羅馬人的*urbanitas*（溫文爾雅）、中世紀騎士的courtesy（彬彬有禮）、文藝復興時期的civility（文雅）、十七世紀法國的貴族式*honnêteté*（老實）[42]、十八世紀的politeness（雅緻）和十九世紀的etiquette（禮節）之間都是有區別的。中世紀對禮貌的討論集中在宮廷和貴族家宅的行為或宗教團體中的生活，主要目的是教導人們尊重他們的領主或避免冒犯與他們生活在一起的人。儘管這些討論也在宮廷和修道院之外流傳（特別是在學習拉丁語的學童中間流傳），但十二世紀的優雅行為理想似乎並不建議那些不是社會上層成員或為他們服務的人奉行。關心低等人感情的考慮也沒有進入到討論中。

相比之下，近代早期的作品傾向於設想一個範圍更寬的脈絡，並把社會關係總體納入考慮。它們主張，禮貌行為不僅是社會菁英和他們的僕人的責任，而是每個人的責任；而且，它們越來越不只是消極地強調不要冒犯上級，而是還積極鼓勵人努力去取悅所有接觸到的人。對十七世紀的神學家亨利・摩爾（Henry More）來說，「文雅」是「一種美德，它提醒我們，我們與所有人類有著共同的紐帶。它要我們用歡快的聲音、表情和手勢向我們所遇到的人致敬。當我們問他們好時，他們也許甚至會認為，他們因為我們的一問而更好。」洛克同意，文雅行為是一種表達「內心文雅」的方式。第三任沙夫茨伯里伯爵（The 3rd Earl of Shaftesbury, 1671-1713）也贊成「文雅源於正當的人類共同權利意識和同一物種成員之間的自然平等。」十七世紀中葉的法官馬修・黑爾爵士（Sir Matthew Hale）認為，沒有自然的正義、慈善和仁愛作為基礎，人類社會不可能存在。[43]

因此，良好禮儀被視為道德的一個分支，「老實而文雅地」生活被認為是宗教義務。[44]人們普遍認為身體舉止和情感克制是內在靈魂氣質的外顯標誌。要孩子保持雙手清潔或梳頭的規定被說成是他們必須履行的宗教義務。[45]一位伊麗莎白時期的哲學家主張，一個虔誠地事奉上帝和正直對待每個人的人允稱為「文雅的人」。另一位哲學家將「文雅」定義為「不過就是建立在道德美德和智者訓誡之上的舉止。」[46]許多近代早期的禮儀和文雅指南都是由信仰虔誠的人所創作。卡斯蒂廖內的《宮廷貴婦之書》是由湯瑪斯・霍比爵士（Sir Thomas Hoby）英譯，他在瑪麗一世統治期間為了堅持宗教信仰而流亡海外[47]；在十八世紀，循道宗創始人約翰・衛斯理（John Wesley）重新印行了大半部卡薩的《禮儀》的意譯本。[48]伊麗莎白時期神學家羅伯特・謝爾福德（Robert Shelford）堅稱，父母該教導孩子「良好舉止與文雅行為」這一點是上帝的命令。詹姆斯時期傳道人威廉・高格（William Gouge）同意「禮貌是非常漂亮和合宜的事」：「聖靈自己規定了許多禮貌的規則，並竭力勸勉和催促。」這不是「一件單純的增美之事，而是不容推卸的責任。」因為基督不是說過「你們願意人怎樣待你們，你們也要怎樣待人」嗎？聖彼得不是也在他的第一封書信中敦促讀者「要有禮貌」嗎？虔誠的吉爾福德夫人（Lady Guilford, d. 1699）下結論說：「當一切都做好，宗教為我們形成了世界上最好的禮節。」[49]以這種方式，傳統宗教的教義被重新調整，以適應當日的社會優先事項。

不那麼公然的宗教思想家也同意禮儀和道德是密切相關。對霍布斯來說，道德哲學是「研究人類社會和人類互動中何謂善與何謂惡的科學。」它體現在自然法中，規定了適合「文明社會」的公民的行為規則，並規定了他們「相互之間的舉止和談話。」這些法則禁止復仇，殘忍、仇恨、蔑視、侮辱和傲慢，並要求公民以「謙遜與溫和」的方式行事，與「所有因世界事務而被迫與我們互動的人保持持續的文雅友好關係。」[50]霍布斯讀過義大利人論禮貌的著作，受到它們的影響。就像愛里亞斯那樣，他認為，對維持安寧來說，自制與寬容和君主的強制力一樣重要。[51]霍布斯還把與人相處的禮貌原則稱為「小道德」（the small morals）。他的崇拜者威廉・佩第（William Petty）用同樣的詞語來描述「文雅的藝術與機構。」未來的主教薩繆爾・派克（Samuel Parker）在談到「行為和談話藝術」時也是如此。[52]在一七一一年的《旁觀者》看來，「文雅美德的重大基礎」是「克己」（self-denial）。[53]藝術大師羅傑・諾斯（Roger North）認為「良好教養」（good breeding）*是「我們稱之為道德的一個分支。」休謨呼應這種主張，將良好禮儀的規範形容為「一種層次較低的道德，旨在方便與人交往和交談。」半世紀後，功利主義改革家傑瑞米・邊沁（Jeremy Bentham）將禮儀歸類為「道德的一個分支」，是關於「佔據每個人與別人在一起的大部分時間的瑣事。」[54]

在十八世紀，「良好教養」被認為包括以下義務：「以我們最大的力量讓我們周圍的所有人滿意和快樂」，以及「通過外在表徵向人們展示我們對他們的內在關懷。」[55]正如後來成為查塔姆伯爵（Earl of Chatham）的老皮特（elder Pitt）所解釋的，這意味著「我們應該在小事上仁愛，或者說在日常的交流中對別人禮讓」：例如把更好的座位讓給他們、讓他們先進門或幫他們開門。休謨和柴斯特菲爾德勳爵都強調，文雅涉及犧牲自己的自愛去成全別人的自愛。柴斯特菲爾德補充說：「良好教養」教會人如何「從容、得體和優雅地」這樣做。被強調的重點是和藹可親、從容和隨和。[56]就此而言，圓滑是必不可少的，儘管很少有人在這方面的本領能與演員湯瑪斯・貝特頓（Thomas Betterton, d. 1710）相提並論：據說，「他的指責是那麼的間接，以致他有一種能讓別人看到自己的弱點而不讓他們知道這是他的本意的藝術。」[57]

柴斯特菲爾德關心的是外在的表現而不是內心的情感，但也有人認為文雅行為應該自發地產生於仁慈和善的心靈，即洛克所說的「普遍的善意和對所有人的尊重。」[58]這種文雅的早期典範是博學的諾維奇郡醫生湯瑪斯・布朗（Thomas Browne, 1605-1682），他因其「非凡的人性」和「好溝通的天性」而受到日記作家約翰・伊夫林（John Evelyn）的特別讚揚。布朗教導兒子湯瑪斯「對所有人都要有耐心、有禮貌與和藹可親。」[59]

相比之下，十九世紀的禮節（etiquette）規則，例如關於如何寫信件的抬頭或是否應該使用魚刀†，純粹是隨意的規則，是特殊的社會環境所特有，缺乏任何道德或精神基礎。不過一心往上爬的人對此很感興趣，渴望精通上流社交圈的習慣。[60]

---

* 與良好禮儀、良好舉止是同一個意思。

† 一種吃魚用的餐具。

「良好教養」就像與其密切相關的「雅緻」（politeness）概念一樣，通常被定義為「與人相處時取悅他人的藝術」，但這些詞語的隱含內涵要多於良好禮儀。在十八世紀，它們不僅意味著禮貌的舉止和體貼的行為，還包括品味、老練的談話和更普遍的精神修養。「雅」（polite）一詞源自拉丁語*politius*，後者意指「打磨過的」。任何表面光滑或有光澤的物體、如珍珠或珠寶，都可以用「雅」來形容。解剖學家薩繆爾·柯林斯（Samuel Collins）甚至在一六八五年形容人類皮膚「雅緻而顏色漂亮。」[61]推而廣之，這個詞自十六世紀初便一直被用來形容一絲不苟、令人愉快、沒有任何「粗魯」或「野蠻」成分的語言（不管是書面語還是口語）。最好的英語口語是「乾淨的」、「發音清晰完美的」和「雅的」；最好的書面語會被稱讚為「雅緻絕頂」。[62]

晚至一六九一年，還有人宣稱「大多數人只把『雅緻』一詞用於語言上。」[63]但自一六四〇年代和一六五〇年代之後，英格蘭人熟悉了這個詞的更大涵意（這主要是翻譯法國作品之功）。[64]「雅緻」逐漸與教育、博學和文理知識被拉在一起。例如，當時的人會說「希臘語和希伯來語的學問十足雅緻。」一六八七年，一位作家讚揚他的恩主「學識雅緻」，涵蓋「所有的科學部門。」[65]然而，更常見的趨勢是假定「雅緻的」學問和文學有所不同，因為它們是為了取悅他人而設，不像那些不那麼討好的學問形式那樣，內容專門而表達方式有欠優雅。伊麗莎白時期的文學史家法蘭西斯·梅爾斯（Francis Meres）指出，「雅緻文學」（polite literature）的崇拜者都對中世紀學者的「錯綜複雜」和「晦澀」的詭辯感到反感，而與他同時代的法律作家威廉·富爾貝克（William Fulbecke）則把「較雅緻的學問」和「較溫和的科學」聯繫起來。相比之下，王政復辟時期伊利學院（Ely）校長愛德華・馬丁（Edward Martin）研究的是「精確的科學、邏輯和數學」，因為「他的天性傾向於穩健而非雅緻。」[66]

「雅緻」是一種製造社會區別和自我宣傳的方式。法國政治哲學家孟德斯鳩（Montesquieu）表示：「我們講雅緻是基於自尊。我們以自己的待人接物方式為榮，因為它表明我們不是卑劣之徒，不曾與歷代為人所不齒的人為伍。」[67]「雅緻」需要人與庶民文化保持距離，隨時與歐洲菁英階層的最新文化時尚保持一致。它需要有高雅的品味和一定程度的文藝教育。一六五六年，一位遊巴黎的英格蘭人稱讚當時正在聖日爾曼郊區（Faubourg St Germain）修建的太后宅「結構優雅和雅緻（politeness）。」[68]沙夫茨伯里主張「良好教養」包括學習與人相處的藝術或文藝的美。畫家喬納森・理查森（Johnathan Richardson）認為，「雅緻」的進步「最終會讓一個不能成為鑑賞家的紳士感到丟臉，就像現在一個人只能閱讀自己母語的作品或看不出好作家的美一樣丟臉。」[69]

儘管早在一六五四年就有一位作家提到了「舉止的雅緻」[70]，但要到了十七世紀之末，形容有禮貌的行為為「雅緻」才變得普遍。一本法英詞典解釋說，當*politesse*被用來形容人際互動而不是語言時，它是指「粗魯」的相反，暗示「殷勤」和「優美舉止」。一六九四年，另一本手冊將「雅緻」定義為「文雅（civility）、得體、謹慎和謙遜的混合體，伴隨著溫和與愉快的氣氛，瀰漫在我們所有的言行上。」[71]

這種彬彬有禮的社交倫理完全是從法國人得著靈感。它部分是受查理二世的影響，因為按照伊夫林的說法，查理二世「引入了一種更雅緻的生活方式」，讓「雅緻」在十七世紀晚期的英格蘭越來越流行。[72]安妮女王在位期間，《旁觀者》和《閒談者》（*Tatler*）雜誌的影響力進一步增強了這種風氣的吸引力。它並沒有取代「文雅」（civility）而成為指稱有禮貌行為的最常見用語，但它成為了十八世紀上層階級和有抱負中間階級的核心價值。[73]

正如這個字所暗示的那樣，「雅緻」代表著一種流暢、優雅、有利於社會和諧和支持既定秩序的事物。它暗示著優雅和討人喜歡的事物優勝於有實用價值的事物*，純文學（*belles lettres*,「雅緻文學」）優勝於學術論文，端莊的宗教順服性優勝於破壞性的熱情。它禁止一切形式的異議和稜角。這是一種宣示社會上層悠閒階層優越感的方式，讓他們不僅遠離庸俗，而且遠離商業、排外主義和不認同主流的世界。[74]它暗含著一種極細緻的感受力，以致於違反禮貌或良好教養所引起的痛苦可能是壓倒性的。[75]「文雅」是每個人的社會責任、但「雅緻」卻是菁英階層的突出正字標記。它被描繪為一種相當於廣義上的「文雅」——即「文明」（civilization）——的精緻狀態。[76]

文雅行為的慣例受到了時尚不斷變化的影響。一位死於一六六五年的牛津學者的墓碑稱他「和藹可親，但表現出老式的謙恭（courtesy）」；一六六七年，當安東尼·伍德（Anthony Wood）拜訪他的古文物家同道威廉·白蘭（William Prynne）時，受到「流行於詹姆斯時期的老式問候。」[77]然而，幾個世紀以來也潛存著許多連續性。這就是為什麼十六世紀的行為指南在兩百年後仍然被重新印行和閱讀。[78]在一六八三年，一位作家指出，儘管雅緻禮儀「幾乎每年都在變化」，但「文雅的真正規則」卻是不變的。[79]十八世紀晚期的藝術收藏家理查・奈特（Richard Payne Knight）也認為，「良好教養」或「雅緻」的原則「在所有時代和所有國家都是一樣的，無論表現方式有多大差異。」[80]許多現代的社會語言學家接受這個主張。他們說，雅緻的概念是普遍的，只有它的具體表現形式會依文化和時代的不同而有不同。[81]

十八世紀的「雅緻」是一種意識形態，力求在面對新古典主義嚴厲指責「奢侈」時，證明一個食利者寡頭集團的財富、優雅生活、炫耀性消費和社會特權具有正當性。[82]它也幫助了越來越富有的商人和金融家鞏固他們的社會地位。但它並不像人們有時聲稱的那樣，是「一種明顯創新的概念」，因為它本質上是中世紀和文藝復興時期謙恭（courtesy）和紳士教育觀念的延伸版本。[83]正如一位十八世紀的史家所說的（他毫無疑問是想到了喬叟描寫的理想形象），「雅緻」是在中世紀「變成一種騎士美德。」

他像少女一樣溫柔。
他從未對人說過
任何蠻橫無理的話。

---

* 原注：不過喬納森・理查森倒是主張，如果雅緻的英格蘭紳士能夠致力於藝術收藏，就可以透過吸引外國遊客而裨惠國家。見 *Two Discourses* (1719), vol. 2,49.

他是一個完美的、紳士般的騎士。[*84]

禮貌與斯文

早在盎格魯—撒克遜時代，社會菁英們就開始明顯關注自己的舉止、風度和文化成就，所以十八世紀的類似關注絕非新鮮事物。[85]雖然貴族權力的最初基礎是勇武，但那些尋求宮廷青睞或官爵的人早就被認為應該還有其他素質。中世紀的浪漫文學表明，人們高度重視口才、個人魅力、談話技巧和情感敏感性。[86]在中世紀晚期，年輕的紳士流行彈豎琴、唱歌、跳舞、學習外語、閱讀「雄辯之書」和「在英格蘭的禮儀學校」學習。[87]在都鐸時期，希望在宮廷中獲得優先地位的紳士不僅要擅長騎馬、打獵和打鬥，還要擅長文學、音樂、舞蹈、談話和各種形式的「宮廷行為」。[88]舉止、謙恭、文雅和雅緻的詞彙不斷演變，但所表達的含意在許多方面始終如一。

在近代早期，真正有所改變的是貴族和鄉紳越來越願意接受文雅的倫理（後來則是接受雅緻的倫理），用它來修正本來在貴族文化中被看重的榮譽、勇武和血緣優越性。北義大利禮節指南作家推崇的社交性和爾雅（urbanity）吸引了英格蘭的紳士，讓他們更多時間待在倫敦，參與大都會的生活，並定期在郡治開會進行司法事務。他們加強了社會互動，使文雅的文化變得越來越重要。皇家宮廷的中心地位也越來越重要，成為了給予榮寵、締結婚姻和促進仕途的場所。

過去，分散在各地的地主相對孤立地生活在等級制的家庭中，對一系列半封建的依賴者行使統治，所以較少誘因採取這些新的社會行為風格或承擔大都會文雅標準所要求的文化包袱。他們的禮儀規範基本上是關於招待客人用晚餐時的規矩。但是，新的公共互動形式的出現讓其他社交技能的需求變得越來越迫切。正如禮儀指南作家反覆強調的，有傲人的遠祖已不足以維持貴族的權威。除了優良血統，紳士們還必須證明他們的內在資格高人一等。為此，讓人刮目相看的言行舉止和有教養的生活風格變得越來越令人嚮往。擁有土地的菁英們越來越自覺到他們是一個統一的階級而不是相互競爭的聯盟的混合體。它的軍事功能不若從前那麼重要。獨樹一格的禮儀規範讓貴族和鄉紳能夠把自己定義為統治菁英，彼此和諧共處，並且不僅是出於血統還是出於美德而受到庶民尊敬。[89]

近代早期是貴族這個文雅化過程的過渡階段。貴族和鄉紳們固然仍然會很快就從口角升級為肢體衝突，但敵對家族間的仇殺——這種事在十六世紀的英格蘭近蘇格蘭地區是家常便飯——在「王冠聯合」（Union of the Crowns）†後逐漸減少了。[90]儘管貴族參與鬥毆和暴力襲擊的現象在十七世紀的英格蘭並未消失，但已經不再那麼頻繁。[91]整個西歐的上層階級普遍都是這種情形。[92]這不是如愛里亞斯所說的那樣，是自制力加強的表徵。在中世紀，一些暴力行為毫無疑問是出於一時衝動，但大多數都是有目的和蓄意。[93]謀殺率下降的原因並不是因為貴族更加能夠自我克制，而

---

* 這是喬叟的詩句。

† 指蘇格蘭王國、英格蘭王國和愛爾蘭王國在一六〇三年聯合為共主邦聯（即成為由同一個國王統治的三個王國）。

是他們的價值觀隨著都鐸王朝日益強大的權力和合法性而改變。隨著越來越多地接觸到人文主義的公民美德觀念，他們更願意通過為皇室服務來求取榮譽，而不是支使扈從去報私仇和宿怨。[94]

然而，儘管上層階級沒有以前那麼兇殘，但對個人榮譽的要求仍然很高。正式決鬥在十六世紀出現，成為報復侮辱的一種被接受手段。儘管法律禁止，但在接下來的幾個世紀裡，貴族、紳士和軍官們進行了幾千次決鬥。這種風氣到了維多利亞女王在位時期方才絕跡。形式化和受規則約束的決鬥通常被視為標誌著從不受控制的暴力衝突或仇殺向前邁進了一步。它們的手續是對一時衝動的一種遏制，而雖然一個人必須以挑戰來回應侮辱，但人們認為發出和接受挑戰的雙方都必須帶著「完全冷靜和鎮定」的態度，任何刻薄或謾罵都被視為「缺乏男子氣概的表現。」[95]甚至有人主張，文雅的觀念對決鬥起到了積極的鼓勵作用。據說，決鬥倫理是從義大利引進的文雅行為理論的一部分：由於害怕決鬥挑戰是尊重他人的一種強烈動機，因此決鬥規章可以被看作是鼓勵人們踐行禮貌的一種手段。十八世紀早期，醫生暨哲學家伯納德・曼德維爾（**Bernard Mandeville**）*聲稱，如果沒有決鬥，歐洲成千上萬「彬彬有禮的」紳士將是「傲慢無禮和令人無法忍受的花花公子。」他主張，國家為了獲得「雅緻舉止、愉快談話和宜人交往」這些寶貴的福分，不應該吝惜每年的六、七條人命。休謨雖然認為沒有什麼比決鬥更「荒謬和野蠻」的了，但他承認「那些為它辯護的人聲稱它能帶來文雅和良好舉止。」[96]二十世紀哲學家柯靈烏表示：「我所見過的最美麗的禮貌存在於男人拿著刀的國家：如果有人對他們說髒話或投以惡毒的眼神，他們就把刀刺進對方身體裡。」[97]

一六〇六年，旅遊作家湯瑪斯．帕爾默爵士（Sir Thomas Palmer）感嘆說，決鬥倫理是「義大利文雅」（the civility of Italy）帶來的好幾個「不便和腐敗」之一。一六一四年，一份皇家公告宣佈：「這種勇武最初是在國外誕生和培育的，但後來被傳播到這個島上。」[98]事實上，一些義大利的禮貌專家——例如《禮儀》的作者卡薩——對決鬥表示反感，而很多在英格蘭提倡義式文雅的人都拒絕寬恕這種他們認為是「放蕩和野蠻」的習俗。[99]撰寫《追求文雅》（*The Courte of Civill Courtesie*, 1577）的那位伊麗莎白時期紳士承認，決鬥在某些情況下是不可避免的，但認為這樣的結果是「可悲的」，並就如何避免提出廣泛的建議。[100]

官員諾多維科．布里斯基特（Lodowick Bryskett）在《論文雅生活》（*Discourse of Civil Life*,1580年創作但1606年出版）中譴責決鬥是中世紀的野蠻遺產，不存在於古代，指出決鬥「違背了所有的公平，違背了所有文雅和老實的交流」，對「文雅社會」有大害。這番話是對吉拉爾迪．辛蒂奧（Giraldi Cinthio）一五六五年著作《文明生活對話》（*la vita civilè*, 1565）一節內容近乎逐字的翻譯，在該書中，這位義大利劇作家奉文雅的名義強烈抨擊決鬥。[101]作為一種加強禮貌的手段，決鬥倫理具有明顯的局限性。沃爾特．拉萊格爵士（Sir Walter Ralegh）聲言「不應該用死亡去開化所有粗野的東西」，而霍布斯則認為，重視榮譽意味著人們會「用文雅對待那些不能忍受傷害的人，用傷害對待那些能夠忍受傷害的人。」哲學家喬治．伯克利

* 知名著作《蜜蜂的寓言》作者。

（George Berkeley）在一七三二年指出，那些不敢冒險得罪膽敢決鬥者的人會毫不猶豫地侮辱神職人員。[102]反對決鬥的人立言說這種習尚與「真正的文雅」不相容，並一再譴責它是「邪惡」和「野蠻」。一個國外旅遊經驗豐富的英格蘭人在一六七八年指出：「決鬥現已被所有開化國家禁止。」[103]決鬥之風能延續到十九世紀早期，表明英格蘭統治階級向新的文雅倫理的轉皈只是局部的。榮譽和名聲仍然被珍視，是人們在有必要時會用暴力來維護。然而，儘管貴族參與醉酒、鬥毆、強姦和甚至謀殺的情形在十七世紀晚期並不少見，但此後圍繞榮譽和地位高低的爭吵看來變得不那麼頻繁了。約翰生在一七七三年提到，當他母親十七世紀末住在倫敦時，這城市「有兩種人，一種是讓出牆邊的，一種是偏要走牆邊的：平和的人和好爭吵的人。」但「這種情形已經改正。每個人按規定都得靠右走，或者如果一個人靠著牆邊走，另一個人就要讓避。從此再無爭吵。」[104]

大多數禮節手冊作家都認為，統治菁英應該培養優雅的舉止，以此區別於社會地位低下的人和象徵他們的統治權。自西元前四世紀起，優越的身體舉止就被認為是重要的，當時希臘上層階級養成了一種直立的站姿和從容的步態，並認為嚴格控制情緒是他們的權力的必要條件。[105]在十九世紀的英國，人們仍然是這樣看。正如一個當時人所指出的：「紳士把自己和勞動者區別開來，他的容貌表現出完全不同的情感和回憶。」[106]在近代早期，那些想統治別人的人需要一種正確的「舉止」（carriage）或「風度」（mien），而時人把這種風度形容為「高貴」、「莊重」、「優雅」或「迷人」。伊頓公學校長威廉·霍曼（William Horman）告訴學生：「人的美好會增加他的權威。」[107]

這一建議有一個倫理維度，因為近代早期的評論者都認同一個中世紀的觀點：即身體舉止是一個道德指標。伊拉斯謨所說的「身體的外在莊重」（*externum corporis decorum*）是靈魂內在性向的指南。西蒙．羅布森（Simon Robson）認為「在行走中表現出某種威嚴」是自尊的無誤標記，而詩人理查德．布拉特維特（Richard Brathwait）在一六三〇年表示，他從「（一些人的）步態中看到了自尊之心的確據，即使身體是透明的也不會更清楚。」[108]

訓練身體舉止的主要目的是產生社會區別。用瓜佐的《文雅談話》的英譯者的話說便是：「當我們的文雅與庸俗人的本性和時尚形成鮮明對比時，我們會更加受尊敬。」[109]貴族不僅比社會地位低於他們的人穿華麗衣服、住更豪華的房子、擁有更多的僕人和財產。他們的動作和說話方式也不同。言語、舉止、姿勢和儀態是社會等級的即時標記，是統治菁英自我定義的基本要素，也是他們優越教養的可靠證明（圖5與圖7）。一位作家在一六四九年評論說：「即便是第一次見面，透過觀察致意的方式、行禮的方式、姿勢、手勢和言語，一個年輕人是否真正溫文和在文雅上受過完美教育，一樣可以輕易看出來。」[110]

正如伊拉斯謨一再敦促他的小學生讀者不要表現得像「馬車夫」和「農民」那樣，他的英格蘭模仿者也強調有別於「未琢磨和不識字的烏合之眾」非常重要。[111]十七世紀詩人湯瑪斯．特拉赫恩（Thomas Traherne）認為，「小丑和朝臣」都是「以姿勢著稱」；十八世紀的美學家阿奇博爾德．愛利森（Archibald Alison）解釋說，大商人和小店主臉上表情的不同就像地主和佃戶的神情之別。[112]紳士是一個懂得如何移動、如何進入房間、如何脫下帽子、如何處理帽子和如何離開房間的人。與別人見面時「不先說一些文雅或可親的話」會有「鄉巴佬」，離開時「不告別或不敬禮」就意味著「不文雅和輕蔑。」克拉倫登勳爵（Lord Clarendon）哀嘆說：「能帶著優雅和自信走進一個人多房間的人何其少，特別是當他們感到有人盯著他們看的時候。這會讓他們的臉色變得混亂，讓他們走得更快，頭、手和腳做出二十個滑稽的動作。」[113]蘇格蘭法官蒙博多勳爵（Lord Monboddo）認為：「行動和談吐比我所知的任何其他事情更能把紳士和淑女從眾人中區分出來。」[114]有論者謂，即使是筆跡，也應該表現出「我們所欣賞於一個優美紳士的事情：一種輕鬆的姿態和無拘無束的氣氛。經常與雅緻（polite）和好教養的人交談會讓人不知不覺學到這個。」[115]理想中的人應該是舉止、面部表情和手勢都被形塑為一件藝術品，其標誌是優雅和自制。

構成雅緻身體舉止的要素隨著時間而改變。[116]在十八世紀早期，紳士讓人畫肖像時會右手插進背心，另一隻手放在口袋裡或放在劍柄上方，雙腳朝外。交叉雙腿是另一種可用的姿勢（而且歷史悠久），象徵高傲的滿不在乎。今天，古典芭蕾舞保留了許多現已過時的行為方式，例如八字腳站立和牽別人的手帶著人走。到了一七六〇年代，這些習慣性動作變得庸俗，因為它們被舞蹈老師傳播開去、又被中間階級學來在讓人畫肖像時使用。大畫家約書亞·雷諾茲爵士（Sir Joshua Reynolds）拒絕所有正式的姿勢，又藐視交叉腿，稱其為「非常平凡的姿勢。」[117]

但某些被嘉許的舉止特徵是不變的。所有時代一致認為，有教養的人站姿應該直挺。他不應該抓撓、扭動、摳耳朵、曲背、把頭歪到一邊。他不應該在公共場所唱歌或吹口哨。他不應該表現出好奇心，例如打從別人的肩膀讀別人的信。最重要的是，他應該總是顯得從容和放鬆。紳士絕不可在街上奔跑。[118]詹姆斯時期的一位權威人士警告說：「當很多人看到你從他們身邊經過，立即就會對你產生好的或壞的評價。所以你們要留心自己的腳，想想自己是以什麼風度和臉色走路。」另一個人有相同看法：「快步走的人不是莊重的人。」任何會讓人覺得你匆忙或激動的舉止都要避免。一本十九世紀的行為指南警告說：「匆忙可能很適合機械師或商人，卻與紳士或上流人物格格不入。」[119]這種想法在二十世紀女作家暨社交名媛南茜．米特福德（Nancy Mitford）的一個聲明中達到頂峰：「事實上，任何匆忙的跡象都很可能會讓人顯得你是個非上層階級（non-U），所以，我乃至寧願不使用航空郵件——商務信函除外。」[120]

對身體舉止的重視有助於為緊身胸衣、束腿、假肢和其他掩蓋或糾正身體缺陷的裝置創造市場。[121]它也使舞蹈成為雅緻教育（polite education）的重要組成部分。至少打從都鐸時期開始，貴族人家就為孩子聘雇舞蹈老師。[122]他們之所以這麼做，不僅僅是因為舞蹈能力是一項必要的社會成就，是求愛必不可少的輔助手段，更是因為他們相信舞蹈能塑造子女舉手投足的方式。一位權威人士在一六六〇年寫道：「讓年輕人學跳舞，與其說為了讓他們能按著曲調踏出一段步調，不如說是為了讓他們在任何時間、任何地點都能舉止優雅。你可以輕易從一個人的俐落和優雅身體舉止……看出他學過舞蹈藝術。」舞蹈老師們教的是「姿勢」，是如何「走路與深鞠躬。」他們抹去了「所有自然的樸素，這些樸素被時髦人士稱為『土裡土氣』。」[123]柴斯特菲爾德勳爵敦促兒子特別注意「手臂動作是否優美」，還要注意「戴上帽子和伸出手來的方式……這會帶給你一種習慣性的優雅舉止和展現自我的方式。」他聲稱，跳舞、加上騎馬和擊劍，可以「開化與形塑」身體。[124]一七七二年，蘭開夏郡亞麻布商人湯瑪斯·蘭頓（Thomas Langton）敦促兒子學跳舞，理由是舞蹈可帶給年輕人「一種相當輕鬆的舉止和一種令人愉快的行為。」[125]然而，跳舞要避免跳到專業人士的水平。一位權威人士指出，跳得太好是不禮貌的（圖6）。最好的策略是用「一種巧妙的漫不經心方式跳舞，彷彿這是一種自然的動作、沒有經過太好奇和痛苦的練習。」[126]

一個人想獲得高尚的舉止，沒有什麼比在正確的圈子裡走動更有效。一五九六年，威爾斯邊區議會主席彭布羅克伯爵（Earl of Pembroke）在盧德洛城堡（castle of Ludlow）舉行了「一個美好的耶誕節晚會。」據說，有機會參加這個聚會是莫大的榮幸，因為一個年輕的威爾斯紳士可望在此學到「在他活著時應該學會的行為和禮貌。」[127]直到十六世紀末，貴族和鄉紳的家庭都會提供儀態訓練，而孩子們經常被寄居到別人家當僕人，主要目的是讓他們學會禮貌。[128]在一五八〇年代，約翰·斯邁思（John Smyth）——格洛斯特郡（Gloucestershire）伯克利家族（Berkeley family）未來的管家——是第一任伯克利勳爵的夫人凱薩琳（Katherine）家裡的一個侍童。有一次，他趕著給少爺送早餐，從她身邊經過時只行了個敷衍的屈膝禮。凱薩琳把他叫回來，要他再做一百次。他回憶說：「她對我高貴極了。為了更好地向我展示，她把所有衣裙都撩到小腿上，讓我可以更好地觀察到如何優雅地把腳向後伸和屈膝。」[129]類似地，在伊麗莎白時代人湯瑪斯·海伍德（Thomas Heywood）的戲劇中，女主人亞瑟（Arthur）教導她的僕人說：

你這是在行屈膝禮。再做一遍給我看。

嗯，做的很好。[130]

一五九九年，赫特福德郡（Hertfordshire）阿姆威爾（Amwell）的教區牧師要物色一個佃戶來租住他的房子、耕種他的土地。最後他決定選「一個年紀大而老實的男人。」那男人有個「漂亮和乾淨的妻子」，兩人年輕時都是在紳士的家庭服務，而這意味著他們「多少懂點文雅（civility）。」[131]禮貌和文雅逐漸成為那些想在鄉紳家庭尋找工作的人的必要條件，而僕人由於模仿和出於尊重、往往注重外表和行為舉止的優雅，有時甚至比主人還優雅。（今日在牛津大學的資深公共休息室裡也可以看到，穿著黑色西裝的管家在伺候穿著毛衣和牛仔褲的研究員。*）[132]

在高尚家庭裡，有責任心的父母非常重視早期的舉止訓練，把孩子交給男家教和女家教，希望這樣可以「打破孩子們天生的粗魯，把他們塑造成某種文雅的人。」[133]一六六〇年代初，諾里奇（Norwich）的湯瑪斯．布朗醫生急切地希望兒子湯瑪斯能穿上「一身好打扮」，一再敦促他「要穿得得體大膽，避免鄉下人的羞怯。」二十年後，威廉．佩第爵士也同樣關心著十歲的兒子亨利，希望孩子到公司時會知道如何行敬禮。他建議另一個兒子查爾斯「去為十個好家庭服務，以此來練習文雅和交談。」[134]柴斯特菲爾德勳爵在十八世紀強調「完美的好教養」只能透過「和

---

* 這些管家是研究員家的管家。

最好的人交往」獲得。與他同時代的花卉藝術家德拉尼夫人（Mrs Delany）有志一同。她指出，年輕女孩「想要獲得優雅的舉止」，需要在巴斯或倫敦看到「各式各樣的好榜樣」，而且最好是在七歲至十四歲之間這樣做。[135]

在文法學校，文雅和好舉止訓練是課程的固定部分，甚至被許多人認為比學科學習更重要。這些學校也非常強調姿態和舉止。一位教育作家建議，學校老師應該以身作則，向學生展示站立、行走、進入房間和傳遞資訊的正確方式。[136]學校戲劇和其他形式的口頭作業不僅是為了促進口才，也是為了克服笨拙，灌輸優美的姿勢。一六三五年，年輕的波以耳在伊頓公學演出戲劇。他只是演一個無台詞角色，但他的父親放心地說：「從他的身體姿勢和有序步伐看得出來，他演得很棒。」[137]一六九三年，一些天主教貴族為了讓兒子改變校服的服飾，把他們送到了佛蘭德斯的聖奧馬爾耶穌會中學（Jesuit College of St Omer's）。這是因為當時一般學校穿的長袍容易讓男孩養成「一種邋遢的走路方式，讓他們看起來像鄉下人，不符雅緻社會（polite society）對他們的期望。」[138]貴格會教徒班傑明．福瑞（Benjamin Furly）對送兒子上學的父母表示蔑視，譏笑他們只是要讓兒子「學走路和跳舞時擺動雙腳，學脫帽和告別時扭轉身體，學手、頭、頸的擺放位置，或諸如此類。」[139]

到了十八世紀，正確舉止的內涵已變成是高度的身體控制和對不當情緒流露的嚴格抑制。正如當時一位權威人士指出的，文雅也者，就是「克制自己。」[140]這標誌著對早期假設的背離，該假設就是：當環境需要時、沒有什麼情緒是不能得體地表現出來。在一五八九年，對文學評論家喬治・普滕納姆（George Puttenham）來說，在所有的激情中都可以找到「美麗」：「生氣、嫉妒、憎恨、憐憫或體面地感到羞恥：這些無非是理性所要求的。」[141]反觀亞當・斯密在一七六二年卻認為雅緻（politeness）繫於「沉著、冷靜和不慌不忙的行為。」與他同時代的演員湯瑪斯・謝里丹（Thomas Sheridan）有著相似意見：好教養意謂「能夠抑制所有可見的自然情感。」[142]

即使是那些像普滕納姆一樣允許情緒「體面地」展示的人，現在也對它的表達作出限制。正如十二世紀禮貌指南作家貝克爾斯的丹尼爾譴責喧譁的笑聲一樣，伊拉斯謨在十六世紀也教導人們，以一種身體激動得顫抖的方式來表達歡笑是不恰當的：一個人在笑的時候不應該張嘴。都鐸王朝早期的校長威廉・霍曼警告學生說：「發出不潔和猥褻的笑聲」會讓人失去別人的尊重，而在一個老實人看來，在盛宴上「不檢點地」笑是一種「責備」。一本十七世紀晚期禮儀書的作者指出：「一個講述快活事情而不笑的人較有禮貌。」在下一個世紀裡，柴斯特菲爾德勳爵認為大聲的笑是「低俗和不體面的」，更不用說它會造出「讓人討厭的噪音和令人震驚的扭曲的臉。」老皮特也認為「微笑比大聲笑要好。」雜誌人理查德・斯蒂爾（Richard Steele）主張，「機智風趣的人」頂多只應該允許自己「以一種微弱的、有拘束的半笑（half-laugh）來笑。」[143]當然，在現實上，即使最一絲不苟的紳士有時也會放鬆下來，允許自己在親密的人中間放聲大笑。[144]

男人流淚也會授人以柄。在一個仍然高度重視勇武的文化中，男性表達憤怒或驕傲的情緒是可以接受的，但眼淚通常被認為是無能和軟弱的表現。男人「像女人一樣哭」或「像孩子一樣哭」是不體面的。[145]這種假設被新斯多噶主義認為人應該昂然面對不幸的主張所強化。在本・強

生（Ben Jonson）的羅馬悲劇《塞揚努斯》（*Sejanus*, 1603）中，一個角色要求

> 光榮的悲愁，軍人的哀傷，
> 一種無聲的哀悼，這是男人
> （他是從俘虜那裡才知道眼淚為何物）
> 用以顯示如此巨大的損失的方式。[146]

詹姆斯一世的長子亨利王子小時因為摔傷時哭得比同齡小孩少許多，所以受到了表揚。[147]幾個世紀以來，鞭打一直是上層階級學校教育的一個基本部分，目的是教學生忍受痛苦而不抱怨：對英格蘭紳士和北美印地安人來說，這是他們的教育的主要目標之一。[148]

然而，在莊嚴的公共場合，當偉大的公眾人物去世或名聲掃地時，男人是被允許流淚的。例子包括一五四七年亨利八世的死訊向議會公佈時、一五三〇年沃爾西樞機主教（Cardinal Wolsey）垮台時、一五三四年湯瑪斯．摩爾爵士垮台時、一五三九年湯瑪斯．克倫威爾（Thomas Cromwell）倒下時和第二任埃塞克斯伯爵（Earl of Essex）在一六〇一年垮台時。男人的眼淚也可能是伴隨著高張力的政治時刻而來。例如，在一六二八年，「下議院大部分的人都哭了」；一六二九年，議長「嚎啕大哭，淚流滿面」；一六五七年，查爾斯．弗利特伍德將軍（General Charles Fleetwood）因強烈反對將王位授予克倫威爾（Oliver Cromwell）而哭；一七一〇年，當

高教會派*傳道人亨利・薩切弗雷爾（**Henry Sacheverell**）在接受審判時，他為自己所作的辯護「優雅而悲愴」，讓支持他的男男女女熱淚盈眶。[149]悲劇上演時，人們常在劇院裡流淚。哀悼者在葬禮上哭啼也是被允許的，但只能是適度的哭，因為新教出現了一種意見，反對天主教所主張的大量哭泣有助於加速死者通過煉獄之說。[150]在莎劇《亨利六世》的第二部分中，有德的瓦立克（**Warwick**）為國家的恥辱而哭泣，而在《哈姆雷特》中，邪惡的篡位者克勞迪斯（**Claudius**）卻痛斥繼子對已故父親的悲痛是「沒有男子氣概」的表現。[151]

不分男女，悔罪者的哭早已被視為他們悔恨的一種可接受表徵。中世紀的修女被催促去「用痛哭」——「至少是用哀嘆、啜泣和憂傷」——懺悔自己的罪。[152]在繼宗教改革之後的那個世紀裡，一些神職人員（不僅是清教徒）採取一種情感化的講道風格，目的是讓傳道人和會眾都流淚。清教徒牧師薩繆爾・托謝爾（**Samuel Torshell**）宣稱：「在上帝的眼中，沒有比充滿淚水的眼睛更可愛的眼睛。」而勞德派（**Laudian**）牧師湯瑪斯・盧辛頓（**Thomas Lushington**）認為，哭是「一種祈禱」。[153]在十八世紀，循道宗教徒和福音派教徒延續了這一傳統。在一七〇九年，《閒談者》（*Tatler*）宣稱：「易於流淚同時是偉大精神和微小精神的標誌。」[154]這種主張為別人的痛苦哭泣是一種優越情操的觀念，其根源在十七世紀。例如，詹姆斯時期的偉大法官愛德華・科克爵士（**Sir Edward Coke**）在宣判死刑時從來沒有不哭過。[155]但是，「有感情的男人」——讓眼淚自

---

* 英國國教中傾向天主教的一派。

由流淌的男人——要直到十八世紀中葉才成為一個被公共承認的理想。[156]亨利・菲爾丁（Henry Fielding）在一七四八年告訴小說家同仁理查森，他被克拉麗莎*的困境打動得是那麼的深，以致「融化了」在同情裡，獲得了「一種所謂娘娘腔的解脫。」[157]這種文學感情被證明只是流行於一時，因為到了該世紀之末，人們仍然普遍認為哭是「不男子氣概的。」[158]然而十八世紀判絞刑的法官在宣判時常常淚流滿面。[159]

在十六世紀到十八世紀之間，雅緻男性文化的總趨勢是向更大的身體矜持的方向發展。正如準人類學家約翰・布林沃（John Bulwer）在一六四五年所觀察到的，每個國家都有自己的「民族端莊」（national decorum）觀念，而英格蘭的修辭風格比法國或義大利拘謹。[160]與抑制眼淚和笑聲並行的，是禁止比手畫腳（比手畫腳被認為是一種令人不快的外國習慣）[161]，見面時用鞠躬或握手代替親吻和其他形式的親密身體接觸（在十七世紀晚期似乎已經過時）。[162]

到了十七世紀初，前往法國和義大利旅行一段時間以獲得雅緻教育的風氣已甚為普遍，理想的做法是由一位在歐洲最好圈子裡活動的導師或「女家教」陪同，藉此「打磨和開化自己。」貴族和鄉紳希望子弟能透過這種方式學會「優美舉止」，得到「完美教養的榮耀和我們所稱的文雅（civility）的完善化。」[163]論者謂，義大利和法國將「教會我們優雅而美好的舉止、良好而謹慎地傳遞思想的方法，讓我們以文雅和謙遜的行為對待他人。」[164]就像許多其他人一樣，曾在一六一九年遊佛蘭德斯的約翰・迪格比爵士（Sir John Digby）據稱「透過外國的古色古香的溫柔，透過精心而準確地打磨和開化自己的外表，從旅行中收穫了真正的果實。」在柴斯特菲爾德勳爵看來，出國旅行的「真正目的」是學習「每一個國家的最佳禮儀」[165]，因為雅緻和文雅的理念是西歐的社會菁英所共有。在這方面，定調的越來越常是法國人，而英格蘭人則繼續保留若干歷史悠久的自卑感。在十七世紀中期的一部對話錄中，一個說話人聲稱，國外旅行「消除了我們行為舉止中經常出現的粗暴行為，讓我們對外國人和彼此都比以前的時代更加文雅和有禮貌。」但在一六八九年，伊夫林覺得他的國人同胞仍然「在我們的文雅談吐、辯解、道歉和形式上有著極大缺陷」，又說他相信義大利人和西班牙人「在良好教養方面勝過我們無限倍。」[166]

「大旅行」（grand tour）[†]在十七世紀晚期的日益流行反映出鄉紳們對大學作為禮貌學校的信心逐漸減弱。十五世紀期間，牛津和劍橋越來越重視學生的道德和文化修養，要將他們訓練成為有教養的神職人員或能說會道的公職人員。[167]宗教改革之後，大學成為了吸引有土地階級子弟的所在。但是，儘管伊麗莎白朝和斯圖亞特朝早期的貴族和鄉紳對學問變得頗為尊重，並經常從事嚴肅的法律研究和古文物研究，但斯圖亞特晚期的上流社會傾向於把拉丁文的人文主義學術研究小覷為「學究」，更喜歡讀用本土語言寫成的純文學作品，理由是它們更能立即取悅人，因此是「雅緻的」（polite）。學者們越來越被認為是「土包子」，有欠「爾雅」（urbanity）。正是因為他們的「教養不良和毫無專長」，才迫使「名門紳士」把兒子送到國外去學習如何做人。人們說，

---

* 克拉麗莎是理查森小說中的主角。

† 指從前富人子弟在歐洲大陸主要城市的觀光旅行，作為其教育的一部分。

大學學者的學問「只是一種迂腐的爭論和爭吵，這讓他們對所有有教養的朋伴都不領情」；他們的舉止是那麼的「粗魯」，以致於當學生們從大學回到家時，會「讓人覺得他們的行為顯示他們從不曾廁身紳士中間。上焉者，當他們和仕女在一起時，他們會心慌意亂和面紅耳赤，甚至滑稽可笑。」[168]

仕女們本身當然不會從事「大旅行」，一如她們不會去上文法學校或大學。代之以，上流社會的女孩會在自己家裡、在別人家裡或（偶爾地）在淑女學堂（finishing school）接受專屬女性的舉止訓練。[169]在宗教改革之前，西恩修道院（Syon Abbey）的修女得遵守的舉止規則就像後來伊拉斯謨為年輕人制定的規則一樣細緻。她們被告知如何站立、如何坐下、如何走路、如何吃飯、如何笑和往哪兒吐痰。在她們所有的身體行為中，她們永不能「超越端莊的界限。」[170]正如卡斯蒂廖內的《朝臣之書》（*Book of the Courtier*）中一位說話人所指出的那樣，一個女人「在她的時尚、舉止、言語、手勢和談吐上」，應該「與男人大不相同。」[171]

女性行為規範的內容反映出當時人們相信女性本質羸弱，沒有能力控制激情。因此，儘管男人在公共場合哭泣通常被視為不雅（特殊情況除外），但人們認為，女性「為任何小悲傷流淚」並無不妥，反而是「一種善良天性和心靈溫柔的表徵，近乎是一種體面的性質。」同情心和心地溫和被認為是女性的天性，她們被允許有更多的自由來表達自己的情感。不過有男性懷疑，女性會用「天賦來灑下一陣命令的眼淚」以遂操控的目的。[172]在當日的生理學理論中，女性被認為體質比男性更冷更濕，因此更容易流淚。正如諺語所說的，女人哭泣就像鵝用赤腳走路一樣司空見慣，沒啥出奇。[173]

貴婦人被要求舉止優雅和莊重，培養一種討人喜歡的柔順態度——一本行為指南稱之為「有魅力的氣質和迷人的親和性。」安妮・博林（Anne Boleyn）最初吸引到亨利八世注意，就是靠「她的絕佳姿態和行為。」蘇珊娜・佩威奇（Susanna Perwich）死於一六六一年、享年二十四歲。她因為「坐在音樂前面的俊俏模樣」而受到稱讚：

在她演奏的時候，
沒有滑稽的手勢，沒有大膽的臉，
眼和頭都保持在固定位置，
沒有東晃西晃，
就像被她罕有的藝術吸引。
所有虛榮自負的裝腔作勢
都叫她厭惡。
她從來沒有像別人那樣
歪著身子或歪著嘴坐。
她看似漫不經心，就像心思
是在別處。然而我們發現

> 她的表演讓人欽佩，
> 我們感到愉快無比。[174]

男性最大的關心是維護女性的貞操，因為這關係到血緣的保存，又因此關係到家族財產的繼承。謹慎和端莊是需要灌輸的品質。正如一本有影響力的行為手冊所說的，對女性來說，所謂「文雅」，就是「在妳的所有行為中都需要一定的端莊和自重。」女性的主要特徵是「和藹可親和順從」。[175]已婚婦女被要求表現出「妻子對丈夫應有的禮貌和尊重。」所有的女人都被要求羞怯，行為上不招搖。她們被認為應該吃得比男人少，以此減少性慾衝動*，騎馬時側坐在馬鞍上而不是分開雙腿跨坐，後者被認為有性挑逗性。[176]一五八五年，羅布森認為女人應該被允許在宴會上講話，但只能是輕聲細語。[177]一六六四年，紐卡斯爾公爵夫人（Duchess of Newcastle）瑪格麗特·卡文迪什（Margaret Cavendish）抱怨說，出身好的女人所受的教育「都只是跳舞、唱歌、拉小提琴、寫感謝信，讀羅曼司和學一些外語。但這些都是對身體的教育，不是對心靈的教育。」[178]一種習慣在十七世紀晚期形成：在雅緻（polite）的晚宴上，女士們會在某一時刻退場，讓男士們可以豪飲和無禁忌地暢所欲言。[179]

作為回報，女性被允許在衣著上更奢侈、更自由地使用香水和化妝品。在社交場合，她們也會受到更大的禮遇和尊重。她們有「就座優先權」，被允許先進門，在街上有優先通行權。[180]一位詹姆斯時代人認為，在給予「女性更高的地位上」，英格蘭男人是獨一無二的，儘管女性在實際上地位比男性低。他認為，英格蘭男人這樣做是「出於高尚的思想，是要尊榮和支援弱者。」但刻薄法學家謝爾德福的話要更接近事實。他說，女士們如果「連恭維、深鞠躬和吻手禮都得不到，她們就會是世界上最可憐的生物。」[181]

在十七世紀晚期，女性越來越被視為對男性舉止有文雅化的效果。人們舉的例子是法國：它的沙龍文化讓人深深相信，一個男人除非習慣與異性進行社交和互動，否則不可能會「斯文」。人們現在聲稱，女人天生就更文雅：出身名門和受過高尚教育的女士被說成是「最好的禮貌學校」，理由是她們「天生就是各種粗魯的敵人」；她們可以教導男人的雅緻（politeness）是「沒有顧問或課程」可以教導。[182]人們說，在鄉村地區，地主夫人因為「文雅有禮」和「慷慨施捨」而受到「尊敬和愛戴」。政治家暨政治作家哈利法克斯侯爵（Marquess of Halifax）認為，年輕人需要「在婦女的陪伴下被刷得溫文爾雅。」休謨問道：「有什麼禮儀學校比得過有德的女人？」到了柴斯特菲爾德勳爵的時代，人們普遍認為在女性圈走動的經驗對於想要獲得雅緻舉止的男人來說是必不可少。[183]社會因為在公開言論上禁止富裕婦女參與政治和公共事務、所以鼓勵她們專注於社會生活的細節。在十九世紀，是她們決定了拜訪和宴會的禮節。

---

* 原注：在一七六〇年代，一個鰥夫醫生警告幾個女兒說：「在男性，大吃大喝是一種可鄙的、自私的惡習，但在女性，那更是無法形容的無教養和令人作嘔。」這警告在醫生死後廣泛流傳開去，成為女性教育大有影響力的指引。見 John Gregory, *A Father's Legacy to His Daughters* ([1774]; 1828 edn), 31-32.

當然，有無數婦女無視或蔑視傳統對她們行為的限制，積極參與當時的社會和經濟生活，把所有關於女性溫順、羞怯和順從的觀念甩到一邊。大量的近代歷史研究表明，禮節作家的方案與日常生活的現實存在落差。[184]公認的婦女文雅行為準則是基於一個明確的信念、即性別應是社會分工的決定性原則。但在各個社會階層，女性都找到了規避這種限制的方法。

精化

無論男女，對有社會抱負的人來說，上流社會的禮儀知識是必不可少的。（圖2）其中之一是優雅的餐桌禮儀。人們普遍認為，食物塞滿嘴、咂嘴、舔盤子或在街上吃飯都是粗野和庶民化的行為。在十二世紀，貝克爾斯的丹尼爾斷言，人在和別人一起吃飯時不可吐痰、咳嗽、擤鼻涕、舔手指或吹湯。在十四世紀晚期，喬叟筆下那個超有教養的女修道院長是精緻餐桌禮儀的典範：她從不讓食物從手指上掉下來，也從不把手伸進醬汁裡，因此很是了不起。喝水時她會先擦擦嘴唇，這樣就不會在杯子上留下油脂。[185]給每個人提供自己的刀、叉、湯匙和玻璃杯的現代習慣直到十七世紀中葉才開始進入英格蘭上流社會，而且至少在一百年後才變得普遍。一個作家在一六七三年哀嘆說：「在國外……我們被徵稅……因為我們不用叉子，只用手指。」。[186]在一七三〇年代以前，叉子很少見，大多只限於富裕人家。一直到十八世紀好幾，人們用餐時仍然是用尖刀。一本十八世紀流行的笑話書講述了萊斯特郡一位農民在一次晚宴上的故事：他以前從未見過叉子，因此拒絕了使用叉子的提議，問對方是否可給他一根沒有縫隙的湯匙。[187] 一八一六年，一位埃塞克斯郡的農民要為自己切一塊雞肉，卻「不幸砍到了一位紳士的中指。」看來，這起事故是「緣於大家急於取食，同時伸手到盤子裡去所引起。」[188]

餐桌舉止的一些社會差異浮現得很慢。* 十七世紀末，一位在該國生活了十多年的胡格諾派（Huguenot）† 難民指出，英格蘭人打嗝就像打噴嚏或咳嗽一樣容易。聽到此說，有個人反問他，為什麼除了應該避免打噴嚏和咳嗽，人還應避免在用餐時打嗝？[189] 當義大利人喬達諾．布魯諾（Giordano Bruno）遊歷伊麗莎白時期的英格蘭時，他對英格蘭人習慣共用一個酒杯的做法感到噁心。但這種做法長期存在，哪怕禮節手冊對此表示強烈反對。[190] 儘管如此，到了十七世紀晚期，富裕階層的趨勢還是增加了餐具的數量，禁止使用手指和對任何曾經靠近別人嘴唇的東西‡ 表現出越來越強烈的厭惡。在一六七一年，有人注意到「有些人」現在「非常嬌弱」，用別人放過湯匙的盤子吃東西時一定要先擦拭一下。[191] 然而，當古文物家威廉．科爾（William Cole）——他是在伊頓公學和劍橋國王學院接受教育——一七六五年遊歷巴黎時，他認為有一件事值得指出：法國人讓用餐的每個人有自己一個玻璃杯或高腳杯。「這種乾淨的方法完全避免了喝別人口

* 指貧富之間餐桌舉止的差異出現得很慢。
† 法國新教教徒的稱呼，他們在本國不受歡迎。
‡ 指別人用過的酒杯之類。

水的不愉快情況。」一七八四年，有個遊英格蘭的法國人發現同桌的二十個人用同一個杯子喝啤酒，為之厭惡不已。卡薩在《禮儀》裡禁人共用酒具（非常親密的朋友除外）已經是兩個多世紀前的事。[192]

到了十八世紀早期，餐桌禮儀的社會差異變得更加明顯。一部圖文並茂的作品指出，一個人的社會地位越高，手指放在酒杯柄上的位置就應該越低，使用的手指數目也應該越少。它還對比了一個用四五根手指拿著湯匙的農民和一個僅用三指指尖拿湯匙的淑女，稱後者是「一種非常令人愉快的方式。」（圖3和圖4）[193]餐具的使用成了一種身分表徵。柴斯特菲爾德勳爵在一七四一年表示，一個「笨拙傢伙」的特徵之一是「拿刀、叉和湯匙的方式與其他人不同。」[194]一七七八年，一位權威人士斷言：「沒有什麼比進食時的行為更能顯示年輕紳士和粗俗男孩之間的區別。」[195]

切肉是一項重要的紳士修養，有其獨特的規則。一六六一年，一本食譜規定，在切肉時，一個人不能將超過兩根手指和一根拇指放在肉上。到了一六七〇年，據說「最俐落的切肉者」除了透過刀和叉以外，完全不會碰到肉。[196]利希菲爾德（Lichfield）主教約翰·霍夫（John Hough）在一七一六年被形容為知名「切肉好手」——他以「彬彬有禮和恭敬謙遜」著稱，據說前一年曾被邀請出任坎特伯雷大主教。[197]柴斯特菲爾德勳爵非常重視「嫻熟而優雅地」切肉，從「不會在骨頭上砍上半小時，也不會讓同伴被醬汁濺到。」[198]在一七七六年，約翰生博士不得不忍耐約翰·威爾克斯（John Wilkes）的奉承性切肉表演：「請讓我幫你添菜吧，先生；——還是這塊好——

喏，來點烤得嫩的——揀些肥的，先生——再來點佐料——倒些汁湯——讓我給您加些牛油吧——喝一點橘子汁好嗎？——要不，喝檸檬汁也許更有味兒。」[199]

十九世紀早期的禮儀書籍包含眼花撩亂的餐桌禮儀細節（專設計來引起最大程度的社交尷尬），從如何吃豌豆（用甜點勺）到配湯吃的麵包該多大一個的問題莫不齊全。一部一八三六年的著作判定，配湯吃的麵包永遠不應小於一英寸半厚：「沒有什麼比晚餐時吃薄麵包更庶民的了。」這是很多年後歷史學家喬治・特雷維良（Macaulay Trevelyan, 1876-1962）會向孫子們傳達的一項規範。[200]所有這些發展的結果是在社會菁英和尋常百姓的餐桌禮儀之間出現了越來越大的差距。

另一項身分的指標是身體的清潔度。原則上，這是每個人都應該有的美德，因為它表示尊重他人的舒適。它也是一項宗教責任，因為人體是上帝創造的，因此應該受到尊重：正如虔誠的伊麗莎白・沃克（Elizabeth Walker）在一六八九年告訴孫子的那樣，乾淨的人不一定是好人、但很少有好人不乾淨。[201]這也有利於貿易。布店老闆威廉・斯科特（William Scott）謂，當你走進一家店，看到店東「像在痰和水坑裡淹過一樣」，會多麼倒胃啊。[202]

現實上，清潔被認為是優越社會地位的標誌。都鐸時期的一位權威斷定，紳士們在清潔方面應該「超越並突出於其他所有人之上」，而對於柴斯特菲爾德來說，沒有什麼「比髒手和醜陋不平整的指甲更粗俗和更難看的了。」他規定，「指甲的末端」應該保持「光滑乾淨，不能像老百姓那樣積著黑色髒污。」身體清潔成為了一個社會標誌。一六九〇年，一位統計學家發現，社會地位越高的人用肥皂的次數越多、換衣服的次數也越多。一百年後，有論者稱「乾淨和光潔的習慣……對貴婦人和她的家庭來說比任何其他外表上的區別都重要得多。」203

社會差異也延伸到更私密的事情上。在某種程度上，隱藏身體某些自然功能和私處的渴望是放諸四海皆準。在每個社會階層，隨意大小便長久以來都被認為是一種冒犯。在西元前一世紀，西塞羅對犬儒學派哲學家嘲笑人們以自然功能為恥表示遺憾。他理所當然地認為，身體的私處應該隱藏起來，對自然的呼喚應該在私下回應*，以及談論這些事情是不合適。愛里亞斯以下的看法斷然有誤：中世紀的人在「進行這些功能†和看到它們時，只會有一點點羞恥或厭惡的感覺」，也因此只會「對它們作出輕微的孤立和限制。」事實上，它們被大量委婉語包圍著，被認為應該在私底下（**in private**）進行，就像當時的廁所一詞——**privy**——所顯示的那樣。修道院在這方面也有明確的規則。一絲不掛是可恥的，而據說就連魔鬼也會小心遮掩私處。204

禮貌規範起初強調的是下級有責任在上級面前不做任何可恥的事，因為這可能表示他們有欠尊重，或讓人誤以為他們與上級關係親密。十二世紀末，貝克爾斯的丹尼爾據此斷定，雖然貴族人家的家主人有權在大廳裡小便，但其他人應該在隱蔽處尋求解決，而且這樣做的時候應該小心，不可暴露自己。在十六世紀，卡薩的《禮儀》雖然強調在正式場合不可回應自然的需要，但又認為當只有僕人和社會地位較低的人在場，主人不必隱藏私處。一個世紀後，安東莞・德・考廷也說過同樣的話。[205]然而，伊拉斯謨教導孩子應該避免暴露——即使沒有其他人在照樣如此，因為天使總是在場。伊麗莎白時期的軍事指揮官蒙特喬伊勳爵（Lord Mountjoy）在回應自然的需要時表現出不同尋常的檢點，由此得到好評：「他最熟的朋友也從沒有聽說或看到過他出於私室的特權而在裡面自由解放——大概去愛爾蘭旅行的時候除外，在那裡他沒有內室可用。」虔誠的尼古拉斯·費拉爾（Nicholas Ferrar）相信，人應該「極為檢點地從事大自然所要求的日常必須事項。」他對「我們這個時代和民族的公然放肆」感到震驚，認為英格蘭人的習慣遠遠落後於其他國家。[206]

因為儘管社會上層人士在解手時越來越追求隱私，但他們對在哪裡做這種事卻沒有講究。詹姆斯一世打獵時會整天坐在馬鞍上；薩繆爾·佩皮斯（Samuel Pepys）有一次在煙囪裡大號；一六六五至一六六六年，當議會在牛津開會時，查理二世的朝臣「在每個角落——不論是煙囪、書房、煤房還是地窖——留下了他們的大便。」[207]據說，當牛津大學馬格達倫學院（Magdalen Hall）的副院長約西亞·普倫（Josiah Pullen, 1631-1714）牽著為首女士的手帶著一群女士參觀校園時，突然尿急，便「把臉轉向一堵牆，進行釋放，但繼續緊握著那位女士的手，造成對方不小的困惑。」[208]晚至一七五一年，一位作家猶聲稱「一個男人當街對著牆壁小便（哪怕在女人面前）並

---

* 即在私下大小便。

† 指大小便。

不是不雅的，儘管換成任何女人這樣做——不管她有多急和多不舒服——都會被認為非常不檢點。」[209]

然而，在近兩百年前的一五九〇年代，一位旅行家指出，「我國的女性會在私宅裡回應自然的需要，不被人看到」，但萊頓（Leiden）*的年輕姑娘們卻不羞於當街解手。到了十七世紀中葉，醫學作家們開始擔心有些人因為對離開同伴去解手所引來的注意感到尷尬，所以乾脆忍住，為此危害到健康。據說有些人因此丟了命，也有些人得了不治之症。總之，「這種為了得體而不去方便的做法是危險的，女士特別喜歡如此。」[210]一位十八世紀的旅行家指出：英格蘭的婦女連去便所也會感到羞愧，但「我在荷蘭卻看到過一個老婦人在一個紳士旁邊的洞坐下，又在自己用完當刮刀用的貽貝殼之後，禮貌地提供給那位紳士。」[211]

即使男人當街小便，方式還是有雅與不雅之分。路人被認為應該假裝沒看到，而同伴們應該脫下帽子，圍在四周遮擋。對一些人來說，即使是這些預防措施也不夠。詩人約翰・蓋伊（John Gay）在一七一六年敦促說：

> 為免路過的處女面紅耳赤，
> 去找個院子或隱蔽的角落吧。[212]

十八世紀哲學家大衛・哈特利（David Hartley）認為，與「自然疏散」（natural evacuations）†

相連的恥感會「因為教育、習俗、父母和女家教的訓誡與褒貶而大大增加。」[213]在宮廷裡，「國王馬桶侍從官」（Groom of the King's Stool）——國王大號時在旁伺候的僕從——從一六六九年起越來越常被委婉地稱為「國王披肩侍從官」（Groom of the King's Stool）。在漢諾威時代，他不再在國王出恭時在場。[214]貴族與其他人的生活習慣之間的差距，反映在馬爾堡公爵夫人（Duchess of Marlborough）莎拉．邱吉爾（Sarah Churchill）一七三二年在史卡博羅（Scarborough）的溫泉遇到的一件事。當時，她驚駭地發現，當喝過溫泉水的女士們開始感覺到效果時，她們被領進了一個房間，「那裡面有二十多個洞，下面放著抽屜。所有的女士都蹲到洞上面，以這種滑稽的姿勢你望我、我望你。門口有一大堆葉子供取用……我趕緊回家，生怕會被迫加入她們的行列。」十八世紀的餐具櫃裡放著尿壺，紳士們可以在餐桌同伴和社會地位平等的人面前使用。但斯文的諾福克郡牧師詹姆斯．伍德福德（James Woodforde）是他年齡層和階級的典型代表：他在花園裡豎起了一道隔板，以防止廚房傭人「看到那些偶爾去尿尿的人。」[215]

愛里亞斯正確看出，近代早期有一種穩定的趨勢，那就是「把自然功能從公共生活中排除。」[216]一七〇三年，卡薩《禮儀》新譯本的譯者有滿足感地指出，他的國人同胞對什麼事情是不雅的看法，已經與大約一百五十年前在「世界上最典雅國家」的見解相同。一七七四年，另一

* 在荷蘭。

† 指大小便。

位譯者表示，《禮儀》中許多戒律現在都看似「荒謬」，因為它們反對的是「這個時代任何受過教育的人都不會犯的失禮行為。」約翰生在幾年後說，如果說現在讀卡斯蒂廖內和卡薩作品的人比以前少，那「只是因為作者希望推動的改革已經實現，讓他們的訓誡不再被需要。」[217]

然而，有些習慣消失得很慢。一五三三年，在安妮·博林封后的宴會上，每當她要吐痰，兩位侍女就會在她面前遞出一塊布：這是她的王后地位的一個標誌。一六六一年，當佩皮斯去劇院看戲時，一位女士「不慎」向後朝他吐了一口痰（「看到她是一位非常漂亮的女士之後，我一點也不以為意。」）。詹姆斯時期旅行家費恩斯·莫利森（Fynes Moryson）指出，土耳其清真寺的一個神奇之處是認為「沒有小冒犯尤甚於吐痰」，而一六七八年，一位作家認為，荷蘭人在屋角放一壺沙子作為痰盂的做法證明了他們非常乾淨。「我的朋友可以在我可愛的地板上吐痰。」詩人喬治·赫伯特在一六三〇年代初唱道。一百年後，隨著地毯的普及，這種行為將會嚴重考驗友誼。[218]

上層階級也用獨特的語言習慣讓自己鶴立雞群。一位十八世紀修辭學權威認為，「古往今來所有國家」都有兩種方言，一種是高級階層的語言，一種是低俗階層的語言。[219]事實上，方言有很多種，因為地區差異和社會差異產生出百百種口音、語法和詞彙。亨利八世統治時期，伊頓公學校長認為「最佳和最純正的英語」是倫敦人說的英語。伊麗莎白時期的專家喬治·普滕納姆（George Puttenham）把宮廷或「好城鎮」所說的優美英語對比於「邊區*、邊境或港口城鎮」的英語，指出後面這些地方「因為地處要衝而被外國人縈繞。」與他時代接近的歷史學家威廉·卡姆登（William Camden）指出：「我們有宮廷和鄉村英語，我們有北方和南方英語，我們有粗俗和普通英語。」鄉下人的言語反覆被詆毀為「粗魯」和「野蠻」。正如霍布斯所言，不變的因素是「低等人的方言……總是不同於宮廷的語言。」[220]

在近代早期，人們越來越傾向於把外省發音和地區性語言當作「不文雅的」（uncivil）。普滕納姆宣稱，在「高地村莊和王國的角落」（「那裡沒有旅遊勝地只有窮人、鄉下人或不文明人」），居民用「奇怪的口音、畸形的聲音和錯誤的拼寫」來污染語言。在他看來，語言的標準應該由「有禮貌、舉止優雅和有教養的人」來制定。因此，在一五九七年，薩福克郡聖艾德蒙茲伯里學校（Bury St Edmunds School）的校長警告學生不要說「你們郡的人民的野蠻言論。」[221]在十七世紀，鄉紳人家的韋爾尼家族（Verneys），不會說本鄉的白金漢郡方言。[222]到了十八世紀晚期，追求標準發音的運動變得非常規範化。一七六二年，一位演說家斷言，除了在法庭上流行的方言外，所有的方言都是「外省的、鄉土的、迂腐的或機械化的教育標誌，因此都在某種程度上不光彩。」另一位自稱為專家的人在一七八三年宣稱：「我……認為天經地義的是，朗讀或說話順耳的第一個條件是不帶鄉音。」在上流社會不再那麼容易透過衣著跟社會地位低下者區分開來的時候，「字正腔圓」被認為是可以區分一個紳士和他的貼身侍從或區分一個貴婦和她的女外套裁縫的僅餘外在標準。一個歷史悠久的假設就是，語言使用的差異反映了社會秩序，而如果想保

---

* 這裡的邊區指英格蘭和蘇格蘭或威爾斯的接壤處。

持社會距離，就必須有強有力的自律。[223]

雅緻（politeness）的極致典範是優雅的談話。休謨聲稱，正是「為了使談話和思想交流更容易和令人愉快」，「禮貌」才會被發明出來。[224]在他那個時代，「談話」一詞仍然可以指任何形式的社交活動，但指人們之間口頭交流的狹義含意早已為人所熟悉。在伊麗莎白時期，「談話和交流」出了名是「朝臣一生的主要目的。」在十七世紀，它們成為「有教養的人最大的樂趣。」[225]正是在交談中，參與者展示了他們的「溫文爾雅」（urbanity），這個詞原本的意思是「讓人愉快的談吐」，但很快就成了文雅和禮貌行為的同義詞。在十八世紀，丹尼爾．笛福（Daniel Defoe）認為談話是「生活中最光彩和最美麗的部分。」[226]促進談話的地點和方法層出不窮：咖啡館、俱樂部和社團、集會廳（assembly room）、社交拜訪和晚宴。根據十八世紀晚期一位小品文作家的說法，「在平等的基礎上進行社會交往」是「讓人可以消除以不注意態度粗魯對待別人的唯一方法，這種態度是人在獨處中由自愛（self-love）自然引起。文縐縐的舉止和注意他人可以帶來最愉快的社交生活，現在這種風度被稱為『溫文爾雅』。」[227]

這種溫文爾雅談話的目的與其說是傳遞資訊，不如說是讓自己與他人打成一片，由此獲得樂趣。做到這一點的方法是說話逗趣、不打斷別人、不講惡毒的八卦、不吹噓自己，以及避免學究、專門或有爭議性的話題。如果必須反駁別人，應該要保持禮貌，絕不允許分歧危及相互關係。*儘管奉承是可免則免，但應該抓住每個機會來表明你的對談對象的高度敬重。[228]正如一位當代人在一六三二年所說的那樣，為了這個目的，發明了「一種新的語言藝術，稱為

『恭維』。」[229]

「恭維」（compliment）一詞本是指禮節性的恭順行為，但它後來特別用來表示表達讚美或尊敬的雅緻方式。十七世紀出版的許多「言談要訣」為恰當的恭維提供了指引，同時還包含一些格言和妙語，供人在談話中穿插使用。一位觀察者指出，有些人研究「恭維並銘記於心」，而這種做法並沒有逃過同時代諷刺作家的挖苦。[230]按照現代的標準，被推薦使用的恭維語異常華麗。教人寫信的手冊（寫信等於是透過其他方式進行談話）同樣建議使用鋪張的下款，例如「你最忠實、最謙卑的僕人」、「最願意被你命令的」、「永遠愛你和為你服務的」。[231]然而，慣例一直在改變：一六〇九年，一位法國作家告訴英格蘭讀者，以「上帝保佑您健康」開頭的信現在被認為是「土裡土氣」。[232]

在上流社會，不允許談論會貶低社會地位的話題。例如，你不應該談論生意，因為談生意是那些假裝不是商人的人所不能接受。出於同樣原因，你不應該談論天氣，因為天氣變幻莫測，而很多人的生計都依賴於天氣：有論者在一七一六年說談天氣是「低俗和鄉巴」。[233]「好教養的人」把不談論妻子當成規則。[224]同樣地，婦女也不被鼓勵談論家務事、孩子或衣服。各種各樣別

* 原注：鮑斯威爾告訴我們，雖然約翰生說話總是好勝，但有一次在阿塞爾特公爵（Duke of Argyll）家作客時，「禮貌地忍住沒有直接反駁公爵所說的一句話。」見James Boswell, *The Journal of a Tour to the Hebrides with Samuel Johnson, LL.D.* (1785), 25 October 1773.

人的個人問題都要避免。一位作家在一六七〇年建議：「當你找話題與別人聊時，選擇事而不是人。」[235]八卦具有很大的潛在殺傷性。出於同樣的原因，「過度打賭」被認為是「不禮貌的。」良好教養要求談話首先應該是「和藹可親和不冒犯人。」一七二五年，瑪麗・蒙塔古夫人（Lady Mary Wortley Montagu）指出，她和不對盤的馬爾堡公爵夫人「會繼續見面，就像兩個決意用禮貌來恨對方的人那樣。」[236]

無庸說，文雅談話的規定很少被字字遵守。人的虛榮心、自高自大、好鬥和急躁往往會攪和進來。同樣攪和進來的還有忍不住要說些消遣他人的笑話，因為「風趣機智」（wit）是廣受讚譽的特質。[237]即便如此，雅緻的談話還是和普通人的交談有很大的不同。它涉及到摒棄下層社會的語言習慣，情形一如雅緻文學（polite literature）牽涉到跟民謠和民歌等大眾文化的分離。有教養的人的一貫目標是「在任何場合的談話中都要比鄉下人、未開化的人更有禮和更文雅。」[238]約瑟夫・艾迪生在一七一一年抱怨說：有些「城裡人」，尤其是「在法國打磨過的那些」，開始使用「我們語言中最粗俗、最不文明的詞語。」他認為，有教養的人應該使用「端莊」的表達方式，把「家常」的詞語留給粗人。[239]

總的趨勢是語言越來越精化。「隨著雅緻的增加，」約翰生說。「有些表達方式被認為太粗俗和不雅，不適合嬌嫩的人。」一七六八年，有貴族血統的伊麗莎白・卡特（Elizabeth Carter）震驚地發現，在亨利八世和伊麗莎白女王統治的時期，一些「最偉大人物」的書信中包含了「目前最低級的同伴也很難容忍的表達方式。」語法學家約翰・斯坦布里奇（John Stanbridge）在十六世紀初為學生編寫的教科書並不是柴斯特菲爾德勳爵在兩百年後會要求兒子讀的東西，因為它毫不猶豫地將拉丁文的解剖學術語翻譯成英語對等詞，而這些詞直到最近都沒有法庭證人敢於大聲說出來，一律寫在一張小紙條上上交。[240]亞當．斯密認為這種「精微的感性」是生活在「非常開化社會的人」的最恰當特徵，但它不可避免地導致了委婉語和過度雅化。[241]

假以時日，文雅與雅緻的守則有了自己的生命。它們加強了貴族統治，但也要求貴族遵守流行的慣例。一位詹姆斯時期的諷刺作家聲稱，一個有錢人無論他的行為多麼醜惡，都一定會有他的「尊敬、禮貌、帽子和膝蓋*。」[242]財富可以彌補很多不足†，但在現實上，富人通常必須像其他所有人一樣學習禮儀。紐卡斯爾侯爵（後來的紐卡斯爾公爵）威廉．卡文迪什（William

* 「帽子和膝蓋」指脫帽致敬和行深鞠躬禮（行這禮時會彎曲一條腿）。

† 原注：可參考一個十九世紀詩人的說法：

懂得怎樣微笑和能夠顧盼
當然有一種美好風度。
好教養是了不起，但不管教養好不好
最根本的問題還是：你有多少錢？
有錢很重要，唉！
有錢很重要。

'Spectator ab extra', in *The Poems of Arthur Hugh Clough* (2nd edn, ed. F. L. Mulhauser, Oxford, 1974), 700.

Cavendish）抱怨，時尚在查理一世的宮廷裡是那麼的專橫，以致於即便是英格蘭最顯赫的貴族，如果沒有學會「對上一個從巴黎來的舞者上個月裝在提琴盒裡帶來的最新敬君禮儀」，就會遭到嘲笑。[243]

在現實中，禮儀等級和社會等級從來沒有完全一致。有時，當權者代表了禮節書作家們所希望的一切。一個例子是第一任埃塞克斯伯爵瓦爾特・德弗魯克斯（Walter Devereux,1539-1576）。人們回憶，他「有一種特殊的風度，能以美麗和得體的態度對待所有的人，不管對方是高等人、平輩還是下等人。*就彬彬有禮、老實正直和溫良恭謙而言，他是貴族的典範和榜樣。」另一個例子是第二任阿倫德爾伯爵（Earl of Arundel）湯瑪斯・霍華德（Thomas Howard, 1586-1646），他「舉止莊重，步態嚴肅，任何人看到他都會認為他是一個偉大的人。」再來是肯尼爾姆・迪格比爵士（Sir Kenelm Digby,1603-1665），他「舉止優雅，彬彬有禮，語言流暢，令人驚訝和高興。」†還有十八世紀的馬爾堡公爵約翰・邱吉爾（John Churchill,1650-1722），柴斯特菲爾德勳爵形容他「身材很美」，舉止是「無論男女都無法抗拒。」正是這種「迷人的優雅舉止」讓他能夠團結起擊敗路易十四的「大聯盟」（Grand Alliance）。「雅緻」的佼佼者是政治家暨收藏家賀瑞斯・華爾波爾（Horace Walpole, 1717-1797），他「總是以一種裝腔作勢的精緻風格走進一個房間（時尚幾乎把這種風格變得自然了）：雙手抓住三角帽像是想把它壓扁似的或是把帽夾在腋下，膝蓋彎曲，踮著腳尖，彷彿生怕地板是濕的。」[244]

然而，儘管上層階級試圖透過「文雅、謙恭和親切的舉止」和「翩翩風度」來標示自己的與眾不同[245]，但還是有些暴發戶學會了上流人士的那一套。另外，也有一些高等人物行為粗俗，說話隨便，個人習慣骯髒。內戰前，格洛斯特主教戈弗雷・古德曼（Godfrey Goodman）對人類天性中動物的一面極為反感，曾在一個場合宣稱：「在所有令人討厭的氣味中，沒有一種比人體散發出來的氣味更刺鼻，更讓人無法忍受。」然而，在一六三八年，法蘭西斯・溫德班克爵士（Francis Windebanke）發現，主教在為去世的年邁母親哭泣時，因為沒有手帕可用，竟然「用手指去擦眼擦鼻，然後抹在他的天鵝絨大衣上……我承認，這確實讓我失去了很多對他的同情。」[246]在接下來的那個世紀，小說家理查德・格雷夫斯（Richard Graves）宣稱見過以下這等情形：一位鄉村紳士借了別人的牙籤，用了後說了聲謝謝並還回去；一個受人尊敬的鎮長突然大聲咳痰，讓四周的人大吃一驚；一位著名的醫生往地毯上吐痰；一個有錢的商人在眾目睽睽之下從一些廢紙中挑出最柔韌的一張，放入口袋，準備立刻使用。[247]

要了解貴人們不遵守雅緻舉止最高標準的情形有多麼頻繁，你只需閱讀柴斯特菲爾德勳爵對他那個時代一些主要政治家的評論：羅伯特・華沃爾波爾爵士（Sir Robert Walpole）「舉止有欠優雅」；湯森勳爵（Lord Townshend）「舉止粗俗、土氣，近似野蠻」；紐卡斯爾公爵「老是匆匆忙

---

* 本書譯文中的「高等人」和「下等人」不是絕對用語，而是分別指比一己地位高和比一己地位低的人。

† 原注：約翰・奧布里（John Aubrey）認為，迪格比「是那麼的善良英俊、身材魁梧、聲如洪鐘、談吐優雅和風度高尚，以致於如果他從雲中掉落到世界的任何部分，都可以讓自己受到尊敬。」見 *Brief Lives*, ed. Kate Bennett (Oxford, 2015), vol. 1, 325-26.

忙，從不走路、總是在跑」；貝德福德公爵（Duke of Bedford）「既沒有才華，也沒有想討人喜歡的欲望」；查爾斯・福克斯（Charles James Fox）「語言不雅觀，談吐猶豫不決和不優雅。」[248]

此外，在上層階級的年輕人中，有些會以放浪形骸、暴力或不雅行為為時尚——這些人被稱為「暴徒」、「咆哮男孩」、「浪蕩子」、「魔虎克」（mohock）、「彼列之子」（sons of Belial），不一而足。他們賴以宣示自己社會優越性的方法不是奉行既定的文雅舉止的慣例，而是透過蓄意藐視它們。查理二世的朝臣們尤其以酗酒、放縱的性行為和追求享樂的放蕩主義而臭名昭著。[249]一些大學生也有類似的反文化，包括暴力、酗酒、性濫交和夜行胡鬧。[250]良好行為規範確立得越是牢固，他們從破壞規矩得到的興奮就越大。一六六七年，在聖喬治紀念日為國王和嘉德騎士們（Knights of the Garter）舉行的豐盛晚餐上，客人們出於「好玩」，開始在宴廳裡「大肆地」扔擲「宴會用品」，伊夫林因為「害怕天下大亂」而趕緊離開。一六九六年，一個到阿姆斯特丹旅遊的英格蘭人驚訝地發現，這個荷蘭城市在晚上與倫敦大異其趣：這裡「沒有爭吵，沒有人被打破頭，沒有守夜人被襲擊也沒有襲擊者被打倒，沒有拔出的劍，沒有人被送去監獄住一整晚，沒有窗戶被打破，也沒有招牌和理髮師的旗杆被拉倒。」[251]

在十七世紀晚期的英格蘭，禮貌的日益增長和色情文學的誕生會同時發生並非偶然，而在十八世紀，良好教養會跟性放蕩、酗酒、野蠻體育運動、低俗幽默和下流八卦同時存在，也並非巧合。[252]文明和禮貌的價值觀在近代早期的英格蘭固然是無所不在，但它們對上層階級的行為的影響從不徹底。

第二章 禮儀與社會秩序

它們教導我們，我們應該如何根據自己的等級和種類，在低等人和高等人面前，在朋友和敵人面前，貶低自己。這就是人們所說的「文雅」。

斯賓塞：《仙后》（1590-96）

社會等級

在近代早期，禮貌的概念與社會等級的存在緊密相關，而加強社會等級正是文明規範的職責所在。禮貌的本質被法國修辭學家稱為*bienséance*，被英格蘭人稱為「莊重」（decorum）：即做恰當、得體、合宜的事。在一五三八年的《拉丁字典》中，湯瑪斯・艾略特爵士將「莊重」定義為「一種恰當的行為，即一個人不管是在做事還是說話，方式都是符合其個性、等級、學問、官職或職業……有時它就是意味著老實。」一個多世紀後，大有影響力的法國權威安東莞．德．考廷也認為，「文雅」（civility）不過就是「每個人根據自己的情況所表現的檢點和莊重。」[1]

「莊重」要求行為跟時間、地點和場合相洽。工作服不同於星期天做禮拜穿的衣服；在教堂的行為不同於在酒館裡的行為；婚禮和葬禮的著裝和舉止不一樣。[2]莊重意識迫使人們以符合他們年齡和性別的方式行事。正如休謨在討論他所謂的「得體」（decency）時所說的，男人而娘娘腔或女人而粗魯「都是醜陋的，因為它們不合乎他們各自的特點，而且和我們期待的兩性所應有的品質相違背。」[3]最重要的是，「莊重」要求人們以符合他們社會地位的方式相處，對不同社會地位的人有不同的相處方式。喬納森．斯威夫特（Jonathan Swift）解釋道：「這門藝術的一個重點是讓我們的行為適應三種不同等級的人：高等人、平輩和下等人。」[4]

這是近代早期「良好舉止」觀念*中一個不變的原則，受到禮儀指南沒完沒了的反覆重申。對高等人要恭順尊敬，對平輩要開朗、大方、坦率，對下等人要和藹可親和施恩示惠（這個詞†此時還沒有貶義的弦外之音）。正如伊麗莎白時期政治家威廉．伯格利勳爵（Lord William Cecil Burghley）對兒子所說的那樣：「首先，你要準備好前進的道路。第二是讓人們知道你是個好教養的人。第三是要獲得很好的尊重——這種尊重一旦得到，就很容易留住。」在十七世紀晚期，哈利法克斯侯爵言簡意賅地說：「沒有什麼比對每個人都彬彬有禮更不禮貌的了。」[5]

一套精心設計的稱呼方式表達了社會優越性的等級：「大人閣下」、「尊敬的先生」、「尊貴的先生」，等等。還有一套同樣複雜的手勢表示了尊敬：站起來、摘下帽子、鞠躬、跪下、讓在上位者先說話、不要太靠近、不要正視對方的眼睛，等等。[6] 違反這些慣例可能會引起嚴重的冒犯。‡ 許多這種敬虔的姿態都與當時教堂中所使用的相同，因為以尊敬偉大君主的方式尊敬上帝似乎是恰當的。因此，許多國教派教士堅持教眾在教堂裡要脫下帽子，祈禱時跪下而不是坐著。王政復辟時期的考文垂（Coventry）與利希菲爾德（Lichfield）主教約翰・哈克特（John Hacket）不能「忍受在這個擅恭維的時代，人們對上帝比對人更粗魯，他們彼此卑躬屈膝、經常相互鞠躬，但從不向上帝下跪。」一個勞德派牧師說：「良好的姿態舉止既是禮貌的一個方面，也是宗教的一個要點，除了在宮廷裡學習，也必須在教堂裡學習。」小吉丁（Little Gidding）的虔誠小社區的領導人尼古拉斯・費拉爾每逢進入一座教堂，都會「深深鞠躬禮，走四步後再鞠躬一次，往前走幾步後第三次鞠躬。」他認為這是對上帝的「謙恭」（courtersy）。[7]

男女之間、老年人和年輕人之間的禮貌行為也有類似的規定。一位伊麗莎白時期的牧師建議，孩子們應該被教導以「良好的舉止和文雅的行為，包括在高等人面前站起來和脫帽鞠躬、對平輩有禮貌，以及對下等人溫文慈愛。」學生們被要求對在街上遇到的人脫帽致意，給路人讓

---

* 即禮貌觀念。

† 指condescending。

‡ 原注：一六四二年六月十日，下議院認定畫有查理二世和赫爾（Hull）市長約翰・霍瑟姆（John Hotham）的一幅複製畫讓人憤慨，因為畫中的霍瑟姆騎著馬走在城頭，而國王則是走在他旁邊和沒戴王冠。見 *Journals of the House of Commons* 2 (1803), 617.

路，以此作為一種「文雅要點」。[8]許多人主張，上了年紀的人應該受尊重而不論其社會地位如何，不過大受歡迎的王政復辟時期傳道人和劍橋國王學院前教務長班傑明·惠奇科特（Benjamin Whichcote）卻力主，「年齡和教育」同樣重要。[9]那些處於頂級的人總是可以打破規則，透過讓地位比他們低的人不受這些要求的約束而獲得令譽，但這是他們的特權。上等級可以選擇是否對下等級有禮貌，但下等級總是要對上等級有禮貌。伊麗莎白時期一本教人拳擊的手冊建議紳士們給家中的「粗魯人」或「浪蕩兒」賞以「三、四記老拳。」*一七一八年，白金漢郡的一位紳士愛德華·隆格維爾爵士（Sir Edward Longueville）因為座騎絆了一跤而死亡：當時他想揮馬鞭打一個冒犯他的「土包子」，要讓對方「學會規矩」。[10]然而，在秩序井然的社群裡，這種暴力行為是被禁止的：在牛津的萬靈學院，有個研究員因為毆打副管家而受到懲罰。[11]

因此，透過要求人們按照他們在社會等級中的地位而行為，良好禮儀支撐了社會秩序。正如一本剽竊自考廷的手冊所說的，禮貌「不過是每個人根據自己的情況所應遵守的檢點和莊重而已。」威廉·斯科特在他給布商的建議中強調，像親吻勳爵的手那樣親吻農夫的手，或者像向貴婦人那樣向女服務員鞠躬，都是「不雅觀的」。羅伯特·布魯克爵士（Sir Robert Brooke）的遺孀伊麗莎白（死於一六八三年）據說具有「高度的」禮貌智慧，因為她既款待所有的人，但又對他們「待以與他們各自的品質相稱的禮貌。」[12]十八世紀的哲學家湯瑪斯·里德（Thomas Reid）問道：「何謂良好教養？」又自己回答說：「它包括給予高等人應有的尊重、對下等人屈尊俯就，對所有與我們互動的人有禮貌……對女性敏感體貼。」喬治三世國王也給了兒子（未來的威廉四世）同樣的建議：服從高等人，對平輩有禮貌，對下等人表現出好性情。[13] 這種想法到了二十世紀仍然存在。在《最漫長的旅程》（*The Longest Journey*, 1907）中，小說家福斯特（E. M. Forster）這樣描寫地產經紀人威爾布拉罕先生（Mr Wilbraham）：

> 他知道自己的位置，並且讓別人也各就其位：整個社會好像一張地圖一樣鋪展在他的面前。郡區與本地的界限，勞動者和工匠的界限——他都瞭若指掌，不費吹灰之力便加以強化。他經管的任何事情都分成了等級：精心分成等級地對待高等人的禮儀客套和精心分成等級地對待下等人的禮儀客套。所以——因為他是一個有思想的人——也只有他可以公然宣稱，各種事情都是可以和諧相處的。[14]

幾個世紀以來，這種建議無休止地重複出現，而特別讓人吃驚的是它所隱含著的假設：高等人、平輩和下等人是可以輕易判別出來。每個人都知道或被認為應該可以找出自己在社會等級中的位置。人們必須先確定自己的「等級和地位」（station and rank），才能清楚地知道自己應該如何行事。所以，惠奇科特認為，每個人都有責任「反省他們的年齡、地位、關係、職能和教育程

---

* 原注：伊麗莎白時期的暢銷禮儀手冊《好社會的習慣》（*The Habits of Good Society*, 1859 edn, 9）敦促紳士學習拳擊，以便可以懲罰侮辱淑女的車夫或船夫：「狠狠一拳就可以撥亂反正。」

度，相應地行為。」[15]

這種認為應該根據別人的社會地位而對他們加以區別對待的假設，是文雅觀念中一條經久不衰的連續線。但它必須去跟那個幾乎同樣頑強（而且具有潛在平等主義性質）的觀念相調和，後者認為，好舉止的人應該把當初專為對待高等人而設的禮貌尊重延伸至涵蓋所有人。正如作家羅伯特·阿什利（Robert Ashley）在一五九六年所說：「禮貌和謙虛的人性的一部分是不加區別地對所有人溫文說話、向他們行禮、擁抱他們和款待他們。」[16]

一位十八世紀中葉的散小品文作家甚至建議對下等人要比對平輩或高等人更禮貌一些，「因為比我們低下的人總是有一種嫉妒心理。如果他們不被特別注意，就會認為自己被人鄙視。」他解釋說，迎合他們是很重要的，因為「沒有這些窮人，我們就無法生存。沒有他們幫助耕種土地，我們的佃戶就無法使用我們的農田、無法向我們交租。貿易和製造業也離不開他們。」[17]在上個世紀，惠奇科特也提出過同樣的觀點：「如果不是有窮人，地位較高的人就得自己幹最粗重的活。沒有人會鄙視必要的工具。」[18]

這些異乎尋常的現實考量提醒我們，禮貌的實踐既可能是出於利他主義，也可能是出於審慎。在都鐸時期，因為一個男人的命運取決於國王的青睞與否，文雅的文飾對生存至關重要。[19]在外頭的更大世界，良好舉止有助於有野心的人取得成功。一五七七年，一位作家聲稱，「文雅和禮貌」可以讓人「得到下等人的稱美，得到高等人的肯定。」羅伯特・阿什利有著相似看法，認為「沒有什麼比彬彬有禮和溫良恭儉的行為更容易得到別人好感。」一位十八世紀早期的作家把雅緻（politeness）定義為「對我們的言行進行巧妙的管理，從而使別人對我們和自己有更好的看法。」[20]

就像卡斯蒂廖內曾經教導，朝臣要想贏得君主的青睞需要有雅緻的修養，柴斯特菲爾德勳爵也認為，雅緻的目的之一是確保個人的地位提升：「你只能靠禮儀去取悅，並因此得到上升。」他聲稱知道有一百個幸運到不行的人的例子，這些人「除了儀態、舉止和風度以外沒有別的本領。」鮑斯威爾表示同意：「很少有人擁有讓交談對象對自己感覺良好的才能……應該盡可能地培養這種才能，因為它除了可以讓人留下一個愉快印象外，還可以讓展現它的人在被展現者的心中獲得有利地位。」他可以舉的例子有漢諾威社會的大畫家雷諾茲爵士：雷之所以能夠吸引到大批顯赫的客戶，畫藝高明固然是原因，但另一半原因是和藹可親和柔順殷勤。[21]

社會上層人士早就意識到，要想讓下層的人樂於接受他們統治，則除了展現威嚴外，還必須展現更可親的品質。湯瑪斯・艾略特爵士寫的《統治者之書》（*Boke Named the Gouernour*, 1531）有一章是談「和藹可親及其效用」，其中他力主，「面容傲慢自大」的權貴會被人「激烈」憎恨，反觀「一張溫柔而親切的臉龐」會對一個貴族有大用，會讓「所有人都認為他配得一切榮耀。」與他同時代的湯瑪斯・摩爾說過一樣的話：「一點點禮貌」往往比「大的施惠」更能贏得普通民眾的支持。[22]詹姆斯時期的律師威廉・馬廷（William Martyn）指出，最成功的統治者都是那些和藹可親、溫良恭謙、令人愉快的統治者。掌璽大臣法蘭西斯・培根（Francis Bacon）提醒法官們說：「權力在禮貌地被使用時會更有力量。」[23]鄉紳們被反覆敦促「在言行上要和藹可親，禮貌待人。」說教作家理查德・布拉特維特在一六三〇年宣稱，「溫和」對一個紳士來說是「一種那麼固有的品質……以致如果沒有其他方法了解他的話，一樣可以透過他的和藹可親來了解他。」約克郡紳士亨利・斯林格比爵士（Sir Henry Slingsby）在一六五一年建議幾個兒子要「珍惜和藹可親」，因為「沒有什麼像它那樣可以用更少的代價去獲得更多的愛。」。同一年，霍布斯告訴讀者：「和藹可親可以讓本已握權的人增加權力，因為它可以增加愛。」[24]

未來的弒君者約翰・庫克（John Cook）宣稱，禮貌是「任何當權者都能佩戴的最珍貴珍珠，因為它能買來人心。」第二任卡伯里伯爵（Earl of Carbery,*c.* 1600-86）告訴兒子：「尊貴人士的友好表情或話語可帶來金錢無法提供的服務。」類似的，在一六五〇年代早期，紐卡斯爾侯爵建議未來的查理二世應該「對每個人都要有禮貌和尊重……而且相信脫帽致敬和行深鞠躬禮比獎勵更讓人高興，因為它們是所有類型的人都需要。」十年前，一位譯者為卡薩的《禮儀》翻譯出另一個英譯本之後，題獻給年輕的查爾斯王子。他向王子保證，如果王子遵守書中的規範，將會得到所有人的愛戴和服從。[25]這是查爾斯將會小心遵循的忠告，而這大概是因為他記得一個說法：十六世紀荷蘭起義的領袖威廉・奧蘭治（William of Orange）每向一個人脫帽致敬，他就會贏得一個西班牙國王子民的心。[26]查爾斯也可能意識到，他的父親查理一世以其專橫的態度和拘謹的「守法」，疏遠了蘇格蘭人（一個以缺乏「恭維禮節」著稱的民族），從而導致了內戰。[27]

對下屬有禮貌對任何級別的當權者都是明智的。例如，士兵們更有可能為一個友好的軍官甘冒生命危險。據說，查理一世大多數指揮官對自己軍隊的不熟悉對「國王的大業構成了大不利*。」一個例外是查爾斯・卡文迪什（Charles Cavendish）上校，他雖然出身高貴，卻用對待平輩的同樣親切和坦率來對待最卑微的士兵和最貧窮的礦工。由於俯得極低，他在普通人的口碑中升得極高，被認為相當於一位王子和偉人。」[28] 務農的紳士被建議在早上叫雇工幹活時要和藹可親。農業作家格瓦塞・馬卡姆（Gervase Markham）相信，一個成功的農夫需要用「和藹可親和彬彬有禮」來管理家庭和從雇員獲得最大收益，因為「嚴厲會促進反抗多於順從。」[29] 一些雇主似乎非常認真地對待這一建議，以致於有一位詹姆斯時期的教士認為有必要警告他們「以『缺乏自豪感』而自豪」的危險——這種「以『缺乏自豪感』而自豪」的表現包括炫耀性地拒絕「坐高貴馬車、穿好服飾或蔑視下等人」，選擇被稱為「好先生」而不是「主人」，或選擇被稱為「主人」而不是「騎士閣下」（Sir Knight）。」[30]

然而，更常見的情形是，因為擔心「熟悉生輕蔑」†，很多權貴擺出「傲慢自大」的面容。古文物家奧布里認為，詹姆斯時期的貴族和鄉紳是「驕傲和無禮得可惡。」[31] 一位貴族作家承認，謙虛有時是必要的，但「知道何時高高在上」也很重要。正如威廉・溫特沃斯爵士（Sir

---

* 查理一世被議會派和克倫威爾打敗，被叛死刑。

† 「熟悉生輕蔑」是一句西諺，指與別人太熟會讓人看透缺點，因而被人輕視。

William Wentworth）在一六〇四年建議兒子的那樣，一個希望在本鄉受到尊敬和敬畏的紳士必須「保持有面子和權威。」[32]第二任阿倫德爾伯爵（1586-1646）是「非常有禮貌的人，但他克制自己的禮貌，禁止任何人對他大膽無禮。」他不求受歡迎，只求「讓普通人知道距離和分寸。」一位十八世紀的作家說，頭銜「容易讓人胡思亂想，讓他們以為下等人和他們自己不是同一個物種，並覺得除了富人或貴人之外，沒有人有權從他們那裡得到任何禮貌和尊敬。」[33]

儘管有人警告人們不要對下等人太過親切，但近代早期的行為手冊中通常推薦的貴族行事風格卻顯眼地不盛氣凌人。《完全的紳士》（*The Compleat Gentleman*,1678）反覆強調，柔和、有禮與和藹可親是贏得人心和鞏固服從的最有效手段。一六九四年，吉伯特・伯內特主教（Bishop Gilbert Burnet）有一次在女王面前講道時問道：「文明人的真正教養難道不是要表現出謙遜和仁慈的模樣嗎？」[34]

到了十七世紀，在回憶錄和墓碑上，人們越來越普遍地讚揚紳士們的「文質彬彬」、「謙恭」、「文雅」、「談吐風雅」、「和藹可親」和「屈尊」。[35]弒君者約翰・哈欽森上校（Colonel John Hutchinson）的遺孀露絲（Lucy）自豪地指出她丈夫「以和藹可親、謙恭和文雅……對待所有人。」亨廷頓伯爵（Earl of Huntingdon）之女瑪麗・喬利夫夫人（Lady Mary Jolife）於一六七八年去世，據說「她樂於以無限仁慈和屈尊態度與人交流，哪怕對方是最卑微的人。」[36]

到了十八世紀，這些品質已經成為必須。「低聲說話」是一種英格蘭專屬的良好教養標記：良好的舉止需要低調。[37]此外，一個「真正雅緻」的人被認為應該對地位比他低的人投以比對平輩更多的關心。休謨寫道：「在美好的宴會上，你無須打聽誰是酒席的主人。誰坐在最不顯眼的位置上，總是忙於照顧每個人的，一定是主人。」情況在一個世紀前並非如此：一六七八年，一位遊英格蘭的法國人注意到，家裡的女主人總是坐在桌子的上首，而在法國，那習慣上是給客人坐的位置。[38]

當然，因為社會差異太大，禮貌不可能平等地延伸到每個人身上。一個有禮貌的紳士無法像對待平輩那樣對待僕人。當洛克建議人應該「對所有人表現一種普遍的善意和關懷」時，又補充說這意味著要「**依照他人的地位和條件**，表現出應有的尊敬與看重。」[39]儘管相信人在日常生活中應該注意很多小禮節，但查塔姆伯爵不會為僕人開門。天主教作家蒂莫西・諾斯（Timothy Nourse）在一七〇〇年出版的一部作品中聲稱，一位紳士試圖以「禮貌」來贏得平民百姓的心是一個錯誤。他警告說，太多的下層群眾「性情非常粗暴野蠻，秉持平等主義原則，不聽從政府吩咐，又傲慢而喧囂。」最好的辦法是「約束他們，讓他們感到受鞭策。」[40]一七七九年，一位小品文作家抱怨說人們沒有認為低下階層應該受到禮貌對待：「他可能會尊敬世界上最有教養的人，但他對他的僕人和家眷卻是兇巴巴。」[41]然而儘管受到了社會等級的嚴格限制，但應該用良好禮儀對待所有人的觀念毫無疑問是存在的。

德國哲學家尼采說過，當掌權者「不斷用高尚舉止（noble manners）合法化自己，把自己形塑為**生而掌權**的更高級的人」，群眾就會屈服於任何形式的奴役。相比之下，他認為，有著粗俗個人習慣的實業家會讓工人認為他只是靠幸運或意外而凌駕於其他人之上，而「社會主義思想就是這樣誕生的。」[42]在近代早期的英格蘭，上層階級的社會權威被優越的舉止和外表所強化。它們給了他們沉著和自信，讓別人在他們面前感到自卑。正如亞當·斯密這樣形容一位年輕貴族：「他的神態、舉止和風度都顯出那種對自己地位的優越感，這種優越感是生來地位低下的人從來不曾有過的。這些都是他打算用來更輕易地使人們服從他的權勢，並按照他的願望去支配他們的意志的伎倆；並且他很少受到挫折。這些靠地位權勢推行的伎倆，在一般情況下足以左右世人。」亞當·斯密以法王路易十四為例，指出這位國王的才華和美德「並不比平庸高多少」，卻因優美的外表而被視為完美統治者的典範：他的容貌有威嚴之美、他的嗓音「高貴而動人」，還有一種適合他的地位但「出現在任何其他人身上都是荒謬的」步調和舉止。[43]

當時很多人都認為，如果沒有「禮節性舉止」，則「一切文明秩序」就會崩潰。伊麗莎白時期的一位牧師寫道：「拿走良好教養和禮貌，則無論是在上帝的教堂還是在共和國，都不會有安靜有序的生活。」論者謂，良好的禮儀有助於維持家庭內、鄰居之間和整個國家的和平。[44]在十七世紀晚期，經過內戰和「王位虛懸期」*的社會動盪之後，作為既有等級秩序支柱的禮貌似乎變得更為重要。古典禮節的規則可防止宗派主義的過分狂熱。透過把另類的政治或宗教觀點的表達視為一種社會失禮和一種品味錯誤，禮貌規範發揮了強烈的保守效果。它們讓政治和宗教上的非正統成為不可接受的不禮貌的例子。根據「文雅」的指導原則，人在行為時應該務求讓人與人之間的關係順暢和不出麻煩。他們應該體諒和柔順，以免引起不必要的痛苦。在近代早期的英格蘭，這意味著接受社會地位和階級的差異而不是試圖挑戰既有的秩序。

禮儀類型學

那麼它們對於底層民眾有何影響？這些關於謙恭、莊重和雅緻（politeness）的高雅學說是怎樣影響了大眾（工匠、小農、僕役和勞工）的文化？

毋庸說，許多種類的雅緻行為完全超出了他們的能力範圍。在十八世紀，「雅緻」涉及到從房子、花園到文學、音樂和藝術等方方面面的高雅品味的展示。它們有賴教育、旅行和財富來達至。長期以來，人們一直認為隨時準備好購買範圍不斷擴大的商品是「文雅」生活的一個基本特徵。都鐸時期的一位作家認為，雖然人沒有酒、香料、亞麻布和絲綢一樣可以活下去，「但這遠遠不是文雅應有的樣子。」[45]一六〇二年，古文物家理查·卡魯（Richard Carew）回憶說，康沃爾農民過去的生活非常簡陋：住的房子以土牆築成，屋頂是低矮的茅草屋頂，很少隔間，沒有玻璃窗，不是用煙囪而是在屋頂上開一個洞排煙。他們睡在稻草上，有毯子、但沒有床單；他們的家用物品就只是一個木盅和幾個平底鍋。但現在情況變了：康沃爾郡的農夫現在會「按照東部的模式以一種生活物資較佳的文雅來善待自己。」[46]一六一五年的一份皇家公告哀嘆說，玻璃窗和玻璃飲具的製造需要砍掉珍貴的木材，以為玻璃廠提供燃料。但它又強調，如果要保持「時代的文雅」，就不能倒退回到石頭容器和格子窗的時代（格子窗出了名的遮光而不蔽雨）。[47]雅緻人

---

* 指查理一世在一六四九年一月被處決到他兒子查理二世在一六六〇年五月返回倫敦登位的一段期間。

家需要有相適的衣服、房子和家具為前提，還要有僕人打掃房間、提熱水、洗衣服和造飯。長老派牧師理查德・巴克斯特（Richard Baxter）不滿地指出，「對房間、傢俱和住宿的不必要過分重視」受到了「以得體為旗號」的捍衛，而「一個不必要的世界」*也因為它們是「文雅」的緣故而得到原諒。[48]一七二三年，一位客座講道人在萊斯特郡基布沃思（Kibworth）附近村莊遇到了他認為「我所知道最不雅緻（unpolite）的會眾之一」，原因是方圓幾英里內「沒有一張茶桌」，也只看到「一條加撐裙（hoop-petticoat）†。」[49]

「雅緻」要求人盡早融入時尚界的習慣。它呼籲人們在閒暇時從事社交拜訪、參加晚宴、在貴族沙龍裡閒聊，並獲取可提供聊天話題的文化套裝組合。[50]沒有在「社交的自發互動」裡受過教育的人不可能「單靠旁觀模仿」學會正確的舉止。[51]要得到真正的雅緻，就必須在雅緻社交圈打過滾，特別是在婦女社交圈打過滾。那些一律只有男性作伴的人（例如長期在海上生活的海軍軍官）出了名的缺乏雅緻。[52]一位十八世紀的牧師在招待一位富有但「沒有有教養舉止」的薩福克郡農場主吃晚餐後尋思道：「打磨的缺乏是多麼明顯啊！只有社交圈才能提供禮儀的能力和流暢。」[53]

因為這些顯而易見的原因，絕大多數人是完全搆不著雅緻。一個農工也許會學會對高等人有禮貌，但他永不可能指望成為「雅緻」的人。事實上，如果他試圖這樣做，只會引人發笑。[54]對為填飽肚子而努力的窮人來說，「文雅」的文飾是完全不關他們的事。

因此，雅緻的程度反映了社會秩序的不平等。一位十六世紀在英格蘭旅行的荷蘭人指出，在所有國家中，「普通的芸芸大眾」行為和舉止上都是「粗俗而無教養」，反觀貴族和鄉紳們由於所受的教育和教養，表現出「非常值得稱讚的秩序和文雅的行為。」後來一位作家讚揚鄉紳對外地人的友好態度：他們會邀請外地人到家裡，本著他們所謂的「禮貌」（courtesy）或「鄰里情誼」（neighbourhood）豐盛地加以款待。[55]在詹姆斯時期的康沃爾郡，地誌學家約翰・諾登（John Norden）發現，那裡的鄉紳「嘗過文雅教育的滋味」，為人「非常善良、和藹可親、充滿人性和熱情接待客人」，但許多「低賤的人」卻是「苛刻、尖酸和沒有文雅氣質。」[56]一位作家在一六四一年指出：「由於貧窮，許多人變得沒教養、粗魯和不文雅。他們的小孩也是如此。」[57]在愛德華・張伯倫（Edward Chamberlayne）寫的年度參考書《英格蘭現狀》（*Angliae Notitia*）中，貴族、紳士、學者、商人和主要貿易商被奉承地描述為「舉止極其優雅」，但「普通人」卻被貼上「粗魯和甚至野蠻」的標籤——他們對待外地人的態度尤其如此。[58]雅緻指南的作者們假定那些不閱讀、不旅行、不熟悉時尚社交圈的鄉下人生活在一種半野蠻的狀態中，與非洲或新大陸的居民無甚差別。有些人甚至把他們稱為「印地安人」或「生番」。[59]事實上，美洲土著有時還會被認為不如英格蘭鄉下人那麼「粗鄙」。[60]

自古典時代以來，「鄉巴」和良好禮儀就一直是對立的兩極，因為文雅本質上是城市的東

---

* 指奢侈品太多的情況。

† 有裙環撐開的襯裙。

西，是公民社會的倫理。在討論性格的古希臘作家提奧夫拉斯圖斯（Theophrastus）看來，「鄉巴佬」因為缺乏任何莊重意識而惡名昭著，他們身體發臭而姿勢不雅。[61]近代早期的人普遍假定，「較文雅的人」是生活在城鎮。伊麗莎白時期特克斯伯里（Tewkesbury）的鎮書記認為：「聚集在一個城鎮裡的一個特殊社會和一群人」是「一切文雅的開端」，也和「粗野種類的人的行為構成鮮明對比。」[62]文雅不是「那些只知在田裡打轉、除看過鄉村教堂門口的行為外沒看過其他行為」的人學得來。外交家威廉·坦普爾爵士（Sir William Temple）認為，那些生活在樹林、田野和牛群中而很少與人交談的人注定會保持無知，更多地依賴感官而不是理性。[63]人盡皆知的是，當你遇到兩個紳士，而他們一個是在鄉下長大、一個是在宮廷或城市長大，那麼，你光是「憑他們的談吐、手勢和行為」就能立刻分辨出他們的來源地。伊麗莎白時期的精明練達者看不起鄉村的紳士，因為他們的「房子和服裝鄉巴」，舉止「粗俗」，以及「說話方式可笑」：「例如，有人會邊說話邊笑，或邊講事情邊咳嗽。還有人會打哈欠。」[64]城鎮居民稱農工為「守穀倉門的生番」、「鄉下鬥牛犬」、沒禮貌的「雜碎」（gubbins）和「在霍格斯諾頓*土生土長的土包子」。[65]年輕的喬治·多布森（George Dobson）被送到伊麗莎白時期特勒姆（Durham）的唱詩班學校之後，遭到同學們的無情惡整：他們知道他是在鄉下長大的，因為「他太土氣了，無法掩飾自己滑稽和乖違的舉止。」[66]

十七世紀的先驅蘭德爾·霍爾姆（Randle Holme）仔細區分了各種類型的「鄉村小丑」：不尊敬任何人的「鄉巴佬」（churl）；對文雅行為沒一丁點兒概念的「大老粗」（booror wain）；「沒

受過任何禮貌教育」的「村夫」（rustic fellow）；「談吐粗俗」的「野人」（plebeian）。其他同時代的用語將農村居民（尤其是農民和農工）跟完全的缺乏文雅和禮貌聯繫起來，包括churl、clodhopper和clunch。[67]

正如社會結構被設想為一個文雅程度層層遞減的等級系統，外國遊客也喜歡把英格蘭劃分為雅緻程度不同的同心圓。越遠離城市和宮廷的圓就越粗魯。一位伊麗莎白時代人解釋說：「溫文爾雅」（urbanity）一詞是衍生自拉丁文的*urbanus*，後者指「文雅、禮貌、溫柔、謙遜或有良好的管理，就像在城市和有良好政府的地方常見的那樣。」在都鐸時期，倫敦業已在「禮儀、時尚和謙恭方面」超過了所有其他城和鎮，又出了名的比林肯郡更文雅。[68]一五七七年，倫敦主教想把製造麻煩的清教徒傳道人趕出倫敦，所以派他們去蘭開夏郡、斯塔福德郡、什羅普郡和「其他類似的野蠻的郡」，去跟民眾的無知搏鬥。[69]在一六七〇年代末，羅傑．諾斯在巡迴審案途中發現，倫敦附近的郡「幾乎沒有什麼值得一說的」，但當他去到多塞特郡之後，「被我們稱為優雅（gentility）的一切東西開始消失。」[70]

一些製造業城鎮也被認為缺乏「舉止上的溫文爾雅。」一六九〇年，伯明罕的街道被形容為「骯髒、危險和充滿壞榜樣。」不過，當歷史學家威廉．赫頓（William Hutton）在一七四一年造訪該鎮時，那裡的居民似乎「帶有文雅生活的強烈標誌」：「我曾廁身在睡夢中人中間，但現在

---

* 霍格斯諾頓是一個烏有的村莊。

我看到人們醒了。」[71]在習慣於倫敦社會的人眼中，即便是一個大的郡治也可能顯得有欠文雅：亞歷山大・蒲柏（Alexander Pope）認為一七三九年的布里斯托（Bristol）「非常讓人不愉快」，其中「沒有有教養的人可供交往。」[72]

然而，自十七世紀晚期以來，大多數郡治已是公認的雅緻和公共社交的中心，尤其是那些位於主幹道上、附近有貴族和紳士居住的城鎮，比如諾里奇（Norwich）——能文的教士湯瑪斯・富勒（Thomas Fuller）稱讚諾里奇「溫文爾雅」。理查德・巴克斯特認為，吉德明斯特（Kidderminster）商人「與倫敦的不斷互動和往來」確實「極大地促進了他們的文雅和虔誠。」[73]作為代表金斯林（King's Lynn）的議員，賀瑞斯・華爾波爾對當地居民的地方主義感到厭煩，但他也退一步承認：「公平地說，他們是明智的、理智的和開化的……我把這歸因於他們透過良好的道路和驛站馬車，與世界和首都進行更頻繁的交流。這些道路和馬車縮短了國王的領土範圍，馴化了他的子民。」許多華爾波爾的同時代人同樣指出，道路的改善使該國的較偏遠地區同時對貿易和大都會禮儀的影響力開放。[74]

結果是，在十八世紀，許多省會都有一個有教養的中間階級，他們的生活有一定風格，對何謂「文雅」和何謂「粗俗」有發達意識。儘管他們自稱不受大都會時尚的擾亂，但他們過著豐富的交往生活，有聚會廳、賽會、講座、散步道和劇院可去（圖9）。[75]這些公共空間是被蓄意創造為一個讓社會秩序可被看見和雅緻社交儀式可被實踐的場所。隨著俱樂部、咖啡館和會社的滋生，文雅行為的習慣理所當然地發展起來。在一七七六年，約翰生說：「我最近帶著我朋友鮑斯威爾參觀英格蘭一個省會的真正開化生活。我讓他在我的家鄉利希菲爾德（Lichfield）自行活動，看一次真正的文雅。」[76]

沿海地區也被認為更加文雅，因為它們更容易接近外國人——羅馬人曾認為肯特是英格蘭最文雅的地區。但是，那些遠離倫敦和缺乏受過教育的資產階級的所謂高地（uplandish）地區或鄉村地區*，則被視為是愚昧的。[77]集村（nucleated village）居民被認為比那些獨自生活在遺世獨立農場的人更和藹可親、更善於交際。[78]貴族和紳士們過從往還，互相恭維，互相拜訪。[79]但是，大多數普通鄉下人似乎缺乏社交美德，因為他們「被無法通行的道路所包圍，沒有人與人的交往可供人性化心靈，沒有商業來撫平他們的不馴本性。」[80]

最野蠻的是那些生活在鄉村但不屬於正常農村等級體系的人，包括：住在沼澤、森林和荒地裡的擅自墾荒者和棚屋戶，他們基本上不受鄉紳和牧師所規定的社會紀律所約束[81]；沒有固定住所的窮人勞工，政府把他們斥為「流氓」、「流浪者」，說他們生活得「像生番」[82]；河流和運河上的駁船船夫，他們出了名的粗野無禮[83]；迪恩森林（Forest of Dean）的「野人」[84]；羅姆尼沼澤

* 原注：與「高地」概念相對的是「內地」（inland），指較接近首都和人口中心的地區。這個字逐漸有了「文雅」或「開化」的意思。在莎劇《皆大歡喜》中，當奧蘭治（Orlando）被指責「一丁點兒禮貌都不講了」時，他解釋說：「無情的貧困逼得我走投無路，叫我顧不得再講究那溫文的禮貌。可我是在內地長大的，也有些教養。」（第二幕第七景）類似的，假扮為加尼米德（Ganymede）的羅瑟琳（Rosalind）解釋說她是從一個叔叔那裡學來她的優美腔調，這叔叔「年輕時是一個內地人。」（第三幕第二景）

（Romney Marsh）的「粗魯和無教養人」；劍橋郡沼澤地（Cambridgeshire Fens）的居民，他們「粗魯、不文明、嫉妒其他所有人」，被稱為「高地人」（upland man）。地理學家納旦尼爾．卡彭特（Nathanael Carpenter）認為，是沼澤地的濃濁蒸汽讓那裡的居民「性格呆板，性情粗野，不適合學習，不適合與人文雅地交談。」[85]礦工們被視為特別粗野。在薩默塞特郡，他們被描述為「粗魯的野蠻人」、「野蠻而墮落……天性殘忍，舉止兇殘」[86]；在德比郡，他們據稱「有著野蠻的本性和行為」，以「粗魯、無禮和不服從」而臭名昭著[87]；在諾森伯蘭，他們「比生番好不了多少」[88]；在康沃爾郡，他們是「英格蘭最粗暴、最暴躁的人。」[89]有些採礦社區確實是罪犯的庇護所，但這些刻板印象式描述並不總是建立在熟知當地的情形上。[90]

與鄉村和城市的反差一樣大的，是南北之間的反差。英格蘭的高地地區被南方人視為落後和不文明，生活在那裡的「高地人」*因粗魯而臭名昭著。[91]一五三七年，克蘭默（Cranmer）大主教將蘇格蘭邊境的居民描述為野蠻粗魯的強盜，不懂農業，靠掠奪為生。他的繼任者馬修．派克（Matthew Parker）在一五六〇年擔心「粗魯」的北方人會變得「太過愛爾蘭人化和野蠻化。」都鐸王朝的價值觀是平和與務農的低地英格蘭的價值觀，不是放牧和兇暴的北部的價值觀。[92]一位伊麗莎白時期的作家抱怨說：「我們大肆吹噓這塊土地的南部——即倫敦——有多文雅和有教養，又低貶和蔑視北部的粗魯和不文雅。」他自己的經驗讓他相信這是一個錯誤判斷。[93]然而，溫特沃斯子爵（Viscount Wentworth）雖然是北部議會主席，自己也是約克郡人，卻在一六二九年把北部人稱為「野蠻的北部人」。哈克特主教（Bishop Hacket）到中部的斯塔福德郡和什羅普郡旅行時，發現「在那裡的偏僻地區，村民有一種北部人的粗魯無禮，缺少通常在城市和大鎮（特別是在倫敦）會找到的南部典雅。」[94]約克郡、蘭開夏郡和坎布里亞郡的北部人以冷峻、口沒遮攔、魯鈍和無禮的舉止而臭名昭著。在泰恩賽德（Tyneside），把煤裝到大船上的運煤船夫同樣以愛咒罵、污言穢語、酗酒和動輒使用暴力而臭名昭著。供應他們啤酒的「酒屋」專為他們提供劣質啤酒，他們稱之為「生番啤酒」（savage beer）。[95]德比郡峰頂區（Peak district）的礦工的粗魯與該郡南部農業和製造業地區的居民的優越舉止形成鮮明對比。一位十八世紀的作家認為，這是因為「文明在山區不像在平坦開闊地區出現得那麼早。」但他認為，礦工們缺乏與世界其他地區交流也是原因之一，這讓他們沒有機會獲得打磨——這種機會是「常常可以從跟鄰近地區無拘束而廣泛的交流得到。」[96]

中間階層（middling sort）的文雅

無論是生活在倫敦還是外省，近代早期英格蘭從事專業和商業的中間階級都有一套獨立於宮廷和鄉紳的文雅行為慣例，而且某些方面比宮廷和鄉紳還要講究。[97]城市貿易商一向很看重有禮貌、老實和公平交易，店東們也以近乎諂媚的「極端有禮」著稱。[98]但這並非一成不變，否則樞

* 這裡的「高地」是相對於「內地」而言，是一種價值判斷語詞，無關地理上的高地。

密院不會在一五五二年認為有必要警告倫敦的肉商，他們的妻子和僕人對顧客說話應該溫文和老實。[99]然而，通常情況下，「親切的行為」和「優雅的舉止」被認為是任何從事商業活動的人的重要資格。一個當時人在一六三八年指出：「不管做任何生意，如果想賺錢，都必須表現出和藹可親、圓滑和有禮貌。」站在櫃檯後面的人必須「完全有禮，完全文雅和完全舉止良好。」有論者謂，沒有一個無禮的商人能發大財；如果不是老實、有禮和可靠的倫理廣為流傳，十八世紀英格蘭不可能出現經濟擴張。[100]一七五〇年，旅行家理查德・波科克（Richard Pocke）參觀了一些製陶城鎮，遇到了「許多文雅和親切的行為，因為商家把所有來人都看作顧客。」[101]類似的，一個瑞士人遊客警告別人要提防巴黎人的「危險文雅」，因為這種文雅會慫恿人購買超出他們原來打算購買的商品。[102]

曼德維爾很好地描述了一個綢緞商人如何用逢迎和翩翩紳士風度，誘使一位漂亮的年輕仕女購買他賣的昂貴絲綢。任何想得到貴婦人光顧的人都必須「非常雅緻，精通城市禮節的所有細節……他必須衣冠楚楚，一副宮廷神氣。」[103]一七七四年，著名襪子製造商傑迪迪亞・斯特拉特（Jedediah Strutt）交給兒子一本柴斯特菲爾德勳爵的《家書》（*Lettles*），敦促他學習「紳士的舉止、神氣、優雅談吐和雅緻行為」，因為當他踏入世界做生意時，這些能力都是必不可少的。[104]

十八世紀商業利益的捍衛者會主張說，貿易可以精化和打磨舉止，因為它鼓勵人去跟世界其他地區進行更廣泛的交流。這種理論完全被同時代的商人、推銷員和客棧老闆證實。為了銷售商品，必須對他人的需求和欲望有同理心。然而，這種禮貌風格的一個基本前提是商業競爭。當賣方龔斷塞文河（River Severn）上的渡船工人時，就沒有了「可確保禮貌的誘因」，而渡船工人可以隨心所欲地粗魯無禮。[105]搬運工和貨運馬車夫也是如此，他們是「全國最粗魯、最不文明的部分」，而海員則是「與他們賴以維生的環境一樣粗暴、狂野、脾氣惡劣。」海關官員是另一種不會從有禮貌得到好處的職業。[106]出於相當不同的原因，外科醫生也以「奇怪的粗魯舉止和惡劣的本性而聞名。這是由於他們持續的節儉和必須在手術中對病人殘忍致之。」[107]

在十七和十八世紀，在全國各地如雨後春筍般出現的數千個俱樂部和會社發揮了重要的開化功能。[108]它們讓志同道合的朋友在酒館和吃飯的地方喝酒、吃飯和交談。其中一些會社變成了充滿攻擊性、淫穢和醉酒的男性聚會。其他的會社——例如以本．強生及其朋友為中心的詹姆斯時期詩人、律師和政治家們的聚會——則成了文雅的自覺推手。在一六二〇年代早期，強生的「阿波羅俱樂部」（Apollo Club）的章程明確地將其成員與當時的貴族鬧事者區分開來：

讓我們唯一模仿的
不是喝酒，而是風趣機智地交談。
……
不讓任何人敢於
像暴徒一樣打架鬥毆，
不讓玻璃杯或窗戶被打破，

窗簾被撕爛。[109]

和平的歡宴也可以在家庭的環境實現。歷史學家波利多・維吉爾（Polydore Vergil）指出，在亨利八世統治時期，倫敦小市民中的「普通類型」習慣於邀請朋友到家裡吃晚飯，認為「這是客套（humanitas）的一個大部分。」在隨後的兩個世紀裡，中產階級的住宅變得更適合招待訪客。隨著房屋的擴大，空間的使用變得多樣化，花在購買桌子、亞麻布、刀具和餐具的支出為之增加，家庭飲食成了當時人所謂的「文雅」的一個重要方面。[110]這一時期的烹飪書作者理所當然地認為，他們的讀者想要用飯食來招待「親戚、朋友、盟友和熟人。」這種家內飲宴的頻繁得到了當時的日記的證實。[111]輕度醉酒被認為是一種有助於愉快交談的方法，儘管在十八世紀，咖啡、茶和巧克力等新型的無酒精飲料也在公眾社交中發揮了重要作用。茶會成了一種無處不在的社交儀式，而有論者主張，咖啡館因為吸引了大批「文雅」和「聰明」的客人，所以有助於「開化我們的舉止，擴大我們的理解力，精化我們的語言，教會我們優雅的談吐。」（圖10）[112]

所有種類的城市社交（urban sociability）都受到禮儀書作家的推崇。它是一個時人所謂的「普通有禮貌的人」[113]中間的公認文雅準則，儘管不是每個人都奉行。一五七七年，一位觀察敏銳的作家歸納出有三種人的舉止應該受到譴責：一種是不邀請鄰居吃飯、也不接受鄰居的邀請；一種是邀請鄰居吃飯，但拒絕接受鄰居邀請；第三種是接受鄰居的邀請、但從不回請。[114]

巴克斯特有很好理由認為「自由地產保有人（freeholder）和商人」是「這片土地的宗教和

文雅背後的力量。」[115]這是因為他們的行為斷然比許多貴族要文雅，後者在公共場所的行為往往是吵鬧、粗野和有欠體貼。[116]大多數中間階級都敵視貴族價值觀：他們拒絕決鬥和不接受與決鬥相伴的紳士榮譽準則，他們喜歡勤儉節約而不喜歡炫耀性休閒和揮霍。[117]他們在個人清潔和語言得體方面也超過了貴族。事實上，他們的典型錯誤正是過分雕琢。莎士比亞筆下的「飛將軍」（Hotspur）——諾森伯蘭伯爵的兒子——這樣斥責妻子說話矯揉造作：「妳賭咒時活像個糖果店的老闆娘……凱特，妳是貴婦人，賭咒應該響亮地破口而出，把什麼『說個真個兒的』*和其他酥痲的口頭禪留給那些星期天出遊、穿鑲邊絨衣裳的市民們。†」[118]當政治家喬治・坎寧（George Canning）——他曾是伊頓公學和基督教堂學院的傑出學者——在市政廳為小皮特（the younger Pitt）‡構思墓碑題辭時，這樣寫道：「他死時貧窮。」他這是要取代一位市議員的題辭：「他在生活拮据的環境中與世長辭。」[119]

對於十八世紀的中間階級來說，最重要的區別是「高貴」（genteel）和「庸俗」（vulgar）之別。這部分是錢的問題：一七五三年，一個當時人將「高貴貿易」（genteel trade）定義為那些與「普通貿易」不同、需要「大量資金」的行業。[120]但同時也涉及到禮儀和品味的差異。不可避免的

* 即「說真的」。

† 莎士比亞這是諷刺中間階級說話矯揉造作。

‡ 英國首相。

結果就是，「在衣著、傢俱、舉止和語言等等方面，對粗俗的恐懼不斷地困擾那些半意識到自己有變得粗俗的危險的人，讓他們陷入極端裝模作樣。」[121]於是，長期以來被用來指紳士生活風格的genteel（高貴）一詞，有了「虛偽的自命不凡」的現代含意。

人民的舉止

那麼，這個社會階層以下的人又是如何，即小農，雇傭和勞工又是如何？他們是否認同上層階級的文雅行為標準？還是說他們對流行的文雅和雅緻概念漠不關心？這些問題不容易回答，但也有一些指標可供參考。

例如，人們可能會認為，公共廁所的缺乏隱私——例如倫敦港皇后碼頭坊（Queenhithe）的公廁有四十個供男人用和四十個供女人用的不隔間座位——表明了社會等級越低、對大小便的態度就越隨便。[122]現代早期的硝石獵人認為房屋的地板會浸透著屎尿。一六二八年，他們想在教堂下面挖掘，理由是認為「女人會在座位上方便，而這會產生上好的硝石。」（這應該是考慮到十七世紀的講道時間冗長。）[123]一七六三年，性冒險家賈科莫．卡薩諾瓦（Giacomo Casanova）遊英格蘭時，驚訝地發現人們會當街大解，而這樣做的時候是背對而不是面向路過的人（他的同伴解釋，大解者背對路人是不想讓他們看見樣子）。[124]然而，儘管普通人會向著教堂牆壁、在公共建築的樓梯上或在房間角落解手，但教會法庭的證據表明，廣大民眾對身體禮儀有著明確的標準。

暴露私處被普遍認為是「不雅」和「可恥」。[125] 十八世紀的古文物家法蘭西斯．格羅斯（Francis Grose）甚至聲稱，按照古老的習俗，如果一個人在公路或公共步道附近大便，路過的人可以要求他用牙齒把帽子摘掉，「然後留在原地把帽甩到頭上。這時，帽子經常掉落在屎溺中。」拒絕照辦的人可能會被推一把，跌坐在自己的糞便上。[126]

上層階級普遍假設，全國各地的下層民眾都是「土包子」，行為粗俗而缺乏自制力。他們不但不會按照禮貌指南推薦的方式去取悅別人，反而粗暴和不近人情。他們不習慣任何禮節，他們的手勢都是不雅、「粗鄙」和「不受約束」。[127] 他們無知而口齒不清，無法進行禮貌的交談。如果他們遇到高尚的人，可能會因為「羞恥或害怕」而跑開。他們身體笨拙，站著時把帽拿在手裡，粗壯的胳膊鬆垂，腳趾頭內翻。[128] 紳士們被建議不可讓孩子接近「野蠻的奶媽、鄉巴的玩伴和所有鄉下人」，以免被他們的不良舉止所污染。[129] 一位禮儀書作家警告說：「農民是瘟疫一樣的疾病，很容易透過互動被感染。」[130] 伊麗莎白時期的企業家計畫向美洲輸出「貧窮種類的人」，以免他們用「各種各樣的失序」來困擾「較好種類的人。」王宮雇用門衛來把那些「不文雅、不乾淨和粗魯」的人拒之門外。就像二十世紀義大利共產主義知識分子安東尼奧．葛蘭西（Antonio Gramsci）會說的，在社會菁英眼中，從屬群體總是野蠻和病態。[131]

我們也許會懷疑，工匠和勞工不是像評論者所說的那樣，笨手笨腳和四肢不協調。然而，我們也不能不考慮到，地位高的人可以透過教育而獲得優異的姿勢和舉止，可以因為飲食、衣著、傢俱和職業而獲得身體優勢。很難指望營養不良和從事體力勞動的人可以符合貴族式的身體優雅標準。在伊麗莎白時期，「英格蘭紳士和貧窮勞動者有著不同的身體特質」是公認的事實。在愛爾蘭的作戰經驗讓作家格瓦塞．馬卡姆深信，一個紳士能夠忍受足以殺死「一百個土包子」的極端飢寒。[132]在十八世紀晚期，低下階層平均來說比他們的上層較矮和較瘦，而軍官比普通男人強壯和英俊。[133]正如休謨在一七三九年所觀察到的那樣：「一個做散工的人的皮膚、毛孔、筋肉和神經都不同於一個名門紳士……生活地位的區別影響一個人的內外全部結構。」[134]礦工、鐵匠和其他產業工人的身體經常因職業而扭曲，他們的手粗糙而長滿了老繭。在伊麗莎白時期的彭布魯克郡，有人說「辛勞、烈日炙烤和飢寒交迫」是「導致平民不好看的主要原因。」[135]洛克認為，一個中年的農夫「幾乎不可能有和一個紳士一樣的舉止……儘管他也是一樣的身體勻稱，一樣的關節柔軟。」[136]

儘管有這些生理上的差異，禮貌和不禮貌的觀念看來對即便是最低下的階層也不陌生。多個世紀以來，下層階級一直被認為應該在高等人面前保持自我克制：恭敬和服從是他們生活中的基本部分。[137]佃戶也許會被明確要求「說話要老實。」十七世紀的濟貧官常常要求受濟者要行為「文雅」，不可使用「不雅的語言。」[138]一六六〇年代，薩默塞特郡布魯頓（Bruton）的牧師寫了一些證言，證明申請救濟的窮人「一直文雅地生活著」或「有著文雅的生活和互動。」二十年後在蘭開夏郡，一位申請者聲稱他「是一個非常文雅、賣力和勤奮的工人。」另一個人說他「一向在鄰居面前文雅地貶低自己。」其他人則選擇形容自己是「得體的」、「賣力的」或「老實的」。不管他們是否使用「文雅」一詞，他們所聲稱的老實、勤勉和節酒，其性質與同時代其他人所理解的非常相似。[139]

「老實」是那些靠自己的勞力養活自己的人的美德，他們生活在一種平和、有序和不冒犯別人的生活方式中。[140]它也意味著性的得體。這是一個基本的要求，不僅僅是針對女性：稱一個男人為「嫖客」的侮辱性幾乎不亞於稱一個女人為「妓女」；一個私生子的父母雙方都會同樣受到指責。[141]私通、通姦和性騷擾都被認為是「不文雅」：一六五五年，一位德文郡的婦女抱怨說，一個準強姦犯「以非常不文雅的方式把她的衣服拔下來。」[142]

因此，文雅的觀念獲得了廣泛的共鳴。它意味著對高等人恭敬，尊重老人，對朋友、親戚和鄰居表現出有序的、守法的行為。在城鎮裡，它鼓勵雅緻的社交活動，並制定一套規定先後順序的街道禮儀守則，禁止推擠、插隊和衝撞。[143]教堂要求教友穿上最好的衣服做禮拜，舉止「得體」、「好看」和「有秩序」。那些「不文雅地」擾亂崇拜的人的「不禮貌」行為和「粗魯」舉止被認為是對「所有老實和文雅的人」的冒犯，而罪魁禍首經常與誹謗者、麻煩製造者和性犯罪者一起在教會法庭上被起訴。[144]俗世法庭同樣會指控那些對國會議員或其他顯貴口吐不文雅言語的人，控告他們「違反良好舉止。」潑婦被指控「以最野蠻和不文雅的方式」辱罵鄰居，誹謗者被形容為「不得體」和「不禮貌」。[145]

批評粗俗的語言透露出，人們普遍認為，無論在多麼貧窮的人，「醉酒」都是可恥的，而「暴躁」或「混亂」是「野蠻的」。[146]房東可能會要求房客是「文雅的人而不是醉鬼，不會什麼都不幹只知胡鬧和吵架。」[147]印刷廠設計出確保「文雅和守紀律」舉止的規則，會懲罰說髒話、打架、酗酒和辱罵人的工人。和許多其他行業協會一樣，文具協會堅持其成員必須表現出「良好行為和文雅談話。」當東印度公司物色願意到印度去嫁給公司員工的年輕英格蘭小姐時，它堅持要找「老實和行為文雅」的女性。[148]

「文雅」還包括禮貌地接待外地人人。伊麗莎白時期作家湯瑪斯．邱奇亞德（Thomas Churchyard）大大誇獎什魯斯伯里（Shrewsbury）和北威爾斯的「普通百姓」的「善良」、「有禮」、「說話中聽」和「恭敬態度」，說他們會「文雅地」向高等人脫帽致意和行深鞠躬禮，並認為自己「有責任跟隨外地人的馬鐙到任何他想帶他們去的地方。」一五七八年，在伊麗莎白一世造訪過薩福克郡和諾福克郡之後，邱奇亞德也稱讚兩郡的普通百姓「禮貌周周」和「舉止恭敬」。都鐸王朝中期的農業作家湯瑪斯．塔瑟（Thomas Tusser）同樣主張，鄉下人應該「文雅地」回答外地人的問話和對鄰居表現出「不失禮」的態度。[149]

然而，現實上，在整個近代早期，外國訪客似乎都遭遇到了不友好的對待，在多佛和格雷夫斯德（Gravesend）之類的港口是如此（在那裡他們受到粗暴的接待和敲竹槓），在倫敦的街上也是如此（在那裡他們經常受到「卑賤學徒、僕役、貨運馬車夫和之類的人」嘲笑和侮辱）。一位伊麗莎白時代人感嘆說：「現在在英格蘭，沒有人比外國人更受揶揄、蔑視和嘲笑的了。」他認為，這讓人有了誹謗我國的機會。」[150]詹姆斯一世在一六二〇年代發表了兩份聲明，譴責「下等和下賤的人」對外國遊客的「許多粗魯野蠻的侮辱」，但似乎收效甚微。[151]只有到了十八世紀晚期，首都民眾對外國人的態度才變得比較文明。[152]在那之前，即使是英格蘭旅人一樣可能會受到惡劣對待。一七五四年，腹脹、容毀和因肝硬化而奄奄一息的小說家菲爾丁被抬上停泊在羅瑟碼頭（Rotherhithe）的一艘船，前往葡萄牙*，航程中受盡水手和槳手的侮辱性嘲弄。[153]

一七〇〇年前後，理查德．高夫（Richard Gough）寫了一篇關於什羅普郡邁德爾村（Myddle）的文章，文中稱讚其中一些村民「有禮」和「平和」，又譴責另一些村民「粗魯」、「好爭吵」和「不友善」。[154]相反的，很多卑微的人都被他稱讚為「行為舉止文雅」或「過著老實而文雅的生活。」[155]一位現代歷史學家談到普通人在教堂法庭上作證所用的語言時明智地指出的：「在這裡暴露出來的文雅（civility）的特殊面貌與其說是禮貌行為的細微之處，不如說是被下一個時代稱為體面（respectability）、得體（propriety）和正派（decency）的舉止和性質。」[156]

社會中較窮的成員不是一個同質的階級。長期以來，人們傾向於把「老實的窮人」與名聲差的窮人區別開來。在十八世紀的倫敦，人們對有工作和有固定居所的窮人與失業和居無定所的窮人有著不同的看法。[157]在工業時代，「體面」（respectable）和「粗野」（rough）的區別成為了工人階級文化的根本。羅伯特．羅伯茨（Robert Roberts）在他關於二十世紀初蘭開夏貧民窟生活的經典描述中強調，最貧窮的階級按不同的「體面」程度而分為很多層。許多工人階級婦女努力保持家門口和窗戶的清潔，在穿著和談吐上模仿中間階級。即使在監獄裡，也有人拿了食物之後獨自吃，因為他們害怕自己不懂與他人一起吃飯的「恰當禮貌」。[158]

---

* 菲爾丁前往葡萄牙是為了治病，但兩個月後便死在里斯本。

早在那之前，人們就習慣於把那些以「正派」方式表現自己的低下階層成員區分於那些不守規矩、不受約束的人。後者包括「懶散而不守秩序」的乞丐：十七世紀的評論家譴責他們「有著最惡劣的舉止。」還包括十八世紀晚期倫敦的學徒與年輕工匠，他們中的許多人因吵架、偷竊和性濫交而臭名昭著。[159]很多工匠社群對文雅的關注顯示在十八世紀那些以提倡「良好舉止和交談」為宗旨的友好會社。一八〇一年，一個喝醉的女人尿到一個男人的帽子裡，再把帽子戴到男人頭上：這種行為在諾丁漢郡工人階級的士氣低落成員中並不是不常見的。但在她那些體面的鄰居*眼中，她的行為應該受到譴責。[160]

開化的推手

長期以來，當權者一直努力去規範個人行為，並去「開化」那些被他們視為是「粗魯」、「野蠻」和對公共秩序構成威脅的人口部分。他們這樣做是因為受到來自有身分地位的人的壓力：例如，在一六〇四年的諾里奇，據說「較佳種類的人」因為「較粗魯種類的人」†的不知「克制」而「非常悲傷和生氣」。[161]當然，當局「教化」民眾的目的並不是想讓他們掌握時尚的自我呈現藝術和進行文雅的交談。相反的，他們是想要確保「普通種類的人」是恭敬的、守法的，會服從他們的政治和社會上級的命令。最重要的是勤勞。正如曼德維爾所說的：「我們不是想要得到他們恭維‡，而是想要他們工作和勤奮。」[162]

工作被認為對大眾行為有矯治作用，因為勤勞的人就是「文雅」的人。在詹姆斯時期，人們呼籲封閉皇家森林，好讓「那些本來沒有生產性的居民過上文雅和宗教的生活。」「開化這些不快樂的人」也是「支持封閉荒地和公有地的有力論據。」[163]十八世紀晚期，議會在開闊田野圈地也是部分被視為是一種開化工程，旨在根除與公共土地有關的懶惰、不道德和貧窮。[164]一六五三年，共和派的小冊子作者約翰・斯特雷特（John Streater）呼籲「應著力於增加製造業，因為那會讓人民富起來和獲得開化。」十七世紀中期，活動家薩繆爾・哈特利布（Samuel Hartlib）抱著相似的目標，想要把濟貧院（workhouse）改革成為「開化」那些「整天躺在街上玩耍、咒罵和打鬧」的兒童的學校。讓兒童工作被認為本質上具有「開化」效果。笛福建議，應該把流浪街頭的頑童聚集起來，安置在醫院裡，給他們吃的、穿的，教他們識字和禮貌，這樣，到了十四歲，他們就準備好在海軍或商船上當水手了。[165]

文法學校被認為是「讓野蠻人變得有禮貌的主要方法」，可以軟化孩子們的舉止，使他們習慣於有紀律的生活和服從權威。人們相信缺乏教育會導致「無可救藥的粗野無禮和滑稽可笑」，所以在學校內外花大把力氣灌輸「得體和適當的行為。」[166]一六二九年，當大主教哈斯內

---

* 這些鄰居也是窮人。

† 「較佳種類的人」（the better sort of people）和「較粗魯種類的人」（the ruder sort）分別指上層階級和下層階級中的粗野分子，這是當時的措詞方式。

‡ 恭維是文雅交談的一部分。

特（Harsnet）在埃塞克斯郡奇威爾市（Chigwell）創辦了兩所學校時，他宣稱他更在乎的是讓學生「得到良好舉止的培養和訓練而不是學科教育。」洛克有相同看法，認為教育的「要點」是教育禮貌和好習慣。[167]被認為落後的英格蘭北部之所以出現許多新的文法學校，原因和這種信念有關。但是沒有人設想窮人應該接受「雅緻」（polite）教育。儘管他們準備好為那些有資質成為神職人員的聰明男孩破例，但大多數富裕的同時代人都反對將平民教育提升到起碼限度之上，以防受教育者產生往上爬的野心。

在開化普通百姓一事上，上層階級被認為應該扮演關鍵角色。傳統上，宮廷被認為是「培養真正禮儀的地方」，從十六世紀開始特別是如此，因為都鐸時期的宮廷在「比從前時代更壯盛和更風度翩翩。」[168]第七任德比伯爵在一六三〇年代為了為自己任命一位粗魯船長為馬恩島（Isle of Man）總督的錯誤決定辯護，指該船長是個「優秀的同伴」，並且「在宮廷為白金漢公爵服務過半年，讓自己開化了起來。」在一六七九至一六八二年之間，當未來的詹姆斯二世在愛丁堡臨朝時，有論者稱「因為他的榜樣的緣故」，人民「褪去了原有的最粗野部分。」[169]喬治二世之妻卡洛琳王后（Queen Caroline）培養自己對藝術的愛好，因為她相信王室應該對國家起開化作用。到了十八世紀中葉，柴斯特菲爾德勳爵仍然相信宮廷「毫無疑問是獲得良好教養的最佳場所。」然而，事實是，自一六八八年的革命後，英格蘭宮廷就失去了它在雅緻社交圈（polite society）的中心地位，不再引領時尚。[170]更早以前，皇室成員便往往沒能以身作則，樹立好榜樣。亨利八世的宮廷雜亂無章而有欠莊重，詹姆斯一世的宮廷（在約翰．奧布里看來）是「未經琢磨和舉止不佳。」在查理一世的統治下，斯圖亞特王朝的宮廷變得較為優雅，但清教徒不願意接受它作為良好禮儀的仲裁者。一六六〇年後，查理二世的無恥行為剝奪去宮廷擁有過的任何道德權威。斯威夫特回顧上一個世紀時總結說，宮廷是「所有教授良好舉止的學校中最差的一所。」[171]雅緻（politeness）不同於朝儀（courtliness），而在漢諾威王朝統治下，英格蘭宮廷基本上不像歐陸的絕對君主國那樣，對取悅統治者念茲在茲。

然而，貴族繼續影響著民眾的舉止。先驅們甚至聲稱，擁有貴族身分的主要目的之一是「將粗魯的人吸引到更文雅的生活和禮貌的行為中。」[172]未來是平等派（Leveller）*的理查德・奧弗頓（Richard Overton）對貴族不那麼著迷，但他一樣相信權貴的任務是「在公眾面前展示謙遜、優美和文雅，表現出理性生物的普遍風度。」流亡的保皇派瑪格麗特・卡文迪什（Margaret Cavendish）指出，在她在歐陸去過的城鎮中，以沒有王公居住或沒有貴族和鄉紳經常造訪的城鎮「最常見……和最不開化。」[173]因此，政府不斷向紳士們施壓，要他們住在本鄉而不是老待在倫敦。這背後的理論是：他們在首都吸收了正確的行為、穿著和談吐方式，可以回到他們的郡去指導低下階層。從紳士的榜樣中，自耕農將可望學會「品味一些好的時尚」，而貴族的鄉村大宅將可望把城市文明帶到農村地區。[174]

* 平等派是在英格蘭內戰中出現的一個政治運動。其主要理念是在強調人權及選舉權的普及，並強調在法律面前人人平等與對其他宗教的寬容。

在一六一七年，亨利．威德林頓爵士（Sir Henry Widdrington）希望治安法官（justices of the peace）的榜樣能夠改變諾森伯蘭（Northumberland）的谷地山民的「不文雅和粗魯舉止」，而一位林肯郡的紳士在一六三四年因為「每日都給郡民帶來開化」而受到讚揚。[175]一位詹姆斯時期的評論者認為，工匠和勞工「透過與紳士們交談而得到頗大的改善和提升。」他呼籲懷疑者親自來看看「那普遍在我們中間踐行的文雅。」[176]類似地，一七八〇年，有論者稱倫敦沃克斯豪爾花園（Vauxhall Gardens）的有益影響之一是它「讓低下階層透過與高等人雜處，舉止幾乎不著痕跡地變得有人味。」[177]

愛里亞斯否定有組織宗教的開化效果，理由是宗教的「開化」程度從來沒有比崇奉它的社會更高或更低。[178]這種主張忽略了一種可能性：神職人員的價值觀在任一時候也許都比在俗信徒的更「開化」。英格蘭的既有教會斷然是文雅的積極推手。在中世紀晚期，神職人員做了很多工作來制止暴力和維護堂區的和平。[179]都鐸時期傳道人伯納德．吉爾平（Bernard Gilpin）以幫助安撫雷德斯代爾（Redesdale）和泰內代爾（Tynedale）的北部人而聞名：他平息了他們的「野蠻舉止」，讓他們變得「文雅和行為較為有序。」[180]神職人員認為良好舉止是重要的，把不文雅視為是對基督教博愛精神的破壞。他們敦促他們的羊群聽從高等人的命令，克制憤怒和蔑視的流露，踐行「做你願意別人對你做的事」的黃金律。[181]一六四一年，一位倫敦傳道人強調了基督教信息蘊含的開化作用，指出在《以賽亞書》十一章六至八節所預言的和平王國中，「本性上野蠻殘忍、與野獸並無區別的人將轉變為文靜安詳，愛社交而有禮貌。」[182]一六四〇年，當湯瑪斯．

霍爾（Thomas Hall）去到烏斯特郡的金斯諾頓（King's Norton）堂區時，他發現他的教眾是一群無知和不守紀律的醉漢。但他動手工作，而我們被告知，他的教眾「短時間內便被開化了。」[183]在共和國和護國公時期，清教徒神職人員與敬虔的治安法官聯手，共同努力改革人民的舉止（從飲酒習慣到性行為都包括在內），既灌輸文雅、也鼓勵敬虔。自中世紀以來，世俗和教會當局便不斷試圖規範個人行為，一六九〇年代和後來的風俗改良協會（Societies for the Reformation of Manners）也是如此。[184]

內戰前，一位主教曾為教會麥酒會（church ales，有酒喝的籌款活動）辯護，說此舉是「為了開化人們……讓他們成為朋友，忘記彼此的差異。也是為了促進愛和團結。」許多人認為，喝麥酒「可以讓人文雅地交流，消弭爭論，平息爭吵。」然而，清教徒不喜歡這些場合，因為它們是在星期天舉行，而且往往喧鬧而醉醺醺。王政復辟後，查理二世的「狂歡總監」（master of the revels）*認為，許可證制度可以減少教堂麥酒會的混亂，從而「使人們更開化。」[185]一百年後，大主教塞克（Archbishop Secker）聲稱，星期天的禮拜極大地有助於「開化」民眾，因為它們「可以把鄰里集中在正式的集會中……讓他們心思離開自私的關注，敞開心扉接受友好的問候。」約瑟夫．艾迪生在《旁觀者》中指出：「如若不是這類集會定期舉行，鄉下人很快就會變得野蠻粗鄙不堪。每當舉行禮拜，全村的人都面帶最可親的笑容，身穿最乾淨的衣著，彼此歡聚在一

---

* 負責監督皇室慶祝活動（稱為狂歡）的官員。

起，暢談種種，聆聽牧師講解有關責任義務的道理，並一道向著最高神靈欽崇禮拜。」蘇格蘭神學家休・布雷爾（Hugh Blair）在一七五〇年宣稱，宗教「開化了人類。它馴服了他們熾烈的激情，磨蝕他們粗魯的舉止。」卡萊爾（Carlisdle）大教堂的主任牧師對約翰生說：「從人們的舉止是野蠻還是文雅，便可看出堂區裡是否有牧師居住。」[186]

在十八世紀最後二十年發展起來的「主日學運動」體現了「體面」工人階級的價值觀。其目的是通過教育誠實、守時、清潔、「莊重」（decorum）和「文雅」的價值觀，讓窮人家的孩子「人性化和得到開化。」在一七八九年，有論者稱主日學的引入讓南德比郡的居民在「相互友好、對外地人友善和踐行謙遜」方面有所改善。一七九七年，宗教作家漢娜・摩爾（Hannah More）造訪門迪普山（Mendips）採礦村的一所主日學學校時，對兩個正在教孩子經文的年輕礦工大為驚艷：他們「彬彬有禮」又穿一身「帥氣主日服裝。」[187]

循道宗的復興也有類似的效果。據報導，在十八世紀末，由於循道宗傳教士的努力，格洛斯特郡金斯伍德森林（Kingswood）的礦工——他們在四、五十年前「野蠻粗魯得讓布里斯托的市民感到驚恐」——「開化不少，在原則、道德和發音方面都有所改善。」[188]在泰恩賽德，據說循道宗傳道人「大大地開化了」煤坑裡的「半野蠻人」——湯瑪斯・貝維克（Thomas Bewick）以前認為他們「與切羅基人或莫霍克人*無異。」在威爾斯，同一套鼓吹勤勞、節制、節儉、自我教育和宗教知識的福音被恰當地稱為「禮拜堂文雅」（chapel civility）。[189]

部分是因為這些不同的開化推手的努力，也更是因為城鎮、貿易、工業的發展和交通的改善，人們普遍認為，在十六世紀初到十八世紀末，普通百姓的舉止已經柔化了。較高的工資、較固定的工作習慣和消費品的普及都有助於「開化」下層階級。激進派裁縫法蘭西斯・普拉斯（Francis Place）在一八二三年回首過去六十年時指出，在舉止和道德方面取得的進步是「與各種技藝、製造業和商業的改善攜手並進。」[190]

庶民的文雅

臣服於他人的權威意味著普通百姓總是意識到自律對生存有價值。然而，這並不必然意味著要模仿高等人的舉止。反之，他們有自己一套完全不同的身體舉止和社會互動準則。習慣、價值觀和風俗當然會因地域、地點和職業的不同而有很大差異，但我們還是有可能對平民特有的文雅觀提出一些初步的概括。

例如，勞動人民對身體往往有著與上層階級不同的態度。通常，他們看重的不是優雅，而是力氣和耐力。他們對身體美的標準與高等人不一樣：紳士不喜歡曬黑，更喜歡女人蒼白而有趣，反觀「老實的鄉下人」卻喜歡身材健壯和黑黝黝的女人。[191]下等人比較髒，據說經常腸胃脹氣。他們是出了名的有臭味。都鐸王朝中期的醫學作家威廉・布林（William Bullein）指出：「如推

* 都是印地安人。

車人、脫粒工、開溝工、礦工和犁地工之類的鄉村普通人很少有時間洗手，所以顯得骯髒。他們梳頭的次數也很少，所以頭髮上黏著羊毛、雞毛、油脂、羽毛和稻草之類的東西。」[192]伊麗莎白時期的地誌學家約翰．諾登（John Norden）提醒他的讀者，不要讓「女管家或工人之類的下人走近你的人或你的桌子，因為他們的粗魯舉止或臭味會令人不快。」[193]

然而，即使在最卑微的階層，說別人「骯髒」或「污穢」也是一種侮辱。髒衣服或破爛衣服給穿著者帶來恥辱，而據統計，在各種英語方言中，slattern（邋遢）有一千多種不同的說法。[194]乾淨的亞麻布是自尊的重要來源。普通人有強烈的莊重意識，知道什麼東西整潔體面、適合他們的地位。即使是非常貧窮的人也會在特殊場合不遺餘力地避免自己顯得衣衫襤褸。[195]最令人毛骨悚然的例子是一七二一年的一個罪犯，他寧願被判壓死*而不表示認罪或不認罪†，理由是「這樣就沒有人會說我被吊死時是穿著髒襯衫和破爛外套。‡」[196]平民的骯髒與其說是出於選擇，不如說是貧窮、缺乏多餘時間和缺乏熱水致之。[197]然而，無可如何之餘，體力勞動者傾向於將清潔視為一種娘娘腔的矯揉造作，把礦工或農場工人的污垢譽為男子氣概的標誌。在伊麗莎白時期那些有女性幹農活的鄉村地區，據說一個仕女如果「比較精緻或嬌弱」，就會「被人討厭……被喊作手指乾淨的姑娘，就像乾淨是一種極大的不名譽。」[198]

污垢甚至會被看成是有保護作用。伊麗莎白時期的一位作家就有這方面的記載。他指出，特別是普通百姓中間，許多人都認為洗頭不好。他引用了一句「幾乎掛在每個人嘴上」的古老格言：「勤洗手，少洗腳，永不要洗頭。」在十七世紀薩里郡的一條村子，最窮的人據說把他們的孩子養得「又髒又不整潔，又長疥癬或虱子，或兩者兼之，否則就是從不換衣服。」十八世紀的醫生們發現有一種「只有普通人才熟悉的庸俗觀念」，那就是認為頻繁更換亞麻布會讓新生兒失去「營養液」，而給孩子洗頭是危險的事。正如極有影響力的《家庭醫學》（*Domestic Medicine*, 1769，此後常常重印）一書的作者威廉·布肯（William Buchan）所宣稱的那樣：「大多數地方的農民看來都鄙視清潔。」[199]

民眾也更準備好訴諸暴力。像都鐸王朝的貴族一樣，工人們把打架看作地位和男性身分的象徵。上尉羅伯特·多佛（Robert Dover）在詹姆斯一世統治期間創立了一年一度的「科茨沃爾德運動會」（Cotswold games）。這運動會為紳士們提供的是擊劍和賽馬比賽，但為平民百姓提供的是摔角、單棍搏擊和踢小腿。教士湯瑪斯·富勒認為「粗魯種類的人」§很少把不喧鬧和不暴力的運動算作運動……凡是不會導致頭破、小腿骨折、四肢瘀傷或身體折騰的活動都不會被鄉下土包子視為娛樂。」即使在跳舞的時候，他們也被認為更加喧鬧、更多擺動四肢和呵呵笑得更大聲。[200]

到了十八世紀末，紳士和中間階級基本上已放棄了他們十六世紀前輩中普遍存在的極端暴力

---

* 壓死是當時的一處死方式，方法是用重物（如石頭）壓在死囚身上，使其死亡。

† 按照普通法，被告如果不表示認罪或不認罪而被定罪，會被判「壓死」之刑。

‡ 壓死的人身上壓著重物，看不見穿著髒衣服。

§ 指低下階層。

行為。自此以後，被控殺人的人更有可能是工人階級的勞工。他們的兇殘攻擊通常是自發和不受控制，是突然爭吵的致命結果。[201]但是，許多本來流行的暴力行為都受到了嚴格的管制，並像紳士決鬥一樣受到禮節規則的約束。在中世紀晚期的英格蘭，存在著管理個人之間打架的非正式公約：只要遵守規則，一定程度的暴力就被認為是完全可以接受的。[202]在近代早期，即興拳擊和摔角是公認的解決分歧的方法。「擂台！擂台！」是常有的大喊。這種衝突有嚴格的規則，並強調公平競爭和「像男人一樣站起來戰鬥」的重要性。在一六五九年，蒙克將軍（General Monck）和蘭伯特將軍（General Lambert）指揮的軍隊起了衝突，但雙方的士兵說他們不會開打，只會「設一個擂台讓兩位軍官去打。」[203]十七世紀晚期，當一個車夫在車費問題上與雇他的紳士起了爭執，雙方同意用打一架來解決的情形並不是不常見的（紳士幾乎總是獲勝）。願意戰鬥的人從不缺崇拜者。這是一種低下階層的榮譽標準，伏爾泰（Voltaire）認為僅見於英格蘭。[204]

體面婦女總是認為女性暴力是不恰當和不文雅，儘管在十七世紀期間，她們在某些情況下也能大打出手。[205]反觀地位比她們低的女性便沒那麼壓抑。在一六八〇至一七二〇年間，威敏寺季審法院（quarter sessions）審理過幾千個被控毆打罪的男女。[206]然而，庶民暴力在十八世紀看似有所減少，在引入路燈使倫敦和其他城市在夜間變得較安全之後尤其如此。流行的體育運動越來越不危險，打架鬥毆也越來越被視為「野蠻」和「粗暴」。[207]但即使在十九世紀，身體暴力——特別是男人之間和女人之間的「公平打鬥」（圖24）——仍然被不那麼「體面」的窮人視為是對攻擊性言詞的一種可接受的報復形式。工人階級的男人無法訴諸訴訟來解決他們的糾紛，而且就像今天的不良少年幫派那樣，他們通常會被同伴慫恿打架。酗酒和性嫉妒是這些鬥毆常見的原因。[208]

丈夫對妻子的言語暴力在所有社會階層都有發生，但身體暴力是另一回事。威廉・布萊克斯通（William Blackstone）在他的《英格蘭法釋義》（*Commentaries*, 1765-69）中指出，在查理二世的較文雅統治時期，毆妻開始受到法律上的挑戰，但到了他自己的時代，這種行為仍然見於低下階層。曼德維爾認為，夫妻之間的持久和諧在「最低俗和受過最少教育的人」中間是很少見的，因為「未開化」的人的激情是短暫和變化無常。反觀受過良好教育的人則曉得，把自己束縛在「規矩和莊重」中的話，生活會比較好過。在十九世紀，毆妻被認為（一個錯誤的認定）只與工人階級中較粗野的部分有關，並受到體面人士的極大反對。法官約翰・尼科爾爵士（Sir John Nicholl）在一八二七年宣稱：「即使是在最低的階層，也普遍感覺打女人有點不夠男子漢。」[209]

在中間階級中間，私通、通姦和未婚生子長久以來被認為是有失體面的事。他們對性道德的觀念與教會法庭一致，而直到內戰為止，教會法庭也一直大力起訴性犯罪。後來，隨著教會法庭的衰落和世俗的治安法官較不踴躍起訴生私生子的人，一種另類道德觀得以在光天化日下露面。它的要點是一個長期以來被廣泛接受的觀念：如果涉及其事的男女是打算結婚的話，則私通*（有時甚至包括同居）是被允許的。[210]這種情緒反映在十八世紀新娘懷孕和私生子的大量增加上。到該世紀末，可能有四分之一的第一胎是非婚生的，還有四分之一是婚前懷孕的。[211]儘管還需要

* 這裡的私通是指與未婚女子發生性關係。

更多的證據去證明，但很有可能的是，在較低階層的人口中，私生子現象的增長尤為明顯。[212]真是如此的話，事情便具有諷刺意味，因為這樣一來，窮人的性道德便更加接近貴族而不是中間階級——對後者來說，婚姻忠誠和家庭生活已經成為文雅生活的關鍵組成部分。[213]

在日常行為中，普通人往往比高等人更加隨心所欲。與富人精心安排的互動相比，他們的社交活動較為輕鬆，較少繁文縟節。他們不會進行優雅的「拜訪」，想見誰便直接登門，不會事先通知。他們在聚會時的行為也少些文雅規則的抑制。紐卡斯爾公爵夫人瑪格麗特・卡文迪什指出，雖然貴族和紳士比農民更經常喝醉（這是因為他們負擔得起），他們在重要的場合會謹慎地保持清醒，反觀農民「大部分時候離開時都已喝醉。」[214]下層階級的人工作時會唱更多的歌、吹更多口哨、搞更多胡鬧，有更多人身攻擊、更多他人的八卦、更多的眼淚、更多低俗的語言和粗鄙的笑話，也有更多的「下流片語」和「過分笑聲」。據說，只有乞丐被允許在街上唱歌，而「這是基於容忍。」[215]一個伊麗莎白時代人哀嘆說：「在最粗鄙的農夫和鄉下居民中間，誰說話最猥瑣下流誰就被認為最風趣。」[216]這個觀察在教會法庭的誹謗訴訟中得到充分證實。一六四九年，約翰・布林沃認為最容易發笑的人是「孩子、女人和普通人」；後來，一個斯圖亞特王朝時期牧師感嘆說：「當一個少男和一個少女約會時」，開「愚蠢玩笑」的情形最是常見，這「特別是以低下階層的男女為然，他們無緣得到最好的教育和教養的洗禮。」一六七三年，牛津郡的教士奧巴迪亞・沃克（Obadiah Walker）認為，淫穢會讓一個紳士變得可鄙，但在「鄉巴佬中間，他卻是最受歡迎的。」[217]一位語言學專家在一七〇二年解釋說：「有些從粗俗人口中說出的低級下流字眼是從來不會被較雅緻種類的人在交談或寫作中使用。法國人稱這些字眼為*des mots bas*（污言穢語）。」[218]

農村居民不熟中掌握雅緻談話的細節。談「性格」的作家約翰．厄爾（John Earle）在一六二八年指出，一個普通鄉下人用不著優雅的手勢或優美的言詞：「他對鄰居的問候是在背上重重拍一下，而他的敬禮通常是直截了當的詛咒。」一位斯圖亞特王朝時期的傳道人說，當一個鄉下人走出教堂時，會立刻開始「大談他的牛、他的土地、玉米的價格或任何類似的東西。」詹姆斯時期的作家亨利．皮查姆（Henry Peacham）有相似看法：「他的日常談話是關於去年的乾草（他希望可以在史密斯菲爾德賣出六磅重的乾草），以及關於羅姆福德市集的豬價。」[219]另一位同時代的人報告說，當「較粗野種類的人」聚集在酒館裡時，他們「同時說話，七嘴八舌亂作一團，讓你聽不清楚他們任一個所說的話。他們用粗野的方式大聲呼喊彼此的名字或暱稱，又吵鬧之極，會讓路過的人停下腳步，想聽聽看他們是不是在吵架。」[220]

在下一世紀，亞當．斯密將「最雅緻的人」與「他們周圍的烏合之眾」進行了對比，指出前者在整場公共活動中「保持著同樣的沉著」，後者「透過手勢和行為來表達各種各樣的激情。」民眾沒有受到良好教養的壓力，無法抑制一切可見的情感，於是就允許自己盡情地笑，而這正是紳士們被認為應該避免的。到了十九世紀，小說家喬治．艾略特（George Eliot）將會指出：「有教養的人向庸俗人最學不來的就是他們的興高采烈。」[221]

然而，曼德維爾認為，「質樸的、未受教育的人和最庸俗的人」比高等人老實，較不會騙人。十八世紀晚期的浪漫主義作家認為，民眾語言有一種純真性是英格蘭的「雅緻」人口部分已經失去。蘇格蘭詩人詹姆斯．比蒂（James Beattie）在一七七六年寫道：「普通人的談話雖然沒有高等人那麼光滑，也不那麼討喜，但卻有更多大自然的野性和強烈表現力。普通人直說心裡話，生氣時就怒沖沖和出言威脅，無所感時就不會假裝同情，被冒犯時不會費事掩飾不滿。他們看見任何可笑的事就會笑，不會管在座其他人的感情。他們也對微妙的幽默不太感興趣，因為他們不習慣這種幽默。他們以笑鬧自娛，而地位更高的人會被這種笑鬧冒犯……一個土包子或生番的這些激情是自然的，而那是雅緻世界裡的人非常小心翼翼要去壓抑的。」[222]

民眾的語言與雅緻社交圈的語言不同。他們說的是地方方言而不是「得體語言」，有自己的通俗詞彙。例如，到了十七世紀晚期，韋斯特摩蘭（Westmorland）的英語被外人視為「粗俗」，但當地人卻認為它是「真正的英語」。[223]下層階級的吵架語言通常是豐富多彩，有時還很詼諧，以致成為了街頭戲劇的一種流行形式。[224]惡狠狠的謾罵是曼德維爾所說的身體暴力的「半開化」替代品。[225]禮貌慣例所禁止的豐富表達性姿態手勢也是如此。眨眼、比中指、打哈欠、輕推、有樣學樣、吐痰、竊笑、露屁股和放屁都是公認的庶民防禦和顛覆手段。單是手指就提供了生動的嘲笑和侮辱語彙，不管是比中指，還是把拇指放在鼻尖再擺動另外四根手指，皆很有力量。[226]在詹姆斯時期，當一個吵鬧的村民被鄰居要求保持安靜時，他「抬起一條腿，把手放在屁股，以非常輕蔑的方式做了一個鬼臉。」一個觀察者相信，即便是最好脾氣的人，耐心也會被這些「啞劇、眨眼、歪嘴、皺眉、比中指、摸腳和其他愚蠢把戲」耗光。[227]

在《旁觀者》中，斯蒂爾指出不同的社會群體以不同的方式表達輕蔑：「驕傲和富有的人……用不屑的眼神、揚起的眉毛和膨脹的鼻孔表達……學徒用伸長的中指表達不敬，搬運工是用吐舌頭。」[228]即便是符合慣例的恭順姿態也可以被用於侮辱。一五九四年，英格蘭薩默塞特郡英吉利坎（Englishcombe）的湯瑪斯．克萊門特（Thomas Clement）被指控「嘲諷地」對當地的牧師說：「尊敬的先生，如果您喜歡的話我也可以稱呼你為大人閣下。」一六二〇年，安妮．利亞（Anne Lea）穿過南特威奇的教堂墓地途中，遇到被她解雇的前女僕人安妮．路易斯（Anne Lewis），後者「以輕蔑和嘲笑方式行了一個屈膝禮」，以示認得她。[229]

窮人也有自己獨特的待客規則。他們被認為重視飲食多於交談，更喜歡「好廚房的爐火」和「鋪排開的餐桌」，而不是「打躬作揖」和「只能填滿耳朵的談話。」[230]他們非常清楚「鄰里情誼」的義務。即使是最窮哈哈的父母，也被認為應該邀請鄰居吃滿月酒和參加安產感謝禮、婚禮、葬禮和喬遷聚會。這些活動通常有相互交換禮物的項目。然而，儘管經常是客人提供點心，主人的經濟負擔仍然可能很可觀。[231]在詹姆斯時期的一部對話錄中，一個角色說：「安產感謝禮的晚餐會把窮人壓垮。她們的丈夫要花三個星期至一個月才賺得到幾『諾貝』（noble）（一『諾貝』為三分之一鎊），但這錢卻必須花在一頓晚飯上。這是習俗，她們想要照別人的樣子做。所以，在她們呻吟過之後*，便輪到她們丈夫呻吟。」[232]就像喝酒在更高的社會階層有其「共同的文雅規

* 指臨盆過程中的呻吟。

則」，在普通的酒館裡，也有關於輪到誰請大家喝酒的慣例。一個傳道人指出：「人們因為談公事或敘情誼而在酒館裡碰頭，但接下來要爭論的是輪到誰付錢，以及應該誰付最多的錢！」[233]

到處都很看重宴飲之樂。所有社會層級皆是如此：格洛斯特郡紳士克里斯多夫・蓋斯（Christopher Guise）承認，他年輕時學會了喝超過對他健康有益的酒，原因是他「相信這是文雅的一個重點。」[234]清教徒牧師想要遏制大眾的酗酒行為，所以必須和一種「普遍意見」對抗，那就是：「在酒館喝酒可以讓人建立夥伴關係，表現你的好性情、並能維持鄰里情誼。」在高等人眼中，窮人看似是肆無忌憚地揮霍，把錢浪費在喝酒而不是試圖省下來。但是，正是宴飲之樂加強了親戚和鄰里關係，從而提供了一些發生不幸時的保護。[235]在十八世紀的倫敦，大部分負擔得起的工人習慣晚上在酒館消磨。飲酒是男性團結的有力催化劑。[236]

小社區有著很強的鄰里行為準則，包括不讓牲畜進入別人的玉米地、互相出借商品和服務、尊重老人，以及在緊急時形成一個互助的網絡。[237]正如一位傳道人在一六八七年所說的那樣，「那些最沒有我們所謂的教養的人」最是「容易產生憐憫和同情」：「只受過簡單教育的人和職業卑微的人很容易會對別人起惻隱之心，只要能力可及很少不互相救濟。」[238]與城鎮居民不同，農村居民習慣和在路上遇見的人打招呼。詹姆斯時期一位康沃爾郡的牧師責備那些「不能向他們的兄弟或鄰居展露笑臉和說上幾句友善的話的人」，稱他們為「不滿者」。[239]

我們對普通人的飲食安排所知甚少。十六世紀的評論者威廉・哈里森（William Harrison）在談到「最窮階層的人」時說，他們沒有固定的進餐時間，一般都是「在可以吃的時候吃。」[240]然而，兩百年後，雖然勞工階級的房屋和傢俱仍然很簡陋，也雖然他們當中許多人的飲食仍然不足夠和不規律，社會調查者弗雷德里克・伊登爵士（Sir Frederic Morton Eden）卻饒有披露性地指出，「最低層的農民」不只用桌子吃飯，而且桌子上還「鋪著桌布。」他說：「同桌吃飯也許是文明和優雅的最強烈特徵之一。」[241]然而，在小農場裡，女主人可能不會和男人們同桌吃飯而是在他們後面打點，以確保他們都夠東西吃。*

當高等人開始使用叉子時，一些低下階層仍然是用手吃飯，而他們中間許多人對時尚界認為吃飯時應該一直交談的假設很抗拒。但即使在中世紀晚期，他們用餐時未必全無儀式。餐桌可能有一把椅子是專供家主人坐。我們得知，有個十四世紀晚期的農民甚至擁有一個臉盆、一個大口水壺和毛巾，可供餐前進行洗手儀式之用。[242]在十八世紀晚期，飲茶以其溫和、使人清醒和符合文雅的意涵，在勞工階級中成為普遍現象。貧窮勞工也獲得了較多種類的家庭用品。[243]激進派哲學家威廉・戈德溫（William Godwin）認為：「很多真正的雅緻（politeness）也許都可以在農舍裡找到。」[244]到了十九世紀，一戶工人階級的住宅將是透過一堆裝飾性小擺設來象徵它的體面（respectability），最終又是透過一個精心佈置和專門用來接待客人的前廳來象徵。[245]

因此，儘管下層階級往往達不到文雅的標準、但他們並非沒有自己的行為準則。一位觀

---

* 原注：這種習尚在我年輕時的格拉摩根谷（Vale of Glamorgan）的農宅司空見慣，在一世紀前的布列塔尼人（Breton）農民中間也很常見。見 Pierre-Jakez Hélias, *Les Autres et les miens* (Paris, 1977), 69.

察者在一六五五年精確地道出這種情形：「在世界上的富人和貴族中間，它被稱為『宮廷式教養』，在階層較低的人中間被稱為『鄉村教養』，而在更低下的階層中間被稱為對彼此的『鄰里情誼』和『文雅尊重』（civil respect）。」[246]這些不同的文雅樣態之間有著明顯的差異。朝儀（courtliness）不同於優雅（gentility），中產階級的禮儀也不同於窮人的禮儀。一位作家在一六五八年說：「一個市民的溫文爾雅如果放在一個鄉下人身上會引起別人太多的好奇，而會讓一個朝臣顯得優雅的恭維說話如果由商人或管家說出，就會貽笑大方。」一個世紀後，柴斯特菲爾德勳爵也說：「在聖詹姆斯宮被視為良好教養的表現在一個偏遠村莊裡會被視為是矯飾或搞笑，而該村莊的樸素禮貌在宮廷裡會被視為野蠻。」[247]他還把「光禿禿的共同禮貌」（bare common civility）區分於*manières*（彬彬禮儀），說前者是「任何想有朋友的人所不可少」，而後者則更進一步，是指「光彩照人的舉止、傑出的風度、幾乎讓人無法抗拒的談吐和舉手投足上的無比優雅。」[248]

當然，對柴斯特菲爾德來說，雅緻的主要價值在於它是一種社會地位識別標誌，只有紳士搆得著，專門設計來加強他們的權威。它具有的可能是嚇唬作用而不是示好作用，因為正如哲學家亞伯拉罕·塔克（Abraham Tucker）指出的，許多人行為雅緻是為了顯示自己的教養，不是為了取悅同伴。相比之下，共同禮貌（common civility）要更為平等，是為了透過不分等級而對每個人有禮來實現社會和諧而設。作為社會分化推手的禮儀和作為和睦生活來源的禮儀之間的這種緊張關係貫穿整個近代早期。一八三八年，美國小說家詹姆斯·庫珀（James Fenimore Cooper）很好地表達了這一區別：他把精雕細琢的舉止稱為「教養」（breeding），把沒有那麼多修飾但透著尊重的舉止稱為「禮儀」（manners）。[249]

在近代早期的英格蘭，每個社會群體都需要自己的禮儀和文雅才能避免陷入混亂狀態。許多對人類衝動的必要約束是由在上位者強加的。國法會懲罰侵犯財產和人身的罪行，為民事損害提供補救，而教會法庭則起訴破壞社會和諧的罪犯。但即便在教會於十七世紀晚期開始退出這一角色之前，公共權威也從未能規約個人行為的所有方方面面。因此，是不是遵守盛行的文雅守則，頗大程度上是視乎個人意願。

想要和睦共處，每個人必須自願作出一系列的讓步和遷就。這就是為什麼霍布斯會在一六五一年宣稱，有利於保存人類的其中一條自然法是「遷就」，也就是「每個人都應當力圖使自己適應於其餘他人。」[250]約瑟夫．艾迪生在一七一三年認為這種「遷就」是一種基本的社會美德：「它產生良好的本性和相互的仁慈，鼓勵怯懦的人，安撫感情洶湧的人，人性化暴烈的人，把文明人的社會與野蠻人的亂作一團區分開來。」[251]在一七四〇年代亞伯丁的道德哲學教授大衛．福代斯（David Fordyce）看來，正是禮貌、鄰里情誼、和藹可親和其他相關的美德彌補了法律的缺陷，維持了「社會互動的和諧和莊重。」[252]對一七四九年的柴斯特菲爾德來說，「相互的遷就、關心和犧牲小小的便利」是「文明人之間的不成文契約，自然得就像君王和臣民之間的保護／服從關係。」[253]

當然，遷就的方式和強制接受它們的壓力程度因環境而異。在中世紀晚期的英格蘭，對個人衝動施加最大抑制的規範來自宮廷、貴族家庭和宗教社群。後來，它們的成就在商業、零售業和需要學識的專業被趕上或超過。倫敦和郡治形成了它們獨特的城市社交生活和中產階級雅緻觀。在較低下的階級，需要依賴他人雇用或救濟的個人也必須踐行自我控制和遷就，儘管他們的舉止不必華麗。上流社會的行為準則的傳播某種程度上歸功於效仿，因為中層和中下層階級都是出了名的喜歡模仿高等人的穿著和行為。但這種效仿的誘因來自他們的社會環境。

要找一個解釋文雅盛行起來的理論，我們不假遠求，光是法國政治哲學家孟德斯鳩就可以提供。他在一七四八年寫道：「一個國家中需要和別人打交道又不想引起不快的人越多，雅緻的程度就越強。」[254]不然，我們也可以效仿愛里亞斯（他的著作本質上就是對孟德斯鳩的洞見的精密完善化），說導致人們抑制衝動的不是禮節指南的暢銷，也不是模仿貴人習慣的心態，而是人之間的相互依賴的增長。[255]越是需要地主、雇主、恩主、鄰居和生意夥伴的好感，以遷就方式行為的動機就越強。市場越大，分工越發達，通訊網路越精細，文雅行為就越盛行。當人們離開本鄉（在那裡他們的關係是已知的和被傳統規定好），進入城鎮的開放的、未結構化的社會空間（在那裡他們必須以未分化的個人的身分追求成功），文雅行為對他們的利益就越關鍵。像伊拉斯謨・鍾斯（**Erasmus Jones**）的《有禮儀的人：雕琢過的庶民》（*The Man of Manners, or Plebeian Polish'd*, 1735）之類的忠告性作品就明言是為正在往上升的人而寫，也就是那些「出身和教育程度低微卻莫名其妙被財富和權力砸到的人。」[256]

在這方面，承受最大壓力的是中間階級，不管他們是必須取悅客戶的專業人士還是必須努力討好客人的商人。因此，在一七九〇年代，神學家暨哲學家約瑟夫・普里斯特利（**Joseph**

Priestley）認為：「在中間階級的生活中有著最真的雅緻。」因為他們花更多時間與平輩社交，他們更習慣控制自己的脾氣。他們更關注他人的感受，也更傾向於更遷就別人。相比之下，「生活在更上層社會的人由於少些自制，他們的七情六慾更容易爆發。他們很少忘記自己比別人地位高和優越。儘管他們習慣於隱藏感情，掩飾七情六慾，但並不總是做得那麼好。」[257]

普通百姓通常被認更接近自然狀態，所以控制自己的動物性七情六慾的能力也較低。事實上，抑制反社會情緒的壓力對那些主要從事體力勞動的人來說是最不強烈的。然而，正如西方旅人從近距離觀察到印地安人並不是生番而是有著「自己一套文雅標準」那樣[258]，歷史學家也開始意識到，英格蘭下層階級有自己的禮儀和文雅行為準則。這些準則有些是從高等人的教導和榜樣中衍生，有些是需要依賴他人好感維持生計的人的審慎反應。還有一些是源於小群體生活和社群生活的要求。它們很多只是一位近代歷史學家所說的「大體上沒有分歧的共同得體的標準」（broadly non-divisive standards of common decency），即見於任何人類社會的最起碼的自我控制：理查德·奧弗頓在一六四五年稱之為「大自然在所有人心中寫下的共同的謙遜與文雅的法則。」[259]到目前為止，我們只能恢復這些被遺忘的禮貌準則的最基本的輪廓，但更仔細地考察倖存的證據或許能讓未來的歷史學家說出更多。

第三章　文明狀態

從詞源上看，「雕琢過的」（polished）一詞最初指的是有法律和有政府的國家狀態。後來，它也被廣泛地用於指文史哲、實用工藝和商業方面的發展進步。

亞當・弗格森（Adam Ferguson）：《文明社會史論》
（*An Essay on the History of Civil Society*, Edinburgh, 1767）

文明社會（civil society）

civility（文雅）的概念不僅僅意味著禮貌的行為和對他人思想感情的圓滑遷就。當伊麗莎白和詹姆斯時期的評論者說他們想要讓愛爾蘭土著或北美印地安人變得civility時，他們並不是指他們希望改善這些人的餐桌禮儀（儘管也有些人會這樣希望）。他們心念著的是一個更大的過程：

把土著從野蠻狀態中解放出來，邁向「開化」（civilized）的生活方式。他們認為，只有到那時，愛爾蘭人才會變得聽話而美洲土著才會變得和藹可親。

文明與野蠻之間的兩極性深植在當時的語言之中。在他的《寰宇簡述》（*Briefe Description of the Whole Worlde*, 1599）中，未來的大主教喬治．阿博特（George Abbot）對他所描述的每個民族有多「文明」（civil）或「粗野」作出了評估。地誌學家理查德．哈克路伊特（Richard Hakluyt）將民族分為「文明」和「較不文明」兩類，而在一六〇六年，帕爾默爵士出版了一本給英格蘭旅人的指南，其中建議他們不管到任何國家旅行，首先要問的問題是「其人民是文明的還是野蠻的。」[1]在新英格蘭，羅德島普羅維登斯（Providence）的創立者羅傑．威廉姆斯（Roger Williams）主張人類被分為「兩類」：「第一類是野人和異教徒，上帝允許他們像野獸那樣在世界上四處奔跑」；第二類是「文明人」，他們「被賦予了衣服、法律，脫出了野蠻。」[2]

但這些詞語是什麼意思？何謂「野蠻」？當一個人看見「文明」（civility）狀態時，又怎樣辨識出來？近代早期關於這個主題的討論重重依賴希臘和羅馬作家的刻板印象。他們還受到他們對世界其他地區人民的日益熟悉所影響——這些人民的生活方式以不同的準確程度被記載在當時大量出版的遊記與探險記中。正是這一類作品讓共和主義者阿爾傑農．西德尼（Algernon Sidney, d. 1683）之類的讀者獲得這樣的印象：「許多民族，特別是非洲、美洲和亞洲的民族，正生活在獸性的野蠻狀態中。」[3]

希臘人認為「野蠻」是一種語言缺陷的狀態，而文藝復興時期的人文主義者經常用這個詞來指對古希臘語和西塞羅拉丁語的茫然無知。當理查德・福克斯在一五一七年創辦牛津大學基督聖體學院（Corpus Christi College）時，他設了一名拉丁文資深講師，專門負責根除和驅逐學院中的任何「野蠻」。在蘇格蘭，人文主義學者喬治・布坎南（George Buchanan, 1506-82）聲稱，用拉丁語代替古蘇格蘭語將可讓他的國人同胞從鄉村和野蠻走向城市和文明。[4]這個詞也可以表示對本國語言的掌握不確實：一個詞寫得「不完美或口語化」是一種「野蠻」。[5]十六世紀早期的古文物家約翰・勒蘭（John Leland）正是以修辭優劣的標準來判定宗教作家理查・羅爾（Richard Rolle）的時代（十四世紀初）是「野蠻的」、詩人約翰・高爾（John Gower）的時代是「半野蠻的」，而他自己的時代是「繁榮昌盛」和「有教養的」。[6]但野蠻的更廣泛內涵卻越來越為人熟知。一五三八年，湯瑪斯・艾略特爵士在他編的字典中解釋說，*barbari*（野蠻人）原是指的是那些「說話粗俗、不注意一致性或者發音不完美的人——說希臘語或拉丁語的人尤其如此。」但他接著說，這個詞也可以指代那些「厭惡一切優雅」或「沒有禮貌，舉止或表情粗魯或殘忍」的人。[7]

在十六世紀晚期的英格蘭，在更廣的和非關語言的意義上使用形容詞「野蠻的」（barbarous）的情況變得更加頻繁，並在十七世紀成為了標準用法。從一五七〇年代起，用來指不文明狀態的名詞「野蠻」（barbarism）出現了。[8]語言意義的「野蠻人」並沒有因此完全消失：在十八世紀晚期，歷史學家威廉・羅伯遜（William Robertson）將中世紀歐洲的所有本國語都斥為「野蠻的」，理由是它們「缺乏雄辯性，缺乏力量，甚至缺乏穎慧。」[9]但是近代早期的詞典越來越多將「野蠻」民族和「粗魯」相提並論，除了指他們言語上粗魯還指他們行為上粗魯，把他們定義為「粗野」、「不文明」、「沒有禮貌」和「知識的敵人」，更重要的是說他們「暴烈」和「殘忍」。[10] 野蠻狀態是「生活和禮儀的曠野。」[11]

「野蠻人」的一個替代詞是savage（生番）（源自拉丁語的*silvaticus*：在森林裡的）。在十八世紀，「生番」逐漸被認為比「野蠻人」更落後，在人類等級上更低下。他們被認為是狩獵採集者，缺乏私有財產和任何政治組織，而「野蠻人」通常是由酋長領導的游牧牧民。前者遠離文明，後者對文明構成潛在威脅。「生番」通常被用來指非洲和美洲的土著，而離西歐比較近的不文明民族（例如俄羅斯人）則被視為野蠻人而非生番。[12] 但貫穿整個近代早期，這些詞語經常被交替使用：當時的人會稱落後的民族為savage barbarians和barbarous savages。[13] 此外，野蠻人和文明人很少會被簡單地二分：野蠻有三、五、七種不同的程度，有些野蠻人被視為比其他的要文明些。

雖然非基督徒常被視為野蠻人，但野蠻人的認定標準不一定是宗教。在中世紀早期，「野蠻」通常是「異教徒」的同義詞。但教會著作家（patristic writers）業已接受了非基督徒也可以是有教養和人道的觀點，所以在十二世紀，英格蘭歷史學家馬姆斯伯里的威廉（William of Malmesbury）把宗教成分從野蠻的概念中除去，將其重新定義為知識和物質文化貧乏。[14] 但並不是每個人都接受文明是一種文化問題而不是宗教問題的觀點。十六世紀早期，歷史學家波利多·維吉爾（Polydore Vergil）說出了很多人的想法：他在文明（他稱之為「完美的生活方式」）與基督教之間畫上等號。[15]然而。隨著與文藝復興同來的希臘和羅馬文明意識的增強，人們不可能因為古典古代信仰異教而斥之為野蠻。人們對印度和中國的古老但非基督教的文明也越來越尊重。從十五世紀起，「基督教世界」（Christendom）的觀念開始受到「歐洲」觀念的挑戰，儘管這種觀念起初是微弱的。[16]在下一世紀，新教改革對中世紀的統一基督教世界觀念造成致命打擊。一些西歐國家甚至與鄂圖曼帝國建立外交和商業關係，沒有把它視為異教徒國家而發動另一場十字軍東征。

在現實上，宗教和文明這兩個判準經常重疊，例如土耳其人就同時被形容為「野蠻的」和「基督信仰的死敵」。[17]但人們越來越覺得「文明」和「野蠻」的世俗二分法在群分人類時比「基督徒」與「非基督徒」的二分法更有用。許多十七世紀的評論者認為，有些基督徒是「野蠻人」（例如愛爾蘭人），有些異教徒是「文明人」（例如中國人）。在一六六一年，一個作家有「包括異教徒、土耳其人、猶太人和基督徒在內的所有文明民族」之語。[18]洛克把「文明社會」和「宗教社會」明確區分開，而與他的同時代的貴格會信徒威廉·潘（William Penn）極力主張完全的政教分離。這一直是新教教派的目標，他們希望宗教是一種自願的聯合，而統治者只管國家和世俗事務就好。[19]威廉姆斯雖然是因為宗教信仰的關係而移民新英格蘭，但他堅持主張「有基督教不會增加國家的公共福祉，沒有基督教也不會削弱這福祉。」[20]

然而，當時有許多人在面對非基督教民族時感到不安，難以將異教徒社會視為完全文明的社會。他們特別敵視伊斯蘭教，繼續把它和「野蠻」的殘忍和專制相提並論。一六一五年，詩人暨旅行家喬治・桑迪斯（George Sandys）將穆罕默德描述為「邪惡、世俗、奸詐和殘忍」，說他的宗教是「所有文明和自由」的敵人。[21]（無可救藥）鄂圖曼土耳其人持續不斷的軍事威脅意味著一個統一的「基督教世界」的舊理想消亡得很慢，甚至到了十八世紀仍然頗能引起共鳴。[22]然而，雖然英格蘭駐君士坦丁堡大使在一六七四年收到的指示中仍然提到「基督徒」和「基督教世界」，但他的繼任人在一七一〇年收到的指示都是關於「歐洲事務。」*《烏特勒支條約》（Treaty of Utrecht）是最後一份提及「基督徒聯合體」（*respublica Christiana*）的歐洲和約。[23]其他國家是否信奉基督教仍然重要†，但更重要的是要知道它們是否遵守「共同人性法」（**the common law of humanity**）的原則。[24]

嚴格來說，「人性」論述與「文明」論述有所不同，但在現實中，兩者是密切相關，彼此的禁令是重疊的。對西塞羅和塞內卡（Seneca）‡來說，人性（*humanitas*，人文薰陶）是一種文化修養，來自廣泛地修習六藝，也可以意味著仁慈、善良和有愛心。在他們看來，正是這些品質讓文明的羅馬人有別於暴烈和獸性的野蠻人。[25]在近代早期的英格蘭，人性與愛國人同胞被相提並論，並且與基督教的博愛觀念密切相關。艾略特爵士在一五三一年把人性的主要性質定義為仁愛、慈善和慷慨。[26]慢慢地，把「文明的守則和人性的守則」放在一起的做法變得尋常，兩者被假定是指向同一個方向。[27]東方學者湯瑪斯・史密斯（Thomas Smith）認為，把土耳其人視為野蠻人是完全有道理，但理由不是他們的懲罰措施殘忍（他認為這是必要的，因為土耳其人「天生兇狠」），也不是因為他們缺乏「文雅行為」（他們也會尊重和服從高等人），而是由於他們缺乏共同的人性（common humanity）——這一點從他們用「讓人不可容忍的傲慢和蔑視」看待世界其他地方的態度中明顯可見。[28]

居於「文明」觀念的核心的，是一個井然有序與和平的政治社群的觀念。對於斯塔基之類的都鐸時期人文主義者來說，「文明」意味著「一起生活在良好的和政治的秩序中」，不致像野獸那樣「欠缺法律和誠實的原則。」它涉及到「用以維護文明生活的極好的法律、法規和條例」，關係到「公民的統一與和平。」[29]這就是與斯塔基同時代的外交家理查德・莫里森（Richard Morison）所認為的「共和國」該有的樣子，也是伊麗莎白時期神學家理查德・胡克（Richard Hooker）呼應西塞羅所稱的「文明社會」的樣子。[30]他認為，這種狀態「比任何私人的孤獨生活更能滿足人的本性」，而與「沒有文明社會的時代」相比，它帶來了「最幸福的日子。」[31]

當然，這與二十世紀晚期的「文明社會」概念大不相同，因為後者是由有別於政府的自願連結形式所構成，這些形式包括了教會、工會、慈善組織、壓力團體和（根據某些定義）資本主義

---

* 這就是前面說過的，「基督教世界」的觀念被「歐洲」的觀念取代。

† 原注：休謨在〈品味的標準〉（Of the Standard of Taste, 1757）一文中宣稱，穆罕默德在《古蘭經》中「讚揚背叛、殘暴、兇狠、報復和偏執的行為，而它們與文明社會格格不入。」然而，輝格派主教伯內特（Gilbert Burnet）卻認為，「穆罕默德派」在先知死去以後便已柔化，變得是那麼的溫和，以致於容許認為他們的宗教是贗品的人安全住在他們中間。見 'Preface' to his translation of Lactantius, *A Relation of the Death of the Primitive Persecutors* (Amsterdam, 1687), 24.

‡ 古羅馬政治家暨哲學家，尼祿皇帝的顧問。

市場等。這一意義的「文明社會」*要等到十九世紀早期才會出現，當時德國哲學家黑格爾在他的《權利哲學》（*Philosophy of Right*, 1821）中重新定義文明社會（*bürgerliche Gesellschaft*），用它來涵蓋介於家庭和政府之間的所有社會生活。霍布斯和洛克都認為人類社會早於國家，而很多談禮貌和社交的近代早期作品都隱含著一種看法：社會生活（social life）的觀念一方面不同於公共事務的觀念，另一方面又不同於家庭和朋友等私人領域。當時人有時會把「文明社會」看作是有錢人社交圈的同義詞（如keeping civil society一語所示）或雅緻夥伴的同義詞（如fit for any civil society一語所示）。[32]但「文明社會」一詞更通常是指有組織的政治社群，通常是一個國家，但有時也可以是較小的單位，例如城鎮。偶爾甚至會被用來指一個家族。[33]

論者稱，文明社會是以「為維護公共和平與安寧而設的良好健全法律」的基礎上。[34]它讓成員的生命和財產安全得到保障，並提供了懲罰犯罪和解決爭端的正式程序。一個牢固的法律和政治框架（由執法權和防禦外敵的有效手段加以支撐者）是任何文明社會的基本基礎。法律就是桑迪斯所說的「文明的安立（ordination）†」，而「文明生活」（civil life）就是按照法律而生活。正如哈利法克斯侯爵在十七世紀末所說的：「文明世界總是願意臣服於法律。」[35]根據洛克的經典定義，「凡結合成為一個團體的許多人，而這個團體具有共同的既定法律，以及具有可以向其申訴的、有權判決他們之間的糾紛和處罰罪犯的司法機構，那他們就是身處文明社會中。」[36]

因此，文明社會的形成被視為文明生活的創始條件。正如曼德維爾所說的：「一旦人們受到成文法律的管轄，其餘的一切就會迅速出現。‡」[37]在沃爾特・斯科特爵士（Sir Walter Scott）的短篇小說〈兩個趕牛者〉（the Two Drovers, 1827）中，故事裡的法官解釋說：「文明的第一個目標是用對人人平等的法律取代每個人用拳頭為自己爭取的野性正義。」同樣重要的是，刑法應該公正執法而不是仿效鄂圖曼土耳其人的那一套：根據坦普爾爵士在一六九〇年的說法，土耳其人寧可讓兩個無辜的人死掉也不讓一個有罪的人活下來。[38]

在威廉姆斯看來，如果政府沒能力或不願意懲罰「可恥的罪犯」，文明國家將「一點一點解體，從文明回到野蠻。」[39]這就是發生在說塞爾特語的愛爾蘭部分的情況，那裡不存在刑法，受害者或其家屬只能尋求某種形式的賠償。[40]據說美洲土著也是如此，他們沒有刑事管轄權制度，受害者的家人和朋友只能自行報仇。一七四八年，南卡羅萊納省總督詹姆斯・葛蘭（James Glen）宣佈該省「朝文明邁出一大步」，因為它現在可以對罪犯進行審判。」[41]在世界上許多沒有可認出的政府的地方，情況要更糟，人們生活在「完全沒有文明可言的情況中，也沒有法律可以依循」——像努米底亞人（Numidians）就是這個樣子。亞當・斯密認為，要是沒有公道，「人類社會的巨大結構必然會在頃刻之間土崩瓦解。」[42]

按照這些標準，近代早期的英格蘭無疑是一個文明社會。它不僅是個治理嚴密的國家，而

---

* 這一意義的「文明社會」現在的通譯是「市民社會」。

† 「安立」在基督教中指授與聖職。這裡指文明是有賴法律成為文明。

‡ 「其餘的一切」指文明生活的其他方面。

且普通人要訴諸法律往往比今天更容易。[43]它從很早就被強大的政治和法律機構所統一。安茹王朝的國王沒有把殺人案留給死者親屬報仇，也沒有將其視為金錢賠償問題，而是在已故的盎格魯—撒克遜先輩的工作基礎上，將其列為必須由國王懲罰的重罪。[44]盜竊和搶劫同樣被認為是公共犯罪而不是私人過失。*私人復仇的衝動並不容易熄滅，封建領主在整個中世紀都對敵人發動戰爭。但是，到了十六世紀中葉，仍然見於威爾斯和蘇格蘭部分地區的仇殺在英格蘭基本上只發生在北部邊區（Northern Marches）。在所謂的從「宗族社會」到文明社會的轉變中，對地方權貴的忠誠被對君主國家的忠誠所取代。[45]中世紀的驗屍官職位是作為調查暴力死亡和起訴責任人的有效手段而發展起來的。[46]侵犯生命、財產和公共秩序的罪行由一套精心設計的王室司法系統處理，這系統起自鄉村警役，向上通過莊園法庭、自治市鎮法庭、治安法官、季審法庭和巡迴法庭，一直延伸到西敏寺的王座法庭（Court of King's Bench）。處理民事糾紛的法院也同樣複雜。皇室與大多數貴族和紳士的緊密聯盟使近代早期的英格蘭國家能夠提供越來越有效的法律手段來制止混亂。當時更多地使用擔保金（recognizances）來維持和平，廣泛訴諸仲裁和半正式方法解決爭端，出現民事訴訟大量增加現象。[47]

然而，要從一七七〇年代起，法院才開始認真對待普通的人身攻擊。以前，人們普遍容忍溫和的暴力行為，理由是這些行為可能是對不當挑釁的正當反應。或者，它們被視為民事犯罪，原告可以要求損害賠償，最好是通過庭外和解。[48]十八世紀末，攻擊行為被刑事化，犯者會遭罰款或監禁。這反映了對人際暴力的新的不容忍態度（儘管不包括毆打妻子、學徒、僕人和學生）。

一八〇三年和一八二八年通過了兩項法令，確保了對輕微襲擊的即時懲罰和對更嚴重案件的重罰。[49]

整個體系的基礎是國家對物質力量的壟斷。在十六世紀，反抗政府的叛亂——例如一五三六年的「求恩巡禮」（Pilgrimage of Grace）叛亂、一五四九年的「凱特叛亂」（Kett’s Rebellion）和「公禱書叛亂」（Prayer Book Revolt），以及一五六九年「北方伯爵」（Northern Earls）之亂——都被殘酷地鎮壓下來。這些鎮壓的手段極端暴力，不太理會法律程序。一六八五年的「蒙茅斯叛亂」和一七一五年及一七四五年的「詹姆斯黨起義」也是如此。[50]直到十六世紀晚期為止，國王極端依賴權貴從佃戶、朋友和親戚募集而成的軍隊，但此後隨著訓練有素的民兵的發展和貴族軍事力量的衰落，這種依賴日益減少。[51]一六八九年後，國家有了一支永久性的常備軍，每年都由議會法令加以合法化。在亞當・斯密看來，只有借助這樣一種力量，一個國家的文明才能永世長存。[52]據說他還斷言，要「讓一個國家從最低的野蠻狀態上升至最高程度的富裕，需要的只是和平、輕徭薄賦和司法公正。其餘的一切會自然而然產生。」[53]

然而，好的法律和執行這些法律的手段本身並不足以保證行為的文明。文明社會的居民也被

---

* 原注：法國法學家暨哲學家布丹（Jean Bodin, 1530-96）認為，把盜竊視為大罪而不是民事損害，是現代的風俗精煉化的證明，讓現代與過去的野蠻形成鮮明對比。見Jean Bodin, *Methodus ad Facilem Historiarum Cognitionem* (Amsterdam, 1650), 319.

要求在日常生活中約束他們的侵略衝動和維持自我克制。正如一七〇七年的一本詞典所解釋的那樣，「開化」（civilize）也者，就是「讓人有禮貌和易於管教。」[54]對拉丁語作者們來說，開化的人會更溫和或更紳士（*lenior, mitior, moratior*）和更人道（*humanior*）。他們被鼓勵效仿雅典人，而按照修昔底德（Thucydides）的說法（這是根據霍布斯的一六二九年譯本），雅典人是希臘民族中最先「放棄攜帶武器的習慣，採取比較安逸和奢侈的生活方式。」[55]惠奇科特敦促公民「要有一種製造和睦與息事寧人的精神。」一位新英格蘭牧師同意，溫順是「一種最能適應社會的美德，能讓我們變得溫和，易於管教，易被說服，願意承擔牛軛」，又說溫順的精神是「團結社會的粘合劑和焊料。」[56]十七世紀為治安法官而寫的一本標準手冊希望他們不僅要懲罰失序，還應該透過提前干預來消除其起因。這些起因包括嘲笑、挖苦、揶揄、唱冒犯性歌曲，或是在鄰居家門口掛「恥辱和污蔑的象徵」（例如絞刑架或綠帽子的圖畫）。教會、自治市鎮和莊園的法庭經常起訴傳播惡意流言蜚語、搬弄是非、辱罵、詛咒或挑撥離間的人。[57]

除了國家授權的暴力行為以外（這樣的情況很多），暴力行為被視為本質上是不開化。參與一五四九年民眾起義的人被指控以「不文明」方式對待鄰居；參與反對圈地或高價玉米的多次暴動的男女經常被指控行為「不文明」、「粗魯」、「野蠻」和「原始」。[58]詹姆斯六世暨一世*決心鎮壓蘇格蘭貴族的仇殺，因為他認為蘇格蘭貴族有「野蠻和原始」的味道，與「文明和治理良好的人民所應有的悅目和得體」不相容。[59]類似地，詹姆斯時期的北安普頓伯爵提議應該將任何參加決鬥的人予以放逐，因為這種人「野蠻、粗魯和不文明，不適合與人交往。」[60]厭惡人際暴力是英格蘭的官方倫理，這個國家已經達成國內和平，有有效的司法制度，貴族越來越非軍事化。厭惡人際暴力也是城市生活的倫理，因為商業有賴於買賣雙方的和睦關係。至少從十六世紀開始，文法學校的創始人和管理者就禁止學生攜帶劍、匕首或其他武器上學。[61]十七世紀晚期，英格蘭的旅行者不再攜帶武器，保護中世紀城鎮的高牆開始被推倒。[62]

普通人減少以暴力作為解決爭端的手段這一點，反映在法院審理的謀殺指控從一六三〇年前後起穩步下降。非預謀殺人案的數量也有明顯下降，顯示出個人有了更強的自我控制能力。[63]非致命性暴力很可能也有減少，但由於大多數個案都沒有上報，因此無法評估。[64]我們有把握可以說的是，人們攜帶武器的減少降低了襲擊的致命性，而日常暴力也越來越被體面階級視為是聲名狼藉。在這方面，婦女遠遠領先於男子：她們被指控犯有暴力罪的可能性要小得多，而且她們被捲入任何形式的刑事指控的人數在十八世紀急劇下降。[65]這一現象的一個例外是殺嬰：這是一種未婚媽媽很容易犯的罪，犯案率在整個十八世紀都居高不下。[66]

然而，野蠻人除了被認為沒有法律或道德的抑制，也被指控為了掠奪或出於嗜血而發動各種對內和對外的戰爭，而且打起仗來極其凶殘（圖13）。近代早期的作家重重依賴希臘和羅馬的先例，把野蠻人的生活描繪為由不受控制的七情六慾支配，暴力而混亂。[67]他們指出，放牧者和游牧者自然而然地喜歡打仗，因為他們的生活很好地適應了戰爭的節奏。古代的日耳曼戰鬥團隊就

---

* 這是同一個人。蘇格蘭國王詹姆斯六世在伊麗莎白女王逝世後繼承英格蘭王位，成為詹姆斯一世。

是這個樣子，他們有一種「軍事勇氣上的自負」，以致既「在國內製造野蠻」，又「在國外製造荒涼。」野蠻人不可能信守諾言；他們是通過武力而不是法律來解決爭端；他們缺乏詹姆斯時期政府官員克萊門特・艾德蒙茲爵士（Sir Clement Edmondes）所認定的「至高無上幸福」：和平寧靜。[68]一七五七年，蘇格蘭歷史學家約翰・達爾林普（John Dalrymple）指出，所有未開化民族的一個主要特徵是他們的政府「極度鬆散」。[69]

人們普遍認為，文明社會是人的自我實現的基本先決條件。沒有國內和平與法治，經濟和文化生活就不可能繁榮。未來的主教威廉・沃伯頓（William Warburton）在一七三六年寫道：「生活中各種技藝以文明社會為源頭。政府制度越完善，改善的程度就越高。」[70]休謨認為：「法律生安全，安全生好奇心，好奇心生知識。」在他看來，法律和政府是文明化進程的基礎。[71]威廉・羅伯遜也認為，如果沒有正規的政府和人身安全，就不可能有科學上的進步，也不可能有品味和舉止上的提升。柏克同樣認為，只有文明社會方能讓人「達到其本性所能達到的完美。」[72]就像在世界許多其他地方一樣，一個人在英格蘭想要成為「文明的人」，就必須把自己整合到國家裡去。[73]

近代早期一些評論者把任何自治的政治單位都視為文明社會，甚至把亞洲和非洲的「野蠻」王國也算進去。[74]但大多數人主張，一個文明的政府形式必須符合某些規範。這些規範的性質因各人政治觀點的不同而異。湯瑪斯・斯塔基會思考怎樣才是「完美文明」的問題，是由於他不喜歡專斷的統治，並認為權力應該為公共利益而行使且由國王、貴族和積極的公民分享。[75]伊麗莎白一世派赴俄羅斯的特使對沙皇的專制政權倍感震驚，報告說如果俄國人民「獲得了開化」，就不會再忍受得了。」[76]反觀內戰期間的一位保皇派傳道人卻力主：「基於道德上的文明準則，我們必須服從保護我們的人。*」[77]正是為了回應這種主張，洛克在一六九〇年斷言，絕對君主政體「與文明社會不一致。」[78]一六八八年革命後，議會政府成為常態。然而，休謨卻在一七四二年給同時代的輝格黨人唱反調，因為他認為法國的絕對政府應該被視為「一個文明的歐洲君主國。」他的理由是法國國王保證了臣民的安全，並提倡藝術和科學。同一個十年的稍晚，喬治二世的首席大臣亨利·佩勒姆（Henry Pelham）在談到高地蘇格蘭人時，表達了較常見的觀點：「除非他們是以在英格蘭實行的方式被治理，否則他們不會有完全文明的一天。」[79]

這些對於哪種政府形式與文明社會相一致的分歧觀點表明，「文明」和「野蠻」是修辭性用語，帶有很強的情感色彩，但變化多端，往往缺乏任何普遍同意的內容。它們被用於合理化或反對某些特定的態度或行動方案，它們的涵義隨著光陰的推移而變化，因脈絡的不同而不同。這種古老的二分法經常被援用，但它們的意義取決於說話人的利益和關注。相互競爭的團體和利益集團利用這兩個情緒性和高度可塑的詞語來服務他們的特定目的，定期重新定義它們以納入新的價值觀和適應不斷變化的環境。

幾乎任一種被人強烈反對的行為都可以被稱為是「野蠻的」。國王詹姆斯一世認為吸菸是

* 當時一些政治思想家認為國王的一大作用是為人民提供保護。

一種「野蠻」的風俗，因為它是從「野蠻、無神和奴性的印地安人」那裡學來的。旅行家湯瑪斯・寇里亞特（Thomas Coryat）把詹姆斯時期紳士們過度飲酒稱為「一種最野蠻的習俗，最適合粗野的西徐亞人和哥德人而不適合文明的基督徒。」約翰・范布魯爵士（Sir John Vanbrugh）認為中世紀把死者葬在教堂裡的做法是「非常野蠻的習俗……讓人不能不納悶它怎麼會在文明的人類部分中流行起來。」當他的建築師同仁尼古拉斯・霍克斯莫爾（Nicholas Hawksmoor）反對「野蠻地」改建牛津大學萬靈學院舊四合院的計畫時，想到的應該是哥德人和汪達爾人對老建築的不必要破壞。[80]在所有這些個案中，受到譴責的事情都被牽扯到「野蠻人」，但這種牽扯是鬆弛的。「野蠻」一詞的真正力量在於它表達了仇恨、憤怒或厭惡。同理，說話人也可能會把他贊同的事情稱為「文明的」（civil）或「開化的」（civilized）。例如，約翰生宣稱，「文明的真正考驗」是會不會「為窮人提供像樣的食物。」[81]今天，人們喜歡盛氣凌人地稱「文明社會的標誌」是它對待動物的方式，又或是對待兒童、大學、難民或任何他們所捍衛的事情的方式。有時，這種斷言反映了一種對理想的社會形態應該是什麼樣子的深思熟慮觀點。不過，更多時候，它們只是為了博得贊同。

儘管「文明」和「野蠻」這兩個詞語因其辯論效果而被廣泛援用，但在近代早期，人們對「文明」狀態有哪些基本要素達成了許多共識。在十七世紀中葉，「英格蘭人生而自由」的概念被認為是英格蘭憲章的一個獨特特徵，所以人們普遍認為，文明社會絕不應容許奴隸制或農奴制的存在，因為正如艾德蒙茲爵士所說的，國家的「最主要的目的」是「讓我們可以自由處置我們自己和我們的財產。」[82]在十二世紀，馬姆斯伯里的威廉曾以奴隸制在愛爾蘭的持續存在作為塞爾特人野蠻的證據。[83]在十六世紀，英格蘭的沒有奴隸是一件關乎國家威望的事情，因為這可以把有奴隸的鄂圖曼帝國給比下去。[84]後來，有論者聲稱奴隸制已經「在全世界的文明人中間」被廢除。費恩斯・莫利森主張，奴隸制可以追溯到「強權就是公理」的時代，那時「弱者和窮人被強者和富人所支配」；它後來是變得更殘酷或更溫和，取決於「一個國家是變得更野蠻或更文明。」[85]十八世紀的英格蘭人普遍認為，一個國家如果有國內奴隸制，就不可能是文明國家。[86]在殖民地實施奴隸制當然另當別論。

關於什麼是最文明的政府形式，從來沒有達成過共識。但人們普遍認為，文明社會與暴力性專制統治格格不入，又認為這種統治方式在許多野蠻政權是典型的（其他野蠻政權則被認為有著無政府狀態的個人自由：「沒有國王、沒有總督或共和國。」）。[87]自古典時代以來，人們一直認為所有亞洲大國都是受到專制統治。[88]愛德華六世的御前議會祕書威廉・湯瑪斯（William Thomas）為「野蠻」的波斯人和韃靼人的困境感到遺憾：「他們過著多麼悲慘的生活，忍受著多大的奴役和屈從啊。」[89]一位在一六六〇年代去過俄羅斯的英格蘭人把沙皇的暴虐統治比作古代的蠻族政權和同時代的鄂圖曼政權。[90]一六一六年，湯瑪斯・羅爵士（Sir Thomas Roe）在從印度莫臥兒宮廷發出的報告中說，該政府「陰晴不定，沒有成文法，沒有政策，風俗混雜著野蠻。」共和主義者西德尼猛烈抨擊「東印度群島錫蘭島的可怕專制」，指「國王以自己的好惡為法律。」笛福認為備受讚譽的中國政府是「絕對的專制主義。」[91]克拉倫登伯爵相信美洲的「生番」完全

「臣服在一些統治者的奴役之下。」[92]坦普爾爵士認為，只有氣候溫和的國家可望有一個行法治的溫和政府。極端的溫度——無論是韃靼和莫斯科的嚴寒還是印度和非洲讓人難以忍受的酷熱——都被認為無可避免會導致專制。[93]

在西德尼之類的古典共和主義者看來，從沒有一個「文明民族」能夠委屈自己服從暴君。秉持同樣傳統的蘇格蘭哲學弗格森認為，公民積極的政治參比物質進步是重要得多的文明社會指標。因此，他斷定斯巴達和共和時期的羅馬雖然缺乏貿易和工業，但無疑都是文明社會，反觀中國和印度雖然商業發達，但都是專制統治，因此不是文明社會。他對文明社會的判準是嚴格政治性的，排除了一君統治的國家。[94]

人們一律同意文明社會必須保護成員的私有財產。保護私有財產是近代早期英格蘭的一個核心關注，但野蠻人卻被認為對此漠不關心。狩獵採集者沒有財產，游牧牧民不關心積累物質財富。例如，論者稱「野性的愛爾蘭人」不在乎財富，甚至不在乎「鍋、盤、壺、床墊、羽毛床和其他家庭用具。」他們的土地所有權是由氏族而非個人控制。[95]克拉倫登伯爵把土耳其人排除在文明世界之外，理由不在他們的宗教信仰（他認為非基督教社會仍然可以是文明社會），而是因為蘇丹對其臣民的財產擁有絕對的權力。一六六〇年代在君士坦丁堡和士麥那（Smyrna）待過的保羅．雷考特（Paul Rycaut）呼籲讀者要感謝上帝讓他們生活在一個自由的國家，在那裡，他們的妻子、小孩和勞動成果都可以為己所有。[96]伊麗莎白時期的耶穌會士羅伯特．佩森斯（Robert Persons）主張，正是因為可以安穩地保有小片土地，大部分普通百姓才能夠「維持得體的生活和讓子女得到文雅（civility）的教養。」[97]

在克拉倫登伯爵看來，財產權是文明社會的基礎：「所有文雅和良好舉止，所有藝術和美麗的東西，這個世界真正和堅實的財富，莫不是這種激情*的產物……對財產的愛好讓我們遠離了野蠻。只有財產的安穩可以防止我們再次回到野蠻狀態。」[98]因此而有了洛克的名言：「政府除了保護財產之外別無目的。」對他來說，「人類中的文明部分」†是那些制定了積極法律來保護財產的人。[99]然而，財產的概念不同於單純的佔有。相反地，它是一個複雜的概念，不是「野蠻人」所能理解，也被認為不是十八世紀英國的「庸俗人」所能理解。對於遺囑繼承制（即人處置自己死後財產的權利），亞當．斯密認為這是一種「精進……不是一個沒有在文明舉止上取得很大進步的民族所能達到。」[100]眾所周知，野蠻人不尊重他人的財產：禁止偷竊和強姦不構成他們道德準則的一部分。在休謨看來，這意味著擁有私有財產的快樂——他把這快樂跟身體之樂和心靈之樂並列為人生三大樂事——在那些「粗野的生番」中間是完全沒有保障的。[101]

因此，正如弗格森所說的，文明社會的關鍵吸引力在於它帶來了「一定的人身安全和財產安全」，對此，「我們稱之為文明（civilization）。」政治經濟學家羅伯特．馬爾薩斯（Robert Malthus）看法相似：「端賴現有的財產制度，端賴表面狹隘的自愛原則（principle of self-love）……我們

---

* 指對私有財產的愛好。

† 即人類中的文明人。

得到了讓文明狀態不同於野蠻狀態的一切東西。」歷史學家湯瑪斯·麥考利（Thomas Babington Macaulay）在一八三二年的一次議會演說中也表達了同樣觀點，聲稱「偉大的財產制度」是所有文明的「源泉」，「我們是賴此而不同於太平洋上的紋身生番。」[102]

在以信用為基礎的近代早期英格蘭經濟中，誠信、可靠和遵守合同的意願被視為文明的要件。反觀野蠻人則被認為是背信棄義和不可靠——當他們缺乏一個能履行前任簽訂的協議的穩定和持續的政治權威時尤其如此。[103]在十七世紀晚期，非洲皇家公司為其奴隸貿易壟斷地位辯護時稱，非洲的貿易必須靠堡壘和軍艦來維持，因為「土著天性背信棄義，如果不以持續和永久的力量加以要脅，這些野蠻的異教徒就不肯被條約約束。」喬治三世的首席法律顧問在一七六四年宣稱，如果一個統治者主張人民不必受前任制定的條約所約束，他將使他們倒退回「原始的野蠻狀態。」[104]因此，在十九世紀，一個國家應否在國際上被公認為「文明」的一個關鍵判準是其政府是否有能力訂立和遵守合約。[105]

慢慢地，文明行為的理想也擴大至要求禮貌對待信奉敵對信仰的國人同胞和寬容宗教少數群體（當然是以對方行為「文明」為前提）。伊麗莎白時期的天主教徒們被他們的決疑專家建議，在新教徒家庭用餐時，應該「出於文明和文雅」，在謝飯禱告時向主人鞠躬——不這樣做是「不文明」和「鄉巴佬」的表現。[106]在下一世紀，一本反天主教小冊子的作者承認，儘管天主教徒錯誤地依附一個假教會，但他們中間許多人「在處理共同事務時是文明的。他們也有禮貌，有愛心，善良，心地坦蕩，誠實，在人與人之間的事務上值得信任。」雖然維持宗教上的分離，但天主教徒常常與鄰居社交和在地方事務上出力。[107]類似地，許多清教神職人員僅管敦促教眾盡可能避免與褻瀆神靈和不思悔改的人交往，但又強調他們應該對他們遇到的所有人保持禮貌，因為無論別人的罪惡多麼讓人厭惡，「文明社會的守禮義務」仍然必須遵守。[108]

劍橋傳道人理查德．西貝斯（Richard Sibbes）認為，甜如蜜的友好態度應該只用來對待少數「有蒙恩證據和跡象」的人，僅僅出於禮貌而與罪人交往是錯誤的。不過，他還是承認，「仁愛和恩惠」是每個人應得的，不管他們有多麼不思悔改。[109]威廉姆斯同樣認為，雖然強烈反對他人的錯誤宗教觀點並決心將他們導向真理的態度是正確的，但也應該以起碼的尊重相對待。他認為宗教迫害是一種邪惡，「違反人的溫柔心腸」，是「對文明本身的狠狠攻擊。」他主張，儘管存在宗教分歧，但只要人們「遵守人性和文明的守則」，共和國就可望興旺發達。與不敬虔的人和平共處是坦率對話的必要條件，而透過對話也可以讓他們注意到自己的錯誤。[110]

許多重要的神職人員同樣認為遵守文明義務應該優先於介意宗教分歧。愛爾蘭未來的主教威廉．比德爾（William Bedell）敦促天主教徒不要與他們的新教鄰居不相往來，又斷然否定與持不同信仰的人過從是不正當的。事實上，「與信仰假宗教或過著邪惡生活的人斷絕文明交往」是一種罪，因為根據上帝或人類的法則，他們和我們是必然縛在一起的。」[111]王政復辟時期的林肯郡主教羅伯特．桑德森（Robert Sanderson）反對對教派分裂者*過分親切，但他也承認必須遵守

* 指清教徒。

「鄰里情誼（neighbourhood）和共同禮貌（common civility）*的守則」。《醫生的宗教》作者湯瑪斯．布朗不是天主教徒，但他主張每個人都有「用客氣語言對教皇說話的責任。」十七世紀晚期，一些遊羅馬的新教徒甚至甘願親吻教皇的腳趾，認為這是「一種文明和平常的問候。」[112]

桑德森在林肯郡的繼任人湯瑪斯．巴羅（Thomas Barlow）於一六五五年對重新接納猶太人的政策表示歡迎，認為他們「不僅曾受到不符基督教的對待，而且曾受到不人道和野蠻的對待。」在他看來，英格蘭基於「仁慈和文明」的責任，必須彌補過去對猶太人造成的傷害。一六八八年革命後，他高興地指出，新教徒得到了「文明和有禮貌的溫和寬容。」[113]一六八九年有局限性的《寬容法案》（Toleration Act）的動機本質上是政治性的，但有些人依據自己的原則支持它。高度看重文明行為的洛克認為「禮貌、友誼和溫柔的對待方式」可以用強制力做不到的方式影響別人的意見。[114]對他來說，文明不僅僅是一種外在的行為：「內在文明」（inward civility）涉及真誠地「尊重所有人」和「小心地不對他們表現出任何蔑視、不尊重或忽視。」只有為所有持這種態度的人建立平等的宗教自由，才能提供「相互慈善的紐帶」，讓他們「團結為一體。」[115]然而，那些被認為會威脅到文明秩序的人（例如天主教徒和無神論者）仍然被排除在外。

文明的偉大喉舌《旁觀者》堅定反對「過分的狂熱、褊狹和迫害。」[116]然而很少有人認為宗教多元化本身是可取的，所以非國教派教徒被褫奪公權的情形將持續到十九世紀。然而，在現實中，「不從國教者」和天主教徒在他們的地方社群中經常有良好整合。十八世紀初，當笛福造訪塞特郡的多爾賈斯特（Dorchester）時，他發現國教派和不從國教派的神職人員「一起喝茶，禮貌地和帶著鄰里情誼地交談。」[117]十六和十七世紀有過許多激烈的宗教仇恨，但到了笛福時代，實質上的宗教寬容——至少是基督教教派之間的彼此寬容——已經被認為是務實的權宜之計。作為社會和諧的必要前提，它在紳士圈中受到讚揚，被認為是貿易國家所不可或缺，是文雅（civility）和雅緻（polite）的本質部分，是文明行為的正字標記。[118]

與文明一個密切相關的屬性是和平地進行神學和科學辯論，不再發脾氣和辱罵，並隨時準備好承認錯誤。一位一六六〇年代造訪英格蘭的法國人對早期皇家學會的會議紀錄印象深刻：發言者從不會被打斷，而「意見分歧並沒有引起任何怨恨，也沒有任何令人不快的說話方式……在我看來，沒有什麼比這更文明、更體面和管理得更好的了。」[119]十七世紀晚期，文明地交流資訊和有禮貌地討論歧異觀點成為了科學界和國際文壇的公認準則。正如《獨立輝格黨》（*The Independent Whig*）的作者在一七二一年所說的，紳士們已經學會在寫有爭議性著作時「總是帶著良好舉止。」文人的通信被認為應該「文明和有禮貌。」[120]至少在理想上，這與惡毒的人身攻擊形成了鮮明的對比——人身攻擊是宗教改革後神學爭論的一大特點，也是約翰·密爾頓（John Milton）在一六五〇年代與克勞德·索梅斯（Claude Saumaise）和彼得·杜穆林（Peter du Moulin）等學者就英格蘭共和國的合法性問題進行激烈交鋒時的特點。[121]

和平解決分歧的關鍵是舉行會議和政治辯論時有正式或非正式的慣例存在。英格蘭的國家和

---

* 前面指出過，「共同禮貌」即最起碼的禮貌。

地方議會在盎格魯—撒克遜時代晚期已經建立起這些慣例。[122]十六世和十七世紀的下議院有著悠久的辯論規則：禁止暴力；禁止「冒犯性」或「不敬」的言論；禁止竊竊私語、打斷別人說話或發出噓聲；要求議員在離開會議廳時像進入時那樣轉身低頭行屈膝禮。貿易公司和其他地方機構的商業行為也有類似的形式化慣例。即便是村裡的會議，也可能有規章來規定莊重的討論程序。[123]

在十八世紀，「文明」（civility）的理想要求政治爭端應該和平解決，要求落敗的政治家在去職後可以不用被流放或處決。即便是議會對大臣的反對也逐漸被認為是正當和值得尊敬而不是出於搗亂心態，儘管對這種反對的偏見死而不僵。*弗格森認為，每一個「文明和商業國家」都必須學會如何「在不會引起騷亂的情況下解決每一場爭端。」[124]

文明也有一個國際向度。正如一位伊麗莎白時代人所說的，「國際社會」是文明社會的一部分，讓其得以維持的是「大使之設、交通往來、對外國人公道、公開譴責戰爭和對被征服者開恩。」本著這種精神，菲力浦・西德尼爵士（Sir Philip Sidney）援用了他所稱的「普世文明（universal civility），即萬民法（所有人類都是世界公民）。」艾德蒙茲爵士同意，所有民族都是「在人類社會的嚴格聯盟中連結在一起。」這些說法都呼應了西塞羅的斯多噶派概念：有一個超越國界的單一人類社會（*hominum societas*）存在。[125]

近代早期的法學家相信，人類受一套放諸四海皆準的自然法所約束，而無需借助神啟，人類理性自可洞悉這套法則。它被所有較文明的國家所接受，儘管一些其他民族因為太野蠻或太無知而無法認識它。流亡的法國法學家讓・巴貝拉克（Jean Barbeyrac, 1674-1744）表示，他從經驗得知，「自然法」一詞就像「未知的南方大陸」（*Terra Australiaincognita*）†那樣，是很多普通人所不知道。[126]法學家從自然法演繹出範圍廣泛的權利和義務。他們還復興和發展了羅馬的「萬民法」（*ius gentium*）概念。許多權威人士指出，「萬民法」與自然法重疊，適用於所有人類，但也有些人認為，它只是一套「較文明」國家才遵守的慣例，其他國家則置之不顧，甚至不適用。[127]威廉・富爾貝克（William Fulbecke）的《萬民法總論》（*Pandectes of the Law of Nations*, 1602）——自稱是第一本關於這個主題的書——僅以「最文明」國家的情況為立論基礎。保皇派主教傑瑞米・泰勒（Jeremy Taylor）也認為，這種法律是「所有相互溝通的明智和文明國家」所遵守。[128]

萬民法被認為以自然正義（natural justice）的原則為基礎，但卻越來越多地建立在各國締結的條約上，變成是管理歐洲國家之間的軍事、外交和商業關係。十八世紀的德意志自然法學者認為萬民法既非法律也非道德，只是外交禮節的規則。[129]但是，偉大的英格蘭法學權威布萊克斯通爵士宣稱萬民法是「一個規則體系，可以用自然理性推斷出來，並在全世界的文明居民中取得普遍的同意。」[130]野蠻人就是那些蓄意違反這些規則或完全不懂這些規則的人。例如，據說鄂圖曼土耳其人在和平時期會遵守以文明和禮貌態度對待使臣的公約，但一旦戰爭爆發，他們就會無視

---

* 原注：晚至二〇一七年六月，英國首相德蕾莎・梅伊（Theresa May）和她內閣的一個大臣還暗示，有些國會議員對她的政府的脫歐政策的反對是「不愛國」的表現。見*Daily Mail Online*, 1 June 2017; *Guardian*, 24 June 2017.

† 十五至十八世紀的歐洲人認為，世界南方存在一塊大陸是人類未曾到過。

萬民法，把大使監禁起來和施暴——這「違反了古羅馬人和其他勇敢與文明民族的習俗。」[131]

因此，文明社會可以被想像成一位作家所說的「把世界攏在一起的水泥。」[132]在理查德·胡克看來，自然法要求「禮貌款待外國人和外地人」，以及「與全人類形成某種社會和夥伴關係。」[133]自古典時代以來，是否友好接待外國遊客一直被視為文明的試金石。[134]在近代早期，隨著旅遊的增長、宗教難民的遷入和國際貿易的大幅擴張，這種態度變得越來越重要。培根認為：「如果一個人對外國人慷慨和有禮，就表明他是一個世界公民。」流亡的天主教教士湯瑪斯·賴特（Thomas Wright）在一六〇四年指出：「友好款待外國人被認為是極文明的表現，是性情高尚的表徵。反之，惡形惡狀對待外國人就是極端野蠻的表現。」類似的，洛克的一個通信者宣稱，不熱情接待外國人是「一種野蠻的非人行為」，這種人像西徐亞人而不像「文明人」。[135]

西班牙神學家德維托利亞是第一個將古老的好客習俗轉變為自然法的人。他被理查德·胡克效法，後者認為世界各國「為了共同人性的緣故」，應該奉行好客之道。偉大的荷蘭法學家格勞秀斯斷定，自然法規定的人類共同義務包括允許外國人的船隻出於健康考量或給養需要而停泊在海岸，以及允許被自己國家驅逐的外國人遷入定居。[136]在現實中，這種款待因為與東道國的利益相衝突，日益遭到拒絕。一六七七年，威廉·佩恩想進德意志一座城市遭拒，被迫睡在田野裡。他給當地統治者寫了一封極火爆的抗議信：「你引用的是萬民法、自然法、德意志法還是基督法？咿，自然安在！文明安在！」[137]

文明的戰爭

在今天，civil一詞和「軍事」一詞是反義的：士兵和「平民」（civilians）構成對比，軍職（arm services）和「文職」（civil services）構成對比，在近代早期，「文明的」（civil）和「軍事的」（martial）同樣被視為對立詞。[138]雖然在一五〇〇至一八〇〇年期間沒有多少個十年是沒有戰爭，但當時許多人認為武裝衝突——嚴格防禦性質者除外——是本質上不文明的。對於伊拉斯謨和都鐸王朝早期的人文主義者約翰．柯爾特（John Colet）、理查．佩斯（Richard Pace）和湯瑪斯．摩爾來說，戰爭是非理性的、「獸性的」和「墮落的」。伊麗莎白一世的首席大臣威廉．塞西爾（William Cecil）警告兒子羅伯特說，戰爭「就其本身而言是不正義的，除非有好的目的使之正義。」艾德蒙茲爵士在他的《關於凱撒的高盧戰記》（*Observations upon Caesar's Commentaries*）中指出（這是十七世紀最常重印的書籍之一），文明涉及「不傾向於好戰行為」：文明人不會喜歡打仗。清教徒威廉．艾姆斯（William Ames）於一六三九年斷定，對戰爭的渴望和喜愛是「野蠻和殘忍的人的標誌。」一六五三年，未來的紐卡斯爾公爵夫人瑪格麗特．卡文迪什將戰爭視為「文明社會」的敵人。[139]一六八〇年，經驗豐富的活動家莫爾格雷夫伯爵（Earl of Mulgrave）將戰爭形容為「野蠻的」，而與他同時代的醫生韓福瑞．布魯克（Humphrey Brooke）認為，沒有人比軍人「更野蠻、更無情。」[140]

在啟蒙時代，戰爭被認為只會吸引「未經雕琢的頭腦。」[141]亞當．斯密把每個人都是戰士的野蠻社會和文明社會加以比較，指出在後者戰鬥都是由領酬的專業軍人負責。[142]一七八二年，小品文作家維塞斯謨．諾克斯（Vicesimus Knox）在為文談論「戰爭的愚蠢和邪惡」時宣稱：「當我們是戰士時，不管我們多麼以文明自詡，我們事實上都是野蠻人。」[143]

十七世紀晚期，哈利法克斯侯爵指出：「作為我們時代變得更文明的一個不小的標誌是，好些國家之間的殘暴敵意大大減少了，即便在粗俗人中間也是如此。至於在高等人中間，更是完全消失了。」[144]這是言過其實。但當戰爭爆發時，萬民法要求它進行得盡可能人性和文明。這表示應該保證使者和大使的安全，對戰敗者開恩，以及尊重非戰鬥人員的豁免權。與此相比，古代的戰爭是全面的：儘管戰勝者面臨著理論上的拘束[145]，但戰敗一方的領導人通常會被處決，他們的追隨者和家人會被奴役。隨著諾曼征服後國內奴隸制的衰落，英格蘭軍隊不再奴役戰俘。城鎮和貿易的發展，還有貨幣化的經濟，鼓勵了拿較富有戰俘勒贖的轉變。它們還減低了勝利者進行破壞的程度，以免敵人以牙還牙。愛德華．吉朋（Edward Gibbon）指出，這些考慮在游牧的野蠻牧民是不存在的，因為他們的財產是隨身攜帶。[146]

中世紀晚期戰爭行為所受到的限制源自羅馬法和職業軍人遵守的習慣法兩者的混合。最有效的限制來自騎士階級的騎士精神守則，它把榮譽感和互惠性自利結合，規定了在戰鬥中和戰鬥後的可接受的行為（不過它也美化了勇武，助長戰爭成為一種普遍現象）。後來，皇家法令和特定場合發佈的正式戰爭條款補充了這套守則。[147]

用艾德蒙茲爵士的話來說，藐視戰爭的守則就是「打破文明互動的紐帶。」然而，這些守則常常被忽視：正如理查德．胡克所說的，作戰規定的「被知道多於被遵守。」[148]中世紀晚期禁止攻擊非戰鬥人員的法令並沒能阻止亨利八世在一五四四年對法國北部實行焦土政策：他殺害平民，給所有人帶來的飢餓。[149]這些規章對地方百姓的保護甚少，對普通士兵更是全無保護作用：他們在被俘後因為無人付贖，經常被殺。

然而，在與法國的百年戰爭期間，將勒贖擴大到軍事等級較低的戰俘身上的做法變得越來越普遍。[150]由於近代早期的國家對軍隊有了更大的控制權（以前軍隊都是由私人承包商組建），因此對戰爭行為的限制成倍增加，而普通戰俘更頻繁地被勒贖或交換。這些慣例體現在荷蘭和後來的瑞典的軍事法典中，而這兩部法都在一六三〇年代在英格蘭有了譯本。例外的情況是有些守軍在被要求投降後拒不投降，造成不必要的人命損失，這時，勝利者有權殺戮他們。另外，追捕和殺死從戰場上逃離的敵軍士兵也不被視為暴行。未經合法統治者授權的雇傭兵也被排除在被饒命的行列之外，這就是為什麼威爾頓的格雷勳爵（Lord Grey of Wilton）——伊麗莎白一世的愛爾蘭副總督*——有理由在一五八〇年在克里郡的斯梅威克（Smerwick）冷血地屠殺六百名西班牙人和義大利人。[151]

---

* 副總督為英格蘭駐愛爾蘭最高級官員。

一五九三年，神學家馬修・薩特克利夫（Matthew Sutcliffe）在一篇以「古代和後來大多數專家戰士的先例」為基礎寫成的論文中斷定，「屠殺」那些扔下武器並自承戰敗的人是「野蠻的殘忍」和「違背公平戰爭的性質。」一五九八年，流亡的義大利法律哲學家阿爾貝里科・根蒂利（Alberico Gentili）在其獻給埃塞克斯伯爵的論文《戰爭與和平法》（*De Iure Belli*）中斷言，人權和戰爭法要求戰俘的生命得到赦免。正如一個先驅在一六〇二年解釋的那樣：「殺害一個投降的人是不正當的，因為這種行為不人道。所有偉大的將領都禁止這樣做。」同年，威廉・富爾貝克也認為，戰俘只是為國而戰，殺死他們是「獸性的」和「野蠻的。」一六二九年，傳道人理查德・伯納德（Richard Bernard）宣稱，「冷血地殺害可憐的戰俘」是「野蠻和無情本性」的標誌。[152]正是為了反駁蘇格蘭人文明程度不如他們的英格蘭鄰居的指控，一位蘇格蘭作家在一六〇五年指出，蘇格蘭人在戰爭勝利時表現溫和：一個例子是他們一三八八年在奧特本（Otterburn）得勝後以仁慈態度對待戰俘。[153]十七世紀晚期，隨著勞動力在經濟上更加寶貴，交換戰俘的舉措也變得越來越普遍。德意志法學家普芬多夫認為這符合「人性法則」，說這種準則被「大多數自認為文明的民族」所遵守。[154]

這些規定與被認為是野蠻人的人的做法形成了對照。一個例子是鄂圖曼土耳其人，據說他們會殺害每個不適合作為奴隸出售的戰俘[155]，另一個例子是美洲土著，據說他們會奴役被俘的婦女和兒童。即使在英格蘭，一種認為有正當理由奴役在正義戰爭中被俘的人的觀念仍然揮之不去（理由是他們的命是戰勝者所赦）。伊麗莎白時期的商人冒險家喬治・佩克姆爵士（Sir George

Peckham）相信，萬民法容許奴役戰俘。著名清教徒神學家威廉・帕金斯（William Perkins）也贊成這一點。十七世紀早期，格勞秀斯斷言，根據萬民法，勝利者完全有權殺死他們的戰俘，除非他們國家的法律禁止這樣做。[156]

十七世紀末，奴役戰俘仍然為西德尼和洛克之類的自由捍衛者所接受。要等到十八世紀，才有布萊克斯通出面指出，一旦殺死戰俘的權利被撤消，則相關的奴役俘虜權利也隨之失去道德正當性。[157]

十六和十七世紀早期的英格蘭軍事法令更關注贖金的分配而不是俘虜的福利。除了亨利八世於一五一三年發佈的遠征法國法令是個顯著的例外[158]，它們沒有明令禁止殺害俘虜，只規定不得在沒有指揮官授權的情況下殺俘。一五八九年，英軍在科魯尼亞（Coruña）割斷約五百名不會有人贖的西班牙戰俘的喉嚨。[159]一六三九年，一本軍事訓練手冊的作者建議，如果一方俘虜了許多戰俘卻發現戰敗一方發動新的攻擊，那麼就應該殺死戰俘以防他們加入攻擊者的行列。[160]然而，在英格蘭內戰中，主導議會派軍隊和保皇派軍隊行為的條款卻以它們明確要求饒戰敗敵人一命而著稱（違者甚至可能被處決）。這一禁令似乎最早是由諾森伯蘭伯爵在一六四〇年向派往北方與蘇格蘭人作戰的軍隊所頒佈。[161]此後它經常被重申。

英格蘭內戰中的交戰雙方共享同一種文化，並且常常有著親戚和朋友關係。他們的領導人把對高尚行為的堅定信守和對可能遭以牙還牙對待的強烈意識結合起來。因此，雙方都同意對戰敗者表現出「好性情」（good nature）和「文明」（civility）。密爾頓稱讚新模範軍（New Model

Army）＊是「世界上最文明和最有紀律的軍隊」，而議會派傳道人休・彼得（Hugh Peter）聲稱，當貝辛宮（Basing House）在一六四五年十月遭洗劫時，保皇派貴婦人受到的對待「雖然有點馬虎，但沒有不文明。」一六四六年，在勸降伍斯特（Worcester）的保皇派時，議會派司令官湯瑪斯・雷恩斯伯勒（Thomas Rainsborough）非常小心謹慎，以免自己「有任何有欠文明之處。」議會派將軍威廉・沃克爵士（William Waller）聲稱，在他任職期間，他「不斷努力向敵派的人表達我所能表達的所有文明。」在一六四九年，新的共和國政府因為手頭拮据，只得讓其中一個團的新兵到民居白吃白住，這時，他們的上校竭盡所能地約束士兵，讓他們對不甘心的戶主「表現出文明舉止。」[162]甚至連保皇派的約翰・奧格蘭德爵士（Sir John Oglander）也不得不承認，議會「採取了一切可能的步驟來開化他們的士兵。」為新模範軍寫史的同時代人約書亞・斯普里格（Joshua Sprigg）稱讚這支軍隊雖然被拖欠軍餉仍然井然有序，又說「如果不是因為他們的文明多於金錢的話，就不可能被管理得如此之好。」[163]相似地，查理一世的牧師們呼籲保皇派軍隊不要做任何「帶有無禮、野蠻或不人性味道」的事。議會派軍官艾德蒙・路德洛（Edmund Ludlow）承認，他在當戰俘期間受到「非常文明」的對待。[164]同一套守則也被用於一六五二至五四年的英荷戰爭：一六五三年，政府下令對被俘的荷蘭海軍軍官嚴加看守，但要待之以「文明的尊重態度」。[165]

當然，內戰期間雙方都死傷慘重，死亡人數在比例上直追第一次世界大戰。[166]戰俘經常受到粗暴對待，有時還會發生真正的暴行——儘管在英格蘭發生的次數（與愛爾蘭相反）比在同時代的三十年戰爭中發生的要少得多，而且與後者相比很少波及平民。[167]在他寫的叛亂史中，克拉倫登伯爵強調了各場戰爭的恐怖，並列舉了許多「粗魯」、「野蠻」和「不人道」的例子。[168]一條通例是，一支拒絕投降的守軍被打敗之後會失去獲赦資格，有時會被大肆屠戮，如果他們是天主教徒的話尤其如此（一六四五年在貝辛宮發生的事情就是這樣）。[169]當暴行確實發生，受害方總是指責施暴方「野蠻地」違反公認的文明行為準則。[170]雙方對對方的「不文明」的大量指控並不是對真正發生的事情的可靠反映，但它們卻顯示出人們對戰時文明行為的理想是多麼的認真——哪怕是在被同時代人譏諷為「我們的不文明文明戰爭」（our uncivil, civil war）†中也未曾放棄。[171]

然而，在處理海盜、叛軍、逃兵和逆賊時，「禮貌的對待」一向總是被認為是不恰當。在選擇退出政治社群時，這些人被認為已經失去了被體貼的權利。因此，他們被剝奪去萬民法給予具有正式敵人地位的戰鬥人員的特權。戰爭法不會保護那些違反戰爭法的人。[172]保皇派在一六四二年的最初傾向是把對手視為不配被饒命的叛亂分子，但當議會威脅要絞死保皇派戰俘以資報復時，這種傾向退縮了。在第二次內戰中，輪到保皇派扮演叛亂分子或逆賊角色，他們其中一些人也受到了與此相應的對待。[173]一百年後，當被擊敗的詹姆斯黨人（Jacobites）在卡洛登戰役（Battle of Culloden）後被無情地追捕時，這一理論得到了殘酷的應用。[174]然而，不列顛群島從未

---

* 議會派的軍隊。

† 指英格蘭內戰（civil war）。此處是用了civil的歧義。

經歷過類似「神聖聯盟戰爭」（War of the Holy League, 1683-99）中的恐怖事件——當時一個歐洲聯盟在鄂圖曼土耳其人圍攻維也納失敗後將其趕回巴爾幹半島。在這場基督徒與穆斯林的衝突中，戰爭法完全被拋諸腦後，雙方都奴役或屠殺戰俘，對地方百姓犯下無數暴行。[175]

大多數十八世紀的評論者都對當時歐洲戰爭的文明行為方式稱慶。弗格森在一七六〇年代指出，荷馬時代的戰爭信條與「美洲森林」中盛行的信條相似，反觀現代歐洲國家卻尋求「把和平時期的文明行為帶入戰爭中」：他們「要把雅緻（politeness）和刀劍融為一體。」就像休謨一樣，弗格森認為戰爭中表現出人性是「把文明時代區分於野蠻無知時代」的主要特徵。[176]一七七七年，哲學家塔克認為，現代戰爭是「沒有仇恨和野蠻的戰爭，戰爭法是由普遍的共識建立，而最大的敵人之間會遵守以下的準則：被征服者的財產不會被奪走，他們的人民也不會成為奴隸，也不會出現冷血的屠殺和剷除。」[177]吉朋得意地指出，「現代國家的法律和禮儀」保護了「被打敗的士兵的安全和自由」，並確保「和平的公民」很少「暴露在戰爭的狂暴中」。亞當．斯密同樣相信，現代戰爭法「在適度和人性上」優於古代。[178]喬治三世的首席法律顧問在一七六四年宣稱：「在我們這個人道的時代，戰爭本身就是文明的。」歷史學家威廉．羅伯遜也認為，在「文明國家」中，戰爭「解除了其一半的恐怖。」[179]

這些論斷顯然忽略了不時發生的史無前例的大規模屠殺，例如七年戰爭（Seven Years War, 1756-63），當時大量的步兵面臨著兇猛的火力。[180]然而，如果把格勞秀斯在一六二五年闡述的戰爭法與瑞士出生的法學家埃默里希．德瓦特爾（Emmerich de Vattel）在一七五八年制定的戰爭法加以比較，我們可以看出歐洲的戰爭守則在這些年間確實變得比較人道。在某些方面，實際上的情形也是如此。人們更加尊重平民、更加關心戰俘和傷患，並接受了被圍困的守軍雖然進行堅決的抵抗，一樣有權在被打敗後獲得饒命。[181]

大多數歐洲軍隊的軍官都有相似的貴族背景，並服膺於共同的軍事禮節。[182]與法國革命軍在一七九〇年代發動的全面戰爭相比，十八世紀的戰爭在精神上更像是中世紀的比武審判（trail by combat）。*它往往受到嚴格的控制，圍攻與會戰都是明刀明槍，戰鬥結果一般為雙方所接受。[183]如果守則被打破，戰爭改為以一種被認為是「野蠻」的方式進行時，抗議很快就會出現。例如，伏擊在「文明國家」之間的戰爭中被宣佈為非法。美洲印地安人出了名把自我保護放在首位，避免任何帶有風險因素的衝突。他們的目的是讓自己以損失最小的方式削弱和消滅敵人。印地安戰士的理想是「日復一日地埋伏等待，等到敵人最無力抵抗時再衝向敵人。他們在深夜時偷襲敵人，放火燒他們的茅屋，屠殺從火焰中逃出的赤身露體、毫無抵抗力的居民。」[184]

因此，當一七七五年北美殖民者起義時，英國招募土著助戰之舉引起了憤怒。次年的《美國獨立宣言》指責喬治三世不應該徵召「殘酷無情的印地安蠻子，因為眾所周知的，他們的作戰準則是不分男女老幼，格殺勿論。」喬治三世也不應該向美國派遣外國雇傭兵，因為「其殘忍卑鄙

---

* 比武審判是日耳曼法中一種在缺少證人或供詞的情況下解決指控的方法，在使用比武審判解決糾紛時，爭議雙方必須進行單挑；戰鬥的勝利者被宣佈勝訴。

就連最野蠻的時代也難以相比。」所以，《獨立宣言》稱喬治三世「完全不配當一個文明國家的元首。」英國國內批評喬治政府的聲音呼應了這一抱怨。[185]殖民者通過譴責英軍在戰場上犯下的暴行，為他們的大業贏得了更大的合法性——英軍有時會殺害戰俘，冷血地用刺刀刺他們，亂砍他們的屍體。[186]

文明的同情

無論是在戰爭中還是在和平時期，文明都涉及戒除任何可能被認為「殘忍」的行為，也就是忌諱對他人的痛苦漠不關心或以施加痛楚為樂。當疼痛被認為是必要的時候（例如外科醫生動手術、發動正義戰爭、懲罰罪犯或懲戒頑劣學生），無須對其有忌諱。但從古典時代起，不必要的殘忍就被視為是野蠻的一個決定性特徵。詹姆斯時期一位作家問道：如果「殘忍和不人道不是野蠻的特殊之處，那什麼是野蠻？」[187]然而，中世紀的教會並沒有將殘忍列為「七大罪」之一，儘管湯瑪斯·阿奎那（Thomas Aquinas）認為那些以製造痛苦為樂的人是野蠻和不人道。[188]在近代早期的英格蘭，殘酷經常因為與人性不相容而被指責為「不人道」，因為違反自然法而被指責為「不自然」，因為表現出對激情的軟弱屈服而被指責為「娘娘腔」[189]，因為違背福音教義而被指責為「非基督徒所為」（unchristian），因為不符文明社會的規範而被指責為「原始」、「野蠻」或「不文明」。這些思想傳統是不同的，但它們的實踐意涵起著互相加強作用，而它們全都有助於支持殘忍在文明社會裡是不可接受的觀念。米歇爾・德・蒙田（Michel de Montaigne）認為殘忍是「所有惡習之尤。」[190]霍布斯認為殘忍是違反自然法，將其定義為不考慮「未來的利益」或「沒有理由」地施加痛楚。[191]這讓「殘忍」成為一個本質上不穩定的概念，因為對於什麼是有理由、什麼是沒有理由有著明顯的爭論空間。

典型的野蠻人是「西徐亞人」。他們本來是住在黑海東北部的居民，但實際上被當成歐亞游牧民族的總稱。希羅多德講述了他們如何刺瞎和奴役戰俘，砍掉敵人的頭，用他們的頭骨喝酒。[192]其他野蠻人也同樣因為殘忍——假定的殘忍——而臭名昭著。皮克特人（Picts）被認定是「一個殘忍的民族，極愛打架」（圖15）；愛爾蘭人被認為「非常殘忍」和「嗜血」；土耳其人（據說有西徐亞人血統）因其「獸性和殘忍」而臭名昭著；阿茲特克人也因其「殘忍」和「恐怖」的活人祭而惡名昭彰；俄羅斯人的殘忍「幾乎匪夷所思」。[193]英格蘭歷史學家歷數蘇格蘭人和威爾斯人在過去戰爭中犯下的各種可怕暴行，而休謨認為殘忍是「不文明時代特有的惡習。」它被認為是以獵殺野生動物為生的社會的必然特徵。[194]美國植物學家卡德瓦萊德・科登（Cadwallader Colden）表示：「根據觀察，所有野蠻的民族都是有仇必報和殘忍的。這些激情的減少是文明帶來的可喜效益。」約翰生博士也認為「生番總是殘忍。」據說，庫克船長在太平洋航行時假定「幾乎每一個未開化的部落」都會用「殘忍的野蠻」對待敵人。[195]

在某種程度上，這些觀感反映了指導戰爭行為的慣例的文化差異。例如，許多印地安人認為以殺戮來報復很重要，並拒絕歸還戰俘，會憤怒和悲傷地折磨他們，以彌補在戰鬥中蒙受的人命損失。他們還因為剝敵人的頭皮而臭名昭著。[196]亞當·斯密認為，生番的惡劣生存環境降低了他們的人性，反觀文明人因為享受到「安全和幸福」，所以有比較發達的感受性。[197]這種觀點可能有其合理性。一位傑出的人類學家曾寫道：「在一些原始社會中，通常沒有一種行為被明確認為是殘忍的。被非難的是暴力，而不是施加痛苦……社會圈子外的人的痛楚或動物的痛楚往往是無關緊要的問題。」我們沒有理由認為過去人類對痛苦的敏感性不如現在，但他們對痛苦的容忍度比我們要大得多。[198]

當被認為是文明人的人犯下殘忍的行為時，會被指控為效法野蠻人。在玫瑰戰爭期間，蘭開斯特家族（Lancastrian）的軍隊被指控行為「殘忍可憎……是撒拉森人（Saracen）＊或土耳其人中間亦聞所未聞。」[199]在伊麗莎白時期，天主教作家譴責當局對耶穌會士動用「吊剖分屍刑」（hanged, drawn and quartered）†「在野蠻上堪比擬土耳其人或西徐亞人」（圖12）：「從來沒有西徐亞人或野蠻的韃靼人曾經那麼的不人道，會在無辜的人還活著時把他們開膛剖腹，扯出內臟用火焚燒。」他們也激烈抱怨審案官的「粗魯」、「無禮」和「不文明」舉止。[200]一六四五年，三百名隨軍的愛爾蘭婦女、嬰兒和兒童在菲利浦霍赫（Philiphaugh）被蘇格蘭的契約派（Covenanters）軍隊屠殺，據說她們被「殘忍無情地砍成碎片。這種事是連土耳其人或西徐亞人也不曾被聽說幹過。」[201]

然而，在新教徒看來，被約翰·佛克塞（John Foxe）‡記錄下來的瑪麗女王火刑迫害、法國的「聖巴薩羅繆日大屠殺」（St Bartholomew's Day massacre）和宗教裁判所的活動都證明了天主教徒的「野蠻、殘忍和無情。」一位伊麗莎白時期的議員指出，福音的標記「是仁慈與溫和」，而「相反宗教（contrary religion）§的果實……是刻薄和殘忍。」[202]人們普遍相信，如果西班牙無敵艦隊在一五八八年取得勝利，英格蘭平民將會被施以酷刑和殺害。[203]一六〇六年，在「火藥陰謀」（Gunpowder Plot）¶一週年紀念的講道上，奇賈斯特主教（Bishop of Chichester）蘭斯洛特・安德魯斯（Lancelot Andrewes）宣稱陰謀者「不是人，也不是野蠻的野人，即不是以不人道著稱的匈人（Huns）、赫魯利人（Heruli）或圖林根人（Turcilingi），因為他們的行徑在這些野蠻人中間也算是野蠻的。」[204]在一六四六年，一位韋茅斯（Weymouth）的水手宣稱，他「不是因為宗教原因而反對天主教徒（每個人都有權憑著良心選擇信仰），而是要反對他們的血腥。」[205]一位王政復辟時期的傳道人認為，宗教裁判所的酷刑的野蠻程度「超出任何未開化國家的行徑。」[206]

特別惡名昭彰的是西班牙人在美洲的「野蠻殘忍」：從一五八三年起，西班牙人對待美洲土著的方式因著多明我修會傳教士巴托洛梅・卡薩斯（Bartolomé de Las Casas）的記述的英譯本而

---

* 歐洲人對阿拉伯人的通稱。
† 受此刑者先是被吊至瀕死，隨後閹割、行剜刑、斬首，最後分屍，切成四塊。
‡ 佛克塞為新教牧師，他寫的《行傳與實錄》（俗名《殉道史》）敘述了很多新教殉道者慷慨赴義的英勇事蹟。
§ 「相反宗教」指天主教。
¶ 「火藥陰謀」是一群英格蘭天主教極端分子的未遂暗殺行動，他們試圖炸毀議會大樓，殺死正在參加議會開幕典禮的國王詹姆斯一世。

變得廣為人知，後來這書的內容又得到其他作品的重述，其中之一是威廉・德・阿凡南爵士（Sir William D'Avenant）的一六五八年歌劇《西班牙人在秘魯的殘酷》（*The Cruelty of the Spaniards in Peru*）。[207]儘管大多數印地安人在西班牙美洲的死亡是由於疾病而不是西班牙的暴力，但「黑色傳說」*被廣泛傳播。一五九六年，一位雷丁（Read）的傳道人告訴聽眾：「他們（西班牙人）在四十年內屠殺了約一千兩百萬的男人、女人和嬰兒。」在西德尼寫於一六八〇年的著作中，這個數字變成了四千萬。[208]十八世紀早期，笛福把西班牙的野蠻行為形容為「一種血腥的、不自然的殘忍行為，以致於『西班牙人』一詞讓所有有人性的人覺得可怕和恐怖。」然而，他又退一步認為，正如以色列人毀滅迦南是執行上帝的命令，西班牙人殘酷對待行活人祭的異教徒之舉「不管讓我們感到多麼憎惡，無疑也是出於上帝之命，為的是毀滅世上最邪惡和最可惡的民族。」[209]

把其他宗派或民族稱為「殘忍」也可以是正當化對他們行使暴力的方式。許多描寫土耳其人殘暴的文獻都是與十五世紀企圖發動的新一波十字軍有關。[210]在十七世紀中葉，英格蘭當局為了合理化對荷蘭人的戰爭，把荷蘭人在一六二三年對十名東印度公司英格蘭雇員的施暴和處決——史稱「安博耶納屠殺」（Amboyna massacre）——加以大肆宣傳。[211]侵略那些野蠻殘暴地對待他人的人可以被裝扮為人道主義干預。一個早期和基本上不受注意的事例是克倫威爾在一六五五年對西印度群島的西班牙領地所發動的無端攻擊，當時他把西班牙人對印地安人的「極端野蠻」作為出兵理由的一部分。他聲稱，既然所有的人都是兄弟，那麼，「對某些人所犯的一切重大和非同尋常的惡行在某個意義下，應該被認為同樣施於在其他人身上。」[212]這是一種可以回溯至羅馬斯多噶學派的學說，曾經由湯瑪斯・摩爾筆下的烏托邦主義者所秉持，在伊麗莎白時期得到根蒂利的背書，並將持續引起迴響至二十一世紀。[213]

愛爾蘭阿爾斯特省（Ulster）天主教徒在一六四一年叛亂時引發的暴行被約翰・坦普爾爵士（**Sir John Temple**）在《愛爾蘭叛亂史》（***History of the Irish Rebellion*, 1646**）中以誇張的方式講述。據說，叛亂引發的內戰讓雙方都捲入了「連摩爾人和阿拉伯人中都不常見的殘酷行為」和「連異教徒、土耳其人或野蠻人中都聞所未聞的暴行。」[214]在英格蘭，在一六四四年的南特威奇戰役（**battle of Nantwich**）中，愛爾蘭天主教婦女被指控攜帶「人類眼睛從未見過的恐怖之極的血腥武器：一把長半碼以上的長刀，其末端有一個鉤子和一個尖頭，不僅可以刺人，還可以把肉從骨頭上撕下。」倫敦一位商人在日記中寫道：「他們有新製造的致命武器，插入身體後會不能拔出來。」[215]

這種對裝備有別出心裁施虐癖武器敵人的恐懼，是一種反覆出現的想像。它在整個王政復辟時期許多有關天主教徒陰謀的報告中佔了顯著的位置。在一六八八年革命前的幾個月裡，不斷有傳言說愛爾蘭天主教軍隊正在逼近，又說他們裝備了可怕的刑具。[216]主教伯內特在談到羅馬天主教堂時說：「儘管在它裡面紋飾著各種各樣的學問和文明，但它如今卻是世界上出現過的最殘酷無情的地方。」[217]在帕拉提納（**Palatinate**）和其他地方，據說路易十四的軍隊犯下了「前所未聞

---

* 妖魔化西班牙的一套傳言。

的殘酷行為。」至於他對胡格諾派的迫害也是十足讓人驚訝：「在我們這樣一個目力清晰和文明的時代，一個被認為是文明的國家竟然能夠殘酷若此。」[218]十八世紀中葉，一位哲學家認為值得一問的是為什麼天主教徒「比其他文明和受過教育的人殘忍和野蠻。」[219]然而，在一六五〇年的蘇格蘭，入侵的英格蘭新教徒軍隊據說砍掉所有六至十六歲年輕人的右手，用熱鐵烙女人胸膛，又把所有十六到六十歲男人的喉嚨割斷。[220]

在許多觀察者看來，文法學校裡持續不斷的體罰是不必要殘忍的另一個例子。當時有人想用立法終結這種「野蠻」做法。[221]其他人用這個字眼形容虐待動物的行為。清教徒傳道人羅伯特·博爾頓（Robert Bolton）警告人們要小心「我們天生就有殘忍的傾向」，並譴責血腥性運動，指其「野蠻和不人道。」倫敦「熊園」*在一六四〇年代被它的敵人指為「野蠻和獸性的溫床」，而「不人道的」西班牙鬥牛則以「粗魯和野蠻」而惡名昭彰。[222]在下一世紀，吉朋注意到，屠宰動物的殘忍行為「被歐洲的文明藝術掩飾起來」，而「在韃靼牧人的帳篷裡，令人厭惡的宰殺過程一覽無遺。」[223]

神學也受到這些情緒的影響。十七世紀早期，人們對額爾文主義的「遺棄論」（reprobation）†的反感是基於一個信念：上帝絕不會那麼「殘忍」，讓有些人類雖然沒有犯什麼過錯，卻命定要在地獄中永遠受折磨。神學家對永罰的越來越不相信反映出一種不願意接受如此「殘忍、野蠻和原始」的觀念的新傾向。非正統的數學家暨牧師威廉·惠斯頓（William Whiston, 1667-1752）並不是唯一一個拒絕「假定上帝樂在殘忍和野蠻之中，會盡可能地折磨人。」[224]

認為殘忍本質上是「野蠻」的信念也隱含在一個被一再吹噓但大有可議性的主張：英格蘭對罪犯的懲罰是世界上最不兇狠的。十五世紀的首席大法官約翰・福特斯庫爵士（Sir John Fortescue）是許多批評英吉利海峽對岸審案時慣用的酷刑不人道的人之一，而都鐸王朝的政治家湯瑪斯・史密斯爵士（Sir Thomas Smith）聲稱：「折磨、肢解手臂或腿、輪刑‡和刺穿之類其他國家法律規定使用的殘忍折磨都是我們沒有的。」[225]他這是在隱含地批評鄂圖曼土耳其人，因為他們的刑罰——特別是「刺穿」和「縱向刺穿」（將犯人從高處丟向一個尖勾）——是出了名的兇殘。[226]他可以引用的例子還有俄國沙皇伊凡四世（「恐怖」伊凡）所施行的嚴厲懲罰：一個到俄國旅行的英格蘭人目睹一個被刺穿的人在「可怕痛苦」中蠕動。[227]

酷刑在歐洲大陸要更為常見，因為其民法規定，如果沒有兩個證人出庭作證，則必須有認罪供詞作為罪證（英格蘭的普通法則是依賴陪審團制度）。但實際上，在法國，酷刑只在少數案件中使用，而到了十七世紀，酷刑的使用率進一步下降。[228]在英格蘭，儘管酷刑在普通法中是非法的，但在調查特別嚴重的罪行時（特別是陰謀反對君主的罪行），伊麗莎白和詹姆斯時期的樞密院常常動用皇家特權授權使用酷刑。其目的通常是獲取資訊而不是確定有罪，而它的辯護者對它

---

* 舉行鬥熊、鬥牛和其他「動物運動」的場所。
† 這種主張認為上帝預定了一些人不會得救。
‡ 將受刑人綁在輪子上打碎四肢，然後將其丟在原處直到死亡。

是「不必要」殘忍的指控非常敏感。他們有點心口不一地宣稱，酷刑都是「溫和地」施行，動用刑具的人被交代要「以盡可能仁慈的方式使用它們。」[229]一六四八年的麻薩諸塞法律允許對被判死刑的人用刑，逼他們供出同夥，「但不能使用野蠻或不人道的酷刑。」[230]查理一世登基後，由皇室特權授權的酷刑完全消失，不過有時仍然會使用嚴厲手段——捆綁、不給飯吃和剝奪睡眠等——逼被告認罪。一六八一年，新門監獄（Newgate）裡據說「有那麼一個洞，沒有人能夠在裡面待超過兩天而不承認對他的任何指控。」[231]

英格蘭的刑罰體系對罪犯身體的攻擊比福特斯庫和史密斯所聲稱的要兇狠得多。近代早期的標準刑罰包括問吊（即緩慢地勒死*）、烙印、上頸手架示眾、鞭打、截手、割耳和割鼻——更不用提的是「壓死」（對拒絕表示認罪或不認罪的人施行†）。叛徒（包括殺害雇主的人）會被用馬拖到絞刑架問吊，在其還有一口氣的時候取下，加以閹割，挖出內臟，最後是分屍。‡因殺害丈夫或雇主而被定罪的女性被視為犯有輕微叛逆罪（petty treason），其懲罰是活活燒死。在十八世紀，有人建議引入永久奴役、閹割、活生生解剖、鞭打至死和輪刑等刑罰。[232]

在十五世紀，福特斯庫爵士得意地指出，英格蘭一年中因搶劫和過失殺人而被吊死的人要比法國七年內因這些罪而被吊死的人多。不讓人意外的是，一位瑪麗一世在位期間的法國遊客對英格蘭動輒處決罪犯的做法感到震驚，因為其中很多人所犯的罪在法國只會被處以鞭刑。[233]據估計，在一六三〇年前的一百年裡，英格蘭大約有七萬五千名重罪犯被處死，而一五八〇至一六三〇年間被處以絞刑的人數要多於一六三〇至一九六七年。[234]一位詹姆斯時代人說：「外國人認為我們是一個邪惡或殘忍的民族，因為我們一年中絞死的人比其他國家七年還要多。」[235]一七六七年，義大利刑法改革家塞薩爾・貝卡里亞（Cesare Beccaria）著作的英譯者宣稱，英格蘭被處死的罪犯數量「遠遠超過歐洲任何其他地區。」[236]

就像我們的觀感一樣，當時許多人覺得這個政權「殘忍」和「不文明」。在一五三〇年代，斯塔基表示，英格蘭若想到達「真正的文明」，必須先廢除許多「野蠻和殘暴」的法令。亨利八世死後，一些「殘忍和血腥」的法規（包括下毒殺人者得被煮死）以其「太過嚴厲、痛苦，極端和可怕」而被廢除。[237]一五三五年，加萊總督的妻子賴爾夫人（Lady Lisle）的一位倫敦通信人因為知道她非常有「憐憫心腸」，所以忍住沒有告訴她處決最新一批人犯的細節。一六三二年，史密斯菲爾德（Smithfield）一名婦人因為毒殺丈夫被燒死，而埃塞克斯郡的一位貴婦人巴靈頓女士（Lady Barrington）在評論這事時認為其「殘忍程度」是「令人驚訝的」。[238]伊麗莎白一世在位期間，一位政府官員警告說，天主教徒對傳教士被處決的報導「讓我們顯得殘忍野蠻。在這種情況下，我希望女王陛下可以取消開膛剖腹和分屍的刑罰。」[239]下議院希望對暗殺未遂的

---

* 原注：有證據顯示，很多被問吊的受刑人都不是死在絞刑架上，而是在半死狀態送去供解剖學家解剖。見 Elizabeth T. Hurren, *Dissecting the Civil Corpse* (Basingstoke, 2016).

† 按照普通法，被告如果表示認罪或不認罪之後被判死刑，財產會被沒收，兒子不得繼承。所以很多人選擇不表示認罪或不認罪，「壓死」之設就是為了阻嚇這種情形。

‡ 即前面提過的「吊剖分屍刑」。

刺客威廉・帕里（William Parry）處以比「吊剖分屍刑」更嚴厲的懲罰，但女王拒絕了他們的要求。翌年，她在得知「巴賓頓陰謀」（Babington Plot）的第一批同謀者活生生被閹割和取出內臟之後，下令將第二批同謀者直接絞死。[240]一五九五年，當耶穌會詩人羅伯特・索斯韋爾（Robert Southwell）被處死時，劊子手三次試圖砍死他免得他活生生被開膛，但每一次人群都高喊說：「停下！停下！」一六四二年，伊麗莎白・威洛比夫人（Mrs Elizabeth Willoughby）在目睹休・格林神父（Father Hugh Green）在多爾賈斯特（Dorchester）被開膛和分屍後寫道：「看到他遭受如此殘忍的痛苦，我的心幾乎要跳出來了。」[241]

皇家首席大法官科克承認，如果一個人能夠一次過看到一年內所有被絞死的人，他的心將會「因為憐憫和同情而流血。」[242]牛津古文物家安東尼・伍德回憶起自己在一六五四年二十一歲目睹兩名公路土匪被公開處決的恐怖場面時說：「這是我有史以來第一次或第二次看到處決經過，我因此深感驚恐，學習和思考都受到了干擾。」[243]在法國逗留期間，日記作者伊夫林目睹了一名劫匪嫌疑人被用刑，但他感覺這情景讓他極「不舒服」，以致於「無法接著看另一個人被用刑的過程。」[244]

一五八四年，肯特郡紳士雷金納德・斯科特（Reginald Scot）譴責「巫師販子和宗教裁判官」的「無恥和野蠻」，指他們的「不自然和不文明」讓他們以匪夷所思的罪名迫害無害的老婦人。[245]在下一個世紀裡，絞死被定罪的女巫成為一件越來越有爭議的事情。另外還有一個反對處決偷竊價值超過一先令財物的竊賊的長期運動（但無效）：斯塔基在一五三〇年代認為這種刑罰

「違背自然和人性」，與「良好的文明」格格不入。銀行家威廉·派特森（William Paterson）在一七〇一年譴責這種做法是「一種破壞性和無用的殘忍。」[246]法官們透過訴諸「神職人員特權」*和閱讀測驗來讓許多被定罪的罪犯逃過死刑，陪審團也經常低估贓物的價值以免被告被定為重罪犯。然而，他們的動機有時可能是為了確保罪犯因其行為不端而受到公開鞭打，而不是允許他們以神職人員偽裝、只用在拇指上留下象徵性標記便逃過懲罰。一些當權者認為這種做法「太過寬大」，對這種「愚蠢的憐憫」表示遺憾。[247]但對叛逆罪的標準懲罰被許多人批評為「不人道」、「殘忍」和「野蠻」。在共和國和護國公期間，高等法院判處的任何死刑只能是斬首或絞刑。一位十七世紀的讀者翻譯了蒙田《散文集》中的一句話：「我認為任何超過單純殺死的處決都是活脫脫的殘忍。」[248]

燒死異端的做法長期以來都引起驚恐。好些早期的新教徒作家認為不管受害者的宗教信仰為何，這都是錯誤舉措。[249]在十七世紀，這種「虔誠的殘忍」（語出一個後來的改革者）越來越受到攻擊，被認為是「野蠻行為」。火刑在一六四八年的「長議會」（Long Parliament）期間和一六五〇年的「殘缺議會」（Rump）期間都曾被臨時廢除，最終又因為一六七七年一項取消異端是死罪的法案而完全走入歷史。[250]至於「壓死」，它被一個時人在一六五一年譴責為「野蠻和不人道」。他說他無論如何都不會「去看任何人遭受這種痛苦的情景。」[251]

*「神職人員特權」是賦予神職人員的特權，讓他們有權免在世俗法院受審。

一六八九年，《人權法案》（Bill of Rights）的起草者宣佈所有「殘忍和不尋常的懲罰」為非法。他們想到的是「教皇陰謀」（Popish Plot）的告密者和偽證者提圖斯・奧茨（Titus Oates）＊所受的刑罰：他被判罰款、監禁、上手頸枷示眾和餘生裡每年鞭打四次。他們也遵循了麻薩諸塞殖民地的先例，該殖民地早在一六四一年就禁止一切「不人道、野蠻或殘忍」的體罰。[252]從一六九〇年代起，為了減輕叛逆罪刑罰的兇狠程度，人們習慣在燒死婦女前先勒死她們，在給男人開膛剖腹前先把他們絞至死。偉大的法學家布萊克斯通認為這證明了英格蘭民族的人性。[253]

一六三〇年代以後，英格蘭每年處決的人數急劇下降。到了十八世紀，死刑定罪增加，新的死刑罪名也被創造了出來。但儘管偶爾會有波動，在一六三〇年至一七四〇年間，被判死刑的人數比例穩步下降。[254]英格蘭北部和西部地區明顯不願意絞死那些犯了侵犯財產罪的人。[255]越來越多的定罪犯得到緩刑，被運送至美洲殖民地的種植園工作。到了一七〇〇年，這是被判重罪的人最常見的命運。在一七一八年和一七二〇年的兩個法案中，流放也成為一些非死刑犯罪的標準刑罰。[256]儘管有許多人呼籲實行更嚴厲的懲罰，但十八世紀見證著烙刑和斷肢刑的終結、因叛逆罪而燒死婦女做法的廢除[257]和公開鞭刑的減少。除了倫敦的處決人數在一七八〇年代急劇上升以外，司法越來越多地用監禁來取代死刑和肉刑。不過，要直到一八二〇和三〇年代，舊的血腥法條才被正式廢除。[258]

儘管英格蘭的死刑執行率在十八世紀晚期（乃至十九世紀）仍然遠遠高於大多數歐陸國家[259]，但這種把重點首先從肉刑改至流放再改至監禁和改造的轉變被許多同時代的人稱讚為一種新的和「文明」的慈悲心腸的證據。第三任沙夫茨伯里伯爵表示：「我們國家的俊秀反對讓任何事物處於痛苦之中或加以殺害。最重要的是，他們讚揚我們的法律廢除了肢刑架和輪子[†]。」道德家約翰．布朗（John Brown）得意地指出：「我們的法律在死刑案件中寬大。與其他國家相比，我們對被定罪的罪犯更有同情心，甚至對攔路強盜更有人性。」亞當．斯密向「一個文明民族[‡]的人性」致敬，認為是這人性使他們減輕了刑罰。布萊克斯通在一七七二年為「吊剖分屍刑」的廢除鼓掌，認為這個「殘忍的過程」有違「英格蘭法律的人性。」[260]

有越來越多人對肉體懲罰的反感可能反映著一種新的關注：對此生幸福而不是在來世幸福的關注。一六七七年，當一位作家呼籲徹底廢除死刑時，他的論點是死刑是不可接受的，因為它「終結了一個人所有的世上幸福。有跡象表明，在十八世紀，人們對奪走性命的刑罰越來越不安。[261]中世紀認為痛楚具有積極的精神價值，因為它能夠讓人體驗基督所受的苦，但這一假設被大多數新教徒所拒絕。[§]更常見的想法是，痛苦是一種神聖的懲罰、一種贖罪的手段、一種使人更接近上帝的方式。就此而言，任何形式的痛苦都是一種祝福，在一些人看來甚至是得神認可的

* 奧茨是牧師，他編造出天主教徒有謀殺查理二世國王的陰謀。

† 輪刑所使用的刑具。

‡ 指英格蘭人。

§ 原注：但不包括貴格會教徒，他們把自己界定為受迫害的一群人，很著重把他們所受的「痛苦」記錄下來，認為它們大有精神價值。見Robert Barclay, *An Apology for the True Christian Divinity* (5th edn, 1703), 254.

標誌。但到了十七世紀晚期，這種想法的吸引力也在減弱。[262]代之以，疼痛逐漸被視為本質上不好的東西。在過去，對於處決和其他肉體刑罰的報導只會偶爾提及它們造成的痛苦，強調的更多是它們所帶來的恥辱。蘇格蘭法官卡姆斯勳爵（Lord Kames）在一七七八年便認為：「我們的祖先可以忍受在今天會把我們完全壓垮的痛楚。」[263]但是，讓人們更加在意自己身體的不可侵犯性、更加注重隱藏身體的氣味和排放物以及對他人的氣味和排放物更加敏感的同一種改變，也讓他們更容易認同受苦者的痛苦，更不願意施加或目睹痛苦。法國旅行家暨啟蒙思想家拉漢坦男爵（Baron Lahontan）在談到加拿大易洛魁人用慢火燒死囚犯的做法時指出，對「文明人」來說，沒有什麼比被迫目睹這種折磨更痛苦的了。[264]到了一八三六年，約翰・穆勒已經可以說出以下這番話：「痛苦的光景，甚至是痛苦這個觀念本身，越來越遠離那些享受著文明好處的階級的視線。」[265]

從處決和其他身體刑罰向監禁的大體轉移既是新的刑罰策略的產物，也是新的體認的產物。這種方法追求更有效地控制和改造罪犯，所以最近被論者視為只是用一種行使國家權力的方法代替另一種，「人性」在其中起的作用甚少。[266]不可否認，刑法改革在一定程度上是由與人道主義情感無關的原因推動的。[267]從十七世紀晚期開始，國內和殖民地對勞動力的需求不斷擴大，這使得因輕微罪行而處死健康年輕的罪犯顯得越來越浪費：據貴格會教徒約翰・貝勒（John Bellers）在一六九九年的估計，每有一個健全的人早死，國家就會損失二百英鎊。[268]而且，一個日益強大的國家也不再需要通過向公眾展示其刑罰手段來顯現自己的威力。刑罰的確定性比刑罰的嚴厲性更有效。擔心公開鞭笞和處決會引來一群聲名狼藉的圍觀者，再加上有證據表明血腥的懲罰是無效，皆促使了刑罰向流放和監禁轉移。長期的徒刑、單獨的囚禁和苦役都會帶來痛苦，但大眾卻感覺不到。監獄就像屠宰場那樣把痛苦變不見。十九世紀中葉的死刑也是如此。這讓我們很難不認為，人們反對的與其說是司法所施加的痛苦，不如說是這些痛苦的袒露眼前。

但即便實際考量對刑罰體系的改變起著決定性作用，支持改革的論據仍然堆滿「野蠻」和「文明」的字眼。血腥刑罰仍然被認為是懲罰「野蠻」人所必須（因為人們假定他們只有身體會感到痛楚，心靈不會有感），但它們越來越被認為不適用於文明人。威廉．史密斯醫生在一七七七年寫道：「我們的刑法的嚴厲性大概在暴虐的哥德人時代很適用，但在一個文明和優雅的時代，較為溫和的懲罰會更合適。」[269]另一個改革家宣稱，英格蘭對待叛逆者的方式是「那麼的野蠻和慘不忍睹，乃至會讓一個霍屯督人*聲譽受損。」他認為這一類刑罰讓人不可忍受，是一個無知和野蠻的時代的產物，不應讓其繼續存在於「現今的開化和開明時期。」十九世紀的廢死刑論者一逕把死刑稱為「一種野蠻的骨董。」[270]

在漢諾威時期的英格蘭，最「雅緻」（polite）的國家也必然是最「人道」乃是天經地義的道理。[271]有貴族血統的伊麗莎白．卡特指出，古雅典人雖然有藝術和哲學，但他們在戰爭中的「血腥殘暴」表明「他們的心是野蠻人的心。」[272]對羅馬人的欽佩被對他們的「野蠻和不人道」的記

* 南非洲的蠻族土人。

憶所嚴格限制：他們對英格蘭的征服是「非常暴力和可怕。」[273]至於更直接的過去，中世紀的人是出了名的殘忍無情。[274]在亞當·斯密看來，對他人的同情是「一個有人性和教養的民族」的獨有品質：「開化民族的敏感感受力」是野蠻人中間找不到的。愛動物的約翰·勞倫斯（John Lawrence）指出「當今的人性要超過從前的任何時代」，而伯明罕的歷史學家威廉·赫頓也高興於看見「一代又一代的柴堆和酷刑在這個光明的時代絕跡。」[275]

十八世紀的改革家相信他們比他們的祖先更富有同情心。這看法是否正確有待商榷[276]，但可以肯定的是，他們想要這樣認為。憐憫、同情、仁慈和慈悲被視為是鮮明的現代情感，不是過去的人或外國的「野蠻人」所知道。它們能夠「精化」和「開化」人性。對身體痛苦（不管是自己還是他人的痛苦）有更大的敏感度，以及對造成或目睹痛苦感到厭惡，已被視為文明的基本特徵。人性是一個「開化」的人的美德，他「溫和、仁愛，去掉了一切怒氣和不合群的激情。」反觀殘忍則與一種特定類型的惡質的人相關，他們缺乏人性的所有情感，對他人的痛苦完全無知無覺。[277]十八世紀流行以殘忍笑話取笑侏儒、聾子、盲人和其他殘疾人的現象表明，很多英格蘭人離達到文明的境界仍有一段距離。[278]

開化的生活方式

對殘忍的厭惡可能是潛在地放諸四海皆準。法治、保護生命和私有財產，以及按照規則進行戰爭和構作國際關係也是如此。但是，許多其他被用作衡量一個民族文明程度的判準都反映著英格蘭人的狹隘偏見，至少是反映著西歐人的狹隘偏見。一六〇六年，帕爾默爵士建議，旅行者若想判別一個國家是文明還是野蠻，最好的方法是研究他們的「姿態、服飾、禮儀、交談、飲食、授動，以及一個國家的人民相互之間的所有其他行為。」[279]不熟悉的服裝、髮型和身體裝飾（更糟的是根本沒有穿衣服）很容易被認為是野蠻狀況的證明。十八世紀早期的一位古文物家主張：「穿衣服的習俗是隨著人們變得越來越有禮貌和文明而發展起來的。」他認為「粗魯的民族」八成會半裸身體，直到變得「較開化」才發生改變。旅行家湯瑪斯・彭南特（Thomas Pennant）在一七六七年有相似意見：他認為巴塔哥尼亞人現在穿內褲是他們「向文明邁進了幾步」的標誌。[280]

菲力浦・西德尼爵士批評印地安人把首飾穿戴在鼻子和嘴唇而不是「耳朵這個適合和自然的地方。」[281]威廉姆斯稱：「所有野蠻民族的愚蠢習慣是給臉和身體上色和畫上圖案。」詩人斯賓塞對愛爾蘭婦女側坐在「馬背的錯誤一邊」感到遺憾（指她們應該臉朝左而不是朝右）。費恩斯・莫利森指出，愛爾蘭人有「二十種荒謬舉動」，而他們之所以如此「只是為了和我們唱反調。」他們的亂髮讓人反感，他們蒙臉的習慣讓犯了罪的人能夠逃之夭夭。他們巨大的「披肩」白天充當衣服、晚上充當床墊，讓游牧民族得以「在沼澤和森林」中生活，並給予穿著者一種類似現代的「兜帽衫」所引起的威脅暗示。[282]

個人清潔在國內本來就是公認的文明標準，後來也逐漸成為區別國外人民的一種方式。《旁觀者》斷言：「一個國家越是開化，他們就越要考慮這一禮貌重點。」有論者認為野蠻國家因為衛生習慣差，疾病較多。十八世紀的醫學作家布肯宣稱：「無論人們如何標榜自己的學問、雅緻或文明，我們都敢說，只要他們忽視清潔，就是處於野蠻狀態。」人口學家馬爾薩斯同樣將「野蠻人」與污垢和惡臭相提並論。[283]一六六〇年代，英格蘭使者的祕書出使完莫斯科去到里加（Riga）之後說：他和同事「在與一個野蠻和粗魯的民族進行了乏味的互動之後」，發現自己又一次置身於「文質彬彬」的人中間是樂如之何！特別是因為「這裡的一切都超級整潔和乾淨。」*一七九二年，馬戛爾尼勳爵（Lord Macartney）出使中國時發現沒有隱蔽處可供如廁，人們做這種事時頗為公開，糞便不斷被移走，惡臭無處不在。[284]反觀英格蘭人在伊斯蘭國家卻常常驚訝於人們洗澡的頻繁和徹底。即便如此，卡姆斯勳爵仍然認為英格蘭人「在清潔方面在全世界是了不起的。」[285]

斯文、雅緻和禮貌當然是開化狀態的一個基本元素。一位行為理論家指出，教育孩子禮儀是為了讓他們成為文明社會的一員：透過灌輸相互尊重和關愛，禮貌有助於維持家人之間、鄰居之間和國家之間的和睦。[286]到新大陸遊歷的歐洲人震驚地發現，一些美洲土著似乎沒有意識到禮儀的首要原則：儘管他們服從酋長，也尊重長輩和父母，但他們對每個人都使用同樣的稱呼方式，而不管他們的社會地位如何。[287]印地安公主波卡洪塔絲（Pocahontas）只有在學會了英語和皈依基督教之後，才變得「非常正式和文明，有了我們的英格蘭舉止。」[288]威廉姆斯對他在美洲遇到的貴格會教徒的無禮感到厭惡，提醒他們：「在我們的祖國，在所有開化的國家……有別於野蠻和

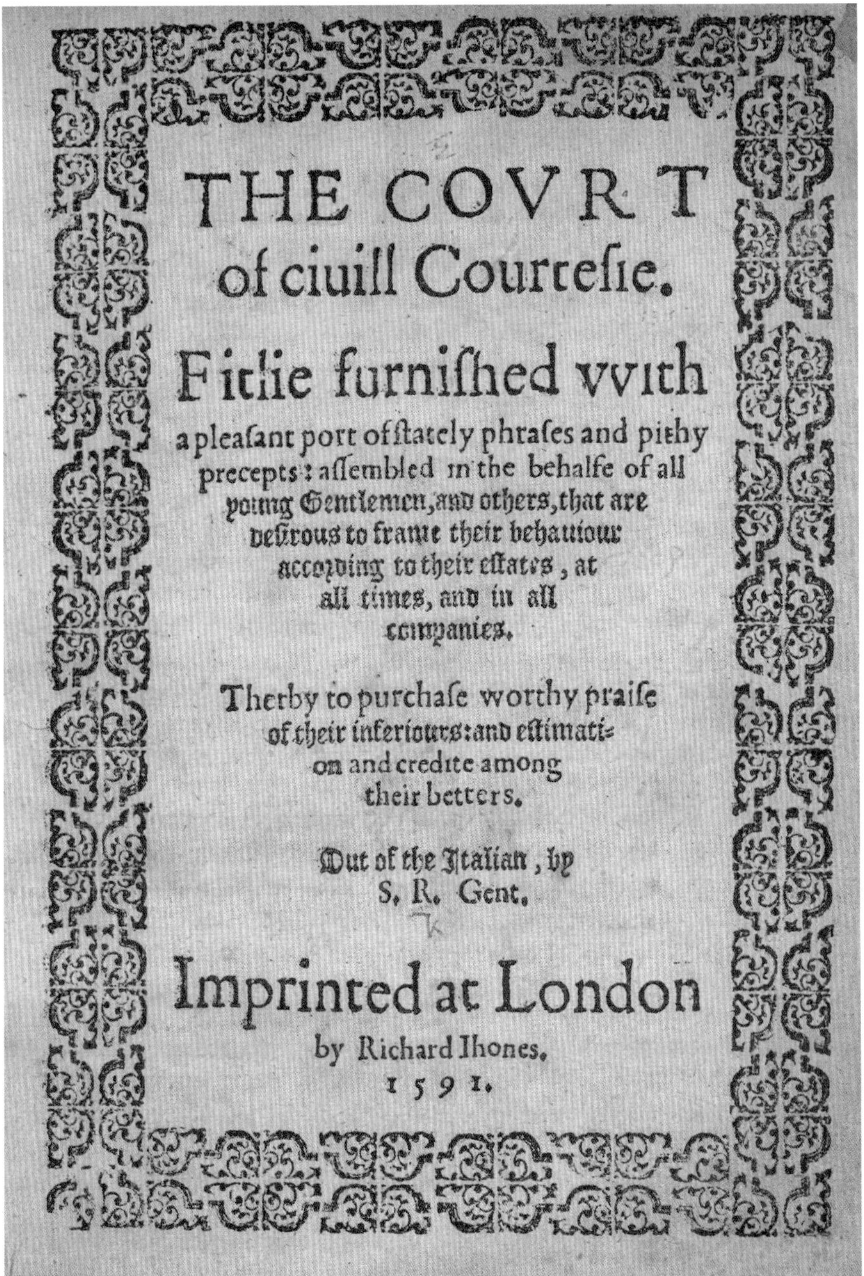

THE COVRT
of ciuill Courtesie.

Fitlie furnished vvith
a pleasant port of stately phrases and pithy
precepts: assembled in the behalfe of all
young Gentlemen, and others, that are
desirous to frame their behauiour
according to their estates, at
all times, and in all
companies.

Therby to purchase worthy praise
of their inferiours: and estimati-
on and credite among
their betters.

Out of the Italian, by
S. R. Gent.

Imprinted at London
by Richard Ihones.
1591.

圖1　這本伊麗莎白時代出版的指南，教人如何行為彬彬有禮（courteous behaviour）。出版者宣稱翻譯自一位義大利貴族的作品，增加說服力。作者迫切希望培育年輕男性養成「合宜的大膽無畏，而非無禮的放肆專橫」。

圖2　中世紀餐桌禮儀：一位十五世紀的佛蘭德（Flemish）藝術家做出下列對比：有節制的餐飲並舉止表現穩重，相對於社會下層毫不控制的貪嘴。

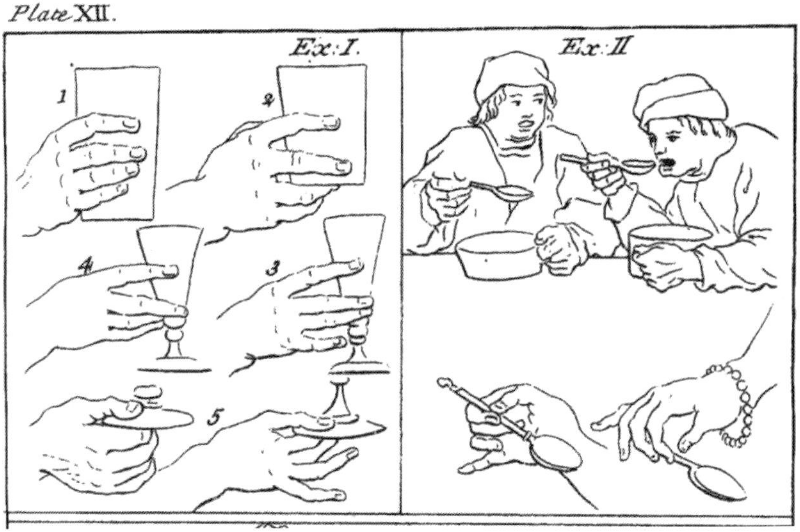

圖3與圖4　在十八世紀早期的藝術家指南中，一個「粗魯的農民」（clownish peasant）會將手肘放在桌上，緊抓他的湯碗，不但貪吃、吃相也很粗魯無序；相反的，受過「良好教養」（better bred）之人則坐得直挺，握住湯碗的一耳並用三隻手指使用湯匙。

社會性差異也同樣反映在如何手持酒杯。請注意戈多爾芬伯爵（Earl of Godolphin），即前任安妮女王的第一任大臣（右邊數來第三位），用儘管相當不穩但卻合乎禮節的方式執酒杯。

圖5　伊麗莎白時代貴族的昂首姿態：女王的寵信，萊斯特伯爵（Earl of Leicester）羅伯特·達德利（Robert Dudley）。約於一五七五年由不知其名的盎格魯－尼德蘭畫師所繪。

圖6　一位時尚的法國舞師，展現出充滿禮儀的姿態。由賀加斯（William Hogarth），一七三五年描繪。

圖7　雅緻（politeness）的縮影：巴斯集會廳（Bath Assembly Rooms）裡舉辦舞會的主人韋德上尉（Captain William Wade），因其優雅高貴的服飾與禮儀而受眾人仰慕。由庚斯博羅（Tomas Gainsborough）繪於一七七一年。

圖8　查理二世時期聖詹姆斯公園的林蔭大道設計做為大遊行隊伍的路徑（grand processional route），旋即成為時尚的休閒場合。

圖9　地方城市與城鎮同樣也有其雅緻社會的散步場所，約克（York）的新露台步道（New Terrace Walk），位於烏茲河（Ouse）河岸，建於一七三〇年代。

圖10　一七〇〇年的倫敦咖啡館，是男性閱讀新聞報紙與討論政治的地方。

圖11　在賀加斯這幅《午夜現代談話》（*A Midnight Modern Conversation*, 1733）中，位於聖殿關（Temple Bar）聖約翰咖啡館的雅緻社交性（polite sociability）墮落為醉酒的狂歡派對。

圖12　新教的殘忍：如同一位流亡的同情者所描繪，在伊麗莎白時代的英格蘭，等待著天主教傳教士的命運即是如此。

圖13　野蠻的北方佬（Barbarous Northerners）：呈現出拉普蘭人（Laplander）、利伏尼亞人（Livonians）與蘇格蘭人（Scotsmen）的恐怖形象，天主教徒認為一六三〇年瑞典國王古斯塔夫二世．阿道夫（Gustavus Adolphus）入侵日耳曼時，軍隊行列裡包含這些人。

圖14　伊麗莎白時代畫家懷特（John White）想像中古不列顛的居住者。「皮克特人的戰士鄰居」手持一把十六世紀的劍，但沒有穿鞋。

圖15　懷特所想像的古不列顛住民。來自蘇格蘭北方的遠古「皮克特戰士」，身體裝飾呼應了懷特在羅阿諾克殖 民 地（Roanoke Colony）所遇到的美洲人。

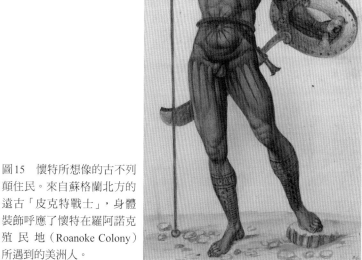

圖16　伊麗莎白時代，軍隊擊敗橫掃了一整隊「野性愛爾蘭人」步兵（即「kerns」），帶著勝利的敵首凱旋而歸。

圖17　一六四一年叛亂是「野性愛爾蘭人」的復仇。

圖18　約翰．史密斯在一六〇七至一六〇九年間擔任維吉尼亞殖民首領，這是他其中一次與美洲原住民的大膽遭遇，後來史密斯拿來誇耀不已。

圖19　此畫作出自懷特之手，乃是一份佚失畫稿的複製品。顯示出愛斯基摩人（因紐特人〔Inuit〕）在一五七七年奮身抵抗前往巴芬島(Baffin Island)尋找黃金的弗羅比舍（Martin Frobisher）一行人，畫中精確地描繪出愛斯基摩人的服飾、武器、帳篷與獨木舟（kayak）。

Languages
Art of
Hamilton delin
Goldar sculp
Julius Agricola a Roman Governor in Britain under the Emperor Domitian
introducing the Roman Arts & Sciences into ENGLAND, the Inhabitants of which
astonished & soon became fond of the Arts & manners of their cruel

圖20　漢密爾頓（William Hamilton）於十八世紀晚期重現阿古利可拉（Julius Agricola），這位西元一世紀的不列顛統治者。他將羅馬藝術和科學引進不列顛。圖片說明評述這些「震驚的」居民「很快地便熱愛這些殘酷入侵者的藝術與禮儀」。

圖21　斯米爾克（Robert Smirke）描繪馬塔瓦伊（Matavai）讓與（cession）威爾遜船長，顯示出一七九七年當地首領與其溫順的人民，授予基督教傳教士得以下船進入大溪地區域。

圖22　許多出身高貴的女士在十七與十八世紀中，擁有黑人孩童做為異國玩具。這個身分未明的女性很可能是年輕的寡婦安・里奇女士（Lady Anne Rich），後來成為第五任埃克塞特伯爵的妻子。

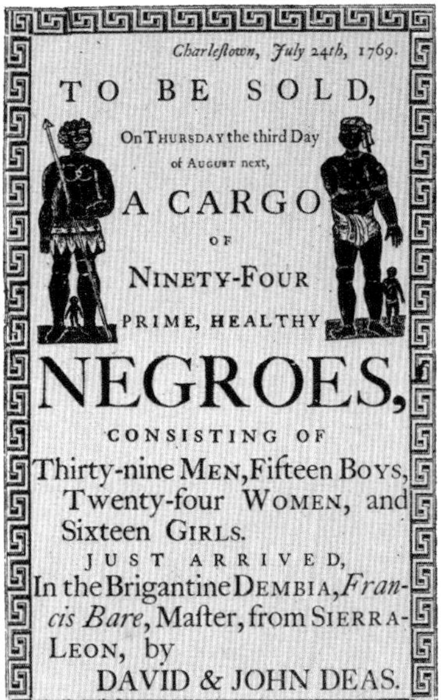

圖23　一七六九年南卡羅來納（South Carolina）奴隸拍賣的廣告傳單。

圖24　發生在漢諾威王朝時期倫敦的女性打鬥並非不尋常。由羅蘭森（Thomas Rowlandson）所繪，有關「兩個酒醉的邋遢女人」之間「爭吵和抓扯」的比賽。

圖25　平民（Plebeian）沒有在尊重（deference）：當駕馭拒絕移動傲慢的女士的大禮車，已經造成道路阻塞，一夥身上滿是汙泥的倫敦暴民忽略她的抗議、直接踩踏經過馬車。

圖26　仇外的男子氣概（Xenophobic masculinity）：在這幅一七七〇的版畫中，刻劃一位好鬥的屠夫——提供英國名菜（national dish）烤牛肉——與服飾華麗但膽小且陰柔的法國人打起架來，一位妓女同時揪著後者的辮子。

不文明的人的舉止，人們普遍有禮，說有禮的話，行有禮的敬禮，表現出尊重行為。」[289]

不熟悉的食物和烹調方法也被認為是不文明的證據。西班牙人對印地安人吃昆蟲和爬行動物感到厭惡。新英格蘭的一位早期移民認為，如果說有什麼能使當地土著變得文明，那就是過冬前用鹽來保存魚和玉米：「這是一個開化了的共和國的主要好處。」[290]吃未煮熟的肉肯定是野蠻的標誌。[291]不熟悉的餐桌禮儀也是如此。波以耳認為：「吃喝的環境讓我們最有把握可以稱別的國家為野蠻。」[292]伊麗莎白時期探險家馬丁・弗羅比舍（Martin Frobisher）慨嘆北美東北部的印地安人既不用「桌子和凳子，也不用桌布來美化飲食環境」，而一位遷至麻薩諸塞的早期移民指出，新英格蘭的印地安人「吃飯的樣子很粗魯……不用盤子、餐巾或刀。」[293]湯瑪斯・舍利爵士（Sir Thomas Sherley）曾在君士坦丁堡當囚犯，他報告說，土耳其人（「所有野蠻人中最不人道的人」）直接用手撕碎肉和麵包塞進嘴巴，「既不用刀也不用盤子。」†詹姆斯時期商人威廉・芬奇（William Finch）認為阿拉伯海索科特拉（Socotra）的居民「全無禮貌可言」：他們把肉放在地上吃，而且不用刀子和湯匙，直接用手指。旅行家湯瑪斯・赫伯特（Thomas Herbert）發現波斯婦女的飲食習慣「奇怪而刺眼」：當突然想笑時，她們會把肉從嘴裡吐回盤子裡。愛德華・朗

* 原注：一八〇五年在俄羅斯旅行時，未來的加爾各答主教希伯（Reginald Heber）表示：「在一個俄國農民的下風處經過是那麼可怕的事，以致我總是儘可能避免。」見 *The Life of Reginald Heber by His Widow* (1830), vol. 1, 107.

† 原注：維多利亞時期政治家科布登（Richard Cobden）主張不能把土耳其人視為歐洲人的原因之一是「他們仍然用手指取代文明的代替品：刀叉。」見 *Political Writings* (1867), vol. 1, 270-71.

（Edward Long）有類似的報告：牙買加的黑奴在參加「他們最文雅的宴會」時，會「把他們所有的手都塞進盤子裡，有時還會把嚼過的東西放回盤子裡。」[294]查理二世的駐莫斯科大使對晚餐時不提供餐巾感到震驚。出使北京期間，馬戛爾尼勳爵發現中國人讓人不敢恭維：他們用同一個杯子喝東西，在房間裡到處吐痰，把鼻涕擤在手裡再抹在袖子上。[295]

在整個近代早期，不可離婚的一夫一妻制婚姻被廣泛地視為文明社會的基本特徵之一，因為它可以把「狂野和放蕩的感情」轉化為「人性和文明」。[296]因此，教會法庭不遺餘力打擊抗一切形式的性出格（sexual irregularity），一直持續到十七世紀晚期為止。反觀野蠻人則被指控因為沒有「人為的得體和莊重規則的拘束」，可以肆無忌憚地滿足自己的情慾。一位伊麗莎白時期的水手報告說，佛羅里達的土著是「那麼的野性和卑賤」，以致於「不介意在公開場所使用他們的妻子。」[297]一七七四年，卡姆斯勳爵滿意地指出，以前只被視為「動物愛*的對象」的婦女現已升格為「忠實的朋友和令人愉快的夥伴。」一位詩人稍後也說：

> 每一種感官快樂都與互動之樂（social bliss）結合，
> 每一種欲望都與精化過的知性攜手。[298]

配偶之間的肢體暴力是對文明標準的違反。儘管法院直到一八二八年都支持丈夫對妻子有進行「適度」懲罰的權利，但這種見解長久以來都被許多人認為是完全不能接受。詹姆斯時期的一本小冊子將毆妻與「文明尚未完全發展之前的一些古老的野蠻時代」聯繫在一起。在十七世紀末，一位女性主義作家譴責了男人對女人的「野蠻」暴政，說這種暴政不僅見於「世界的整個東方地區（那裡的婦女就像我們西方種植園裡的黑人一樣，生來就是奴隸，一輩子都是活生生的囚犯）」，還見於「歐洲一些假裝是最有教養和最開化的地方。」[299]在《旁觀者》中，斯蒂爾敦促丈夫們以「文明的態度」而不是「野蠻的不尊重態度」對待妻子。在十八世紀的中間階級看來，婚姻暴力是可恥的，是無法形容的「野蠻」。[300]

早在一六七〇年，一位作家就宣稱「一個國家有多文明和多遠離野蠻，那裡的婦女就有多大的自由與榮耀。」[301]英國旅人不贊成土耳其人將婦女隔離開來，只讓她們蒙著厚重面紗見人的做法。費恩斯．莫利森認為，土耳其人只看重女性的性魅力，不重視「學問或心智品質。」十八世紀一位旅行家同意，土耳其人是野蠻人：他們的愛是「沒有友誼和尊重的肉欲。」[302]對伊斯蘭教的一夫多妻制感到遺憾的巴克斯特在一六七三年評論說：「婦女被關在一個巨大的奴隸制度中，讓她們像奴隸一樣保持沉默。」又補充說，由於婦女在兒童教育中起很大的作用（這種教育是「一切美德和文明」之所繫），因此奴役她們只會導致「人類的墮落和野蠻。」[303]

在下一個世紀，慨嘆一夫多妻制對婦女地位有不利影響成了家常便飯。休謨認為，「野蠻」是一夫多妻制的「不可分伴隨物。」[304]亞當．斯密把一夫多妻制與專制主義相提並論，因為它阻

---

* 動物愛指性愛。

止了世襲貴族階層的出現，這個階層被他視為是反對君主專制的基本堡壘。他還評論了一夫多妻制妻子的悲慘處境。[305]卡姆斯勳爵聲稱，只有在溫和的氣候中，婦女才被視為理性的動物，而劇作家理查德．謝里丹（Richard Sheridan）告訴夏洛特王后（Queen Charlotte），爪哇和日本的婦女是「絕對的奴隸」：「東方一直是對婦女專制的所在，也一直是野蠻和無知的所在。」[306]中國不是一個無知的所在，但那裡的婦女也是處於完全從屬的地位。[307]

剛開始時，印度婦女在丈夫死後自焚殉夫的習俗引起的是一種厭惡又欽佩的混合情緒：東印度公司的商辦威廉．梅瑟沃爾德（William Methwold）在一六一八年指出，這種做法是為了防止妻子毒害配偶，但他認為此舉是「殘忍和未開化的習俗。」[308]然而儘管恐怖，它似乎是夫妻忠誠和崇高犧牲精神的表現。只要東印度公司還是一家貿易公司，它就不願意干涉當地的風俗習慣。但到了十九世紀初，當它獲得了一個領土帝國並成為次大陸的主要政治權威時，它便準備好對「娑提」（*sati*）*動手：現在這種習俗的「野蠻」變成是無可爭辯的。它在一八二九年的被廢除被認為賦予了英國在印度的存在某種合法性。[309]

一六七三年，芭絲蘇亞．馬金（Bathsua Makin）——有些人認為她是英格蘭最偉大的女性學者——譴責不讓年輕女性接受適當教育的做法是一種「野蠻習俗」，只適用於婦女受到壓迫的國家，例如「俄羅斯、衣索比亞和世界上所有野蠻民族。」她的觀點在一六九七年得到笛福的呼應，他認為「不讓婦女學習真是世界上最野蠻的習俗之一，還虧我們是一個開化的基督教國家。」[310]到了十八世紀，這種情緒變得司空見慣。除了少數例外，當時多數人都認為，隨著社會經濟和社會的日益複雜，婦女的歷史就是她們逐漸解放的歷史：卡姆斯勳爵稱之為「婦女從野蠻部落中的低等狀態到文明國家中的崇高地位的逐漸進步。」[311]馬爾薩斯認為，「野蠻人」貶低了女性：在北美，土著男子除了打獵或打仗外都是無所事事的，而婦女則過著不間斷的勞苦生活。正如其他人所指出的，這是大多數野蠻社會的情況。休謨認為，野蠻民族把女性降格為「最卑賤的奴隸，拘禁她們、毆打她們、販賣她們、殺害她們。」這與他那個時代的雅緻社會的反差何其巨大：在當時的社會，兩性能很好地進行社交活動，男性「以慷慨但並未較不明顯的方式」行使權威——也就是透過屈尊俯就的殷勤行使。[312]

達爾林普在一七五七年指出：「在所有野蠻的時代，因為勇氣和體力比心靈的美德更為必要，婦女的權利必然很少受到重視。」只有經過「舉止的柔化」†後，她們才會得到尊重。[313]蘇格蘭法學家約翰．米勒（John Millar）將這種舉止的柔化和由此產生的婦女自由歸因於正規政府的引入和製造業與商業的隨之興起。[314]一七七一年，柏克覺得自己已經能夠告訴下議院：「我們中間的文明取決於兩件事：婚姻的不可解除和女性的自由。歐洲凌駕世界上每一個國家的所有優勢皆源於此。」[315]

---

* 即丈夫死後自焚殉夫的習俗。

† 「舉止的柔化」相當於「開化」。

當然，這些新的「婦女權利」通常不會被設想為超出行動自由、財產繼承權、有限的教育機會和受到禮貌尊重之外。以法國貴族女性為標準衡量（她們統治著她們的沙龍，充當著「雅緻文學（polite letter）的裁判」），她們的英國同儕相對來說處於較大的從屬地位。[316]若按現代的標準來衡量，她們的解放才剛剛開始。儘管有這些局限性，英格蘭的評論者與歐洲的啟蒙思想家一樣，都認為婦女地位是一個社會從野蠻到文明進步了多少步的可靠指標。社會發展的每個階段都被視為給女性帶來新的利益。[317]庫克船長第三次出航時的隨船天文學家詹姆斯·金（James King）和外科醫生威廉·安德森（William Anderson）都確信，婦女待遇是評估南太平洋不同民族文明程度的最佳判準。[318]用威廉·亞歷山大（William Alexander）的話說：

> 我們在任何一國家發現的……婦女的地位和狀況，都以最精確的方式向我們指出了這個國家的人民所達到的文明社會的程度。即便他們的歷史記載對任何其他問題都完全沉默而只提到對待婦女的方式，我們一樣可以由此對他們的野蠻或文明形成一個八九不離十的判斷。[319]

因此，馬戛爾尼勳爵的結論是：「考慮到東方人對女性的態度，讓我們舉止與眾不同的真正文雅，在他們中間是不會有的。」[320]

文明的果實

到了十八世紀，最讓「文明人」意識到他們與「野蠻人」有區別的，是他們的物質優勢。這表現在他們擁有一整套技能，帶來了明顯的經濟、技術、藝術和知識上的利益。這些東西完全不見於霍布斯對自然狀態（state of nature）的著名描述中：他說，自然狀態「沒有工業發展的空間……沒有土地的墾植，沒有航海，無法享用透過海上進口的商品，沒有寬敞的房屋，沒有運輸工具以致需要花費極大的力氣，沒有地理知識，沒有歷史記載，沒有藝術，沒有文字，沒有社會。」[321]霍布斯沒有提貨幣，但洛克後來將貨幣視為生產力不可或缺的推動力。白銀尤其如此，他認為白銀是「世界上所有文明和通商國家的商業工具和度量衡。」曼德維爾同樣認為貨幣「對秩序、經濟和文明社會本身的存在是絕對必要」，而孟德斯鳩則宣稱貨幣的存在是一個開化國家的必然標誌。[322]然而，霍布斯所列舉的農業、航海、工業、技術、貿易、建築、文學和學術方面的活動，幾乎囊括了所有「可區分歐洲的文明與美洲生番的野蠻」的公認活動。[323]他隱含地是用完全反面的方式來定義何謂野蠻，即不是把野蠻視為另一種可能的生活方式，而是視之為文明社會及其附帶好處的簡單闕如。這是一種普遍的態度，後來反映在約翰生所編的《字典》中：他對「文明」（civil）一詞下的定義大多是反面的。*弗格森有道理地指責他的同時代人想當然地認

* 這裡的「文明」疑當作「野蠻」。

為，「只要去掉我們所有的美德，就足以描述人的原始狀態。」[324]

就像其他推銷文明的人一樣，霍布斯強調國家和法律的優先性，認為「有了法律和國家，科學和文明自然產生。」[325]和他同時代的法國人笛卡爾（René Descartes）一樣，霍布斯認為，一旦一個政治社會被創造出來，則「真正的哲學*」（特別是數學）就會產生出幾乎所有後來的文明生活的好處——沒有這種「真正的哲學」的話，英格蘭人就不會能夠與「最狂野的印地安人」區分開來。從這種哲學產生出所有「美麗或可防禦的建築、奇妙的引擎和運輸工具」，以及「各種可以透過觀察天空、描述地理、記載歷史和海上遨遊而得到的商品。」美洲土著和其他「野蠻民族」是因為「忙於獲取生活必需品和保護自己不受鄰居的傷害」而無暇發展各種科學。霍布斯在這裡呼應了法國歷史學家暨地理學家皮埃爾・達維蒂（Pierre d'Avity）的觀點，後者曾說過：「人類科學在和平的城鎮和生活安逸的人中間蓬勃發展。」[326]

霍布斯的很多同時代人同樣相信計算和測量、技藝和科學的基本重要性。伊麗莎白時期的翻譯家湯瑪斯・哈克特（Thomas Hacket）認為，沒有了技藝和科學，人類就會是「赤裸裸、野蠻和無知。」培根認為它們的存在是歐洲最文明的省份和新世界最野蠻和原始的地區之間的關鍵區別。編輯當代旅行家遊記的薩繆爾・普查斯（Samuel Purchas）相信，波斯、印度和中國這些大帝國之所以無法進一步擴張，是因為缺乏至關重要的航海技術。†正是航海、造船和製圖技能讓歐洲人獲得了優勢。[327]哲學家理查德・坎伯蘭（Richard Cumberland）認為，「文明社會、相互貿易和互助」是靠著對數字、重量、度量衡和貨幣的知識而成為可能。[328]亞當・斯密將會補充說，火器的發明確保了文明的延續：在古代，富裕和文明的國家很難抵禦貧窮和野蠻的國家，但現在，窮人和野蠻人完全對抗不了富裕和文明的人。蘇格蘭哲學家杜加爾德・斯圖亞特（Dugald Stewart）對此表示贊同：火器和防禦工事科學為文明國家提供了防止野蠻人入侵的安全保障，而這是他們以前從未擁有過的。[329]

金屬加工尤其重要。洛克把美洲土著的貧窮歸因於「不知道在一塊非常可鄙的石頭裡能找到什麼——我說的是鐵礦。」偉大的博物學家約翰・雷伊（John Ray）認為金屬和礦物是「文化」和「文明」的「必要工具」：不加以利用，生活將是「野蠻和骯髒。」[330]在十八世紀晚期，鐵被描述為「開化社會的主發條。」吉朋認為，如果一個民族想要擺脫「最粗俗的野蠻狀態」，鐵和貨幣乃是必不可少。盧梭（Jean-Jacques Rousseau）認為歐洲比世界上其他地方更開化是因為它有鐵和穀物。歷史學家威廉・羅伯遜認為，無論是墨西哥的阿茲特克人還是秘魯的印加人都不能被視為文明人：他們不僅在馴養動物方面進展甚微，還完全不懂得利用金屬。[331]

書面語當然也被視為文明的關鍵判準。沒有它就沒有與習俗相對立的法律，就沒有非個人關係的行政管理，就沒有文書記錄和複雜的商業活動。自盎格魯—撒克遜時代晚期以來，英格

---

* 這裡的「哲學」的意義近於科學。

† 原注：這說法很難用於中國。中國在十五世紀初就曾派遣船隊穿過印度洋，直達非洲南部尖端，後來是因為蓄意放棄這種遠航活動而作罷。

蘭就有了所有這些東西，但要到了中世紀晚期，因為俗家人識字率的提高，知識的積累和傳播才遠超出專職讀寫的神職人員的門牆之外。讀寫流利對從事醫學、法律和神學的專業人員來說是必要的，而且對越來越多其他職業的人來說也是必不可少。當時的人認為這是他們和野蠻人的一個關鍵區別。薩繆爾．普查斯寫道：「能讀寫的男人被認為是文明的，否則就會被視為是野蠻、原始和粗野的。」法官黑爾爵士指出，「在讀寫方面受過較好教育」的人比其他人更「文明」。曼德維爾認為，如果沒有成文的法律，文明社會不可能存在的。威廉．羅伯遜指出，在「開化國家」，所有重要的交易都是以書面形式進行。吉朋同意，「使用文字」是「一個文明民族與一群沒有知識和不知反思的野蠻人之間的主要區別。」[332]以這些標準來看，近代早期的英格蘭只有半開化，因為一般認為，在十八世紀初，英格蘭只有一半的男性和四分之一的女性懂得簽名（儘管能夠閱讀的人口比例明顯大得多）。[333]

有了識字還需要有印刷術，因為正如約翰生所說的，沒有印刷術，知識就無法傳播開去，那樣的話，「大眾必然還是野蠻的。」一七九二年，杜加爾德．斯圖亞特主張，印刷術的發明讓知識的成長和傳播成為可能，所以是區分「人類的現狀和古代國家的狀況」的最重要事物。與他同時代的詹姆斯．麥金托什爵士（Sir James Mackintosh）認為，印刷術的發明意味著知識再也不會像羅馬覆亡後的那樣丟失。[334]

一個老生常談是：在人類學會形成文明社會之前，他們是生活在一種野蠻無知的狀態。[335]在繼宗教改革之後的那個世紀裡，大學的捍衛者和富有的教區與座堂聖職團為了抵擋批評，聲稱搶劫教會會導致「知識的衰退」，倒退回到古代的野蠻狀態。[336]王政復辟時期主教約翰・高登（John Gauden）在一六五三年宣稱，文學可以讓人民「被開化」——如果沒有教育，他們就會墮落退化回到「粗俗野蠻狀態」。高登心目中的文明有明顯的國教派和保皇派味道，因為他以「王位虛懸期」的非國教派和俗家傳道人為例，說明權力一旦落入「沒有知識的人」手中，會有什麼災難性後果。稍後，詩人約翰・德萊登（John Dryden）也是這樣認為。[337]但是，那些不是出於自利動機而鼓吹知識探究的人同樣相信知識具有開化功能。例如，律師暨歷史學家羅傑・諾斯指出，「世界上的開化地區」正是由於擁有優越知識而得到現在的所有優勢。他把人類分為三個階層：「一、已學習知識，二、未學習知識，三、野蠻。」[338]湯瑪斯・斯普拉特（Thomas Sprat）在他寫的皇家學會史中看來同樣把「文明世界」等同「有知識的世界」。計算能力、概括能力、對因果規律的理解和一種抽象詞語豐富的語言都逐漸廣被認為是文明民族的指標。[339]

十八世紀的啟蒙思想家追隨培根、霍布斯和笛卡爾的榜樣，認為科學是人類進步的主要動力。對孟德斯鳩來說，野蠻民族與開化民族的關鍵區別在於，開化社會充滿新思想，而野蠻社會的唯一的思想是如何生存。[340]野蠻人出了名的缺乏好奇心，而野蠻的一個明顯標誌就是對知識的研究漠不關心：英格蘭一些非國教派的新教徒就是這個樣子，俄國人對自然哲學和「一切好的學問」也是普遍無知，而非洲人也是沒有改善知識的集體意願。[341]惠奇科特認為，西徐亞人「之所以被稱為野蠻人，是因為他們中間沒有文化〔指沒有教育〕。」[342]鄂圖曼是野蠻帝國的觀念隨著它在一四五三年征服君士坦丁堡後銷毀書籍和驅散希臘學者而獲得最強的鞏固。此後，「無學問士耳其人」是一切知識和研究的敵人的觀念牢不可破。[343]在土耳其待過一年的桑迪斯稱，鄂圖曼人拒絕印刷術，理由大概是擔心知識普及會顛覆他們的宗教和政治制度，反觀普遍的無知最能保護它們。[344]

繪畫、雕塑和建築等精美藝術的繁榮是文明的進一步指標。一七一九年，肖像畫家喬納森·理查森（Jonathan Richardson）建議創立美術學院來教育紳士繪畫藝術，稱此舉將「完成開化和雕琢我們的人民的任務。」[345]在休謨看來，「要把一個時代區分於另一個時代，要把一個國家區分於另一個國家，則除了看它們在知識和藝術上的不同進展外，幾乎不存在任何其他標準。」這不僅僅是因為它們有實用價值。他認為，從根本上說，「對科學和文藝的認真關注會柔化和人性化人的性情，讓人珍視那些高尚的情感——這些情感是真正的美德和榮譽之所在。」他又寫道：藝術越加提煉改善，人們就越是成為愛交往的人。「學識很多和談話材料豐富的人」不會再滿足於「過著離群索居生活，就像無知和野蠻國家的人特有的那樣。」他們湧進城市，喜歡吸收和交流知識，喜歡炫耀他們的機智風趣、教養和對談吐、衣著或傢俱的品味。（圖8）「各式各樣的俱樂部和社團無處不在，男男女女在這裡相會很方便，這種社會交往的方式讓人的脾氣和舉止迅速得到改進修飾。因此人們除了從知識和文藝那裡獲得提高外，還必定能從共同交談的習慣中增進人性。這樣，勤勞、知識和人性這三者就由一條不可分割的鏈條聯結在一起。」這種人性對休謨來說是把文明時代區分於野蠻無知時代的「主要特徵」。[346]它起源於大多數西歐城市的平等社會交往，與之形成鮮明對比的是亞洲城市的等級制度。[347]

如果不是有對自然界的知識和開發的穩步發展，十八世紀英格蘭複雜的社會生活是不可能的。這是西歐在科學技術上即將趕超亞洲的時期。紙、印刷術、火藥和指南針都是在中國發明，而中國人也以獨擅製陶和製絲而受到讚賞。印度同樣以紡織業聞名。但到了十八世紀晚期，歐洲在工業技術方面的成就明顯正在超越亞洲國家，而這一時期的文化和文明生活日益依賴這些成就。[348]如果誠如人類學家李維史陀（Claude Lévi-Strauss）所說的那樣，一個社會的發展水平的最好衡量指標是人口中每一分子可獲得的能源量的話，那麼十八世紀的農業革命和化石燃料革命構成了大不列顛向前邁出的一大步。隨之而來的是農業產能的提高、存量豐富煤礦的發現、深部採礦新技術的發明、道路的改善、通航河流的改善和運輸貨物運河的改善。[349]

當時的人沒能說出能源使用量的概念，但他們很清楚正在發生的變化。一七八〇年，一位小冊子作者力主：「若思考一下文明從野蠻到精緻的漸進過程，那你一定會發現，社會從最低和最差狀態到最高和最完美狀態的進步都是伴隨著人以機械師或工程師身分快樂地努力，而且主要由這種努力所推動。假使所有的機器都被摧毀，我們一瞬間就會變回野蠻人。」[350]社會理論家查爾斯．霍爾（Charles Hall）在一八〇五年將「文明」（civilization）定義為「科學的改善和……製造業的精進，通過它們為生活提供便利、優雅與奢侈。」[351]

對財富優勢和生活條件優勢的自覺是當時大多數人反省文明與野蠻的差異的基礎。早在愛德華六世統治時期，御前會議祕書威廉．湯瑪斯就為自己的國家感到得意，因為它不僅在「正義」和「文明」方面執世界的牛耳，而且在「財富和商品」方面也是如此。[352]在兩百五十年後的馬爾薩斯看來，「野蠻」生活的特徵首先是貧窮、饑荒和疾病，而在亞當．斯密的「治理良好的社會」中，分工帶來了「普遍的富裕，把富裕擴及最底層的人民。」在把這「富裕」與「最低層的野蠻」加以對比時，亞當．斯密透露出他把經濟視作文明的基本指標。[353]在十九世紀，對自然的駕馭廣被認為是開化生活的基本前提。就連約翰．穆勒也是這樣相信，儘管他主張真正的文明不僅要求物質條件的改善，也要求擴大人的精神和道德機能。[354]

以所有這些不同的方式，受過教育的英格蘭人定義和精煉化了他們心目中的文明和開化狀態的基本要素。在這樣做的期間，他們與其他大陸居民的互動越來越多，與國內下層階級的關係亦日益密切。透過標榜「文明」的概念，他們讚揚自己的生活方式，也讚揚這種生活方式讓他們優越於其他人之處。在每一階段，文明被從反面定義的次數不亞於被從正面定義的次數。在這個過程中，起初的文明觀念，即政治性的文明觀念，被擴大至涵蓋人類文化的許多其他方面。文明繼續指擁有能讓人與人和平共處的法律和政治安排，但它後來也牽涉到精神生活和對自然資源的聰明開發。[355]

這是因為文明化不是一個單一的進程，而是好幾個不同進程的結合。十九世紀晚期劍橋歷史學家約翰．西利（J. R. Seeley）將會指出，「文明」（civilization）一詞經常被用來解釋大量雖然是同時代卻不一定相互聯繫的現象：「有時是指舉止的柔化，有時是指機械的發明，有時是指宗教的寬容，有時是指偉大詩人和藝術家的出現，有時是指科學的發現，有時是指更多的憲法性自由。」他認為，沒有理由相信所有這些事情只有單一原因。[356]但這種說法顯然忽視了馬克思和恩格斯的診斷：在他們看來，「文明」涵蓋了所有這些事情，而且只是資產階級生產方式的另一個名稱。[357]

因此，根據脈絡的不同和各自的意識形態偏好，評論者繼續或是強調文明狀態的憲政面，或是強調其經濟面，或是強調其知識面，或是強調其道德面。蘇格蘭哲學家鄧巴在一七八〇年得出結論：既然沒有簡單一致的標準來區分文明和野蠻，那麼最好乾脆不使用這兩個字眼。它們都太籠統，缺乏信息量。代之以，他建議用「更明確的譴責和贊許的表達方式」來代替它們。[358]可惜的是，鄧巴低估了這對古老術語的情感吸引力和人類用二元對立方式看世界的天性。何謂「開化」的內容將會繼續擴大，但「野蠻」和「文明」的二分法將會持續發揮修辭效果。

第四章　文明的進程

我們懷著得意洋洋的優越感回望祖先的野蠻狀態，樂於列舉我們從粗野上升至優雅的每一步。

湯瑪斯・沃頓（Thomas Warton）：《英國詩歌史》（*The History of English Poetry*, 1774-81）

文明的上升

文明的概念隱含著一個社會發展的過程，一個從野蠻轉為「開化」的進程。野蠻人被視為仍生活在接近人類開端的原始狀態中，而文明人被認為有著野蠻人所沒有的歷史。

許多都鐸王朝的人文主義者都接受一個可以上溯至埃斯庫羅斯（Aeschylus）、普羅達哥拉斯（Protagoras）、莫斯基翁（Moschion）和其他希臘人的古典觀念，但在近代早期，人們主要是透過羅馬作家西塞羅、維特魯威（Vitruvius）和特別是盧克萊修（Lucretius）的詮釋而得知這個觀念。它主張，人類最初像野獸一樣生活在山洞和森林裡，後來才發現了火，發明了語言，創造出文明社會，發展藝術和科學。[1]就像斯塔基所理解的那樣，這個觀念告訴我們，早期人類「沒有城或鎮，沒有法律或宗教」，都是「在荒野和樹林裡遊蕩」，然後才為了「你現在所看到的文明」而放棄「那種粗野和不雅觀的生活。」[2]

對於最初是什麼因素促使人類聚到一起形成政治社會，論者有不同的看法。有些人認為是出於抵抗猛獸或（如霍布斯所主張的）抵抗彼此*的需要。另一些人則認為是一些自然災害迫使人類進入新的生活方式，比如大洪水或毀滅性的森林大火。也有些人效法西塞羅，把這種變化歸因於英雄領袖的雄辯，例如據說大力神赫拉克勒斯（Hercules）用高超口才說服人類同胞放棄野蠻的生活方式，或據傳奧菲斯（Orpheus）用他的音樂馴服野獸，把人們「從自然的殘忍暴力變得和藹可親和有禮貌」：詩人喬治．查普曼（George Chapman）在一六〇五年稱之為「用文明枷鎖把野蠻生活束縛住。」[3]坦普爾爵士在一六九二年認為，正是拜這些文明政府的創立人之賜，土著居民才得以脫離野蠻和粗俗的生活，進入「安全和便利的社會，享受財產、遵守秩序和服從法律。」隨之而來的是安全、富足、禮貌、財富，工業和各種藝術。[4]

不管這理論有多少變體，它主張人類最初生活在野蠻環境中這一點都引起了極大爭議。因為這與亞里斯多德受人尊敬的教導相衝突：亞里斯多德主張，人類從來都是天生就有合群性。它也得罪了教會，因為它與聖經敘事相衝突：根據《創世紀》，亞當是園藝者，亞伯是牧羊人，該隱是耕種者。[†]不過也有些評論者試圖調和這兩種說法，主張只有在大洪水過後人類才退化為「不馴和不文明。」[5]詹姆斯時期詩人桑迪斯認為，起初人類生活在山頂上，後來才一點一點地往下遷移，「環境不斷地改變，離海越近就越文明。」[6]這種認為文明社會是相對較晚出現和完全是人為產物的想法是世俗性，曾在中世紀晚期吸引一些想把教皇或君主權力置於憲法控制之下的激進思想家青睞。[7]出於同樣的原因，它受到了十七世紀高教會派的強烈譴責，他們急於在皇權四周保留一圈神聖的光環。

在一六〇六年的教規中，教會的立法機構「總會議」（Convocation）宣稱認為人類有一無政府的原始狀態的觀念是嚴重錯誤，理由是亞當和繼他之後的人類祖先擁有上帝賦予的政治權柄。一六九〇年，大主教桑克羅夫特（Sancroft）代表他的「不矢忠派」（Nonjurors）同道——「不矢忠派」是拒絕向放逐合法國王詹姆斯二世的威廉三世宣誓的神職人員——重新出版了這部法典。[8]早前，在一六八一年，當查理二世開始他的絕對統治時期時，威爾特郡的一位牧師在以「服從的必要性」為題講道時，覺得有必要否認有原始的自然狀態存在：他認為即使是最殘忍的

---

* 霍布斯認為自然狀態是一種人人互相傾軋的狀態。

† 原注：牛津大學的第二任政治經濟學教授瓦特利（Richard Whately）在一八三一年的《治經濟學引論》（*Introductory Lectures on Political Economy*）引用《創世紀》證明最早的人類並不是生活在野蠻狀態。他補充說，因為不曾有過野蠻人不是受文明人幫助而上升至文明狀態的事例，由此證明最早人類的文明是上帝授與。類似論證更早前曾由蘇格蘭中學校長多伊格（Daniel Doig）在他的《兩封論一個野蠻國家的信》（*Two Letters on a Savage State*（1792）中提出。

野蠻人也有一定的社會性，因此擁有「某種政府。」[9]主教約翰·布拉姆霍爾（John Bramhall）同樣試圖駁斥霍布斯的觀點，主張從來不曾有過「沒有任何宗教、任何政府、任何自然或文明法律的墮落人群」，即便是「最野蠻的美洲人」亦不例外。[10]這些神聖世襲權利的捍衛者對於人類曾經有過一段時間不受任何形式政府束縛而自由漫遊的想法感到非常不安。他們還主張，即使真有過這樣一段時間，人類仍然會對彼此表示友好和同情。[11]但他們未能改變文明發展是一個漫長過程的流行觀念。正如其中一位相信此論的人在一六七〇年所說的，霍布斯的原始狀態觀已經被「內化為……一種宗教信條」，成為「我們現代政治（modern politic）的標準。」[12]

在近代早期，古典思想家*對文明化進程的性質的觀點重新出現在英格蘭人與蘇格蘭人、愛爾蘭人和美洲土著的關係的脈絡。出於自利理由，英格蘭人想要找出把這些「野蠻」或「半野蠻」民族帶入文明的最好方法，為此，他們對人類上升到文明狀態的歷史——杜加爾德·斯圖亞特將會稱之為「推測史」（conjectural history）——產生濃厚興趣。[13]

論者稱，文明始於人類不再以獵殺野生動物為生，改為馴養牠們。威廉姆斯認為，「養一些牛」是「某種程度上」的「文明」。一六五六年，維吉尼亞政府把牛送給美洲土著人換取狼頭，以此作為「文明化他們的一步。」[14]但帶著牛群和羊群移動的牧民總是長期從事掠奪和戰爭。這就是希羅多德所描述的西徐亞人和北方蠻族在凱撒和塔西佗的著作中的情形。據一位伊麗莎白時期的地理學家稱，中亞的韃靼人至今還是這個樣子：他們「效法古代西徐亞人的方式」，睡在車下，從來不會在任何地方停留夠久以致能夠耕種，總是隨著他們的牛群到處去，喝牠們的奶和吃馬肉。[15]十二世紀作者威爾斯的吉羅德（Gerald of Wales）所看到的威爾斯人和愛爾蘭人的生活方式與此有些相似。顯然是受到瓦羅（Varro）、盧克萊修和其他古典作者的影響而又只微微承認這種承襲性[16]，吉羅德斷言人類最早是住在森林，後來才遷至田野，再後來才定居在城鎮。他把愛爾蘭人描繪成重生的古典野蠻人，將放牧視為「第一種生活方式」，並聲稱這種生活方式與戰爭有著結構性聯繫。這種觀點預示了吉朋近五百年後在「放牧民族的生活方式」†中的著名分析。在那裡，吉朋諷刺性地說：「與其把放牧民族的生活方式妝點為和平與天真未鑿，不如認為他們更適應堅忍和殘酷的軍旅生活。」[17]另一部十二世紀作品《史蒂芬傳奇》（*Gesta Stephani*）同樣把威爾斯人和蘇格蘭人的好戰習慣與他們的放牧生活方式相提並論。[18]

在十六世紀，這種解釋再次復活。詩人斯賓塞敦促說：「看看那些以養牛為生的國家，你將會發現它們既野蠻又不文明，而且非常熱中於戰爭。」[19]在薩繆爾·普查斯的一本書中，阿拉伯半島上以放牧為生的貝都因人（Bedouins）被描述為「沒有文明社會的野人」，沒有城鎮或固定的棲息地，吃生肉和老是與別人打仗。[20]曾在駐愛爾蘭英軍服役的旅行家費恩斯·莫利森回憶說，養牛一直受到「最強壯和熱中搶掠的人」歡迎，因為這種生活方式符合他們的懶惰性格，也讓他們可以靠帶牛到樹林吃草來逃避司法。[21]

---

* 古希臘、古羅馬思想家。

† 《羅馬帝國衰亡史》的其中一章。

游牧生活的秩序當然明顯比有敵意的觀察者所看見的多得多。愛爾蘭人是移牧者（即只會季節性地移動牲口），不是游牧者，認為他們沒有農業的想法是錯的。事實上，駐愛爾蘭英軍在一六〇〇年曾故意砍下他們的莊稼，用餓他們肚子的方法逼他們屈服。[22]但英格蘭的評論者就像他們之前的吉羅德一樣，對愛爾蘭人的觀感是用借自古典時代關於野蠻本質的先入為主觀念。[23]他們憶起羅馬神話中的女穀神：據說她發明了犁，馴服牛來拉犁，又教人播種和碾磨小麥，把「那些前此按照野獸方式生活的人帶入真正的文明。」[24]英格蘭統治階級對「無主人的人」和流浪窮人的不信任也加劇了他們對愛爾蘭人的「游牧生活」的厭惡。無論對國內或國外，他們都堅定偏好有固定住所和被牢牢鎖在等級森嚴社會結構中的人口。

因此，走向文明的關鍵一步是過渡往定居農業和土地耕作，因為眾所周知的是，森林和未開墾荒地的居民最是漫無秩序。伊麗莎白時期的殖民愛爾蘭鼓吹者呼籲，推廣農業將使當地人從他們習慣的無處不在暴力中解放出來。伊麗莎白一世的內閣大臣湯瑪斯·史密斯爵士認為，想要讓文明提高，方法是「讓人從事耕作而不是像韃靼人、阿拉伯人和愛爾蘭人那樣無所事事地跟在畜群後面。」他力主，農耕因為把人固定在一個地方，因之較易控制，反觀游牧民族卻因為恆常移動，本質上是無政府的：務農「使從事者定居下來，讓他們因為需要播種、照顧莊稼和脫粒而永遠被束縛在土地上。大量的人因此得以持續心無旁騖，文明因此得以維持。」它也是戰爭的「一個大敵」。因此，有許多人建議應該要求愛爾蘭人減少牛群和禁止把可耕地變成牧場。[25]耕作讓人習慣一年四季工作，「不文明人」對這種生活方式是出了名的厭惡。據說威爾斯人不喜歡挖土，也不喜歡任何形式的體力勞動；「野性的愛爾蘭人」被認為是「懶惰的，不想播種和耕耘土地，也不在乎財富」；赫布里底人（Hebrideans）*被描述為「耕作的敵人」，說「他們是像野獸的樣子在狩獵和遊手好閒中度日」；北美的印地安男性同樣是把時間花在打獵和打鬥上，據說他們一聽到有人建議他們努力工作就會「一溜煙跑入森林。」[26]懶惰滋生貧窮，而貧窮是一切苦難的根源：它使人衰弱無力、愚鈍、無知、野蠻和骯髒。[27]相反的，就像醫生彼得·張伯倫（Peter Chamberlen）在一六四九年所說的那樣，固定工作可以讓人得到「開化」，變得「易管教和服從高等人的命令。」這就是為什麼斯賓塞希望把愛爾蘭人「十戶區化†和使每個人都被某些老實的行當綁住。」[28]這也是為什麼英國殖民者會驚訝於發現美洲土著似乎寧願挨餓也不願工作：「我們會在建築、種植、服裝等方面勞動和工作，但他們不會。」[29]王政復辟時期神學家伊薩克·巴羅（Isaac Barrow）認為，密集勞動讓人「擺脫粗魯和骯髒的野蠻狀態」，並產生「所有讓生活得到開化和讓世界得到教化的技藝。」一位評論者稱生產性產業為「邁向文明的第一步。」[30]

遠離野蠻的另一大步是建立城鎮。在斯塔基看來，文明只有在城市或城堡中才可能出現。[31]伊麗莎白時期的愛爾蘭副總督亨利·西德尼（Sir Henry Sidney）認為城鎮是「文明的苗圃。」

---

* 蘇格蘭大西洋中的赫布里底群島的居民。

† 原注：「十戶區化」是指用「十戶區」（tithings）的制度來加以組織。「十戶區」是戶長相互為對方的行為負責的單位。

湯瑪斯·史密斯爵士相信，聚在一起的人越多，他們就越有文明和服從。斯賓塞看法相似：「在任何國家，沒有什麼比有許多集鎮（market town）＊存在能更快地締造文明。」[32]律師理查德·哈克路呂伊特強調收集原材料的必要性：沒有石頭、石板和木材「這些東西，就沒有城市能夠建成，文明種類的人就會不能生活在一起。」人們「分散在小團體裡」是「文明的障礙。」[33]

這不是什麼新想法。亞里斯多德曾斷定，只有城邦才能實現最高的生活形式。當古高盧人開始給他們的城鎮築圍牆時，羅馬人認為這是他們朝著一種更文明生活方式邁進的表徵（*ad usum vitae cultioris*）。[34]在英格蘭，至少從十二世紀開始，集鎮和有教養生活之間的連帶關係便得到廣泛公認。[35]這部分是因為集鎮的防禦結構為居民提供了集體生活所需的安全保障——一位十七世紀的作家稱這種生活為「有城牆的溫文爾雅。」另一個原因是「人們因為經常要到集鎮補充必需品，所以每天可以看到和學會高等人的文明舉止。」還有是因為集鎮為農產品提供了市場，從而刺激了農村的耕作和畜牧業。[36]一位伊麗莎白時期的學者解釋說，良好行為在瑪麗·都鐸統治時期之所以被稱為*urbanitas*（斯文），是因為它「在城市中比在其他地方常見」†：城市生活減少了野蠻兇殘，產生了「某種程度的舉止溫和」；貿易和手工業都是在城鎮中發明出來；知識的探究和文藝只有在城鎮才能興旺發達。[37]一位在十六世紀到非洲旅行的英格蘭人猜想，住在城鎮的人「可能會對文明有點上癮。」[38]在十八世紀，「優雅舉止」是先在城市興起再散播到其他地方之說是老生常談。[39]

因此，如果沒有足夠程度的經濟發展，真正的文明不可能出現。文明社會需要農民耕種土地和需要商人交換必需的商品。[40]在伊麗莎白時期，公認的文明模型是英格蘭低地：那裡的鄉村有著整整齊齊的良田、密閉花園和蔥蘢的牧草地，點綴著紳士們的精緻宅邸，穿插著有城牆的城鎮，商業在城鎮中蓬勃發展。[41]在愛爾蘭為英格蘭殖民行動宣傳的人深信，隨著推行農耕、引入可繼承的私有財產取代宗族所有制，以及發展市場經濟，由好戰貴族統治的狂暴部落社會將不可避免地被一個和平的新政權取代。屆時，人們會被鎖在一個等級森嚴的社會結構中，並由牟利動機所激發。[42]

因此，大多數評論者都同意詹姆斯一世的愛爾蘭副總督的觀點：對金錢和商品的熱愛「比任何其他勸說都更能產生文明態度。」[43]這就是為什麼在馬丁・弗羅比舍一次尋找西北航道的航行中，船員們給了「野蠻」的因紐特人（Inuit）一批「鐘、玻璃杯和其他玩具。」他們相信，這些物品將「使野蠻人更有膽量表現出一些禮節。」[44]薩繆爾・普查斯指出：「阿拉伯半島較南部地區的人」比北部的貝都因人「較開化」，因為他們有城市和貿易，而貝都因人則繼續是以駱駝和羊群為財富。一六七一年，前駐丹吉爾（Tangier）的英格蘭隨軍牧師指出，巴巴里摩爾人‡的明顯「愚蠢和野蠻」出於他們全部時間都要「為生計而忙碌——這一缺陷會讓最文明的民族也很快墮

---

* 集鎮為定期舉行市集貿易的小鎮，為周圍農場及村莊的貿易中心。
† *urbanitas* 以 *urban*（城市）為字根。
‡ 巴巴里指今日的摩洛哥、阿爾及利亞、突尼西亞和利比亞一帶。

入無知和粗野。」因為貧窮，摩爾人沒有歐洲那樣的學院和大學。[45]

反觀十七世紀的英國不僅有大量的肉食、酒、衣服、房子和馬車等必需品，還有大量的「葡萄酒、香料、藥物、水果、絲綢、圖畫、音樂、白銀、黃金、寶石和其他一切能使人高貴和愉悅的東西。」一六九〇年，道爾比・湯瑪斯爵士（Sir Dalby Thomas）聲稱，這種富足顯示她是「一個真正文明和金碧輝煌的國家。」[46]

商業是一種開化力量的信念有時被認為是一種十七世紀晚期和十八世紀初期的現象，是商人利益的維護者為回應古典共和傳統的擁護者所提出的指控而發。這個指控就是，十七世紀晚期英國對外貿易的大規模擴張已經敗壞了禮儀、削弱了「古老的美德」和因為鼓勵「奢侈」而削弱了尚武精神，並因此需要靠一支專業（和昂貴）的常備軍而不是民兵來保衛國家。把商業說成一種開化力量還是要為票據信貸和國家借款辯護，對抗政治小冊子作者對證券投機商和公債投資者的詆毀（這些投資者的人數在一六八九至一七一四年對法戰爭期間因為政府財政需求的大增而以倍數增加）。有論者認為，是這種出於捍衛商業的「意識形態需要」促成了貿易導致禮儀改進的觀念。[47]後來，這種理論拜孟德斯鳩的《論法的精神》（*L'Esprit des lois*, 1748）之賜獲得了更廣泛的傳播。[48]

不讓人意外地，在這些年間，一些小冊子作者對貿易和貿易商的攻擊引起一些人起而捍衛英格蘭的通商國家角色。例如，政治經濟學家查爾斯・達文南（Charles Davenant）便曾為東印度公司用銀條購買印度絲綢和印花棉布的做法辯護，主張盡可能擴大對外貿易符合國家的利益。

然而，即便是達文南，在一六九九年仍然稱貿易為一種「必要的惡」：「從本質上講，貿易是一種有害的東西：它帶來了財富，而財富會帶來奢侈品；它引起了欺詐和貪婪，消滅了美德和簡樸；它讓一個民族墮落，為腐敗開路。這種腐敗總是會帶來奴隸制——不管是國外或國內的奴隸制。」[49]這個指控有著悠久的傳統。正如一位法律作家在一六〇二年指出的，柏拉圖和亞里斯多德都認為「商業化」是「美德的敵人。」[50]

對這些指控的辯護也倚重歷史同樣古老的論據，因為把商業和文明相提並論的做法比威廉三世和安妮在位期間的政黨政治古老得多。至少從西元四世紀起，基督徒便喜歡說，上帝故意不讓任何國家在自然資源上自給自足，目的是確保國際貿易的進行，從而鼓勵世界各國人民之間的「愛與社交」。[51]一五四七年，愛德華六世的未來御前會議祕書得意地表示：「我們的商人現在都到國外做生意」，由此「獲得了那麼文明的知識」，以致於到英格蘭來的外國遊客可以獲得和在其他歐洲王國一樣的禮貌接待。」法國一位十六世紀的歷史學家暨經驗豐富的旅行家看法相似：「一國與另一國的貿易非常有利可圖而且必要，因為那是維持文明社會之所賴。」[52]正如普查斯在一六二五年解釋的那樣，「相互貿易」是讓一個國家的有餘補另一個國家的不足的機制，這樣，「整個世界也許就會成為一體。」論者謂，貿易可以開闊人民的視野，柔化他們的舉止，讓他們更尊重外國人，並使得全人類以「夥伴情誼」聯繫在一起。它使每個國家都能了解其他國家的語言、舉止、行為和風俗習慣，把商人變成了「世界公民。」一位作家在一六五四年敦促說：這「類似一個共同體……應該予以鼓勵和支持。」[53]在詹姆斯時期的編年史家詹姆斯・佩羅特爵士（Sir James Perrott）看來，與外國貿易是「孕育文明的最主要手段。」[54]

在一個基督徒與猶太人和土耳其人自由貿易的世界裡，當航海國家皆遵守共同的海上禮儀守則時，這些主張看似合理。[55]商人利益的捍衛者可以頭頭是道地力稱商業促進了友誼、鼓勵了社交、傳播了學術和文藝，儘管他們的進一步主張——貿易也是戰爭的最大敵人——在西歐列強商業競爭白熱化的時代不那麼令人信服。[56]他們還可以指出，文明地遵守承諾和圓滑地適應在地風俗習慣是商業成功的一個基本要素。亞當．斯密將會寫道：「無論哪裡引入商業活動，誠實和守時總是隨之而來。這些美德在一個粗魯野蠻的國家裡幾乎無人知曉。」[57]

在十七世紀，對貿易具有開化力量的強調變得更加固執。斯普拉特主教認為「交通和商業」給人類帶來了「文明和人性本身」。古文物家艾利特．薩米斯（Aylett Sammes）宣稱「學問和科學」是「尤其靠商業得著。」伊夫林也認為，是貿易「教化了我們的禮儀」和開化了野蠻民族。[58]在一六九六年，出版許可官艾德蒙．博洪（Edmund Bohun）認為：「全能上帝的偉大計畫是開化全人類，讓貿易、商業、藝術和製造業從一個地極傳播到另一個地極，又由此讓基督教從一個地極傳播到另一個地極。」[59]前海盜威廉．丹皮爾（William Dampier）謂：「貿易越多，文明越多；貿易越少，野蠻和不人道越多。」[60]

到了下一世紀，這種思想感情變得司空見慣。曼德維爾認為，文明社會的「整個上層建築」是「由人們相互提供的互惠服務構成。」經濟作家瑪拉奇．波斯特萊特維特（Malachy Postlethwayt）在一七五一年宣稱，在每個國家，貿易的進步促進了藝術和科學、文明和城市化。歷史學家羅伯遜認為，商人是「公共安寧的守護者。」[61]。時人對於文明社會和商業的關係或世界上哪些國家是文明和通商國家的想法大同小異。貿易和文明被自然地相提並論，而個人透過商業積累財富的行為顯得理直氣壯。[62]

十八世紀中葉，以蘇格蘭的亞當・斯密和法國的安・杜爾哥（Anne-Robert-Jacques Turgot）為首的一批作家提出了「階段」理論：人類透過接連的發展階段邁向文明，每一階段都以一種獨特的生計方式為特徵，這種生計方式塑造了一個社會的政府、法律、禮儀和文化生活，並為下一階段的進一步發展埋下種子。首先是獵人的時代（「這種生活方式對思考和反省極為不利」[63]），而因為沒有財產的概念，這時代不怎樣需要法規。然後是牧羊人的時代，這時代因為有了牲畜作為財產，因此引入了反盜竊的法律。然後是農業時代，隨之而來的是固定的聚落和作為財產的土地，因此有了更多的法律和規範。最後是最高階段的商業時代，其特徵是更多法律的出現、舉止的「柔化」，以及文學、科學和藝術的繁榮。[64]與這些經濟發展階段相應的是人類智力的增加。[65]

這個理論不是基於歷史證據而是基於知性猜測。其各種成分皆歷史悠久，可以回溯到古典時代對人類社會和經濟進化的很多相互競爭解釋。[66]這一理論還借鑑了較近期在推測史方面的著作。一個例子是德國人文主義者約翰內斯・博姆（Johannes Böhm, *c.* 1485-1535）在一五二〇年發表的文章，此文對人類怎樣從最初的獸類狀態發展為擁有農業、手工業、國際貿易、大城市、宏偉建築、書籍、學問和優雅行為有卓越的描述。這文章在一五五五年和一六一一年兩次被英譯。[67]

「階段理論」也受到西班牙思想家在十六世紀和十七世紀早期發展的野蠻分類法的影響（這套分類法是要說明中美和南美土著的情況）。對「階段理論」其他影響因素包括了路易・勒羅伊（Louis Le Roy）和皮埃爾・達維蒂等法國思想家對人類如何從野蠻上升到文明的推測，也許還包括了義大利人喬瓦尼・博特羅（Giovanni Botero）在十六世紀晚期提出的頭頭是道社會進化理論。[68]「階段理論」隱含在伊麗莎白時期提出的透過刺激農業和貿易而「開化」愛爾蘭的建議裡，後來又在十七世紀自然法法學家（特別是德國人普芬多夫）的著作[69]和牛頓爵士死後出版的《古代王國年表修訂》（*Chronology of Ancient Kingdoms Amended,1728*）中得到進一步發展（前者論述財產權的起源和財產權的社會與經濟後果，後者將大洪水過後的人類進化描繪為一遞進過程）。[70]起決定作用的是孟德斯鳩在一七四八年對四種生計方式和它們如何影響立法的握要說明*。[71]

十八世紀中期版本的「階段理論」部分是受一種改革願望所激發，這種改革願望想要顯示，阻止蘇格蘭貴族的地產進入土地市場是荒謬和過時的限制，會對經濟進步構成障礙。[72]該理論的最大力量來自商人社群的捍衛者，他們長期以來樂於把貿易說成是文明化進程的頂點。

「階段理論」的另一個版本只包含三個階段：原始、野蠻（或「半原始」）和文明，它們分別是以狩獵採集、放牧和農業為基礎（商業是農業時代的必要組成部分，不是一個單獨的階段）。[73]這是杜爾哥的觀點。卡姆斯勳爵將這三個階段與財產的演變聯繫起來：狩獵採集時代只允許暫時佔有，野蠻時代以動物作為財產，農業時代從土地創造出財產。只有第三個階段帶來了一個常規的政府體系和一個把個人連結起來的「相互支持的親密社會」。[74]弗格森把沒有財產的野蠻人、有財產但沒有法律的野蠻人和有財產又有法律的文明社會區分開來。[75]

如此，文明的概念除了提供一個地理視角，還提供一個歷史視角。「階段理論」的大多數支持者都假定人類從一開始就有著統一性，後來也是朝著同一方向發展，只是速度有別。文化差異是某些社會領先於其他社會的結果：例如，它們的音樂、舞蹈和詩歌風格可反映它們在從野蠻到文明的上升過程中所處的階段。[76]因此，北美的原住民被說成是「最遠古人類的一幅驚人寫照。」[77]有些評論者發現了一種迴轉模式：文明會週期性地倒退回野蠻狀態，一如人越成熟會越強壯，但到了老年又回復衰弱。例如，曾經是「文明之都和科學與人文之母」的希臘現在「一片頹垣敗瓦，成了竊賊窩。」羅馬帝國在後來的世紀裡也恢復了虛弱和沒沒無聞：「這把曾照亮整個世界的火炬就像燭台裡的小蠟燭一樣漸漸黯淡了。」[78]更靠近的例子是定居愛爾蘭的盎格魯－諾曼人（「舊英格蘭人」†），他們在塞爾特文化的惡劣影響下墮落了。[79]博學的牧師喬治・哈克威爾（George Hakewill）在一六三五年指出，「最文明的國家」在未來可能會再次變得野蠻，而「最野蠻的國家將變得開化。」[80]

---

* 見於《論法的精神》一書。

† 遷居愛爾蘭的諾曼人被稱為「舊英格蘭人」，以區別於後來才遷入愛爾蘭的「新英格蘭人」。

然而，一位詹姆斯時期的牛津導師卻覺得可以向他的學生們保證：「在最近的時代，世界各地的國家普遍比以往更加文明，人民福祉和知識更加發達，也有了更多相互貿易。」[81] 培根認為，航海和貿易的改善意味著知識視野已經比古典時代大大擴大，自然哲學方面的卓越著作指日可待。一六六七年，為英國皇家學會寫史的斯普拉特確信，他那個時代的「藝術和文明」遠遠超過希臘人和羅馬人。他承認，北歐和亞洲的許多民族，還有撒哈拉以南非洲的幾乎所有人口，仍然處於自然狀態，但沒有理由認為他們不會隨著時間的推移而拋棄「目前的野性不馴舉止。」十年後，威廉・佩第爵士反思道：「如果人類在過去幾個世紀裡能夠進步這麼多，無法想像再六千年的話他會推進得有多遠。」到了這時，人們已經普遍相信，社會、經濟和智力的不斷進步是有可能的。[82] 這種信念將成為西方文明的一個關鍵特徵。[83] 再者，遙遠國家已經進步到何種程度是說不準的。一六〇九年，未來的主教約瑟夫・霍爾（Joseph Hall）認為，住在「未知的南方大陸」的人說不定「比我們更文明。」[84]

十八世紀的社會哲學家看出了一種「從無知到知識、從粗魯到文明舉止的自然進步（natural progress）」，認為這是一個潛在無止境的過程。蘇格蘭傳教士休・布雷爾寫道：「我們現在認為是進步高峰的境界，也許過幾個時代以後就會被視為是完全的粗魯和不完美。」[85] 人們也逐漸相信，一個不進步的國家注定要落後。在十七世紀，中國的製瓷技術和印度的紡織技術被公認是西方應該多多學習。坦普爾爵士在一六九〇年指出，世界上「已知最偉大、最富有和人口最多的王國」是中國。他描述中國是「受到人類可達的最大智慧、理性和發明才能所架構和治理」，超越了「歐洲才智之士的所有構想」，包括柏拉圖的「理想國」、摩爾的「烏托邦」或哈靈頓的「大洋洲」。[86]然而，到了十八世紀，大多數啟蒙思想家卻認為印度、中國和日本是衰落的商業社會。一七九二年，英國派赴北京的使者報告說，與歐洲人相比，中國人一度是「非常文明的民族」，但卻未能維持他們的進步：「我們在藝術和科學上每天都在進步，相較今日的歐洲國家，他們實際上變成了半野蠻的民族。」[87]

儘管有這樣一個讓人洩氣的例子，但從粗魯向優雅的進步、從野蠻向文明的進步是十八世紀蘇格蘭社會哲學家們的首要關注。*從休謨起，歷史學家們同樣將他們的中心任務視為追溯「生活方式」的歷史，以解釋麥考利將會在一八四八年所說的「從貧窮和野蠻走向高程度的富裕和文明的漫長過程。」[88]例如，卡姆斯勳爵試圖追溯法律的歷史，探究法律如何「從它在野蠻人中間的雛形，經過連續的變化，臻至文明社會的最高高度。」[89]這種進步也是詩人們的一個流行主題。[90]不同民族之間的文化和物質差異被認為是同一尺度上高低不同的點，其中西歐（特別是英國）處於最高處。維多利亞時代中期的首相帕默斯頓勳爵（Lord Palmerston）宣稱：「我可以毫不誇張也不會讓任何人太受傷地說，我們站在道德、社會和政治文明的頂端。」[91]

---

* 原注：一七六二年，年輕的鮑斯威爾（James Boswell）到喬治家吃晚餐（喬治是卡姆斯勳爵的兒子），發現話題竟然是「粗魯」社會和「優雅」社會的分別，為之心慌意亂：「我不斷抑制自己，只說有十足把握是對的話。」見 *Boswell's London Journal 1762-1763*, ed. Frederick A. Pottle (1950), 48.

在近代早期，人們認為多個世紀以來，文明已經從東方轉移到了西方。建築師約翰・韋伯（John Webb）指出，沃爾特・拉萊格爵士（Sir Walter Ralegh）在他的《世界史》（*History of the World*,1614）中說過：「對萬物的最初知識來自東方，而世界的東方地區是最早開化的地區，有挪亞作為指導員。時至今日，越東方的地區就越是文明，越是西方的地區就越是野蠻。」[92]薩繆爾・普查斯認為，文化傳播的長鍊條是起自亞美尼亞（挪亞方舟停定在那裡），最終透過亞述、埃及（「它是全世界的一所大學」）、希臘、羅馬、薩拉森人（穆斯林）、義大利和法國到達英格蘭。[93]人們普遍認為，文明起源於亞洲和北非，但當這些地區屈服於野蠻時，它在歐洲找到了一個新家——那裡的文明是三大洲中「最年輕的文明。」[94]在一六六〇年代，格洛斯特郡的一位紳士指出，至少依他之見，歐洲「在文明和知識方面已經超過她的亞洲姊妹——我們被教導，人類最初是出現在亞洲。」儘管模糊地意識到自己受惠於中世紀早期的伊斯蘭學術研究，但這位紳士的同時代人為歐洲的優越政府形式、高生產力產業、廣泛貿易和居民無與倫比文雅而洋洋得意，因為這些東西讓其他大陸在相比之下顯得粗魯和野蠻。[95]西歐尤其突出，因為歐洲大陸的東部被認為文明程度明顯較低。[96]一位蘇格蘭作家在一七〇〇年宣稱，英格蘭、法國和義大利「在禮貌和文雅上，在宏偉和富麗堂皇上，在藝術和發明上，以及在國家對這些事情的鼓勵上」，遠超其他國家。他的國人同胞休謨認為法國和英格蘭紳士是世界上最文明兩個國家中最文明的階層。[97]

十七世紀的西歐人在航海、軍事實力、財產權、商業組織和金融機構方面明顯發展迅猛。他們在文學、自然科學和技術發明上處於領先地位；他們壟斷了新大陸的資源；他們的婦女享有比其他地方婦女更多的人身自由。然而，直到十八世紀中葉為止，歐洲的熱量消耗、平均壽命和生產總值都不是確定地高於世界其他所有地區。[98]不過，從十六世紀晚期開始，歐洲人在視覺表象上（不管是地圖、陶瓷還是繪畫上）都是把歐洲表現得優越過人。[99]兩百年後，就像柏克的著作所揭示的那樣，歐洲文明獨領風騷的概念當時得令。[100]

要提醒人們沒有文明的生活是怎樣的，只需要回顧一下古不列顛人的情況就夠。沒有人比他們更野蠻了：赤身露體、骯髒、無知，而且（奧布里認為）「幾乎就像以獸皮為唯一衣服的野獸一樣野蠻。」未來的主教約翰·布里奇斯（**John Bridges**）在一五七一年講道時說他們「像愛爾蘭人一樣赤裸裸，像魔鬼一樣彩繪身體，像西徐亞人一樣暴烈。」伊麗莎白時期的歷史學家卡姆登容他們「完全不文明，徹底粗野，心裡只有戰爭」，而詹姆斯時期地理學家卡彭特則斷言，他們「幾乎是生活在森林和沙漠裡的野獸的狀態，像豬一樣靠草本植物樹根為食，毫無法律或紀律。」[101]至於「我們的未開化前人」（這是湯瑪斯·布朗爵士對古不列顛人的稱呼）到底是像美洲土著一樣不文明還是比他們好一些些，人們莫衷一是。但他們是「未開化的」人則殆無疑義。（圖14）[102]在十八世紀晚期，柏克相信，就像所有的野蠻人一樣，古不列顛人「暴烈、奸詐和殘忍。」[103]

儘管有傳說指是特洛伊人布魯圖斯（**Trojan Brutus**）給阿爾比恩（**Albion**）*帶來文明，但大多數受過教育的人在閱讀了凱撒、塔西佗和其他古典文獻後，都相信是羅馬的征服使古不列顛人

---

* 大不列顛群島古稱。

文明起來，這征服逼他們服從法律，給他們引入文史哲。伊麗莎白時期的數學家湯瑪斯・迪格斯（Thomas Digges）寫道：「羅馬人藉著他們的勝利，把野蠻趕出了我國，給我們留下了一種較文明的生活方式。」一位詹姆斯時期作家的說法更為激烈，他宣稱，如果不是羅馬人，他的國人同胞將仍然是「長得太大隻的薩特（satyr）*，粗魯無知地在森林裡漫遊，住在山洞，像野獸一樣捕食獵物，把女兒獻給陌生人，用孩子獻祭，而且吃親生骨肉。」[104] 建築師伊尼戈・鍾斯（Inigo Jones）呼應塔西佗，說羅馬人教給古不列顛人「文史哲的知識，建造宏偉廟宇、宮殿和公共建築的方法，優雅的外語，並讓他們透過學習羅馬人的習慣和穿著而獲得文明和有秩序的民族品質。」（圖20）[105] 密爾頓有相似看法，指出羅馬人「把我們揍成為文明有禮。要不是上帝派羅馬人開化我們，我們的野蠻和原始生活方式可能會持續更久。」博洪也是認為，要是沒有羅馬人，英格蘭人可能仍然是赤身露體和繪著靛藍。[106]

論者相信，當羅馬人離開不列顛，這個國家又恢復了野蠻。盎格魯—撒克遜人是出了名的無知、沒教養、記仇和暴力。斯賓塞認為，在他們到達後的最初幾個世紀裡，英格蘭到處都是強盜和不法分子，「就像現在的愛爾蘭一樣。」密爾頓認為盎格魯—撒克遜人是野蠻的異教徒民族，只以搶劫和殘忍知名，而休謨則形容他們是「未開化的蠻族，粗野不文，不諳工藝，目無法紀，習於酗酒，放縱和混亂。」[107]

十二世紀歷史學家馬姆斯伯里的威廉追溯了一種較溫和生活方式的出現過程。這種生活方式始自基督教在六世紀傳入肯特（Kent）國王艾瑟爾伯特（Ethelbert）的宮廷，在九世紀在威塞克斯（Wessex）國王埃格伯特（Egbert）那裡得到進一步的推進（埃格伯特去過優雅舉止無雙的法國），再經他的孫子國王阿爾弗雷德（Alfred）發揚光大，後者締建了國內和平並獎勵學術研究。不過，在這之後，事情發生了逆轉，而在威廉看來，英格蘭的文明化進程只有到了諾曼征服者的到來才得到重生。[108]他的觀點在近代早期經常得到回應。克拉倫登伯爵相信，在盎格魯—撒克遜時代，「文明很難進入這個國家」，而諾曼人的生活方式「極大改善了我們本土人的粗暴脾氣……我們變得有禮貌和謹慎，讓我們適合與世界其他地區進行貿易和交談。」坦普爾爵士同樣宣稱，由於諾曼人的征服，「我們從法國人和諾曼人的混合體乃至其他陌生民族獲得了更多的知識和更多的文明，語言、風俗和禮儀變得更加精緻。」[109]在一七七五年回顧英格蘭的歷史時，柏克將英格蘭的「分階段式進步」歸因於「前後相續的文明化征服和文明化定居†。」[110]

這種把羅馬人和諾曼人視為文明推手的觀點引起了激烈爭論。文明和野蠻的二分法是羅馬人思考模式影響下的產物。但它受到一股強烈的反古典的思潮的挑戰，而這思潮的驅力部分來自相信羅馬人的價值觀本質上是異教的價值觀，部分是因為覺得羅馬文明「過分殘忍」。鑑賞家羅傑．諾斯坦言，他更喜歡哥德人的道德觀多於希臘人和羅馬人的道德觀。笛福認為，羅馬人喜歡角鬥士運動和把罪犯投給猛獸吃，表明他們「遠遠不是一個開化的民族」；又指他們對不列顛的

---

* 古希臘神話中半人半山羊的神。

† 指外國征服者的征服和定居。

入侵是「對可憐的不列顛人的不公正、血腥和殘暴的攻擊，侵犯了所有的權利和財產，背棄了正義和鄰里情誼，僅僅是為了征服和宰制而進行。」[111]十七世紀醫生暨作家菲力浦・金德（Philip Kinder）以古怪的理由將羅馬人斥為「未開化」：他們要從希臘人那裡才知道手套是什麼，而且他們的姓氏「像乞丐、粗魯、野蠻。」[112]十八世紀末，普里斯特利同意，羅馬人「長期以來都對真正的雅緻（politeness）陌生」：他們「沒有探訪日，沒有舞會，貴族顯要不會在仕女的家中集會。」瑪麗・沃斯通克拉夫特（Mary Wollstonecraft）*認為，有鑑於羅馬人的殘忍和「不符合自然的惡習」，他們只是「半開化的。」[113]

威爾斯歷史學者聲稱，古不列顛人在羅馬人到來之前已經開化。約翰・普萊斯爵士（Sir John Price）在十六世紀中葉寫作時稱，古代不列顛沒有一個時期缺乏精通文史哲的博學之士；古不列顛人和羅馬人識字的時間一樣早，甚至可能更早。他的國人同胞韓福瑞・艾爾懷德（Humphrey Llwyd）在一五七三年謂：「塞爾特人和古不列顛人比希臘人和拉丁人更早有哲學和文史。」[114]普通法法學家喬治・薩爾特恩（George Saltern）在一六〇五年同意，古不列顛人並不是「野蠻人」，而是一個生活在「良好法律」下的「文明」民族，有「許多好的城市、國王、貴族、總督、戰爭守則和商業，會與外國的交通往來，還擁有文明的所有其他方面。」詩人邁克爾・德雷頓（Michael Drayton）有相似意見：

我們不像我們中間很多人以為的那樣

也不像凱撒的嫉妒之筆要讓世人相信的那樣野蠻。[115]

一六九五年，愛德華・勒懷德（Edward Lhwyd）為卡姆登編的《不列顛尼亞》（*Britannia*）撰文，根據他對塞爾特考古學的研究，指出不列顛島在羅馬人到達前便存在銀幣、金幣、精緻金屬製品和需要相當龐大政治組織與技術技能方能豎立的巨大石頭紀念碑。勒懷德承認這些建築是「粗魯」和「野蠻」的，但又稱它們沒有比「我們鄰國在被羅馬人征服前建造的那些」簡陋。他承認，他最初以為一些金屬品是羅馬人所製，「因為它們太過精緻，讓人以為古不列顛人在未被羅馬人開化之前造不出來。」[116]

盎格魯—撒克遜人是野蠻人的觀念受到英國國教的辯護士所駁斥。伊麗莎白時期的大主教馬修・派克主張，盎格魯—撒克遜教會是一個基本上獨立於教皇的準新教組織。†卡姆登強調盎格魯—撒克遜人對基督教的接受和他們對英語的貢獻，讚揚他們的「勇武」，認為他們是一個「好戰的、威武的、剛強的和充滿活力的國家。」[117]類似的，許多英格蘭普通法法學家堅稱，議會、陪審團制度和英格蘭對自由的其他保障都是由盎格魯—撒克遜人確立。與之相比，諾曼人就像羅

* 知名女權鬥士，著有《女權辯護》。
† 盎格魯—撒克遜教會的時代還沒有新教。

馬人一樣廣被認為是「野蠻的武夫」，是用暴力征服英格蘭、推行野蠻土地法和剝奪了民族自由的殘忍暴君。[118]

模糊的民族主義情緒讓許多十八世紀的英格蘭古文物家對古不列顛人、哥德人和盎格魯－撒克遜人產生濃厚的興趣——所有這些人都被他們看作是古典文明理想的完美替代品。博林布魯克勳爵（Lord Bolingbroke）亨利．聖約翰（Henry St John）認為，從他們的法律和政府制度判斷，被羅馬人認定是野蠻人的哥德人和倫巴底人（Lombards）根本不野蠻。詩人威廉．布雷克（William Blake）相信，古不列顛人是「赤身裸體的文明人，行為舉止樸素，比後世人更聰明」，但「被野蠻的武力所壓垮。」[119]

人們普遍認為，諾曼征服後的幾個世紀裡，文明的發展非常緩慢。在十六世紀，具有古典思想的人文主義者、熱心的新教徒和都鐸王朝的辯護士聯合起來，把中世紀描繪成一個集哥德式無知、教皇黑暗、封建壓迫和政治混亂於一身的野蠻時代。[120]早期義大利人文主義者認為，直到十四世紀，藝術和文學才開始從歐洲在羅馬帝國被蠻族入侵後陷入的黑暗中恢復過來。在他們看來，任何不古典的東西——無論是語言、建築還是哲學——都是「野蠻的」。[121]他們的影響力可見於許多都鐸王朝學者的身上，後者認為自己生活在一個更加有教養的時代，一個對希臘和拉丁文學完全自如的時代。斯賓塞聲稱，在「所有的美好交談和所有對知識與人性的研究上」，英格蘭人「被帶到了世界上任何一個國家都比不上的文明狀態。」培根斷言：「這個國家在禮儀、文明、知識和文史哲等方面發達得前所未有。」伊麗莎白時期的特克斯伯里鎮書記約翰．巴斯頓

（John Barston）認為，世界上沒有哪個國家比英格蘭享有更多的國內和平與安寧，而它的人民表現出「人性和文明行為」要多於「過去的不快樂時代。」[122]

儘管如此，都鐸人文主義者仍然對英格蘭語言、詩歌和法律中流連不去的「野蠻」表示擔憂。他們強烈意識到英格蘭加入文藝復興學問研究和義大利文明行為準則的時間相對較晚。一五六〇年，湯瑪斯．霍比爵士在翻譯卡斯蒂廖內的《宮廷貴婦之書》後所寫的序中感嘆說英格蘭從「記不得那麼久」以前一直被認為是「野蠻之地」。斯賓塞在一五九〇年代稱「這不過是英格蘭變文明的第二天」，而詩人加布里埃爾．哈威（Gabriel Harvey）指出，「言語上的雄辯和舉止上的文明」不過是「前不久才出現在世界的這個部分*。」暢銷書《給兒子的忠告》（*Advice to a Son*, 1655-58）中，作者法蘭西斯．奧斯本（Francis Osborne）也認為，英格蘭是「最晚抵達文明畛域內的。」五十年後，第三任沙夫茨伯里伯爵寫道：「不管我們認為自己到達了何種程度的雅緻（politeness），都必須承認我們是最後的野蠻人，是歐洲中最不開化或欠雕琢的國家。」他認為，英格蘭的「藝術和文明成就」是經過二、三手轉手得來，來自「其他國家、法院、學院和外國的禮儀溫床。」休謨在一七五八年把話說得更重：英格蘭過去兩個世紀裡的每一次農業和製造業進步都是靠模仿外國人。「如果他們沒有指導我們，我們現在應該是野蠻人。」[123]

*「世界的這個部分」指英格蘭。

因此，在繼宗教改革之後的那個世紀裡，人們通常會說英格蘭是直到最近才從精神、宗教和政治的黑暗中走出來。不過，天主教徒或許會一廂情願地緬懷中世紀，視之為一個信仰和博愛的時代。也有些法學家會尊中世紀為司法創新的關鍵時期，有些學者會敬佩中世紀的哲學家，有些普通百姓會相信昔日英格蘭是一個「快樂英格蘭」的迷思。流亡的耶穌會士佩森斯在一五八二年甚至聲稱，直到新教異端「解除了愛與友好的紐帶」之前，沒有一個基督教民族比英格蘭人「更有禮貌和人性」或「更傾向於仁慈和友好的行為。」[124]但代表新教當權派發言的亨利・沃頓爵士（Sir Henry Wotton）卻認為「火爆和騷動的中世紀」讓英國文學陷入了「不開化」狀態。王政復辟時期的主教西蒙・派翠克（Simon Patrick）也慶幸「僧侶的野蠻」在他的時代已經被「雅緻和優雅」凌駕。[125]

在十七世紀末和十八世紀，中世紀生活的許多特徵——從馬上長矛比武到騎士的搏鬥到神明審判（trail by ordeal）——都被譴責為「野蠻」。[126]克里斯多夫・雷恩爵士（Sir Christopher Wren）的兒子同意伊夫林的觀點，認為哥德式建築是由「好鬥的北方人在征服文明世界時引進。」傳道人布雷爾認為以決鬥挽回面子的做法源於「暴烈野蠻的哥德人舉止。」農學家亞瑟・楊（Arthur Young）把在敞田（open-field）耕作的農民視為「哥德人和汪達爾人」。[127]詩人威廉・米克爾（William Julius Mickle）精心闡述了「僧侶時代」的「精神黑暗」、中世紀的「暴烈舉止」和「封建制度」的「最絕對專制」。[128]歷史學家羅伯遜對中世紀時期提出一種較為平衡的觀點，強調中世紀有功於司法的常規化、代議制政府的建立和國內奴隸制的終結。然而，他也認為中世紀人沒有能「在行為中引入莊重與得體，以此來抑制激情，避免犯下叫人髮指的罪行。」最普遍的看法是，英格蘭直到十六世紀才開始「重新文明化」：自此，它抖掉「哥德人的鏽跡」，開始「在雅緻（politeness）上模仿鄰國。」[129]

當時的人強烈意識到，商品和便利設施的供應比起中世紀有了極大的增長。一七〇二年，一位作家指出，沒有民族曾經像他那個時代的英格蘭人那樣，將許多技藝、科學和貿易如此迅速地發展到如此高的水準：過去半個世紀以來，英格蘭在紡織、玻璃製造、建築、塗漆、製糖、蒸餾和航海方面都取得了長足進步。[130]相比之下，十六世紀初的英格蘭在休謨看來仍然是「一個未開化的民族。」他以第五任諾森伯蘭第五伯爵（d. 1527）作例子，指出伯爵的城堡裡很少壁爐、沒有煙囪、沒有玻璃窗，只有閃爍的蠟燭，「僕人和侍從衣衫襤褸」，一年裡有九個月沒有蔬菜、醃牛肉和羊肉可吃。就像洛克所說的那樣（亞當．斯密後來也有一樣說法），一個英格蘭散工比一個美洲印地安國王吃得好、住得好和穿得好，休謨也宣稱，現在諾森伯蘭公爵家裡的一個僕人比兩百五十年前的一家之主更寬裕。在他大有影響力的《英格蘭史》（*History of England*, 1754-61）中，休謨將「科學和文明的黎明」定在亨利七世一朝：此後，「人們堅持不懈，讓貿易、技藝、學術、政體、治安和教養漸漸面目一新。」[131]

即使如此，這個國家在文明方面的進步並不是一直線的。休謨認為，伊麗莎白一世的絕對政府就像十八世紀的土耳其一樣專制：如果皇室授予壟斷權的權力後來不是受到削減，那麼「作為財富、技術和商業家園的英格蘭目前的產業規模就會像摩洛哥或巴巴里海岸一樣的小。」與此相反，在一六八八年建立有限君主制的革命是由一個「已經開化了的偉大民族」達成的，其締造者與在一三九九年推翻理查二世的「暴亂野蠻貴族」相比非常可取。[132]與休謨同時代的大多數人都認為，他們的時代確實比任何一個從前時代更「開化」和「光鮮」，並為此感覺良好。就像曼德維爾所說的，人越是文明就越幸福。韋斯特摩蘭一位牧師在一七七〇年指出：「優雅的生活固然也許會讓人更快變得奢侈和放蕩，但我們仍然應該讚美上帝沒有讓我們出生在無知、殘忍和野蠻的時代。」[133]

野蠻的鄰居

英格蘭人相信他們的文明狀態是經過漫長歷史演變才達成這一點左右了他們看待世界其他民族的方式。他們之中大多數人都會同意地質學家約翰．伍德沃德（John Woodward）在一六九五年所說的，「世界上大部分地區」仍然是「野蠻和原始的。」[134]那些受過一些學術教育的人認為，這種遲鈍的狀況是由自然環境造成：氣候、土壤和海拔高度被認為會影響人的體溫和「自然性向」。一種繼承自亞里斯多德和希波克拉底（Hippocrates）的宇宙論主張，生活在離太陽太近或太遠的地方的人天性殘忍野蠻，缺乏法律、科學和文明，無法以有序和理性的方式管理自己。[135]帕爾默爵士正是因為認同這樣一種觀念（即相信那些住在太熱或太冷地區的人都是「較野蠻、單純和原始」），才會在一六〇六年斷言，非洲、美洲、麥哲倫尼卡（Magellanica，即南太平洋）、東北歐和亞洲的民族都是「天生的野蠻人。」相似的，奧格比在一六七一年認為安第斯山脈的土著比其他美洲人更接近於「文明和歐洲人」，因為他們所處的氣候與歐洲相似。[136] 飲食也很重要，因為人們相信，人體的體液平衡會受到所攝取食物的影響。殖民行動推動者威廉・沃恩爵士（Sir William Vaughan）在一六三〇年指出，野蠻人之所以殘忍，最主要原因之一是習慣吃狼肉和熊肉。在黑爾爵士看來，在炎熱肥沃的國家，正是野生水果的豐富和唾手可得讓居民失去從事耕種的任何動力。[137]

「較不開化」的人越來越被視為是滯留在早期發展階段。有論者謂，在新發現的土地中，包含著許多類似「天地初開時的人類，他們沒有文字，沒有法律，沒有國王，沒有國家，沒有技術。」韃靼人仍然像古日耳曼人那靠狩獵為生，因紐特人的婦女像古不列顛人一樣把臉塗成藍色。霍布斯認為美洲土著是已經變得「文明和發達」的民族在「原先時代」的樣子。[138]

一些這種發展遲緩的例子離英格蘭更近。在中世紀，威爾斯人被他們的英格蘭鄰居視為野蠻人，因為他們的放牧經濟、他們以親屬為基礎的社會結構和他們好戰的生活方式都跟英格蘭的理想大相逕庭（這理想包含著務農、城鎮、市場、貨幣化經濟、由地方鄉紳統治和有一位強大的君主監督一切）。此外也是因為，威爾斯人無視戰爭法，殺害戰俘，奴役婦女和兒童。[139] 愛德華一世在一二八二至八三年擊敗威爾斯王公後，英格蘭皇室兼併了他們的公國（佔威爾斯一半土地，其餘的由不同的邊區領主割據）。與此同時，威爾斯的法律和行政管理部分改採英格蘭模式。在十四世紀，一位編年史家報導說威爾斯人開始耕作田地和栽種花園，住在城鎮、穿鞋，像英格蘭人一樣睡在床上。[140]然而，在十六世紀早期，歷史學家維吉爾指出，因為威爾斯的土地大多貧瘠或未開墾，人們是以燕麥麵包和稀釋牛奶果腹，以偷竊和搶劫來幫補收入。與維吉爾同時代的醫生安德魯・布林德（Andrew Boorde）也認為威爾斯有「許多粗魯和獸性的人。」[141]

改變隨著都鐸王朝在一五三六年和一五四三年分別頒佈的兩個法令來到。這兩個法令將公國和普通法擴大至整個威爾斯，從而使君主成為最大的土地所有者，又把邊區領主納入一二八四年為公國建立的郡制，將威爾斯合併為一個單一的政治、司法和行政單位，由邊區議會（Council in the Marches）和巡迴法庭（the Court of Great Sessions）進行監督。[142]培根指出，「透過以商業、聯盟和共同司法制度聯合這些郡」，威爾斯被帶入了「文明與和平。」當主教羅蘭・李（Rowland Lee）在一五三四年出任邊區議會主席時，他發現威爾斯「非常粗野」，但據說在他於一五四三年去世前，他嚴厲的執法已經使這個國家變得「文明」。[143]他的同事聖大衛主教（Bishop of St David's）敦促建立文法學校，又把他地處遙遠的座堂搬到更遠的卡馬森（carmarthen），打算以此消除人們的「野蠻無知」，用「英格蘭文明」取代他們的「威爾斯粗魯」。[144]然而，據伊麗莎白一世的一位行政官員說，讓威爾斯「懂得文明」的關鍵是亨利八世的引入巡迴法官制。一五五〇年至一六〇〇年間，巡迴法庭絞死了大約四千名威爾斯盜賊。在一五七六年，邊區議會的副議長駁斥有關持續混亂的投訴，宣稱威爾斯人普遍「就像英格蘭人一樣文明與守法。」事實上，威爾斯人極為熱中訴訟，讓法院的小官司堆積如山。[145]一六四〇年，當「長期議會」提議廢除邊區議會的刑事管轄權時，反對者聲稱它在「開化」國王的威爾斯子民上發揮了關鍵作用。[146]

在討論威爾斯社會的情況時，英格蘭人的一個共同假設是「文明」意味著守法和服從朝廷。但這個詞還有更廣的涵義。據說，從一五六〇年代晚期起，威爾斯人開始「居住在城鎮，學習職業技能，經營商業，耕種土地，像英格蘭人一樣從事各種公共和必要的活動。」向上流動的威爾斯人在英格蘭社會如魚得水，因為他們被認為「更加注重文化，會像西班牙人一樣修剪體毛……並很喜歡學習優雅行為。」[147] 到了一六一二年，英格蘭出生但有威爾斯血統的約翰·大衛斯爵士（Sir John Davies）已經可以聲稱，威爾斯「已達到了舉止的文明和物資的富裕。我們現在發現它並不比英格蘭最好的部分差。」然而，與他同時代的艾德蒙茲爵士認為，威爾斯的「胡布」（hwbwb，即大聲抗議）習俗帶有「野蠻而非任何文明政府」的味道。在一六一一年，有論者稱威爾斯人「儘管有了很大的改進，但在文明程度上並未與英格蘭人等駕齊驅。」[148] 有敵意的英格蘭作家和旅行者繼續認為威爾斯居民粗魯、野性和骯髒。[149] 一七五六年，一個英格蘭人到過「荒涼和多山」的拉德諾郡（Radnorshire）之後說，這趟旅行讓他「對我國在變得有教養和文明之前是什麼樣子有了一個概念。」二十年後，一個遊威爾斯的美國人遇到了「野蠻和不文明的遺跡。」在一七八〇年代至一七九〇年代之間常到威爾斯旅行的約翰·比恩閣下（Hon. John Byng）覺得當地居民仍然「在文明程度上不如普通英格蘭人」，並對威爾斯人身體的「骯髒污穢」極為反感。[150]

談論蘇格蘭人時，有見識的人會對高地人和低地人加以嚴格的區分。卡姆登指出，後者「較文明」，使用「英格蘭人的語言和習慣；另一者較粗魯和野蠻，使用愛爾蘭人的語言和習慣。」

作為一個氏族充斥和好戰的社會，高地人有著標準野蠻人的所有屬性，因為他們的主要忠誠對象是親族而不是國家。儘管他們會在地形允許的情況下從事耕作，他們的主要生計是狩獵、捕魚和飼養牛羊。[151]詹姆斯六世暨一世認為，在高地地區，內陸人「在很大程度上是野蠻的，但也夾雜著一些文明的人」，而島民則「一律是完全的野蠻，沒有任何文明可言。」如果嚴格執法，第一類人就會屈服，但其他人需要在他們中間建立殖民地，這樣，「他們其中品性最好的那些也許就可以在短時間內獲得改革和開化。」至於冥頑不靈的那些，將予以「剷除或運走。」[152]在一六〇三年的《聯合法案》（union of crowns）*頒布後，朝廷最終對邊界區進行綏靖、在奧克尼（Orkney）和謝德蘭（Shetland）殖民，以及對鮮明的塞爾特文化特色加以攻擊。[153]一六一六年，酋長們承諾遵守法律、減少扈從、採用低地耕作方式，並拋棄塞爾特語——塞爾特語被認為是「高地的持續野蠻與不文明」的主要原因之一。[154]

高地酋長們固然逐漸接受了政府的權威，但他們的族人保留了軍事作風，繼續暴力性和無法無天。[155]十七世紀末，有論者謂低地人「透過旅行和跟法國與英格蘭通商」而開化了自己，而山區居民繼續以野蠻聞名，作風「殘忍，有仇必報，靠捕魚、狩獵和掠奪為生。」同時代人對文明和野蠻的不同的很多看法都源於這兩種蘇格蘭人之間的對比。[156]

儘管有一七〇七年的《聯合法令》（Act of Union）†，但高地地區的氏族至上和無法無天現象繼續存在至一七一五年和一七四五年的兩次詹姆斯黨人叛亂（Jacobite rebellions）‡——在小說家菲爾丁看來，這兩次叛亂得到了「荒野和山區野蠻居民的支持，他們都是些不法之徒、強盜和割喉者，與蘇格蘭的文明地區一直處於戰爭狀態，更確切地說是搶劫這些地區。」[157]在「四五叛亂」（Forty-Five Rebellion）§後，為保衛漢諾威王朝，各方一致試圖綏靖和「開化」該地區。在沒收叛軍的財產的同時，還立法鼓勵製造亞麻布、禁止穿高地服裝、禁止攜帶或擁有「寬劍或靶子、匕首、手槍、火槍或其他好戰武器。」[158]這些法令是否如有些論者所說的那樣幫助了「蘇格蘭高地居民的進一步文明化」值得商榷，但當約翰生在一七七三年造訪西部群島（Western Isles）¶後，指出那裡的氏族的兇悍程度有所緩和，軍事熱情有所減弱，對政府的蔑視有所降低。[159]

在邊境以南，人們傾向於忽視這些區別，認為所有的蘇格蘭人都是「粗魯和野蠻的」。蘇格蘭士兵據說在戰爭中特別野蠻，蘇格蘭的房子據說「像馬廄或豬圈一樣髒兮兮而不打掃」，蘇格蘭人據說吃相粗野、多虱而臭烘烘的，缺乏「所有糞便禮儀和排泄物慎重」**——語出機智風趣的悉尼·史密斯（Sydney Smith）。佩皮斯在一六八二年斷言：「每個蘇格蘭人不分男女，身上都籠罩著一種根深柢固的討人厭味道，會讓他們最優雅的舉止也顯得讓人作嘔，即便是他們中間

---

* 繼詹姆斯一世登基後把英格蘭王國、蘇格蘭王國和愛爾蘭王國創建為一共主邦聯的法令。

† 把共主聯邦中的英格蘭和蘇格蘭合併為單一王國（大不列顛王國）的法案。

‡ 詹姆斯黨為支持斯圖亞特王朝君主詹姆斯二世及其後代奪回王位的政治、軍事團體，成員多為天主教徒。

§ 即詹姆斯黨人在一七四五年的叛亂。

¶ 即外赫布里底群島。

** 指隨處大小便。

最優秀的人也是如此。」[160]一七〇五年，一位旅行者去到愛丁堡，發現這座城市幾乎完全沒有公廁，每條街上都是一堆堆糞便：「氣味太難聞了，我們走過街道時不得不捂住鼻子和小心腳下的路，生怕弄髒鞋子。」[161]政治家威爾克斯冷笑說：「一個蘇格蘭人的最大炫耀就是讓全世界知道他有手帕。」[162]英格蘭人用這一類妙語來讓自己安心相信他們的文明程度確實更勝一籌，哪怕當時是蘇格蘭大學和蘇格蘭哲學家讓歐洲啟蒙運動閃閃生光的時代。

文明程度更低的是愛爾蘭人。據說，直到十二世紀英格蘭人征服愛爾蘭為止，愛爾蘭人沒有石頭房子，沒有貨幣，沒有外貿，除聖徒的傳說外沒有學問，沒有科學，沒有數學，沒有製造業，不會航海。[163]對愛爾蘭的不文明的經典記述是威爾斯的吉羅德在一一八〇年代所撰寫，是在亨利二世征服愛爾蘭（1171-72）的不久之後。這征服本身是英格蘭軍事優越性的一個見證，得到教皇亞歷山大三世的授權，被定位為傳福音給一群「粗野不文的人」和改革他們的舉止的正當嘗試。吉羅德筆下的愛爾蘭是遊手好閒的牧民，過著野獸般的生活。這種描寫在近代早期影響深遠。[164]十六世紀初，英格蘭君主名義上是全愛爾蘭的君主，但實際上，他控制的土地不超過全國三分之一，而且是透過盎格魯—愛爾蘭領主（即所謂的「舊英格蘭人」）統治（儘管朝廷在十四世紀試圖阻止他們土著化，但他們在語言、衣著和舉止方面越來越塞爾特化）。島上的其他地方都是土生土長的愛爾蘭人酋長統治，他們對英格蘭人的生活方式懷有敵意。亨利八世的大法官無視愛爾蘭社會的複雜情況和成員之間的社會與文化差異，將土著愛爾蘭人一律歸入一個「野蠻無知的民族。」伊麗莎白一世也是如此。[165]艾略特爵士建議她閱讀凱撒的《高盧戰記》，「以便可以在對愛爾蘭人或蘇格蘭人的戰爭中得到必要的指導，因為他們的粗魯狂野與凱撒時代的古不列顛人是一樣的。」一五八〇至一五八九年間任大法官祕書的斯賓塞認定為愛爾蘭人為西徐亞人的直系後裔，是「基督教世界中最野蠻的民族。」[166]一五八八年，一場在女王面前表演的娛樂節目中出現了一個愛爾蘭野人，該人「不戴帽子，黑色的蓬亂長髮披肩」，表情「凶神惡煞。」「全世界都知道他們的野蠻。」克倫威爾說。[167]

這種對愛爾蘭人的敵意很大程度上緣於他們頑固地堅持天主教信仰，讓信奉新教的英格蘭不是滋味。然而，在現實中，英格蘭人的態度因情況而異。當愛爾蘭人發動叛亂戰爭時，他們被描繪為野蠻人；當和解前景可期時，他們被描繪得較為正面。正因如此，亨利八世在一五四〇年代曾考慮讓塞爾特人酋長成為王國貴族。自吉羅德透過描述愛爾蘭的野蠻來為亨利二世的征服辯護以來，對愛爾蘭的野蠻的譴責幾乎總是可以正當化（無論是回顧性還是前瞻性）對他們採取暴力行動的做法。[168]不時會有人試圖用同理心理解這個游牧社會的特點：季節性的移牧、軟弱的中央權威、強大的領主、以親族為基礎的社會結構和不斷的仇殺。[169]佩第爵士在一六七六年起而駁斥愛爾蘭人是西徐亞人後裔的說法*，而十七和十八世紀的愛爾蘭古文物家則極力反駁吉羅德對他們中世紀祖先的惡意描述。他們推崇古代塞爾特文化的虔誠和學問，把諾曼人來到之前的愛爾蘭

* 原注：這並沒有妨礙柏克主張，愛爾蘭人會沉迷放牧而不願務農，除了和土質有關，還是因為學習西徐亞人的生活方式。見 *Writings and Speeches*, ed. Paul Langford et al. (Oxford, 1981-2015), vol. 1, 512.

描繪為一片聖徒、學者和音樂家的樂土。[170]到十八世紀，為塞爾特文化平反將成為天主教徒要求放鬆針對他們而設的刑法的運動的重要組成部分。[171]

但大部分到愛爾蘭旅遊的英格蘭人被暴力和混亂嚇倒，把當地人的穿著、飲食和個人習慣視為這個民族遊手好閒和骯髒的證明。[172]一六〇九年，巴納貝・里奇（Barnabe Rich）聲稱愛爾蘭人「比世界上任何已知地方都更不文明，更不乾淨，更加野蠻，在風俗習慣和行為更加原始。」莫利森指出：「顯貴的妻子一面和人交談一面尿尿，又或是在都柏林人來人往的接見廳（Presence Chamber）公然大號，這種事並不罕見。」一位作家在一六四〇年代稱，愛爾蘭土著之所以被稱為「野性愛爾蘭人」，是因為「在野性上，他們可以與世界上最野蠻的民族相提並論。」[173]

第五章　輸出文明

世界所有國家中，文雅和文明者當主宰其他國家。

湯瑪斯・史密斯爵士（託名）：《論英格蘭王國的公共利益》
（*A Discourse of the Commonweal of This Realm of England*, 1581）

直面野蠻人

在近代早期，「文明的」西歐列強與他們試圖深入的土地上的「野蠻人」或「生番」之間的關係引發了大量學術和哲學爭論。有些人認為，那些野蠻到拒絕與外人做生意的人應該受到懲罰，因為他們違反了「萬民法所規定的人與人之間應相互交往和建立夥伴關係的義務。」論者謂，由於上帝立意讓世界各國人民相互貿易，所以外國人有權到其他國家旅行、貿易，甚至居住。如果他們被拒諸門外，便有權使用武力。

西班牙神學家法蘭西斯科．德維托利亞在一五三〇年代首先闡述了這種強行進入其他國家的權利：當經過多次和平勸說對方仍堅拒進行貿易，即可動用武力。他認為這是要求國與國溝通、社交和好客的自然法和萬民法的一部分。西班牙人在與美洲印地安人打交道時援引這項權利。[1]英國冒險家佩克姆爵士也在一五八三年援引這權利：他聲稱，如果紐芬蘭的「生番」野蠻地阻止那些只是尋求「公正和合法貿易機會」的人，後者就有權使用武力，又說這樣做「一點也不違反平等和文明的紐帶。」[2]贊同這一觀點的人包括牛津大學的兩位欽定民法教授根蒂利和理查德．祖切（Richard Zouche）、普通法法學家哈克路伊特、殖民者威廉．斯特拉奇（William Strachey）、詹姆斯時期的旅遊作家普查斯、卡洛琳時期的埃克塞特主教約瑟夫．霍爾，還有霍布斯（但他只在他的政治哲學的第一個版本贊同）。[3]正如近期一位評論者所言，這些作家是準備授權「一個國家的居民對另一個國家進行程度驚人的滲透。」這是強迫非歐洲人進入商業關係的一個粗糙藉口，其力量來自於這樣一種信念：抵抗歐洲人深入的人是（藉普查斯的話來說）「野蠻人、邊區人*和人類中的不法分子。」[4]

笛福在十八世紀把世界劃分為通商的文明國家和不通商的野蠻國家兩大類。北非在古代曾是繁榮的商業中心，但後來被「野蠻民族」占領。在菲斯王國（Fez）和摩洛哥王國中，穆罕默德的信徒是「商業和農耕的摧毀者。」他們的「貿易性向很低」，是「一群貪婪、殘忍、暴力和專制的人，沒有任何勤快和努力，忽視所有文化和改進。」他們已經淪為了小偷、強盜、海賊和奴隸販子。笛福敦促西歐的海權國家聯合起來，把摩爾人（「世界上最野蠻的人」）逐出海岸地區，趕到內陸去。在那裡，他們將無法繼續對其他國家進行掠奪，不得不老老實實靠勞動謀生。[5]

自然法也被援引來支持西方侵略者的主張，指他們有權佔有「未開化」土著未耕種的土地。這是英格蘭探險家在伊麗莎白時期愛爾蘭使用的論點。湯瑪斯·史密斯爵士在一五七二年辯稱，他建議在唐郡（County Down）設置殖民地不是要去「征服」，而是把居民安置在「荒廢丟空的土地上。」[6]論者謂，農民有土地所有權，狩獵採集者沒有。未開墾的土地後來被稱為「無主物」（*res nullius*），即不屬於任何人的財產。[7]就像湯瑪斯·摩爾爵士筆下的烏托邦主義者所相信的那樣，從那些使土地荒蕪的人手中奪走土地被認為是完全正當。[8]一六二九年，麻薩諸塞灣殖民地的第一任總督約翰·溫斯羅普（John Winthrop）斷言，那些從未被「居住或征服」的土地是任由「任何人去擁有和改善。」因此，殖民者可以遷入印地安人的「荒地和樹林去，但不包括他們種植玉米的土地。」大有影響力的新英格蘭牧師約翰·科頓（John Cotton）同樣聲稱，根據自然法，「鄉間的空白地方」會成為選擇去佔有它們的人的財產。[9]

更具攻擊性的是一份殖民維吉尼亞招股書的作者約翰·羅爾夫（John Rolfe）。他告訴讀者，他們是「一群特殊的人民，被上帝的手指標記和選擇來佔有它†。因為祂無疑與我們同在。」然

* 這個字（borderers）原指住在英格蘭和蘇格蘭邊界的人。
† 指維吉尼亞。

而，在現實中，羅爾夫和大多數北美殖民者一樣，承認印地安人僅僅因為占領土地便擁有土地所有權，而不管土地是否在耕種中。因此，購買成為獲得領土的一種正常方法。但印地安人是否完全理解這些交易的性質，或賣出土地時是否完全自願，就是另一回事了。[10]

在英格蘭國內，傳道人和律師的態度更強硬。薩繆爾．普查斯聲稱，如果英格蘭驅逐印地安人，引進自己高級的農耕方法，將可使美洲土地的生產力提高一百倍，甚至「一千倍」。英格蘭人有權「根據自然法和人類法律」去占領另一個國度中無人占領的部分，特別是在當地的居民是「野人」和沒有固定住所的情形下。他說，把「這麼好的一個國度」交在「這麼壞的民族手中」無疑是錯誤的，他們「徒有人形而沒有人性，不知文明、藝術和宗教為何物，比他們獵殺的野獸更野蠻，比他們只漫遊而不居住的無人荒野更野和更非人。」*詩人暨兼傳道人約翰．多恩（John Donne）在一六二二年向維吉尼亞公司保證：「或許有許多理據可以證明，我們不僅通商和貿易是合法，而且佔有原不是我們的土地也是合法。」[11]霍布斯調整了這一立場，但調整幅度很小。他贊成將英格蘭窮人遷移到「沒有足夠人口居住的國度」，但認定這些移民無權「消滅」他們在那裡發現的人，儘管他們有權「不准土著住在靠近的地方」，即要求土著外遷，為新來的人騰出空間。霍布斯會有這種想法，可能是受到前老闆培根的影響，後者說他寧可「在一片純淨的土地上栽種†，也就是在一片沒有驅逐情事的土地上栽種……否則那就是一種摘除而非栽種。」[12]

然而，另一些人則準備考慮摘除。當一個民族認為另一個民族未開化時，後果可能是毀滅性的。羅馬人相信，他們的文化優越性讓他們有權大規模屠殺蠻族，不分男女老幼。[13] 國王詹姆斯六世暨一世在他消除蘇格蘭的「小偷」、「殺人犯」和「壓迫者」的運動中，命令「全面消滅」這類「害蟲」。他還命一個蘇格蘭貴族從斯凱島（Skye）和路易斯島（Lewis）「摘除和根絕」三整個氏族，用一個「文明人」的殖民區取而代之。[14] 十八世紀中葉，歐洲主要的萬民法權威、瑞士法學家德瓦特爾不僅同意文明人有佔有屬於他人的未開墾土地的權利，同時允許他們空出荒地留作防禦或其他用途。他還主張對沒有農業的民族進行種族滅絕：在他看來，那些生活在肥沃國家卻不耕種土地而靠掠奪他人為生的人（如古代日耳曼人和「一些現代韃靼人」），理應「作為野蠻和有害的野獸而被摘除。」[15]

德瓦特爾這是在呼應早已有所表達的思想感情。從十七世紀中葉開始，西印度群島的英國殖民者就一再提議應該徹底摧毀土著加勒比人（Caribs），即加里富人（Karifuna），因為這些「野蠻的生番」阻礙了甘蔗種植園的擴張。連續幾次的「摘除」企圖都得到政府的批准，但只取得部分成功：加勒比人的社群雖然大大縮小，但存活了下來。[16] 一七六三年，駐美洲的英軍總司令批

---

* 原注：十九世紀中葉都柏林主教理查德．瓦特利（Richard Whately）把「世界上最低等和最粗野的種族」形容為「沉淪到牲畜程度的生物，有時甚至沉淪到牲畜以下程度」，說他們「無知而輕率，品味粗俗，習慣骯髒，有成年男人的七情六慾但只有小小孩的智力。他們半赤裸和半飢餓地漫遊過的地區也許可以充裕地供養千萬歐洲人。」見 *Miscellaneous Lectures and Reviews* (1861), 26-27.

† 這裡的「栽種」指殖民。

准了一項旨在消滅賓夕法尼亞前沿敵對印地安部落的計畫，該計畫包含分發沾有天花病毒的毯子和任何其他有助於「摘除這個可惡種族」的方法。[17]在十九世紀，「野蠻人」注定要滅絕的假設得到廣泛接受，而這一進程有時還會被蓄意加速——對待澳洲土著的方式就是這樣。[18]

入侵野蠻人的正當性部分仰賴一個霍布斯和洛克都主張過的假設：大多數野蠻人仍然生活在自然狀態中，他們的政府形式過於簡陋，不足以被認為構成了獨立國家。就像培根一篇對話錄中一個角色所說的那樣，有些「名義上的民族」是「沒有權利的民族，因為他們只是一些烏合之眾」，而當他們無法自我治理時，另一個「文明的」民族就有權入侵和征服他們。[19]因此，在新英格蘭，有人自信地斷言，土著沒有政府或法律，有的只是「棍棒法律」。[20]一六二三年，當詹姆斯一世將紐芬蘭東南部的一部分授予喬治・卡爾弗特爵士（Sir George Calvert）時，他在特許狀上承認紐芬蘭「在某些地方有某些野蠻人居住」，但主張他們應該被視為入侵的海盜：戰爭法賦予定居者殺死「入侵者」的權利。其他皇家特許狀則小覷土著居民，認為他們「因為原始野蠻，配不上稱為民族。」[21]

美洲土著確實缺乏霍布斯心目中那種擁有主權的文明社會，但他們是由複雜的聯盟和政治結構維繫在一起的。很難說得準那些將他們描述為生活在無政府狀態的觀察者是未能理解這些安排，還是沒有充分觀察這些安排，又或是硬要歪曲事實。[22]不管怎樣，一方面說土著沒有法人身分另一方面又與他們訂立條約和購買土地的常見現象是自相矛盾的。

用武力開化

一些經院派神學家和自然法法學家堅稱，文明人對野蠻人動武並沒有正當性，除非是他們先被野蠻人以某種方式傷害或為了保護無辜者而有必要進行干預。[23] 但在中世紀晚期獲得教皇宣示的另一種觀點認為，只要能夠證明野蠻人的生活方式公然藐視自然法和萬民法（當然是以歐洲中心觀點定義的自然法和萬民法），就足以構成動武的理由。在近代早期，根蒂利、格勞秀斯和其他權威調整了這一觀點，但沒有加以全盤否定。正如他們授權打擊海盜和劫匪一樣，他們也支持對那些特別嚴重違反自然法的人——例如食人或獸交的人——採取行動。* 他們小心翼翼地強調，干涉他人事務的動機應該是高尚的，不能是掠奪的藉口。但是，如果野蠻人的罪行真的是重罪，那麼根據「人類的普通法」，用暴力來糾正他們是可接受的。[24]

因此，在近代早期，文明程度的差異經常被用來為侵略、征服和殖民「未開化」國家辯護。人們通常聲稱，透過這種方式，被征服的居民將可被帶到一種更高級的生活。亞里斯多德認為，希臘人有權對野蠻人發動戰爭，俾使可以統治他們；羅馬人已經表明，暴力征服和隨後的威權統治有可能是文明成長的必要前奏。羅馬人把定居生活帶給游牧民族，並鎮壓了活人祭之類的野蠻

* 原注：在培根的一部對話錄中，一個角色（「一個狂熱天主教徒」）主張，如果有一個亞馬遜人國家被發現，那麼攻擊它將是正確做法，因為由女人構成的政府是違背自然法。見 *The Works of Francis Bacon*, ed. James Spedding et al. (new edn, 1879), vol. 7, pt 1, 33.

行為。黑爾爵士認為他們是一個「開化」的民族，「在藝術和科學上也在民政和軍政政府上擁有豐富知識」，也把這些知識傳授給了他們征服的野蠻人。[25]威爾斯的吉羅德在十二世紀也表達了同樣的觀點，聲稱愛爾蘭人因為被迫向英格蘭國王屈服，被引入了「一種更好的生活方式。」[26]坦普爾爵士將人類早期的歷史設想為一個成功地「將一個接一個野蠻國家變成文明和有規範政體」的連續征服過程，凡是「拒絕自願接受帶給他們的生活或狀況好處的人被一一壓服。」[27]一七一三年，約瑟夫．艾迪生的悲劇《加圖》（*Cato*）鼓舞人心地把開化使命向座無虛席的觀眾宣示出來：

一個羅馬人的靈魂執意於更高的觀點：
開化粗魯和未醇化的地區，
並將其置於法律的約束之下；
讓人溫順，讓人好社交；
以智慧、紀律和文史哲教化
野性放蕩的野蠻人；
它們是生活的點綴，這些美德
它們讓人性煥發光彩，改造靈魂，
使我們兇悍的野蠻人掙破枷鎖變為人。[28]

儘管有些早期的美洲殖民者希望透過「虔誠、寬厚、禮貌和文明舉止」來爭取土著的皈依[29]，但用武力強推文明是被容許的觀念很快就佔了上風。一五九九年，培根在埃塞克斯伯爵出發擔任愛爾蘭郡治安長官的前夕向他保證，羅馬人認為最光榮的軍事勝利形式是征服那些像愛爾蘭人一樣「野蠻而沒有被帶入文明」的人。[30]伊麗莎白時期的船長哈利・赫倫（Haly Heron）指出，野蠻民族「由於受到高貴征服者的痛苦折磨」，被「帶到了一個最文明的政府。」一位詹姆斯時期的傳道人聲稱，一個基督教國王是有權去征服「那些沒有生活在合法或正當政府之下的野蠻生番」，需要的只是他的目標是「把這些生番從野蠻的生活中解救出來。」[31]歷史學家博爾頓宣稱，「被較文雅和高尚的人征服」對野蠻人來說並不是不幸，因為不管「野性的自由」（wild freedom）有多麼珍貴，要是沒有「文史哲和高尚的舉止」打磨，那僅僅是一種畜生的自由。詹姆斯一世的愛爾蘭檢察總長大衛斯爵士認為：「一個野蠻國家必須先被戰爭打破，然後才會能夠出現良好管治。」「王位虛懸期」的著名律師布林斯特羅德・懷特洛克（Bulstrode Whitelocke）指出，雖然寧祿（Nimrod）*是個「殘忍邪惡的人」，但上帝卻把他用作「強迫野蠻民族服從和文明化」的工具。[32]

羅馬人的成就鼓舞了一些人想要征服愛爾蘭土著和摧毀他們不羈的生活方式，而雖然這些成就一定長駐很多人的心頭，但在伊麗莎白時期對蒙斯特省（Munster）殖民和在詹姆斯時期對阿

---

*《聖經》中的一個人物。《聖經》記載，他在大洪水後自封為王，成為人類歷史上第一個統治者。

爾斯特省殖民期間，古典先例還是常常被引用。[33]這些殖民聚落以英格蘭的郡為榜樣，旨在成為文明的模範單位，要鼓勵當地居民採取更好的生活方式。[34]然而，在現實上，殖民者主要關心的是自己的致富。他們的「文明」概念——與接受被征服者為公民的羅馬人不同——有著嚴格局限性。

英格蘭連續各屆政府的目標也有局限性。在十六世紀，他們的基本目標是確保居住在「帕萊區」（the Pale）——都柏林一帶的英格蘭化地區*——之外的愛爾蘭人的合作。一五四一年，亨利八世廢除任命愛爾蘭出生的人為代表的做法，自封愛爾蘭國王，並著手勸說塞爾特人和舊英格蘭人領主放棄教皇，改為接受他的權威，以換取他對他們的頭銜和財產的確認。[35]然而，在伊麗莎白一世統治時期，愛爾蘭酋長的一系列叛亂，以及隨之而來的天主教愛爾蘭可能成為西班牙衛星國和入侵英格蘭基地的風險，迫使伊麗莎白政府堅持其對整個島嶼的直接管轄權。對於達成這一目標的最好方法是和平同化政策，還是用軍事征服占領愛爾蘭並在全國建立殖民地，又或是透過引進英語、英格蘭法律、有牆城鎮、農耕、文法學校和新教神職人員來改造塞爾特愛爾蘭，人們的意見各不相同。在不同的時期採取了不同的政策，並進行了長期的血腥戰爭，包括殘酷地處決愛爾蘭叛軍（不管是確實的還是只是被懷疑的），並沒收他們的土地。（圖16）[36]一些贊成和解的官員抗議英格蘭軍隊的苛索行為：這些軍隊「帶著他們的妓女、兒子、馬和狗」在民居白吃白住，激起「老百姓的極大憤慨。」[37]但在其他人看來，真正重要的是重塑愛爾蘭社會，使之符合英格蘭的模式。湯瑪斯．史密斯爵士在一五七二年指出，要做到的是讓愛爾蘭人「保持秩序、勤勞和得到司法公正，教給他們我們的英格蘭法律和文明，讓他們遠離搶劫、偷竊和殺戮彼此。」[38]

這種對開化使命的投入是源於對安全的需要，因為在現實上，「文明」等同於接受英格蘭的統治——莎士比亞稱之為「文明的奉公守法」（civil discipline）。[39]亨利八世曾試圖讓愛爾蘭變得有「應有的文明和順從。」正是為了確保國家安全，伊麗莎白一世鼓勵她的代表們「誘使這個粗魯野蠻的國家變得文明。」[40]在為霍林希德（Holinshed）的《編年史》（*Chronicles*, 1577）撰寫的「愛爾蘭述要」中，拉丁文學者和未來的流亡天主教徒理查德·斯坦尼赫斯特（Richard Stanihurst）呼籲國人把愛爾蘭人「從野蠻帶入文明」，讓他們可以「使自己服從於女王陛下的法律和法令。」他力陳：「在被征服的國家，其居民應該受管治征服者的同一套法律統治，穿與勝利者相同的服裝，並說使用與征服者說的同樣語言。」[41]一五九二年，亨利·巴格納爾（Henry Bagenal）提議在紐里（Newry）建立一所學校，教導阿爾斯特省的年輕人「文明和學問。」他的目的與其說是要帶給孩子們學識，不如說是確保「他們會學會他們對統治者和國家的責任。」類似的，詹姆斯一世之所以擔心愛爾蘭人的「野蠻和缺乏文明」，是因為他憂慮他們「很容易被煽動……起而叛亂。」[42]在對愛爾蘭政策的討論中，「文明」和「服從」這兩個詞一再被相提並論。指導性的假設是，如果愛爾蘭人能夠變得文明，他們就會成為「忠誠、順從和真正的子民。」[43]

---

* 即英格蘭政府直接控制下的地區。

在北美，有時有論者會稱，英格蘭的使命是把印地安人「從野性的生活方式帶向歐洲的文明和文雅習慣。」佩克姆爵士希望他們能夠實現「從野蠻無知到文明和知識的轉移，從不雅觀的習俗到老實的舉止的轉移，從亂作一團到一個治理良好的國家的轉移，同時還應該學習機械知識、藝術和人文科學。」[44]一六〇六年的《維吉尼亞憲章》表達了這樣一個願望：殖民者「假以時日會將生活在這些地區的外教徒和生番帶向文明與穩定的政府。」[45]普查斯呼應這個願望，說維吉尼亞的英格蘭人將會「扮演好心撒瑪利亞人」的角色，透過「人性與文明」把土著「從野蠻和原始狀態轉向良好舉止和人性政體。」湯瑪斯．哈里奧特（Thomas Hariot）也贊成這個目標。[46]但人們最主要的關切還是把「生番」變得「易管教」和「服從民政當局」，好讓入侵者可以通商和殖民，不用擔心會受到攻擊。正如「印地安人使徒」約翰．艾略特（John Eliot）所言，他透過把他的印地安學生基督化和文明化，確保了他們「服從國王的政府。」[47]

人們還強烈地意識到，透過「開化」土著，有可能創造一個新的進口商品來源和一個英格蘭商品的新市場。伊麗莎白時期的搞計畫人設想，一旦印地安人拋棄了「野蠻和原始的生活」，就會想買英格蘭的衣服，會「渴望住在像歐洲一樣物資豐富的地方。」佩克姆爵士認為，眾所周知的是，任何野蠻人「只要開始稍微嘗到一點文明的滋味，就會對任何衣服感到無比的愉悅，不管那只是一件襯衫、一件藍、黃、紅或綠色的棉長袍，還是一頂帽子或之類的東西，會為得到這樣一點小東西而付出不可思議的努力。」[48]一七二八年，笛福認為增加商業額的最好方法是教導野蠻國家生活的藝術，教他們「衣著得體而不是無恥和赤裸裸；以人性而不是以野蠻的方式謀食；

居住在城鎮，有經濟和政府，不是像野蠻人那樣。」這樣，美洲土著就會買「無限數量的東西來滿足生活的需要，而那些更開化的民族會購買更多。」*在十八世紀，「開化」民族的增加會帶來商業的增加成為了常識。[49]

笛福相信，「征服世界上野蠻和拜偶像民族」是一種責任。他認為羅馬的征服雖然「不義、血腥的和專橫」，卻是「不列顛民族所能遇過的最仁慈事情。」他並不反對使用暴力（最好只是中等的暴力）來灌輸文明，在全世界傳播基督教。他建議進行一場「反對異教和魔鬼崇拜的世界大戰」，聲稱如果基督教列強的力量能夠聯合起來，就可以「把穆罕默德的名字從世界表面抹除。」他甚至設想過對日本人發動一次「十字軍東征」。他承認日本人是「擁有卓越政府形式的最明智民族」，但他們的僧侶、寺廟和神像卻迫切需要加以毀滅。[50]

笛福認為暴力是開化使命的合法產物這一點毫無新意。伊麗莎白時期的哲學家約翰・凱斯（John Case）即主張，想要讓野蠻人變得有秩序和文明，採取嚴厲的軍事行動是必要的，只不過他譴責西班牙人和葡萄牙人在新大陸那種過度殘忍的做法。[51]與此形成對比的是殖民行動鼓吹者理查德・伊登（Richard Eden），他在一五五五年稱讚西班牙人有「男子氣概」，有膽「屠殺掉那

* 原注：馬克思和恩格斯將會在《共產黨宣言》（*Communist Manifesto*）裡指出：「它〔資產階級〕的商品的低廉價格，是它用來摧毀全部萬里長城、征服野蠻人最頑強的仇外心理的重砲。」見Karl Marx and Frederick Engels, *Selected Works* (1969), vol. 1, 36-37.

些絕不可能被帶入文明的人。」伊登很可能是想討好瑪麗・都鐸宮廷裡的西班牙貴族們，他指望靠他們飛黃騰達。他的態度說明了政策上的分歧（無論是對美洲還是對愛爾蘭的政策）除了是出於相互衝突的意識形態偏好，還是由於環境和個人的恩庇關係。[52]

一五九〇年代，在替代性政策失敗後，許多參與管治愛爾蘭的英格蘭人都同意斯賓塞的這個觀點：愛爾蘭土著的「野蠻原始和令人厭惡的骯髒」表明大規模掠奪和屠殺他們的政策是合理的，但在這之前應該給他們有最後一次自願服從的機會。[53]只有在一五九四至一六〇三年之間九年的戰鬥成功結束後，英格蘭才回到殘酷但相對和平的殖民政策，即有選擇性地驅逐愛爾蘭農民，把地留給英格蘭和蘇格蘭的屯墾者。為了吸引移民，對愛爾蘭人的形象的描述變得比較正面。同時，當局還決心採用英國普通法取代愛爾蘭習慣法。後者被認為是社會混亂的罪魁禍首，因為它對謀殺、強姦和搶劫只處以罰款。它也被指責是愛爾蘭貧困的源頭，因為它以親族為基礎的繼承規則剝奪了兒子的繼承權，也因此讓使用者失去了改善其使用的地產的有效動機。為此，政府試圖實行長子繼承制。[54]到了一六三三年，盎格魯—愛爾蘭古文物家詹姆斯・沃爾（James Ware）已經可以宣稱，過去三十年裡愛爾蘭人變得守法，而貿易、農業、文明和學問研究也蓬勃發展。相似地，克拉倫登相信，一六三〇年代的愛爾蘭是那麼的邁向「開化」，足以構成英國皇冠上的一顆寶石。在一六四一年的「阿爾斯特叛亂」前夕，所謂的「新英格蘭人」屯墾者*擁有愛爾蘭至少四成土地，他們還發展了市場經濟，讓羊毛和活牛的出口大幅增加。[55]

就像斯賓塞對激越政策的支持是出於他認定愛爾蘭人冥頑不靈，北美洲維吉尼亞公司的祕書在一六二二年一次印地安人暴動後也得出了同樣嚴厲的觀點：他宣稱，開化土著的努力太費時費力，應該用簡單的征服政策取代。在他看來，印地安人的「陰險和暴力」讓英格蘭人有權「根據戰爭權利和萬民法」入侵和摧毀那些試圖摧毀他們的人。普查斯也認為，「未來的危險」應該透過「摘取生番中比較危險的那些」來預防。維吉尼亞公司亦盡責地下令，作為「對血腥的惡棍的一種嚴厲報復」，他們應該被根絕，「不再成其為地球表面的一個民族。」[56]試圖開化土著的努力被放棄了：一六四四年，一位小冊子作者要求說：「你找一個皈依或開化了的人給我看看！」[57]一六七五至七八年的印地安人武裝起義（「菲力浦國王戰爭」）的野蠻血腥進一步證實了屯墾者的觀點：土著是「嗜血的野蠻人」。到了一七二一年，一個作家得意洋洋地指出，有七、八個「兇猛而人口眾多的部落」已經被「征服和徹底消滅。」[58]英格蘭人不像需要愛爾蘭人那樣需要印地安人的勞動，因此很少努力將他們同化到他們的殖民聚落去。西班牙人把土著民併入他們的美洲帝國，英國人卻把他們驅逐到邊緣。[59]他們還說服自己相信，他們處置印地安人的方式沒有錯。一七七六年，一位詩人在預言英屬美洲的輝煌未來時聲稱，北美這個「英國皇權的最大榮耀」是在「沒有罪惡或流血」的情況下獲得。[60]雙重諷刺的是，這番話發表的那一年將會被證明是《美國獨立宣言》發表的同一年。

* 指新移民至愛爾蘭的英格蘭人，以區別於更早的諾曼人移民。後者被稱為「舊英格蘭人」。

在愛爾蘭，殖民政策和都柏林政府不妥協的新教主義刺激了塞爾特人貴族和天主教農民一起加入一六四一年的「阿爾斯特叛亂」。叛亂蔓延到其他省份，導致了殘酷的宗派暴力，隨後是一場曠日持久的內戰。一六四九年，克倫威爾恢復了斯賓塞五十年前提出的激越政策。威爾斯的激進派傳道人摩根・艾爾懷德（Morgan Llwyd）寫道：「愛爾蘭看起來像一片休耕地，汝必須再次耕它。」密爾頓為克倫威爾的軍事征服辯護，稱其為「一次開化的征服」，將可教會當地人拋棄他們的「荒謬和野蠻的風俗」，變得更加文明。[61]據估計，在一六四一年十月至一六五二年十月間，愛爾蘭因戰爭、饑荒或瘟疫而死亡的人數為六十一萬八千（戰前總人口為一百五十萬）。[62]在隨後克倫威爾的官兵和創投者（「冒險家」）爭奪愛爾蘭土地的過程中，從未得到任何人支持的開化使命只是斷斷續續地進行。

查理二世復辟後頒佈了新政策，其重點是發展愛爾蘭經濟，鼓勵兩國之間的商業聯繫，並通過保護主義立法加以保障。十七世紀晚期，佩第爵士聲稱英格蘭已經把「藝術、文明和自由」帶給了愛爾蘭，即便是最窮的愛爾蘭人現在也騎馬。然而，一位來自法國的觀察者卻在一六九〇年代指出，儘管有些愛爾蘭本地人已經夠文明、但其他人仍然以「野蠻」和「原始」的方式生活。在一七二〇年代和十七三〇年代，都柏林聖派翠克大教堂的主任牧師抱怨說，儘管愛爾蘭的殖民者比英格蘭許多郡的居民「更文明」和「教養更好」，但愛爾蘭人卻生活在「骯髒的小木屋」裡，是「可憐、殘破、半飢餓的生物，幾乎不成人形」，就像「不知乾淨為何物」那樣不知文雅為何物。他又補充說，這些可悲現象是「英格蘭暴政的結果。」[63]

奇怪的是，宗教並沒有如我們也許會以為的那樣，被人們認為在開化進程中具有核心作用。當然，當時很多人除了亟欲開化野蠻人，也亟欲說服異教徒皈依他們認定的真宗教。他們同時想「把文明帶給野蠻人的身體」和「把基督教帶給野蠻人的靈魂」。論者謂野蠻人的「不人性」是出於對真神的無知，《聖經》中的道德準則被認為「很適合用於開化世界。」[64]在十七世紀，虔誠和文明的綜合隱含在霍布斯、哈林頓和其他政治思想家提出的「文明宗教」（civil religion）的概念中，這種「文明宗教」不屬於神職人員的管轄範圍，而是一個國家機關。[65]一百年後，柏克仍然相信，在任何地方，「文明的最初開口」都是由宗教打開：它是「文明社會的基礎」和「我們中間的文明（civilization）的偉大源頭之一。」[66]

雖然基督教和文明常常被視為有著內在關聯，但兩者的條件是不同的，人們通常認為「開化」並不等同於「福音化」。[67]一位倫敦的傳道人在一六四一年聲稱：「真誠服從福音教義的話會首先使人基督化，然後使人開化。」[68]但大多數教會人士認為，這是把這兩個過程放錯了順序：在能夠用法律馴化和用教育提升一個野蠻民族以前，要讓他們皈依基督教是徒勞的。他們的「蠻」和「蠢」讓他們無法理解天上的事情。因此，文明的灌輸具有首要性。就像普查斯所說的：「令他們成為基督徒的方法是首先令他們成為文明人。」[69]

一六九五年，坎特伯雷大主教被敦促派遣傳教士到印度，因為據說那裡的人「文明、文雅而聰明」，非常有能力接受各種各樣的教導和能夠「非常溫順地接受教導。」相比之下，你不能指望在西方種植園工作的「野蠻人」在變得較文明前皈依基督教。[70]在北美洲，「海外福音傳道會」

（Society for the Propagation of the Gospel in Foreign Parts）的祕書在一七三〇年指出，如果莫霍克人（Mohawks）不先得到「某種程度的開化」，無由向他們傳教。這很快就成了普遍看法。正如沃伯頓主教所解釋的那樣，基督教需要「信徒具備野蠻人之上的智力水平。必須有什麼東西走在它前面。那東西除了是文明社會還會是什麼別的！」[71]在他看來，宗教不是文明的因、而是文明的果。

與此同時存在的一種長期趨勢，是人們認為非基督徒不是國際社會的全資格成員，皈依基督教之前沒有法律地位，甚至對他們佔有的領土不具權利。教皇英諾森特四世（Pope Innocent IV, 1243-54）曾認定異教徒可以合法地擁有領土並統治自己，但這一學說遭到義大利宗教法法學家霍斯蒂恩西斯（Hostiensis, d. 1271）——即塞古肖的亨利（Henry of Segusio）——的挑戰，後者認為承認教皇的無上權威的人才有領土權。[72]這種對異教徒國家合法性的懷疑到十六世紀仍然存在。一五七八年，伊麗莎白一世授權冒險家韓福瑞・吉伯特爵士（Sir Humphrey Gilbert）尋找不屬於「任何基督教王公或人民」的「遙遠的異教和野蠻土地」，賜其世世代代享有這些土地。吉伯特的異父弟拉萊格爵士在一五八四年得到了類似的委託，而詹姆斯一世和查理一世期間的其他殖民計畫者也是如此。「不識上帝的野蠻人」居住的土地被西歐的土地兼併者視為好下手的對象。[73]

本著同樣的精神，伊麗莎白時期晚期的一份公告以英格蘭黑人信仰異教作為理由，下令將他們驅逐出境。在「巴茨訴佩里案」（*Butts v. Penny, 1677*）中，王座法庭接受了因為黑人拜偶像而可以奴役他們之說。這一觀點在一六九四年得到再次確認。[74]根蒂利一直贊成對無神論者發動戰爭，但不贊成對異教徒發動戰爭。他同意英國人把土耳其人視為敵人的做法，但不是因為土耳其人的信仰，而是因為他們的威脅行徑和對英國商人商品的掠奪。如果鄂圖曼人保持和平，就沒有理由把這些異教徒視為敵人。然而，他又認為，如果一個土耳其人被俘或到英格蘭避難，應自動貶格為奴隸。[75]

「基督教世界」（Christendom）是一個社會，其成員有資格享有優惠待遇——這種觀點直到十八世紀還很能引起共鳴。新教神職人員和他們之前的中世紀教會一樣，堅持認為他們有權向異教徒傳福音，若是被拒就可以動用武力。根蒂利拒絕接受這種主張，但當巴克斯特說以下的話時，背後卻有悠久的傳統撐腰：「如果一個貧窮野蠻的印地安民族像食人族一樣不同意聽福音，或傷害去到他們中間的傳道人」，那麼他的國家就有權「用武力強迫他們接納傳道人。」[76]北美洲和西印度群島的嚴肅傳教工作是在一七〇一年由高教會派教士成立的「海外福音傳道會」展開。但是就像後來的「不從國教派」宣教團*一樣，「海外福音傳道會」逐漸把傳教對象集中在白人人口身上，而其在一七九〇年以前的成就也不大。[77]

* 「不從國教派」是指非國教派的新教徒。

當然，是不是所有的野蠻人都有可能被開化，還是說有些野蠻人——例如普洛斯彼羅（Prospero）的僕人卡利班（Caliban）*——沒有這種可能，是個有爭議的問題。以氣候解釋人類差異的理論暗示，真正的文明只有在溫帶才有可能出現。但許多當時人拒絕接受這種觀點，認為它與常識和日常經驗背道而馳。他們相信，人性在任何地方都是一樣的。在培根看來，文明的歐洲和新大陸野蠻地區之間的差異不是土壤、氣候或體質造成，而是歐洲在技藝和科學上的優越性有以致之。莫利森也認為，地理環境與文化差異無關：所有的美德都源於知識和宗教，所有的惡習都源於無知、無神論和迷信。[78]

一七〇三年，醫學作家彼得・帕克斯頓（Peter Paxton）指出，「最野蠻生番」與「文雅歐洲人」的嬰兒是無法區分的。他問道：然則後來的舉止和生活方式的多樣性是從何而來的？他堅決反對所有先天和環境假設，力稱這些差異不是「來自我們的天性，也不是任何物理原因導致」，而是「社會的有益後果。」[79]曼德維爾認為，氣候的影響「很快就會被高明的政府所抵消」：隨著國內和平的建立，財富會增加，藝術和科學也會隨之發達。這樣，一群野蠻人最終會變成「一個文明程度很高的國家。」和北美東南部的印地安人一起生活了三十多年的商人詹姆斯・阿代爾（James Adair）力主，通過「適當的教養」，美洲土著是「有能力學會所有的文史哲與科學」，在「更高的生活領域」閃耀光芒。[80]文明程度是物理原因導致的觀點受到休謨的文章〈論民族性〉（Of National Characters）致命一擊：「沒有人會把瓦平區（Wapping）和聖詹姆斯區（St James's）†的舉止差異歸因於空氣或氣候的不同。」‡然而，吉朋仍然覺得「食物或氣候的影響力雖然在一個較為進步的社會會被中止或抑制，卻是最有力地形塑和維持野蠻人的民族性。」[81]

然而，這並不意味未開化的民族是無法「改進」的。亞里斯多德認為有些人（特別是野蠻人）是天生的奴隸的觀點在文藝復興的人文主義者中間很受歡迎，並在西班牙美洲的早期很有影響。然而，它卻受到根蒂利的堅決反對，也似乎沒有在英格蘭引起多少共鳴。[82]嚴峻的共和主義者密爾頓鄙夷許多英格蘭人寧願選擇當國王順民而不是成為自由共和國的公民。不過，當他把這些人形容為「不適合享受自由的天生奴隸」時，他並不是在暗示是造化把他們設計為奴隸性格。[83]相似地，早期的殖民行動鼓吹者稟持的指導性假設是，無論土著民族多麼粗魯和未開化、他們最終都可以像英格蘭人那樣文明起來。用帕爾默爵士的話來說：「世界上沒有一個民族不可能成為文明民族，不會在假以時日之後被迫蛻去野蠻。」[84]

傳道人羅伯特．格雷（Robert Gray）在一六〇九年說的話是老生常談：使人們「野蠻和不文明的」，不是人的本性，而是他們的教育。他聲稱：「改變人們的教育，你將看到他們的本性得到極大的糾正。」[85]著有《為黑人和印地安人說話》（*The Negro's and Indian's Advocate*, 1680）的

---

* 普洛斯彼羅和卡利班都是莎劇《暴風雨》中的人物。

† 瓦平區是倫敦一個破落地區，聖詹姆斯區是倫敦一個高級居住區。

‡ 原注：不過，休謨在文章〈論商業〉（Of Commerce, 1752）中卻退一步承認，對於熱帶的人何以從來沒有「到達任何技術和文明」，有一個可能的解釋：他們對衣服和房屋的需要較少，也因此缺了「發展產業和發明物品的鞭策力。」因為擁有的財物較少，他們也比較沒有動機去「建立治安或正規的政權」以保護捍衛他們免受外敵侵犯或內部侵害。

摩根・戈德溫（Morgan Godwyn）曾居住在巴貝多（Barbados）*，他拒絕接受黑奴是愚蠢的想法：「他們中間的奴隸監工眾所周知異常聰明，甚至比很多英格蘭人聰明，這也是他們的雇主所承認。至於其他人，則因為沒有知識和沒有教育，智力和一般人差不多。」在《人類理智論》（*Essay Concerning Human Understanding*, 1690）中，洛克為這一觀點提供了認識論基礎。他說，如果維吉尼亞國王阿波錢卡納（Apochancana）是在英格蘭受教育，他也許會「有英格蘭任何神學家和數學家同樣好的學識。」曼德維爾在一七二八年毫不含糊地表示：「野蠻人與文明人在原始本性上沒有區別。」[86]

發明人種

這一觀點不留餘地給人類有不變種族差異的假設，更不留餘地給種族有高低等級的假設。官方的正統宗教觀念認為，人是一個單一物種，全人類有著共同的祖先，只因為環境和文化的影響形成表面差異。羅傑・威廉姆斯在一六四三年提醒他的殖民者同仁：

驕傲的英格蘭人，不要誇耀你的出身和血統。
你的印地安弟兄生下來也是一樣的好。
上帝用同一種血造他、造你、造所有人，

每個人都一樣聰明、漂亮、強壯和有個性。[87]

然而，在現實上，外貌的差異常常會引人起疑。黑膚色特別不討好：這一時期的歐洲人越來越認為自己是「白人」，認為「白」是其他民族墮落前的自然狀態。在伊麗莎白時期航海家喬治·貝斯特（George Best）看來，衣索比亞人的黑是一種污染，是一種「血液的感染」，源於挪亞對含（Ham）的兒子的詛咒†。[88]摩爾人旅行家阿爾·法西（Al Hassan Ibn-Mohammed Al-Wezaz Al-Fasi）——他更廣為人知的名字是約翰·阿非利加努斯（Leo Africanus）——在最著名的非洲記述中稱：「尼格羅人……過著野獸般的生活，完全沒有理性、機智風趣和各種技藝。」[89]在一五九〇年代，一個派赴羅馬的日本使團被東道主告知，非洲黑人無知又愚蠢，生活得像牛，天性殘忍野蠻，無法控制自己的七情六慾，缺乏所有的優雅——正如亞里斯多德所說，他們生來是為了服侍他人。[90]

在中世紀晚期的歐洲，政治和宗教衝突通常被認為是不同民族之間的衝突，如德意志人和非德意志人的衝突，西班牙人和穆斯林的衝突，英格蘭人和威爾斯人的衝突。但是，如果說這種思維有生物學的成分，它也是受到對文化和宗教差異的強調所掩蓋。當日流行的亞里斯多德思想

＊　加勒比海和大西洋邊界上的島嶼，是西印度群島最東端的島。

†　《聖經》記載，挪亞的兒子含因故得罪父親，被挪亞詛咒，兒子註定為奴。

並沒有一貫的遺傳理論。[91]在十七世紀，當湯瑪斯・布朗稱猶太人是一個獨特的「種族和民族」時，他除了想著血緣，也想著宗教與文化。[92]然而，中世紀和近代早期的思想也被極重視「出生」、「血緣」和「血統」的態度貫穿。對人類差異的標準解釋——不管是氣候論、體液論、面相說還是星座說——都有著準種族主義（protoracialist）的意涵。把民族稱為一群有共同血統的人的習慣也是如此。[93]例如，伊麗莎白時期的耶穌會士佩森斯把威爾斯人和「真正英格蘭人」之間的爭吵歸因於他們的「不同民族的血統。」[94]

在十七世紀，愛爾蘭人的野蠻常常被認為是一種民族固有特徵。詹姆斯時期旅行家莫利森對英格蘭屯墾者和本土愛爾蘭人之間的通婚表示遺憾，理由是「混種」的子女品質上一定會不如他們的英格蘭人父／母。一六四六年，坦普爾爵士在他對一六四一年「阿爾斯特叛亂」的記述中談到愛爾蘭人的「乖違秉性」，認為這種秉性是「代代相傳，或者是來自祖先，或者是自然而然。」[95]有時人們對印地安人有類似主張。一六二二年，當維吉尼亞印地安人屠殺白人的消息傳到英格蘭後，一位和維吉尼亞公司有往來的律師寫了一首詩，譴責印地安人是「人中妖魔」，說他們不是亞當的後裔而是「大自然的錯誤」，是「世界上的渣滓、垃圾和菌絲」，是在大洪水之後突然冒出，「就像是從泥沫中滋長出的害蟲。」[96]

在西印度群島，英格蘭種植園園主從一開始就認為他們的黑奴本性野蠻、低人一等和與白人不同。相似的，在維吉尼亞州，一項一六九一年的法案譴責「尼格羅人、黑白混血兒或印地安人與英格蘭或其他白人婦女通婚的可惡混合。」英屬美洲的奴隸制逐漸與奴隸的黑色膚色密不可分。[97]種族主義的行徑要早於種族理論很多，而人類一元說（monogenism）的理論也被證明完全可以和人種有高下的觀念相容。

假以時日，支持種族歧視的理論開始出現。佩第爵士在一六七七年認為，人類似乎包含「好幾個物種。」例如，幾內亞和好望角的尼格羅人就不只在舉止上不同於歐洲人，還在「心靈的內在品質上」不同。然而，佩第八成就像同時代的許多其他人一樣，是在一個鬆散的意義上使用「物種」一詞，用它來指同一個人類種族中的變種。他認識到氣候對文化差異的影響，從不懷疑非洲黑人有人性，儘管他明顯認為他們是低一等的人。[98]佩皮斯對佩第的研究和「畜生與人的界線在哪裡」的問題產生了濃厚興趣。坦普爾爵士同樣認為，非洲產生了「一個與其他人類幾乎不屬於同一物種的人種。」他們同時代的語言改革家法蘭西斯・洛德威克（Francis Lodwick）是另一個相信黑人和白人有不同祖先的人。他的意見和佩第的意見一樣，要等到現代才為世人所知。但在一六八四年，法國醫生弗朗索瓦・貝尼爾（François Bernier）發表了一篇文章，把人類分成四至五個不同的物種。[99]

直到十八世紀中葉，有無關社會與環境因素的內在人種差異之說才開始得到歐洲知識分子的普遍支持。也只有到了那時，人們才「科學地」用人種差異來解釋文化差異。[100]批評基督教的啟蒙思想家開始挑戰全人類有一個共同祖先的觀念。一七五三年，休謨公開宣稱人類有四、五不同物種，而非白人「天生比較低下。」他又補充說：「從來沒有一個開化民族的膚色不是白色。」在這文章的最後一版中，休謨把「從來沒有」改為「幾乎從來沒有」，還收回了他關於人類有幾個物種的斷言。但他重申他對黑人的負面看法。[101]

這成為了一種普遍的偏見。旅行家約翰・萊德亞德（John Ledyard）認為，不存在白皮膚的野蠻人，也很少棕皮膚或黑皮膚的民族不是野蠻人。[102]到了十八世紀末，人們更普遍地認為（雖然從來遠遠未能達到一致）人類有好幾個不同的分支，有些分支本質上無法提升到歐洲人的文化水平。[103]一七七三年，不住在牙買加的牙買加種植園園主愛德華・朗斷言，非洲黑人是人類中一個不同的和更野蠻的物種：「我不認為一個霍屯督女性嫁給一隻紅毛猩猩會是恥辱。」＊一年後，卡姆斯勳爵也表示，確實存在不同的人種，他們天生就適合不同的氣候。他坦言，他過去認為黑人智力低下，但現在明白了他們在非洲沒有改善智力的誘因，而在國外他們是奴隸：「誰又知道他們在自由的狀態下能改善多少？」這種樂觀態度絕不普遍。十八世紀末，野蠻和文明的二分法開始被黑人和白人的二分法凌駕。[104]

攻擊與奴役

不管對方是何種膚色，當戰爭對「未開化」的人開打時，通常會特別冷酷無情。中世紀的戰爭法只適用於曾是古羅馬帝國一部分的民族。在近代早期，敵對帝國主義強權在歐洲以外地區（如加勒比或東印度群島）的衝突又常常會把戰爭法擱置。[105]在與所謂「野蠻人」的衝突中，它們更是被棄如敝屣，因為歐洲人猜測（常常猜得正確）對方不會禮尚往來。休謨指出：「如果一個文明民族與野蠻人打交道，因為後者不遵守任何規則（甚至包括戰爭規則），前者也必須暫停遵守這些不再有任何意義的規則，並且必須在每一次行動或反擊中窮凶極惡。」[106]戰爭中的克制只有在雙方共享同一套文化時才有可能，而當一方把另一方斥為「人類社會的敵人」，克制就難以為繼——克倫威爾在一六五〇年就是那樣形容反叛的愛爾蘭人。[107]

透過援引羅馬人的 *hostis humani generis*（人類的敵人）這個概念，可以給所有人都是人類大家庭一員的觀念套上限制。它除了把海盜、土匪和專業殺人者排除在人類大家庭之外，還可以把不知萬民法為何物的野蠻人排除。†一個敵人必須被承認是合法的對手，才有權根據戰爭法得到公平待遇。[108]在中世紀，英格蘭對威爾斯人和蘇格蘭人的戰爭不受在英法衝突中起作用的規則所限制。[109]在十七和十八世紀，對美洲土著的攻擊是採取一種在歐洲無法被接受的模式。例如，維

---

* 原注：一七一八年到突尼斯旅遊後，蒙塔古夫人寫下她對在迦太基廢墟四周紮營而居的婦女的感想：「她們的坐姿，她們的膚色，她們垂在臉兩旁的平直頭髮，還有她們的五官、體態和四肢，與她們的國人同胞狒狒的差異都極小，讓人很難想像兩者是不同的種族，也讓我不由自主地認為兩者之間有著一些古老聯繫。」不過，到了一七五二年，她改為認為：「所有地方的人類都是一樣的：就像櫻桃或蘋果，它們也許因為土壤、氣候和栽種方式不同而有大小、形狀或顏色上的差異，但本質上仍然是同一個物種。」見 *Letters of Lady Mary Wortley Montagu*, ed. Robert Halsband (Oxford, 1965-67), vol. 1, 427; vol. 3, 15.

† 原注：亨利八世在法國北部布諾涅（Boulonnais）對平民百姓的荼毒堪與英格蘭在愛爾蘭做過的事相比。他合理化這種做法的方式是給受害者貼上「強盜」和「土匪」的標籤，以及把逃到樹林的農民稱為「野人」。見 Neil Murphy, 'Violence, Colonization and Henry VIII's Conquest of France, 1544-1546', *P&P* 233 (2016).

吉尼亞議會在一六二三年決定，不應向「這些野蠻和背信棄義的敵人」提供「公平的戰爭或寬大的赦免。」[110]相似地，直到十八世紀中葉為止，私掠船受到的對待取決於支持它們的國家是被視為「文明」還是「野蠻」。[111]

在愛爾蘭，戰爭總是異常殘酷。十六世紀的愛爾蘭人被視為叛徒，他們受到的懲罰和都鐸政府鎮壓國內叛亂的手段一樣嚴厲，常常是被大規模地處決。論者稱，這些措施是必要的，除非是「人民變得文明或熱情接受法律與和平生活。」[112]伊麗莎白時期的愛爾蘭副總督威爾頓的格雷勳爵（Lord Grey of Wilton）洋洋得意地表示，他在愛爾蘭的三年裡絞死了近一千五百名「要人」，至於「那些身分較低微和不是依法處決的更是不計其數。」[113]在墨西哥遇到阿茲特克人的西班牙人和造訪過達荷美（Dahomey）*統治者的十八世紀英格蘭人都被用人頭骨砌的柵欄嚇破膽，但於伊麗莎白時期敉平愛爾蘭叛亂的吉伯特爵士不遑多讓：在通向他的帳篷的道路兩邊是兩排叛軍的人頭。[114]

阿爾斯特叛軍在一六四一年犯下的暴行雖然受到宣傳者誇大（圖17），但已經恐怖有餘，自此，英格蘭人對愛爾蘭人的態度變成了一種毫不掩飾的恨。一六四四年十月，議會下令把凡是在陸地或海上與議會軍隊作戰的愛爾蘭人或愛爾蘭出生的天主教徒立刻處死。這種對戰爭法的嚴重不顧引起了議會派成員的不安，並激起了保皇派的有道理抗議。這條法令並不總是被執行，部分原因是害怕愛爾蘭人以眼還眼。[115]不過，用來為它辯護的理由是，文明的規則不適用於不文明人：在愛爾蘭的戰爭中，雙方都從沒有饒戰俘的命，而且「用在外國用的那一套文明做法來對待愛爾蘭人是一種不名譽。」[116]瓦立克伯爵曾下令把所有被俘的愛爾蘭水手背靠背綁起來扔進海裡（這種「野蠻行為」讓克拉倫登倍感震驚）。[117]在內戰期間，威爾斯人和康沃爾人（Cornish）因為被認為是野蠻人，有時也會受到類似的對待。[118]

在十六世紀晚期，根蒂利曾指出，有關使者權利和公平對待囚犯的國際慣例不適用於叛徒，因為他們試圖把世界拖回到以前的野蠻時代。[119]一六四〇年代的愛爾蘭人同時被視為叛徒和野蠻人。一六五〇年，一本由政府贊助的小冊子將他們描述為「一個那麼原始、那麼野蠻可憎、那麼走向極端的民族」，以致「我們有正當理由把他們剪滅。」[120]一個世紀後，坎伯蘭公爵以同樣理由合理化他在一七四六年於卡洛登打敗蘇格蘭詹姆斯黨人後對他們所作的屠殺。[121]直到二十世紀好幾，仍有人主張，對「文明程度低下的民族」作戰可以比通常所能接受的更為殘酷無情。在歐洲列強彼此間的「文明」戰爭中歸納出的準則在對土著民族的「野蠻」戰爭中被忽略不顧。例如，約翰．穆勒在一八五九年就主張，認為文明國家彼此間的國際道德規範適用於文明國家與野蠻人之間，乃是「一個嚴重誤解。」[122]

因此，一去到文明共同體的最前沿，文明就打住了。英格蘭一方面如飢似渴地閱讀文明行為和文雅社交的指南，另一方面又強行將非洲黑人運送至北美和西印度群島當奴隸。到了一七〇〇年，英國船艦載運過的黑奴人數已超過三十五萬人。一八〇七年，當奴隸貿易被廢除時，被賣的

---

* 非洲歷史上的一個王國，位於今日貝寧南部。

總數達三百四十萬（圖23）。大概有五分之一的人在途中死亡。[123]

理論上，英格蘭自十二世紀便不存在奴隸制。相傳，在一五六九年的「卡特賴特案」（*Cartwright's Case*）中，法庭決議說英格蘭的「空氣太乾淨，不是奴隸所能呼吸。」[124]中世紀的「賤微農制度」（system of villeinage）——即以支付封建稅和履行勞務為條件的土地保有制度——也在都鐸時期凋萎了。晚至一六九八年，大法官霍爾特（Holt）還裁定「賤微農」在技術上仍然是合法的，但普遍的看法是——用十八世紀一位法學家的話來說——自由農役保有（free socage，即支付租金）是「一種更適應較文明的人類秉性的土地保有方式。」[125]一七六九年，廢奴主義尖兵格蘭維爾．夏普（Granville Sharp）形容中世紀的「賤微農」是「不光彩和不文明」的制度，是由「黑暗時代的不文明男爵們」引進。[126]

實際上，都鐸王朝不願意完全放棄奴隸制。十六世紀早期，皇室公告下令將流浪者和造謠煽動者抓至軍艦當槳夫，而一五四七年的一項短命法案以奴役作為對那些拒絕工作的人的懲罰。[127]伊麗莎白時期的樞密院偶爾會讓戴著鎖鏈的重罪犯到軍艦當槳夫；一六〇二年，樞密院下令，這應該是所有不是「惡名昭彰或危險罪犯」的被判死罪犯的命運。同一年，星室法庭判處巴克赫斯特勳爵（Lord Buckhurst）的誹謗者到軍艦終身服奴役。[128]直到十八世紀中葉為止，斷斷續續有人建議把奴役定為刑法和濟貧法的一部分。[129]從十七世紀初開始，流浪者、軍事犯和罪犯常常被載到北美和西印度群島充當契約奴工（即臨時奴隸），而他們經常受到殘酷的對待。蘇格蘭和愛爾蘭人戰俘在一六五〇年代加入他們的行列，後來，被蒙茅斯公爵擊敗的叛軍也在一六八〇年代加入行列。在十七世紀，大多數自願移民北美的人都是以契約奴工的身分前去。[130]

作為對嚴重犯罪的一種特殊懲罰，奴役是可以與文明社會的主流觀念相協調。但大規模地奴役非洲人卻是另一回事，他們唯一的罪就是生錯地方。與契約奴工不同，奴隸是終生的。他們得不到法律保護，孩子也注定為奴。一六二〇年，理查德．約伯森（Richard Jobson）被派到甘比亞探索貿易的可能性。當對方送他一些女奴時，他回答說：「我們是一個不經營任何這一類商品的民族。我們既不買也不賣彼此，亦不買賣任何形狀類似我們的東西。」相似的，未來的王政復辟時期主教桑德森在一六三八年講道時指出，販賣人口是一種罪。他感謝上帝「讓我們生在一個幾乎不知道它為何物的時代」，儘管他知道這種事在「一些從前的時代」有過，而且在土耳其人和異教徒中間仍然存在。[131]

然而，在很短的時間內，奴隸制和奴隸貿易就廣被認為是可接受的，而且不僅是巴貝多和維吉尼亞的種植園園主這樣認為——他們依靠非洲奴隸的勞動力，並在一六六〇年代立法使之合法。[132]在離英格蘭較近的地方，查理二世政府在丹吉爾設立了一個專門奴役摩爾人俘虜的集中營。[133]洛克就像當時許多法律哲學家一樣，允許奴役在正義戰爭抓到的戰俘，而他似乎認為掠奪奴隸的遠征就屬於這一類戰爭。他也協助把奴隸制納入卡羅萊納殖民地的法律草案中。[134]向西印度群島供應奴隸的「非洲公司」於一六七二年獲得皇家特許狀，從而使英格蘭政府牽連進這種貿易，而這種牽連又在一七一三年擴大，因為《烏特勒支條約》（Treaty of Utrecht）賦予英國向西班牙帝國提供黑奴的權利。[135]一七〇三年，一個有創意的搞計畫人提議，應該把美洲的黑人和黑白混血兒，還有俄國的韃靼奴隸，輸入英格蘭作為農業勞動力，並恢復中世紀的「賤微農制」來控制他們。[136]

矛盾的是，在英國人對個人自由的熱情空前高漲的時候，他們卻深深地捲入了奴隸貿易。約翰生問道：「我們竟在黑奴監工中間聽到要求自由的最大叫喊聲，這是怎麼回事？」[137]一七六〇年代，激進派的倫敦市長威廉．貝克福德（William Beckford）在競選連任時以自由作為號召，卻被揭發原來是個富有的西印度群島奴隸主，因而被攻擊是偽君子。他的兄弟理查德（也是奴隸主）甚至充滿感激地這樣說過：「感謝上帝，在我們這個王國裡沒有奴隸！」由此看來，對內文明與對外野蠻是完全相容。[138]諷刺在於，就像亞當．斯密指出過的那樣，社會越有教養，其居民越是自由和富裕，奴隸得到的對待就越差。反觀在野蠻國家裡，奴隸更多是與他們的主人生活在同一水平上，而且由於這些主人擁有的奴隸比大型甘蔗種植園的園主少得多，所以也無須動用嚴厲紀律來維持秩序。[139]

合理化黑奴制的理由通常是說，其受害者不是基督徒，而且奴役他們是想要基督化他們所必須。[140]但黑奴並不會因為皈依基督教而獲得自由。對那些本來可能會反對奴隸制的人來說，讓他們能容忍奴隸制的最主要理由是其受害者乃是野蠻人，而自由對野蠻人來說並不合適。[141]這一論點在古希臘人極有份量[142]，也在近代早期保持說服力。在一六五〇年代以為契約奴工身分被從英格蘭運到新大陸的人大多是愛爾蘭人和蘇格蘭人囚犯，他們的祖國是出了名的不文明。就像巴貝多議會在一六八八年一項法案中指出的那樣，被轉移到西印度群島的非洲人是「那麼的野蠻、野性和原始，以致於完全沒有資格受我國的法律、習俗和慣例的管理。」[143]曼德維爾認為他們是「未具備多少社會性的人。」[144]繼承認為撒哈拉以南非洲人是「最野蠻和沒有法律、科學或文明」的悠久地理學傳統，十八世紀西印度群島奴隸制的捍衛者大談非洲人舉止的不雅和本土統治者的專制：他們聲稱，這些人「沒有文明政體的規則」，「沒有文明、藝術或科學的知識」*，對「構成開化生活的一切事物」一概不懂。[145]

十七世紀晚期，湯瑪斯・布朗爵士預言，等非洲國家「很開化」之後，將不再把自己的人民賣給美洲種植園充當勞動力。後來一位為奴役非洲人辯護的作家也說：當非洲人變得開化，奴隸制「當然必須停止。」[146]與此同時，有論者稱，奴隸貿易把非洲人從一個凶殘戰爭肆虐的大陸帶到了「沒有這種野蠻的地方」，讓他們享受「一種快樂得多的生活」，舒服得一如「任何歐洲國家的下層階級。」[147]奴隸制甚至被一些人視為野蠻人必須經歷的開化階段。水手詩人約翰・泰勒（John Taylor）在一六三八年寫道：「透過奴隸和奴隸制，許多異教徒和野蠻人被愉快地帶到了文明和基督教的自由之中。」[148]然而，可預料的是，西印度群島種植園園主對任何試圖「開化」他們奴隸的企圖持敵對態度。到十八世紀末，他們自己愈來愈被視為是野蠻人。[149]

＊ 原注：這個論證的不著邊際被美國開國元勳班傑明・洛希（Benjamin Rush）拆穿。他問道：「難道一個人可以在法庭上辯說，因為鄰居的聰明或知識不及他，他就有權欺騙這個鄰居嗎？」見 Benjamin Rush, *A Vindication of the Address to the Inhabitants of the British Settlements on the Slavery of the Negroes in America* (Philadelphia, PA, 1773), 32-33.

今日，人們通常認為英國殖民者和傳教士聲稱他們要把「文明」帶給野蠻民族只是一個出於私利的藉口，是要掩飾他們對那些他們認為文明程度較低的人所進行的身體暴力和文化侵略。透過把本社會的規範描繪成「文明的」而把其他人的社會規範描繪為落後、殘忍和無知，這些旅行作家和宣傳者為他們不請自來地干預他人生活和生計之舉創造出一個隱含的口實。被視為「自然法」的應用，十六至十八世紀發展起來的國際法雛形協助那些自命為「文明世界」的西歐大國合法化了自己的商業利益和殖民利益。不讓人意外的是，一些現代批評家把「文明」的修辭和整個「西方文明」的概念看作是一種意識形態上的發明，旨在摧毀土著文化和促進資本主義關係在世界範圍內的擴張。[150]他們是在緊隨馬克思的腳步。馬克思描寫了他所說的「資本的巨大開化力量」，又和恩格斯一起指出，資本主義迫使「一切民族——如果它們不想滅亡的話——採用資產階級的生產方式」，從而迫使他們「將所謂的文明引入自己的國家，即讓自己變成資產階級。換言之，它按照自己的形象創造了一個世界。*」[151]

然而，在近代早期的英國，許多人真誠地認為，開化使命是一種道德義務，是「一種敬神而值得讚揚的行為。」[152]十六世紀的人文主義者認為，把別人從「野蠻」帶入「開化」的生活方式是好事，因為這可讓他們實現自己的本性。湯瑪斯·摩爾講述了他筆下的烏托邦的創始人是如何將一群粗魯而野性的人引入「文明」（*cultus*）和「人文」（*humanitas*）（被雷夫·羅賓森〔**Ralph Robinson**〕在一五五一年自行譯為『所有好的方式、人性與人民的善意』，以及一六八四年被一位翻譯家稱之『雅緻』〔**politeness**〕）。斯賓塞相信，給愛爾蘭人引入農業將可讓他們得到「幸福和滿足」。[153]哈克路伊特認為，沒有什麼比「征服野蠻人和把他們從野蠻與異教帶入較文明狀態」更「光榮」的了。詹姆斯時期的維吉尼亞總督約翰．史密斯上校問道（圖18）：「除了建立國家、開化野蠻和不人性的民族以外，世界上最偉大的王公難道還有幹過別的事嗎？」[154]共和國政府在一六四九年聲稱，透過「把愛爾蘭帶入文明」，它將給其人民帶來「有利於他們的美好和幸福的事物。」幾年後，哈林頓將建立帝國的抱負描述為一種「讓世界變得比以前更好的……責任。」[155]一七三八年，沃伯頓主教宣稱「開化一個野蠻民族」是「崇高的慈善事業」；一七七三年，蘇格蘭歷史學家羅伯特．亨利（Robert Henry）認為，沒有工作更勝於「開化野蠻人」，更勝於把他們從「骯髒和悲慘」的生活中解救出來，讓他們過上「得體而舒適的生活。」[156]就連偉大的廢奴主義者威廉．威爾伯福斯（William Wilberforce）亦相信，藝術與科學，還有知識與文明，從來不是任何國家的土生土長的事物：「它們一直都是從一個民族傳到另一個民族，從較開化民族傳到不那麼開化的民族。」[157]現代西方列強向世界其他地區輸出民主和人權的理論根據亦在於此。

然而在近代早期，並不是每個人都服膺投入開化者的一個隱含假設：只有一種可接受的文明形式，而他們自己的法律、政治和文化標準是唯一適用於所有其他人類。是時候看看那些持不同觀點的人了。

＊　這句話是仿《創世紀》所說的，上帝按照自己的形象創造人。

第六章 文明的重新省思

當印地安人聽說了
愛爾蘭人和英格蘭人無比骯髒，
聽說了他們的可怕咒罵和謀殺時，
印地安人這樣說：
我們不穿衣服，拜許多神，
但我們的罪卻較少。
你們才是野蠻人，是異教徒，
你們的土地是曠野。

羅傑．威廉姆斯：《美洲語言入門》（*A Key into the Language of America*, 1643）

文化相對主義

在過去一百五十年左右的時間裡，曾經被視為是西歐和北美文明的許多獨特特徵，已在世界大部分地區被採用。無論是醫藥與公共衛生、科學與技術、民主與人權，還是牛仔褲、流行音樂、手機、足球，西方文化已經滲透到那些曾經被貶抑為「野蠻」和「不開化」的國家。打著「現代化」和「發展」的旗號，富國向窮國傾注「援助」，以加速將世界帶入單一「文明」的進程。

然而，現在有很多人對西方人將生活方式輸出給其他人之舉——不管其立意有多麼善良——持懷疑態度，有時更是持冷嘲熱諷態度。隨著全球化把世界各國帶向文化同質化，我們越來越珍視差異性和多樣性。[1]至少在理論上，我們承認有可能有許多不同的有效生活方式，儘管我們大多數人仍然堅定地遵循我們習慣了的方式。「文明」這一概念本身因為它在殖民主義歷史上有過的合法化作用，已經引起許多人的反感。它被視為資本主義野心、政治擴張和「西方生活方式本質上優於所有其他方式」的有爭議假設的偽裝。這就是為什麼當聯合國在一九四〇年代晚期宣佈世界是由多種文明構成的時候，「文明」國家和「野蠻」國家的舊二分法被正式丟棄。[2]針對文明的「現在」比野蠻的「過去」要優越這另一個假設，考古學家告訴我們，新石器時代的發明——農耕、畜牧、製陶和紡織——至少與工業革命一樣重要。[3]相似的，人類學家提醒我們，愛斯基摩人和澳洲原住民儘管沒有現代科技的幫助，照樣能夠在一個會讓他們「開化的」同時代人消受不了的自然環境中生存和繁榮。如果我們仍然用「野蠻」一詞，那它將不再是形容一些「未發展」社會的狀態。我們毋寧是用它來指的一種道德上應受譴責的心靈狀態，例如納粹德國的那種心靈狀態。這是即使最文明的人也會有時陷入的。

每一種文化都值得尊重的觀念通常被認為是浪漫主義時代的發明，而為之制定經典表述的人是德意志思想家約翰．赫德（Johann Gottfried von Herder, 1744-1803）。有論者稱，他最清楚地表達了文化之間不可共量（incommensurable）的觀點。赫德反對把「野蠻社會」看成是一道階梯的最底層，上面的台階一級比一級文明。他認為每一種文化，無論是現在還是過去的文化，都是獨一無二：它們各有自己的有效性，不能以另一種文化的標準來評判，也不能用單一的普遍尺度來衡量。[4]赫德並不完全前後一貫，因為他也相信文化進步和人的自我實現是放諸四海皆準的追求。[5]他後來的作品充滿了對歐洲人的優越外表和他們在藝術和科學上前所未有成就的自豪感，而作為基督徒，他對什麼是「文明」和什麼是「野蠻」有著清晰的概念。他譴責印度教要求寡婦自焚殉夫的習俗是「野蠻」和「不人道」，對文明的進步表示歡迎。[6]簡而言之，他是多元主義者、但不是相對主義者。他認為重要的是認識到存在著許多不同的文化，每一種文化都應該以它自己的方式來理解。但是，儘管我們應該試著去理解他們的價值觀、但不必分享他們的價值觀。

雖然有這種矛盾心態，赫德的作品構成了一種對傳統民族中心主義的深刻批判、一種對每個民族的獨特性的信仰，以及一種對文化多樣性的有力捍衛。他譴責奴隸貿易和一切形式的殖民征服，對歐洲人的自滿情緒提出強烈質疑。正如他所解釋的那樣，他無意貶低他那個時代的文明社會的生活品質。但他希望還其他不同的生活方式以公道，指出它們適合生活在其他時代或其他地方的人。這需要有同理心和以其他文化自身的標準理解其他文化的意願。[7]

和其他許多觀念一樣，赫德這種態度的胚芽可追溯到古典古代。希羅多德是最早指出每個社會群體都認為自己的風俗習慣是最好而會輕視別人的風俗習慣。傳說中的西徐亞王子阿納查爾西斯（Anacharsis）據說在西元前六世紀說過，西徐亞人對雅典人說話方式的嘲笑不少於雅典人對他們說話方式的嘲笑。西元一世紀初，流放至黑海沿岸的羅馬詩人奧維德（Ovid）抱怨說，他在那裡被視為野蠻人，因為當地人無法理解他的語言。該世紀晚期，聖保羅寫道：「如果我不明白那聲音的意思，說話的人必以我為化外之人，我也以他為化外之人。」[8]在近代早期，這種話成為了常見的修辭手段。法國詩人約阿希姆·杜·貝拉（Joachim du Bellay）在一五四九年寫道：「西徐亞人在希臘人中間是野蠻人，但雅典人在西徐亞人中間也是野蠻人。」相似的，西班牙多明我修會傳教士卡薩斯在一五五〇年代寫道：「正如我們把印地安人視為野蠻人，他們也視我們為野蠻人，因為他們不了解我們。」[9]

與此同時，許多歐洲知識分子因為所受的古典修辭學訓練和重新發現塞克斯圖斯（Sextus Empiricus, *c.* ad 100-200）的哲學懷疑論的關係，對當時的傳統價值觀進行了半開玩笑半認真的質疑，認為這些價值觀只是他們社會特有，不是普遍真理。[10]十六世紀和十七世紀的旅行者、探險家和民族誌作家有力地加強了這種態度。隨著有關世界其他民族的新知識湧入歐洲，勤於接收新知的人不可能不越來越意識到自己文明的特殊性。眾所周知的是，有關被征服的中、南美洲土著的描寫記載曾經在十六世紀的西班牙道德家和哲學家中間促進了一種新興的文化相對主義意識。例如，法學家阿隆索・德佐利塔（Alonso de Zorita, 1512-85）指出，所有人都傾向於把和自己不同的人稱為「野蠻人」。[11]

這種相對主義思維方式最具影響力的表達是蒙田的《隨筆集》（*Essais*, 1580-88），該書透過約翰・弗洛里奧（John Florio）的英譯在英格蘭廣為人知。蒙田借助古典懷疑論者的遺產，表現出一種掙脫種族中心主義的非凡自由。他指陳，關於美、宗教或道德，不存在一種放諸四海皆準的標準，甚至連男女的分工方式都沒有一定的準則。有的只是許多不同的風俗習慣，而正如赫德後來所說的那樣，每一種風俗都有自己的理由。因此，「野蠻」只是人在碰到不熟悉的習慣時使用的貶詞。[12]蒙田的弟子皮埃爾・查倫（Pierre Charron）在他的《論智慧》（*Of Wisdome*）中——英譯本在弗洛里奧譯的《隨筆集》的五年後出版——對那些把任何不符合「他們自己國家風俗習慣」的事情斥為「野蠻獸性」的人表示了強烈蔑視。[13]

當然，蒙田並不是真正的倫理相對主義者。他是虔誠天主教徒，有自己一套用來判斷別人行為的價值觀。這讓他在〈論食人族〉（On the Cannibals）一文中提出，他的同時代人才是真正的野蠻人，因為他們活活燒死異端的做法比「生番」吃死掉的人的肉還要野蠻。相似的，當查倫說許多乍看起來野蠻和不人道的異國習俗經仔細考察後會發現完全合理時，他也是在運用他對理性的假設。[14]然而，他和蒙田都有力地傳播了西歐看待世界的方式並不是唯一有效觀點的見解。

這種假設在近代早期的英格蘭比有時所認為的更流行。在一五五〇年，也就是比蒙田早幾十年之前，一位匿名的蘇格蘭作家——八成是丹地（Dundee）的牧師羅伯特·韋德伯恩（Robert Wedderburn）——駁斥了英格蘭人對他的國人同胞的蔑視，指出每個民族都認為「在性情和膚色上」與自己「相悖」的其他民族是野蠻的。[15] 一五八九年，英國作家普滕納姆提出，「野蠻」是個對比詞，起源於希臘人和羅馬人的「無比驕傲」：這驕傲讓他們認為「除他們自己以外的所有民族」都是「粗野和不文明。」[16] 一六〇三年，詩人薩繆爾·丹尼爾（Samuel Daniel）指出（他是《隨筆集》譯者弗洛里奧的妹夫），是「一點傲慢的無知讓人認為這個或那個民族野蠻，這個或那個時代粗俗。」在他看來，就連哥德人和汪達爾人一樣成就非凡，因為他們的法律和習俗是「基督教世界大部分地方的憲法的源頭。」丹尼爾也為中世紀——一個深受很多當時人鄙夷的時代——提出了一個知名辯護。[17]

出國旅行的人早就注意到，即使在西歐，人們走路、說話和比手勢的方式也各不相同，對何謂文明行為的概念有時會彼此衝突。一六〇一年，商人暨經濟學家馬林斯指出，人對「文明」的觀念反映著他們自己國家的風俗習慣。一六〇六年，帕爾默爵士也有相似看法，指出「一個國家眼中的文雅在其他國家會讓人不習慣和拒斥。」洛克亦說：「我們眼中的畸形是別人眼中的美，我們眼中的粗野是別人眼中的文雅。」[18] 隨著對其他文化和其他時代的日益了解（分別是多虧了旅行者和古文物研究），這種思想感情被反覆述說。[19] 例如，亞當·斯密就曾謂：「在俄羅斯被高度推崇的那種文雅（一種甚至有娘娘腔之嫌的文雅），在法國宮廷裡會被視為粗魯野蠻。」[20] 因此，僅僅因為其他國家民族的標準不同就稱它們「野蠻」是錯誤的。* 波以耳認為，希臘人和羅馬人都是「高度開化」的民族，所以他們互稱彼此為「野蠻人」是荒謬的，而他們認為世界其他地方也「野蠻」也是荒謬的。[21]旅行家雷考特認為，習慣把其他民族的舉止和習慣斥為「野蠻」是出於無知和不熟悉；歷史學家約翰．奧爾德米森（John Oldmixon）將其歸結為「虛榮心」作祟；劍橋東方學家西蒙．奧克利（Simon Ockley）認為這是「幼稚的」態度。[22]在德萊登的戲劇《印地安皇帝》（*The Indian Emperour*, 1665首演）中，一位參與征服墨西哥的西班牙指揮官說：

> 還沒有在這裡找到任何有用的工藝，
> 但沒受教育的生番倒是很多。

對此，他的領袖赫爾南．科爾特斯（Hernán Cortez）駁斥說：

> 野蠻和沒受教育只是我們創造的詞

---

* 原注：有兩個日本少年在一五八〇年代被耶穌會送到歐洲。回國之後，他們報告說葡萄牙人認為坐在椅子是有禮貌的，坐在地上是粗野的，但日本人的想法卻反過來。他們由此認定，每個國家都有適合自身環境的習俗：日本人的坐法適合他們微薄的財力，而歐洲人的傢具反映他們有更大的消費力。見*Japanese Travellers in Sixteenth- Century Europe*, trans. J. F. Moran, ed. Derek Massarella (Hakluyt Soc., 2012), 137-38.

用來指不同於我們的風格特色。[23]

一本小冊子的作者在一六九五年總結說：「一個民族稱另一個民族野蠻，因為他們的衣著、舉止、飲食和儀式不同。」[24]

人們還普遍認識到，即使在同一個民族之內，對什麼是文明行為的看法也不是一成不變，而是會隨時間的推移而變化。十八世紀初，當羅傑．諾斯坐下來思考何謂「良好教養」時，他很快得出結論說：它的任一部分都不是建立在自然（nature）之上，而是全是「相對的」：「不存在放諸四海皆準的良好教養的特徵：流行的那些特徵純粹來自習俗和意見。」與他同時代的威爾斯古文物家亨利．羅蘭茲（Henry Rowlands）也認為，在一個時代被認為是野蠻的行為在另一個時代會被視為文明。一七四九年的一本英語詞典指出，同樣道理適用於語言得體：在一個時代被認為是「禮貌和優雅」的語言，在另一個時代會被視為是「粗俗和野蠻」。[25]

另一種禮貌

來自敏銳歷史意識的相對主義意識因著與其他社會的面對面接觸而得到加強。一六三四年，旅行家亨利．布朗特（Henry Blount）展開黎凡特（Levant）之旅，目的是「以無偏頗的態度斷定，土耳其人的生活方式是如我們一般所認為的那樣絕對野蠻，還是說他們另有一套文明——這套文明雖不同於我們卻一樣有資格稱為文明。」在保加利亞的索菲亞（Sofia），他雖然是個外國人，卻發現那裡「冒犯他或目瞪口呆盯著他看的人」比他到過的任何城鎮少。他也對土耳其水手的「不可思議有禮」倍感震驚。他回國後指出，所有民族都會自視文明而視他民族野蠻，乃虛榮心作祟。[26]

一六四四年，準人類學家布林沃觀察到，每個國家對身體莊重各有一套標準。他姑且一試地對此提出一種氣候解釋：例如，英格蘭和德意志之類北方國家的居民之所以不像義大利人那樣好比手勢，是因為寒冷天氣迫使他們把手放在口袋裡。[27]一六七一年，蘭斯洛特·艾迪生（Lancelot Addison）——他在丹吉爾當隨軍牧師的七年期間仔細觀察了摩爾人和猶太人——呼應亨利·布朗特的觀點，主張通常所說的「野蠻」只是「另一種文明。」他說他不曉得有哪個民族「粗魯野蠻得竟至完全沒有任何文明和表示尊重的禮儀。」他發現，據稱是野蠻人的西巴巴里人也異常的有秩序、文明和宗教虔誠。例如，在分娩前後，他們遵守一種「符合最優秀文明人的正當行為。」（他指的是他們在妻子懷孕期間和產後四十天內避免行房。）[28]

其他旅行者發現，被認為是野蠻的社會有自己一套有禮的飲食和交談守則。例如，那些用手吃飯的人認為讓食物掉落或吃東西時吐痰或咳嗽是「世界上最不禮貌的行為。」[29]帕爾默爵士指出，土耳其人、印地安人和其他非洲野蠻人雖然坐在地上吃肉，但他們比「衣著邋遢、飲食隨便」的「德意志人」要整潔乾淨得多。他還認為，住在非洲赤道附近的穆斯林居民因為天天洗澡，可以在身體清潔上充當德意志人的老師。儘管他堅信英格蘭「在所有文明國家中」是最傑出的，但他認為「世界上沒有哪個國家，不管其為多麼文明，是沒有一些野蠻無禮的糟粕和渣滓。」[30]反過來的，沒有一個民族是那麼的野蠻以致毫無值得效仿之處。雖然英格蘭人、蘇格蘭人、法國人、義大利人和西班牙人是「改革最多和最文明的民族」，但他們莫不「沾染了一些野蠻的污點」，是異教徒可以教他們如何改革。例如，英格蘭普通老百姓對外國訪客出了名的不禮貌，反觀信奉異教的非洲尼格羅人「對外地人卻非常仁慈。只要他們有餘力滿足陌生人的需要，什麼也不能阻止他們。」據說「東印度」的人民同樣熱情好客，體貼周到，而這也是可以從土耳其人、韃靼人、波斯人、帕提亞人和埃及人身上學到的功課。就連西徐亞人喝起酒來也比德意志人克制得多：喝醉的德意志人「比野獸更不文雅。」[31]

一六七〇年的一個記載（八成是虛構）說有個商人被俘虜後被迫在阿爾及利亞軍隊服役，但這段期間他完全沒有看到「我們的人民所想像的那種會發生在非洲所有地方的粗野不文。」相反的，他發現非洲人「非常有禮貌和有教養……他們和藹可親，熱情好客，彬彬有禮，仁慈友愛，非常開明。」一七二六年，皇家非洲公司派測量師威廉·史密斯（William Smith）出行。在他穿越西非各王國的過程中，他把他遇到的各個民族分別形容為「文明」和「好性情」、「非常開化」、「對外地人非常有禮和文明」、「行為像紳士」、「對彼此非常有禮貌和有禮節」、「極端文明和有禮。」後來到西非旅遊的英格蘭人發現維德角（Cape Verde）的土著「開化和對外地人熱情好客。」[32]在經過對非洲的一夫多妻制的最初排斥後，有些人逐漸認為那只是《聖經》中族長的行為的翻版，又認為這種做法比歐洲允許已婚男人包養情婦的做法要好得多。[33]

旅行消除了許多由書齋地理學家散播的偏見。水手、商人和外交官在面對陌生的禮節和風俗習慣時往往更加務實和寬容。在鄂圖曼帝國生活和貿易的人尤其如此——鄂圖曼帝國是基督教歐洲的傳統敵人，以「殘酷」和「專制統治」而惡名昭彰。許多英格蘭商人和旅行家與鄂圖曼人民有密切互動，他們常常對這個國家形成正面觀點，認為它除了秩序井然、管理高效和軍事強大，還異常寬容和多元。[34]在士麥那（Smyrna）當黎凡特公司的顧問，雷考特在一六六八年報告說，土耳其人「並不像人們通常形容的那樣野蠻和粗魯。」旅行者們對土耳其人的整潔、乾淨和止酒有好評，也欣賞他們對高等人的恭敬順從和對外國遊客的有禮貌。[35]在詹姆斯二世統治時期，那些希望廢除《測試法令》（Test Acts）*的人——這法令是為打壓天主教徒和「不從國教派」而設——把土耳其人、波斯人和莫臥兒人視為宗教寬容的榜樣，主張英格蘭人最好效仿。[36]

十七世紀末，隨著土耳其對歐洲的威脅逐漸消退，譴責鄂圖曼帝國野蠻的聲音變得較不普遍，反而出現了一個模仿土耳其服飾、裝飾和喝咖啡習慣的熱潮。[37]一七一七年，劍橋大學的阿拉伯語教授評論說：「愚蠢的西方小孩兒輕視東方民族的智慧，把他們看作野蠻人和原始人，誇稱一切明智和文雅的東西都為我們擁有。」他承認，西方近年在科學方面取得了更大的進步，但在東方人擅長的領域，即在「普遍有必需性」的領域（例如「敬畏上帝、節制飲食、經濟審慎和在任何情況下舉止得體與清醒」[38]），西方絲毫沒有改善。與他的同時代的蒙塔古夫人是英格蘭

* 這法令要求任何出任公職的人領國教聖餐。

駐君士坦丁堡大使的妻子，她指出土耳其婦女「親切有禮」，而且有別於一般所以為的，她們比英格蘭婦女更自由：因為有衣服遮住全身，她們想去任何地方都可以。本世紀晚期，外交家詹姆斯·波特爵士（Sir James Porter）報告說，土耳其政府雖然並不理想，但比大多數作家所描寫的「完美和正規得多，也較不專制。」[39]

美洲土著同樣以他們的禮貌、「文明」和衣著端莊給許多早期殖民者留下深刻印象。第一批到維吉尼亞旅行的人稱，印地安人「像歐洲任何國家一樣彬彬有禮、舉止得體。」威廉姆斯在回顧自己「住在野蠻人中間」的歲月時說，土著就像英格蘭人一樣分兩類：有些人「粗魯和土氣」，但大多數人「對彼此和對外地人有禮貌和文明。」他也稱讚他們熱情好客。[40]在早期殖民者中，只有貴格會教徒無視文明人與野蠻人的傳統二分法，將土著簡單地視為上帝的兒女。[41]但是，許多其他的英格蘭屯墾者欽佩印地安酋長的嚴肅、威武和好客。有些人把印地安人的住所——地板中央生著一團火——比作英格蘭古老的男爵式大廳，把他們的窩棚屋（wigwam）*比作英國鄉紳的「避暑別墅」。他們也注意到，印地安人並不是一年四季都住同一個地方，而是會「像文明國家的紳士那樣，為追求愉快而遷徙。他們有時會到狩獵的地方去，留在那裡，盡情款待客人。」[42]如貴格會的威廉·佩恩之類的其他人認為印地安人的外貌和儀式像倫敦的猶太人：「一個人看到他們時，會以為自己是到了倫敦的杜克廣場（Duke's Place）或貝里街（Berry Street）。」[43]（自克倫威爾之日起，大量猶太人聚居在阿爾蓋特區的這兩個地點。）

一六〇五年，費迪南多·戈爾茨爵士（Sir Ferdinando Gorges）獲贈三名被俘的印地安人。

他發現他們「傾向於效仿高等人，所有舉止上表現出極大的文雅，完全不像我們的普通百姓那樣粗魯。」戈爾茨並不是唯一認為土著在許多方面比英國鄉下人「少些粗魯」的殖民者，也不是唯一認為這些「未開化」的人有些習俗——例如尊重老人——「足以作為最文明的歐洲人的榜樣。」[44] 對美洲土著好脾氣踢球方式的早期記載應該會讓一所十九世紀公學的校長感到高興：「他們從不會像我們那樣踩別人的腳踝，不認為以這種方式獲得優勢得分進球是值得稱讚……如果有人衝撞他的話，他會笑著回應。沒有報復，沒有爭吵，沒有流血的鼻子、抓傷的臉、瘀黑的眼睛、斷了的小腿，瘀傷的陰莖或壓碎的肋骨。但目標是勝利……他們在足球場上是朋友，這些朋友必須在燒水處碰頭。」[45]

我們必須顧及這一類評論的脈絡。為了吸引移民、商人和投資者，早期殖民文學的作者不遺餘力地將美洲土著描寫為友好、有禮貌和熱情。後來，在一些暴力衝突讓幻想破滅後，對土著的習慣和秉性的描述變得不那麼正面。[46] 湯瑪斯・莫頓（Thomas Morton）的《新英格蘭迦南》（*New English Canaan*, 1637）是對印地安人生活方式最具同理心的描繪之一，他在書中聲稱，白人殖民者模仿不來土著的技能。不過，他對印地安人的讚揚是對敵人的一種反擊：他的反清教徒情緒，加上他因為參與海狸貿易的競爭，讓他與普利茅斯和麻薩諸塞灣的殖民者有所衝突。威廉姆斯也在《美洲語言入門》（1643）中熱烈讚揚土著的人性和文明。不過，他曾在一六三五至一

---

* 用樹皮或獸皮覆蓋而成的棚屋。

六三六年間的仲冬被麻薩諸塞殖民地驅逐，有賴一個土著部落收容。他指出，他們中間沒有乞丐，也沒有無依無靠的無父孤兒。另外，搶劫、謀殺和通姦的情形也比英格蘭人少很多。[47]

即使是那些沒有顯著目的的人也逐漸承認，被認為是野蠻人的印地安人有很多值得欽佩的地方。有些人尊重他們的實幹能力。一位王政復辟時期作家認為雖然沒有民族比印地安人更加野蠻，但他們還是有些長處值得效法：他敦促英格蘭人學習印地安人的榜樣，種植馬鈴薯以養活窮人。類似的，湯瑪斯．布朗爵士指出，有些「最野蠻的民族」耽於捕魚，而且十分懂門道。[48]其他人欽佩他們的道德。政治作家詹姆斯．泰瑞爾（James Tyrrell）指出美洲土著不會偷竊彼此，而據布魯克醫生的觀察，土耳其人、印地安人和「其他許多我們很樂意稱之為野蠻人的人」對動物的態度比他的國人同胞友善得多。[49]洛克從他對旅遊文學的廣泛閱讀歸結說：「印地安人被我們稱為野蠻人，但他們在說話和交談中比我們還謙恭有禮。在別人說完之前，他們總是靜靜地聆聽，然後平和地答覆別人，不吵也不怒。」[50]

這一類的話在法國耶穌會士約瑟夫．拉菲托（Joseph-François Lafitau）前往加拿大傳教前便出現過許多次。在加拿大，他做了一些準人類學的研究工作，目的是要證明宗教性原則是放諸四海皆準，要以此反駁國內的無神論者。一七二四年，他向歐洲公眾表明，美洲土著有他們自己的文明形式，其特點是尊重老年人、對平輩有禮、和藹可親和熱情好客。[51]該世紀晚期，時髦的倫敦產科醫生威廉．斯莫利（William Smellie）認為，「野蠻人和粗魯的國家」在養育嬰兒方面往往比「在最優雅階段的社會」更有見地。庫克船長在南太平洋航行期間，經常在日誌中記下一筆，表示他受到「非常有禮貌」的接待。他發現，毛利人「在行為和談話上就像歐洲最文雅的民族一樣謙虛和矜持。」東加人雖然沒有金屬器具，也與其他民族沒有交流，但庫克的外科醫生安德森認為，東加人「在各方面都幾乎達到了人類所能達到的最完美的開化。」稍後，在阿拉斯加，庫克遇到了「我遇到過的最和平、最不會得罪人的人。老實說，他們可能可以充當世界上最開化國家的楷模。」[52]

亞當・斯密對野蠻人和生番持的看法沒這麼美好，但他指出，沒有人比北美印地安人更尊重婦女的理性。他還堅決駁斥土著是無法控制七情六慾的生物的觀點。他相信他們所處的惡劣環境讓他們在自制力上表現傑出。在他們對勞動、飢餓和痛苦的耐心忍受中，在他們對酷刑及死亡的蔑視和他們對激情的絕對控制中，印地安人為「英勇不屈的剛毅」樹立了一個榜樣。反觀在「文明社會」中，人們如果在痛苦時抱怨、在窘迫中悲傷、因為愛情而軟弱或因為生氣而心神不寧，則很容易獲得原諒。[53]

當然，大多數這一類評論所透露的是，英格蘭旅人隨時準備好發現其他民族的習俗和他們自己的文明觀念之間的相似之處。正如大有影響力的神職人員泰勒在一六六〇年指出的，正是觀察者自己的假設決定了哪些民族被視為舉止較優。「如果他們和我們的風俗習慣、法律和生活方式相似，我們就贊成他們，否則我們就譴責他們。」[54]這並不等於接受，當「野蠻人」所持的文明行為概念與我們熟悉的概念完全不同時，它們仍然可能同樣有效。後者仍然是一種僅見於思想細密的少數人的觀點。大多數英格蘭人遲遲沒有意識到，就像國內上層階級接受下層階級有自己一套表現禮貌的方式一樣，那些被認為是野蠻人的人可能有他們自己的文明形式。

然而，十七世紀到黎凡特旅行的人的報告顯示，早在赫德之前，甚至早在拉菲托之前很久，就已經流傳著一種顛覆性的觀點，認為被歐洲人視為放諸四海皆準的文明標準只是他們的文化偏見：它們在本質上並不優於其他國家，而且會隨著時間的推移而不斷變化。政治家和作家湯瑪斯．布朗特爵士（Sir Thomas Pope Blount）在一六九二年主張，聰明人應該暫緩判斷，不要急於批評和譴責其他民族的法律和習俗：許多乍看之下野蠻和不人道的做法經過更仔細的檢視後會被證明是完全合理。在《旁觀者》中，約瑟夫．艾迪生——他父親蘭斯洛特．艾迪生發現丹吉爾人並不野蠻而是自有一套文明模式——譴責「狹隘的思維方式」，反對國人同胞動輒因為別國的風俗、服飾、舉止和他們的不同就認為荒謬可笑。[55]

在十八世紀，不該用自己的標準來評判其他社會成為了孟德斯鳩、狄德羅（Diderot）和其他法國啟蒙思想家的中心信條。雖然宣稱有放諸四海皆準的政治和道德原則，但這些思想家還是多少能夠主張價值觀的相對性和不同生活方式的不可共量性。[56]相似地，在英格蘭，哲學家哈特利哀嘆「無知和經歷不豐的人動輒認為遙遠的民族野蠻、原始和殘忍」，弗格森批評人們用「野蠻人」一詞「來稱一個傲慢的民族而用『異教徒』稱另一個」，純粹是因為別人的語言和血統與他們的不同。班傑明．富蘭克林（Benjamin Franklin）談到印地安人時說：「我們稱他們為野蠻人只因為他們的舉止與我們的不同，而我們認為我們的舉止十足文明。他們也是一樣的想法。」喬治三世派往中國的使者馬戛爾尼勳爵也有相似意見：「我們沒有什麼權利可以僅僅因為其他民族在舉止和衣著這些小節上與我們不同就蔑視和嘲笑他們，因為在愚蠢和荒謬上，我們幾乎可以與他們相提並論。」[57]

不管是馬戛爾尼還是富蘭克林，都不會有一刻認為這些其他的生活方式與他們自己的生活方式是同一檔次。[58]即便如此，認為西歐文明只是眾多文明的其中之一的激進觀念正在開始形成。在各地的文明中，亞洲的文明尤其突出，自伊麗莎白時期以來就以「充滿文明的民族」著稱。[59]中國雖然未能取得進一步的知識和技術進步，但其效率卓著的政府和尊卑有序的行為準則讓人讚嘆。[60]波斯人也是西方人所不陌生和欽佩，而這要歸功於胡格諾派約翰・查丁爵士（Sir John Chardin）在一六八六年發表的波斯禮俗的詳盡記載。他稱：「他們當中的雅人和歐洲最雅的人處於同一水平。」甚至在更早前，詹姆斯時期的旅行家安東尼・舍利爵士（Sir Anthony Sherley）便聲稱，阿拔斯（Shah Abbas）*的政府「與我們所稱的野蠻政府大不相同」，它是君主國家的典範，一如柏拉圖筆下的理想國是共和國的典範。[61]至於阿拉伯人，偉大的東方學者威廉・鍾斯爵士（Sir William Jones）在一七八七年曾指出：「人類對何謂文明的看法總是不同的，每個人都以自己國家的習慣和偏見來衡量文明」，但是，「如果說有禮與文雅、熱愛詩歌與雄辯術、踐行高尚美德是完美社會的較公正衡量標準，我們便有確鑿的證據證明，阿拉伯人民——不管是生活在平原上還是城市裡的，不管是生活在共和國還是君主國裡的——在征服波斯之前已經大大文明了

---

* 伊朗薩非王朝的統治者。

很多年。」（阿拉伯人在七世紀中葉征服波斯。）[62]

印度也受到一些尊重，在十八世紀晚期尤其如此，當時鍾斯爵士認為其古代文學僅略遜於希臘和羅馬。他將梵語形容為「比希臘語更完美，比希伯來語更豐富，比任何一種語言更精緻。」他還認為印度教關於死後生命的教義優於基督教。正如柏克在一七八三年所說的那樣，當英格蘭人還住在森林裡的時候，印度人已經是一個開化和有教養的民族。[63]東印度公司以不干涉該國的民政機構和宗教機構而自豪。它選擇以身作則來傳播基督教而不是公開宣教。不過，只要傳教士能為其所能牢牢控制，它也不必然反對傳教士。儘管如此，基督教傳教士仍然要等到一八一三年才被允許自由進入這個國家，而這僅僅是出於國內福音派的壓力。到了那時，歐洲的道德和人種優人一等的新觀念已經興起。[64]

近代早期的一個特點是，西歐人越來越意識到他們在其他民族眼中的野蠻程度可能不亞於他們眼中的其他民族。在伊斯蘭世界看來，吃豬肉和喝酒的西方國家顯得骯髒和性放蕩。鄂圖曼人有時會因為沒有區分帝國內的文明人和野蠻人的地位而受到稱讚[65]，但這並沒有阻止他們把西歐人視為「不洗澡的狗」。＊一個到過英格蘭的摩爾人告訴蘭斯洛特・艾迪生，他看到女人、狗和髒鞋子被帶到敬拜上帝的地方感到很震驚。在他看來，真正的文明少不了皈依伊斯蘭教。[66]休謨寫道：「我們傾向於稱那些離我們的品味和理解很遠的事物為『野蠻』，但很快發現別人以同樣罵名回敬我們。」[67]

在印度，戴著帽子的歐洲人被認為是可笑的，而他們的脫帽為禮更是一種十足的冒犯，因為對印度人來說，這是提出挑戰前的慣例動作。[68]日本人認為葡萄牙商人是野蠻人，因為他們不脫鞋就進入寺廟，又往榻榻米吐痰和擤鼻涕。[69]中國人有全套的禮儀性肢體動作，其精密複雜程度遠超過歐洲的任何一種禮儀。[70]他們相信自己是「唯一可理喻和開化的人」，出了名的看不起西方人，把西方人和其他非中國人全歸類為野蠻人，要求他們想要進入中國就得納貢。[71]因此，弗格森對處於不同經濟發展階段的國家之間的「相互蔑視和厭惡」，以及對所有這些國家都自認是人類幸福的縮影的自滿情緒，作出了明智的評論：「我們自認為是文雅和文明的標準：在那些沒有我們的特徵出現的地方，我們就認為沒有什麼是值得知道的。」[72]

願意更認真地對待其他文化的新傾向有一個重要特點：願意承認所謂的野蠻人和生番不是像霍布斯之類所主張的那樣，是生活在無政府狀態，而是有自己的政府和管轄形式。這是一個關鍵的讓步，因為人民的政治組織水平是他們文明程度的公認指標。法國哲學家皮埃爾・普里馬杜耶（**Pierre de La Primaudaye**）在一部於一五八六年英譯和此後經常重印的作品中指出，儘管世界上有些地方的人過著野獸般的生活，沒有房子，沒有貨幣，吃的是生肉，但沒有一個地方的人「是沒有任何種類的政體，或沒有一些他們自願服從的法律或習俗。」詹姆斯時期維吉尼亞英格蘭

---

* 原注：桑迪斯（George Sandys）帶著明顯的驚訝之情指出，土耳其人從不會在清潔雙手和私處之前小便。做這事時，他們會「找個隱蔽地方，蹲在地上，邊尿邊唾罵基督徒——他們看到基督徒都是對著牆小便。」見 George Sandys, *A Relation of a Journey Begun An. Dom. 1610* (1615), 64.

殖民者的領袖人物約翰·史密斯上尉（Captain John Smith）解釋說，儘管土著「非常野蠻」，但「他們的政府勝過許多被視為很文明的地方，管治者指揮良好，人民按應有的樣子服從。」[73]只有少數殖民者像他那樣相信北美印地安人生活在某種形式的文明社會中。然而，如果沒有這種文明社會，白人向印地安部落購買土地的做法將不可理喻，因為那是以他們有能力簽訂有約束力的合同為前提的。[74]

相似地，約翰·奧格比（John Ogilby）的《地圖集》（*Atlas*, 1670）把非洲描繪為由多個不同的王國組成。就連馬達加斯加的居民雖然對偷竊和搶劫頗為成癮，據說也「受到某種政府或法律的管治。」[75]一七〇三年，帕克斯頓在他論政府的著作中指出，現代探險家不曾發現過獨自生活在森林或沙漠中的「最粗魯和最野蠻生番」：當他們的數量少得「不足以建立較大和較強的政府」，就會「以氏族或部落的形式聚集在一起，顯示出若干秩序或經濟生活。」[76]休謨相信，美洲土著在沒有建立政府的情況下和睦地生活，戰時會選派一人當領袖，戰後將其權力解除。[77]

不可避免的是，隨著這種對歐洲以外世界的理解不斷加深，對「文明」和「野蠻」的古老二分法的懷疑也越來越強。哲學家鄧巴之所以拒絕接受這種二分法，原因之一是他堅信它是建立在對歐洲優人一等的不合理信念之上。他預示了大人類學家李維史陀的觀點，後者認為，「即便是居住在格陵蘭冰封海岸、幾內亞海岸的垂直太陽之下或奧里諾科河沿岸的最簡單、最粗魯人類」，他們能夠存活那麼久而沒有滅絕的危險，即足以證明他們所達到的「有價值和幸福的水平」並不比「最受羨慕的國家」低多少。[78]

儘管十八世紀受過教育的英格蘭人越來越意識到習俗的相對性和文化的多樣性，但當時的「推測史」史家從未談論複數形的「文明」。「文明」對他們來說仍然是一個標準，不是中立的分析用語。他們傾向於認為所有民族都在同一個進化尺度上經歷著不同的發展階段。只有最後階段——他們自己的「商業社會」——才被視為完全成熟。在他們看來，所有作為較低層次生活方式基礎的其他生計形式頂多可以說是部分「開化」的。不錯，在十八世紀晚期，人們把「文明」用作一個中立的、無價值判斷的概念的情形並不少見（例如說「哥德式文明」或「現代歐洲文明」），但要等到十九世紀初，才開始有人用複數形的「文明」——首先是在法國、後來才見於英國。[79]

在現實中，有眾多不同「文明」同時存在的新觀念，很快被西方帝國主義一個新的和加速的階段所掩蓋，這帝國主義把自己描繪為推進中的單數形「文明」。[80]在十九世紀，多元文明的觀點很大程度上是少數人的觀點。然而，在這種信念中，我們以看到二十世紀早期社會人類學的正統觀念的起源。根據這正統觀念，不應把不同的風俗、舉止和生活方式看成一個向上進步過程的不同階段，而應視它們為獨立和並存的「文化」。正如約翰·穆勒在一八四〇年所寫的那樣，「從赫德到米什萊（Michete）的偉大思想家們」已經表明，「即便是野蠻人（如古日耳曼人），或更純粹的生番（如印地安人），還有中國人、埃及人和阿拉伯人，全都有自己的教育，自己的文化。這些文化不管總體趨勢如何，在某些方面都是成功的。」[81]赫德說過，地球上沒有人群是沒有文化。又正如法國人類學家馬塞爾·莫斯（Marcel Mauss, 1872-1950）所解釋的那樣，具有某些共同屬性的諸社會可以有用地被認為構成一個單一而獨特的「文明」。[82]歷史學家陶尼（R. H. Tawney）在其一九二九年對毛利人的經濟研究的序言中謹慎地指出，人類學家已經證明，「看起來，所謂的原始人並不一定是未開化的。他們其中一些……只是擁有別的種類的文明。」[83]在李維史陀看來，真正的野蠻人現在變成是那些相信有野蠻狀態存在的人。[84]這句著名妙語的諷刺之處在於，透過把平等看待所有文明的史無前例意願變成一種現代文明態度的基本屬性，它隱含地宣稱了我們自己的胸襟開闊視野優勝於不太開明的人的狹隘地域偏見。*

引起爭議的開化使命

在近代早期，認識到大多數美洲、非洲和亞洲民族（不管其是否「野蠻人」）都有自己的政治組織形式之後，引發了一場關於歐洲列強在何種程度上可以合法入侵這些領土的持久辯論。許多權威追隨西班牙神學家德維托利亞的主張，認為外人有權進入其他國家、與它們通商和住在那裡。根蒂利也同意此說，儘管他認為統治者有權禁止某些商品的貿易和禁止外人進入內地。西班牙耶穌會士路易士．德莫利納（Luis de Molina,d. 1600）更進一步，堅持統治者在極端必要的情況下有權完全禁止外人進入國境。[85]博學的法學家約翰．塞爾登（John Selden）在英格蘭引用他的觀點，認為如果一個民族想要的話可以拒絕與外人通商。[86]這一原則畢竟就隱含在十七世紀中葉的《航海法》裡：這法令規定入口英格蘭的貨物一律要由英格蘭船隻運載。據此，民法和普通法的法學家都主張國王有權限制某些國家或某些種類的商品進口。[87]霍布斯在《法律要素》（*Elements of Law*，完成於1640）中稱「讓人們毫無限制地通商和交流」是一條自然法，但卻在《利維坦》（*Leviathan*,1651）斷言，哪裡可以通商和哪些商品可以交易應該由君主決定。他毫無疑問會否定任何美洲印地安或非洲的合法主權體有資格行使這種權力。[88]在英格蘭很有名的普芬多夫延續他的論點。普芬多夫斷定，一個和其他國家沒有關係的國家的統治者有權完全拒絕外人入境或向外人收取進入費。他承認招待外人是一種善行，但堅稱外人不能將其視為一種權利。[89]

十八世紀，如狄德羅和康德（Kant）等啟蒙思想家進一步調整古代的「好客」倫理。他們繼續承認航海家有權造訪異國、在被迫害時尋求庇護和極端有必要時補給基本必需品。但儘管啟蒙思想家所秉持的世界主義讓他們不喜歡孤立主義，但他們堅持認為，一個國家完全有權拒斥那些它不想與之有商業關係的人。因此，他們認定中國和日本有權將西方商人拒諸門外。類似的，庫克船長按照皇家學會會長的指示，承認新赫布里底群島島民（New Hebrideans）有權為了安全而不讓外國船隻靠泊（不過在現實上，因為需要水和新鮮食物，他被迫登岸和殺害試圖阻止他的土著）。[90]

---

* 原注：這和美國哲學家羅蒂（Richard Rorty, 1931-2007）的強硬觀點形成鮮明對比。他宣稱：「有些文化就像有些民族那樣，一點優點都沒有：他們引起了太多痛苦，所以應該予以排斥（和大概應該剷除）而不是敬重。」見'In a Flattened World', *London Review of Books* 15, no. 7 (8 April 1993), 3.

還有越來越多的人反對入侵者有權搶走不耕種的人的土地的理論。例如，威廉姆斯在一六三〇年代引貴族把一些土地用作獵場為例，主張美洲印地安人即使沒有在他們占領的土地上耕種，土地一樣是他們的，因為他們在那裡狩獵：情形一如沒有人否認英格蘭貴族對他們的獵場有所有權。[91]在十七世紀晚期和十八世紀早期，許多自然法法學家——包括普芬多夫和他的國人同胞沃爾夫（Wolff）、胡格諾派教徒巴貝拉克和劍橋神學院教授湯瑪斯·盧瑟福（Thomas Rutherforth）——都堅決駁斥獵人和游牧者除非耕種土地否則不能集體擁有土地的觀點。[92]一七六九至一七七二年間，西印度群島聖文森特島的英格蘭新主人們以加勒比人土著「不文明」和「無法無天」為由，著手清除他們。議會對這種「殘忍行徑」發出強烈抗議。[93]

英格蘭國君有權授權臣民占有非基督徒土地這個假設，在詹姆斯一世統治期間得到科克爵士一個斷言的加強。他稱，異教徒是天敵，攻擊他們具有正當性，而且未經君主的特別允許不得與他們通商。[94]他的意見雖然被收入一些法律教科書中，但在一六八五年的王座法庭上被首席大法官傑佛瑞斯（Jeffreys）斥為「不著邊際」[95]，又於一七七四年在同一法庭上被曼斯費爾德勳爵（Lord Mansfield）斷然駁斥，指其為「荒謬」觀念，「八成是由發瘋的十字軍狂熱引起。」[96]

科克的主張當然會讓向異教徒傳教變得不可能。更糟的是，它完全與英格蘭的商業擴張格格不入。一七四五年，大法官法庭的主法官駁回科克認為異教徒的證詞不可為法庭採信的進一步主張，認為這是「一種最無禮的觀念」，「將立即摧毀這個國家從中獲得巨大利益的所有貿易和商業。」該法官又說，這一學說起源於「非常偏執的教皇時代，當時除了宗教貿易，我們幾乎沒有進行什麼貿易，因此我們的觀念非常狹隘。我希望這種想法在這個國家永遠不會再次盛行。」[97]

自然法法學家長久以來一直認為，統治者的權威不會因為信奉異教而削弱。他們反對基督徒有權對異教徒發動無端戰爭的主張，也反對用武力逼異教徒皈依的主張。[98]當然，對自然法的闡述是一種學術和理論追求，對商人和殖民者的實際實踐影響相對較小。即便如此，喬治．佩克姆爵士在一五八三年還是認為有必要長篇大論駁斥有些人所主張的、歐洲人以暴力手段建立殖民地是「幾乎不合法的。」[99]他想到的人是十六世紀早期的西班牙多明我修會的神學家，他們堅稱異教徒可以是合法的統治者，並否認西班牙人有權向他們認為是天生奴隸的人發動戰爭。例如巴托洛姆．卡薩斯認為，所有民族，無論其為多麼野蠻，都有權保衛自己，不被那些試圖攻擊他們並奪走他們自由的人所傷害。[100]耶穌會士法蘭西斯科．蘇亞雷斯（Francisco Suárez, 1548-1617）斷言，對才智低下的人發動戰爭是非法的，除非他們生活得像野獸、一絲不掛、吃人肉和沒有任何形式的政府。如果真有這樣的人，可以對他們發動戰爭，但戰爭的目的應該是以更人性化的方式組織他們，不是消滅他們。[101]

在十七世紀，有一些反對武力殖民的聲音。威廉姆斯在一六五二年猛烈抨擊王室特許權（royal patent）的「罪惡」，因為它讓國王們「憑藉他們的基督教信仰而被賦予奪取和贈與他人土地和國家的權利。」[102]約瑟夫．霍爾主教表達了同樣的觀點：「野蠻人是他們自己的主人」，有權在「沒有其他民族的攪和下」和平地生活。[103]一六六〇年，保皇派牧師傑瑞米．泰勒不以為然地指出，許多民族曾經相信，也有些民族仍然相信，他們完全有權攻擊「野蠻和原始的民族」，特別是如果對方富有和是「遙遠國家的擁有者」的話：「所有民族中最聰明的羅馬人就是這樣做……凡是被他們稱為野蠻人的，或是被他們發現富有的人，都是他們的敵人。」[104]

儘管湯瑪斯・摩爾爵士之類有古典素養的作者用羅馬人的先例來為歐洲的擴張辯護，但人文主義思想中始終存在著反帝國主義張力，一個例子是蒙田對西班牙在墨西哥和秘魯的可怕屠殺的猛烈攻擊。[105]在一六四九年的英格蘭，一種對「不人道的殘忍」的痛恨，加上一種相信所有民族有權統治自己的信念，導致一些「平等派」和他們的同道起而譴責「搶劫可憐印地安人」和獵殺「可憐愛爾蘭人」的行徑。他們希望通過談判恢復愛爾蘭的和平而不是「謀殺窮人。」在他們的領導人威廉・沃爾溫（William Walwyn）看來，克倫威爾征服愛爾蘭是「一場非法的戰爭，一件殘酷而血腥的工作。」另一個小冊子作者否認英格蘭人有權侵犯愛爾蘭人的自由或剝奪上帝和自然賜予愛爾蘭人的土地。[106]該世紀晚期，共和主義者西德尼譴責西班牙對美洲土著的征服是「最不公義和最可憎的暴政。」即便是洛克，他雖然主張正義戰爭中的勝利者有權奴役戰敗者，一樣沒有將征服權擴大至包括對土地的佔有。[107]

對手無寸鐵人口的殘酷剝削遭到了一些宗教領袖的強烈抨擊。一六七八年，聖保羅大教堂主任牧師在下議院講道時反對「世界上強大帝國」賴以締造和維持的「欺詐與暴力」、「不義與殘酷」和「強姦與壓迫」。十一年後，水手愛德華・巴羅（Edward Barlow）——他父親是小農場主——在一次東印度群島之旅中在日記裡寫道：「外國民族來這裡，在島嶼上建立殖民地，築造堡壘，制定法律，強迫土著接受一些不屬於他們的習俗，這些做法是不是在上帝的法律和我們所信奉的宗教面前站得住腳，就讓世人來裁決吧。」[108]

歐洲啟蒙運動對帝國主義的鄙夷著名地表達在狄德羅的《布干維爾〈旅行記〉補篇》（*Supplément au voyage de Bougainville*,1772）和雷納爾神父（Abbé Raynal）的《歐洲在兩個印度的殖民地和商業的哲學與政治史》（*Histoire philosophique et politique des Deux Indes*,770-81）＊，兩本書都很快被英譯和廣為閱讀。[109]狄德羅背後的自然法寫作傳統讓他聲稱，外來勢力唯一可合法地占領的土地是無人居住的土地。[110]在強調歐洲殖民主義的殘酷和不義時，他表達的是一些長久以來在英國有支持者的意見。一七〇九年，北卡羅萊納的總測量師約翰．勞森（John Lawson）譴責英格蘭殖民者對美洲土著的不公待遇，指他們「拋棄自己的國家原來是為了把印地安人趕走和佔有他們的國家。」約翰生反覆表達他對海外征服和殖民所造成的壓迫的不安，譴責英格蘭「攻擊無力抵抗的野蠻民族和入侵物產豐饒的國家」是「無比邪惡」。一七三八年，他告訴《紳士雜誌》（*Gentleman's Magazine*）的讀者，歐洲人藉著技術，武器和航海上的優勢「在遙遠的地方征服和定居，認為那裡的居民野蠻，儘管後者在舉止的純樸、正直和節制上都比他們優越。」又說：「他們似乎認為他們有權按照激情、利益或任性的引導對待野蠻人而無須太多考慮到正義和人性的規則。他們把這種想像中的主權膨脹到如此之大的地步，以致於有時開始強姦、殺戮和掠奪。」[111]

＊「兩個印度」是指東印度群島和西印度群島。

和約翰生一樣，休謨也感嘆「開化歐洲對野蠻印地安人的巨大優越」已經「誘惑我們……在對待他們的時候甩掉公義甚至是人性的一切拘束。」[112]一七六八年，皇家學會會長在向準備前往大溪地島的庫克船長發出的「暗示」中表達了類似的擔憂。他強調對南太平洋的土著人應表現出「最大的耐心和克制」：他們是他們所居住地區的「合法擁有者」，流他們的血將是「性質最嚴重的罪行。」[113]

十八世紀晚期，羅伯特・克萊夫（Robert Clive）在一七五七年征服孟加拉、比哈爾（Bihar）和奧里薩（Orissa）之舉，還有該公司此後對新領土實施獨裁統治之舉，在國內引發越來越多的抗議。在一七七二年成立的議會調查團收到證據，證明東印度公司「前所未聞的殘忍」和「公然違反所有的道德準則。」[114]一七八二年，旅行家威廉・麥金托什（William MacIntosh）呼籲英國人不要把印度教徒「當作奴隸或劣等動物，應該把他們看成有權得到保護、自由和公義的人類同胞。」同年，林肯律師學院的律師湯瑪斯・派克（Thomas Parker）發表了一篇毀滅性的報告，指陳克萊夫的征服所涉及的殘酷行為和東印度公司的「商業貪婪」所帶來的人類痛苦。這些和類似的抗議催生了一七八四年的《印度法》，該法令將東印度公司置於議會的控制之下，最終又導致印度前總督沃倫・赫斯廷斯（Warren Hastings）因腐敗和壓迫指控而受到曠日持久的審判（一七八六至一七九五年），儘管他最後獲得無罪開釋。[115]

正是在這個脈絡中，柏克慷慨激昂地抨擊了那個認為文明社會的規範不適用於歐洲以外國家的隱含假設。[116]一七九一年，當赫斯廷斯審判仍在進行時，威廉・羅伯遜在他最後一部歷史學術著作中表達了一個願望：但願「他對印度早期和高度的文明的這個記述，還有他對其居民在高雅藝術和實用科學方面取得的驚人進步的記述，也許會對歐洲人對該民族的行為產生一些影響。」就像在他之前的柏克一樣，他提醒讀者，印度人「在歐洲任一地方向文明邁出一小步之前的很久，就已經取得了非常高的進步。」[117]

從一七六〇年代開始，反對非洲奴隸貿易的運動與因印度引發的騷動並行。正如東印度公司的批評者認為其殘暴和壓迫從根本上說是不文明的那樣，廢奴主義者譴責奴隸制與文明社會的規範不符。經濟作家波斯特萊特維特問道：「開化和文雅的歐洲人」怎麼會認為非洲人是生就要當奴隸的？與他們有一種「友好、人道和文明的交流」斷然要好得多。廢奴主義者夏普指出，如果英格蘭曾經允許奴隸制，「我們就不應再被視為一個開化的民族。」在他看來，同樣道理也適用於英格蘭人容忍「讓我們的殖民地蒙羞的不文明習俗」之時。[118]

夏普援引英格蘭人長久以來對國內奴隸制的反感是高明之舉。一六五九年三月，當議會把被俘的保皇派成員送到巴貝多當契約奴工的議案進行辯論時，議員們曾表達出強烈反對販賣人口的傾向。[119]非國教派的激進分子反對奴役「生而自由」的英格蘭人，而他們的影響力見於一六五二年羅德島一項異乎尋常的法令：該法令宣佈，不得強制「任何黑人或白人」服奴役超過十年，而且他們的奴役條件應該「與英格蘭奴工一樣。」[120]理查德．巴克斯承認以奴役來懲罰罪犯具有正當性，但認為「像海盜那樣去抓那些從未奪人生命或自由的貧窮黑人或其他土地的人民，使他們成為奴隸並出售他們，是世界上最嚴重的盜竊行為之一，這種人應該被視為人類的共同敵人。」[121]在十七世紀晚期，還有另一些反對種植園的「殘忍」、「不人道」和「野蠻」的著名書面抗議活動，而且參與者不限於親睹過黑奴慘狀的人。[122]

當廢奴運動在十八世紀晚期開始展開時，它有好幾個不同的論據。奴隸制以經濟理由受到攻擊，被指是一種本質上低效的生產方式，已經隨著文明的進步而過時。更有效率的生產方法是依賴以自身利益為動機的自由勞動力。[123]另外，奴隸制被認為是「絕對不符合基督教」：它的殘忍和不人道違反了我們應該愛我們的同胞的規則。[124]它也被視為與公義的原則不符，因為它剝奪了受害者的人身自由這一自然權利——一位激進分子在一七七六年認為，無法想像一種比奴隸制「對人的權利有更強烈和更肆意的侵犯。」[125]曼斯費爾德勳爵對「薩默塞特案」（*Somersett's Case*, 1772）的判決曾清楚表明，動產奴隸制（chattel slavery）在英格蘭沒有法律依據，然則，為什麼英國船會被允許從非洲把奴隸運到西印度群島的英國人種植園呢？

傳統的答案是非洲人是野蠻人，因此無權享有英國人享有的自由。如果得到解放，他們將陷入遊手好閒和犯罪的生活。[126]一些廢奴主義者否認這一點，主張非洲人不是像印地安人那樣「野性和待不住」，而是從事農業和商業，性情和藹而文明。是奴隸制本身的惡劣環境讓他們變成了野蠻人。威廉·考珀（William Cowper）這樣描述奴隸的困境：

在深深的傷悲中他認命了，
感到身體受到心靈的束縛，

> 放下了他慷慨的天性，而為了適應自己的命運，他變成了野獸。[127]

但更激進的回答是，即使他們是野蠻人，他們也是人，有權受到人的待遇。因此，湯姆．潘恩（Tom Paine）譴責英國入侵「非洲不幸的海岸，奪走其於人無害的居民，讓他們在西方耕作她偷來的領土。」[128]廢奴主義者所呼籲的，是從根本上重新考慮「開化」民族與處於社會發展較低階段的人之間的傳統關係。[129]奴隸貿易要到一八〇七年才告廢除，奴隸制本身要到一八三三年才告廢除，兩者的曠日費時表明了對那些在貿易中享有既得利益的人來說，要接受這一論證有多麼困難。奴隸制最終廢除後，奴隸補償委員會向英國奴隸主發放了二千萬英鎊（合現在二十億英鎊）。[130]

用波斯特萊特維特的話來說，反對奴役非洲人的一個有力論證是奴隸制「阻礙了這些人的開化。」[131]在廢奴運動中當先鋒的貴格會教徒和福音派教徒都非常關心拯救靈魂的事。按照基督的「使萬民作我的門徒」的命令（見《馬太福音》28:19和《馬可福音》16:15），他們設想廢除奴隸制是向非洲人大規模傳教的必要前奏，而在傳教的過程中也可以「開化」他們。[132]

然而，開化使命的概念從未建立一致共識。十六世紀西班牙多明我修會的思想家否認征服者有權強迫印地安人改變生活方式。他們堅持主張，每一個民族，無論其為多麼野蠻，都有權防衛自己不受壓迫，因為只有上帝才有權懲罰罪惡。在隨後幾個世紀裡，雖然自然法法學家一再聲稱文明人有權懲罰那些違反自然法的民族，但這一說法一直受到強烈質疑。[133]況且，就像約翰·多恩所說的那樣，自然法究竟是什麼還大有問題：「對自然法這一詞語的說法是那麼的眾多和不同，以致我必須承認，我要讀很多遍才明白它一次，要不就是只知道它在一個作者的用法裡的意思。」[134]

大多數自然法法學家的觀點是，外國勢力只有在為了鎮壓海盜或食人等重大犯罪時才可以干預他國的事務。即便在這些情況下，他們的行動也必須非常謹慎，因為任何不是由侵略國先前受到傷害而引起的軍事行動都有初步的嫌疑。根蒂利堅決反對亞里斯多德所主張的，野蠻人是天生的奴隸，可以對他們發動戰爭。格勞秀斯多次引用普魯塔克（Plutarch）*的警告，指出「開化」野蠻人的宣稱有時只是貪婪併吞的口實。[135]從十七世紀晚期開始，一連串的歐洲思想家一再起而質疑一個民族有權為了開化另一個民族而入侵的觀念。[136]

普芬多夫的《自然法與萬民法》（*De Jure Naturae et Gentium*,1672）中有一個特別著名的聲明——這書第一個英譯本在一七〇三年由後來的牛津大學基督聖體學院校長巴茲爾·肯尼特（Basil Kennett）監譯，到一七四九年為止又出了四個不同的譯本。普芬多夫先後在海德堡和隆德（Lund）任教，所以能夠帶著一些超然態度看待殖民國家的活動。他承認自己受惠於蒙田和查倫，拒絕接受格勞秀斯等人認為自然法完全可以從「最開化民族」的習尚推知的假設。這是因為沒有民族會認為自己是「不文明」或「野蠻」，而另外還有一些非歐洲的強國（例如中國）假設自己比任何其他國家文明萬倍。普芬多夫認為，正是虛榮心讓一些歐洲國家用自己的生活方式作為評判其他國家的標準，並譴責任何不完全符合他們模式的人是「野蠻和原始」。「因為根據這種學說，如果我們想摧毀任何在風俗和生活方式上與我們不同的民族，唯一需要的是給他們打上『野蠻人』的惡名，然後便用不著再找其他藉口入侵他們。」在普芬多夫看來，即使是吃人也不能構成外國干涉的理由，除非是有無辜的外國人被殺。[137]

哈雷大學（Halle）教授克利斯蒂安．托馬修斯（Christian Thomasius）在一七〇五年也表達了類似的觀點。他宣稱，所有國家都是地位平等，而「野蠻人」一詞源於希臘人和羅馬人對其他民族的「愚蠢蔑視」。[138]這兩位德意志哲學家會有如此的觀點，部分可能是因為他們意識到自己是羅馬人眼中的蠻族的後裔。一七五〇年代，瑞士法學家德瓦特爾追隨他們的腳步，明確拒絕了一個民族有權入侵另一個民族以「開化」他們的說法。這一類批評最終在雷納爾的《歐洲在兩個印度的殖民地和商業的哲學與政治史》中達到高峰。這種對殖民主義的全面控訴表明，文明不是「開化的」歐洲人可以輸出的東西，因為當他們入侵其他大陸，他們總是會變成野蠻人。[139]

許多英格蘭作家贊同這些歐陸知識分子的觀點。不過，他們很少人能做到律師羅伯特．沃德（Robert Ward）的程度：他在十八世紀末建議在世界其他地方實施不同的萬民法，以配合不同發展階段的社會的不同要求。[140]但坦普爾爵士追隨普芬多夫的觀點，主張歐洲人不應自以為是地包攬界定自然法和萬民法的工作，也不應把他們稱為野蠻人的民族當成簡直不是人類。在他看

＊　羅馬時代著名希臘人著作家。

來，這些所謂的野蠻人的觀點有權被納入考慮。[141]一六九〇年，神學家湯瑪斯・伯內特（Thomas Burnet）指出：「不妨說，通常是大帝國的虛榮心讓它們把世界其他地區看成未開化，也是同一原因讓它們把受它們宰制的所有人視為野蠻人。」[142]帕克斯頓在《文明政體》（*Civil Polity*）中譴責以下的錯誤假定：「所有其他人類的條件或環境在大多數方面都與我們的極不相同，儘管如此，他們仍然需要我們所需要的一切。」[143]詩人安布羅斯・菲力浦斯（Ambrose Philips）在戲劇《不列顛人》（*The Briton*, 1722）中描繪一位不列顛王子憤怒地否定羅馬人曾開化他的人民的主張：

所謂的文明人就是擾亂者，
就是強盜，是人類中的貪腐者！
驕傲的流浪漢！當你沒有權利的時候，
他讓你在世界當家作主。[144]

斯威夫特在《格列佛遊記》（*Gulliver's Travels*, 1726）中諷刺地說：「如果一個王公派兵進入一個人民貧窮無知的國家，為了開化他們和減少他們的野蠻生活方式，他可以合法地處死一半的人、又讓另一半的人成為奴隸。」[145]為譴責非洲奴隸貿易，詩人理查德・薩維奇（Richard Savage）在一七三六年發出嚴厲警告：

奉我的名字*不許暴君崛起高喊說，
當他們進行奴役，他們就是在進行開化！[146]

文明的缺陷

所謂的文明人並未能企及他們自詡的高標準的事實並沒有不被注意到。布林沃在一六五三年指出一個諷刺事實：文明社會的仕女因為別人毀傷自己身體而稱他們「野蠻」，但她們卻刺穿自己的耳朵，以戴上首飾。一個世紀後，亞當·斯密評論說，在將近一個世紀的時間裡，「一些最文明國家的淑女不斷努力把她們自然圓滾滾的美麗身軀擠壓成同一種四方形†。」[147]更嚴重的是，歐洲文明的進步明顯地沒有把殘忍和不人道這兩項鮮明的「野蠻」特徵帶向終結。伊麗莎白時期諷刺作家湯瑪斯·巴茲特（Thomas Bastard）相信，征服新大陸讓土著變得有愛心、溫順和善良，但在這個過程中，征服者卻變得「野蠻、兇暴和原始。」貴格會的喬治·畢曉普（George Bishop）把蘇斯奎哈納印地安人對「教友會」‡的「最有禮貌招待」和新英格蘭人對他們的「窮

---

* 這裡的「我」指公共精神。
† 亞當·斯密在上文提到，有些印地安人有把頭顱擠壓成四方形的風俗。
‡ 「教友會」即貴格會。

凶極惡」＊進行了對比。[148]殖民者一再證明自己幹得出兇殘的暴行。一六三六年，當他們燒毀佩科特人的村莊時，他們的納拉甘塞特印地安人盟友嚇壞了，大喊：「這太狂暴了，殺死太多人了！」[149]

「野蠻人」的高貴和「文明」的征服者的野蠻之間的反差，將成為歐洲帝國主義批評史上的一個固定主題。[150]保皇派牧師湯瑪斯・富勒對把大量罪犯、「放縱的人」和其他「人渣」送到殖民地的做法表示遺憾。[151]曼德維爾認為，「最文明的人」經常會做一些野蠻人根本想不出來的「精心設計殘忍行為。」持懷疑論的政治家暨哲學家亨利・聖約翰看法相似：「在我們這個開化和開明的時代……有些人在不公不義和不人道方面超過了我們所聽說於易洛魁人、巴西人或非洲沙漠中最野性居民的。」[152]

威廉姆斯正確地指出，美國土著的戰爭方式「遠沒有歐洲的殘酷戰爭那麼血腥和有吞噬性。」[153]同樣的，在非洲，就像一位見聞廣博的貿易商所說的那樣，戰爭的「血腥程度少我們的一萬倍。」[154]因為儘管十八世紀歐洲的戰爭通常是以一種非常文明的方式進行，仍然死傷枕藉。[155]當笛福筆下的魯濱遜發現有證據顯示一絲不掛的生番吃人肉時，倍感震驚，但經過深思後，他得出結論（無疑是受到了蒙田的影響）：這種習俗並沒有比基督徒一般拒絕給在戰鬥中被打敗的敵人饒命的習慣更糟糕。[156]

十八世紀末，長老派牧師約瑟夫・福塞特（Joseph Fawcett）以歐洲戰爭造成的巨大死亡人數為主題，寫了一首傷感詩。他諷刺地把詩題為〈文明戰爭〉，認為那是一種「精化的野蠻」

（refined barbarism）。一八〇五年，學者型的利物浦銀行家威廉·羅斯科（William Roscoe）宣稱，反對拿破崙的戰爭所表現的陰險、殘忍和兇暴「足以讓野蠻時代也為之蒙羞。」[157]所有這些情況都表明，「野蠻」和「文明」與其說是特定社會的鮮明特徵，不如說是在任何地方都可以在這個時候或那個時候看見的行為方式。

商業的進步雖然常常被誇獎為具有開化效果，人們對它一樣有著明顯的矛盾情緒。不過，很少有人會做到十七世紀中葉「掘土派」（digger）†領袖傑拉德·溫斯坦利（Gerrard Winstanley）那樣的程度：他把貿易形容為「買與賣的偷竊藝術。」[158]不過，一代又一代批評者受到共和美德（republican virtue）的古典觀念的影響，聲稱國際貿易帶來的消費品倍增產生了腐敗效果，減少了人民的公民責任感，削弱了他們的尚武精神，並導致了十八世紀中葉作家約翰·布朗所說的「粗俗奢華」和「娘娘腔的生活精化」（effeminate refinement）。[159]亞當·斯密完全不是貿易的敵人，但他也注意到商業對人的精神和道德品質的不良影響。他認為，因為參與了貿易，人們的心靈「收縮了和無法提升」，教育「被鄙視或至少被忽視」，又因為商業會窒息勇氣，他們的英雄氣概「幾乎完全熄滅。」他提醒他在格拉斯哥大學的聽眾，在一七四五年，「手無寸鐵的四、五

---

* 新英格蘭的清教徒起初不歡迎貴格會，會加以迫害。

† 英國內戰時期的新教激進群體，主要由貧民組成，主張農場應該共同擁有並且一起耕作，以及建立社會平等、政治平等的小農村社區。

千蘇格蘭高地人占領了蘇格蘭的進步地區，沒有遇到當地怯戰的居民的抵抗。」[160]

許多十八世紀的啟蒙思想家表達了對貿易和商人的類似懷疑。商業也許能培養出令人愉快的舉止，但它也將個人利益提升為一種指導原則，鼓勵人們只為錢做事。[161]商業讓人類成為一個大家庭之說被十七世紀晚期以來不斷發生的貿易戰爭推翻，這些戰爭讓歐洲陷入動盪。一六六九年，大商人暨經濟作家約西亞·柴爾德（Josiah Child）告訴一個上議院的委員會，所有貿易都是「一種戰爭。」美國政治家亞歷山大·漢密爾頓（Alexander Hamilton）在《聯邦論》（*The Federalist*, 1787-89）中力言，商業並沒有熄滅衝突的火焰，只是用一種戰爭目標代替了另一種戰爭目標。[162]柏克甚至主張，禮貌不是人們通常以為的那樣是貿易的結果，而毋寧是貿易的原因。[163]

另一些人指出，把酒和槍枝賣給非洲人產生了十足的有害影響，而非洲人的狀況在與歐洲人接觸後也每下愈況。一八〇七年，羅斯科告訴議會，因為英國貿易商以槍和酒換取奴隸，阻礙了「非洲本來可能取得的文明和進步。」三十多年前，庫克船長在第二次造訪紐西蘭南島的一個社區後，反思了毛利人跟歐洲人與「開化」基督徒貿易所帶來的損害：

> 我們敗壞了他們的道德……我們在他們中間引入欲望，也許還有他們本來不知道的疾病，而這只會擾亂他們和他們的祖先曾經享有的幸福安寧。如果有人否認這一說法的真實性，那請他告訴我，美洲土著整體來說從他們與歐洲人的貿易中得到了什麼。」[164]

一個需要後人才得知的發現是，由城市化所加劇的國際貿易是傳染病在全球蔓延的主要原因之一。[165]

到了十八世紀晚期，文明生活的幾個關鍵方面開始嚴重倒退。亞當・斯密指出，文明社會必須讓下層階級處於從屬地位，因為為了讓富人過上舒適的生活，他們必須勞動。他寫道：「在一個文明社會裡，窮人同時要養活自己和為高等人提供巨大的奢侈。」勞動分工有益於經濟，甚至可以讓窮人的生活比其他地方的窮人好，但在亞當・斯密看來，它嚴重壓縮了那些要整天從事機械性重複工作的人的精神生活。在眼見連思考都有可能成為專門職業的情況下[166]，他感嘆說：「一種昏昏欲睡的遲鈍看來麻木了一個文明國家低下階層幾乎所有的人的智力。」反觀在所謂的野蠻社會裡，每個人「都有相當程度的知識、聰明和發明才能。」亞當・斯密的希望是，由國家所提供和普通人負擔得起的學校能夠彌補這種情況。[167]比他年輕的斯圖亞特同樣遺憾於勞動分工把人變成了「活的機器人」，期望有機器被發明來接手重複性的工作。[168]然而，另一位蘇格蘭哲學家鄧巴認為，歐洲大多數「文明」國家的下層階級「處於一種智力低下的狀態」，而這種低下「是粗野野蠻人的歷史上罕見其匹。」他總結說，在比較他們的美德和幸福水平時，歐洲人並不比「格陵蘭或幾內亞最簡單和最粗野的人種」好多少。他們對這些民族的蔑視態度類似隨時準備好詆毀所有其他民族的古希臘人。在這兩種情況中，偏見都是建立在無知之上。[169]

和這一類分析分頭並進的，是狄德羅和盧梭的激進批判：他們慷慨激昂地揭發他們在文明社會看到的不公不義、無休止的辛勞、性挫折和人為的欲望。在盧梭看來，是私有財產制度和隨之而來的不平等腐蝕了人類。[170]與可以起巨大齊頭化作用的野蠻狀態不同，文明就像一位蘇格蘭的「推測史」史家所說的那樣，會「引入等級的區分，使下層的人遠遠低於他們天生所該享有的地位。」[171]喬治・福斯特（George Forster）是庫克船長第二次航行時的隨船博物學家，他指出，大溪地人的「幸福的平等」跟一些文明國家的下層階級的苦難和上層階級的「無限貪欲」形成鮮明對比。但他補充說，即使在大溪地，社會差別也在不斷擴大。他預言那裡的老百姓最終會察覺到正在發生的事，到時，他們的「正當人類權利意識將會覺醒」，從而「帶來一場革命。」[172]

在一七九〇年代，瑪麗・沃斯通克拉夫特宣稱文明可以是「幸福之首」，是「人類的真正完美」，但前提是要能每個人都享受到它。然而，「荒謬的等級制度」已經讓文明變成「一種詛咒」。潘恩同樣感嘆說，所謂的文明讓社會的一部分變得更加富裕、讓另一部分變得比在自然狀態下更加悲慘。結果就是，「文明」國家一個大比例人口「處於一種貧窮和悲慘程度遠高於印度人的狀態。」他們的困境「比假如他們是誕生在文明開始之前更嚴重。」[173]人口學家馬爾薩斯明白的說，在每一個文明國家都必須有「一個所有者階級和一個勞動者階級。」查爾斯・霍爾醫生在一八〇五年也認為，文明不可能在沒有貧窮階級的情況下存在。[174]一八三五年，亞歷克西斯・托克維爾（Alexis de Tocqueville）造訪工業化的曼徹斯特，發現低收入工人生活在骯髒污濁的環境。他寫道：那種地方幾乎可以把文明人變回野蠻人。[175]

拒絕文明

太明顯的是，新大陸的土著或塞爾特邊陲地帶的居民很少有人願意被侵略者「開化」。一五七七年，當航海家弗羅比舍在巴芬島（Baffin Island）遭遇因紐特人時，他發現他們寧投海也不願屈服於征服者。（圖19）他不能不佩服這個「野蠻國家」對自由的執著和島民捍衛自由的「神奇男子漢氣概。」[176]在愛爾蘭，正如斯賓塞所哀嘆的那樣，人們憎恨英格蘭人，不認為有理由照搬他們的生活方式。愛爾蘭人從小就「肆意地按照自己的意願生活」，認為英格蘭法律「最不利於他們與生俱來的自由——他們狂熱地愛著這自由。」在戲劇《女王的阿卡迪亞》（*The Queen's Arcadia*, 1605年演出）中，丹尼爾刻劃一個田園詩般國家的居民抵制世故外人腐敗他們的企圖：

他們在這裡佈下排砲，
要打擊我國的所有主要支柱，
打擊我們的儀式、風俗、天性、老實，
又把我們絕對弄糊塗地
把我們視為野蠻人。
但如果他們那一套
能夠開化，那就讓我們繼續當野蠻人吧。[177]

本著同一種精神，奧索里（Ossory）的天主教主教大衛．羅斯（David Rothe）聲稱愛爾蘭人已經「足夠的開化」：他們不是野蠻人，而是有理性和語言的人。他呼籲國王詹姆斯一世按照他們自己的「生活方式、風俗和習慣」來統治他們。其他愛爾蘭的辯護者宣稱，愛爾蘭人不是野蠻人，英格蘭人才是。[178]對一六四一年愛爾蘭叛亂的敵意報導謂：「那些野蠻人，也就是愛爾蘭的自然居民」，想要給新遷入的英格蘭人「抹去記憶」，以及消滅「他們給這個野蠻民族引入的所有文明和美好事物。」造反的愛爾蘭人拆毀英格蘭人建造的房屋，夷平英格蘭人栽種的花園和果園，搗毀英格蘭人蓋的鐵工廠。為了表示決心「擺脫長期以來對英格蘭民族的臣服」，他們甚至不惜摧毀所有來自英格蘭的牛群和羊群。[179]

在北美洲，根據哈利法克斯侯爵喬治．薩維爾（George Savile）的說法，印地安人更喜歡他們的「邋遢的自由」而不是「我們稱之為文明的生活方式。」正如富蘭克林所言，印地安人的需求是由慷慨的大自然滿足的，因此他們沒有動力去學習能夠改變他們生活方式的技藝。[180]一些觀察者指出，他們的社會和政治安排以相對平等的平等主義和社群共享倫理為特點，所以不存在乞丐。他們的話得到拉漢坦男爵的印證：曾在法屬加拿大作戰和廣泛旅行的他於一七〇三年向英格蘭讀者提供了對休倫印地安人和易洛魁人印地安人的多姿多采介紹。他把早期啟蒙運動的價值觀投射到美洲土著身上，主張他們因為太理性而無法接受基督教的信條，並形容他們「不知道你我之分和尊卑之分為何物。」他說，他們生活在「平等的狀態中，遵循著自然的原則。」[181]前奴隸奧托巴．庫戈亞諾（Otobah Cugoano）稱，在西非，社會不會讓窮人陷入赤貧。[182]

一位觀察者在十七世紀中葉指出：「野人認為放牧牛隻和想打仗便打仗才叫自由。在他們看來，耕作、播種、收割和工匠行業不過是發明出來奴役一個民族，卻美其名為『開化』他們。」[183]「野人」說得不錯，因為西方人引入「文明」的目的確實是為了讓他們政治服從和持續勞動。*不喜歡進行用牛犁田的艱苦勞動，印地安人採取刀耕火種，把莊稼種在肥沃、沒有雜草的灰燼裡，一兩年後移動到別處。像愛爾蘭人一樣，他們有時透過攻擊殖民者的牲畜來表達他們對英格蘭生活方式的憎恨。[184]威廉・羅伯遜在《美洲史》（*History of America, 1777*）中解釋說，印地安人把自己的風俗習慣視為卓越的標準，喜歡自由、獨立和平等而不喜歡文明社會的顧慮、約束和不平等。一七六一年，一名曾出使切羅基印地安人的英格蘭軍人報告說，他們的老年人仍然緬懷白人屯墾者出現之前的日子。[185]

特別令人尷尬的是有些英格蘭殖民者（男女都有）逃到印地安人那裡去，要不就是被俘虜後選擇留下來，即使有機會回家也不回去。這些人之中有些人毫無疑問是今天所謂的「斯德哥爾摩症候群」的受害者，他們在被俘虜的過程中對劫持他們的人產生了同情的情緒，對他們沒有受到像他們原本擔心的那樣惡劣的對待有非理性的感激之情。另一些人是年幼時就被俘，受到印地安

＊　原注：在麥佛森（James Macpherson）看來（他是蘇格蘭高地往昔的仰慕者和託名傳奇塞爾特吟遊詩人奧西安[Ossian]的詩的出版者），葬在詩人格雷（Thomas Gray）的鄉村墓地的農業勞工都是些「該死的流氓，只知道犁田和播種。」見*Boswell's London Journal, 1762-1763*, ed. Frederick A. Pottle (New York, 1950), 110.

文化的同化，不願與家人團聚。類似地，嫁給了印地安丈夫的女俘虜也會拒絕離開。[186]

這種現象從建立殖民地一開始就存在，而儘管維吉尼亞總督在一六一一年對「叛逃者」制定了嚴厲的懲罰，但情況依然持續。一位現代歷史學家指出，這種現象可能是反映著，有頗多早期的屯墾者「對英格蘭文明的擴展漠不關心，很樂於融入土著社會中。」[187]一六四二年，康乃狄克普通法庭抱怨說：「形形色色的人從我們中間離開，與印地安人同住，過著褻瀆的生活。」在「七年戰爭」中被俘虜並強行融入印地安文化的英格蘭士兵經常發現很難回歸英格蘭的生活方式，有些人甚至與俘虜他們的人並肩作戰，對抗他們的前戰友。到了一七八二年，據說（大概有點誇張）有「數以千計」的歐洲人變成了印地安人，卻「沒有半個土著選擇成為歐洲人的例子。」[188]富蘭克林認為，當一個印地安孩子是在殖民者中間長大，那麼，一有機會，他就會回到族人身邊；反之，一個白人年輕人如果曾被印地安人俘虜又被解救出來，那麼，一有機會，他就會逃回樹林裡。他認為，這是因為所有人都喜歡過一種安逸、不需要操心和勞動的生活。[189]

一個類似的問題也出現在所謂的「叛徒」身上，即被摩爾人俘虜的英格蘭航海者，他們皈依伊斯蘭教，定居在土耳其或北非。一個例子是海盜法蘭西斯・韋爾尼爵士（Sir Francis Verney），他以阿爾及爾為基地，突襲自己國家的船隻。許多人是因為囚禁的艱辛和想獲得較好待遇而轉皈。[190]其他人的轉皈據說是「出於自願，沒有受到任何威脅和恐嚇」，並成為了比土耳其人更根深柢固的基督教敵人。[191]一位曾在土耳其被俘並監禁的詹姆斯時期旅行者認為，叛徒「大部分是流氓，不然就是人渣，是在基督教世界無法生活的惡棍和無神論者，他們逃到土耳其人那裡尋求幫助和救濟。」[192]穆斯林不要求皈依者接受割禮的誤傳無疑讓轉皈更加容易。（事實上，只有老人可能會因為禁不起手術而喪命才得以豁免。）[193]對於那些希望加入巴巴里海盜或加入鄂圖曼帝國菁英軍事單位的人來說，轉皈是必不可少的。另一些人改教是為了方便：一位傳教士在一六二八年指出：「有數以百計的人在土耳其時是穆斯林，在國內時是基督教徒。」[194]

雖然沒有選擇退出文明社會，但很多人仍然感覺隨著文明程度的提高和「奢侈」商品的增加，有些東西已經消失了。早在十六世紀的蘇格蘭，對簡單生活的懷舊情緒就已經越來越普遍。[195]一六〇九年，法國探險家馬克．萊斯卡博特（Marc Lescarbot）對阿卡迪亞（Acadia）易洛魁人的探險記載的英譯本出版。此書把印地安人描繪為一個聰明機智的民族，認為只要他們能夠皈依基督教並被說服從事新的手工藝，就能取得很大成就。但作者承認，他們過著比法國人還要心滿意足的生活：他們一起生活，沒有金錢，分享食物；他們缺乏野心，沒有訴訟，爭吵很少；他們是一個快樂的民族，總是唱歌跳舞。[196]相似的，在歐洲和近東進行了大量旅行之後，費恩斯．莫利森在一六一七年得出結論說，世界上最快樂的人是游牧民族：他們住在帳篷裡，透過不停的移動避開了「夏天的炎熱、冬天的寒冷、牧草的稀缺、各種疾病和所有不愉快的事情，但又可以享受到所有地方的商品。」[197]湯瑪斯．莫頓聲稱，美洲土著雖然是「未開化」的民族，但由於他們對「各種小裝飾」和「多餘的商品」漠不關心，所以過得更幸福、更自由，「沒有任何顧慮。」蒙田的崇拜者威廉．沃爾溫遺憾於人們不再「按照自然的方式」生活，老是追求「多餘的精緻和人工的物品」。（但他後來改變主意，逐漸相信只有「大量的貿易和商業」才能產生「幸福和繁榮。」）[198]

天主教教士約翰・林奇（John Lynch）為愛爾蘭土著在英格蘭人來到前所過的純真田園生活辯護，說他們當時沒有被仿大理石宮殿、鑲嵌地板和雕花壁爐架等炫耀性奢侈品的污染，舉止樸實，也沒有後來蔚為流行的奴性表現。詩人特拉赫恩在《千百年的默想》（*Centuries of Meditations*）中聲稱，真正的野蠻人是現代的基督徒，而那些赤身露體、靠水和樹根生存的野蠻人過著的是亞當和夏娃一樣的生活。他承認，有些野蠻人也喜歡物質商品和貪圖珠子、玻璃紐扣和羽毛等物，但「我們在野蠻的意見和可怕的疑懼方面超越他們，我們稱此為『文明』和『模範』。」類似的，古文物家奧布里緬懷「在財富和技藝引入奢侈和虛榮之前的古老時代。」他欽佩「文明國家稱之為野蠻的這種原始的單純。」[199]

在他大受歡迎的詩集《四季》（*The Seasons*）的第一集《冬季》（*Winter*, 1726）中，詩人詹姆斯・湯姆森（James Thomson）為拉普蘭人（Laplanders）的純真而歡慶：

他們
鄙視殘忍無情的野蠻貿易戰爭；
他們要求的只是大自然的賜予。
……
沒有虛假的欲望，沒有驕傲造成的需求

> 擾亂他們時代的和平潮流。
> ……
> 他們的馴鹿是他們的財富。他們有的只是
> 帳棚、長袍、床鋪和
> 尋常的豐富供應。

他依據的資料來源是一份德文的記載，其中把拉普蘭描述為一個「未經修飾」和有點「野蠻」的地方，但那裡幾乎不知偷竊、謀殺和通姦為何物。[200]類似地，庫克船長認為「新荷蘭」（即澳洲）的土著人比他的歐洲同胞幸福得多，因為他們中間沒有不平等，也對「宏偉的房子」和「各種家庭用品」等多餘的東西漠不關心。他報告說，在東加，「每張臉上都寫著歡樂和滿足。」[201]當美國人萊德亞德在一七八七至一七八八年間在西伯利亞旅行時，他發現當地人沒有什麼欲求，沒有被「文明的奢侈」給「甚至是其普通成員」帶來的困難所困擾。他遇到的是一群「持續流動著善良天性和快樂」的人民。[202]

在十八世紀的英國之類的社會裡，當其具活力的成員都致力於追求物質和智力的進步，上述那種對簡單生活方式的嚮往化永遠只是少數人的意見。然而，許多近代早期的知識分子都與原始主義（primitivist）的傳統調情，認為所有形式的文明都令人遺憾地背離了人類最初的單純，認為野蠻人的勇氣、強壯、自由和幸福值得欽佩。基督教的墮落（Fall）教義保留了曾有過

一個原始純真時代的概念，認為人就是從那個時代下墜為罪人。赫西俄德（Hesiod）、盧克萊修（Lucretius）和維吉爾（Virgil）都寫過描述原始純真的黃金時代的古典神話，但都比不上奧維德（Ovid）有許多英譯本的《變形記》（*Metamorphoses*）。這個神話有好幾種形式，它們有些主張最早的人類種穀放牧，有些認為他們靠大自然豐盛的恩賜維生。不管是這兩種情況中的哪一種，這個神話都斷言人類一度過著和平的生活，不受貪婪和野心的敗壞，也不需要法律和政府。[203]威廉・沃特曼（William Watreman）在一五五五年指出，在「天地初開的粗魯單純中」，人們「用不著榮耀，也不追求財富，每個人都只以擁有很少的東西為滿足。」伊麗莎白時期詩人邁克爾・德雷頓（Michael Drayton）回顧了一個不懂暴食、酗酒、奢侈時尚和殘殺的純真時代是如何隨著金銀的發現、鑄幣的發明、武器的製造和能夠探索未知土地的船隻的建造而結束。劍橋大學前副校長惠奇科特評論說，儘管「文化和教育」可以「開化人的舉止」，但它們往往讓人「比他們在未受教養的自然狀態中邪惡。」就連洛克也曾說，在人被「虛榮的野心」和「邪惡的貪欲」敗壞之前，有過一個「純真與真誠」的黃金時代。[204]

簡單生活的道德優越性一直是個流行的主題。吉朋承認，儘管文明的進步有助於緩和人性中較暴烈的激情，但對貞操的維護卻沒有太大幫助。他的歷史學家同道威廉・羅伯遜指出，一些哲學家（他舉的例子是盧梭）曾假設「人在到達優雅狀態（state of refinement）的很久以前，便已表現出最高的尊嚴和卓越。在野蠻簡樸的生活中，他展現出一種高尚的情操、一種獨立的思想和一種溫暖的愛——這些都是文明社會的成員千方百計尋找而不可得。」瑪麗・沃斯通克拉夫特把野蠻人視為「一個道德存有」，認為他們「與過著人工化生活的優雅壞蛋相比儼如天使。」[205]

許多對人類演化的描寫都是繼承自古典時代，而它們都包含著一個激進的訊息：偷竊、謀殺、戰爭和社會壓迫是向文明生活過渡的必然結果。欲望的倍增和對區別的渴望只會導致不快樂。這是盧克萊修的信仰，他的文明觀曾有道理地被形容為「極端的模稜兩可。」在西元前四世紀，這也是犬儒學派（Cynics）的教義。這一派的人選擇生活在一種原始簡樸的狀態中，反對被同時代人視為是文明生活的東西的大多數屬性。[206]

在近代早期，痛苦悲慘會尾隨社會和經濟進步而來的觀念被反覆重申。受到特別強調的是私有財產的破壞性效果。論者謂，私有財產制度在伊甸園中並不存在、後來是作為對人類邪惡行為的補救而產生。據信，初代基督徒實行的是財產共有制。在後來的中世紀教會史中，私人財產的合法性經常受到質疑：最知名的例子是聖方濟，他聲稱無論是私有財產還是共有財產，他一律放棄。[207]這些宗教壓抑和古典神話懷疑財產的訊息齊頭並進。例如，一五四三年，亨利・派克（Henry Parker）——後來的莫利勳爵（Lord Morley）——把他翻譯的一部薄伽丘的作品呈獻給亨利八世。書中講述了羅馬女穀神如何將人類從野外的流浪者變成定居的農民和城鎮居民，從而使他們變得「老實和文明」。然而，隨著農業的發展，開始出現圈地和私有財產，也開始了「使用『我的』（*meum*）和『你的』（*tuum*）這兩個尖刻字眼，後者同時指共同財富和私人財富的敵人。」在那之後，出現了「貧窮、奴役、衝突、仇恨、殘忍的戰鬥和烈火般的嫉妒。」因此，「人的生命因飢荒、饑餓和爭戰而縮短，這些東西從前是住在森林裡的人所不知道的。」[208]幾年後，法國首屈一指的詩人皮埃爾・德朗薩（Pierre de Ronsard）表達了同樣的觀點。他的國人同胞馬克・萊斯卡波特（Marc Lescarbot）也宣稱「戰爭是隨著土地的私有而來。」[209]

許多後來的評論者都同意這種認為私有財產的興起要為人類衝突負責的主張。「我的」（*meum*）和「你的」（*tuum*）是世界上所有紛爭的起因變成一種老生常談。普芬多夫試圖駁斥這一觀點，指出引入私有財產是為了防止紛爭而不是鼓勵紛爭，但白忙一場。[210]一七〇三年，在獻給富甲一方的德文郡公爵的一部作品中，法國軍事冒險家拉漢坦男爵宣稱：「只有瞎子看不出來，財產……是困擾歐洲社會的所有混亂的唯一根源。」[211]類似的，曼德維爾斷言：「引起人類騷亂的一切戰爭和私人紛爭，無不起因於爭佔優勢和你我之分。」這個概念隱含在蘇格蘭「推測史」史家所勾勒的人類發展圖表中。它也出現在考珀的詩歌中，當然亦是盧梭批判文明社會的基礎。[212]

它也寓居在近代早期英格蘭對整個「文明」（civilization）的概念最激進的其中一個攻擊中。這攻擊見於一六五九年阿里斯托芬戲劇《財神》（*Plutus*）英譯本附加的一篇短文。文中，作者（只標示為H.H.B.）攻擊了文明進步的整個概念。他主張，人自被逐出伊甸園之後便每況愈下。首先是「對其他生物的殘暴和流血」，然後是對彼此的迫害和奴役。接著，農業帶來了強迫勞動和奴隸制，又隨之而有了私有財產這「不幸的東西」，它挑起競爭，把戰爭帶進了世界。最後，新的技術和發明鼓勵一些民族「自認為比其他民族更文明」，蔑視「被冠以野蠻稱號的無辜生命」，並去征服那些「沒有各種發明但生活快樂的人。」他嘲諷說，如果有這種想法的人能看到伊甸園裡的亞當，一定會想要「為了這個可憐蟲好……教給他一些我們的好禮貌和教養。」作者又補充說，沒有人有權將基督教傳播給其他民族，除非是他們得到上帝的特別授權。[213]

比盧梭的著作早一百年，這作品徹底拒絕了整個文明生活的理念，也絕對剝奪了文明人將價值觀強加給他們視為野蠻人的人的權利。它被藏在一齣不起眼的希臘戲劇後面，當時似乎完全沒被人注意到。[214]人們很容易會把它視為一種智力遊戲，一種文藝復興時期人文主義者流行的悖論修辭練習，相當於羅馬帝國修辭學家對公認的人文概念的文學顛覆。但作者的語氣是嚴肅的。[215]他的文章有力地提醒我們，在近代早期的英格蘭，無論是對於文明的涵義還是它的可取性都從沒有達成一致意見。

有人很好地指出，這是一個最傲慢的文明，也是一個最容易進行激進自我批判的文明。[216]因為，十八世紀歐洲（特別是英格蘭社會）的一個顯著特點是，它不是建立在一套單一的原則之上，而是相互衝突的利益、傳統和價值觀碰撞的結果。這種多樣性中寄寓著它的力量。[217]近代早期是英格蘭急劇擴張的時代，大部分擴張涉及對其他「野蠻」民族的併吞、奴役或殺害。但它也產生了一種文化多元主義意識、對「未開化」文化某種程度的尊重，以及對殖民主義和帝國征服的初生敵意。

秉持這些觀點的從來只是少數人。在十九世紀，英國經濟和軍事力量的日益支配地位讓它對西方文明的優越性產生了巨大的自信。這種優越性證實了對亞洲和非洲的「落後」民族的普遍蔑視是正確，並加強了這樣一種假設：在面對他們時，中止傳統的文明行為標準是完全可以接受的。[218]樂觀主義者相信英國殖民地管理當局會以仁慈和文明的方式管治。傳教士們拋棄早期文化相對主義的觀念，試圖讓「生番」皈依基督教。（圖21）[219]即便是自由主義者也傾向於同意約翰·穆勒的觀點，認為「專制」是治理野蠻人的合法方式——「只要目的是為了讓他們進步，則手段自會因為該目的之落實而獲得正當性。」[220]隨著大英帝國臻於鼎盛，批判性較大的觀點對政府政策的影響相對較小，而在公眾輿論中，它們基本上被一股以種族主義為基礎的帝國主義情緒所淹沒。在一九〇〇年的英國，認為世界分成文明人和或多或少的野蠻人兩種人的看法幾乎就像一五〇〇年一樣流行。

第七章 文明模式的轉變

使人變得如此易控制和溫順，
這些神奇的開化技術，
這種羅馬式的文飾，這種圓滑的行為是什麼？
難道它們不只是為了掩飾我們的激情，
讓我們的外表與我們的想法不一致嗎？

約瑟夫．艾迪生：《加圖》（1713）

仇外的男子氣概

因為就文明的優點和將文明強加給其他民族的可取之處，這之間沒有達成一致意見，這就不奇怪奉文明之名而提出的禮儀和行為準則具有同樣的分歧性。它們經常與根深柢固的宗教和道德信仰相衝突。它們被激進分子視為在政治上有爭議性，也遭到那些相信關於何謂恰當行為和不恰當行為的舊假設的人抵制。

例如，精緻（politeness）似乎有一種浮誇和娘娘腔的味道，對攻擊性和專斷獨行等傳統的男性特質起壓抑作用。「沉著的舉止」和「恭維的舌頭」被一些人視為「僅僅是男兒本色的外表」，不是真品。[1]據說清教徒約翰·哈欽森上校說過，他「最討厭的莫過於只會深鞠躬、打扮自己和討好女人的草包，他們沒有勇氣從事更適合男人高貴性別的事情。」[2]商業的成長和有教養的嗜好出了名的會侵蝕人的戰鬥意志，而曾經被視為最高形式男性成就的軍事勇武看來已經因為文明導師們對綏靖和遷就的看重而地位降低。[3]到十八世紀，保衛王國已經不再是全體成年男性的義務，而是改為交由專業軍人負責。

反觀傳統的男性價值觀卻可以在不太文明的社會裡存活。在十六世紀，當蘇格蘭西部群島的島民遠行到別處時，晚上睡覺會不寬衣睡在地上，拒絕東道主提供的床鋪和毯子，「以免這一類野蠻的娘娘腔玩意兒（他們是這樣稱呼這類東西）會污染和腐蝕他們天生的內在堅韌性。」[4]艾德蒙茲爵士回憶說，加圖曾警告羅馬人，如果他們允許人們學習希臘語，將會失去他們的帝國，「因為這樣一來，他們很容易會從對戰爭的研究和實踐中被吸引到思辨思想的惑人喜悅去。」[5]類似的，湯瑪斯·羅爵士（Sir Thomas Roe）在一六二一年從君士坦丁堡報告說，土耳其人刻意忽視「最柔和種類的藝術和科學」，以免它們會「軟化和開化」一個以「戰爭、流血和征服」為目的的民族。他認為，他們之所以允許英格蘭收藏家買走他們的古代雕塑，是因為他們希望這種對骨董的品味會「腐化」英格蘭人，把他們的心思從「對武器的思考和使用」引開。[6]他說得很對，因為彬彬有禮的紳士們對一些傳統的準軍事娛樂形式感到畏縮，覺得這些娛樂形式粗野。長槍比武大賽和馬上比武在伊麗莎白一世的宮廷非常流行，到查理一世之後卻盛況不再，因為他的品味比較高雅。地理學家卡彭特指出，亞歷山大大帝之所以能夠征服波斯人，是因為後者已經「太過文明，以致失去了堅毅。」據說，現代土耳其人也因為日益「文明」，「古老勇氣」為之大大削弱。相比之下，沒有男人比那些「缺乏所有良好舉止和教育」的粗魯野蠻人更敢於「孤注一擲和冒險。」[7]

婦女在上流社會的突出地位加強了文明會起女性化作用（effeminizing）的想法。論者稱，男人因為花太多時間跟女人跳舞或聊天而男子氣變弱。一位作家在一六七三年認為，應該僅僅把取悅女性視為「讓人愉快的娛樂或教導雅緻的學校」，否則如果一個男人把全部心思放在這上面，便會變得可鄙。有很多人對過度雕琢的危險提出警告，人們也普遍意識到雅緻舉止很容易淪為「嬌氣」。[8]曾經從軍的湯瑪斯．蓋恩斯福德（Thomas Gainsford）嘲笑詹姆斯王朝的朝臣的女人氣，說他們「穿著毛皮靴子，腳幾乎不敢踩在地上，滿身香水味，手裡拿著扇子擋風，騎馬的樣子軟趴趴，而且必須總是走在鋪有墊子的地板上。」亞當．斯密也說：「文明國家所要求的精微感受性有時會破壞男性性格中的堅剛。」[9]

正是由於這種顧慮，詹姆斯一世建議兒子吃飯時不要太過講禮，要「放膽和有男子氣概」地吃。[10]在較低的社會階層，據說否定一切雅緻行為的人很常見，他們喜歡以「笨拙的魯直」為託辭，「嘴上經常掛著『男子氣概』一詞。」[11]捍衛典雅舉止的人試圖安撫人心，聲稱這種舉止並沒有真正女性化或威脅到武德。[12]休謨指出，現代文明國家的軍隊在紀律和軍事效率上遠勝野蠻人。[13]其實他還可以提醒批評雅緻的人說，騎士傳統既重視禮貌，也重視勇氣。喬叟筆下的騎士曾在歐洲、小亞細亞和北非各地驍勇戰鬥，但他的舉止卻「像少女一樣溫柔。」*然而，對日常生活中平和行為的新強調卻確實涉及對上層階級的男子氣概理想的重新定義。直到近代，從軍仍然是紳士可以接受的職業，但軍事技能不再被認為是每個男人都應該擁有。社交生活讓節制、約束和低調比自吹自擂和自以為是更受重視。†一位現代歷史學家甚至把近代的文明化進程形容為「把男性給女性化。」[14]

在整個近代早期，英格蘭人都有一股仇外情緒，敵視外來的禮儀習慣和問候方式。這部分反映了新教徒對來自天主教國家的任何東西的不信任。詹姆斯時期的一位作家認為「彎腰到膝蓋以下的新式敬禮」是從義大利進口，所以應該被「任何善良、樸素、老實的人」所鄙視。[15]大主教勞德（Laud）不喜歡「向漂亮女士下跪」這樣的「西班牙把戲。」[16]其他人則抨擊「下流的義大利式恭維的販子」，理由是「發自內心真誠的寥寥數語」比「一萬句恭維話」更讓人受用。談性格的作家約翰·厄爾稱「一個魯直的人」是「優雅紳士和恭維事宜的大敵。」「英格蘭的質樸語言」廣被認為比「西班牙的恭維語」更可取[17]，而「英格蘭的老實」被認為比「猴似的動作姿勢」和「法式雅緻的虛情假意」更優越。（圖26）[18]巴納貝·里奇在一六〇四年寫道：「我們的祖先都是些直來直往的人，不懂得現在使用的那些忸怩作態的恭維話。」[19]

義大利的禮儀手冊也不受信任，因為它們其中一些縱容決鬥。帕爾默爵士在一六〇六年稱，那些遵行「義大利文明（civility of Italy）」的人「讓全世界都知道，他們身上的文明不能容忍別人對他們不文明而沒有最高程度的怨恨。‡」[20]一六八六年去世的牛津郡紳士亨利·鄧奇（Henry Dunch）的大理石墓碑上刻有這樣的碑文（部分）：

對人和禮儀的好奇心
驅使他年輕時去了南方國家。
雖然離太陽越近的國家看來越文明，
但它們也越看重復仇和奢侈。
因為得到這些觀察，他回國後
比以前更尊敬英格蘭。[21]

---

* 這是喬叟的詩句，作者曾在前文引用。

† 原注：看來時至今日仍然有些人覺得文雅是對他們的男性雄風的威脅。在一九九四年九月二十二日的《倫敦書評》（*London Review of Books*）中，我談到學術爭論應該保持禮貌，沒想到下一期有個憤怒讀者表示：「誰想要禮貌這玩意兒？它們比《倫敦書評》的讀者投書版更具**閹割**效果。」（標示字體出自筆者）

‡ 指別人若是對他們無禮就會要求決鬥洩恨。

因為英格蘭人的道德操守似乎受到了歐陸的品味和矯揉造作的威脅，出現了不少反對把年輕紳士送出國學習如何「用善良和無害的爽直換取恭維」的聲音。[22] 一六一七年，特別見多識廣的旅行家莫利森建議那些到國外旅行的人到達國外時要採取國外的舉止習慣，但回國後應把它們甩掉：他們應該擱置「義大利的湯匙和叉子、法國的矯揉造作姿態手勢，以及所有的奇裝異服。不錯，即便是通得過他們良好判斷力的外國舉止，如果不為他們的國人同胞所喜，也得拋棄。」[23] 很多旅行者看來沒有理會這一類警告，因為抱怨他們把外國舉止習慣帶回來的聲音很多。一六一四年，諾丁漢郡一位紳士感嘆說：「現在，聳聳肩表示『小心』或『保持耐心』，挑起眉毛表示讚賞，上下點頭表示贊同，要扮演老角真不容易。」大多數英格蘭人不喜歡這類身體動作。[24] 他們也更寧願認為自己是坦率的、直白的，沒有各種外國的「拐彎抹角」，而他們也好談自己的「坦率」和「真誠」。莎士比亞筆下的亨利五世稱自己為「質樸的軍人」和「質樸的國王」，既不會「在愛情中裝腔作勢」，也不會用跳舞或寫詩來討好女士，是個「不會把『此情不移』說得滾瓜爛熟的人。」真正的英格蘭紳士固然缺乏那種對他們的法國人鄰居來說自然不過的「奉承和恭維本領」，但他們的「真正英格蘭長才」是「質樸、好客、溫文爾雅，沒有太多的儀式和偽裝」，比「帶著諂媚和裝腔作勢的時髦假惺惺」要可取得多。有些最高社會階層的人甚至隨時準備好聲稱，粗暴和不逢迎的風格乃是英格蘭人身分的本質要素。[25] 詹姆斯黨人沃頓公爵（Duke of Wharton, 1698-1731）——他是「地獄火俱樂部」（Hell-Fire Club）的創始人和出了名的放蕩和揮霍——曾經感嘆說，因為「大量外國人的湧入」，英國人的老實已經「消失在偽裝和雅緻中。」[26]

在十八世紀，許多外省鄉紳拒絕追求文化修飾，迴避文雅社交圈，堅持他們傳統的狩獵、飲酒和日常施暴生活。類似地，十八世紀的倫敦也充斥著許多以醉酒、賭博和淫穢為能事的男性俱樂部。（圖11）[27]

先生，別告訴我你的時髦生活方式，
在法國受到愚蠢的花花公子們什麼樣的款待。
傻瓜們見面時是多麼的拘謹，
每一個都帶著死板的禮節待人。
我討厭你為了巧克力和茶而離開房間，
你的甜食和點心都丟給了我。
給我你的普通紅葡萄酒和老實的蘇打水，
它不會拒絕他的酒杯*和厭惡抽菸者
〔噁心地對著煙囪高喊〕。
吃甜點的時候，我不需要你拿盤子，
也不需要你手裡拿著餐巾，站在水池旁邊。

* 普通紅葡萄酒不需要用高級酒杯喝。

我不會因為被人看見人在一間骯髒和
散發著臭菸葉味的密室而臉紅，也不會
想要掃帚。[28]

禮儀與道德

與對外國文化的支配性的準民族主義恐懼密切相關的是，外省出現了一股強烈抵制大都會社會的矯揉造作的風氣。這是因為，新的文雅準則是從倫敦和宮廷對外傳播的。在這方面，外省的回應方式表現為呼籲「質樸的英語」和「沒有恭維的率直互動。」據說，外省居民的「友誼多於恭維，真話多於詞采。」[29]在約克郡，對不必要禮節的粗暴厭惡近乎徹頭徹尾的粗魯，而這種厭惡至少從好鬥英雄喬治（George）——「韋克菲爾德的捕獸者」（Pinner of Wakefield）*——開始就成了本地區的身分象徵。他在伊麗莎白時期的同名戲劇†中告訴愛德華國王：「咱們約克郡人說話生硬，不懂宮廷內的說話技巧，也不懂古怪的時尚。」[30]

在遠離倫敦的地方，十九世紀的地方方言詞彙表表明，小碎步、「優美談吐」和其他有矯揉造作之嫌的「神態和風度」都可能會引起人們的嘲笑。那些試圖擺脫在地口音以假扮出身高貴的人，還有那些從倫敦引進餐桌禮儀作為炫耀的人，都會招來在地人的鄙視和敵意。自十七世紀以來，這一類矯揉造作一直受到指責：「Marry, come up, my dirty cousin!（少來這一套！）」不存在讓後來世代所說的 la-di-da（裝模作樣）可容身的空間。[31]當年輕的洛克從牛津回到薩默塞特郡的農村探望老家時，他被「兩、三個漂亮的鄉下姑娘迷住了，她們沒有一絲造作。」[32]普通百姓很少用「雅緻」這個詞，因為他們認為那是指一種不可取的裝模作樣行為。儘管很多人試圖透過招搖穿著來模仿更高的階級，但也有人不喜歡不合身分的服飾，寧取簡單樸實的風格。[33]

在整個近代早期，人們強烈喜愛樸實無華和直接的語言，敵視「滑稽的動作和猴似的手勢」，厭惡「奉承的藝術和文縐縐的說話技巧。」[34]這種愛好的捍衛者聲稱，他們的雅緻是一種更純粹的形式，沒有受大都會‡或宮廷時尚的污染。[35]然而，被一些人所認為是「誠懇率真」的語言不可避免地被其他人視為庸俗和粗野。一六四〇年，一位禮貌指南作家反對說話坦率是最好策略，警告說：「你有時可能太直白了。」正如休謨所說的：「古人的簡單直率可以是極為親切和感人，但現在往往流為粗鄙和辱罵，下流和淫穢。」[36]

然而休謨也指出，「現代的雅緻（modern politeness）」可能會有矯揉造作、裝腔作勢、偽裝和不真誠的成分。因為雖然禮貌可能可顯示一個人對他人的真誠仁慈，但它們通常是一種掩飾真實感情的外交手段。這種隱瞞是禮貌的本質，因為禮貌教人要盡可能取悅所接觸到的人。不可避

* 原注：「捕獸者」是把走失牲口關到畜欄去的地方官。
† 即《韋克菲爾德的捕獸者》。
‡ 指倫敦。

免地，它要求模擬和偽裝。此外，強調人己的和睦相處往往出於認識到，這可以幫助一個人在生活中得利。正如一位作家在一六三八年所說的：「想要在任何生意謀取利益的人必須讓自己和藹可親、易相處和有禮。」[37]恭維和禮貌很容易淪為虛假的奉承。約瑟夫．艾迪生想像，一個在一六八二年造訪英格蘭的爪哇島班塔姆（Bantam）使者這樣向本國報告：英格蘭人認為班塔姆人是野蠻人，他們自己才是文明人，因為班塔姆人想什麼說什麼，他們卻心口不一。[38]

中世紀的朝臣形象——一個阿諛諂媚的偽君子——在近代早期有了新的生命[39]，而且良有以也，因為雖然伊拉斯謨認為良好舉止是內在美德的一種表徵，後來的大多數行為指南把重點放在外在：對它們來說，外表就是一切。拉萊格爵士把恭維定義為「一種有禮和優雅的謊言」，沃頓爵士認為禮節和恭維是「偽裝者的姿態和語句」，而另一位詹姆斯時期作家則稱逢迎為「不誠實的文雅」（dishonest civility）。[40]在詹姆斯一世的宮廷裡，一位荷蘭訪客察覺到，一個男的向他「脫帽和鞠躬，一副尊敬的樣子」，但心中「卻是想要把他的頭砍下來。」[41]《紳士告誡者》（*The Gentlemans Monitor*, 1665）的作者說：「我們喜歡把……我們的奉承稱為『文雅』。」哈利法克斯侯爵恰當地將禮貌定義為「好教養的虛偽。」在曼德維爾看來，禮貌的藝術「與美德或宗教無關」，目的是奉承他人的驕傲和自私，隱藏自己的驕傲和自私。[42]許多十八世紀的作家譴責

讓舌頭與心相矛盾的高尚藝術。

有個人說他是任我吩咐的僕人，

心裡卻希望我被絞死。
另一個人希望看見我躺在墳墓裡，
卻發誓他是最聽我話的奴隸。[43]

認為日常生活的普通禮節中包含無數的小謊言，在道德家是老生常談。威廉．帕金斯認為：「那些靠討價還價為生的人通常會撒謊和偽裝。流動商販口若懸河，與他們打交道的人幾乎不知道什麼是真理。在這方面，基督徒要弱於土耳其人，據說後者平等而坦率，沒有欺詐。」笛福抱怨說：「現在生活中所有的日常交流都充滿了謊言。由於餐桌謊言、敬禮謊言和交易謊言的存在，現在沒有一個人對鄰居說真話。」休謨有相似看法：「如果沒有無惡意的偽裝（更確切地說是模擬），人在世界上寸步難行。」[44]

文雅行為的赤裸裸不真誠導致了有良知的人進行了頗多的內心反省。一六五九年，激進論辯家亨利．斯塔比（Henry Stubbe）起而反對人們在給平輩或地位較低的人寫信時簽署「你的僕人」。[45]一個多世紀後，福音派的漢娜．摩爾詳細闡述了要僕人告訴來訪者主人不在家的危險性。她認為這種「天天和每小時都要說的謊言」會敗壞來自鄉下的年輕傭人，他們本來不習慣明目張膽地撒謊。不能用這是一種慣例性謊言來為此辯護，說它就像「在信的上款寫『親愛的先生』，下款寫『你卑微的僕人』，雖然對方和你不親，也不是你的上級。」有些「一絲不苟的人」不但沒有依靠這種軟弱無力的藉口，反而對讓僕人撒謊的做法感到反感，所以「坦然拒見那些無所事事的早上訪客，不讓他們打斷進行中的事務或學習鑽研。」[46]

雅緻與誠實之間的衝突反映在論良好舉止的經典文本中，它們一方面主張殷勤和遷就、另一方面也反對奉承和虛偽。[47]這種衝突大量出現在柴斯特菲爾德勳爵在一七七四年死後出版的《家書》（*Letters*）中，此書把禮貌視作推進前程的偽裝。很少人有第四任吉阿什爾勳爵（Lord Geashill）迪格比（Digby, d. 1686）的本領：據說他人生中從沒有說過不是本意的話，也沒有撒過謊，「即便是恭維也是發自真心。」[48]

在批評禮貌性偽裝的人之中，最突出的是信仰虔誠者。英格蘭新教與文藝復興時期的文雅觀念毫無瓜葛，有時還會與它們強烈對立。毫不奇怪地，那些攻擊教堂跪拜為「卑躬屈膝」並嘲笑天主教儀式為「舞台劇」的人*也同樣敵視日常生活中的儀式和「拘禮」（formality）。[49]如果不可用繁複的恭順姿勢敬拜上帝，那麼把它們用於人與人之間的關係便更不合適。因此，在一六四一年，一個充滿敵意的小冊子作者斷言，有些人認為所有的禮儀都是天主教的東東。[50]威廉．帕金斯相信，脫帽致意、彎膝和恭維很少是真實感情的表徵，反倒常常隱藏著真正的敵意。[51]埃塞克斯郡牧師傑里邁雅．戴克（Jeremiah Dyke）認為，「文雅的賭咒」與痞子們的「惡毒謾罵」和「污言穢語」一樣令人反感。[52]傳道人布魯克斯直截了當地宣稱，禮貌「常常是不虔誠的源泉、奉承的母親和真正聖潔的敵人。」約翰．班揚（John Bunyan）稱恭維為「可憐巴巴的藝術」，因為「恭維越多，真誠越少。」他筆下的「宣教師」（Evangelist）告訴「朝聖者」（Pilgrim），文雅先生「雖然彬彬有禮，卻是個偽君子。†」[53]劇作家威廉．懷切利（William Wycherley）筆下的「煞有介事勳爵」（Lord Plausible）宣稱，即便他說過任何人壞話，「出於禮貌」，他也只會在背後說。[54]

因此，文雅似乎和宗教越來越脫勾。很多虔誠的清教徒注意到，內心沒有「上帝火花」的人「能夠在他們的外在行為中非常有秩序和有禮貌。」良好舉止與邪惡品性是完全可以相容。一個人可以非常看重社會莊重而鄙視宗教。[55]事實上，文雅不僅僅與追求永生無關，還可以積極地阻礙它，因為文雅行為的規範似乎暗示著避免冒犯他人比取悅上帝更重要。「良好舉止」是「對得到恩典的一個障礙」：「那些最勤奮地教導或踐行其中一者的人往往對另一者最為忽略。」[56]一個人單是活在外在的文雅中是不夠的，真正重要的是和罪進行精神鬥爭。清教徒傳道人經常譴責「只知文雅」，認為「只在意在這世上的美好舉止」的人總是會忽視基督。[57]

在世俗的人看來，嚴肅的宗教投入似乎是不文雅的：約翰・懷特（John White）在一六一五年感嘆說：「如果一個人對宗教的熱情多於普通一些，就會與我們時代的文雅幾乎不相適。」例如，在宴會上大談宗教話題，被許多人認為是「不文雅和不禮貌的。」向鄰居或陌生人傳福音的舉動也是如此。[58]責備別人的罪過是「不文雅的」，而叫醒做禮拜時睡著的人是「不禮貌的。」拒絕在朋友的勸酒下過量飲酒也是如此。露絲・哈欽森稱讚丈夫有本領批評別人的驕傲和愛虛榮而

* 指虔誠的新教教徒。

† 「宣教師」和「朝聖者」都是班揚小說《天路歷程》中的人物。「文雅先生」云云是把「文雅」（civility）擬人化。

「不會流於不文雅。」但是，就像哈利法克斯侯爵所說的，「現代社會的大部分禮儀」就是在為時髦的惡習隱諱。[59]難怪有良知的牧師出於拯救靈魂的熱情，覺得有必要省略「一切禮節上的恭維」，而世故的人據說相信宗教會讓人變得「粗魯和土裡土氣。」[60]

虔誠的人用一個明顯的理由來證明他們外表上的不禮貌是有道理：「你要我們因為害怕別人不高興或看起來不禮貌而放手不管，任他們下地獄嗎？」[61]但他們有時會走向極端，相信寧可對人粗魯也不可對上帝無禮。據說，有一位熱心的反聖像者「有一種令人不安的習慣，那就是到誰家作客都會立即撕毀和污損牆上掛著的聖像。」*他「幾乎容不下一個紳士的紋章中有十架圖案。」[62]一位敬虔的仕女拒絕接受通常被認為適合出身良好的女孩接受的禮儀教育，宣稱她「願意因她醜陋難看的走路方式而被人鄙視，並努力擺脫靠學跳舞帶來的高傲眼目和俏步徐行——這兩者都是先知以賽亞譴責過的。」波以耳慨嘆，如今有許多年輕女子不懂得文雅行為的規則，在同伴中顯得不合群，而這是因為她們父母「出於錯誤的熱情」，認為良好教養是「有失基督徒身分」的，不足以把他們的女兒帶往天堂。[63]

強調身體克制和自我控制的文雅守則也與某些福音教派的情感至上主義相衝突。清教徒和非國教派教徒常常因為哭哭啼啼、以重鼻音說話、舉止不禮貌、翻白眼、奇怪的動作姿勢和扭曲的面部表情而被嘲笑。[64]當德德姆的教區牧師約翰・羅傑斯（John Rogers）想要表現罪人在地獄裡所受的痛苦時，他雙手抓住講壇上方的天篷，發出可怕的吼聲。[65]這種行為是對正確身體舉止慣例的公然挑釁，而當事人對此心知肚明。一六四一年，一個傳道人得意地說：「除非一個人在世人眼中顯得怪，否則他在宗教和正理上不會是正確的。」[66]一六七〇年，在長老派教育中長大的薩繆爾．派克改宗國教，抱著轉皈者的狂熱，對「不從國教派」進行了猛烈的攻擊，將他們形容為「世界上最粗魯和最野蠻的人」，並將他們比作「美洲生番。」六十年後，「信徒」（believers）、「皈依者」（converted persons）和「重生者」（regenerate ones）這些神聖詞彙仍然受到「鎮上有禮貌的人」的極大厭惡。[67]除非是考慮到他們的整體身體行為風格是抵觸公認的文雅規則，否則我們不可能理解非國教派和「不從國教派」在十七世紀引來的敵意，也不可能理解循道宗在十八世紀引來的敵意（他們以「發出難聽的尖叫聲和比出不得體的手勢」而惡名昭彰）[68]。一位「不從國教派」的朋友甚至建議，為了修補情況，他們辦的學院應該聘請舞蹈老師來教育未來的牧師，讓他們「講話變得典雅和優美，去掉所有讓時尚人士不悅的笨嘴笨舌。」[69]

虔誠的人嚴厲反對為奉行時髦的禮節而浪費時間和金錢。巴克斯特鄙視「人們稱之為教養的虛榮心」，痛惜人們以追求「文雅」的名義把錢花在豪宅、奢華娛樂和對朋友、親戚及鄰居無休止的禮節性拜訪。[70]英國國教的喬治．赫伯特（George Herbert）認為，把日子花在「穿衣、恭維和拜訪」是不正當的。浸信會的亨利．傑西（Henry Jessey）不喜歡他所說的「遊手好閒女

---

* 原注：這個人可能是議會派軍人威廉．史普林特爵士（Sir William Springett, 1620/22-44）。有一次，他去拜訪一個同事，走過走廊時驚見「好幾幅又大又漂亮的迷信畫，內容包括基督釘十架和基督復活等。它們被認為是走廊的裝飾品。」他抽出劍，把畫從畫框中挑出，又用劍尖一幅一幅劃破，然後把畫帶到客廳去見驚訝的女主人。見Mary Penington [sic], *Some Account of Circumstances in the Life of Mary Pennington* (1821), 93-95.

人的閒蕩」，虔誠的瑪麗·貝利（Mary Bewley, d. 1659）受到讚揚，因為「她喜歡待在家裡，不花時間在不必要的恭維性拜訪，也不花時間在挨家挨戶串門子。」[71]這是一個歷史悠久的難題：耶穌會士理查·斯蘭奇（Richard Strange）在撰寫十三世紀主教聖湯馬斯·坎蒂魯普（St Thomas Cantilupe）的傳記時指出，這位聖徒認為「禮儀性的宮廷訪問」是浪費時間，但「避免它們就會被視為是對文雅的褻瀆。」[72]

文雅的其他要求同樣令人討厭。好客是一種公認的社會慣例，但許多人認為它是暴食和縱酒的幌子。為健康祝酒通常被認為是一種禮貌，但它顯然是豪飲的藉口。[73]文雅談話的慣例也遭到了反對。虔誠的人反對閒聊，並對輕率對待宗教話題或完全排除宗教話題以免引起爭執的做法表示遺憾。「在踐行文雅時」，一個人很容易會發現自己「很少地或考慮不周地或嘻嘻哈哈地」談論上帝。[74]威廉·帕金斯願意分配時間給娛樂性談話，但他認為「嘲笑和貶低別人的為人和名字」是一種罪。他也希望人們在用餐時能認真地談論宗教話題。[75]

因此，在整個近代早期，公認的文雅行為準則與敬虔和人格完整之間存在著嚴重的緊張關係。[76]然而，在主流清教主義中，沒有人主張不應遵守基本的文明標準。雖然虔誠的人被認為應該與他們不思悔改的國人同胞保持距離，但他們在地方社區中一樣發揮自己的作用，並認為「對不分好人或壞人的所有人都要有禮貌」是很重要。[77]他們很多人都以舉止優雅而聞名，一個例子是「不從國教派」牧師約瑟夫·阿萊恩（Joseph Alleine），他在談話中表現出謙恭、和藹可親和彬彬有禮「達到了人所能達到的最好程度（要知道人總是受制於人性的共同弱點）。」在為清教徒牧師和虔誠婦女所寫的多人傳記中，非國教派傳記作家薩繆爾·克拉克（Samuel Clarke）特別強調他們的「親切談話」和「和藹可親舉止。」虔誠的伊麗莎白·沃克甚至聘請一位法國舞蹈老師來教幾個女兒跳舞。[78]

貴格會的挑戰

貴格會教徒奉著宗教原則的名義直接衝擊文雅的準則。[79]這教派出現於一六四〇年代之末，而到一六六〇年便已經有了大約四萬之眾，信徒主要來自中間階層。他們並不是第一個質疑頭銜或拒絕向高等人脫帽致敬的宗教群體：較早前也有異端派別和非國教派派別拒絕接受約定俗成的示尊方式。[80]但在徹底否定所有社交禮節上，貴格會教徒前無古人（除非把古希臘的犬儒學派算進來）。他們甚至不再遵守身體乾淨的慣例。[81]追隨《聖經》中有關上帝不偏待人的提醒（《使徒行傳》10:34），並聲稱用複數形式的you（你們）來稱呼單個人是不合語法和奉承性，貴格會教徒用第二人稱單數thou（汝）或thee（爾）來稱呼每個人——它們本來都是用於稱呼關係親密或社會地位比自己低的人，不然就是用來刻意侮辱別人。這種做法引起了極大憤慨。據他們的領袖喬治·福克斯（George Fox）回憶說：「有些『驕傲的人』會說：『汝竟敢稱呼我為「汝」，汝這個沒教養的小丑。』就好像他們的教養繫於稱單個人為『你們』……這個『汝』和『爾』是對他們的驕傲肉體和自尊的可怕割傷。」[82]貴格會教友拒絕稱呼任何人為「老爺」（Sir）或「大人」

（My Lord），也拒絕下跪、行屈膝禮或任何卑躬屈膝的「外在禮節」。因為基督說過「在路上不要問人的安」（《路加福音》10:4），他們拒絕說「晚安」或「早安」。[83]他們甚至不會在離開別人家時告別，「所以他們到底是走了還是去了解手幾乎無法區別。」[84]

交談時，貴格會教友拒絕使用「那些一般被稱為恭維的奉承語」，例如「你的僕人，先生」，理由是它們「輕浮、作假和虛偽」，與謊言無法區分。[85]代之以，他們說的話簡單、樸素、不拐彎抹角和直言不諱，風格與「直白、坦率而不掩飾的薩布拉式（Sabra）*談話方式」無甚不同——在現代的以色列，這種談話方式稱為「杜格里」（*dugri*），人們採用它的原因也是差不多。和「杜格里」一樣，貴格會教徒說話的樸實無華與他們樸實無華的穿著和生活方式相伴而行，用以展示說話人的誠實、坦率和有自信的無禮。[86]貴格會批評父母訓練孩子「糟糕舉止（現在騙人地稱為『良好舉止』）」，把他們送到學校「學習走路，抖腿跳舞，告別時如何脫帽子和扭動身體，如何控制頭和脖子和（像女孩子在這種地方會學的）向後行屈膝禮，免得他們以後會損失掉一丁點兒的榮譽、名望、尊重和別人的崇拜。這些都是他們父母用錢買來的。」他們蔑視彬彬有禮的舉止，拒絕為子女聘請舞蹈老師，並培養出一種特別笨拙的步態。[87]他們最根本反對的是不符合內心感受的行為。和班揚一樣，他們相信「恭維越多，真誠越少。」[88]

這種態度的背後是一種對大都會圓滑的古老懷疑和對直言不諱的偏愛。「教友會」†表達了一位作家在一六五三年所說的「鄉下人」對「有教養、有禮貌的人」的「惱怒、嫉妒和反感。」[89]但他們更進一步地拒絕一切形式的口頭尊重。約翰．懷海德（John Whitehead）說過，唯一的「主」（Lord）是上帝，唯一應該被稱呼為「我的夫人」（My lady）的人是他的妻子。‡愛德華‧比林（Edward Billing）洋洋得意地說，他的一位教友管第四任彭布羅克伯爵菲力浦（Philip）喊作「菲爾」（Phil）。[90]

透過省去所有表示尊敬的動作姿勢和用同一種語言來稱呼貴賤人等，貴格會教徒藐視了尊重高等人的整個原則，而這原則是文雅準則賴以建立的基礎之一。正如他們的一位批評者所說的，他們認為要能宗教虔誠就必須**不文雅**。[91]「教友會」被指責把禮貌視為「野獸的標誌」。他們「對高等人的粗暴不敬」，還有他們對所有禮節的拒絕，被視為一種威脅，有可能會「把人從文明帶回野蠻。」[92]不奇怪地，他們被視為「文明和禮貌的敵人」而受到無情迫害。[93]面對他們的異端邪說，保皇派神學家富勒認為有必要重申第二人稱單數的正確用法。他斷言：「如果是高等人稱下等人為『汝』，那是適當的，是一種凌駕性的顯示；如果是稱呼平輩，這是可容許的，是一種熟悉的表示；但如果是下等人這樣稱呼高等人，若其是出於無知，便會有點滑稽；若其是出於裝模作樣，便會有種輕蔑意味。」[94]

然而，面對別人指責他們缺乏「禮貌」和「文明」時，貴格會教徒反駁說這些用語只是對沒

---

* 「薩布拉」指土生土長的以色列猶太人。

† 前面說過，貴格會又稱「教友會」。

‡ Lord和My lady是當時對男性和女性的尊稱。

有在上帝面前平等對待所有人的非基督徒行徑的掩護。他們反對公認的文雅行為準則中隱含的社會地位差異。一位早期皈依者詹姆斯・帕內爾（James Parnel）在一六五五年寫道：「如果一個窮人走到富人面前，富人可能會脫帽敬禮，這被稱為謙恭和謙卑。但那窮人必須脫下帽子站在富人面前，這被稱為榮耀和禮貌，以及對富人的應有尊敬。然而，如果富人請窮人把帽子戴上，這被認為是一種極大的謙卑，讓他可以因為自己是一個有禮貌的人而得榮耀。但人與人之間這種差別或尊敬不是由上帝規定，而是由魔鬼規定。」[95]

另一位貴格會教徒班傑明・福瑞較溫和地解釋說，他們只是拒絕「鞠躬、道『早安』和『晚安』、搖帽子等骯髒習俗」和其他類似的「自行建立的習慣性禮節性姿態。」但他們會通過握手、擁抱和親吻這些「真實無誤」的行為來表達內心的情感。[96]一七〇七年，喬治・基斯（George Keith）描述（他在回歸國教之前是著名的貴格會教徒），當貴格會教徒和熟人打招呼時，會抓住對方的手，用力按壓手腕，以「感受那個被他們如此緊握著的人的生命。」[97]亨利・斯塔比為教友稱呼治安官為「汝」和「爾」的做法辯護，說這僅僅是對「法國式說話時尚」的拒絕，並沒有比穿簡樸衣服而不是穿「統治者的花哨服飾」隱含更大的反叛心理。[98]為了捍衛教友，懷海德極力駁斥稱貴格會教徒不文明和不禮貌的指控。他問道：「就對高等人和平輩在內所有人不禮貌這一點，在我們所熟悉的所有男女鄰居中，有誰能公正地指控我們，並指出我們對他們怎樣不禮貌？斷然沒有這種人，除非是他們認為譴責罪惡是不禮貌的，或我們沒有像崇拜上帝那樣崇拜他們是不禮貌的。」[99]在「教友會」看來，「真正的禮貌」包含在黃金律裡。＊帕內爾說：「學會做你願意別人對你做的事，就是好教養，就是有禮貌，就是文明。」[100]

為回應「王位虛懸期」期間貴格會的這一挑戰，英國國教教會在一六六〇年之後有意識地努力強調，宗教應該教導人和藹可親而不是粗魯無禮，而且是和社會生活中的所有小禮節完全相容。約克大主教約翰・夏普（John Sharp）對貴格會教徒的無禮行為表示遺憾，並強調「一種簡單、不冒犯和親切的稱呼和行為方式」是可取的。他宣稱，基督自己是「最自由、最親切和最文雅的人，而如果我不怕冒大不韙的話，我會說他是世上出現過最彬彬有禮的人。」[101]他的同僚格洛斯特主教愛德華・福勒（Edward Fowler）也提出過同樣的觀點：基督是「最自由自在、最和藹可親、最和善的人。」他一點也不暴躁或鬱悶，反而「非常健談，善於交際，和藹可親。」這些對於耶穌會在一個奧古斯都時期†客廳裡如魚得水的保證，為英國國教此後幾十年的寫作定了調：文雅社交與宗教原則相容不悖。[102]誠如一位作家在一七二〇年所言：「現在全世界似乎普遍認為，健全理智、文雅學識、良好教養和輕鬆和藹的談話不只不違背真正的宗教，反而是最能彰顯宗教。」美德本身可以被定義為對禮儀的踐行和精化。[103]

但是，貴格會以如此引人注目方式掀起的道德衝突並不是可以輕易迴避的。儘管他們抗議說

---

* 原注：據說，在以色列以「杜格里」方式說話的人也是抱著這種精神，他們的說話態度隱含著對對方的尊敬，認為對方是有這個度量才讓他們敢於有話直說：「薩布拉文化中的『杜格里』言說不只沒有違反反而是實現了特定的『有禮貌』觀念。」見Tamar Katriel, *Straight Talk* (Cambridge, 1986), 117.

† 十八世紀前半葉的一段時期。

他們並不反對真正的禮貌，但他們自己繼續保持他們與眾不同的「言簡意賅」，並拒絕所有「禮貌的外在部分」。在實踐中，他們以超凡的個人清潔和商業誠實而聞名。以他們自己的方式，他們的言談舉止就像最老練的朝臣那樣，是受到控制和約束。[104]但也有人覺得他們彆扭，因為他們堅持把自己的宗教原則抬高到普通的文雅要求之上。依霍布斯的觀點，那些固執地拒絕遷就他人的人就像本來收集來蓋房子的石頭，最終由於「粗糙」和「不規則」而不得不丟棄。[105]

貴格會不是唯一認為文雅言語的虛偽和諂媚是「內心單純和真誠」的敵人的英格蘭新教派別。[106]在十七世紀末，就連坎特伯雷大主教都對「恭維和偽裝」的蔚為時尚感到遺憾，呼籲回歸「古老英格蘭的質樸和真誠。」他相信，這種質樸和真誠受到了雅好「外國舉止和時尚」的品味的威脅。[107]在十八世紀，真誠被廣泛讚譽為一種鮮明的民族特色。[108]不幸的是，真誠和文雅並不容易共存。文雅指南把所有重點都放在外表，以炫耀和培養良好品味而不是內在情感為標誌。[109]

在法國，楊森派信徒（Jansenist）皮埃爾・尼科爾（Pierre Nicole,1625-95）和教育慈善家聖約翰・喇沙（Jean-Baptist de La Salle,1651-1719）各自試圖透過發展另一套文雅準則——他們稱之為「基督徒文雅」（Christian civility）——來應對這個問題。在尼科爾的設想中，新的準則「完全發自本心，完全真誠」，「不同於世俗人的文雅。」這意味的其中一件事情就是，它的奉行者需要對不想見的客人和不想收到的信件粗野。喇沙則試圖將道德教誨和社會禮節結合起來。[110]

在英國，這個問題最終得到了解決，人們承認了文明生活不可能在沒有一定程度的偽裝下存在，而我們也不應對別人的彬彬有禮完全當真。就像曼德維爾所說的那樣，在所有的文明社會裡，人們從小就被教導要做偽君子；除非他們學會窒息內心深處的思想，否則不可能成為善於交際的生物。[111]所有的恭維都是謊言，但就像一個當時人在一六九〇年代所說的那樣，由於每個人都知道它們是謊言，它們沒有危害性：「你會用接受它們的同樣方式把它們還回去。」休謨問道：「我會因為我要僕人說我不在家就成了撒謊者嗎？」[112]透過把恭維視為純粹的慣例而沒有任何真正的意義，人們可以使用它們而不必進行過多的內心反省。今天當我們說「你好嗎？」時，並不總是為了知道答案。

只有最一絲不苟的道德家——例如一七九〇年代的康德（Immanuel Kant）——繼續和以下這一類兩難式角力：以「你最聽話的僕人」作為一封信的下款是否說謊，或當一個平庸的作家問你是否喜歡他的書時你該說些什麼？康德的最後結論是：不真誠的恭維不是在欺騙受贈者。而且，它們是善意的象徵，有助於在那些經常恭維別人的人身上培養出真正的仁慈。這一結論後來得到法國社會學家涂爾幹（Émile Durkheim）和英國哲學家羅素（Bertrand Russell）的有條件背書，他們都認為當誠實會引起不必要的痛苦，那誠實就是錯的。[113]

近代早期的大多數英格蘭人就像我們今日大多數人那樣，允許社會生活的要求凌駕於對真理的執著，認為「文雅的虛假」（civilly false）不是虛偽而是必要的圓滑。[114]理查・威爾伯（Richard Wilbur）把莫里哀筆下的阿爾菲蘭特（Philinte）*的妙語翻譯如下：

---

* 莫里哀喜劇《憤世嫉俗者》中的角色。

在某些情況，我們若是說出赤裸裸的真話，
反而是粗野之舉，而且是最荒謬的；
儘管你那崇高的思想不樂意，
但還是把心裡話藏起來為妙。
如果我們對每個人都完全老實，
社會結構豈不是為之瓦解？[115]

在一七九〇年代，當激進的威廉．戈德溫反省文雅的守則時，採取了同樣的觀點。他承認，禮貌有時確實和真誠是不相容的。但真誠固然重要，但應該被視為地位比一般的仁慈為低的義務。只要有禮貌，當面批評別人不一定是錯誤的，但這樣做的時候要首先考慮他人的感受，沒有人需要擔心他會因為有禮而損害自己的道德誠正。[116]

然而，十七世紀英格蘭的宗教激進分子因為把「真誠」和老實放在首位，預示了十八世紀晚期浪漫主義的一條基本原則。像盧梭一樣，他們奉個人誠正和心之要求的名義拒絕人為的社會禮儀。在古代犬儒學派的繼承者盧梭看來，唯一的道德失敗就是對自己內在自我的背叛。[117]許多後來的浪漫主義者以自然感覺、個體性和本真性的名義拋棄文雅禮節。就像庫克船長稱讚努特卡灣（Nootka Sound）的印地安人「不熟悉文明國家用來隱藏真實性格的各種技巧」那樣，浪漫主義者認為普通百姓的舉止比過於文飾的高等人更純正。因為下層階級似乎是發自內心地說話，他們的坦率和簡樸與上層階級的矯揉造作在對比之下顯得非常可取。[118]

到十八世紀之末，禮儀和道德之間的聯繫已經被斷然打破。十九世紀早期的福音派繼續把良好舉止看作是內在宗教虔誠的外在表徵，而維多利亞時代的教育工作者也珍視基督教紳士、騎士風度和體面（decent）的觀念。但人們普遍接受一種主張：社會凝聚力需要一定程度的虛偽，而日常生活中的正常禮節涉及無數的小謊言。禮貌是重要的，但不能與道德混淆。

民主的文明

對文雅除了有道德上的反對外，還有政治上的反對。歷史學家塔西佗在其當過不列顛總督的丈人的傳記中主張，羅馬人帶給不列顛人文化是為了奴役他們。透過鼓勵被征服者接受他們的語言、品味和舉止，他們鞏固了把不列顛整合進羅馬帝國的進程。[119]密爾頓在《英格蘭史》（*History of Britain*）繼承了塔西佗的意見，指出羅馬人引入了「引以為傲的建築、浴池和典雅的宴會。愚蠢人稱之為文明（civility），但那實際上是一種讓他們準備好接受奴役的秘密藝術。」[120]亨利・沃頓爵士對征服者威廉（William the Conqueror）也是一樣意見：諾曼人「在文明的外表下」帶來的「新行為和習慣」實際上是「臣服的基礎。」[121]

由於有普通法（common law）、陪審團制度、公民自由和民眾對地方政府的高度參與，近代早期的英格蘭對等級儀式是非常不利的環境。當時不再有農奴或賤微農（villein），一個英格蘭人的家就是他的城堡，普通百姓相對有自信——所以，在十八世紀的歐洲，他們在日常生活中是以缺乏恭順而惡名昭彰。[122]論者稱，當專制主義在其他歐洲國家盛行時英格蘭人能保留他們的政治自由，是因為「貨真價實的英格蘭人天生脾氣粗魯和粗暴。」他們對陌生人（不管地位高低）的粗魯象徵著他們對自己生活在一個自由國家的意識。[123]

即便如此，如果窮人想要找到工作和獲得教區救濟，最好還是表現出恭順和尊敬。一位十七世紀中葉作家描述，勞苦的窮人「在匱乏的時候因缺少麵包而憔悴和低語，他們在富人背後詛咒富人，但在富人面前卻脫帽致意和行深鞠躬禮，面帶哀哭表情。」另一位作家描述了一個貧窮的佃戶在向地主付地租時「表現得盡可能的奴性，手裡拿著帽子，彎著膝蓋，蹲著，從一個角落爬到另一個角落，而他的地主（更像是暴君）在房間裡走來走去，帶著傲慢的表情，用誇張的話詢問自己的地產的問題。」[124]

然而，有一些跡象顯示，早在一六四〇年代和一六五〇年代的自覺民眾激進主義出現之前，對高等人的外表恭順已經式微。一個伊麗莎白時代人感嘆說，在皇室最常待的地方，人們現在在街上遇到貴族時「不會動帽子或膝蓋。*」他想，這種「大膽的無禮」是由於人們和貴族的僕人日久熟悉，知道了他們對主人的想法後所引起。[125]一六一一年，在什羅普郡的路德洛（Ludlow），即國王的邊區議會的所在地，市議會指出：「我們的總督不太受人尊重，有時甚至會遭到蠻橫和霸道的人侮辱。」亨利．斯皮爾曼爵士（Sir Henry Spelman）在一六三〇年代觀察到，即使是「下等紳士」如今也開始「裝熟地」找貴族攀談，不像五十年前那樣是「誠惶誠恐地表現出極大尊重和保持極大距離。」[126]在內戰前的那個世紀，倫敦發生了許多庶民針對貴族、市長和議員而發的侮辱和破壞行為。在全國範圍內，不斷有顛覆性言論的暗流湧動，尤以在麥酒館裡最常見，人們在那裡批評不受歡迎的君主、紳士和神職人員，散播對利用糧食短缺牟利的富商的敵意。[127]暴亂性的抗議在近代早期非常普遍。[128]高糧價、低工資、圈佔公共土地和設立收費站都可能引發暴力示威。在十八世紀，礦工和產業工人有能力舉行罷工，抗議低工資或差勁的工作環境。但通常情況下，抗議者關注的是打擊濫權行為和捍衛自己認定的合法權利。他們的目的是迫使高等人和雇主履行被認為應該履行的職責，很少挑戰社會等級秩序本身。抗議活動很少涉及到面對面的辱罵或暴力，不過有時會被假裝拉屎的侮辱性動作炒熱氣氛——這種動作對想激怒那些從小就認為控制身體是文雅舉止基本部分的人特別有效。[129]

一六四〇至一六四二年間，隨著政治和宗教緊張局勢的加劇，地方發生了許多混亂，正常的禮節也幾近崩潰，對鄉紳的冒犯和對治安官、員警和神職人員的辱罵達到了頂點。[130]歷史學家克拉倫登回憶說，「平民極其憤怒和放肆，他們在各地對貴族和紳士（『騎士』風格的紳士）的反對到達了野蠻和暴怒的程度，以致任何人只要是住在被視為不支持議會的人的房子裡，都是不安全的。」[131]一首當時的民謠表達了大眾的情緒：

---

* 指脫帽致敬和行深鞠躬禮（這時會彎曲一條腿）。

良好舉止名聲臭，
我們看見的是驕傲。
所以我們將把禮節轟下台，
然後，哈，換我們上台！[132]

內戰及其餘波對等級性的禮節觀念進行了徹底挑戰。從一六三〇年代伊普斯維奇（Ipswich）街上的男孩（他們以「非常粗野和傲慢的方式」盯著雷恩主教的臉看），到一六五七年「第五王國派」（Fifth Monarchist）*的陶匠（這群「非常頑固和堅決的傢伙」拒絕向護國公克倫威爾脫帽致敬又稱他為「汝」†），這一時期對傳統的恭順形式進行了持續的攻擊。[133]據露絲．哈欽森所述，她丈夫（一位議會派軍官）發現他在諾丁漢郡的盟友不信任文雅（civility），認為任何人都「幾乎不可能」繼續同時是一個紳士和神聖事業的支持者‡，並迫使他違背天性對他的保皇派表兄弟動粗。[134]一六四六年，長老派的湯瑪斯．愛德華茲（Thomas Edwards）宣稱，在前兩年，特別是自議會派在內斯比（Naseby）取勝之後§，非國教派以最傲慢和聞所未聞的方式凌虐「各種各樣的人，甚至包括最高級別的人。」[135]

查理一世的失敗進一步削弱了大眾對高等人的恭順。一六四八年，一位議會派議員告訴一位流亡巴黎的保皇派，說「文雅已經開始被視為妖魔。」[136]隨後，君主制、國教教會和上議院的廢除讓革命得到了鞏固。一六四九年建立的共和國避免炫耀性展示，並敵視支撐王權和貴族地位的卑躬屈膝禮儀——密爾頓稱之為「宮廷奉承和跪拜的基本必要性」和「卑賤人民的永遠鞠躬和屈膝」。[137]一六五三年，一位請願者敦促「小議會」（Barebones Parliament）¶廢除「公爵、侯爵、伯爵、勳爵、騎士、紳士等頭銜……因為它們不過是虛榮事物。」一六五四年，米德爾塞克斯（Middlesex）的季審法庭因為一個貨運馬車夫在法庭上「粗野地」聲稱「他和他的地主約翰・巴恩斯紳士一樣尊貴」，判他進入矯正院——巴恩斯是治安法官，當時就在庭上。[138]一六五九年，安東尼・伍德觀察到在「王位虛懸期」統治國家的「新貴」不會給舊的保皇派鄉紳脫帽致敬。同年，伊夫林報告說，貴族們受到倫敦貨運馬車夫的詛咒和辱罵。[139]

未來的主教約翰・帕里（John Parry）在查理二世復辟之年撰文指出：近年來，「體面的禮節」被視為「與偶像崇拜如出一轍」，「普通禮貌」被視為野獸的標誌，「對高等人的雅觀恭敬」被視為相當於崇拜「敵基督」（Antichrist）**。[140]這種不滿得到克萊倫登的呼應，他抱怨說不從國教者「抹去一切形式的崇敬和尊重，把它們當作迷信的骨董和標誌。」[141]一六六三年，倫敦市

---

* 內戰期間清教徒中最為極端的一派，曾指望克倫威爾出任國王，在克倫威爾擔任護國公後期望落空，轉而反對他。

† 「汝」是用來稱呼比自己地位低下的人。

‡ 指共和事業的支持者。

§ 議會派在此役打敗國王查理一世的軍隊。

¶ 「小議會」是克倫威爾在內戰時期創立的議會，最終因議員未按照他的意願行事而遭到解散。

** 「敵基督」是基督的大敵，被認為會在基督再臨前統治世界。

長頒佈命令，不許那些「粗野卑賤的人」像是在「王位虛懸期」那樣，對「乘坐馬車或走在街上的貴族、貴婦、紳士和名門人士」作出「粗魯、侮辱和無禮行為。」他聲稱，這種「對高等人的不順從和蔑視」當初是受到「篡權者」的鼓勵。[142]事實上，類似的命令在一六二一年便發佈過，這是因為在內戰前的倫敦，對外國人的敵意和對貴族馬車的嘲笑非常普遍。[143]儘管如此，議會黨人（**Parliamentarians**）*仍然被認為是民眾不講禮的罪魁禍首：已經成為後復辟時期（**post-Restoration**）迷思一部分的是，這些「野蠻賣國賊」對文雅禮儀的不滿程度被說成不亞於他們對君主制和國教的不滿。不從國教者被指責動搖了「宗教和禮儀的基礎」，而無神論被指責讓「庶民和機械師們」同時拋棄宗教與文雅。†[144]

查理二世的回歸意味著貴族恢復原來地位，傳統的恭順禮節再次確立（儘管會定期性被民眾抗議打破）。然而，在舉止和行為上，越來越不拘禮的趨勢仍然持續。在統治初期，查理二世不像他父親那麼講究威儀，會接見「各色人等」，在不戴王冠的情況下和藹可親地和他們打招呼。[145]上流社會一直對自己的儀式抱有一種矛盾心態，所以並不只是清教徒或貴格會才對文雅行為中隱含的誇張和不自然感到不安。在十七世紀早期，許多英格蘭人都對繁文縟節、阿諛奉承和「老式朝臣般的仙鶴步態」感到不耐。[146]文雅行為指南本身反對矯揉造作、裝模作樣和亨利．沃頓爵士在一六三三年所說的「浮華禮節」。它們強調，真正的有禮繫於「真正的仁愛」而不是形式性的禮節，主張碰到任何可以鬆開拘謹的機會都不可錯過。[147]真正尊重他人遠比外在的禮節重要得多。哈欽森上校「討厭禮節性的恭維，但他對所有人都有一種天生的文雅和柔順，這讓別人和他談話非常愉快。」斯威夫特贊成有禮，他把禮貌定義為不讓別人感到不自在。但他敵視假惺惺、精心培養的優雅舉止，斥之為「迂腐的」：「宮廷式的鞠躬、步態或衣著都不是禮貌的一部分。」就連柴斯特菲爾德勳爵也推薦了一種「輕鬆的舉止」，認為只有「鄉巴佬」和從未有過「優秀同伴」的人才是僵硬和拘謹的。[148]

舞蹈老師們灌輸的造作姿勢和動作越來越被那些喜歡更「自然」身體舉止的人所鄙視。第三任沙夫茨伯里伯爵認為，如果嚴格遵守舞蹈老師們的教導，就會學到「一種虛構的、虛假的和矯揉的姿態和儀表。」其他人雖然欣賞學過跳舞的「真正紳士」的輕鬆優雅動作，卻對「總是展示他的正式舞蹈鞠躬和米奴哀舞步的花花公子」感到感冒。無論去到哪裡，「花花公子」都是同一種「拘謹僵硬的生物」，反觀「有教養的人」知道如何在應當放輕鬆時丟下繁文縟節。[149]

在親密的熟人之間，禮儀周周不只是多餘的、而且是絕對不恰當的。湯瑪斯·布朗爵士把他的《甕葬》（*Urne-Burial*, 1658）一書題獻給好朋友湯瑪斯·格羅斯（Thomas Le Gros），這樣寫道：「長久熟悉你毫無空洞禮節的友好談話。」洛克在一七〇四年寫給朋友安東尼·柯林斯（Anthony Collins）的信中稱，他們的友誼「超越了禮節」，「真誠相待」讓他們不用謹小慎微地遵守他所謂的「外在禮貌」的種種小規定。他指出自己與朋友的關係都是以「真誠」為標誌，對

---

* 在內戰期間反對查理一世的黨人，又稱「圓顱黨人」。

† 議會黨人中既有不從國教者，也有無神論者。

其他人才會行屈膝禮和吻手禮。[150]

同時代的觀察者注意到了這種向不拘禮移動的趨勢，將伊麗莎白時期鄉紳凝重、矜持和高度正式的風格與十七世紀末紳士放鬆和好親近的舉止進行了對比。一六六七年，主教斯普拉特認為：「他們*和其階級之間的巨大距離」已經「不再能被看出。」[151]羅傑·諾斯注意到，儘管繁文縟節仍然存在於法國和義大利，英格蘭人要較為隨意。當馬車在海德公園彼此經過時，熟人只要相互鞠躬一次就足夠，但在羅馬，他們每次彼此經過都得鞠躬，而且「恭敬得極為緊俏，彷彿要從馬車上往下栽才足夠。」[152]

在家庭內部，父母和子女之間的關係也變得不那麼拘謹。克萊倫登對內戰前英格蘭世界的懷念隱藏在他的這個慨嘆背後：復辟後，「孩子們不求父母的祝福……年輕女子談話時沒任何謹慎或檢點……父母對子女沒有任何權威，子女對父母沒有任何順服。」[153]這是大概每一代人都會有的感覺：隨著他們逐漸老去，年輕一輩的舉止越來越草率，對老人也不像他們自己年輕時的尊重。拉萊格爵士引用羅馬道德家塞內卡的話說：「我們的祖先這樣抱怨過，我們自己也這樣抱怨，而我們的孩子以後也一定會抱怨：禮貌消失了，一切每況愈下。」[154]詹姆斯時期的道德家抱怨「我們的年輕人習慣了粗魯，看到長輩時不曉得站起來或脫帽致敬，對待長輩就像是對待同伴或玩伴。」[155]但在十七世紀晚期，孩子們在看到父母時確實不再站起來和脫帽。他們每天跪下接受父母祝福這種鮮明的英格蘭習俗也在消退。[156]這種習俗一直在嚴格的新教徒中間引起一些不安，因為他們認為它是一種天主教的儀式。他們中間大多數人成功說服自己，它是可接受的，是一種純粹的文明禮儀而非宗教儀式。但其他人有他們的顧慮。[157]在新英格蘭，清教徒神職人員反對這種習俗，而一些家長也把不讓孩子用語言或手勢表達崇敬視為事關良心。[158]在舊英格蘭（old England）†，人們越來越普遍地認為表示孝順父母的儀式是迷信或多餘的。然而，羅傑·諾斯在一六九〇年代中期的文章中認為父母的祝福仍然是一種「普遍習俗」，而這種習俗到了十八世紀早期也仍然存在。[159]一本暢銷行為指南的一七〇三年版本繼續建議孩子們在走近父母時應該鞠躬。[160]我們不清楚這些慣例最終是在何時消失。

在全社會的範圍內，優先權的問題變得不那麼重要，誇張地表現恭敬和屈從的儀式已經不那麼普遍，打招呼和告別的方式也不那麼複雜。家庭飲宴的方式反映出類似的趨勢，即越來越少等級制度和越來越多歡樂。客人經常被鼓勵自己動手而不是等待伺候，正式的祝酒也式微了。[161]有一項在十八世紀中葉成為時尚的習慣（源於貴格會）讓約翰生感到厭惡：客人會不先跟女主人告別就離開一個聚會。[162]

一七一一年，約瑟夫·艾迪生在《旁觀者》中指出，人們在行為上發生了「一場非常大的革命」：最初，高等人透過精心設計的形式和儀式把自己和下等人區分開來，但後來，他們發現這些儀式很累人，就把它們扔了，所以「不受約束的舉止和行為上的若干隨便現在是高度有禮貌的

---

* 指紳士階級。

† 就是英格蘭，這是要對比於英格蘭習俗（New England）。

表現。時髦的世界變得自由和輕鬆了，我們的舉止變得更加隨意。沒有什麼比令人愉快的疏忽*更時髦了。」[163]九十多歲的霍夫主教在一七四二年也有相同意見，指出現在「最好的禮貌」是把人們小時候被教導的「禮儀行為」擱置一邊。[164]「正式」（formal）一詞的意思逐漸從莊重的行為變為僵硬和不自然的行為。†人們普遍不喜歡深鞠躬和彎膝。一六九八年，一個法國旅人報告說，一般英格蘭人在相遇時（上帝不容！）不會脫帽，最多就是微一點頭。到了十八世紀末，即使是最有禮貌的紳士也不會像巴黎人那樣，跟別人說話時先脫下帽子。[165]

十八世紀期間，鄉紳的服飾開始簡化。他們採用了庶民裝束，比如長外衣（frock coat）、厚大衣（great coat），最後是褲子（trousers）。上議院議員們穿著農民的衣服出現在院會。官方制服、裝飾品、紋章、隨從和其他地位的公開象徵都不那麼經常使用，社會秩序也不再像以前那樣一目了然。[166]

「屈尊俯就」（condescension）一詞本來一直用來稱讚上層人士願意放下身段與社會地位低下者親切談話，但到了十八世紀中葉，這個詞開始有了貶義，指帶著一種不加掩飾的優越感對待別人。人們對約翰生所謂的「傲慢的屈尊俯就」越來越敏感。[167]在十八世紀晚期，英國貴族的舉止以特別的輕鬆、不正式和不拘禮而著稱。一七九二年的《新浴池指南》（*New Bath Directory*）宣稱：「除禮貌規則以外的禮節完全被打破了，每個人都平等地在浴池間裡混處。」[168]即使到了今天，英國人仍然被一般法國人每天早上握手的習慣所困擾，而他們和一般熟的熟人根本不握手。

只有在十八世紀的最後幾十年裡，英國上層階級的不拘禮節和平易近人似乎有所減弱。那些年的經濟增長產生了越來越多雄心勃勃的新貴。作為回應，許多出身上流社會的人發展出一種越來越僵硬、矜持和排他的態度來抗拒後起者。亞歷克西斯・托克維爾（Alexis de Tocqueville）在一八三五年敏銳地觀察到：英格蘭人「人人都時時提防別人，唯恐他人從自己的親善待人中得到好處。英格蘭人由於不能一下子判斷他們所遇到的人是屬於哪個社會階級，所以總是謹慎小心，避免與別人接觸。」[169] 外國遊客越來越發現，不像蘇格蘭人、威爾斯人和愛爾蘭人，英格蘭人矜持，不愛交際，無比看重自己的隱私，對陌生人無動於衷。這就是為什麼在奧斯汀的《傲慢與偏見》（1831）中，賓利先生喜歡班納特家的幾位千金：她們「不拘禮，不侷促。」[170]

也許，任何對言語或行為的過分正式規範都會引起反彈，讓人以坦率、老實和純正為由，轉向以較為隨便的方式行為。但讓十七世紀末和十八世紀初的英國日益不拘禮的根本原因，在於貴族和紳士的舊等級制度被更複雜的社會和政治結構所取代。在農村地區，大地主決定下級命運的能力仍然是壓倒性的。他們的地產給了他們巨大的社會和政治影響力，而他們也繼續預期得到並確實得到與他們地位相稱的尊敬。然而，在全國範圍內，專門職業的發展和商業、工業及金融業的擴張讓社會結構是變得那麼的複雜，以致於所有文雅行為指南所假定的「高等人、平輩和下等人」的簡單等級體系已不復存在。

---

* 指對禮儀疏忽。

† 後一意義的 fromal 可譯作「拘謹」。

這些變化的一個顯著後果是，在十七世紀期間，人們逐漸不再以第二人稱單數的thou（汝）來稱呼社會地位較低下者，改為用複數形式的you（你們）——這個代名詞本來一直只用來稱呼平輩或高等人。一六四六年，一本行為指南建議年輕讀者：「對地位較低的人，你要稱『你』而非『汝』。」[171]從十七世紀晚期起，「主人」（Master）的縮寫「先生」（Mr）和「女主人」（Mistress）的縮寫「太太」（Mrs）的適用範圍擴大至低下階層，以取代諸如Father、Widow和Goodwife等較為屈尊俯就的稱呼。在十九世紀，它們開始無差別地適用於沒有其他頭銜的人。大都市的匿名性使得陌生人的社會地位變得不確定，因此禮貌點會較為穩妥。[172]

與此同時，經濟的穩定增長創造出更自由的勞動力市場和更大的職業流動性。隨著對勞動力需求的增加，恭順對個人的生存來說越來越不是必要。對當時社會有仔細觀察的愛德華・張伯倫在一六六九年指出，普通百姓已經變得太過富裕和自信，以致於不能夠像在其他歐洲國家那樣，給予貴族、紳士和神職人員「卑屈的尊重和大大的敬畏。」五十年後，一位來自瑞士的旅人評論說，英格蘭人「不怎麼尊重顯要人物」，「不願意像其他國家那樣給與他們任何優越地位。」[173]商業當然需要買賣雙方講究禮貌，但正如彼得・佩特爵士（Sir Peter Pett）在一六六一年所說的那樣，「大部分從事貿易和通商的人」討厭「儀式」，因為它們佔用了太多時間。店主對顧客彬彬有禮，但他們不能參加浪費時間的禮節性社交活動。斯普拉特主教認為，世界變得「更加活躍和勤勞」，有越來越多的貴族和紳士從事貿易和商業活動。[174]正如二〇世紀早期的美國社會學家托斯坦・凡勃倫（Thorstein Veblen）所指出的那樣，在高度重視炫耀性休閒的時代，禮儀和禮節是最受尊重的。禮儀是有閒階層的生活的產物，反觀人越忙，從事社交禮儀的空間就越小。[175] 恭順儀式的減少反映了經濟生活節奏的長期變化。

進一步瓦解傳統文雅規範的因素是大城市的成長，特別是倫敦的成長。不同社會階級在街上和公共娛樂場所的雜處導致了更大程度的不拘禮。城市生活的非人格性、街上的熙來攘往和沒有了農村的社群控制手段，皆促進了無禮粗暴。法官暨小說家菲爾丁在一七五三年指出，倫敦暴民聲稱他們對部分人行道享有專有權，其他人若是走過，在白天不能指望不會不受侮辱，在晚上不能指望不會被毆打。（圖25）在十八世紀倫敦相對匿名的人群中，有禮貌的人沒有必要也不可能給每個他遇到的人打恰當的漸進式招呼（這種招呼方式在鄉村村莊原是平常事）。[176] 其實，即使是在鄉下，人們的舉止也在改變。伊麗莎白．哈姆（Elizabeth Ham）是多塞特郡一個自耕農的女兒，她回憶往事時指出，她在一七八〇年代是個「有點土氣和粗野的小孩」，但她清楚地記得，她會向她遇到的「每個衣著考究的仕女行屈膝禮，直到保母叫我不要為止。」一七九〇年，在英格蘭中部旅行的約翰．比恩閣下對美好的舊日感到緬懷：從前，每個鄉下人都會向遇見的紳士「恭敬地鞠躬，把『早上好，老爺』或『晚上好，老爺』掛在嘴邊，又會說出各種老式的祝福語和當季的恭維語。」可現在，唉，較好的路況已經把不那麼恭順的大都會舉止傳播開來。[177]

舊禮節的衰落也與政治權力分配的變化有關。一六八八年以後，君主的作用受到嚴格限制，皇室對上層階級禮儀的影響也相應減少。政府是由國王的大臣們通過議會、各部會、法院和地方政府來管理。行政管理越來越官僚化和受規則約束，越來越制度化而非個人化。權柄越來越不仰賴儀式和公共展示，顯示先後順序和尊卑的儀式萎縮為空洞的象徵而不是權力和從屬地位的活生生展示。

十八世紀的英國本質上是個貴族共和國，在一個儀式性君主政體的外殼內進行統治，並受到來自廣大民眾的週期性壓力。拜言論自由和濟濟的諷刺人才之賜，人們對政治的參與強健、不敬和不恭順。英國的君主立憲制與法國的君主專制有很大的不同，所以禮儀亦有很大的不同，因為正如「不從國教派」大臣理查德·普萊斯（Richard Price）所指出的那樣，一個民族的禮儀深受其所屬的政府性質的影響。[178]在查理二世統治時期，紐卡斯爾侯爵夫人指出，君主制是一種可以讓人民最文雅的政府形式，而民主制則會讓人民「較野蠻和無禮。」休謨在一七四二年的一篇文章中解釋說，「舉止雅緻」（politeness of manners）在君主國裡和宮廷裡產生是最自然不過的事，但「在權力是由人民賦予的地方，例如在所有的共和國，文雅行為很少會被奉行。」他又說：「歐洲各共和國目前是以缺乏禮貌著稱。」[179]

幾年後，孟德斯鳩也提出了同樣的觀點：禮貌起源於在不得罪上級是至關重要的政治制度中，而精心設計的恭敬行為是君主專制的產物。正如威廉·戈德溫所說，共和國通常與「一種坦率、生硬和簡樸的舉止」相連在一起。[180]在卡姆斯勳爵看來，通常，民主政體的語言是「粗俗的」，貴族政體的語言是「男子氣概而樸素的」，君主政體的語言是「彬彬有禮和諂媚的」，專制政體的語言是「對下級專橫，對上級謙卑。」[181]普里斯特利有相同意見，認為「民眾國家（popular states）的平等」是「非常不利於雅緻行為」，因為君主政體會促進取悅他人的習慣，而

「傲慢的共和黨人不太可能養成對他人屈尊的習慣。」[182]一七六四年，鮑斯威爾造訪日內瓦。當東道主要安排他坐在教堂的一個好座位時，一個「胖老婦人」拒絕讓座。當他在市政廳吃晚飯時，看見客人們互相扔麵包球。他認為這些行為是「共和主義者舉止令人噁心的例子。」[183]

柏克對法國革命分子的不知尊重路易十六和他的王后感到震驚，諷刺地說「他們在禮貌的觀念上也進行了相當大的革命。」如果他知道「無褲套漢」（*sansculottes*）*繼英格蘭貴格會之後提出一項法律，要禁止使用第二人稱複數 *vous*（你們）和強制性規定稱每個人為 *tu*（汝），他一定會更加震驚。[184]「無褲套漢」在英格蘭國內也有崇拜者，因為在十八世紀晚期，許多英格蘭激進分子把文雅準則與絕對君主制的奴性儀式聯繫在一起。他們拒絕參與在他們看來有助於維持不可取社會秩序的屈從儀式，鄙視潘恩所說的「國家和貴族的傀儡戲表演。」[185]正如威廉·戈德溫所說的，他們認為禮節是「一套沒有正當理由的規則，由那些熟悉它們的人炫耀地踐行，目的只是要讓那些由於出生或命運而對它們一無所知的人感到困惑和保持距離。」戈德溫的妻子瑪麗·沃斯通克拉夫特同樣奉真誠和「頭腦乾淨」的名義拒絕了禮節和「花言巧語的恭維」。[186]一些支持法國大革命的英格蘭人刻意培養一種咄咄逼人的不卑躬屈膝態度，以表明他們不喜歡禮節。他們以沒精打采的姿態表明他們的社會不服從性。一位當時人回憶說，薩繆爾·柯勒茲（**Taylor Coleridge**）的朋友湯姆·普爾（**Tom Poole**）的「外表很土氣，大概是刻意為之，而且因為說方

* 「無褲套漢」原指十八世紀晚期的法國低下階層的老百姓，後來常用於稱呼雅各賓派的大革命激進分子。

言而顯得鄉巴……沒人會想到他與我的父親和叔叔是同一個社會階層。我想他是在當共和主義者的時代培養出土包子風格——就在他放下武器之後。」[187]同一時期，社會學家赫伯特・斯賓塞（Herbert Spencer）的父親威廉・喬斯賓塞（William George Spencer）不喜歡頭銜和禮節，從不向任何人脫帽，拒絕在信封上寫上「紳士」（Esquire）或「大人」（Reverend）*，甚至拒絕稱呼熟人為「先生」（Mr）。[188]

激進分子會蔑視流行的禮節並不奇怪。任何想改變現狀的人都會很快發現，一絲不苟的繁文縟節可能會阻礙創新。如果人們不願意冒犯他人或讓他人感到不舒服，他們永遠不會改變任何事情。那些試圖改變社會應該如何運作的既有觀念的人不可避免會被指控為粗魯無禮。不僅是暴亂，就連抗議、罷工和示威（它們是十八世紀勞資關係日益普遍的特徵）長久以來都被視為是「不文明」或「有欠尊重」。挑戰公認權力分配的政治行為也是如此。在霍布斯看來，「長期議會」因為亨利埃塔・瑪麗亞王后（Queen Henrietta Maria）向國王提供荷蘭的軍事援助而投票判定她是「賣國賊」，乃是「一種野獸般的粗野行為（incivility）。」[189]

激進分子和革命者總是傾向於輕視「體面」（respectability），因為遵守禮節會強化被他們認為是不公正社會秩序的標準。他們拒絕文雅，認為文雅是阻止異議的一種手段。[190]因此，隨意的舉止和對繁文縟節的蔑視就成了他們裝備的一部分。政治心理學家格雷厄姆・華萊士（Graham Wallas）看見費邊社同仁、社會主義者西德尼・韋伯（Sidney Webb）跑著追趕火車之後說：「韋伯，我喜歡你的地方就在你不鳥風度那一套。」[191]韋伯的祖父對未來的劇作家約翰・奧斯本（John

Osborne）解釋說：「那人是個社會主義者，也就是說是個不給人脫帽為禮的人。」[192]以色列建國初期許多公民的不友善態度可能也是出於對社會等級制度的排斥。[193]著名法律哲學家哈特（H. L. A Hart）的傳記作者告訴我們，在一九六四年造訪過以色列之後，他從來沒有擺脫認為以色列人粗魯的印象。他將這種粗魯歸因於「對禮貌和奴性的混為一談。」[194]

早期的女權主義者同樣發現有必要藐視公認的女性禮貌行為準則，因為她們認為（所見正確）這些規則源自並有助於維持兩性之間的不平等權力分配。在一六六〇年代，準女權主義者紐卡斯爾公爵夫人瑪格麗特・卡文迪什引起了驚聲尖笑，因為她沒行屈膝禮，而是像個男人那樣行單膝禮，跪在地上。[195]一位十八世紀晚期的作家評論說：「當女性五官呈現出男性表情時，我們會感到痛苦情緒。」[196]貴格會女性之所以被側目，是因為她們不按照慣例，即在晚餐結束時退下，讓男人們獨自喝酒聊天——這種習俗被其他女性平等的捍衛者批評為「野蠻和可憎」。[197]瑪麗・沃斯通克拉夫特認為，文明的婦女被「虛假的文雅」所毀，呼籲進行「一場女性禮儀的革命」，恢復婦女失去的尊嚴。這種呼籲本身就是違反禮儀的行為。[198]就像其他個案那樣，這個強烈表達異議的個案被視為與文雅的理念不符。†

---

* 「紳士」或「大人」是尊稱，不是實質。

† 原注：在她對禮貌和準時的藐視中，美國作家與活動家蘇珊・桑格塔（Susan Sontag, 1933-2004）屬於這個傳統。她會說：「妳不是非要準時到達那裡不可。別這麼奴性。」見 Sigrid Nunez, *Sempre Susan* (New York, 2011), 8.

在近代早期，那些想知道民主對禮節有何影響的人只需看看大西洋彼岸。自清教徒時代以來，美國殖民地的居民生活在邊疆環境，沒有國王，沒有貴族，沒有公認的社會菁英，女性不多，所以對被他們留在背後的許多等級儀式一直懷有敵意。在南方，有土地鄉紳的價值觀長期殘存，但在新英格蘭，人們更強調共同體和平等。自由被認為比禮貌更重要。[199]美利堅共和國的建立加強了這一趨勢。在十九世紀早期，美國以年輕人不尊重長輩和人們對社會上級幾乎沒有恭順而惡名昭著。直言不諱和「一種新的文雅」取代了距離和矜持，人們表現出上一代人所認為的過分親熱。[200]到美國旅遊的上流英格蘭人抱怨美國人「缺乏優雅」的齊頭化效果，例子是粗俗的餐桌禮儀和隨處可見的痰盂。小說家庫珀僑居歐洲多年後在一八三三年返回祖國，所見所聞讓他確信，美國人在過去三十年裡發生了「禮儀倒退。」[201]事實上，美國人在後革命時代的行為舉止離平等社會甚遠。他們的社會基礎建立在中間階級和他們的下級——僕役和勞工——之間的明確區分上，而他們當然也對有大量黑奴存在的事實心照不宣。然而，他們最敏銳的觀察者托克維爾稱讚他們坦率、開放、寬容和真誠。甚至庫珀也承認，雖然美國人按照歐洲的標準缺乏文雅，但他們更大的善良和社交性彌補了這一點。[202]

在英國，民主的成長是一個較緩慢的過程，但它對讓許多傳統禮節的消失的貢獻是相似的。越來越多的社會和政治平等不可避免地導致了更大的語言非正規性、更少的權力外在象徵和恭順儀式的減少。[203]用維多利亞時代詩人克勞夫（A. H. Clough）的話說：

看到民主帶來了什麼真讓人難過——
給我你的十八世紀高尚教養。[204]

禮儀的未來

在二十一世紀初，英國社會的等級制度已經不若從前那麼昭著。外在的恭順符號不再那麼明顯，被容許的語言風格和身體舉止更是隨便萬倍。在美國的帶頭下，人們傾向於更不拘禮的行為方式，說這樣子會更坦率、友好和真實。心理治療師把自我約束和克制貶低為不健康的壓抑。禮儀指南被解放和自我實現手冊取代。無論是窮人對富人、年輕人對老年人、女性對男性，還是男性對女性，任何形式的恭順都越來越被否定。正式頭銜被漠視，人們往往需要立即以名字稱呼對方才能感到自如。穿著更加隨意，圍坐餐桌的家庭聚餐越來越少；隨著到府服務工的消失，正式飯廳不再是中產階級家庭的基本特徵。每一所大學都標榜自己是「友好和不拘謹的」。

隨著政治和經濟權力向全球性企業和大眾媒體的轉移，古老的機構——如君主政體、內閣、上議院、英格蘭教會、政黨、專業和古老大學——不再受到它們曾經享有的尊重。英國廣播公司的播報員不再被認為有必要字正腔圓，自學成功的政治人物會喜歡炫耀他們的喉塞音和「河口英語」（Estuary English）。男性女性、成人兒童、雇主雇員之間權力分配的變化必然導致新的行為模式。新致富的人不需要為了獲得社會或政治上的認可而學習良好舉止。現在，小孩子在走過人行道時會推開大人，老年人更容易被忽視而不是受到尊重，對女性殷勤有可能會被視為一種冒犯。這是十八世紀會視之為共和主義者平等（republican equality）的勝利，它標誌著為取悅高等人而建立的禮節的消失。舊式禮節被認為是等級制度和父權制時代的勢利和虛偽遺產。講禮被認為會阻止一個人忠於自己的真實自我。

在日常行為中，英國中產階級不像他們在七十年前那樣拘謹、壓抑和冷淡。[205]他們無拘束地進行社交接吻（social kissing）；他們在街上邊走邊吃東西；他們大喊大叫，比手畫腳；他們更自由地使用污言穢語；他們公開談論性和身體的自然功能；他們在公共場所播放震耳欲聾的音樂；他們在擁擠的火車車廂裡用手機大聲交談；從事團體運動時，他們沒有表現出紳士般的拘束，而是在勝利中歡呼雀躍、揮拳叫好和擁抱隊友。

這些都不是「去文明化進程」（decivilizing process）的症狀，不像兩次世界大戰和納粹大屠殺所表現的那樣。相反，它們是愛里亞斯所說的「非正規化」（informalization）的表徵——那是一種發生在兩性之間、世代之間和社會階層之間的關係變化。新的行為模式不會威脅到法律和秩序，也沒有理由認為它們會導致更高的暴力發生率。它們涉及更嚴格的身體清潔標準：我們不再需要被告知不可隨地吐痰。它們更強調和藹可親，而在海灘上裸體或社交接吻等現象中，它們預設了非常高的自制力。[206]這些變化反映了以傳統、繼承、下層階級的從屬地位、對年輕人控制和婦女服從為基礎的社會等級制度的削弱。它們也伴隨著對自我表達的信仰，對人類多樣性的更大接受，以及對宗教、性別和種族差異前所未有的容忍。我們現在擁有的是一種新的和更加平等的文明形式。

當然，它的要求並不總是被遵守。心理學家和教育工作者對自尊自重和個人實現的強調也可能會助長一種原子主義的個人自私，對集體生活構成潛在的破壞性。家庭和社區所發揮的社會控制力的鬆弛有時會被歸咎，認為是街頭不禮貌、亂扔垃圾、深夜噪音、塗鴉、人行道上騎自行車、青少年犯罪、足球流氓和類似的反社會行為的助長因素。然而，這些和其他類似的不禮貌行為是否比過去的同類行為更成問題，卻大有疑問。較嚴重的問題是人際暴力的持續存在，儘管比例要遠低於前幾個世紀。[207]但與現代文明的巨大成就相比，這一點也顯得無足輕重：現代文明能夠讓人在擁擠的人行道上行走而不致相互碰撞，能夠讓地鐵通勤者與完全陌生的人擠在一起而毫無怨言和不會擁擠，能夠讓汽車駕駛在擁擠的高速公路上高速行駛而不致與別車相撞。

道路規則是由國家規定和執行的，但沒有法律強制在人行道或公共交通工具上要有禮貌。孟德斯鳩曾指出，禮儀是那些不是由立法者建立的習慣，他們意識到並不是所有的事情都需要糾正，也意識到試圖透過法律改變那些應該由風俗改變的事情是下策。[208]儘管英格蘭政府定期嘗試改革禮儀和個人行為（「王位虛懸期」期間尤其如此），但近代早期見證了國家和教會對監督個人行為的穩步放手。對不禮貌行為的一種法律補救措施是「詆毀權貴」（*scandalum magnatum*）的訴訟，其目的是保護貴族免受口頭辱罵。在十七世紀早期，法院會判決這種罪的犯者支付重重的賠償金，但自一六八九年之後，他們不再這樣判，而興訟的人為之大幅減少。[209]許多當時人希望更廣泛地禁止不文雅的言論，強制實施「尊重的表徵」*。[210]儘管洛克年輕時贊成立法規定人們行「有禮的敬禮」和「按時尚穿衣服」，但他在晚年改變了主意，理由是這樣的立法會導致「永久性的起訴和敵意。†」[211]一六〇四年廢除了規範衣著和消費的禁奢令，一六九五年起減少了出版審查，教會法庭在十七世紀晚期越來越不願意起訴性犯罪者、辱罵者和麻煩製造者，凡此皆讓可供個人選擇的個人行為領域大大擴大。這個新的個人自由領域包括身體外表、衣著和舉止、性關係、對鄰居和陌生人的行為、思想和政治辯論以及各種社交活動。

私人會社不斷試圖「改革禮儀」，想要推動立法禁止謾罵、違反安息日、賭博和賣淫等冒犯行為。此外，普通百姓繼續透過流言蜚語、書面誹謗和羞辱性的「示眾遊行」（skimmington）‡和「吵鬧音樂」（rough music）§來表達他們對婚姻出格的不滿。[212]在十八世紀，治安法官們作出若干努力，試圖填補教會法庭留下的空白。[213]布萊克斯通在《英格蘭法釋義》第四卷（1769）中斷言，國家的個別成員在法律上仍然「有義務使他們的一般行為符合禮節、良好鄰里關係和良好舉止，在各自的位階上保持得體、勤勞和不冒犯他人。」但他引用來證明此說的很多法規已經過時，仍然有效的那些涉及重婚、公害、流浪和賭博等問題，但對日常生活中的禮節隻字未提。[214]這使得非正式的社群壓力成為個人社會交往行為的唯一外部約束。然而，在倫敦，從十七世紀晚期開始，早期社群監視、譴責和公開羞辱不良鄰居的傳統功能穩步下降。[215]至少在倫敦，個人的隱私權逐漸得到心照不宣的尊重（同樣的過程八成也發生在其他城市）。

這就不奇怪，在十八世紀中葉，當教會和國家的監督減少而個人空間大大擴大時，休謨會說只有好禮儀才可保障老年人不免藐視和外國人不受漠視。類似地，柏克斷言，禮儀（習慣和風俗上的廣義禮儀¶）比法律更重要，因為「法律只是偶爾在這裡或那裡觸動我們」，而禮儀「好比我們吸入的空氣一般，會透過持續、穩定、統一、理智的運作野蠻化或精煉化我們。」[216]這是一個古老的觀念：一五八二年，肯特郡治安法官威廉·蘭巴德（William Lambarde）在對當地陪審團演講時引用了詩人賀拉斯（Horace）的話：「沒有禮貌，光有法律有什麼用？」[217]它成為蘇格蘭啟蒙運動的中心教義。博學的法官卡姆斯勳爵在一七六二年提醒年輕的喬治三世：「禮儀的墮落將使最有益的法律失效。」弗格森認為，禮儀對於一個國家的力量就像它的人口或財富一樣重要，而在亞當·斯密看來，「人類社會的存在本身」有賴對正義、誠實、貞潔和忠誠等義務的遵守。儘管亞當·斯密承認，一個商業社會比一個行善的社會「較不快樂和較不討人喜歡」，但他後來改為主張，社會是靠人的自利心（self-interest）維繫，沒有仁慈心或「任何相互的愛或感情」一樣能維持下去。[218]

---

* 「尊重的表徵」即禮儀，它被認為是內心尊重的外顯。
† 指會不斷有人違法和不滿。
‡ 對誘姦者進行的嘲弄性遊行。通常是將誘姦者的模擬像固定在柱子上並置於車上或驢上，在眾人的譏笑中在大街上通過。
§ 「示眾遊行」時遊行者會敲打盤瓢，盡量製造最大的聲音。
¶ 這個意義的「禮儀」（manners）可譯作「生活方式」。

在二十世紀末，當禮節的約束被證明不足以保障平等和多樣性的新理想時，訴諸立法變得再次必要起來。今天許多國家都有關於人權、種族關係、平等機會、性騷擾、仇恨言論、公共場所吸菸、兒童待遇和殘疾人福利的法律。有些人甚至試圖透過立法來阻止人對他人的不尊重。[219]近幾十年來，問責和稽核的正式程序也有了很大的增加。如果不能信任人們會自發地按照可欲的方式行事，如果職業禮儀和個人榮譽所施加的約束被證明是不可靠，那麼就必須有寫成書面的規則和程序存在，以及需要有能保障這些規則會得到遵守的法定機構存在。因此而產生了一系列新的侵權和刑事犯罪。[220]指導性的假設是，如果要規範社會關係，那麼它必須由法律來規範，因為非正式的禮貌規範已經不能再依賴了。如果在人行道上推開他人、說污言穢語、插隊、不回覆邀請或不說「請」和「謝謝」被視為是對社會凝聚力的真正威脅，那麼，就應該有一條法律是針對它們，一如議會有反對煽動種族仇恨的法案，地方有不許狗在人行道大小便的法規。*這並不是說那些不受國家監管的個人行為是完全由市場決定。在現實中，每個社群都有自己的「微法律」（micro law），即各種場合——無論是在街頭、公車上、劇院、商務會議或學術研討會——各有自己對禮貌行為的慣例。在小社群，違反這些慣例的懲罰——別人不再尊重你——遠遠不算是微不足道的。[221]

在近代早期，「雅緻」（politeness）被普遍認為優越於較基本的「文雅」（civility，禮貌），前者是社會菁英奉行的繁文縟節，後者是人人可以遵行。但到了近代，這種價值排序卻倒轉過來。一八三八年，美國作家庫珀主張雕琢和精化過的行為方式雖然讓人愉快，卻不是必不可少的，反觀對別人有基本的禮貌和尊重，卻是人類文明所不可或缺。[222]二〇世紀的牛津哲學家柯靈烏對此強烈贊同。他認為，文明（civilization）的第一個條件是能夠讓社會成員「文明地」（civilly）互相對待：他指的是尊重別人的感情，避免讓他們感到震驚、惱怒、恐懼或激起任何可能削弱他們自尊的激情或欲望。[223]良好舉止——即體貼的行為和圓滑地遷就他人的感受——仍然廣被認為是一個基本目的。它們促進了人與人的交流。[224]一位現代歷史學家說得好：當其他形式的團結被拋棄時，禮貌可以在社群中充當粘合劑。[225]為了團結一致，每個社會群體都需要自己一套的禮貌形式，即便是開拓時期的美國西部和早期的以色列那樣的邊疆社會亦不能例外。如果人類想要近距離地和別人生活在一起，自我克制和以和平方式解決分歧是一種生物學上的必要條件。

因此，現代政治哲學家對文雅（civility，禮貌）非常感興趣。就像他們的文藝復興時期前人一樣，他們將文雅定義為良好公民應有的美德。†但是他們所強調的美德面向已經改變。守法是十六世紀文雅的核心要求，至今仍然至關重要：美國哲學家約翰·羅爾斯（John Rawls）在一九七一年的著作中認為，文雅的要求之一是服從得到多數人支持的法律，哪怕你個人認為這些法律是不公正的。[226]但國家徵稅和執行法治的權利已不再像都鐸時代那樣受到爭議。[227]相反的，現在受

---

* 原注：一九七七年，以色列國會審議一項防止插隊的法律草案，但沒有通過。如果通過，「不乖乖排隊」將會成為一種罪名。見W. Michael Reisman, *Law in Brief Encounters* (New Haven, CT, 1999), 70-71.

† 原注：「禮貌」的這種意義在一百五十多年前被一位博學的編者認為「現已過時。」見John Milton, *Complete Prose Works of John Milton*, ed. Don M Wolfe et al. (New Haven, CT, 1953-82), vol. 2, 381.

到更多關注的是文雅在一個文化多元的社會中的作用，以及它讓信仰、價值觀和態度迥異的公民和平共處的潛在貢獻。評論者花了很多時間去思考這個問題：是不是因為對嚴肅的政治和宗教議題發表批評意見會讓其他公民感到不安，因此是「不文雅的」？由此而有了這個爭論：是否因為「仇恨言論」或有爭議的演講者會讓一些學生感到不舒服而應該在大學內予以禁止？[228]

在這種情況下，文雅被認為提供了一種「談話禮儀的標準」，提供了一種（如歐巴馬總統所說的）反對別人但不撕破臉的方法。[229]有些哲學家力主，基於我們應該尊重那些與我們意見不同的人的感受的文雅義務，所以應該避免坦誠討論有潛在火藥性的議題，有必要的話甚至應該立法禁止。[230]另一些哲學家則認為，這將是對尊重概念的一種危險的膨脹。他們說，公開表達一些別人認為不可接受的意見對民主的運作來說至關重要：「文明地接受差異」並不代表不可以表達異議，因為文雅只要求最起碼程度的禮貌。[231]然而，大多數參加這場辯論的人都看重不偏不倚的態度、願意傾聽的心、尊重他人尊嚴的意願*，以及那種被稱為「得體」的難以定義品質——儘管這些責任都是被視為道德責任而非法律責任。[232]整個討論背後的困難在於，文雅無法解決一個被分歧價值觀撕裂的社會所面臨的問題，因為它本身就是一個意義和價值都備受激烈爭議的概念。[233]

在這樣的脈絡下，在十七世紀被貴格會所鄙視的親切瑣碎談話是有可能成為建立社會團結的重要手段，哪怕談的是天氣——波以耳稱之為「曆書論述」（almanac discourse）。這就是為什麼貴格會會讓威廉姆斯感到驚駭。他認為，在美洲那樣一個沒有禮儀的「蠻荒國度」，友好的打招呼特別必要，因為「遇到別人時如果不說一句『嗨，朋友！』或用別的什麼敬禮，你和遇到一匹馬或一頭牛沒有分別。」[234]

在過去，文雅往往是一股保守性力量，意味著尊重社會等級和禁止表達激進情緒，因為這些情緒會危及社會和諧。但禮貌和體貼並不等於卑屈的恭順。文雅對一個平等社會和對一個等級社會一樣重要。正如威廉．戈德溫在一七九七年所言，拋棄奴性並不意味著對他人的仁慈和尊重有所減少。[235]

在十八世紀，柴斯特菲爾德勳爵認為，沒有禮節，宮廷將成為「暴力和荒涼的所在。」[236]二〇世紀中葉，軍事思想家李德哈特（B. H. Liddell Hart）堅持主張：「只有更深層意義上的禮貌——為了共同的安全而相互克制——才能在原子時代控制可能導致相互毀滅的政治和社會暴怒情緒。」[†]另一些人則認為，日常禮貌可以保障我們不致淪入野蠻暴行中。這是加拿大詩人斯科特（F. R. Scott）的觀點：

---

* 原注：不過德沃金（Ronald Dworkin）曾著名地主張，民主社會裡沒有人有權不被冒犯。見Ronald Dworkin, 'The Right to Ridicule', *New York Review of Books*, 23 March 2006.

† 原注：遺憾的是，李德哈特跟著說文明社會是奠基於兩性差異和良好舉止，而這兩者是有賴「女性以女性的樣子」發揮影響力，又說現在兩者正在受到進步女性的短髮、短裙和男性服裝的威脅。他把女性緊身胸衣視為重要的文明推手。見B. H. Liddell Hart, 'Manners Mould Mankind', *World Review*, Jan.-Feb. 1946.

首先消失的是細微末節，
也就是那些突然顯得荒謬的
小小的循規蹈矩。
不久，燃燒的敵意就會
壓倒古老的文雅，
第一波野蠻隨之登場。
然後是膽大妄為的極端，
理直氣壯的兇惡，
肆無忌憚的殘暴。[237]

毫無疑問，二〇世紀出現的全面戰爭和種族滅絕一定會讓許多鼓吹文明（civility）的近代早期人感到驚駭。他們其中一些人會認為，僅僅因為種族原因而大規模殺人是一種危害人類根本統一性的罪行。他們也會把取消戰鬥人員和非戰鬥人員的分別甚至取消戰爭與和平的分別視為他們所認定的「野蠻」的縮影。現代技術讓全面戰爭與以前的任何「文明」（civilization）觀念完全不相容。[238]在這一類尚未結束的災難性事件中，他們會看到作為他們的哲學的核心——克制、自我控制、遷就和尊重他人的意願——的崩潰。

諷刺的是，如果不是有只見於高度文明社會的技術知識和科層制度，納粹大屠殺是不可能發生。大多數設計和執行它的人在日常生活中能夠完全有禮和文明。種族滅絕和不禮貌之間沒有必然的聯繫。使它成為可能的並不是一種不文明的傾向，而是對文明行為適用範圍的重新劃定。同樣地，東德（1949-90）在非常強調日常禮貌的同時也下令無情地迫害那些他們認為敵視政權的人。[239]在這些區別中，我們看到了一個近代早期觀念的復活：戰爭法不適用於與「野蠻人」的衝突中。它們也類似於那種認為只有「文明」國家才有權被視為國際社會正式成員的十九世紀學說。只有當人們接受文明意味著容忍種族、宗教或性方面的差異時，才能指望它能保護人類免遭進一步的災難。然而，當一些文化差異看似與普遍認定的人權不相容時，這種寬容似乎不可能實現。唯一的出路似乎是恢復開化的使命，只不過這一次是以和平與更具同理心的方式進行。

在近代早期的英格蘭，「文明」和「野蠻」的使用正如我們看到過的那樣，基本上是一種修辭手法。它可以正當化說話人剛好喜歡的行動或生活方式。當時的人標榜他們習慣的或他們渴望得到的政治和文化安排，稱之為「文明的」，一如他們會給他們反對的其他安排貼上「野蠻的」標籤。

然而，他們對文明社會的隱含定義不只包含著唯有他們的生活方式是正確的未經檢驗假設。透過強調國內和平、法治、個人自由、國際貿易、人道戰爭、科學、學術和藝術的重要性，近代早期的思想家們勾勒出了一套越來越被廣為接受的關於人類可能性（human possibilities）的觀點。它們當然也是全球資本主義蔓延的必要先決條件。但其核心思想是，文明是由一組可以讓人們生活在一起並繁榮發展的信仰、實踐和制度組成。它要求克制、寬容和相互理解。野蠻恰恰相反，意味著混亂、殘忍和無知。這兩種情況的對比迄今沒有失去意義。

參考書目小識

為了節省空間，我只會提供書籍和文章的正書名，省略掉副書名，也只會提供主要出版地點。每一項資料來源的細節都會在第一次引用時在每一章的註釋中交代，之後就會採取簡短書名。除了另有交代，出版地都是倫敦。在引用時，拼寫、標點符號和大小寫都經過現代化。

為了為我的註釋的密密麻麻辯解，我要引用蘇格蘭大史家威廉．羅佛遜在《皇帝查理五世統治史》（*History of the Reign of the Emperor Charles V*, 1769）的序言裡所說的話：

我仔細地指出我賴以取得資訊的資料來源，又分毫不差地引用我仰賴其權威的作家的話，此舉也許會跡近炫耀——如果讀書多有可能是虛榮心作祟的話（但我看書很多時候不過是為了盡責檢查我呈現在公眾眼前的事情是否精確）。因為我的探究常常把我帶到一些沒沒無聞或少人涉足的路徑，這種不斷指出充當我嚮導的作者的做法不只對認證那些作為我的推理基礎的事實是必要的，也可以給日後和我走上同一道路的人指路，讓他們在進行研究的時候能更便捷和成功。

不過我設法用第三任沙夫茨伯里伯爵安東尼・庫珀（Anthony Ashley Cooper, 1671-1713）建議的方式來調整這種政策，也就是「只在正文裡放入那些會讓讀者感到愉快的註釋、沒有學究味的註釋、會叫文雅人受用的註釋和使正文添光加彩的註釋。其他的……我會放在全書最後，以小字體印刷。」*

* 原注：轉引自Lawrence E. Klein, *Shaftesbury and the Culture of Politeness* (Cambridge, 1994), 109.

注釋

縮寫

AHR　《美國歷史評論》（*American Historical Review*）
Amer.　美國（*American*）
BL　大英圖書館（British Library）
Bodl.　牛津大學博德利圖書館（Bodleian Library）
Bull.　學報（*Bulletin*）
Cal.　年曆（*Calendar*）
CSSH　《社會與歷史比較研究》（*Comparative Studies in Society and History*）
CultSocHist　《文化與社會歷史》（*Cultural and Social History*）
ECCO　十八世紀經典古籍全文資料庫（Eighteenth Century Collections Online）
EcHR　《經濟史評論》（*Economic History Review*）
EEBO　十五至十七世紀珍本英語文獻（Early English Books Online）
EETS　早期英語文獻協會（Early English Text Society）
EHR　《英國歷史評論》（*English Historical Review*）
Hist.　歷史／歷史學（*Historical*）
HistRes　《歷史研究》（*Historical Research*）

HJ	《歷史期刊》（*Historical Journal*）
HMC	《歷史手稿委員會報告》（*Historical Manuscripts Commission Reports*）
HWJ	《歷史研討期刊》（*History Workshop Journal*）
JBS	《英國研究期刊》（*Journal of British Studies*）
JHI	《觀念史期刊》（*Journal of the History of Ideas*）
JMH	《近代史期刊》（*Journal of Modern History*）
Journ	期刊（*Journal*）
JSocHist	《社會歷史期刊》（*Journal of Social History*）
ODNB	《牛津國家人物傳記大辭典》（*Oxford Dictionary of National Biography*）
OED	牛津英語辭典線上版（*Oxford English Dictionary*〔online version〕）
P&P	《過去與現在》（*Past & Present*）
Rev.	評論（*Review*）
ser.	卷期（series）
Soc.	學會（Society）
SocHist	《社會史》（*Social History*）
SP	國家文件，即政府檔案（*State Papers*）
TNA	國家檔案館（The National Archives）
TRHS	《皇家歷史學會匯刊》（*Transactions of the Royal Historical Society*）
WMQ	《威廉與瑪麗季刊》（*William and Mary Quarterly*）

序

1. Pierre Bourdieu, *Outline of a Theory of Practice*, trans. Richard Nice (Cambridge, 1977), 94.
2. 見Mark Griffith, 'The Language and Meaning of the College Motto'，可在New College, Oxford網站上取用。

導論

1. Early English Books Online（下稱 EEBO）的檢索設施顯示，「文明世界」（the civil world）一詞最早出現在一六〇七年，「開化世界」（the civilized world）最早出現在一六五八年。
2. John Locke, Two Treatises of Government, ed. Peter Laslett (Cambridge, 1960), 261 (bk 1, para. 141); Griffith Williams, The Great Antichrist Revealed (1660), 3rd pagination, 48.
3. William Marsden, *The History of Sumatra* (2nd edn, 1784), 167–68; *The Correspondence of Edmund Burke*, ed. T. W. Copeland et al. (Cambridge, 1968–78), vol. 3, 350–51.對於十八世紀英國對世界的觀感一個很好的概述是P. J. Marshall and Glyndwr Williams, *The Great Map of Mankind* (1982).
4. E. B. Tylor, *Primitive Culture*, vol. 1 (1871; 5th edn, 1913), 26.
5. EEBO的搜尋結果顯示，「未開化」（uncivilized）一詞從一六〇七年開始使用。
6. Timothy Long, *Barbarians in Greek Comedy* (Carbondale, IL, 1986), chap. 6; Edith Hall, *Inventing the Barbarian* (Oxford, 1989); Jacqueline de Romilly, 'Les barbares dans la pensée de la Grèce classique', *Phoenix* 47 (1993); *Greeks and Barbarians*, ed. Thomas Harrison (Edinburgh, 2002); J. G. A. Pocock, *Barbarism and Religion* (Cambridge, 1999–2015), vol. 4, 11–14; Roger-Pol Droit, *Généalogie des barbares* (Paris, 2007), 31–141; *Oxford Classical Dictionary*, ed. Simon Hornblower et al., 4th edn (Oxford, 2012), s.v. 'Barbarian', by Thomas E. J. Wiedmann.
7. Plato, *Politicus*, 262 d-e; Strabo, *Geography*, bk 1, chap. 4, sect. 9 (on Eratosthenes).
8. 如 Erich S. Gruen 所論, *Rethinking the Other in Antiquity* (Princeton, NJ, 2011), chaps. 1 and 2.
9. G. Freyburger, 'Sens et évolution du mot "barbarus" dans l'oeuvre de Cicéron', in *Mélanges offerts à Léopold Sédar Senghor*, ed. Association des Professeurs de Langues Classiques au Sénégal (Dakar, 1977); Yves Albert Dauge, *Le Barbare* (Brussels, 1981); Peter Heather, 'The Barbarian in Late Antiquity', in *Constructing Identities in Late Antiquity*, ed. Richard Miles (1999); Ralph W. Mathisen, 'Violent Behaviour and the Construction of Barbarian Identity in Late Antiquity', in *Violence in Late Antiquity*, ed.H. A. Drake (Aldershot, 2006); Lynette Mitchell, *Panhellenism and the Barbarian in Archaic and Classical*

Greece (Swansea, 2007); Guy Halsall, *Barbarian Migrations and the Roman West, 376–568* (Cambridge, 2007), 45–57; Droit, *Généalogie des barbares*, 145–205.

10. Karl Leyser, 'Concepts of Europe in the Early and High Middle Ages', *P&P* 137 (1992), 41n.
11. Geoffrey Chaucer, 'General Prologue', *The Canterbury Tales*, line 49; Denys Hay, 'The Concept of Christendom', in *The Dawn of Civilization*, ed. David Talbot Rice (1965); Judith Herrin, *The Formation of Christendom* (1987), 8.
12. W. R. Jones, 'The Image of the Barbarian in Medieval Europe', *CSSH* 13 (1971), is a pioneering piece of synthesis. 另請參閱Rodolfo di Mattei, 'Sul concetto di barbaro e barbarie nel Medioevo', *Studi in onore di Enrico Besta* (Milan, 1937–39), vol. 4; Robert Bartlett, *Gerald of Wales 1146–1223* (Oxford, 1982), chap. 6; Anthony Pagden, *The Fall of Natural Man* (Cambridge, 1982), chap. 2; Arno Borst, *Medieval Worlds*, trans. Eric Hansen (Cambridge, 1991), chap. 1; Seymour Phillips, 'The Outer World of the European Middle Ages', in *Implicit Understandings*, ed. Stuart B. Schwartz (Cambridge, 1994); John Gillingham, *The English in the Twelfth Century* (Woodbridge, 2000), chap. 1, and 'Civilizing the English?', *HistRes* 74 (2001); Michael Staunton, *The Historians of Angevin England* (Oxford, 2017), 351–58.
13. James Hankins, 'Renaissance Crusaders', *Dumbarton Oaks Papers* 49 (1995); Nancy Bisaha, *Creating East and West* (Philadelphia, PA, 2004); Michael Wintle, 'Islam as Europe's "Other" in the Long Term', *History* 101 (2016), 45, 48.
14. 有關近代早期的民俗學書寫是一種「基督教語言」和「文明語言」的對話這一點，見Joan-Pau Rubiés, 'New Worlds and Renaissance Ethnography', *History and Anthropology* 6 (1993).
15. Pagden, *Fall of Natural Man*, chaps. 6 and 7.
16. 在中世紀和文藝復興時期的拉丁文中，「文明的」（civil）和「野蠻的」（barbarous）對比被表達在以下的孿生詞中：*urbanus*（雕琢過的）和*agrestis*（土氣的）；*excultus*（有教養的）和*incultus*（無教養的）；*humanus*（人）和*barbarus*（野蠻人）；*compositus*（井然有序的）和*incompositus*（無序的）；*civilis*（有禮的）and *incivilis*（無禮的；不過這個詞後來指不公正的和專橫的）。Civility（文雅）是*civilitas*或*humanitas*（人性）或*cultior genus vitae*（較有教養的生活方式）。它和*leniores mores*（較溫文的舉止）有關，反義詞是*barbaria*或*barbaries*（野蠻）或*feritas*（原始）。對在十七世紀早期的格勞秀斯來說，開化的人要*moratiores*（舉止較佳），*humaniores*（較有人性）

或就是*meliores*（更佳）。在普芬多夫看來，既有「開化的民族」（*gentes cultae*），也有「野蠻的民族」（*gentes barbara*）。

17. John Evelyn, *Elysium Britannicum, or the Royal Gardens*, ed. John E. Ingram (Philadelphia PA, 2001), 161, 403; Frances Harris, *Transformations of Love* (Oxford, 2002), 29.《牛津英語詞典》（*OED*）從一五九五年起收入動詞「開化」（civilize），從一六一一年起收入形容詞「開化的」（civilized）。（EEBO從一六〇〇年起便有後者的例子。）「有教養的」（cultivated）——義為受到教育的雕琢）——是一個十七世紀中葉的新字。

18. 《牛津英語詞典》的條目「civilization, 1」從一六五六年後有例子，EEBO的條目「civilization」在一七〇〇年前有八十六擊（四十六件文件）。J(odocus) Crull, The Antient and Present State of Muscovy (1698), 140; Andrew Snape, A Sermon Preach'd before Princess Sophia at Hannover, the 13th/24th of May 1706 (Cambridge, 1706), 18. 顯然是沒注意到這許多早期的例子，又因為知道法文一詞是在一七五〇年代第一次被米拉波侯爵（Marquis de Mirabeau）維克托・里克蒂（Victor Riqueti）用於非法律意義，許多歐陸學者到最近還主張這個詞要幾年後才出現在英格蘭。例如：Lucien Febvre, 'Civilisation: Evolution of a Word and a Group of Ideas', in A New Kind of History and Other Essays, trans. K. Folca, ed. Peter Burke (1973); Émile Benveniste, 'Civilisation: Contribution à l'histoire du mot', in Problèmes de linguis- tique générale (Paris, 1966–74), chap. 28; Jean Starobinski, 'The Word Civilization', in Blessings in Disguise, trans. Arthur Goldhammer (Cambridge, 1993) (like Benveniste, drawing on Joachim Moras, Ursprung und Entwicklung des Begriffs der Zivilisation in Frankreich ([1756–1830]; Hamburg, 1930); Catherine Larrère, 'Mirabeau et les physioc- rates', in Les Équivoques de la civilisation, ed. Bertrand Binoche (Seyssel, 2003), 83.

19. *OED*, s.v. 'Civilization, 2'.

20. Henry Piers, Gospel- Repentance (1744), 39; Atheism, (or the Living without GOD in the World) a 'Commoner' Sin than Thought of (1748), 83n.

21. 新用法的例子見ECCO 與 17th–18th Century Burney Collection Newspapers (Gale Cengage, online).

22. *Boswell's Life of Johnson*, ed. George Birkbeck Hill, rev. L. F. Powell (Oxford, 1934–50), vol. 2, 155; Boswell for the Defence, ed. William K. Wimsatt Jr and Frederick A. Pottle (1960), 57.

23. 《牛津英語詞典》的條目「civility, 10」指出這個意義是在一五三一年首次被使用，在1549年第二次被使用。其他十六世紀早期的例子可以透過ＥＥＢＯ的檢索設施找到。有關義大利文和法文的用語，請見Rosario Romeo, *Le Scoperte americane nella coscienza italiana del Cinquecento* (Milan, 1954), 106–8, n2; George Huppert, 'The Idea of Civilization in the Sixteenth Century', in *Renaissance*, ed. Anthony Molho and John A.Tedeschi (Florence, 1971); Alain Pons, 'Civilite- Urbanite', in *Dictionnaire raisonne de la politesse et du savoir- vivre du Moyen Age a nos jours*, ed. Alain Montandon (Paris, 1995).

24. 《牛津英語詞典》沒有一五六一年之前這種用法的例子，但它們可以在*The Dictionary of Syr Thomas Elyot*（1538）和一五四〇年代及一五五〇年代的其他作品中找到。

25. 「civilization」的這兩個意義（作為一種過程和該過程的最終產品）可以在John Ash, *The New and Complete Dictionary of the English Language*（1775）找到。

26. Gerrit W. Gong, *The Standard of 'Civilization' in International Society* (Oxford, 1984);Hedley Bull, 'The Emergence of a Universal International Society', in *Expansion of International Society*, ed. Bull and Adam Watson (Oxford, 1984); James Tully, 'Lineages of Contemporary Imperialism', in *Lineages of Empire*, ed. Duncan Kelly (Procs. of the British Academy, 155; Oxford, 2009); Liliana Obregón, 'The Civilized and the Uncivilized', in *The Oxford Handbook of International Law*, ed. Bardo Fassbender and Anne Peters (Oxford, 2012).

27. Edward Keene, *Beyond the Anarchical Society* (Cambridge, 2002), 136–47; id., *International Political Thought* (Cambridge, 2005), chap. 6; H. Lauterpacht, *Recognition in International Law* (Cambridge, 1947), 31n1.

28. 罪本身雖然是壞的，卻因為可以和正直對照而為好，就像透過陰影的對比，光可以更顯著與明亮。露絲・哈欽森（Lucy Hutchinson），《有序與失序》（*Order and Disorder*, 1679），David Norbrook (Oxford, 2001)主編, 57.

29. R. G. Collingwood, *The Philosophy of Enchantment*, ed. David Boucher (Oxford, 2005),183; Ernst van Alphen, 'The Other Within', in *Alterity, Identity, Image*, ed. Raymond Corbey and Joep Leerssen (Amsterdam, 1991), 15.

30. 'New Experiments and Observations Touching Cold', in *The Works of the Honourable Robert Boyle*, ed. Thomas Birch (2nd edn, 1772), vol. 2, 476.

31. 有關政治思想是相互競爭的語言之間的一種角逐的觀念，見（例如）Anthony Pagden, 'Introduction', in *The Languages*

of Political Theory in Early- Modern Europe, ed. Pagden (Cambridge, 1987); J. G. A. Pocock, *Political Thought and History* (Cambridge, 2009), chap. 6.

32. Ciaran Brady, 'New English Identity in Ireland and the Two Sir William Herberts', in *Sixteenth- Century Identities*, ed. A. J. Piesse (Manchester, 2000), 82.

第一章 文雅行為

1. Spenser, *The Faerie Queene* (1596), bk 6, canto 3, st. 38; John Locke, *Some Thoughts concerning Education*, ed. John W. and Jean S. Yolton (Oxford, 1989), 124.
2. Thomas Hobbes, *Leviathan* (1651), ed. Noel Malcolm (Oxford, 2012), vol. 2, 150 (chap. 11).
3. Martin Ingram, 'Reformation of Manners in Early Modern England', in *The Experience of Authority*, ed. Paul Griffiths et al. (Basingstoke, 1996), and id., *Carnal Knowledge* (Cambridge, 2017), index, 'reformation of manners'; M. K. McIntosh, *Controlling Misbehaviour in England, 1370–1600* (Cambridge, 1998); Bob Harris, *Politics and the Nation* (Oxford, 2002), chap. 7; Joanna Innes, 'Politics and Morals', in *The Transformation of Political Culture*, ed. Eckhard Hellmuth (Oxford, 1990).
4. *Spectator* 119 (17 July 1711), ed. Donald F. Bond (Oxford, 1965), vol. 1, 486. Similarly, *Caxton's Book of Curtesye*, ed. Frederick J. Furnivall (EETS, 1868), 25 ('Handle your food cleanly because manners make man').
5. Thomas Cranmer, *Catechismus* (1548), fol. xlvv; *A Midsummer Night's Dream*, act 3, scene 2, lines 147–48.（譯註：以下提到「謙恭」、「文雅」、「良好教養」和「雅緻」都是「禮貌」的大體上的同義詞。）ＥＥＢＯ顯示，在一五〇〇至一六〇〇年間，「謙恭〔courtesy〕」有6818擊（1307個文件），「文雅〔civility〕」只有959擊（388個文件），大部分都是出現在該世紀的最後二十五年。然而，在一六〇一至一七〇〇年之間，「文雅〔civility〕」是15506擊（5718個文件），其中12287擊是出現在一六五〇年之後，而「謙恭〔courtesy〕」是10771擊（3079個文件）。「良好教養〔good breeding〕」是702擊（514個文件），「雅緻〔politeness〕」是644擊（328個文件），但其中只有14擊是出現在一六五〇年之前，只有81擊是出現在一六六〇年之前。作為用法的指南，這些數字有明顯的局限性，這不只是因為ＥＥＢＯ和ＥＣＣＯ的檢索設施的缺點導致，還是因為它們暗示以下兩部著作對用語的變遷本來很有用的討論需要修正，即Anna Bryson, *From Courtesy to Civility* (Oxford, 1998), 46–49,and Phil Withington, *Society in Early Modern England* (Cambridge, 2010), 186–89,194–95.

6. Cf. Spenser, *Faerie Queene*, bk 5, canto 1, st. 1（「在宮廷裡，人看來確實需要有朝儀。」）

7. Cf. Thomas Gainsford, *The Rich Cabinet* (1616), fol. 27 ('A citizen is a professor of civility'). 對「文明」（civility）的豐富討論，見Bryson, *Courtesy to Civility*, chap. 2.

8. [Guillaume de La Perriere], *The Mirrour of Policie* (Eng. trans., 1598), fol. 1.

9. Peter Burke, 'A civil tongue', in *Civil Histories*, ed. Burke et al. (Oxford, 2000), 36; John Hale, *The Civilization of Europe in the Renaissance* (1993), chap. 7.

10. 10. Sir Thomas Elyot, *The Dictionary of Syr Thomas Eliot Knyght* (1538), s.vv. *politia*', '*civilis homo*'.

11. Thomas Starkey, *An Exhortation to the People, Instructing Them to Unitie and Obedience* [1536], fol. 5.

12. Elyot, *Dictionary*, s.v. '*urbanitas*'.

13. Richard Mulcaster, *Positions* (1581), ed. Robert Henry Quick (1887), 137; *The Bible*, ed. Robert Carroll and Stephen Prickett (Oxford, 1997), liii; William Martyn, *Youths Instruction* (1612), 80; Locke, *Some Thoughts concerning Education*, 200 (para. 143).

14. Linda A. Pollock, 'The Practice of Kindness in Early Modern Elite Society', *P&P* 211 (2011); *OED*, s.v. 'civility money'.

15. Locke, *Some Thoughts concerning Education*, 200 (para. 143); Antoine de Courtin, *The Rules of Civility; or the Maxims of Genteel Behaviour* (English trans., from 12th French edn, 1703). ＥＥＢＯ的檢索設施顯示，「共同禮貌」一詞從一五八〇年代開始被普遍使用。

16. *Glossographia Anglicana Nova* (1707), s.v. 'courtesie'.

17. 對於卡斯蒂廖內《宮廷貴婦之書》（*Il Cortegiano*）影響的討論，見Peter Burke, *The Fortunes of the Courtier* (Oxford, 1995).

18. Fenela Ann Childs, 'Prescriptions for Manners in English Courtesy Literature, 1690–1760, and their Social Implications' (D.Phil. thesis, Univ. of Oxford, 1984), 32–33.一六九〇年之前出版的作品，見John E. Mason, *Gentlefolk in the Making*

(Philadelphia,PA, 1935), Virgil B. Heltzel, *A Check List of Courtesy Books in the Newberry Library* (Chicago, IL, 1942); and Bryson, *Courtesy to Civility.*

19. Outstanding examples are Bryson, *Courtesy to Civility; Civil Histories*, ed. Burke et al.;and Markku Peltonen, *The Duel in Early Modern England* (Cambridge, 2003). Teresa M. Bejan, *Mere Civility* (Cambridge, MA, 2017) 是對「文雅」的一個優秀研究，它認為「文雅」是「對處理意見分歧而言特別重要的談話美德。」（209n9）兩種法國歷史學家有教益的著作如下：Jacques Revel, 'The Uses of Civility', in *Passions of the Renaissance*, ed. Roger Chartier (*A History of Private Life*, ed. Philippe Aries and Georges Duby (1987–91), vol. 3); and Roger Chartier, *The Cultural Uses of Print*, trans. Lydia G. Cochrane (Princeton, NJ, 1987), chap. 3. 有很多有用文章包含在*Dictionnaire raisonne de la politesse et du savoir- vivre du Moyen Age a nos jours*, ed. Alain Montandon (Paris, 1995). Camille Pernot, *La Politesse et sa philosophie* (Paris, 1996)，此文內容豐富，分析深入。

20. Norbert Elias, *Uber den Prozess der Zivilisation* (Basel, 1939), trans. Edmund Jephcott as *On the Process of Civilisation*, ed. Stephen Mennell et al. (*The Collected Works of Norbert Elias* (Dublin (2006–14), vol. 3); *Die hofische Gesellschaft* (Darmstadt, 1969), trans. Edmund Jephcott as *The Court Society* (rev. edn) (*Collected Works*, vol. 2); *Essays II*, ed. Richard Kilminster and Stephen Mennell (*Collected Works*, vol. 15), 3.「文明化進程」一語早幾年前便被A. O. Lovejoy和George Boas使用，見他們的*Primitivism and Related Ideas in Antiquity* (Baltimore, MD, 1935), 7.

21. Elias, *On the Process of Civilisation*, 13, 71, 136, 207, 274, 412, 522. 他的這種觀點引生自荷蘭歷史學家約翰・赫伊津哈（Johann Huizinga），他對赫氏的《中世紀的衰落》（*Herfsttij der Middeleeuwen* [2nd edn, 1921]）極為佩服。布洛克（Marc Bloch）同樣認為中世紀的人較不能控制他們的即時衝動('mediocrement capable de reprimer leur premier mouvement'); *La Societe feodale* (Paris, 1939; 1968), 567–68.

22. Elias, *On the Process of Civilisation*, 105, 137–38, 149–50, 237–38; Elias, *Essays II*, 7.

23. 請見 J. E. A. Jolliffe, *Angevin Kingship* (2nd edn, 1963), chap. 4; Stephen D. White, 'The Politics of Anger', and Barbara H. Rosenwein, 'Controlling Paradigms', in *Anger's Past*, ed. Rosenwein (Ithaca, NY, 1998); Levi Roach, *Kingship and Consent in Anglo- Saxon England, 871–978* (Cambridge, 2013), 174–76; Stephen J. Spencer, ' "Like a Raging Lion" ', *EHR* 132 (2017).

24. A point well made in Linda Pollock, 'Anger and the Negotiation of Relationships in Early Modern England', *HJ* 47 (2004).

25. Bryson, *Courtesy to Civility*, 26–29, 70–71, 107–8.

26. Gabriel de Magalhaes, *A New History of China* (Eng. trans., 1688), 101; *The Ottoman Gentleman of the Sixteenth Century*, trans. Douglas S. Brooks (Cambridge, MA, 2003). Another instructive example is provided by Daud Ali, *Courtly Culture and Political Life in Early Medieval India* (Cambridge, 2004).

27. Jack Goody, *The Theft of History* (Cambridge, 2006), chap. 6; Rosenwein, 'Controlling Paradigms', 241.

28. Jeroen Duindam, *Myths of Power* (Amsterdam, 1994), 173; [William and Edmund Burke], *An Account of the European Settlements in America* (3rd edn, 1760), vol. 1, 172; Adam Smith, *The Theory of Moral Sentiments*, ed. D. D. Raphael and A.L. Macfie (Oxford, 1976), 207–8 (V. 2. 10–11).

29. 29. Norbert Elias, *Interviews and Autobiographical Reflections*, trans. and ed. Edmund Jephcott et al. (*Collected Works*, vol. 17), 195–96.

30. C. Stephen Jaeger, *The Origins of Courtliness* (Philadelphia, PA, 1985); id., *The Envy of Angels* (Philadelphia, PA, 1994); Thomas Zotz, 'Urbanitas', in *Curialitas*, ed. Josef Fleckenstein (Gottingen, 1990); Aldo Scaglione, *Knights at Court* (Berkeley, CA, 1991).

31. *Urbanus Magnus Danielis Becclesiensis*, ed. J. Gilbart Smyly (Dublin, 1939). 請見Robert Bartlett, *England under the Norman and Angevin Kings* (Oxford, 2000), 582–88; Frederique Lachaud, 'L'Enseignement des bonnes manieres en milieu de cour en Angleterre d'apres *l'Urbanus Magnus* attribue a Daniel de Beccles', in *Erziehung und Bildung bei Hofe*, ed. Werner Paravicini and Jorg Wettlaufer (Stuttgart, 2002); Danny Danziger and John Gillingham, *1215* (2003), 10, 30, 91–92; and Fiona E. Whelan, 'Urbanus Magnus', *Bodl. Lib. Record* 27 (2014).

32. 請見H. Rosamond Parsons, 'Anglo- Norman Books of Courtesy and Nurture', *Procs. of the Modern Languages Assoc.* 44 (1929); Servus Gieben, 'Robert Grossteste and Medieval Courtesy Books', *Vivarium* 5 (1967); Diane Bornstein, *Mirrors of Courtesy* (Hamden, CT, 1975); Nicholas Orme, *From Childhood to Chivalry* (1984); Jonathan Nicholls, *The Matter of Courtesy* (Woodbridge, 1985); Claude Roussel, 'Le Legs de la Rose', in *Pour une histoire des traites de savoir- faire en Europe*, ed. A.

Montandon (Clermont- Ferrand, 1994); Daniela Romagnoli, 'La Courtoisie dans la ville', in *La Ville et la cour*, ed. Romagnoli (Paris, 1995); J. A. Burrow, *Gesture and Looks in Medieval Narrative* (Cambridge, 2002), 84–91, 116, 128, 135; Frederique Lachaud, 'Litterature de civilite et "processus de civilisation" a la fin du XIIe siecle', in *Les Echanges culturels au Moyen Age*, ed. Danielle Courtemanche and Anne- Marie Helvetius (Paris, 2002); Michael Staunton, *The Historians of Angevin England* (Oxford, 2017), 160–63; and especially, John Gillingham, 'From *Civilitas* to Civility', *TRHS*, 6th ser., 12 (2002). 相關術語（terminology）請見*Dictionary of Medieval Latin from British Sources*, ed. R. E. Latham et al. (1975–2013), and for an anthology of English medieval treatises and didactic poems, *Manners and Meals in Olden Time*, ed. Frederick J. Furnivall (EETS, 1868).

33. Thomas Kohnen, 'Linguistic Politeness in Anglo- Saxon England', *Journ. Hist. Pragmatics* 9 (2008), 155.
34. David Burnley, *Courtliness and Literature in Medieval England* (Harlow, 1998), chap. 1; James Campbell, 'Anglo- Saxon Courts', in *Court Culture in the Early Middle Ages*, ed. Catherine Cubitt (Turnhout, 2003), 165–66; Stephen Pollington, *The Mead Hall* (Hockwold- cum- Wilton, 2003), 42–47.
35. 請見Dilwyn Knox, '*Disciplina*: The Monastic and Clerical Origins of European Civility', in *Renaissance Society and Culture*, ed. John Monfasani and Ronald G. Martin (New York, 1991).
36. 'Statutes of Corpus Christi College', 63–64, in *Statutes of the Colleges of Oxford* (Oxford, 1853), vol. 2.
37. Gervase Rosser, *The Art of Solidarity in the Middle Ages* (Oxford, 2015), 34, 143–44; Ben R. McRee, 'Religious Gilds and the Regulation of Behaviour in Late Medieval Towns', in *People, Politics and Community in the Later Middle Ages*, ed. Joel Thomas Rosenthal and Colin Richmond (Gloucester, 1987).
38. Christian D. Liddy, *Contesting the City* (Oxford, 2017), index, s.v. 'civic values'; Barbara A. Hanawalt, *Ceremony and Civility* (New York, 2017), introduction; Jonathan Barry, 'Civility and Civic Virtue', in *Civil Histories*, ed. Burke et al.; Phil Withington, 'Public Discourse, Corporate Citizenship, and State Formation in Early Modern England', *AHR* 112 (2007); id., *The Politics of Commonwealth* (Cambridge, 2005), 11–12; Cathy Shrank, 'Civility and the City in *Coriolanus*', *Shakespeare Qtly* 54 (2003).
39. Felicity Heal, *Hospitality in Early Modern England* (Oxford, 1990), 102–4.

40. George Gascoigne, *A Hundreth Sundrie Flowres*, ed. G. W. Pigman III (Oxford, 2000), 315; Aristotle, *Nichomachean Ethics*, bk 7; Cicero, *De Off iciis*, bk 1, chaps. 46, 93, 96, 126; Edwin S. Ramage, *Urbanitas* (Norman, OK, 1973). 有關 *modestia*，請見 Dilwyn Knox, 'Gesture and Deportment', in *Cultural Exchange in Early Modern Europe*, vol. 4, ed. Herman Roodenburg (Cambridge, 2007); 討論普魯塔克的影響，見Richard Brathwait, *The English Gentleman* (1630), 86–89, and Helen Moore, 'Of Marriage, Morals and Civility', in *Early Modern Civil Discourses*, ed. Jennifer Richards (Basingstoke, 2003); 以及更普遍的經典性影響，請見Alain Pons, 'Civilite- urbanite', in *Dictionnaire raisonne de la politesse*.

41. Mary Theresa Brentano, 'Relationships of the Latin Facetus Literature to the Medieval English Courtesy Poems', *Bulletin of the Univ. of Kansas* 36 (1935), 64–65; Knox, '*Disciplina*'; Gillingham, 'From *Civilitas* to Civility', 278.

42. 相關見M. Magendie, *La Politesse mondaine et les theories de l'honnetete, en France, au XVIIe siecle, de 1600 a 1660* (Paris, [1925]); Jean- Pierre Dens, *L'Honnete Homme et la critique du gout* (Lexington, KY, 1981); Peter France, *Politeness and Its Discontents* (Cambridge, 1992).

43. Henry More, *An Account of Virtue* (1690), 139; Locke, *Some Thoughts concerning Education*, 200 (para. 143); Anthony Ashley Cooper, 3rd Earl of Shaftesbury, *Characteristicks of Men, Manners, Opinions, Times*, ed. Philip Ayres (Oxford, 1999), vol. 1, 59; Sir Matthew Hale, *The Primitive Origination of Mankind* (1677), 368.

44. *A Golden Chaine*, in *The Workes of... M(aster) W(illiam) Perkins* (Cambridge, 1608– 1631), vol. 1, sig. B2v.

45. 一個相當好的例子見 *Caxton's Booke of Curtesye*. 更廣泛而言，見Scaglione, *Knights at Court*, chap. 5; Jean- Claude Schmitt, *La Raison des gestes dans l'occident medievale* (Paris, 1990), 224–25; Nicholls, *Matter of Courtesy*, 1–2, 32, 199; Dilwyn Knox, 'Erasmus' *De Civilitate* and the Religious Origins of Civility in Protestant Europe', *Archiv fur Reformationsgeschichte* 86 (1995).

46. T[homas] R[ogers], *A Philosophicall Discourse* (1576), fol. 87; Sir Richard Barckley, *A Discourse of the Felicitie of Man* (1598), 326.

47. 有關他翻譯的可能動機，見Mary Partridge, 'Thomas Hoby's English Translation of Castiglione's *Book of the Courtier*', *HJ* 50 (2007).

48. *Arminian Magazine* 11 (1788).
49. William Gouge, *Of Domesticall Duties, Eight Treatises* (3rd edn, 1634), 538–39; Robert Shelford, *Lectures or Readings upon the 6. Verse of the 22. Chapter of the Proverbs Concerning the Vertuous Education of Youth* (1602), 14; J. C. Davis, 'A Standard Which Can Never Fail Us', in *Popular Culture and Political Agency in Early Modern England*, ed. Michael J. Braddick and Phil Withington (Woodbridge, 2017); John Knight, *A Sermon Preach'd at the Funeral of the Right Honourable the Lady Guilford* (1700), 35.
50. Hobbes, *Leviathan*, ed. Malcolm, vol. 2, 220–43 (chap. 15); vol. 3, 1132 ('Review and Conclusion'); *The Elements of Law*, ed. Ferdinand Tonnies (2nd edn, 1969), 95 (I.18.1); *De Cive, The Latin Version*, ed. Howard Warrender (Oxford, 1983), 113 (III. xii).
51. Quentin Skinner, 'Hobbes and the Social Control of Unsociability', in *The Oxford Handbook of Hobbes*, ed. A. P. Martinich and Kinch Hoekstra (Oxford, 2016); Bejan, *Mere Civility*, 98–101.
52. *Leviathan*, ed. Malcolm, vol. 2, 150 (chap. 11); *The Petty Papers*, ed. Marquess of Lansdowne (1927), vol. 2, 188–89; Samuel Parker, *A Free and Impartial Censure of the Platonick Philosophie* (Oxford, 1666), 27.
53. *Spectator* 248 (14 Dec. 1711), ed. Bond, vol. 2, 462.
54. F. J. M. Korsten, *Roger North (1651–1734)* (Amsterdam, 1981), 117; David Hume, *Essays Moral, Political, and Literary*, ed. T. H. Green and T. H. Grose (1875), vol. 2, 200; Jeremy Bentham, *Deontology*, ed. Amnon Goldworth (Oxford, 1983), 276–77.
55. Henry Fielding, *Miscellanies*, ed. Henry Knight Miller (Oxford, 1972), vol. 1, 3–4.
56. *Correspondence of William Pitt, Earl of Chatham*, ed. William Stanhope Taylor and John Henry Pringle (1838–40), vol. 1, 79; Hume, *Essays*, vol. 1, 187; Chesterfield, in *The World* 148 (30 Oct. 1755), in *British Essayists*, ed. Robert Lynam et al. (1827), vol. 17, 181; Tobias Smollett, *Travels through France and Italy*, ed. Frank Felsenstein (Oxford, 1979), 57.
57. *Biographica Britannica* (1747–66), vol. 2, 780. 較早期較人責備別人缺點而不致得罪對方的建議，見*Youth's Behaviour*, trans. Francis Hawkins (7th imprn, 1661), 15.
58. 對「文雅」這些相互衝突的方法的一個尖銳的分析，見C. J. Rawson,'Gentlemen and Dancing- Masters', *Eighteenth-*

Century Studies 1 (1967); 另見Markku Peltonen, 'Politeness and Whiggism, 1688–1732', *HJ* 48 (2005), 405–6.

59. *The Letters of Sir Thomas Browne*, ed. Geoffrey Keynes (new edn, 1946), 10.有關布朗的人生是以文雅和「博學的社交性」（learned sociability）為指導原則這一點，見Claire Preston, *Thomas Browne and the Writing of Early Modern Science* (Cambridge, 2005).

60. 關於這些禮儀指南著作，見Michael Curtin, *Propriety and Position* (New York, 1987); Marjorie Morgan, *Manners, Morals and Class in England, 1774–1858* (Basingstoke, 1994), 19–31.

61. Samuel Collins, *A Systeme of Anatomy* (1685), 61.

62. Sir Thomas Elyot, *The Boke Named the Gouernour*, ed. Henry Herbert Stephen Croft (1883), vol. 1, 35 (I. v); Virgilio Malvezzi, *The Pourtrait of the Politicke Christian- Favourite* (Eng. trans., 1647), 38; Guy Miege, *A New Dictionary French and English* (1677), sig.*Ppp2.

63. [Jacques] L'Esprit, *The Falshood of Human Virtue* (Eng. trans., 1691), 187.

64. 它在王政復時期之前越來越流行這一點可以透過ＥＥＢＯ的檢索設施得知。

65. David Lloyd, *The States- men and Favourites of England since the Reformation* (1665), 16; Richard Gibbs, *The New Disorders of Love* (1687), sig. A2v.

66. Francis Meres, *Palladis Tamia* (1598), fol. 246; William Fulbecke, *An Historical Collection of the Continuall Factions, Tumults, and Massacres of the Romans and Italians* (1601), sig.*3; Lloyd, *States- men and Favourites*, 461.

67. 'The Spirit of Laws', bk 4, chap. 2, in *The Complete Works of M. de Montesquieu* (1777), vol. 1, 39.

68. Peter Heylyn, *A Survey of the State of France* (1656), 75.

69. Shaftesbury, *Characteristicks*, vol. 2, 206 (VI. iii. 1); Jonathan Richardson, *Two Discourses* (1719), vol. 2, 221.

70. Richard Flecknoe, *Love's Dominion* (1654), sig. A5.

71. Miege, *New Dictionary*, sig. *Ppp 2; Abel Boyer, 'Twelve Dialogues', in *The Compleat French- Master for Ladies and Gentlemen* (1694), 2nd pagination, 32.

72. *The Diary of John Evelyn*, ed. E. S. de Beer (Oxford, 1955), vol. 4, 409–10.

73. ECCO顯示，在一七〇一至一八〇〇年之間，「文雅」有28738擊，「雅緻」有20435擊，「謙恭」有11434擊，「良好教養」有9517擊。「雅緻」在十八世紀未能取代「文雅」這一點，也可以在以下資料中得到支持：Old Bailey Proceedings, cited in Robert B. Shoemaker, *The London Mob* (2004), 294–95。另見Corpus of Early Correspondence (CEEC), drawn upon by Terttu Nevalainen and Heli Tissari和, 'Contextualizing Eighteenth-Century Politeness', in *EighteenthCentury English*, ed. Raymond Hickey（Cambridge, 2010）。

74. 雖然以下這些著作似乎不知道「雅緻」一詞原來是用來形容語言，但仍然有不可或缺的見解：J. G. A. Pocock, 'Clergy and Commerce', in *L'Eta dei Lumi*, ed. Raffaele Ajello et al. (Naples, 1985), vol. 1, 1n72; id., *Virtue, Commerce, and History* (Cambridge, 1985), 236–37; France, *Politeness and Its Discontents*, esp. chap. 4; John Brewer, *The Pleasures of the Imagination* (1997), 99–113; Paul Langford, 'The Uses of Eighteenth- Century Politeness', *TRHS*, 6th ser., 12 (2002); 以及無數勞倫斯・克蘭恩（Lawrence E. Klein）的研究，包括 'The Political Significance of "Politeness" in Early Eighteenth- Century Britain', in *Politics, Politeness, and Patriotism*, ed. Gordon J. Schochet (Washington, DC, 1993); *Shaftesbury and the Culture of Politeness* (Cambridge, 1994); 'Politeness for Plebes', in *The Consumption of Culture, 1600–1800*, ed. Ann Bermingham and John Brewer (1995); 'Coffeehouse Civility, 1660–1714', *Huntington Lib. Qtly* 59 (1997–98), and 'Politeness and the Interpretation of the Eighteenth Century', *HJ* 45 (2002). 對這方面的近期著作有兩部有用的概述：Philip Carter, *Men and the Emergence of Polite Society, Britain, 1660–1800* (Harlow, 2001), chaps. 1 and 2, and Stephen Conway, *Britain, Ireland, and Continental Europe in the Eighteenth Century* (Oxford, 2011), chap. 4.

75. Henry Home, Lord Kames, *Sketches of the History of Man* (Edinburgh, 1774), vol. 2, 169.

76. Lawrence Klein, 'The Third Earl of Shaftesbury and the Progress of Politeness', *Eighteenth- Century Studies* 18 (1984–85), 213. 一些早期例子請見M. Le Roy, Sieur de Gomberville, *The History of Polexander*, trans. William Browne (1647), 224; [Francois, Duc de La Rochefoucauld], *Epictetus Junior, or, Maximes of Modern Morality*, ed. J[ohn] D[avies] of Kidwelly (1670), 128–29; Thomas More, *Utopia*, Eng. trans. [by Gilbert Burnet] (1684), 66.

77. Monument to John Meredith in the chapel of All Souls College, Oxford; *The Life and Times of Anthony Wood*, ed. Andrew Clark (Oxford Hist. Soc., 1891–1900), vol. 2, 110.

78. *Arminian Magazine* 11 (1788), 27–28; *George Washington's Rules of Civility and Decent Behaviour*, ed. Charles Moore (Boston, MA, 1926).
79. D. A., *The Whole Art of Converse* (1683), 5.
80. Richard Payne Knight, *An Analytical Inquiry into the Principles of Taste* (4th edn, 1808), 291–92.
81. Maria Sifianou, *Politeness Phenomena in England and Greece* (Oxford, 1992), 49.
82. J. G. A. Pocock, 'Gibbon and the Shepherds', *History of European Ideas* 2 (1981), 195, and 'Cambridge Paradigms and Scottish Philosophers', in *Wealth and Virtue*, ed. Istvan Hont and Michael Ignatieff (Cambridge, 1983), 243.
83. 有關「文雅」是十七世紀末和十八世紀的新現象這一點（這是個頗多被反覆提到的觀點），見Carter, *Men and the Emergence of Polite Society*, 1, 23–26.
84. Gilbert Stuart, *A View of Society in Europe* ([1778]; Edinburgh, 1813), 64. Geoffrey Chaucer, 'General Prologue', *The Canterbury Tales*, lines 69–72.
85. Julia M. H. Smith, *Europe after Rome* (Oxford, 2005), 174–75; David Crouch, *The English Aristocracy 1070–1272* (New Haven, CT, 2011).
86. Burnley, *Courtliness and Literature*.
87. Gillingham, 'From *Civilitas* to Civility', 270; *Caxton's Booke of Curtesye*, 31, 34–35; *The Household of Edward IV*, ed. A. R. Myers (Manchester, 1959), 126–27; Nigel Saul, *For Honour and Fame* (2011), 169–71.
88. *The Institucion of a Gentleman* (1555), sig. Bvij; Ruth Kelso, *The Doctrine of the English Gentleman in the Sixteenth Century* (Urbana, IL, 1929), 48, 160–62.
89. Elyot, *Boke Named the Gouernour*, vol. 2, 447; J. Gailhard, *The Compleat Gentleman* (1678), vol. 1, sig. A8r–v. 關於這項主題，請見Heal, *Hospitality in Early Modern England*, 102–7,151–52, 301; ead. and Clive Holmes, *The Gentry in England and Wales, 1500–1700* (Basingstoke, 1994), esp. chaps. 7 and 8; and Bryson, *Courtesy to Civility*, esp. chap. 5.
90. Michael J. Braddick, *State Formation in Early Modern England,* ca. *1550–1700* (Cambridge, 2000), 373–78.
91. Lawrence Stone, *The Crisis of the Aristocracy 1558–1641* (Oxford, 1965), chap. 5; *Glamorgan County History*, vol. 4, ed.

Glanmor Williams (Cardiff, 1974), 104–5, 190, 200; Penry Williams, *The Tudor Regime* (Oxford, 1979), 235–43, 251–52, 460–61; J. A. Sharpe, *Crime in Early Modern England 1550–1750* (Harlow, 1984), 95–99; id.,'Revisiting the "Violence We Have Lost", *EHR* 131 (2016), 305–7; Keith Brown,'Gentlemen and Thugs in 17th- Century Britain', *History Today* 40 (2000); Gregory Durston, *Crime and Justice in Early Modern England* (Chichester, 2004), 49–54, 68–69.

92. Gregory Hanlon, 'The Decline of Violence in the West', *EHR* 128 (2013), 368–70, 382.

93. Stuart Carroll, *Blood and Violence in Early Modern France* (Oxford, 2006), 309; Michel Nassiet, 'Vengeance in Sixteenth- and Seventeenth- Century France', in *Cultures of Violence*, ed. Stuart Carroll (Basingstoke, 2007), 125–26; 請見此章注釋23。

94. M. E. James, *English Politics and the Concept of Honour 1485–1642* (*P&P*, supp. 8, 1978),esp. 32–45.

95. Richard Payne Knight, *The Progress of Civility* (1796), 42n.

96. Bernard Mandeville, *The Fable of the Bees*, ed. F. B. Kaye (Oxford, 1924), vol. 1, 220; David Hume, *An Enquiry concerning the Principles of Morals*, ed. Tom L. Beauchamp (Oxford, 1998), 118.

97. R. G. Collingwood, *The New Leviathan* (Oxford, 1942), 339.

98. Sir Thomas Palmer, *An Essay of the Meanes how to make our Travailes into Forraine Countries the more Prof itable and Honourable* (1606), 42, 64–65; *Stuart Royal Proclamations*, ed. James F. Larkin and Paul L. Hughes (Oxford, 1973–83), vol. 1, 307.

99. Antonio Santuosso, 'Giovanni Della Casa on the *Galateo*', *Renaissance and Reformation* 11 (1975), 8; Sir Clement Edmondes, *Observations upon the Five First Bookes of Caesar's Commentaries* (1600), 198. 在*The Duel in Early Modern England*中，Markku Peltonen極力主張「決鬥在文雅中扮演一個極重要角色」和「一直被認為是文雅的主要推手之一」。（147）他引用了好幾個持這種觀點的文雅鼓吹者的話（17–18, 46–48, 55–57, 171, 175–76, 192–93, 247），其中包括曼德維爾，後者從一七〇九年起在很多作品中（例如《蜜蜂的寓言》第五章）主張榮譽的觀念對「開化人類」具有關鍵作用。大部分這些人其實都沒有像Peltonen教授認為的那樣全心全意支持決鬥。他們是從榮譽的角度而不是文雅的角度合理化決鬥，而他們也指出有別的方法可以維護榮譽，例如設立一個特別法庭來平息紛爭。Peltonen引柴斯特菲爾德勳爵的話說，當一個紳士受到嚴重侮辱時，只有兩種選擇：「極端隱忍或決鬥。」（307）這種說法來自《家書》的一個有訛誤的版本（一七八一年在費城出版）。他實際所說的話是「極端隱忍或飽以老拳」（*The Letters of the Earl of Chesterfield to His Son*, ed. Charles Strachey [1901], vol. 2, 272）。而在這兩者之中，他又偏好極端隱忍。

100. S. R., *The Courte of Civill Courtesie* (1577), 17–27.

101. Lod[owick] Br[yskett], *A Discourse of Civill Life* (1606, but written in the 1580s), 64–85, a rendering of Giovanni Battista Giraldi Cinthio, *De Gli ecatommithi* (2nd edn, Venice, 1566), pt 2, dial. 1, 23–32. Markku Peltonen承認布里斯特基的書是抄襲辛蒂奧，但並沒有指出辛蒂奧雖然是一個義大利文雅的鼓吹者，卻非常反對決鬥。

102. *The Works of Sir Walter Ralegh* (Oxford, 1829), vol. 6, 460 (*History of the World*, bk 5,chap. 3); Thomas Hobbes, *Behemoth or the Long Parliament*, ed. Paul Seaward (Oxford, 2010), 157; George Berkeley, *Alciphron*, ed. Laurent Jaffro et al. (Hildesheim, 2009), 153.

103. Peltonen, *Duel in Early Modern England*, 245–62; William Ames, *Conscience with the Power and Cases thereof* (Eng. trans., n. pl., 1639), vol. 4, 183; Berkeley, *Alciphron*, 186,187; Nicholas Rogers, *Mayhem* (New Haven, CT, 2012), 32.

104. Brown, 'Gentlemen and Thugs'; *Boswell's Life of Johnson*, ed. George Birkbeck Hill, rev. L. F. Powell (Oxford, 1934–50), vol. 1, 102. 有關車輛的道路規則，見Hume, *Enquiry concerning the Principles of Morals*, 31n16.

105. Jan Bremmer, 'Walking, Standing and Sitting in Ancient Greek Culture', in *A Cultural History of Gesture*, ed. Bremmer and Herman Roodenburg (Oxford, 1991), 7. 身體舉止對羅馬帝國上層階級非常重要這一點，見Peter Brown, 'Late Antiquity', in *A History of Private Life*, ed. Paul Veyne, trans. Arthur Goldhammer (Cambridge, MA, 1987), vol. 1, 240–86.

106. 'Gentlemen', *Cornhill Magazine* 5 (1862), 336.

107. William Horman, *Vulgaria* (1519), ed. Montague Rhodes James (Roxburghe Club, 1926), 59; *OED* and EEBO, s.v. 'carriage'.

108. Des[iderius] Erasmus, *De Civilitate Morun [sic] Puerilium*, trans. Robert Whitington (1532), sig. A2v; George James Aungier, *The History and Antiquities of Syon Monastery* (1840), 298; S[imon] R[obson], *The Choise of Change* (1585), sig. F1v; Brathwait, *English Gentleman*, 5.

109. *The Civil Conversation of M. Steeven Guazzo*, trans. George Pettie and Barth(olomew) Young (1581–86; 1925), vol. 1, 123.

110. George Snell, *The Right Teaching of Useful Knowledg* (1649; 2nd edn, 1651), 60–61. Herman Roodenburg, *The Eloquence of*

the Body (Zwollen, 2004) 指出十七世紀荷蘭共和國的菁英階級對身體舉止有相似假設。

111. Erasmus, *De Civilitate Morun [sic] Puerilium*, sigs. A7v, C2v, C7v, C8; *School of Manners or Rules for Childrens Behaviour* (4th edn, 1701; Victoria and Albert Museum, 1983), 13.

112. Thomas Traherne, *Christian Ethicks* (1675), 327; Archibald Alison, *Essays on the Nature and Principles of Taste* (4th edn, Edinburgh, 1815), vol. 2, 292.

113. Thomas Wright, *The Passions of the Minde in Generall* (1601), 210; Edward Hyde, Earl of Clarendon, *Miscellaneous Works* (2nd edn, 1751), 317. 一本對這類事情有精準教導的著作（附有插圖）是F[rancois] Nivelon, *The Rudiments of Genteel Behaviour* (1737).

114. James Burnet, Lord Monboddo, *Of the Origin and Progress of Language* (Edinburgh, 1773–92), vol. 4, 295.

115. George Bickham, *The Universal Penman* (1733–41), introduction, 2.

116. 這些改變的一本先驅性指南（專為演員和劇場導演而寫）是Joan Wildeblood, *The Polite World* (rev. edn, 1973).

117. Nivelon, *Rudiments of Genteel Behaviour*, plate 1; Ellen G. D'Oench, *The Conversation Piece* (New Haven, CT, 1980), 30. 交叉雙腿在十三世紀是優越地位的象徵這一點，見 Lachaud, 'Litterature de civilite', 49.

118. Erasmus, *De Civilitate Morum Puerilium*; Giovanni della Casa, *Galateo of Maister John Della Casa*, trans. Robert Peterson (1576), 111; T[homas] P[ritchard], *The Schoole of Honest and Vertuous Lyfe* (1579), 44; George Puttenham, *The Arte of English Poesie*, ed. Gladys Doidge Willcock and Alice Walker (Cambridge, 1936), 296–97. Cf. Aristotle, *Nicomachean Ethics*, 1125a; Cicero, *De Off iciis*, bk 1, chap. 131.

119. James Cleland, *Hero- Paideia: or the Institution of a Young Noble Man* (Oxford, 1607), 170; Wright, *Passions of the Minde*, 215; Thomas Tegg, *A Present for an Apprentice* (2nd edn, 1848), 266–67.

120. Nancy Mitford, 'The English Aristocracy', in Alan S. C. Ross et al., *Noblesse Oblige* (1956), 42.

121. Lynn Sorge- English, *Stays and Body Image in London* (2011); David M. Turner and Alun Withey, 'Technologies of the Body', *History* 99 (2014).

122. *The Lisle Letters*, ed. Muriel St. Clare Byrne (Chicago, IL, 1981), vol. 4, 488, 517; *HMC, Rutland*, vol. 4, 382; Barbara

Ravelhofer, *The Early Stuart Masque* (Oxford, 2006), 18–19, 21.

123. H[enry] T[hurman], *A Defence of Humane Learning in the Ministry* (Oxford, 1660), 31–32; *Correspondence of the Family of Hatton*, ed. Edward Maunde Thompson (Camden Soc., 1878), vol. 2, 214; Locke, *Some Thoughts concerning Education*, 124 (para. 67); *Spectator* 334 (24 Mar. 1712), ed. Bond, vol. 3, 235.

124. *Letters of Chesterf ield*, vol. 1, 140, 269, 239.

125. *The Letters of Thomas Langton, Flax Merchant of Kirkham, 1771–1788*, ed. Joan Wilkinson (Chetham Soc., 1994), 133–34.

126. [John Weaver], *An Essay towards an History of Dancing* (1712), 178.

127. *Glamorgan County History*, vol. 4, 100.

128. *A Relation, or Rather a True Account of the Island of England*, trans. Charlotte Augusta Sneyd (Camden Soc., 1847), 25; *The Vulgaria of John Stanbridge and the Vulgaria of Robert Whittinton*, ed. Beatrice White (EETS, 1932), 117–18; Ben Jonson, *The New Inn* (1629), vol. 1, 3; *The Memoirs of Sir Hugh Cholmley* (1787), 85–86; K. B. McFarlane, *The Nobility of Later Medieval England* (Oxford, 1973), 105; Grant McCracken, 'The Exchange of Children', *Journ. of Family History* 8 (1983), 310–11.

129. 129. John Smyth, *The Berkeley Manuscripts: The Lives of the Berkeleys*, ed. Sir John Maclean (Gloucester, 1883–85), vol. 2, 386.

130. [Thomas Heywood], *A Pleasant Conceited Comedie, wherein is Shewed, How a Man may Chuse a Good Wife* (1602), sig. F4.

131. *The Parish Register and Tithing Book of Thomas Hassall of Amwell*, ed. Stephen G. Doree (Herts. Rec. Soc., 1989), 180.

132. Tim Meldrum, *Domestic Service and Gender, 1660–1750* (Harlow, 2000), 59; J. Jean Hecht, *The Domestic Servant Class in Eighteenth- Century England* (1956), 46, 47, 49, 54–55, 61, and chap. 8; Lawrence Stone, *Broken Lives* (Oxford, 1993), 179; Langford, 'Uses of Eighteenth- Century Politeness', 324.

133. Sir Samuel Morland, *The Urim of Conscience* (1695), 155; Gailhard, *Compleat Gentleman*, 88–90.

134. *Letters of Sir Thomas Browne*, 4, 5, 7, 15; Lord Edmond Fitzmaurice, *The Life of Sir William Petty 1623–1687* (1895), 303.

135. Chesterfield, in *The World* 148 (30 Oct. 1755), in *British Essayists*, vol. 17, 182; *The Autobiography and Correspondence of Mary Granville, Mrs Delany*, ed. Lady Llanover (1st ser., 1861), vol. 3, 219.

136. Snell, *Right Teaching of Useful Knowledg*, 55–58.
137. *The Lismore Papers*, ed. Alexander B. Grosart (2nd ser., 1887–88), vol. 3, 224想了解文法學校怎樣教導禮儀，請參見Carlisle, *Concise Description*, vol. 1, 224, 277, 408, 604, 617, 809; vol. 2, 10, 49; Foster Watson, *The English Grammar Schools to 1660* (1908), chap. 6; and of rhetorical delivery, B. L. Joseph, *Elizabethan Acting* (1951), 8–14.
138. Hubert Chadwick, *From St Omers to Stonyhurst* (1962), 235.
139. Benjamin Furly, *The Worlds Honour Detected* (1663), 8.
140. De Courtin, *Rules of Civility*, 203.
141. Puttenham, *Arte of English Poesie*, 289.
142. Adam Smith, *Lectures on Rhetoric and Belles Lettres*, ed. J. C. Bryce (Oxford, 1983), 198; Thomas Sheridan, *British Education* (1756), 437–38.
143. Bartlett, *England under the Norman and Angevin Kings*, 585; Erasmus, *De Civilitate*, sig. A6r–v; Horman, *Vulgaria*, 82, 115, (and 113); [Paul Pellisson- Fontanier], *A Miscellany of Divers Problems*, trans. H[enry] S[ome] (1680), 30; *Letters of Chesterf ield*, vol. 1, 213 (and 285); *Correspondence of Chatham*, vol. 1, 79; *The Guardian*, no. 29 (14 Apr. 1713). 另見 Keith Thomas, 'The Place of Laughter in Tudor and Stuart England', *TLS* (21 Jan. 1977); Quentin Skinner, 'Why Laughing Mattered in the Renaissance', *History of Political Thought* 22 (2001); Kate Davison, 'Occasional Politeness and Gentlemen's Laughter in 18th-Century England', *HJ* 57 (2014), 931–36.
144. Davison, 'Occasional Politeness.'
145. Puttenham, *Arte of English Poesie*, 290; Thomas Hobbes, *De Homine* (1658), vol. 9, 7; Childs, 'Prescriptions for Manners', 180. 普遍而言，請見Bernard Capp, ' "Jesus Wept" but Did the Englishman?', *P&P* 224 (2014).
146. *Sejanus*, act 1, lines 133–36.
147. Thomas Birch, *The Life of Henry Prince of Wales* (1760), 384.
148. Walter J. Ong, 'Latin Language Study as a Renaissance Puberty Rite', *Studies in Philology* 56 (1959); [William and Edmund Burke], *An Account of the European Settlements in America* (3rd edn, 1760), vol. 1, 172.

149. Stanford E. Lehmberg, *The Later Parliaments of Henry VIII, 1536–1547* (Cambridge, 1977), 237 (and cf. 230); George Cavendish, *The Life and Death of Cardinal Wolsey*, ed. Richard S. Sylvester (EETS, 1959), 160; William Roper and Nicholas Harpsfield, *Lives of Saint Thomas More*, ed. E. E. Reynolds (Everyman's Lib., 1963), 47, 49; Susan Brigden, *Thomas Wyatt* (2012), 525; Lisa Jardine and Alan Stewart, *Hostage to Fortune* (1998), 230; *Cal. SP, Domestic, 1628–9*, 153; *Commons Debates for 1629*, ed. Wallace Notestein and Frances Helen Relf (Minneapolis, MN, 1921), 105; C. H. Firth, *The Last Years of the Protectorate* (1909), vol. 1, 148; *Remarks and Collections of Thomas Hearne*, ed. C. E. Doble et al. (Oxford Hist. Soc., 1885–1921), vol. 2, 357, 459.

150. Matthew Steggle, *Laughing and Weeping at Early Modern Theatres* (Aldershot, 2007), chap. 5; Marjory E. Lange, *Telling Tears in the English Renaissance* (Leiden, 1996), chap. 4; Ralph Houlbrooke, *Death, Religion, and the Family in England 1580–1750* (Oxford, 1998), 224–25; David Cressy, *Birth, Marriage, and Death* (Oxford, 1997),395; Thomas Dixon, *Weeping Britannia* (Oxford, 2015), chap. 2.

151. William Shakespeare, *Henry VI, Part II* (1594), act 1, scene 1, lines 112–22; *Hamlet* (ca.1600), act 1, scene 2, line 94; 並見Martha A. Kurtz, 'Tears and Masculinity in the History Play', in *Grief and Gender, 700–1700*, ed. Jennifer C. Vaught (Basingstoke, 2003).

152. *Female Monastic Life in Early Tudor England*, ed. Barry Collett (Aldershot, 2002), 100.

153. Samuel Torshell, *The Hypocrite Discovered* (1644), 71; Bodl., MS Rawlinson E95, fol.4v (Lushington); Raymond A. Anselment, 'Mary Rich, Countess of Warwick and the Gift of Tears', *Seventeenth Century*, vol. 22 (2007); Arnold Hunt, *The Art of Hearing* (Cambridge, 2010), 86–88, 91–93, 160; Alec Ryrie, *Being Protestant in Reformation Britain* (Oxford, 2013), 187–95, and index, s.v. 'tears'.

154. *Tatler* 28 (15 Sept. 1709), ed. Donald F. Bond (Oxford, 1987), vol. 1, 474.

155. Andrew Moore with Charlotte Crawley, *Family and Friends* (1992), 16.

156. R. S. Crane, 'Suggestions toward a Genealogy of the "Man of Feeling" ', *Eng. Literary History* 1 (1934); Carter, *Men and the Emergence of Polite Society*, 94–96, 106–7, 128, 190–91; id., 'Tears and the Man', in *Women, Gender and Enlightenment*, ed.

Sarah Knott and Barbara Taylor (Basingstoke, 2005); Jennifer C. Vaught, *Masculinity and Emotion in Early Modern English Literature* (Aldershot, 2008), 23; Dixon, *Weeping Britannia*,chap. 7.

157. *Correspondence of Henry and Sarah Fielding*, ed. Martin C. Battestin and Clive T. Probyn (Oxford, 1993), 70.

158. E.g., Vicesimus Knox, 'On the unmanliness of shedding tears', *Lucubrations, or Winter Evenings* 90 (1795), in *The British Essayists*, ed. Robert Lynam et al. (1827), vol. 30, 31; William M. Reddy, 'Sentimentalism and Its Erasure', *JMH* 72 (2000).

159. Douglas Hay et al., *Albion's Fatal Tree* (1975), 29; *The Journal of the Rev. William Bagshaw Stevens*, ed. Georgina Galbraith (Oxford, 1965), 140; V. A. C. Gatrell, *The Hanging Tree* (Oxford, 1994), 508.

160. J[ohn] B[ulwer], *Chirologia* (1644), vol. 2, 145.

161. Keith Thomas, 'Introduction', in *A Cultural History of Gesture*, 8–9; *A Treatise of Daunces* (1581), sig. B8r–v; R[obert] C[awdrey], *A Table Alphabeticall* (3rd edn, 1613),s.v. 'gesticulate'; Bulwer, *Chirologia*, vol. 2, 118; D. A., *Whole Art of Converse*, 119; Mandeville, *Fable of the Bees*, vol. 2, 290–91; Joyce Ransome, ' "Courtesy" at Little Gidding', *Seventeenth Century* 30 (2015), 427–29.

162. Keith Thomas, 'Afterword', in *The Kiss in History*, ed. Karen Harvey (Manchester,2005), 192–93.

163. Gailhard, *Compleat Gentleman*, vol. 2, 10; Joseph Hall, *Quo Vadis?* (1617), sig. A5;'Katherine Austen's Journal 1664–1666', ed. Barbara J. Todd, in *Women and History*, ed. Valerie Frith (Concord, Ontario, 1997), 221; *HMC, Salisbury*, vol. 12, ix; Stone, *Crisis of the Aristocracy*, 694–98; George C. Brauer, *The Education of a Gentleman* (New York, 1959), 157–59; Conway, *Britain, Ireland, and Continental Europe*, chap. 7; Henry French and Mark Rothery, *Man's Estate* (Oxford, 2012), 144–48.

164. [Sir John Stradling], *A Direction for Travailes* (1592), sig. C1v.

165. 'Life of Sir John Digby', ed. Georges Bernard, in *Camden Miscellany*, vol. 12 (Camden Soc., 1910), 115; *Letters of Chesterf ield*, vol. 2, 262–63.

166. Clarendon, *Miscellanous Works*, 340; *The Letters and the Second Diary of Samuel Pepys*,ed. R. G. Howarth (1933), 206, 209.

167. J. I. Catto, 'Conclusion', in *The History of the University of Oxford*, ed. T. H. Aston et al.(Oxford, 1984–2000), vol. 2, 770.

168. 'Katherine Austen's Journal', 220–21; Clarendon, *Miscellaneous Works*, 322; [S. C.], *The Art of Complaisance* (1673), 119–20.

169. On finishing schools, Dorothy Gardiner, *English Girlhood at School* (1929), 209–14, 224; *The Journal of William Schellinks' Travels in England*, trans. and ed. Maurice Exwood and H. L. Lehmann (Camden, 5th ser., 1993), 59.

170. George James Aungier, *The History and Antiquities of Syon Monastery* (1840), 291, 299,377–80, 385.

171. Baldassare Castiglione, *The Book of the Courtier*, trans. Thomas Hoby (1588 edn, Everyman's Lib., 1928), 189.

172. William Shakespeare, *The Taming of the Shrew* (ca. 1592), Induction, scene 1, lines 121–22; R[obson], *The Choise of Change*, sigs. Kiiiv–ivv; Samuel Purchas, *Hakluytus Posthumus* (Glasgow, 1905–7), vol. 19, 92–93.

173. Puttenham, *Arte of English Poesie*, 290–91; Timothy Bright, *Treatise of Melancholie* (1586), 143–44; Robert Burton, *The Anatomy of Melancholy*, ed. Thomas C. Faulkner et al. (Oxford, 1989–2000), vol. 3, 130–32 (3. 2. 2. 4); Ian Maclean, *The Renaissance Notion of Woman* (Cambridge, 1980), 33–35, 41–42, 46; Morris Palmer Tilley, *A Dictionary of the Proverbs in England in the Sixteenth and Seventeenth Centuries* (Ann Arbor, MI, 1950), 542.

174. Hannah Woolley, *The Gentlewomans Companion* (1673), 44; Cavendish, *Life and Death of Cardinal Wolsey*, 29; John Batchiler, *The Virgins Pattern* (1661), 53.

175. Woolley, *Gentlewomans Companion*, 45, 47; Robert Codrington, *The Second Part of Youths Behaviour, or Decency of Conversation amongst Women* (1664), 31. 有關為女性而寫的訓誡文學，可見Ruth Kelso, *Doctrine for the Lady of the Renaissance* (Urbana, IL, 1956), esp. chaps. 3 and 7; Childs, 'Prescriptions for Manners', chap. 5; Dilwyn Knox, 'Civility, Courtesy and Women in the Italian Renaissance', in *Women in Italian Renaissance Culture and Society*, ed. Letizia Panizza (Oxford, 2000); Laura Gowing, ' "The Manner of Submission" ', *CultSocHist* 10 (2013); Soile Ylivuori, 'Women's Bodies and the Culture of Politeness', *Lectio Praecursoria* (12 Dec. 2015), www.ennenjanyt.net/. . ./soile- ylivuori.

176. Withington, *Politics of Commonwealth*, 221; Bartholomew Batty, *The Christian Mans Closet*, trans. William Lowth (1581), fol. 75v; Bridget Hill, *Eighteenth- Century Women* (1984), 23–24; [John Trusler], *The Honours of the Table* (1788), 7, 119; Peter Edwards, *Horse and Man in Early Modern England* (2007), 76–77.

177. R[obson], *The Choise of Change*, sig. Liv.

178. Margaret Cavendish, Duchess of Newcastle, *CCXI Sociable Letters* (1664), 50.

179. 這種慣例是在一六五九年確立，當時受到夫林的批評，見他的*Character of England; The Writings of John Evelyn*, ed. Guy de la Bedoyere (Woodbridge, 1995), 84–85.

180. Daniel Rogers, *Matrimonial Honour* (1642), 251; [Charles Cotton], *Scarronides: or, Le Virgile Travesty* (1664), 90–91; John Gay, 'Trivia', in *Poetry and Prose*, ed. Vinton A. Dearing (Oxford, 1974), vol. 1, 144.

181. Fynes Moryson, *Shakespeare's Europe*, ed. Charles Hughes (2nd edn, New York, 1967), 474–75; *Table Talk of John Selden*, ed. Sir Frederick Pollock (1927), 25; Hume, *Essays*, vol. 1, 193.

182. Gailhard, *Compleat Gentleman*, vol. 2, 75–77; D. A., *Whole Art of Converse*, 16; S. C., *Art of Complaisance*, 118, 120;並請參見[Judith Drake?], 'A Lady', *An Essay in Defence of the Female Sex* (3rd edn, 1697), 136–47.

183. *Miscellaneous Works of Clarendon*, 295; *The Works of George Savile, Marquis of Halifax*, ed. Mark N. Brown (Oxford, 1989), vol. 3, 361; Hume, *Essays*, vol. 1, 194; *Letters of Chesterf ield*, vol. 1, 195, 197, 238, 385; vol. 2, 24, 34–35; Karen O'Brien, *Women and Enlightenment in Eighteenth- Century Britain* (Cambridge, 2009), 74–75.

184. 見例如Amy Louise Erickson, *Women and Property in Early Modern England* (1993), 235–36; Alison Wall, 'Elizabethan Precept and Feminine Practice', *History* 75 (1990); Sara Mendelson and Patricia Crawford, *Women in Early Modern England* (Oxford, 2003); Amanda Vickery, *The Gentleman's Daughter* (New Haven, CT, 1998); Bernard Capp, *When Gossips Meet* (Oxford, 2003); Ingrid H. Tague, *Women of Quality* (Woodbridge, 2002), chap. 7; Elaine Chalus, *Elite Women in English Political Life* (Oxford, 2005); Gowing, ' "The Manner of Submission" '; Alexandra Shepard, *Accounting for Oneself* (Oxford, 2015).

185. *Urbanus Magnus Danielis Becclesiensis*, 37; Chaucer, 'General Prologue', *Canterbury Tales*, lines 127–36.

186. Obadiah Walker, *Of Education* (1673), 218–19.

187. *The Diary of Samuel Pepys*, ed. Robert Latham and William Matthews (1970–83), vol. 10, 144; Smollett, *Travels through France and Italy*, 34; Lorna Weatherill, *Consumer Behaviour and Material Culture in Britain 1660–1760* (1988), 152–53; David Hey, *The Fiery Blades of Hallamshire* (Leicester, 1991), 131–34; *Joe Miller in Motley*, ed. W. Carew Hazlitt (1892), 123.

188. A. J. Peacock, *Bread or Blood* (1965), 14.

189. *M. Misson's Memoirs and Observations in his Travels over England*, trans. [John] Ozell (1719), 316–17.
190. John Bossy, *Giordano Bruno and the Embassy Affair* (New Haven, CT, 1991), 224–25.
191. De Courtin, *Rules of Civility*, vol. 1, 100–101. 有關這個領域的越來越神經質（squeamishness），見Bryson, *Courtesy to Civility*, 98–100.
192. William Cole, *A Journal of my Journey to Paris in the Year 1765*, ed. Francis Griffin Stokes (1931), 270; Arthur Young, *Travels during the Years 1787, 1788 and 1789* (Dublin, 1793), vol. 1, 582; *A Frenchman in England 1784*, ed. Jean Marchand, trans. S. C. Roberts (Cambridge, 1933), 44; Della Casa, *Galateo*, 9.
193. Gerard de Lairesse, *The Art of Painting* (1707), trans. John Frederick Fritsch (1738), 39.
194. *Letters of Chesterf ield*, vol. 1, 93–94. Similarly, Gailhard, *Compleat Gentleman*, vol. 2, 67.
195. Charles Vyse, *The New London Spelling- Book* (1778), 174.
196. Will[iam] Rabisha, *The Whole Body of Cookery Dissected* (1661), 245; Hannah Woolley, *The Queen- Like Closet* (1670), 375.
197. *Remarks and Collections of Thomas Hearne*, vol. 5, 169; David Bindman and Malcolm Baker, *Roubiliac and the Eighteenth-Century Monument* (New Haven, CT, 1995), 283; *ODNB*, s.v. 'Hough, John'.
198. *Letters of Chesterf ield*, vol. 1, 269.
199. *Boswell's Life of Johnson*, vol. 3, 69.
200. Agogos [Charles William Day], *Hints on Etiquette and the Usages of Society* (2nd edn, 1836), 28, 27; Laura Trevelyan, *A Very British Family* (2006), 186.
201. David Hume, *A Treatise of Human Nature* (1739–40), ed. David Fate Norton and Mary J. Norton (Oxford, 2000), 390 (3. 3. 4); *Letters of Chesterf ield*, vol. 1, 343; [Anthony Walker], *The Holy Life of Mrs Elizabeth Walker* (1690), 291. This and the following paragraph draw on my chapter 'Cleanliness and Godliness in Early Modern England', in *Religion, Culture and Society in Early Modern Britain*, ed. Anthony Fletcher and Peter Roberts (Cambridge, 1994).
202. William Scott, *An Essay of Drapery* (1635), 95.
203. Thomas, 'Cleanliness and Godliness', 70, 77; *The Memoirs of James Stephen*, ed. Merle M. Bevington (1954), 138.

204. Cicero, *De Off iciis*, bk 1, chaps. 126–28; Elias, *On the Process of Civilisation*, 134–36; J[ohn] D[avies] of Kidwelly, *The Ancient Rites, and Monuments of the Monastical and Cathedral Church of Durham* (1672), 134; Dominike Mancini, *The Mirrour of Good Maners*, trans. Alexander Barclay (1570; Spenser Soc., 1885), 70; Della Casa, *Galateo*, 5–6; Bryson, *Courtesy to Civility*, 101.

205. *Urbanus Magnus Danielis Becclesiensis*, 38–39, 44; Della Casa, *Galateo* (1576), 17; Bryson, *Courtesy to Civility*, 86–87; 並請見查爾斯・泰勒（Charles Taylor）的評論：*A Secular Age* (Cambridge, MA, 2007), 139–42.

206. Erasmus, *De Civilitate Puerilium*, trans Robert Whittington (1540), sig. B1; Fynes Moryson, *An Itinerary* (Glasgow, 1907–8), vol. 2, 263; Ransome, ' "Courtesy" at Little Gidding', 428.

207. J. P. Kenyon, *The Stuarts* (rev. edn, 1977), 41; *Diary of Samuel Pepys*, vol. 4, 244; *Life and Times of Anthony Wood*, vol. 2, 68.

208. *Biographia Britannica* (1747–66), vol. 6, pt. 2, 4379n.

209. [Benjamin Buckler], *A Philosophical Dialogue concerning Decency* (1751), 10. 有關這篇奇怪作品的作者的問題，見the letter of 28 Oct. 1930, from Bodley's Librarian, attached to the copy (GZ. 5. 7) in the Codrington Library, All Souls College, Oxford, and the note by Francis Douce in the Bodleian copy (Douce RR 162(1)).

210. John Cramsie, *British Travellers and the Encounter with Britain 1450–1700* (Woodbridge, 2015), 221; Humphrey Brooke, *A Conservatory of Health* (1650), 194; Sir John Floyer, *Psychrolousia: Or the History of Cold Bathing* (3rd edn, 1709), 348–50; Cole, *Journal of My Journey to Paris*, 272; William Buchan, *Domestic Medicine* (8th edn, 1784), 139.

211. Buckler, *Philosophical Dialogue*, 10.

212. *Dobsons Drie Bobbes*, 8–9; Adam Petrie, *Rules of Good Deportment, or of Good Breeding* (Edinburgh, 1720), 9; John Gay, 'Trivia', bk 2, lines 299–300, in *Poetry and Prose*, vol. 1, 152.

213. David Hartley, *Observations on Man* (1749), vol. 1, 448–49.

214. David Starkey, 'Representation through Intimacy', in *Symbols and Sentiments*, ed. Ioan Lewis (1977), 215–18.

215. *Letters of a Grandmother, 1732–1735*, ed. Gladys Scott Thomson (1943), 46; *A Frenchman in England 1784*, 31–32; *The Diary of a Country Parson*, ed. John Beresford (1924; Oxford, 1968), vol. 1, 280.

216. Elias, *On the Process of Civilisation*, 136–39; Sarah Toulalan, *Imagining Sex* (Oxford, 2007), 228–30.

217. [Giovanni della Casa], *Galateo of Manners* (Eng. trans from the Latin, 1703), sigs. A1v–2; *Galateo: Or a Treatise on Politeness and Delicacy of Manners*, [trans. Richard Graves] (1774), ix; Samuel Johnson, *The Lives of the Most Eminent English Poets*, ed. Roger Lonsdale (Oxford, 2006), vol. 3, 7.

218. *Lisle Letters*, vol. 3, 382; *Diary of Samuel Pepys*, vol. 2, 34–35; Moryson, *Itinerary*, vol. 3, 441; Gailhard, *Compleat Gentleman*, vol. 2, 167; 'Unkindnesse', in *The Works of George Herbert*, ed. F. E. Hutchinson (Oxford, 1941), 93. For 'spitting- sheets', '- cups', '- boxes', and '- pots', 見*OED*.

219. Robert Eden Scott, *Elements of Rhetoric* (Aberdeen, 1802), 13.

220. *Floures for Latin Spekynge Selected and Gathered Oute of Terence*, compiled and trans. by Nicolas Udall ('1533' [1534]), fol. 112v; Puttenham, *Arte of English Poesie*, 144; William Camden, *Remains Concerning Britain*, ed. R. D. Dunn (Toronto, 1984), 42; Joseph M. Williams, ' "O! When degree is shak'd" ', in *English in Its Social Contexts*, ed. Tim William Machan and Charles T. Scott (New York, 1992); 'Answer to Sir William Davenant's Preface before *Gondibert*', in *The English Works of Thomas Hobbes*, ed. Sir William Molesworth (1839–45), vol. 4, 455.

221. Puttenham, *Arte of English Poesie*, 144–45; Edmund Coote, *The English Schoole- Maister* (1596), 30.

222. Henry Cecil Wyld, *A History of Modern Colloquial English* (3rd imprn, 1925), 162–64.

223. Thomas Sheridan, *A Course of Lectures on Elocution* (1762), 30; J[ohn] Walker, *Hints for Improvement in the Art of Reading* (1783), 11; [Philip Withers], *Aristarchus, or the Principles of Composition* (2nd edn, [1789?]), 160–61. 更多請見Olivia Smith, *The Politics of Language 1791–1819* (Oxford, 1984), chap. 1; Lawrence Klein, ' "Politeness" as Linguistic Ideology in Late Seventeenth- and Early Eighteenth- Century England', in *Towards a Standard English 1600–1800*, ed. Dieter Stein and Ingrid Tieken- Boon van Ostade (Berlin, 1994); Lynda Mugglestone, '*Talking Proper*' (Oxford, 1995), chap. 1; *The Development of Standard English 1300–1800*, ed. Laura Wright (Cambridge, 2000); Katie Wales, *Northern English* (Cambridge, 2006), 75–78, 93–94.

224. Hume, *Essays*, vol. 1, 192.

225. Gainsford, *Rich Cabinet*, fol. 20v; [Madeleine de Scudery], *Conversations upon Several Subjects*, trans. Ferrand Spence (1683), vol. 1, 1; Marc Fumaroli, *Le Genre des genres litteraires francais* (Oxford, 1992); Alain Montandon, 'Conversation', in *Dictionnaire raisonnee de la politesse*, 125–51; Bryson, *Courtesy to Civility*, 153–71.

226. Thomas Cooper, *Thesaurus Linguae Romanae & Britannicae* (1573), sig. S6; EEBO, s.v. 'urbanity'; Daniel Defoe, *Serious Reflections during the Life and Surprising Adventures of Robinson Crusoe* (1721), 91; Steven Shapin, *A Social History of Truth* (Chicago, IL, 1994), 114–19; Withington, *Society in Early Modern England*, 189–96, 219.

227. James Anderson, *The Bee, or Literary Weekly Intelligencer* (1791–93), vol. 1, 170; and Jon Mee, *Conversable Worlds* (Oxford, 2011), 71.

228. D. A., *Whole Art of Converse*; Nicolas Faret, *The Honest Man*, trans. E[dward] G[rimestone] (1632), 251–89; *The Works of the Learned Benjamin Whichcote* (Aberdeen, 1751), vol. 2, 405–8; Locke, *Some Thoughts concerning Education*, 200–203 (paras. 143–44); Peter Burke, *The Art of Conversation* (Cambridge, 1993), chap. 4.

229. [W. S.], *Cupids Schoole* (1632), sig. A2.

230. BL, Sloane MS 881 (Richard Baker, 'Honor discours'd of '), fol. 5; Adam Smyth, *'Profit and Delight'* (Detroit, MI, 2004), 25–26, 29–31; James Shirley, *The School of Complement* (1631).

231. Philomusus [John Gough?], *The Marrow of Complements* (1654), 106–7, 113–14; Bryson, *Courtesy to Civility*, 169–71. 有關書面形式的交談，見Katherine R. Larson, *Early Modern Women in Conversation* (Basingstoke, 2011), chap. 1.

232. [Marc Lescarbot], *Nova Francia*, trans. P. E[rondelle] (1609), 242.

233. John Laurence, *The Gentleman's Recreation* (1716), sig. A5v.

234. Hume, *Essays*, vol. 1, 236n.

235. De Scudery, *Conversations upon Several Subjects*, 1–3; R[obert] L[ingard], *A Letter of Advice to a Young Gentleman leaving the University* (Dublin, 1670), 17.

236. Gerard Malynes, *Consuetudo, vel Lex Mercatoria* (1636), 141; Hume, *Treatise of Human Nature*, 381 (3. 3. 2); *The Complete Letters of Lady Mary Wortley Montagu*, ed. Robert Halsband (Oxford, 1966), vol. 2, 512.

237. Phil Withington, ' "Tumbled into the Dirt" ', *Journ. of Hist. Pragmatics* 12 (2011), and id., *Society in Early Modern England*, 189–95; Hume, *Enquiry concerning the Principles of Morals*, 67.

238. *The Theological Works of the Most Reverend John Sharp* (Oxford, 1829), vol. 3, 310.

239. *Spectator* 119 (17 July 1711), ed. Bond, vol. 1, 488.

240. Samuel Johnson, *A Dictionary of the English Language* (10th edn, 1810), sig. b2; *Letters from Mrs. Elizabeth Carter to Mrs. Montagu*, ed. Montagu Pennington (1817), vol. 1, 393; *Vulgaria of John Stanbridge*, 6, 7, 17.

241. Smith, *Theory of Moral Sentiments*, 209 (V. 2. 13); G. J. Barker- Benfield, *The Culture of Sensibility* (Chicago, IL, 1992), 290–92. 然而在和朋友瓦爾德格雷夫伯爵（Earl Waldegrave）的私人通信中，柴斯特菲爾德勳爵卻能表現出淫穢的一面——這一面更切合他的「地獄火俱樂部」成員的身分而不是《家書》（*Letters to his Son*）作者的身分。見Davison, 'Occasional Politeness and Gentlemen's Laughter', 936–38.

242. [Nicholas Breton], *Pasquils Mad- Cap and His Message* (1600), 2.

243. S. Arthur Strong, *A Catalogue of Letters and Other Historical Documents Exhibited in the Library at Welbeck* (1903), 213.

244. Richard Davies, *A Funerall Sermon preached... at the Buriall of Walter, Earl of Essex* (1577), sig. Eii; Sir Edward Walker, *Historical Discourses, upon Several Occasions* (1705), 221; *The Life of Edward, Earl of Clarendon... by Himself* (Oxford, 1857), vol. 1, 31; *Letters of Chesterf ield*, vol. 1, 293–94; Letitia- Matilda Hawkins, *Anecdotes, Biographical Sketches and Memoirs* (1822), vol. 1, 106.

245. *Life of Edward, Earl of Clarendon*, vol. 1, 31; John Prince, *Danmonii Orientales Illustres* (Exeter, 1701), 505.

246. Godfrey Goodman, *The Fall of Man* (1616), 77; Geoffrey Ingle Soden, *Godfrey Goodman, Bishop of Gloucester* (1953), 282.

247. Della Casa, *Galateo* (1774), xiii–xvi.

248. Philip Dormer Stanhope, Fourth Earl of Chesterfield, *Characters (1778, 1845)* (Augustan Reprint Soc., Los Angeles, 1990), 12, 31, 49, 51, 54.

249. Bryson, *Courtesy to Civility*, chap. 7. 另見*The Institucion of a Gentleman*, sig. Biiiiv; Daniel Statt, 'The Case of the Mohocks', *SocHist* 20 (1995); Jason M. Kelly, 'Riots, Revelries, and Rumor', *JBS* 45 (2000); Helen Berry, 'Rethinking Politeness in

Eighteenth- Century England', *TRHS*, 6th ser., 11 (2001); Carter, *Men and the Emergence of Polite Society*, 135–37; Tim Raylor, *Cavaliers, Clubs, and Literary Culture* (Newark, DE, 1994), 75–83; Margaret J. M. Ezell, *The Later Seventeenth Century* (*Oxford English Literary History*, vol. 5, Oxford, 2017), 159–68.

250. Alex Shepard, *The Meanings of Manhood in Early Modern England* (Oxford, 2003), chap. 4; ead., 'Student Violence in Early Modern Cambridge', in *Childhood and Violence in the Western Tradition*, ed. Laurence Brockliss and Heather Montgomery (Oxford, 2010).

251. *Diary of John Evelyn*, vol. 3, 480; William Mountague, *The Delights of Holland* (1696), 138–39.

252. 有關情色作品請見James Grantham Turner, *Schooling Sex* (Oxford, 2003), Sarah Toulalan, *Imagining Sex* (Oxford, 2007), and Julie Peakman, *Mighty Lewd Books* (Basingstoke, 2003); 有關放蕩主義請見Faramerz Dabhoiwala, *The Origins of Sex* (Oxford, 2012); 其他形式的無禮，請見Vic Gatrell, *City of Laughter* (2006), and Simon Dickie, *Cruelty and Laughter* (Chicago, IL, 2011).

第二章 禮儀與社會秩序

1. *The Dictionary of Syr Thomas Eliot Knyght* (1538), fol. xxxv; [Antoine de Courtin], *The Rules of Civility* (Eng. trans., 1671), 2–3 (plagiarized by Hannah Woolley, *The Gentlewomans Companion* (1675), 44).
2. 有關葬禮的禮節，見Ralph Houlbrooke, 'Civility and Civil Observances in the Early Modern English Funeral', in *Civil Histories*, ed. Peter Burke et al. (Oxford, 2000).
3. David Hume, *An Essay concerning the Principles of Morals*, ed. Tom L. Beauchamp (Oxford, 1998), 70 (section 8).
4. Jonathan Swift, *A Proposal for Correcting the English Tongue, Polite Conversation, Etc*, ed. Herbert Davis and Louis Landa (Oxford, 1937), 213.
5. *Desiderata Curiosa*, ed. Francis Peck (new edn, 1779), vol. 1, 49; *The Works of George Savile, Marquis of Halifax*, ed. Mark N. Brown (Oxford, 1989), vol. 3, 71. 類似的禁令可見例如S[imon] R[obson], *The Choise of Change* (1585), sig. Iii; Thomas Gainsford, *The Rich Cabinet Furnished* (1616), fols. 99v–100; William Scott, *An Essay of Drapery* (1635), 94; *The Works of the*

Learned Benjamin Whichcote (Aberdeen, 1751), vol. 2, 229.

6. J. A. Burrow, *Gesture and Looks in Medieval Narrative* (Cambridge, 2002), 17–38; Anna Bryson, *From Courtesy to Civility* (Oxford, 1998), 88–96; Keith Thomas, *The Ends of Life* (Oxford, 2009), 149–50.
7. Alec Ryrie, *Being Protestant in Reformation Britain* (Oxford, 2013), 205–8; [Thomas Plume], 'An Account of the Life and Death of the Author', in John Hacket, *A Century of Sermons* (1675), x; *Three Sermons preached by... Dr Richard Stuart, Dean of St Pauls* (2nd edn, 1658), 1; *Materials for the Life of Nicholas Ferrar*, ed. Lynette R. Muir and John A. White (Leeds, 1996), 131–32.
8. R[obert] C[leaver], *A Godlie Forme of Householde Gouernement* (1598), 278 (repeated verbatim in Robert Shelford, *Lectures or Readings upon the 6. Verse of the 22. Chapter of the Proverbs* (1602), 14); F[rancis] S[eager], *The Schoole of Vertue* (1557), sig. A1v.
9. Joyce Ransome, ' "Courtesy" at Little Gidding', *Seventeenth Century* 30 (2015), 43; William Ames, *Conscience with the Power and Cases thereof* (Eng. trans., n. pl., 1639), bk 2, 154; *Works of Whichcote*, vol. 3, 417.
10. *Manners and Meals in Olden Time*, ed. Frederick J. Furnivall (EETS, 1868), 240; *Remarks and Collections of Thomas Hearne*, ed. C. E. Doble et al. (Oxford Hist. Soc., 1885–1921), vol. 6, 215.
11. *The Warden's Punishment Book of All Souls College, Oxford, 1601–1850*, ed. Scott Mandelbrote and John H. R. Davis (Oxford Hist. Soc., 2013), 39.
12. Woolley, *Gentlewomans Companion*, 44; Scott, *Essay of Drapery*, 87; Nathaniel Parkhurst, *The Faithful and Diligent Christian Described and Exemplified* (1684), 64.
13. Thomas Reid, *Essays on the Intellectual Powers of the Human Mind* (1827), 385; *The Later Correspondence of George III*, ed. A. Aspinall (Cambridge, 1962–70), vol. 5, 657.
14. E. M. Forster, *The Longest Journey* (1907; 1947), 113–14.
15. *Works of Whichcote*, vol. 3, 413. The point was emphasized in Charles Vyse, *The New London Spelling- Book* (1778), 167.
16. Robert Ashley, *Of Honour*, ed. Virgil B. Heltzel (San Marino, CA, 1947), 69. Similarly, David Hume, *Essays, Moral, Political*

and Literary, ed. T. H. Green and T. H. Grose (1898), vol. 1, 187.

17. Stephen Philpot, *An Essay on the Advantage of a Polite Education joined with a Learned One* (1747), 33.
18. *Works of Whichcote*, vol. 2, 229.
19. Susan Brigden, *Thomas Wyatt* (2012), 35.
20. S. R., *The Courte of Civill Courtesie* (1577), title page; Ashley, *Of Honour*, 69; *The English Theophrastus* (1702), 108.
21. *The Letters of the Earl of Chesterf ield to His Son*, ed. Charles Strachey (1901), vol. 2, 235 (also vol. 1, 93, 196); James Boswell, *The Applause of the Jury*, ed. Irma S. Lustig and Frederick A. Pottle (1982), 14; Richard Wendorf, *Sir Joshua Reynolds* (Cambridge, MA, 1996).
22. *The Boke Named the Gouernour*, ed. Henry Herbert Stephen Croft (1880), vol. 2, 39–55; 'The History of King Richard the Thirde', in *The Complete Works of St Thomas More* (New Haven, CT, 1963–97), vol. 2, 5.
23. William Martyn, *Youth's Instruction* (1612), 79–81; James Spedding, *The Letters and the Life of Francis Bacon* (1861–1874), vol. 6, 211.
24. William Vaughan, *The Golden- Grove* (2nd edn, 1608), pt 3, chap. 16; Richard Brathwait, *The English Gentleman* (1630), 61; *The Diary of Sir Henry Slingsby, of Scriven*, ed. Daniel Parsons (1836), 226 (following William Cecil's much copied advice to his son, in *Desiderata Curiosa*, vol. 1, 49); Thomas Hobbes, *Leviathan*, ed. Noel Malcolm (Oxford, 2012), vol. 2, 134 (chap. 10).
25. John Cook, *The Vindication of the Professors & Profession of the Law* (1646), 6; Virgil B. Heltzel, 'Richard Earl of Carbery's Advice to His Son', *Huntington Lib. Bull.* 2 (1937), 79; *Original Letters Illustrative of English History*, ed. Henry Ellis (1st ser., 1825), vol. 3, 289; Lucas Gracian de Antisco, *Galateo Espagnol, or the Spanish Gallant*, trans. William Styles (1640), sig. A3r–v.
26. Ronald Hutton, *Charles the Second* (Oxford, 1989), 447–48; [N(athaniel) W(aker)], *The Ref in'd Courtier* (1663), sigs. A5v–6.
27. David Stevenson, 'The English Devil of Keeping State', in *People and Power in Scotland*, ed. Roger Mason and Norman Macdougall (Edinburgh, 1992).
28. John Aubrey, *Brief Lives*, ed. Kate Bennett (Oxford, 2015), vol. 1, 95.

29. John Norden, *The Surveyors Dialogue* (1607), 231; G[ervase] M[arkham], *The English Husbandman* (1635), vol. 1, 6.
30. John Robinson, *Essayes; or Observations* (2nd edn, 1638), 506.
31. Barnabe Rich, *Allarme to England* (1578), sig. Hiv; John Aubrey, *'Brief Lives', Chiefly of Contemporaries*, ed. Andrew Clark (Oxford, 1898), vol. 2, 317.
32. 'Advice to his sons' (attributed to William, 5th Earl of Bedford and later 1st Duke, 1613–1700), in [E. Strutt], *Practical Wisdom* (1824), 244; *Wentworth Papers 1597–1628*, ed. J. P. Cooper (Camden, ser. 4, 12 (1973)), 12.
33. Sir Edward Walker, *Historical Discourses, upon Several Occasions* (1705), 223; Philpot, *Essay on the Advantage of a Polite Education*, 244.
34. Thomas Wright, *The Passions of the Minde in Generall* (1601), 210–11; Simon Daines, *Orthoepia Anglicana* (1640), 85; J. Gailhard, *The Compleat Gentleman* (1678), vol. 2, 20, 27, 112–13, 124; Gilbert Burnet, *A Sermon Preach'd before the Queen* (1694), 17.
35. E.g., John Le Neve, *Monumenta Anglicana, 1600–1649* (1719), 108; id., *Monumenta Anglicana, 1650–1679* (1718), 41, 153, 156; id., *Monumenta Anglicana, 1650–1718* (1719), 56, 58, 227, 259; id., *Monumenta Anglicana, 1700–1715* (1719), 27, 63, 149, 173, 195, 246; John Wilford, *Memorials and Characters* (1741), 22, 296, 312, 494, 514; F. E. Hutchinson and Sir Edmund Craster, *Monumental Inscriptions in All Souls College Oxford* (2nd edn, by M. A. Screech, Oxford, 1997), 13, 16, 33, 35, 40, 43–44, 45, 48; Sir Thomas Phillipps, *Monumental Inscriptions of Wiltshire*, ed. Peter Sherlock (Wilts. Rec. Soc., 2000), 18, 120, 184, 194, 230, 252, 266, 351.
36. Lucy Hutchinson, *Memoirs of the Life of Colonel Hutchinson*, ed. James Sutherland (1973), 12; Samuel Willes, *A Sermon Preach'd at the Funeral of the Right Honble the Lady Mary... Jolife* (1679), 32.
37. Bernard Mandeville, *The Fable of the Bees*, ed. F. B. Kaye (Oxford, 1924), vol. 2, 291–92; William Craig, in *The Mirror* 26 (24 Apr. 1779), in *The British Essayists*, ed. Robert Lynam et al. (1827), vol. 24, 102.
38. Hume, *Essays*, vol. 1, 193; Gailhard, *Compleat Gentleman*, vol. 2, 66.
39. John Locke, *Some Thoughts concerning Education*, ed. John W. and Jean S. Yolton (Oxford, 1989), 200 (para. 143) (my italics).

40. Timothy Nourse, *Campania Foelix* (1700), 15.
41. Craig, in *The Mirror* 26, in *British Essayists*, vol. 24, 102.
42. Friedrich Nietzsche, *The Gay Science*, trans. Walter Kaufmann (New York, 1974), 107–8 (bk 1, sect. 40).
43. Adam Smith, *The Theory of Moral Sentiments*, ed. D. D. Raphael and A. L. Macfie (Oxford, 1976), 54.
44. Thomas Churchyard, *A Sparke of Frendship and Warme Goodwill* (1588), sig. Civv; Shelford, *Lectures or Readings upon Proverbs*, 17; S. Arthur Strong, *A Catalogue of Letters and Other Historical Documents Exhibited in the Library at Welbeck* (1903), 210–13; *Letters of Chesterf ield*, vol. 2, 218; Gailhard, *Compleat Gentleman*, vol. 1, 87.
45. Sir Thomas Smith, *A Discourse of the Commonweal of the Realm of England*, ed. Mary Dewar (Charlottesville, VA, 1969), 62.
46. Richard Carew, *The Survey of Cornwall*, ed. John Chynoweth et al. (Devon and Cornwall Rec. Soc., 2004), fol. 66v.
47. *Stuart Royal Proclamations*, ed. James F. Larkin and Paul L. Hughes (Oxford, 1973–83), vol. 1, 342.
48. *The Practical Works of... Richard Baxter* (1707), vol. 1, 231, 825.
49. Geoffrey F. Nuttall, *Calendar of the Correspondence of Philip Doddridge DD (1702–51)* (Northants. Rec. Soc., 1979), 12.
50. 有關教育和閱讀作為談話主題來源的重要性，請見Robert Codrington, *The Second Part of Youths Behaviour* (1664), 2–3, and Woolley, *Gentlewoman's Companion*, 7.
51. F. J. M. Korsten, *Roger North (1651–1734)* (Amsterdam, 1981), 112.
52. Bernard Capp, *Cromwell's Navy* (Oxford, 1989), 219; N. A. M. Rodger, 'Honour and Duty at Sea, 1660–1815', *HistRes* 75 (2002), 433–35; William Mountague, *The Delights of Holland* (1696), 8; William Dampier, *A New Voyage round the World* (1697), sig. A3v; [George Colman and Bonnel Thornton], *The Connoisseur* 84 (4 Sept. 1755), in *British Essayists*, vol. 19, 52–55.
53. *Diaries of William Johnston Temple 1780–1796*, ed. Lewis Bettany (Oxford, 1929), 134.
54. Peter France, *Politeness and Its Discontents* (Cambridge, 1992), 64; Chesterfield, in *The World* 148 (30 Oct. 1755), in *British Essayists*, vol. 17, 182.
55. Levine Lemnie, *The Touchstone of Complexions*, trans. T[homas] N[ewton] (1576), fol. 16v (probably echoing the report in

Ioannes Boemus, *Omnium Gentium Mores* (1521); 見Ed. Aston's translation, *The Manners, Lawes, and Customes of All Nations* (1611), 385); Giovanni Botero, *Relations of the Most Famous Kingdomes and Common- Wealths Throughout the World*, ed. R[obert] J[ohnson] (1630), 79 (an interpolation by Johnson).

56. John Norden, *Speculi Britanniae Pars: a Topographical and Historical Description of Cornwall* (1728), 27. 他的同時代人里查德・卡魯對康沃爾郡的普通百姓有較正面的記載，見*Survey of Cornwall*, fols. 58v–62v.

57. R[obert] C[rofts], *The Way to Happinesse on Earth* (1641), 5.

58. Edward Chamberlayne, *Angliae Notitia* (20th edn, 1702), 318–19.

59. *The Works of Michael Drayton*, ed. J. William Hebel (Oxford, 1961), vol. 3, 208; *Memoirs of Sir Benjamin Rudyerd*, ed. James Alexander Manning (1841), 135–36; [Henry Whitfield], *Strength out of Weaknesse* (1652), 19.

60. John Josselyn, *An Account of Two Voyages to New- England* (1674), 124–25.

61. 'Of rusticitie or clownishnesse', in *Theophrastus Characters*, in J[ohn] Healey, *Epictetus Manuall* (1616), 15–18 (the first English translation); E. de Saint Denis, 'Evolution semantique de "urbanus- urbanitas" ', *Latomus* 3 (1939); Michael Richter, '*Urbanitasrusticitas*', in *The Church in Town and Countryside*, ed. Derek Baker (Ecclesiastical Hist. Soc., Oxford, 1979).

62. Richard Rogers, *A Commentary upon the Whole Booke of Judges* (1615), 445; John Barston, *The Safegarde of Societie* (1576), sig. B1; James Turner, *The Politics of Landscape* (Oxford, 1979), 173–77.

63. George Snell, *The Right Teaching of Useful Knowledg* (2nd edn, 1651), 61; Sir William Temple, *Miscellanea* (1680), 52.

64. *Cyuile and Uncyuile Life* (1579), sigs. Miiiv, Kiiv, Niv.

65. *A Glossary of Words Used in Holderness*, ed. Frederick Ross et al. (Eng. Dialect Soc., 1887), 25, 48. 「雜碎」是貶稱，指住在達特穆爾（Dartmoor）邊緣的布倫特托（Brent Tor）附近的無法無天和粗野無禮的社群的成員。他們第一次被提到是在塔瑞斯的布朗（William Browne of Tavistock）的一首詩（見Thomas Westcote, *Devon in MDCXXX*, ed. George Oliver and Pitman Jones, Exeter [1845], 360），後來又被湯瑪斯・富勒在《英格蘭偉人史》（*The History of the Worthies of England*, ed. P. Austin Nuttall [1840], vol. 1, 398–99）加以描述。「雜碎」本是指沒有價值的魚皮，但它在這個脈絡的用法可能是衍生自弗里德里希・德金（Friedrich Dedekind）的《粗俗人》（*Grobianus*, Frankfurt [1549]）——一本諷刺粗

野無禮的作品，在一六〇五年由R. F.英譯：上述見Bryson, *Courtesy to Civility*, 40–41, 102, 196。美國作者伯吉斯（Frank Gelett Burgess, 1866–1951）那些談應避免的壞舉止的童書——例如*Goops and How to Be Them*（1900）——看來是對「粗俗人」的一個呼應。有關 Hogs Norton (from Hook Norton, Oxon), 請見 Fuller, *Worthies*, vol. 3, 5, and Morris Palmer Tilley, *A Dictionary of the Proverbs in England in the Sixteenth and Seventeenth Centuries* (Ann Arbor, MI, 1950), 313.

66. *Dobsons Drie Bobbes*, ed. E. A. Horsman (1955), 13–14.

67. Randle Holme, *The Academy of Armory* (Chester, 1688), vol. 3, 72.有關使用這些詞彙的例子，請查閱*OED*與EEBO.

68. Angel Day, *The English Secretorie* (1586), 39; Andrew Boorde, *The Fyrst Boke of the Introduction of Knowledge*, ed. F. J. Furnivall (EETS, 1870), 119; *Wilson's Arte of Rhetorique 1560*, ed. G. H. Mair (Oxford, 1909), 13; Bodl., MS Selden supra 108, fol. 54（一六四八年被從劍橋學院放逐到林肯郡一個教區的湯馬斯．格雷夫斯[Thomas Greaves]抱怨那裡沒有文學或藝術的空間——粗野或非常下流的種類除外：*nec literis, nec artibus quisquam hic locus nisi rusticanis, atque sordidissimis*）。

69. BL, Lansdowne MS 25, fol. 63v (John Aylmer to Lord Burghley).

70. *The Lives of the Rt. Hon. Francis North, Baron Guilford, the Hon. Sir Dudley North, and the Hon. and Rev. Dr John North*, ed. Augustus Jessopp (1890), vol. 3, 130.

71. Kenneth Woodbridge, *Landscape and Antiquity* (Oxford, 1970), 166; *The Records of King Edward's School, Birmingham*, ed. William Fowler Carter et al. (Dugdale Soc., 1924– 74), vol. 6, 57; William Hutton, *An History of Birmingham* (3rd edn, Birmingham, 1795), 90–91.

72. *Letters of Alexander Pope*, ed. John Butt (World's Classics, 1960), 329.

73. Fuller, *Worthies*, vol. 2, 487; *Reliquiae Baxterianae*, ed. Matthew Sylvester (1696), vol. 1, 89.

74. *The Letters of Horace Walpole*, ed. Mrs Paget Toynbee (Oxford, 1903–18), vol. 5, 43–44 (31 Mar. 1761); John Spranger, *A Proposal or Plan for an Act of Parliament for the Better Paving, Lighting and Cleansing the Streets* (1754), sig. a4v; Henry Home, Lord Kames, *Elements of Criticism* (6th edn, 1785), vol. 2, 485; Hutton, *History of Birmingham*, 296.

75. R. H. Sweet, 'Topographies of Politeness', *TRHS*, 6th ser., 12 (2002); Peter Borsay, *The English Urban Renaissance* (Oxford,

1989), chap. 10; id., 'Politeness and Elegance', in *Eighteenth- Century York*, ed. Mark Hallett and Jane Rendall (York, 2003); Amanda Vickery, *The Gentleman's Daughter* (New Haven, CT, 1998), esp. chaps. 5–7; Shani d'Cruze, *A Pleasing Prospect* (Hatfield, 2008), chap. 5.

76. *Boswell's Life of Johnson*, ed. G. Birkbeck Hill, rev. L. F. Powell (Oxford, 1934–50), vol. 3, 77; Peter Clark, *British Clubs and Societies 1580–1800* (Oxford, 2000).

77. George Puttenham, *The Arte of English Poesie*, ed. Gladys Doidge Willcock and Alice Walker (Cambridge, 1936), 144; Sir John Cullum, *The History and Antiquities of Hawsted* (1784), 220. Robert Whittington translated Erasmus's *rurestris* (rustic) as 'uplandish'; *De Civilitate Morum Puerilium* (1532), sig. D3.

78. G. J. Williams, *Iolo Morgannwg* (Cardiff, 1926), 25.

79. 舉例如Vickery, *Gentleman's Daughter*, chap. 6.

80. Hutton, *History of Birmingham*, 91; Cullum, *History and Antiquities of Hawsted*, 220n.

81. *The Agrarian History of England and Wales*, vol. 4, ed. Joan Thirsk (Cambridge, 1967), 111, 411–12; Keith Thomas, *Man and the Natural World* (1983), 194–95.

82. (Privy Council) *Orders and Directions* (1630), sig. G4v; 並請參閱Patricia Fumerton, *Unsettled* (Chicago, IL, 2006).

83. T. S. Willan, *River Navigation in England 1600–1750* (1936), 106–7.

84. Bodl., MS Rawlinson B.323, fol. 99v (Gloucestershire collections of Richard Parsons (d. 1711)).

85. *Proceedings Principally in the County of Kent*, ed. Lambert B. Larking (Camden Soc., 1862), 154; William Camden, *Britain, or a Chorographicall Description*, trans. Philemon Holland (1637), 491 ('uncivil' was Philemon Holland's translation of Camden's '*incultus*'; in 1695 Edmund Gibson translated it as 'uncivilized'); *The Life of Edward, Earl of Clarendon... by Himself* (Oxford, 1857), vol. 1, 53; William Dugdale, *The History of Imbanking and Drayning of Divers Fenns and Marshes* (1662), 171; Nathanael Carpenter, *Geographie Delineated Forth in Two Bookes* (2nd edn, Oxford, 1635), 24.

86. *The Somersetshire Quarterly Meeting of the Society of Friends*, ed. Stephen C. Marland (Somerset Rec. Soc., 1978), 4; J. W. Gough, *The Mines of Mendip* (rev. edn, Newton Abbot, 1967), 224.

87. S[tephen] P[rimatt], *The City and Country Purchaser and Builder* (2nd edn by William Leybourne, 1680), 32; Andy Wood, *The Politics of Social Conflict* (Cambridge, 1999), 3.
88. J. V. Beckett, 'Elizabeth Montagu', *Huntington Lib. Qtly* 49 (1986), 157.
89. G. R. Lewis, *The Stannaries* (1908; Truro, 1965), 217.
90. 例如David Levine and Keith Wrightson, *The Making of an Industrial Society* (Oxford, 1991), 296–308, 430–32 (on the miners of Tyneside).
91. David Marcombe, ' "A Rude and Heady People" ', in *The Last Principality*, ed. Marcombe (Nottingham, 1987), 117, 121; Puttenham, *Arte of English Poesie*, 144.
92. Diarmaid MacCulloch, *Thomas Cranmer* (New Haven, CT, 1996), 178; *Correspondence of Matthew Parker*, ed. John Bruce and Thomas Thomason Perowne (Parker Soc., Cambridge, 1853), 123; Steven G. Ellis, *Tudor Frontiers and Noble Power* (Oxford, 1995), 56–68, 260, and id., 'Civilizing Northumberland', *Journ. of Hist. Sociology* 12 (1999).
93. T. F., *Newes from the North* (1585), sig. Liir–v.
94. *The Earl of Strafforde's Letters and Despatches*, ed. William Knowler (1739), vol. 1, 51; Plume, in Hacket, *Century of Sermons*, iii.
95. J. M. Fewster, *The Keelmen of Tyneside* (Woodbridge, 2011), 100–101.
96. James Pilkington, A *View of the Present State of Derbyshire* (Derby, 1789), vol. 2, 57–59.
97. Markku Peltonen, *Classical Humanism and Republicanism in English Political Thought* (Cambridge, 1995), 60–64; Jonathan Barry, 'Civility and Civic Culture in Early Modern England', in *Civil Histories*, ed. Burke et al.
98. C. W. Brooks, review of Lawrence Stone and Jeanne Fawtier Stone, *An Open Elite?*, in *EHR* 101 (1986), 179; John Brewer, 'Commercialization and Politics', in Neil McKendrick et al., *The Birth of a Consumer Society* (1982), 214–15; Helen Berry, 'Polite Consumption', *TRHS*, 6th ser., 12 (2002), 387–89.
99. Philip E. Jones, *The Butchers of London* (1976), 118–19.
100. John Saltmarsh, *The Practice of Policie in a Christian Life* (1638), 29; Daniel Defoe, *The Complete English Tradesman* (1745;

Oxford, 1841), vol. 1, 62; Scott, *Essay of Drapery*, 86; Joseph Collyer, *The Parent's and Guardian's Directory* (1725–27), 45, 110–11, 158, 159; Lawrence E. Klein, 'Politeness for Plebes', in *The Consumption of Culture 1600– 1800*, ed. Ann Bermingham and John Brewer (1975), 372; Joel Mokyr, *The Enlightened Economy* (New Haven, CT, 2009), 370–74.

101. *Reliquiae Baxterianae*, vol. 1, 89; *The Travels through England of Dr Richard Pococke*, ed. James Joel Cartwright (Camden Soc., 1888–89), vol. 1, 8.

102. [Beat Louis de Muralt], *Letters describing the Character and Customs of the English and French Nations* (Eng. trans., 1726), 83.

103. Mandeville, *Fable of the Bees*, vol. 1, 349–52; R. Campbell, *The London Tradesman* (1747; Newton Abbot, 1969), 197.

104. R. S. Fitton and A. P. Wadsworth, *The Strutts and the Arkwrights 1758–1830* (Manchester, 1958), 145.

105. Richard Warner, *A Walk through Wales* (Bath, 1798), 9–10, cit. Paul Langford, 'The Uses of Eighteenth- Century Politeness', *TRHS*, 6th ser., 12 (2002), 320.

106. B[ernard] M[andeville], *Free Thoughts on Religion, the Church and National Happiness* (1720), 273; Hutton, *History of Birmingham*, 398; Paul Langford, *Englishness Identified* (Oxford, 2000), 97.

107. CH. ED. [Christian Erndtel], *The Relation of a Journey into England and Holland, in the years 1706, and 1707* (Eng. trans., 1711), 39.

108. Clark, *British Clubs and Societies*, is the authoritative account.

109. *Ben Jonson*, ed. C. H. Herford and Percy and Evelyn Simpson (Oxford, 1925–1947), vol. 11, 360. 有關詹姆斯黨人（Jacobean）的俱樂部，見Michelle O'Callaghan, *The English Wits* (Cambridge, 2007), 以及她與Stella Achilleos論著的章節：*A Pleasing Sinne*, ed. Adam Smyth (Cambridge, 2004) and in *'Lords of Wine and Oile'*, ed. Ruth Connolly and Tom Cain (Oxford, 2011).

110. *Polydore Vergil's English History*, ed. and trans. Sir Henry Ellis (Camden Soc., 1846), vol. 1, 24; Carew, *Survey of Cornwall*, fol. 67v; Lorna Weatherill, *Consumer Behaviour and Material Culture in Britain 1660–1760* (1988), 151–59; Carole Shammas, *The Pre- Industrial Consumer in England and America* (Oxford, 1990), chap. 6; Mark Overton et al., *Production and*

Consumption in English Households, 1600–1750 (2004), 90–98; Robert Applelbaum, *Aguecheek's Beef, Belch, Hiccup, and Other Gastronomic Interjections* (Chicago, IL, 2006), 42, 84, 201, 207.

111. Stephen Mennell, *All Manners of Food* (Oxford, 1985), 92; Fynes Moryson, *An Itinerary* (Glasgow, 1907–8), vol. 4, 173; Robert Burton, *The Anatomy of Melancholy*, ed. Thomas C. Faulkner et al. (Oxford, 1989–2000), vol. 2, 26 (2. 2. 1. 2); Felicity Heal, *Hospitality in Early Modern England* (Oxford, 1990), chap. 9.

112. *Coffee Houses Vindicated* (1675), 5, cited by Steve Pincus, ' "Coffee Politicians Does Create" ', *JMH* 67 (1995); Jennifer Richards, 'Health, Intoxication, and Civil Conversation in Renaissance England', in *Cultures of Intoxication*, ed. Phil Withington and Angela McShane (*P&P*, supp. 9, 2014); Jordan Goodman, 'Excitantia', and Woodruff D. Smith, 'From Coffeehouse to Parlour', in *Consuming Passions*, ed. Jordan Goodman et al. (2nd edn, Abingdon, 2007).

113. Hutchinson, *Life of Colonel Hutchinson*, 70.

114. R[obson], *The Choise of Change*, sig. Givv.

115. *Reliquiae Baxterianae*, vol. 1, 89.

116. 例如：Henry Fielding, *The Covent Garden Journal*, ed. Bertrand A. Goldgar (Oxford, 1988), xlii– xliii, 94–95, 174–75.

117. Donna T. Andrew, 'The Code of Honour and Its Critics', *SocHist* 5 (1980); Phil Withington, *The Politics of Commonwealth* (Cambridge, 2005), 176; Margaret R. Hunt, *The Middling Sort* (Berkeley, CA, 1996); Hannah Barker, 'Soul, Purse and Family', *SocHist* 33 (2008).

118. William Shakespeare, *Henry IV, Part I* (ca. 1597), act 3, scene 1, lines 246–55.

119. T. L. Kington Oliphant, *The New English* (1886), vol. 2, 232.

120. James Nelson, *An Essay on the Government of Children* (1753), 306; 並參閱 Vickery, *Gentleman's Daughter*, chap. 1.

121. Richard Whately, *Elements of Rhetoric* (2nd edn, Oxford, 1828), 179n–180n.

122. 一個十七世紀的諷刺家粗俗的說過，一個村姑需要一年才能學會怎樣在一間公廁拉屎，見A. Marsh, *The Confessions of the New Married Couple* (1683), 131. 有關這種設施在皇后碼頭坊（Queenhithe）的情形，參見Dorian Gerhold, *London Plotted* (London Topographical Soc., 2016), 211–12.

123. David Cressy, 'Saltpetre, State Security and Vexation in Early Modern England', *P&P* 212 (2011), 94; *Commons Debates 1628*, ed. Robert C. Johnson et al. (New Haven, CT, 1977–83), vol. 4, 350.

124. Giacomo Casanova, *History of My Life*, trans. Willard R. Trask (vols. 9 and 10, 1970), 251.

125. Martin Ingram, 'Sexual Manners', and Sara Mendelson, 'The Civility of Women in Seventeenth- Century England', in *Civil Histories*, ed. Burke et al.

126. [Francis Grose], *Lexicon Balatronicum* (1811), sig. M3.

127. Godfrey Goodman, *The Fall of Man* (1616), 5, 51; Archibald Alison, *Essays on the Nature and Principles of Taste* (4th edn, Edinburgh, 1815), vol. 2, 393–94.

128. John Weaver, *An Essay towards an History of Dancing* (1712), 23; J[ohn] B[ulwer], *Chirologia* (1644), vol. 2, 117.

129. W[illiam] K[empe], *The Education of Children in Learning* (1588), sig. E3v; Margaret Cavendish, Duchess of Newcastle, *The Life of William Cavendish, Duke of Newcastle*, ed. C. H. Firth (n.d.), 157; BL, Addl. MS 28, 531 (James Boevey, 'The Art of Building a Man'), fol. 17; Brian W. Hill, *Robert Harley* (New Haven, CT, 1988), 4; Bryson, *Courtesy to Civility*, 133–34.

130. William Darrell, *The Gentleman Instructed* (11th edn, 1738), 16.

131. *The Voyages and Colonising Enterprises of Sir Humphrey Gilbert*, ed. David Beers Quinn (Hakluyt Soc., 1940), vol. 2, 361; Jenny Uglow, *A Gambling Man* (2009), 56; Antonio Gramsci, *Il Risorgimento* (Turin, 1949), 199–200.

132. W. P., *Foure Great Lyers* (1585), sig. E6v; Gervase Markham, *Cavelarice, or the English Horseman* (1607), bk 5, 18–19.

133. Roderick Floud, Kenneth Wachter and Annabel Gregory, *Height, Health and History* (Cambridge, 1990), 1–3, and chap. 5; other references in Floud, 'The Dimensions of Inequality', *Contemporary British History* 16 (2002), and id. et al., *The Changing Body* (Cambridge, 2011), 34, 135, 229–30; Louis Simond, *Journal of a Tour and Residence in Great Britain during the Years 1810 and 1811* (2nd edn, Edinburgh, 1817), vol. 1, 30–31, 266; Matthew McCormack, 'Tall Histories', *TRHS*, 6th ser., 26 (2016), 87–89.

134. David Hume, *A Treatise of Human Nature*, ed. David Fate Norton and Mary J. Norton (Oxford, 2000), 259 (2. 3. 1).

135. George Owen of Henllys, *The Description of Pembrokeshire* (1603), ed. Dillwyn Miles (Llandysul, 1994), 48.

136. John Locke, *Some Thoughts on the Conduct of the Understanding in the Search of Truth* (Glasgow, 1754), 21.
137. Dennis Smith, *Norbert Elias and Modern Social Theory* (2002), 163.
138. Joseph Bettey, ' "Ancient Custom Time Out of Mind" ', *Antiquaries Journ.* 89 (2009), 316; Jeremy Boulton, 'Going on the Parish', and Pamela Sharpe, ' "The Bowels of Compassion" ', in *Chronicling Poverty*, ed. Tim Hitchcock et al. (Basingstoke, 1997), 32–33, 100–103; *Warwick County Records*, ed. S. C. Ratcliff and H. C. Johnson (Warwick, 1936), vol. 2, 85.
139. Steve Hindle, *On the Parish?* (Oxford, 2004), 161, 164; id., 'Civility, Honesty and the Identification of the Deserving Poor', in *Identity and Agency in England, 1500–1800*, ed. Henry French and Jonathan Barry (Basingstoke, 2004); K. D. M. Snell, *Parish and Belonging* (Cambridge, 2006), 297; Jonathan Healey, *The First Century of Welfare* (Woodbridge, 2014), 119–20. 有關「老實的」（honesty），請見Alexandra Shepard, *Meanings of Manhood in Early Modern England* (Oxford, 2003), 73–74, 87, 248; and ead., 'Honesty, Wealth and Gender in Early Modern England', in *Identity and Agency*, ed. French and Barry.
140. Alexandra Shepard, *Accounting for Oneself* (Oxford, 2015), esp. 180–90; Mark Hailwood, *Alehouses and Good Fellowship in Early Modern England* (Woodbridge, 2014), 49, 51.
141. Bernard Capp, 'The Double Standard Revisited', *P&P* 162 (1999). 有關十六世紀和十七世紀的語言羞辱，見Laura Gowing, *Domestic Dangers* (Oxford, 1996), chaps. 3 and 4; Bernard Capp, *When Gossips Meet* (Oxford, 2003), esp. 189–204, 230–32, 252–63; Shepard, *Meanings of Manhood in Early Modern England*, index, s.v. 'defamation', 'sexual insult' and 'verbal abuse'; Fiona Williamson, *Social Relations and Urban Space* (Woodbridge, 2014), 134–37; Martin Ingram, *Carnal Knowledge* (Cambridge, 2017), 69–75, 184–86, 194.
142. Mendelson, 'Civility of Women'; Laura Gowing, *Common Bodies* (New Haven, CT, 2003), 96, 103, 104; David M. Turner, *Fashioning Adultery* (Cambridge, 2002), 49, 78–92, 195–96; and, especially, Ingram, 'Sexual Manners'.
143. Penelope J. Corfield, 'Walking the Streets', *Journ. of Urban History* 16 (1990); Robert B. Shoemaker, *The London Mob* (2004), 174–75; Tim Reinke- Williams, *Women, Work and Sociability in Early Modern London* (Basingstoke, 2014), 6, 127, 150–56.
144. Ingram, 'Sexual Manners', 99; Laura Gowing, *Domestic Dangers* (Oxford, 1996), 73; Christopher Haigh, *The Plain Man's Pathways to Heaven* (Oxford, 2007), chap. 8.

145. John Rushworth, *Historical Collections* (1721), vol. 2, 88; Ingram, 'Sexual Manners', 100–102; Paul Griffiths, *Lost Londons* (Cambridge, 2008), 43.

146. Capp, *When Gossips Meet*, 88, 190, 219, 220, 230, 257.

147. *Calendar of Wynn (of Gwydir) Papers 1515–1690* (Aberystwyth, 1926), 68.

148. Joseph Moxon, *Mechanick Exercises on the whole Art of Printing (1683–4)*, ed. Herbert Davis and Harry Carter (2nd edn, 1962; New York, 1978), 323–27; Adrian Johns, *The Nature of the Book* (Chicago, IL, 1998), 188, 197; Philip J. Stern, *The Company-State* (Oxford, 2011), 36.

149. Thomas Churchyard, *The Worthines of Wales* (1587; 1776), vi, vii, 3, 4, 89–90; *Records of Early English Drama: Norwich 1540–1642*, ed. David Galloway (Toronto, 1984), 294–95; Thomas Tusser, *Five Hundreth Points of Good Husbandry* (1573), fol. 7.

150. Fynes Moryson, *Shakespeare's Europe*, ed. Charles Hughes (2nd edn, New York, 1967), 474; William Brenchley Rye, *England as Seen by Foreigners in the Days of Elizabeth and James the First* (1865), 7, 186; [Thomas] P[ritchard], *The Schoole of Honest and Vertuous Lyfe* (1579), 40; *Two Italian Accounts of Tudor England*, trans. C. W. Malfatti (Barcelona, 1953), 36.

151. *Stuart Royal Proclamations*, vol. 1, 508–11, 588–90; Mary Carleton, *The Case of Madam Mary Carleton* (1663), 128–29; D. A., *The Whole Art of Converse* (1683), 119–20; *The Writings of John Evelyn*, ed. Guy de la Bedoyere (Woodbridge, 1985), 78; *M. Misson's Memoirs and Observations in his Travels over England*, trans. [John] Ezell (1719), 310.

152. Langford, *Englishness Identified*, 221–25.

153. Henry Fielding, *The Journal of a Voyage to Lisbon*, ed. Martin C. Battestin (Oxford, 2008), 569.

154. Richard Gough, *Antiquities and Memoirs of the Parish of Myddle* (Shrewsbury, 1875), 56, 113, 115, 122, 135, 139, 146, 147, 150.

155. Gainsford, *The Rich Cabinet Furnished*, fol. 29; Ingram, 'Sexual Manners', 102–3; Capp, *When Gossips Meet*, 261; Reinke-Williams, *Women, Work and Sociability*, 113–14, 130–31.

156. 156. Ingram, 'Sexual Manners', 108.

157. Tim Hitchcock and Robert Shoemaker, *London Lives* (Cambridge, 2015), 267.

158. Robert Roberts, *The Classic Slum* (Harmondsworth, 1973), 14–19. 也見R. Q. Gray, *The Labour Aristocracy in Victorian Edinburgh* (Oxford, 1976), chap. 7 ('The Meaning of Respectability'); J. M. Golby and A. W. Purdue, *The Civilisation of the Crowd* (1984), 185–87; F. M. L. Thompson, *The Rise of Respectable Society* (1988), 198–204.

159. Ames, *Conscience*, bk 4, 267; M. Dorothy George, *London Life in the XVIIIth Century* (1925), 276–77; Ian McCalman, *Radical Underworld* (Cambridge, 1988), 26–29; Anna Clark, *The Struggle for the Breeches* (1995), 33.

160. Thomas, *Ends of Life*, 164–65; Carolyn Steedman, *An Everyday Life of the English Working Class* (Cambridge, 2013), 111–12 (並閱讀 93–94,108–9); Clark, *Struggle for the Breeches*, 35–36, 43, 51, 54, 61, 248.

161. David A. Postles, *Social Proprieties* (Washington, DC, 2006), 2.

162. Peter Chamberlen, *The Poore Mans Advocate* (1649), 9; Mandeville, *Fable of the Bees*, vol. 1, 269–70. 163.

163. John St John, *Observations on the Land Revenue of the Crown* (1787), appendix, 4, 12, 14.

164. Andy Wood, *The Memory of the People* (Cambridge, 2013), 343.

165. Jo[hn] Streater, *A Glympse of that Jewel, Judicial, Just, Preserving Libertie* (1653), 15; Samuel Hartlib, *Londons Charitie* (1648), 5; [Daniel Defoe], *Some Considerations on the Reasonableness and Necessity of Encreasing and Encouraging the Seamen* (1728), 44.

166. John Brinsley, *A Consolation for our Grammar Schooles* (1622), sig. *3v; John Gauden, *Hieraspistes* (1653), 400; Nicholas Carlisle, *A Concise Description of the Endowed Grammar Schools* (1818), vol. 1, 809.

167. Carlisle, *Concise Description*, vol. 1, 420; John Locke, *Some Thoughts concerning Education*, ed. John W. and Jean S. Yolton (Oxford, 1989), 208.

168. Thomas Killigrew, *The Prisoners and Claracilla* (1641), sig. A2v (and Edmund Spenser, *The Faerie Queene* (1596), bk 6, canto 1, st. 1); John Stow, *A Survey of London*, ed. Charles Lethbridge Kingsford (Oxford, 1908), vol. 2, 211.

169. *Desiderata Curiosa*, vol. 2, 444; D. A., *Whole Art of Converse*, sig. A2v.

170. R. O. Bucholz, *The Augustan Court* (Stanford, CA, 1993), chap. 7; Joanna Marschner, *Queen Caroline* (New Haven, CT, 2014),

19; Chesterfield, in *The World* 148 (30 Oct. 1755), in *British Essayists*, ed. Lynam, vol. 17, 182; David Scott, *Leviathan* (2013), 272–73.

171. David Starkey, 'The Court', *Journal of the Warburg and Courtauld Institutes* 45 (1982); John Aubrey, *Brief Lives and Other Selected Writings*, ed. Anthony Powell (1949), 9; David Norbrook, ' "Words more than civil" ', in *Early Modern Civil Discourses*, ed. Jennifer Richards (Basingstoke, 2003), 71; Jonathan Swift, 'Hints on good manners', in *A Proposal for Correcting the English Tongue*, 221.

172. Thomas Milles, *The Catalogue of Honor* (1610), 16 (translating Robert Glover, *Nobilitas Politica vel Civilis* (1608)).

173. [Richard Overton], *The Araignement of Mr Persecution* (1645), 33; Cavendish, *Life of William Cavendish*, 51.

174. *Cyvile and Uncyvile Life*, sig. Hivv; Gerard Leigh, *The Accedens of Armory* (3rd edn, 1612), 216; Botero, *Relations of the Most Famous Kingdomes*, 75; Mark Girouard, *Life in the English Country House* (New Haven, CT, 1978), 7–8.

175. S. J. Watts with Susan J. Watts, *From Border to Middle Shire* (Leicester, 1975), 192; *HMC, Cowper*, vol. 2, 51.

176. Boemus, *Manners, Lawes and Customes of All Nations*, 450 (Aston's interpolation).

177. David Coke and Alan Borg, *Vauxhall Gardens* (New Haven, CT, 2011), 41.

178. Norbert Elias, *On the Process of Civilisation*, trans. Edmund Jephcott (*Collected Works of Norbert Elias*, Dublin, 2006–14, vol. 3), 195.

179. Daniel E. Thiery, *Polluting the Sacred* (Leiden, 2009).

180. Watts, *From Border to Middle Shire*, 87.

181. 例如*The Workes of... M[aster] W[illiam] Perkins* (Cambridge, 1608–31), vol. 1, 50, 634; vol. 2, 150–52; Shelford, *Lectures or Readings upon Proverbs*, 14–17; Richard Rogers, *Seven Treatises* (1603), 168–69; William Gouge, *Of Domesticall Duties, Eight Treatises* (3rd edn, 1634), 538–39; *A Compleat Collection of the Works of... John Kettlewell* (1719), vol. 1, 123, 315; Bejan, *Mere Civility*, 40–41.

182. John Jackson, *The True Evangelical Temper* (1641), 5–6.

183. 'A Briefe Narrative of the Life and Death of Mr Thomas Hall' (Dr Williams' Library, London, MS 61.1), 53; 另見Denise

Thomas, 'The Pastoral Ministry of Thomas Hall (1610–1665) in the English Revolution', *Midland History* 38 (2013).

184. Bernard Capp, *England's Culture Wars* (Oxford, 2012); and works cited by Martin Ingram, 'Reformation of Manners in Early Modern England', in *The Experience of Authority in Early Modern England*, ed. Paul Griffiths et al. (Basingstoke, 1996), notes 17 and 20.

185. William Prynne, *Canterburies Doome* (1646), 141–42; Carew, *Survey of Cornwall*, fol. 69r–v; Thomas G. Barnes, 'County Politics and a Puritan Cause Celebre', *TRHS*, 5th ser., 9 (1959); *Epistolary Curiosities*, ed. Rebecca Warner (1818), vol. 1, 186.

186. Thomas Secker, *Fourteen Sermons* (1766), 121; *Spectator* 112 (9 July 1711), ed. Donald F. Bond (Oxford, 1965), vol. 1, 460; Hugh Blair, *The Importance of Religious Knowledge to the Happiness of Mankind* (1750), 23; *Boswell's Life of Johnson*, vol. 3, 437. On vicars' wives as 'a civilizing element', 見Mrs Henry Sandford, *Thomas Poole and His Friends* (1888), vol. 1, 56.

187. Thomas Walter Laqueur, *Religion and Respectability* (New Haven, CT, 1976), chap. 7; Pilkington, *View of the Present State of Derbyshire*, vol. 2, 58–59; Anne Stott, *Hannah More* (Oxford, 2003), 167.

188. George Heath, *The New History, Survey and Description of the City and Suburbs of Bristol* (Bristol, 1794), 75. 關於此，請見Robert W. Malcolmson, ' "A Set of Ungovernable People" ', in *An Ungovernable People*, ed. John Brewer and John Styles (1980).

189. Anthony Armstrong, *The Church of England, the Methodists and Society, 1700–1850* (1973), 92–94; Prys Morgan, 'Wild Wales', in *Civil Histories*, ed. Burke et al., 280.

190. *The Autobiography of Francis Place*, ed. Mary Thale (Cambridge, 1972), 82. 另可參閱Carew, *Survey of Cornwall*, fol. 66r–v; John Money, *Experience and Identity* (Manchester, 1977), 90; Langford, *Englishness Identified*, 223–25; Jonathan White, 'The Laboring- Class Domestic Sphere in Eighteenth- Century British Social Thought', in *Gender, Taste and Material Culture in Britain and North America 1700–1830, ed. John Styles and Amanda Vickery (New Haven, CT, 2006), 251–52.*

191. *William Warner's Syrinx, ed. Wallace A. Bacon (Evanston, IL, 1950; New York, 1970), 183; Sir Harry Beaumont [Joseph Spence], Crito: or, a Dialogue on Beauty (Dublin, 1752), 43. Cf. Pierre Bourdieu, Distinction, trans. Richard Nice (Cambridge, MA, 1984), 190–93.*

192. *Keith Thomas, 'Bodily Control and Social Unease', in The Extraordinary and the Everyday in Early Modern England, ed. Angela McShane and Garthine Walker (Basingstoke, 2010), 15; William Bullein, A Newe Booke Entituled the Gouernement of Healthe (1558), sig. Fviii (I have taken 'heares' to be 'hairs', not 'ears'); also id., Bulleins Bulwarke of Defence againste all Sicknes, Sornes, and Woundes (1579), sig. bbb2v.*

193. *[John Norden], The Fathers Legacie (1625), sig. A7r–v. For other comments on the smell of the lower orders: Brents Stirling, The Populace in Shakespeare (New York, 1947), 65–73; Henry More, A Modest Enquiry into the Mystery of Iniquity (1664), sig. A3v; M. G. Smith, Pastoral Discipline and the Church Court (Borthwick Papers, York, 1982), 38; Mark Jenner, 'Civilization and Deodorization', in Civil Histories, ed. Burke et al., 139; Paul Griffiths, 'Overlapping Circles', in Communities in Early Modern England, ed. Alexandra Shepard and Phil Withington (Manchester, 2000), 119.*

194. *Elizabeth Mary Wright, Rustic Speech and Folk- Lore (1913), 6.*

195. *John Styles, The Dress of the People (New Haven, CT, 2007), esp. chap. 4.*

196. *Nathaniel Hawes, quoted by Peter Linebaugh, 'The Tyburn Riot against the Surgeons', in Douglas Hay et al., Albion's Fatal Tree (1975), 111.*雖然它們傳達了Hawes的思想感情，但這番說成是他所說的話看來是出自一位十九世紀歷史學家手筆。見Arthur Griffiths, *The Chronicles of Newgate* (1884), vol. 1, 253.

197. Capp, *When Gossips Meet*, 189–200, 230, 257; Tim Hitchcock, *Down and Out in Eighteenth- Century London* (2004), 99–101; Peter D. Jones, ' "I Cannot Keep My Place without Being Deascent" ', *Rural History* 20 (2009).參見社會觀察者瑪格麗特・麥克米倫（Margaret McMillan）在二十世紀初期對於倫敦貧民窟居民的骯髒的評論：*Labour and Childhood* (1907), 12–14.

198. Keith Thomas, 'Cleanliness and Godliness in Early Modern England', in *Religion, Culture and Society in Early Modern Britain*, ed. Anthony Fletcher and Peter Roberts (Cambridge, 1994), 77–78.

199. William Vaughan, *Naturall and Artif icial Directions for Health* (1602), sig. E1v; Joseph P. Hart, *The Parish Council of Bletchingley* (n. pl., 1955), 7; William Buchan, *Domestic Medicine* (2nd edn, 1772), 114; Thomas, 'Cleanliness and Godliness', 77–78.

200. David Underdown, *Revel, Riot, and Rebellion* (Oxford, 1985), 64; Thomas Fuller, *The Holy State* ([1648] 1840) 148–49 (echoing [Robert Sanderson], *A Soveraigne Antidote against Sabbatarian Errours* (1636), 24); Christopher Marsh, *Music and Society in Early Modern England* (Cambridge, 2010), 335, 382.

201. James Sharpe and J. R. Dickinson, 'Homicide in Eighteenth- Century Cheshire', *SocHist* 41 (2016).

202. Charles Phythian- Adams, 'Rituals of Personal Confrontation in Late Medieval England', *Bull. John Rylands Lib.* 73 (1991).

203. *The Clarke Papers*, ed. C. H. Firth (Camden Soc., 1890–1901), vol. 4, 300.

204. Shepard, *Meanings of Manhood*, 147–49; *Misson's Memoirs and Observations*, 304–6; Muralt, *Letters*, 42; J. M. Beattie, *Crime and the Courts in England 1660–1800* (Oxford, 1986), 91–94; Shoemaker, *London Mob*, 194–200; Adam Fox, 'Vernacular Culture and Popular Customs in Early Modern England', *CultSocHist* 9 (2012), 334; Sharpe and Dickinson, 'Homicide in Eighteenth- Century Cheshire', 199–200; Langford, *Englishness Identified*, 46, 149–50.

205. Capp, *When Gossips Meet*, 221–22.

206. 同前注，219–20; Jennine Hurl- Eamon, *Gender and Petty Violence in London, 1680–1720* (Columbus, OH, 2005).

207. Norbert Elias and Eric Dunning, *The Quest for Excitement* (*Collected Works of Norbert Elias*, vol. 7); Shoemaker, *London Mob*, chaps. 3, 6 and 7; Craig Koslofsky, *Evening's Empire* (Cambridge, 2011), chap. 5.

208. Richard Holt, *Sport and the British* (Oxford, 1989), 18–20; Carolyn A. Conley, *The Unwritten Law* (New York, 1991), 49–52; J. Carter Wood, *Violence and Crime in Nineteenth- Century England* (2004), chap. 4; Steedman, *Everyday Life of the English Working Class*, chap. 4 and 109–10.

209. William Blackstone, *Commentaries on the Laws of England*, ed. Wilfrid Prest (Oxford, 2016), vol. 1, 287 (I. xv); Mandeville, *Fable of the Bees*, vol. 2, 306; Elizabeth Foyster, *Marital Violence* (Cambridge, 2005), 79 (for Nicholl) and passim; James Sharpe, *A Fiery & Furious People* (2016), 174–75, 187–89, 414–15.

210. Martin Ingram, *Church Courts, Sex and Marriage in England, 1570–1640* (Cambridge, 1987), 162–63; id., *Carnal Knowledge*, index, s.v. 'antenuptial incontinence'; Keith Thomas, 'The Double Standard', *JHI* 20 (1959), 206; Bridget Hill, 'The Marriage Age of Women and the Demographers', *HWJ* 28 (1989), 143–44; John R. Gillis, *For Better or Worse* (New York, 1985), 110–

11, 179–82, 186, 197–209; Levine and Wrightson, *The Making of an Industrial Society*, 299–305; Richard Adair, *Courtship, Illegitimacy and Marriage in Early Modern England* (Manchester, 1996), 81, 109, 142–48; Faramerz Dabhoiwala, *The Origins of Sex* (2012), 11, 19, 41, 204–6.

211. Peter Laslett, *Family Life and Illicit Love in Earlier Generations* (Cambridge, 1977), chap. 3; E. A. Wrigley and R. S. Schofield, *The Population History of England 1541– 1871* (1981), 194–95, 304–5, 427, 429–30; E. A. Wrigley, 'Marriage, Fertility and Population Growth in Eighteenth- Century England', in *Marriage and Society*, ed. R. B. Outhwaite (1981), 155–63; Nicholas Rogers, 'Carnal Knowledge', *JSocHist* 23 (1989); Adrian Wilson, 'Illegitimacy and Its Implications in Mid- Eighteenth- Century London', *Continuity and Change* 4 (1989); E. A. Wrigley et al., *English Population History from Family Reconstitution 1580–1837* (Cambridge, 1997), 54, 219, 421–22; Clark, *Struggle for the Breeches*, 42–44, 61.

212. David Levine and Keith Wrightson, 'The Local Context of Illegitimacy in Early Modern England', in *Bastardy and Its Comparative History*, ed. Peter Laslett et al. (1980); Rebecca Probert, *Marriage Law and Practice in the Long Eighteenth Century* (Cambridge, 2009), 100–101, 256.

213. Hunt, *The Middling Sort*, chap. 8; and particularly, Turner, *Fashioning Adultery*, 11–12, 36, 82, 192, 195–96.

214. Margaret Cavendish, Duchess of Newcastle, *CCXI Sociable Letters* (1664), 113–14; *Misson's Memoirs and Observations*, 332.

215. Thomas, *Ends of Life*, 97–98, 304n56; Tim[othy] Nourse, *A Discourse upon the Nature and Faculties of Man* (1686), 320; Bernard Capp, ' "Jesus Wept" but Did the Englishman?' *P&P* 224 (2014), 93, 104; S. C., *The Art of Complaisance* (1673), 41–42; Henry Chettle, *Kind- Harts Dream* (1592), ed. Edward F. Rimbault (Percy Soc., 1841), 18.

216. William Harrison, *The Description of England*, ed. Georges Edelen (Ithaca, NY, 1968), 131–32.

217. J[ohn] B[ulwer], *Pathomyotomia* (1649), 130; 'A Divine of the Church of England' (Thomas Bray), *A Course of Lectures upon the Church Catechism* (Oxford, 1696), vol. 1, 200; Obadiah Walker, *Of Education* (1673), 227.

218. Edw[ard] B[ysshe], *The Art of English Poetry* (1702), vol. 2, 1.

219. John Earle, *Micro- Cosmographie* (1628), ed. Edward Arber (Westminster, 1895), 50; *The Works of Symon Patrick*, ed. Alexander Taylor (Oxford, 1858), vol. 9, 238; Henry Peacham, *The Truth of our Times* (1638), 125.

220. D. A., *Whole Art of Converse*, 35–36.

221. Adam Smith, *Lectures on Rhetoric and Belles Lettres*, ed. J. C. Bryce (Oxford, 1983), 198; Thomas Sheridan, *British Education* (1756), 437–38; *Essays of George Eliot*, ed. Thomas Pinney (1963), 217.

222. Mandeville, *Fable of the Bees*, vol. 2, 305; James Beattie, *Essays on Poetry and Music as they affect the Mind* (Edinburgh, 1776), 438–39.

223. B. Lowsley, *A Glossary of Berkshire Words and Phrases* (Eng. Dialect Soc., 1888), 177; Jonathan Swift, *Irish Tracts, 1720–1723 and Sermons*, ed. Louis Landa (Oxford, 1948), 65; Fox, 'Vernacular Culture and Popular Customs', 334.

224. Capp, *When Gossips Meet*, 197–200.

225. Mandeville, *Fable of the Bees*, vol. 2, 295.

226. Bulwer, *Chirologia*, 173–76; Capp, *When Gossips Meet*, 232.

227. Keith Wrightson and David Levine, *Poverty and Piety in an English Village* (1979; Oxford, 1995), 124–25; [William Vaughan], *The Spirit of Detraction Coniured and Convicted in Six Circles* (1611), 103. 更普遍而言，請見John Walter, 'Gesturing at Authority', in *The Politics of Gesture*, ed. Michael J. Braddick (*P&P*, supp. 4, Oxford, 2009).

228. *Spectator* 354 (16 Apr. 1712), ed. Bond, vol. 3, 322. 有關各種手勢（「手指的方言」），見Bulwer, *Chirologia*。有關放屁是一種蓄意冒犯的「語言行為」一節，見Thomas, 'Bodily Control and Social Unease'.

229. *Bishop Still's Visitation 1594*, ed. Derek Shorrocks (Somerset Rec. Soc., 1998), 142; Garthine Walker, 'Expanding the Boundaries of Female Honour in Early Modern England', *TRHS*, 6th ser., 6 (1996), 240.

230. Edward Reynell, *The Life and Death of the Lady Lucie Reynell* (1654), cited in Wilford, *Memorials and Characters*, 456.

231. Harrison, *Description of England*, 131; Pilkington, *View of the Present State of Derbyshire*, vol. 2, 54–55; Heal, *Hospitality in Early Modern England*, chap. 9; David Cressy, *Birth, Marriage, and Death* (Oxford, 1997); R. A. Houston, *Bride Ales and Penny Weddings* (Oxford, 2014).

232. John Spicer, *The Sale of Salt* (1611), 258.

233. Adam Petrie, *Rules of Good Deportment* (Edinburgh, 1720), 97; Samuel Cradock, *Knowledge and Practice* (1659), 493; *OED*,

s.v. 'shot'.在麥酒屋喝酒對勞工階級男性很重要這一點，見Hailwood, *Alehouses and Good Fellowship*, chaps. 3 and 4; Clark, *Struggle for the Breeches*, 81.

234. *Autobiography of Thomas Raymond and Memoirs of the House of Guise*, ed. Godfrey Davies (Camden, 3rd ser., 1917), 115.

235. Thomas, *Ends of Life*, 220; Hans Medick, 'Plebeian Culture in the Transition to Capitalism', in *Culture, Ideology and Politics*, ed. Raphael Samuel and Gareth Stedman Jones (1982), 92.參見布迪厄論法國勞工階級的「縱酒狂歡倫理」（ethic of convivial indulgence）：; Bourdieu, *Distinction*, 179.

236. George, *London Life in the XVIIIth Century*, 273–74; Clark, *Struggle for the Breeches*, 34.

237. Mendelson, 'Civility of Women', 116–17; Angus J. L. Winchester, *The Harvest of the Hills* (Edinburgh, 2000), 39–40, 45–47, and chap. 5; Capp, *When Gossips Meet*, 56–57; and references cited in Thomas, *Ends of Life*, 339n26.

238. William Clagett, *Of the Humanity and Charity of Christians* (1687), 5.

239. *Cyvile and Uncyvile Life*, sig. E1v; Arnold Hunt, *The Art of Hearing* (Cambridge, 2010), 264.

240. Harrison, *Description of England*, 144. 參見Pierre-Jakez Hélias對布列塔尼農人飲食安排的描述：*Les Autres et les miens* (Paris, 1977), 69–71.

241. Sir Frederic Morton Eden, *The State of the Poor* (1797), vol. 1, 524. 對比下書中的慢性飢餓證據：Jane Humphries, *Childhood and Child Labour in the British Industrial Revolution* (Cambridge, 2010), 97–100.

242. Samuel Bamford, *Early Days* (1849), 105; Christopher Dyer, *Standards of Living in the Later Middle Ages* (Cambridge, 1989), 160; id., *An Age of Transition?* (Oxford, 2005), 136–37.

243. Sidney W. Mintz, *Sweetness and Power* (New York, 1985), 114–17; Peter King, 'Pauper Inventories and the Material Lives of the Poor in the Eighteenth and NineteenthCenturies', in *Chronicling Poverty*, ed. Hitchcock et al.; Adrian Green, 'Heartless and Unhomely?', in *Accommodating Poverty*, ed. Joanne McEwen and Pamela Sharpe (Basingstoke, 2011).

244. William Godwin, *The Enquirer* ([1797]; New York, 1975), 335.

245. Paul Johnson, 'Conspicuous Consumption and Working- Class Culture in Late Victorian and Edwardian England', *TRHS*, 5th ser., 38 (1988), 36–37.

246. *A Collection of the Several Writings... [of] James Parnel* (1675), 96.
247. Edward Phillips, *The Mysteries of Love & Eloquence* (1658), sigs. a3v–4; Chesterfield, in *The World* 148 (30 Oct. 1755), in *British Essayists*, vol. 17, 182.
248. *Letters of Chesterfield*, vol. 1, 325.
249. Edward Search [Abraham Tucker], *The Light of Nature Pursued*, vol. 3, pt 2 (1777), 376; James Fenimore Cooper, *The American Democrat* (1838), ed. George Dekker and Larry Johnston (Harmondsworth, 1969), 200–201.
250. Hobbes, *Leviathan*, ed. Malcolm, vol. 2, 232 (chap. 15).
251. *Guardian* 162 (16 Sept. 1713).
252. David Fordyce, *The Elements of Moral Philosophy* (1754), ed. Thomas D. Kennedy (Indianapolis, IN, 2003), 94.
253. *Letters of Chesterfield*, vol. 1, 387.
254. 'Plus il y a dans une nation qui ont besoin d'avoir des menagements entr'eux et de ne pas deplaire, plus il y a de politesse'; 'L'Esprit des Lois', in Montesquieu, *Oeuvres completes*, ed. Roger Caillois (Paris, 1951), vol. 1, 582. 在該世紀晚期，霍爾巴哈男爵（Baron d'Holbach）也主張人類的相互依賴是文明美德（virtue）的起源。見Jean Fabien Spitz, 'From Civism to Civility', in *Republicanism*, ed. Martin Van Gelderen and Quentin Skinner (Cambridge, 2002), vol. ii.
255. Elias, *On the Process of Civilisation*, 405–7, 414, 418–20.
256. *The Man of Manners*, title page.
257. *Memoirs of Joseph Priestley to the year 1795, written by himself* (1806), 74–75.
258. 參見第六章。
259. Ingram, 'Sexual Manners', 109; *Tracts on Liberty in the Puritan Revolution 1638–1647*, ed. William Haller (New York, 1934), vol. 3, 242.

第三章 文明狀態

1. Richard Hakluyt, *Diuers Voyages touching the Discouerie of America* (1582), sigs. H1, J4v; Sir Thomas Palmer, *An Essay of the*

Meanes how to Rule our Travailes, into Forraine Countries (1606), 60. 帕麥爾爵士的書受惠於Theodor Zwinger的拉丁文論著*Methodus Apodemica* (Basel, 1577).

2. Roger Williams, *George Fox Digg'd out of his Burrowes* (Boston, MA, 1676), 258.
3. Algernon Sidney, *Discourses concerning Government* (3rd edn, 1751), 281.
4. 'Statutes of Corpus Christi College', 48, in *Statutes of the Colleges of Oxford* (Oxford, 1853); George Buchanan, *Rerum Scoticarum Historia* (Edinburgh, 1682), sig. Aijv.
5. Richard Sherry, *A Treatise of the Figures of Grammer and Rhetorike* (1555), fol. iiii; Quintilian, *Institutio Oratoria*, bk 1, sect. 5, lines 10–16.
6. James Simpson, 'Ageism', *New Medieval Literatures*, vol. 1 (Oxford, 1997), 229–33.
7. *The Dictionary of Syr Thomas Eliot Knyght* (1538), sigs. Biv–v
8. ＥＥＢＯ檢索設置設施給出的日期要早於《牛津英語詞典》。
9. 'A View of the Progress of Society in Europe', in *The Works of the Late William Robertson*, ed. R. Lynam (1826), vol. 3, 114.
10. 以下著作對於當時對野蠻的定義有一有用的搜集：*Race in Early Modern England*, ed. Ania Loomba and Jonathan Burton (Basingstoke, 2007), 279–83. 亦可見Charles Estienne, *Dictionarium Historicum, Geographicum, Poeticum*, revised by Nicolas Lloyd (new edn, 1686), vol. 1, sig. M2 (s.v. 'barbari').
11. Roger Williams, *The Bloudy Tenent Yet More Bloody* (1652), 120.
12. *The Complete Works of M. de Montesquieu* (Eng. trans., 1777), vol. 1, 365 ('The Spirit of Laws', bk 18, chap. 11); Adam Ferguson, *An Essay on the History of Civil Society 1767*, ed. Duncan Forbes (Edinburgh, 1966), 82. 見Francois Furet, 'Civilization and Barbarism', in *Edward Gibbon and the Decline and Fall of the Roman Empire*, ed. G. W. Bowersock et al. (Cambridge, MA, 1977), 163–64; J. G. A. Pocock, *Barbarism and Religion* (Cambridge, 1999–2015), vol. 4, 2–5, and chap. 9.
13. 舉例詳見ＥＥＢＯ。
14. John Gillingham, *The English in the Twelfth Century* (Woodbridge, 2000), 10; id., 'Civilizing the English?', *HistRes* 74 (2001), 20.

15. Denys Hay, *Polydore Vergil* (Oxford, 1952), 78, 183.
16. Denys Hay, *The Idea of Europe* (Edinburgh, 1957), chap. 5.
17. E.g., Robert Pont, 'Of the Union of Britayne', in *The Jacobean Union*, ed. Bruce R. Galloway and Brian P. Levack (Scottish Hist. Soc., 1985), 25. 亦可見Franklin L. Baumer, 'Europe, the Turk, and the Common Corps of Christendom', *AHR* 50 (1944); id., 'The Conception of Christendom in Renaissance England', *JHI* 6 (1945), and Joan- Pau Rubies, 'Introduction' and 'Christianity and Civilization in Sixteenth-Century Ethnological Discourse', in *Shifting Cultures*, ed. Henriette Bugge and Joan-Pau Rubies (Munster, 1995).
18. Thomas Fuller, *The Holy State and the Profane State* ([1648]; 1840), 179; R. Junius [Richard Younge], *The Drunkard's Character* (1638), 808 (for 'a civilized pagan'); Wil[liam] Annand, *Fides Catholica* (1661), 326.
19. John Locke, *An Essay Concerning Toleration and Other Writings on Law and Politics 1667–1683*, ed. J. R. Milton and Philip Milton (Oxford, 2006), 327–29; William Penn, *The Great Question to be Considered* (1679); John Coffey, 'Puritanism and Liberty Revisited', *HJ* 41 (1998).
20. Roger Williams, *The Bloudy Tenent, of Persecution, for Cause of Conscience, Discussed* (1644), 103. 有關Williams，請見Teresa Bejan, *Mere Civility* (Cambridge, MA, 2017), chap. 2.
21. George Sandys, *A Relation of a Iourney begun An. Dom. 1610* (1615), 60; Sir Thomas Sherley, 'Discours of the Turkes', ed. E. Denison Ross, in *Camden Miscellany*, vol. 16 (Camden Soc., 1936), 3, 12; Fulgenzio Micanzio, *Lettere a William Cavendish (1615– 1628)*, ed. Roberto Ferrini (Rome, 1987), 131; Paul Rycaut, *The Present State of the Ottoman Empire* (1668), 113; Daniel Defoe, *Serious Reflections during the Life and Surprising Adventures of Robinson Crusoe* (1720), 128, 131; Daniel J. Vitkus, 'Early Modern Orientalism', in *Creating East and West*, ed. Nancy Bisaha (Philadelphia, PA, 2004); Norman Housley, *Crusading and the Ottoman Threat, 1453–1505* (Oxford, 2012), 19–20.
22. 「基督教世界」的觀念到了一六五〇年已經解體這一點，見Mark Greengrass, *Christendom Destroyed* (2014), 有關它的死後生命，見Stephen Conway, *Britain, Ireland, and Continental Europe in the Eighteenth Century* (Oxford, 2011), chap. 6.
23. M. E. Yapp, 'Europe in the Turkish Mirror', *P&P* 137 (1992), esp. 142–45.

24. 相關表述請見例如Samuel Purchas, *Hakluytus Posthumus or Purchas his Pilgrimes* ([1625]; Glasgow, 1905–7), vol. 1, 13.
25. Paul MacKendrick, *The Philosophical Books of Cicero* (1989), 19; Thomas N. Mitchell, *Cicero, the Senior Statesman* (New Haven, CT, 1991), 37–38; Quentin Skinner, *Reason and Rhetoric in the Philosophy of Hobbes* (Cambridge, 1996), 77–78.
26. Sir Thomas Elyot, *The Boke Named the Gouernour*, ed. Henry Herbert Stephen Croft (1883), vol. 2, 88–89; and *OED*, s.v. 'humanity, 1'.
27. E.g., Sir Richard Barckley, *The Felicitie of Man* (1631), 29, 335; Joseph Hall, *The Shaking of the Olive- Tree* (1660), 88; Henry Rowlands, *Mona Antiqua Restaurata* (Dublin, 1723), 55. 有關「*humanissimus*」譯作「civilized」，請見例如*The Relation of a Journey into England and Holland* (1711), 16, an English version of CH. ED. [Christian Erndtel], *De Itinere suo Anglicano et Batavo* (Amsterdam, 1711), 46.
28. Thomas Smith, *Remarks upon the Manners, Religion and Government of the Turks* (1678), 1–4.
29. Thomas Starkey, *A Dialogue between Pole and Lupset*, ed. T. F. Mayer (Camden ser., 1989), 7, 2, 8–9, 71; id., *A Preface to the Kynges Highnes* (1536), fol. 40v.
30. John Watts, '"Common Weal" and "Commonwealth" ', in *The Languages of Political Society*, ed. Andrea Gamberini et al. (Rome, 2011), 149; *The Works of... Richard Hooker*, ed. John Keble (6th edn, Oxford, 1874), vol. 1, 250 (I. x. 12); Cicero, *De Republica*, bk 1, sect. 49 (*civilis societatis vinculum*); id., *De Oratore*, bk 2, sect. 68. '*Societas civilis*' was Leonardo Bruni's translation (1438) of Aristotle's κοινωνι'α πολιτικη' . 有關早期如何使用這個詞彙，請見Sir Thomas Smith, *De Republica Anglorum*, ed. Mary Dewar (Cambridge, 1982), 57, 59, 60 (written 1562–65); John Vowell alias Hooker, *Orders enacted for Orphans and for Their Portions within the Citie of Excester* (1575), sig. Cii; Thomas Cooper, *Thesaurus Linguae Romanae & Britannicae* (1578), s.v. 'Insociabilis'; Richard Mulcaster, *Positions* (1581), ed. Robert Henry Quick (1887), 145; Gervase Babington, *A Very Fruitfull Exposition of the Commaundements* (1583), 206.
31. *Works of Richard Hooker*, vol. 1, 241 (I. x. 3), 250 (I. x. 12).
32. *Cal. SP, Foreign, 1569–71*, 363; *HMC, Salisbury*, vol. 11, 340, and *Cal. SP, Domestic, 1671,* 190.
33. John Barston, *The Safegarde of Societie* (1576), fol. 62; J[ohn] A[p Robert], *The Yonger Brother His Apology* (St Omer, 1618),

44. 這個用語的意義經常變化，各種意義請見John Keane, ‘Despotism and Democracy’, in *Civil Society and the State*, ed. Keane (1988); Norbert Bobbio, *Democracy and Dictatorship*, trans. Peter Kennealy (Cambridge, 1989), xvi–xvii and chap. 2; Fania Oz- Salzberger, introduction to Adam Ferguson, *An Essay on the History of Civil Society*, ed. Oz- Salzberger (Cambridge, 1995); John Ehrenberg, *Civil Society* (New York, 1999); *Civil Society*, ed. Sudipta Kaviraj and Sunil Khilnani (Cambridge, 2001); Jose Harris, ‘From Richard Hooker to Harold Laski’, in *Civil Society in British History*, ed. Harris (Oxford, 2003); Jurgen Kocka, ‘Civil Society from a Historical Perspective’, *European Rev.* 12 (2004); James Livesey, *Civil Society and Empire* (New Haven, CT, 2009).

34. George Puttenham, *The Arte of English Poesie*, ed. Gladys D. Willcock and Alice Walker (Cambridge, 1936), 7.
35. G[eorge] S[andys], *Ovids Metamorphosis Englished, Mythologized, and Represented in Figures* (1640), 263; John St John, *Observations on the Land Revenue of the Crown* (1787), appendix, 3–4 (‘Norden’s Project’); *The Works of George Savile, Marquis of Halifax*, ed. Mark N. Brown (Oxford, 1989), vol. 1, 181.
36. John Locke, *Two Treatises of Government*, ed. Peter Laslett (Cambridge, 1960), 342 (II. para. 87).
37. Bernard Mandeville, *The Fable of the Bees*, ed. F. B. Kaye (Oxford, 1924), vol. 2, 283.
38. Sir William Temple, *Miscellanea: The Second Part* (4th edn, 1696), 275.
39. Williams, *Bloody Tenent yet more Bloody*, 120.
40. Colm Lennon, *Sixteenth- Century Ireland* (Dublin, 1994), 56.
41. ‘The History of America’, in *Works of William Robertson*, vol. 5, 332–33; James H. Merrell, ‘ “The customes of our countrey” ’, in *Strangers within the Realm*, ed. Bernard Bailyn and Philip D. Morgan (Chapel Hill, NC, 1991), 143.
42. Purchas, *Hakluytus Posthumus*, vol. 5, 331; Adam Smith, *The Theory of Moral Sentiments*, ed. D. D. Raphael and A. L. Macfie (Oxford, 1976), 86 (II. 2. 3).
43. Anthony Fletcher, *Reform in the Provinces* (New Haven, CT, 1986), 372; C. W. Brooks, *Lawyers, Litigation and English Society since 1450* (1998), 3.
44. Sir Frederick Pollock and Frederic William Maitland, *The History of English Law before the Time of Edward I* (2nd edn,

Cambridge, 1911), vol. 2, chap. 8; John Hudson, *The Oxford History of the Laws of England*, vol. 2 (Oxford, 2012), chaps. 7, 16 and 27.

45. Mervyn James, *Society, Family, Lineage, and Civil Society* (Oxford, 1974), 'Conclusion'; id., *Society, Politics and Culture* (Cambridge, 1986), 9–11, 270–78; R. R. Davies, 'The Survival of the Bloodfeud in Medieval Wales', *History* 54 (1969); Keith M. Brown, *The Bloodfeud in Scotland, 1573–1625* (Edinburgh, 1986); *Cal. Border Papers*, vol. 1, 13, 106–8; vol. 2, 163. 然而，據說到了十七世紀之末，韋斯特摩蘭的居民仍然「頗為沉溺於復仇。」見Adam Fox, 'Vernacular Culture and Popular Customs in Early Modern England', *CultSocHist* 9 (2012), 334. 46.

46. Matthew Lockwood, *The Conquest of Death* (New Haven, CT, 2017).

47. C. W. Brooks, *Pettyfoggers and Vipers of the Commonwealth* (Cambridge, 1986), chaps. 4 and 5; id., *Lawyers, Litigation and English Society*, chap. 4; id., *Law, Politics and Society in Early Modern England* (Cambridge, 2008), chap. 9; Steve Hindle, 'The Keeping of the Public Peace', in *The Experience of Authority*, ed. Paul Griffiths et al. (Basingstoke, 1996); Craig Muldrew, 'The Culture of Reconciliation', *HJ* 39 (1996); Derek Roebuck, *Arbitration and Mediation in Seventeenth- Century England* (Oxford, 2017).

48. J. M. Beattie, 'Violence and Society in Early- Modern England', in *Perspectives in Criminal Law*, ed. Anthony M. Doob and Edward L. Greenspan (Aurora, ON, 1984), 41–46.

49. Peter King, *Crime and Law in England, 1750–1840* (Cambridge, 2006), chaps. 7 and 8; Greg Smith, 'Violent Crime and the Public Weal in England, 1700–1900', in *Crime, Law and Popular Culture in Europe, 1500–1900*, ed. Richard McMahon (Cullompton, 2008).

50. 見Andy Wood的評論，'The Deep Roots of Albion's Fatal Tree', and Brendan Kane, 'Ordinary Violence?', both in *History* 99 (2014).

51. 相關請見Lawrence Stone, *The Crisis of the Aristocracy* (Oxford, 1965), chap. 5.

52. Adam Smith, *An Inquiry into the Nature and Causes of the Wealth of Nations*, ed. R. H. Campbell and A. S. Skinner (Oxford, 1976), vol. 2, 706 (V. i. a. 40).

53. Adam Smith, *Essays on Philosophical Subjects*, ed. W. P. D. Wightman and J. C. Bryce (Oxford, 1980), 322.
54. *Glossographia Anglicana Nova* (1707), s.v. 'civilize'.
55. *The English Works of Thomas Hobbes*, ed. Sir William Molesworth (1839–45), vol. 1, 6. Cf. Jacqueline de Romilly and Jeanne Ferguson, 'Docility and Civilization in Ancient Greece', *Diogenes* 28 (1980).
56. *The Works of the Learned Benjamin Whichcote* (Aberdeen, 1751), vol. 4, 96; William Hubbard, *The Benef it of a Well- Ordered Conversation* (Boston, MA, 1684), 212–13.
57. Michael Dalton, *The Countrey Justice* (6th edn, 1635), 9, 190–3; Keith Thomas, *Religion and the Decline of Magic* (1971), 528–30; Martin Ingram, ' "Scolding Women Cucked or Washed" ', in *Order and Disorder in Early Modern England*, ed. Anthony Fletcher and John Stevenson (Cambridge, 1985); Brooks, *Law, Politics and Society*, 259–60; Donald Spaeth, 'Words and Deeds', *HWJ* 78 (2014).
58. [John Cheke], *The Hurt of Sedicion* (1549), sig. F1; John Walter, 'Faces in the Crowd', in *The Family in Early Modern England*, ed. Helen Berry and Elizabeth Foyster (Cambridge, 2007), 119. 59.
59. *The Political Works of James I*, ed. Charles Howard McIlwain (Cambridge, MA, 1918), 25; *Register of the Privy Council of Scotland*, vol. 6, ed. David Masson (Edinburgh, 1884), 594.
60. Markku Peltonen, *The Duel in Early Modern England* (Cambridge, 2003), 138. 61.
61. Nicholas Carlisle, *A Concise Description of the Endowed Grammar Schools* (1818), vol. 1, 660, 680, 730.
62. 有關市鎮城牆的拆毀，見Oliver Creighton and Robert Higham, *Medieval Town Walls* (Stroud, 2005), 233–40; 有關出門時攜帶武器情形的減少，見James Sharpe, *A Fiery & Furious People* (2016), 126–27.
63. 對早前這方面研究的摘述和一些有價值的新證據，見J. A. Sharpe and J. R. Dickinson, 'Revisiting the "Violence We Have Lost" ', *EHR* 131 (2016), and 'Homicide in Eighteenth- Century Cheshire', *SocHist* 41 (2016). 另可參閱 Sharpe, *Fiery & Furious People*, 46–47, 125–27. 5763. 64.
64. 見Drew Gray, *Crime, Policing and Punishment in England, 1660–1914* (2016), 57–63, 73–75.
65. Malcolm M. Feeley and Deborah L. Little, 'The Vanishing Female', *Law and Society Rev.* 25 (1991); Robert B. Shoemaker,

Prosecution and Punishment (Cambridge, 1991), 213; Martin J. Wiener, 'The Victorian Criminalization of Men', in *Men and Violence*, ed. Pieter Spierenburg ([Columbus], OH, 1998), 199; Garthine Walker, *Crime, Gender and Social Order in Early Modern England* (Cambridge, 2003), 24–25, 75, 135.

66. Sharpe, *Fiery & Furious People*, chap. 6.

67. 見Anthony Pagden, *The Fall of Natural Man* (Cambridge, 1982), chap. 2; Denis Crouzet, 'Sur le concept de barbarie au XVIe siecle', in *La Conscience europeenne au XVe et au XVIe siecle* (Paris, 1982); James Hankins, 'Renaissance Crusaders', *Dumbarton Oaks Papers* 49 (1995); J. G. A. Pocock, 'Barbarians and the Redefinition of Europe', in *The Anthropology of the Enlightenment*, ed. Larry Wolff and Marco Cipolloni (Stanford, CA, 2007).

68. Sir Clement Edmondes, *Observations upon the First Five Bookes of Caesar's Commentaries* (1604), 4th commentary, chap. 1, and 1st commentary on the Civil Wars, chap. 9; Palmer, *Essay of the Meanes*, 61.

69. John Dalrymple, *An Essay towards a General History of Feudal Society* (2nd edn, 1758), 258.

70. Francesco Patrizi, *A Moral Methode of Civile Policie*, trans. Rycharde Robinson (1576), 3; [William Warburton], *The Alliance between Church and State* (1736), 12.

71. David Hume, *Essays Moral, Political and Literary*, ed. T. H. Green and T. H. Grose (1875), vol. 1, 180 (subsequently cited by William Wilberforce, *A Letter on the Abolition of the Slave Trade* (1807), 73); id., *A Treatise of Human Nature*, ed. David Fate Norton and Mary J. Norton (Oxford, 2007), 259 (2. 3. 1); Duncan Forbes, *Hume's Philosophical Politics* (Cambridge, 1975), 296–97, 322.

72. *Works of William Robertson*, vol. 3, 35; *The Writings and Speeches of Edmund Burke*, ed. Paul Langford et al. (Oxford, 1981–2015), vol. 8, 148.

73. 與中國和其他亞洲國家的相似之處，請見James C. Scott, *The Art of Not Being Governed* (New Haven, CT, 2009), x–xi, 98–126, 337.

74. Samuel, Baron Pufendorf, *Of the Law of Nature and Nations*, trans. Basil Kennet[t] (3rd edn, 1711), 1st pagination, 105n12 (by Jean Barbeyrac).

75. Starkey, *Dialogue*, 68–69; T. F. Mayer, *Thomas Starkey and the Commonweal* (Cambridge, 1989), chap. 5.
76. Giles Fletcher, *Of the Rus Commonwealth*, ed. Albert J. Schmidt (Ithaca, NY, 1966), 155.
77. John Berkenhead, *A Sermon preached before His Majestie at Christ- Church in Oxford* (Oxford, 1644), 21.
78. Locke, *Two Treatises of Government*, 344 (II, para. 90).
79. Hume, *Essays*, vol. 1, 160–61, 186; W. A. Speck, *The Butcher* (Oxford, 1981), 175.
80. [James I], *A Counterblaste to Tobacco* (1604), sig. B1v; Thomas Coryat, *Coryat's Crudities* ([1611]; Glasgow, 1905), vol. 2, 174–75; Kerry Downes, *Vanbrugh* (1977), 257; Montagu Burrows, *Worthies of All Souls* (1874), 394.
81. *Boswell's Life of Johnson*, ed. George Birkbeck Hill, revised by L. F. Powell (Oxford, 1934–50), vol. 2, 130.
82. Edmondes, *Observations upon Caesar's Commentaries*, 4th commentary, chap. 11.
83. Gillingham, 'Civilizing the English?' 35–36.
84. C. S. L. Davies, 'Slavery and Protector Somerset', *EcHR*, 2nd ser., vol. 19 (1966), 547.
85. [John Streater], *Observations Historical, Political and Philosophical upon Aristotle's First Book of Political Government*, 4 (25 Apr.–2 May 1654), 26–27; Leonard Willan, *The Exact Politician* (1670), 157; John Cramsie, *British Travellers and the Encounter with Britain 1450–1750* (Woodbridge, 2015), 237.
86. Dalrymple, *General History of Feudal Property*, 26–27; William C. Lehmann, *John Millar of Glasgow 1735–1801* (Cambridge, 1960), 299–303; James Ramsay, *An Essay on the Treatment and Conversion of African Slaves in the British Sugar Colonies* (1784), 18–19; William Coxe, *Travels in Poland, Russia, Sweden and Denmark* (5th edn, 1802), vol. 3, 158.
87. Purchas, *Hakluytus Posthumus*, vol. 5, 517.
88. 例如R. Koebner, 'Despot and Despotism', *Journ. of the Warburg and Courtauld Institutes* 14 (1951); Roland Minuti, 'Oriental Despotism', *Europaische Geschichte Online*, http://www.ieg- ego.eu/.
89. Aristotle, *Politics*, 1327b; Josafa Barbaro and Ambrogio Contarini, *Travels to Tana and Persia*, trans. William Thomas and N. A. Roy (Hakluyt Soc., 1863), 2.
90. Guy Miege, *A Relation of the Embassies from His Sacred Majesty Charles II to the Great Duke of Muscovy* (1669), 57.有關人

們對俄國專制主義的態度，見Marshall T. Poe, *'A People Born to Slavery'* (Ithaca, NY, 2001).

91. *The Embassy of Sir Thomas Roe to the Court of the Great Mogul, 1615–1619*, ed. William Foster (Hakluyt Soc., 1899), vol. 1, 120; Sidney, *Discourses concerning Government*, 448 (presumably drawing on Robert Knox, *An Historical Relation of the Island of Ceylon* (1681)); Daniel Defoe, *Serious Reflections during the Life and Surprising Adventures of Robinson Crusoe* (1720), 138.
92. Edward, Earl of Clarendon, *A Brief View and Survey of the Dangerous and Pernicious Errors to Church and State in Mr. Hobbes's Book Entitled Leviathan* (2nd imprn., Oxford, 1676), 30.
93. Sir William Temple, *Miscellanea* (2nd edn, 1681), vol. 1, 47.
94. Sidney, *Discourses concerning Government*, 256; Ferguson, *Principles of Moral and Political Science*, vol. 1, 252 (I. iii. ix); Fania Oz- Salzberger, *Translating the Enlightenment* (Oxford, 1995), 148–49.
95. Andrew Boorde, *The Fyrst Boke of the Introduction of Knowledge*, ed. F. J. Furnivall (EETS, 1870), 132; Edmund Spenser, *A View of the Present State of Ireland*, in *Spenser's Prose Works*, ed. Rudolf Gottfried (Baltimore, MD, 1949), 49–52（這部作品是採取對話錄的形式，但我合理假設斯賓塞自己的觀點和主要說話人伊雷紐斯[Irenius]接近。）
96. Clarendon, *Brief View and Survey*, 108–9; Rycaut, *Present State of the Ottoman Empire*, sig. A4v.
97. *The Jesuit's Memorial for the Intended Reformation of England*, ed. Edward Gee (1690), 237.
98. Clarendon, *Brief View and Survey*, 111.
99. Locke, *Two Treatises of Government*, 346 (II. para. 94), 307 (II. para. 30).
100. Henry Home [Lord Kames], *Historical Law- Tracts* (3rd edn, Edinburgh, 1776), 90–91; Adam Smith, *Lectures on Jurisprudence*, ed. R. L. Meek et al. (Oxford, 1978), 64.
101. William Gilpin, *Observations relative chiefly to Picturesque Beauty,... particularly in the High- Lands of Scotland* (1789), vol. 1, 210–11; Hume, *Treatise of Human Nature*, 313–14 (3. 2. 2.).
102. Adam Ferguson, *Principles of Moral and Political Science* (Edinburgh, 1792), vol. 1, 252; [T. R.] Malthus, *An Essay on the Principle of Population* (1798), 236–37; Catherine Hall, *Macaulay and Son* (New Haven, CT, 2012), 158–59.

103. Robert Bartlett, *Gerald of Wales 1146–1223* (Oxford, 1982), 165–66; Alberico Gentili, *De Iure Belli Libri Tres* (1612), trans. John C. Rolfe (Oxford, 1933), 238 (II. xvii); Hume, *Essays*, vol. 1, 39.
104. Steve Pincus, *1688* (New Haven, CT, 2009), 375; *Cal. Home Off ice Papers of the Reign of George III, 1760–1765*, ed. Joseph Redington (1878), 467.
105. Gerrit W. Gong, *The Standard of 'Civilization' in International Society* (Oxford, 1984), 24.
106. *Elizabethan Casuistry*, ed. P. J. Holmes (Catholic Rec. Soc., 1981), 71; Lambeth Palace, MS 565, fol. 22v ('*incivilitas seu rusticitas*').
107. [S. C.], *A New and True Description of the World* (1673), 20; Olga Dimitrieva, 'The Purge that Failed', in *Frontiers of Faith*, ed. Eszter Andor and Istvan Gyorgy Toth (Budapest, 2001); William Sheils, ' "Getting On" and "Getting Along" in Parish and Town', in *Catholic Communities in Protestant States* (Manchester, 2009); Carys Brown, 'Militant Catholicism, Interconfessional Relations, and the Rookwood Family of Stanningsfield, Suffolk, c. 1688–1737', *HJ* 60 (2017).
108. *The Workes of M(aster) W(illiam) Perkins* (Cambridge, 1608–31), vol. 1, 279; Robert Bolton, *Some Generall Directions for a Comfortable Walking with God* (2nd edn, 1626), 73; [John Dod and Robert Cleaver], *A Plaine and Familiar Exposition of the Ten Commandements* (1618), 275; Alexandra Walsham, 'In Sickness and in Health', in *Living with Religious Diversity in Early Modern Europe*, ed. C. Scott Dixon et al. (Farnham, 2009); ead., 'Supping with Satan's Disciples', in *Getting Along*, ed. Nadine Lewycky and Adam Morton (Farnham, 2012).
109. *The Complete Works of Richard Sibbes*, ed. Alexander Balloch Grosart (Edinburgh, 1862–64), vol. 3, 13.
110. [Roger Williams], *Queries of Highest Consideration* (1644), 13; id., *The Examiner Defended, in a Fair and Sober Answer* (1652), 76, 95; 並請參閱Bejan, *Mere Civility*, chap. 2.
111. W[illiam] Bedell, *An Examination of Certaine Motives to Recusancie* (Cambridge, 1628), 1–4.
112. *The Works of Robert Sanderson*, ed. William Jacobson (Oxford, 1854), vol. 5, 55–56; Thomas Browne, *Religio Medici* (1643), para. 6; Toby Barnard, *Making the Grand Figure* (New Haven, CT, 2004), 320.
113. Thomas Barlow, *Several Miscellaneous and Weighty Cases of Conscience* (1692), parts 5, 8, and 1, 14.

114. Locke, *Essay Concerning Toleration*, 297; John Marshall, *John Locke: Resistance, Religion and Responsibility* (Cambridge, 1994), 179; id., *John Locke, Toleration and Early Enlightenment Culture* (Cambridge, 2006).

115. John Locke, *Some Thoughts Concerning Education*, ed. John W. and Jean S. Yolton (Oxford, 1989), 122–26 (para. 67), 200 (para. 143); *The Correspondence of John Locke*, ed. E. S. de Beer (Oxford, 1976–), vol. 3, 689 ('*mutuae charitatis vinculum quo omnes in unum corpus colligantur*'). 對此，請見Bejan, *Mere Civility*, chap. 4.

116. *Spectator* 399 (7 June 1712), ed. Donald F. Bond (Oxford, 1965), vol. 3, 495.

117. Daniel Defoe, *A Tour thro' the Whole Island of Great Britain* ([1724–26]; 1927), vol. 1, 210.

118. Alexandra Walsham, *Charitable Hatred* (Manchester, 2006), 273–77; Benjamin J. Kaplan, *Divided by Faith* (Cambridge, 2007), 334–54; *Living with Religious Diversity in Early Modern Europe*, ed. Dixon et al., 9; Scott Sowerby, *Making Toleration* (Cambridge, MA, 2013), 68.

119. Samuel Sorbiere, *A Voyage to England* (Eng. trans., 1709), 36–37.

120. [Thomas Gordon and John Trenchard], *The Independent Whig* (1721), 33; *Some Familiar Letters between Mr Locke and Severall of His Friends* (1708), 'To the Reader'; Steven Shapin, *A Social History of Truth* (Chicago, IL, 1994), 114–25, 308–9; Anne Goldgar, *Impolitic Learning* (New Haven, CT, 1995), 7, 99, 167, 215–18, 227, 236, 239–40; Adrian Johns, *The Nature of the Book* (Chicago, IL, 1998), chap. 7; Marshall, *John Locke, Toleration and Early Enlightenment Culture*, 516–19; Claire Preston, *Thomas Browne and the Writing of Early Modern Science* (Cambridge, 2005), chap. 1.

121. *Complete Prose Works of John Milton*, ed. Don M. Wolfe et al. (New Haven, CT, 1959– 83), vol. 4(1), 114–15, 252–54.

122. J. R. Maddicott, *The Origins of the English Parliament, 924–1327* (Oxford, 2010), 38–41. 有關村莊議會（village leet meetings）爭論時的規矩，請見Michael J. Braddick, *State Formation in Early Modern England c. 1500–1700* (Cambridge, 2000), 74. 更普遍而言，請見Wilbert van Vree, *Meetings, Manners and Civilization*, trans. Kathleen Bell (1999).

123. *Observations, Rules and Orders of the House of Commons*, ed. W. R. McKay (1989), 55–64; Phil Withington, *The Politics of Commonwealth* (Cambridge, 2005), 176–78; Steve Hindle, 'Hierarchy and Community in the Elizabethan Parish', *HJ* 42 (1999), 848–49.

124. Archibald S. Foord, *His Majesty's Opposition 1714–1830* (Oxford, 1964); J. A. W. Gunn, *Factions No More* (1972); Max Skjonsberg, 'Lord Bolingbroke's Theory of Party and Opposition', *HJ* 59 (2016); Ferguson, *Essay on the History of Civil Society*, 188.

125. Edward Daunce, *A Brief Discourse of the Spanish State* (1590), 24; Sir Philip Sidney, *The Countess of Pembroke's Arcadia (The Old Arcadia)*, ed. Katherine Duncan- Jones (Oxford, 1994), 349; Edmondes, *Observations upon Caesar's Commentaries*, 3rd commentary, chap. 4. Cf. Cicero, *De Off iciis*, bk 1, chaps. 50–51; bk 3, chap. 69; Richard Tuck, *The Rights of War and Peace* (Oxford, 1999), 36–39.

126. Hugo Grotius, *The Rights of War and Peace* (Eng. trans., 1738), 13–15 (bk 1, chap. 1, sect. 12); John Selden, *The Dominion, or Ownership of the Sea*, trans. Marchmont Nedham (1652), 42, 45. Jean Barbeyrac, 'An Historical and Critical Account of the Science of Morality', in Pufendorf, *Law of Nature and Nations,* 72.

127. 第一個範疇包括John Barston, *The Safegarde of Societie* (1576), fol. 7; Gentili, *De Iure Belli*, 9 (I. i); Thomas Hobbes, *Leviathan*, ed. Noel Malcolm (Oxford, 2012), vol. 2, 552 (chap. 30), and Pufendorf, *Law of Nature and Nations*, 1st pagination, 149–52 (II. iii. 23).第二個範疇包括約翰・多恩引述的宗教法法學家（canon lawyers），請見*Biathanatos*, ed. Ernest W. Sullivan II (Cranbury, NJ, 1984), 42 (1. 1. 9), along with Grotius, *Rights of War and Peace*, 15 (I. i. xiv), 568 (III. iv. 16); the Oxford professor and judge Richard Zouche, *Iuris et Iudicii Fecialis* [1650], ed. Thomas Erskine Holland (Washington, DC, 1911), vol. 1, 1; the barrister Robert Ward, *An Enquiry into the Foundations and History of the Law of Nations in Europe* (1795), vi–vii, xiv, xli. 其他的看法請見Christopher N. Warren, *Literature and the Law of Nations* (Oxford, 2015).

128. William Fulbecke, *The Pandectes of the Law of Nations* (1602), sig. A2v, fol. 16v; *The Whole Works of the Right Rev. Jeremy Taylor*, ed. Reginald Heber, rev. Charles Page Eden (1849–61), vol. 9, 281.

129. Martti Koskenniemi, 'What Should International Legal History Become?', in *System, Order, and International Law*, ed. Stefan Kadelkbach et al. (Oxford, 2017), 392.

130. William Blackstone, *Commentaries on the Laws of England*, ed. Wilfrid Prest et al. (Oxford, 2016), vol. 4, 44 (IV. iv).

131. Rycaut, *Present State of the Ottoman Empire*, 83–88.根蒂利主張就連野蠻人也承認使者的權利，見*De Legationibus Libri*

Tres (1594 edn; New York, 1924), vol. 1, 61 (I. i).

132. John Byrom, *The Necessity of Subjection Asserted* (1681), 1.

133. *Works of Richard Hooker*, vol. 1, 250–52 (I. x. 12–13).

134. Virgil, *Aeneid*, bk 1, 539–43, 雖然在現實上這種事情也見於很多「野蠻」民族。

135. Francis Bacon, *The Essayes or Counsels, Civill and Morall*, ed. Michael Kiernan (*The Oxford Francis Bacon*, Oxford, 1985), 40; Thomas Wright, *The Passions of the Minde in Generall* (1604), 242; *The Correspondence of John Locke*, ed. E. S. de Beer (Oxford, 1976–), vol. 3, 794; also vol. 4, 413–22.

136. Vitoria, *Political Writings*, ed. Anthony Pagden and Jeremy Lawrance (Cambridge, 1991), 278–79; *Works of Richard Hooker*, vol. 1. (I. x. 13); Grotius, *Rights of War and Peace*, 151–56 (II. ii. xii–xvi); 並請見Georg Cavallar, *The Rights of Strangers* (Farnham, 2002); Naomi Baker, 'Grace and Favour', and Gideon Baker, 'Right of Entry or Right of Refusal?', both in *Hospitality and World Politics*, ed. Baker (Basingstoke, 2013).

137. *William Penn's Journal of His Travels in Holland and Germany in 1677* (4th edn [ed. John Barclay], 1835), 79.

138. E.g., *Cyvile and Uncyvile Life* (1579), sig. Fiv; Richard Carew, *The Survey of Cornwall*, ed. John Chynoweth et al. (Devon and Cornwall Rec. Soc., 2004), fol. 59.

139. Robert P. Adams, *The Better Part of Valor* (Seattle, WA, 1962); *Advice to a Son*, ed. Louis B. Wright (Ithaca, NY, 1962), 11; Edmondes, *Observations upon Caesar's Commentaries*, 6th commentary, chap. 10 (in the expanded 1609 edn); William Ames, *Conscience with the Power and Cases thereof* (n. pl., 1639), bk 3, 184; [Margaret, Marchioness of Newcastle], *Poems and Fancies* (1653), 91.

140. [John Sheffield, Earl of Mulgrave], *An Essay upon Satyr* (1680), 62; H[umphrey] B[rooke], *The Durable Legacy* (1681), 19.

141. Marquis de Chastellux, *An Essay on Public Happiness* (Eng. trans., 1774), i. xix.

142. Smith, *Wealth of Nations*, vol. 2, 689–96 (v. i. 2–11).

143. Vicesimus Knox, *Essays Moral and Literary* (new edn, 1782), vol. 2, 77.

144. *Works of George Savile, Marquess of Halifax*, vol. 3, 71.

145. 西塞羅主張戰敗者只要沒有在戰鬥時太過兇殘就應該饒其不死，見*De Off iciis*, bk 1, chap. 35.

146. Edward Gibbon, *The History of the Decline and Fall of the Roman Empire*, ed. J. B. Bury (5th edn, 1912), vol. 3, chap. 26. 戰爭行為（conduct of war）在「諾曼征服」後的改變，見Gillingham, *The English in the Twelfth Century*, chaps. 3, 10 and 12; 'Surrender in Medieval Europe – an Indirect Approach', in *How Fighting Ends*, ed. Holger Afflerbach and Hew Strachan (Oxford, 2012); and 'Women, Children and the Profits of War', in *Gender and Historiography*, ed. Janet L. Nelson et al. (2012).

147. 我對中世紀戰爭法的看法，依循以下幾部著作：Maurice Keen, *Laws of War in the Late Middle Ages* (1965); Theodore Meron, *Henry's Wars and Shakespeare's Laws* (Oxford, 1993); *The Laws of War*, ed. Michael Howard et al. (New Haven, CT, 1994); Matthew Strickland, *War and Chivalry* (Cambridge, 1996); and Nigel Saul, *For Honour and Fame* (2011), 136–43.

148. Edmondes, *Observations upon Caesar's Commentaries*, 3rd commentary, chap. 4; *Works of Richard Hooker*, vol. 1, 251 (I. x. 13).

149. Neil Murphy, 'Violence, Colonization and Henry VIII's Conquest of France, 1544– 1546', *P&P* 233 (2010).

150. 見Remy Ambuhl, *Prisoners of War in the Hundred Years War* (Cambridge, 2013).

151. Geoffrey Parker, *Empire, War and Faith in Early Modern Europe* (New Haven, CT, 2002), chap. 6; John Childs, 'The Laws of War in Seventeenth- Century Europe and their Application during the Jacobite War in Ireland, 1688–91', in *Age of Atrocity*, ed. David Edwards et al. (Dublin, 2007), 299; Barbara Donagan, *War in England 1642– 1649* (Oxford, 2008), chap. 8; Henry Dunthorne, *Britain and the Dutch Revolt* (Cambridge, 2013), 86, 95; Edmund Spenser, *Selected Letters and Papers*, ed. Christopher Burlinson and Andrew Zurcher (Oxford, 2009), 18–19; and more generally, *Prisoners in War*, ed. Sibylle Scheipers (Oxford, 2010), 3–5, and chaps. 1–3.

152. Matthew Sutcliffe, *The Practice, Proceedings, and Lawes of Armes* (1593), 33; Gentili, *De Iure Belli*, 208–40 (II. xvi–xviii); William Segar, *Honor Military, and Civill* (1602), 401; Fulbecke, *Pandectes of the Law of Nations*, fols. 38, 47–48; Richard Bernard, *The Bible- Battells* (1629), 251.

153. David Hume of Godscroft, *The British Union*, ed. and trans. Paul J. McGinnis and Arthur H. Williamson (Aldershot, 2002), 80–83; id., *The History of the Houses of Douglas and Angus* (Edinburgh, 1644), 102–3.

154. Heinz Duchhardt, 'War and International Law in Europe, Sixteenth to Eighteenth Centuries', in *War and Competition between States*, ed. Philippe Contamine (Oxford, 2000), 295; Pufendorf, *Law of Nature and Nations*, 3rd pagination, 91 (VIII. vi. 7); 1st pagination, 151 (II. iii. 23).

155. Fynes Moryson, *Shakespeare's Europe*, ed. Charles Hughes (2nd edn, New York, 1967), 131; Edmondes, *Observations upon Caesar's Commentaries*, 1st commentary on *The Civil Wars*, chap. 5; John H. L. Keep, *Soldiers of the Tsar* (Oxford, 1985), 217; Sir James Porter, *Observations on the Religion, Law, Government, and Manners of the Turks* (2nd edn, 1771), 171.諷刺的是，有論者主張，十二世紀的十字軍是在和穆斯林接觸過之後才拋棄不留活口的原本習慣，改為向付得起贖金的戰俘勒贖，見Yvonne Friedman, *Encounter between Enemies* (Leiden, 2002).

156. *The Voyages and Colonizing Enterprises of Humphrey Gilbert*, ed. David Beers Quinn (Hakluyt Soc., 1940), vol. 2, 450; Perkins, *Workes*, vol. 3, 698; Grotius, *Rights of War and Peace*, 565–67 (III. iv. x–xiii).

157. [Algernon] Sidney, *Court Maxims*, ed. Hans W. Blom et al. (Cambridge, 1996), 199–200; Locke, *Two Treatises of Government*, 302–3 (II. 23–24), 340 (II. 85); Blackstone, *Commentaries*, vol. 1, 427 (I. xiv).

158. *Tudor Royal Proclamations*, ed. Paul L. Hughes and James F. Larkin (New Haven, CT, 1964–69), vol. 1, 116.這條規則之設有可能不是為了人道，而是為了保障勒贖的可能性。

159. *Lawes and Ordinances set down by Robert Earl of Leicester* (1586), 8; R. B. Wernham, *After the Armada* (Oxford, 1984), 109.

160. Robert Ward, *Animadversions of Warre* (1639), vol. 2, 65.

161. *Lawes and Ordinances of Warre, established by His Excellence the Earle of Northumberland for the Better Conduct of the Service in the Northern Parts* (1640), sig. C2. Meron認為這是一個轉捩點，見其*Henry's Wars and Shakespeare's Laws*, 151–52。他還引用一六四三年的《蘇格蘭戰爭法規及條例》（Scottish Ordinances and Articles of War），因為該條例直接了當宣稱「謀殺在戰爭時期並沒有比在承平時期較不違法或較可容忍，必須以死刑來加以處罰。」Barbara Donagan在她的權威之作*War in England*（146–47）中認為阿倫德爾伯爵（Earl of Arundel）在一六三九年發佈的法規具關鍵性影響力，但它們看來在這個問題上沒有太清晰的表態。

162. Matthew Carter, *A True Relation of that Honorable, though Unfortunate Expedition of Kent, Essex and Colchester in 1648* (2nd

edn, Colchester, 1789), 183; *Complete Prose Works of John Milton*, vol. 7, 327; Joshua Sprigg, *Anglia Rediviva* (1647; Oxford, 1854), 151; J. W. Willis Bund, *The Civil War in Worcestershire* (Birmingham, 1905), 191; [William Waller], *Vindication of the Character and Conduct of Sir William Waller* (1793), 8; Henry Reece, *The Army in Cromwellian England* (Oxford, 2013), 100–101.

163. *A Royalist's Notebook*, ed. Francis Bamford (1936), 119; Sprigg, *Anglia Rediviva*, 326.

164. Edward Symmons, *A Militarie Sermon... preached at Shrewsbury* (1644), 26; *The Memoirs of Edmund Ludlow*, ed. C. H. Firth (Oxford, 1894), vol. 1, 82–83.

165. J. D. Davies, *Pepys's Navy* (Barnsley, 2008), 131.

166. 對傷亡人數的估計，可見Charles Carlton, *Going to the Wars* (1992), 211–14.

167. 同前注，255–64; Will Coster, 'Massacres and Codes of Conduct in the English Civil War', in *The Massacre in History*, ed. Mark Levene and Penny Roberts (New York, 1999); Ian Gentles, 'The Civil Wars in England', in *The Civil Wars*, ed. John Kenyon and Jane Ohlmeyer (Oxford, 1998), 112–13; Donagan, *War in England*, 135–36, 157–65, 162–63, 341. Frank Tallett, 'Barbarism in War', in *Warrior's Dishonour*, ed. George Kassimeris (Abingdon, 2016).

168. Edward Hyde, Earl of Clarendon, *The History of the Rebellion and Civil Wars in England*, ed. W. Dunn Macray (Oxford, 1888), vol. 3, 115, 369–70, 418, 465, 528, 530; vol. 4, 483, 497; vol. 5, 184.

169. Samuel R. Gardiner, *History of the Great Civil War 1642–1649* (new edn, 1893), vol. 2, 362–65.

170. E.g., Lucy Hutchinson, *Memoirs of the Life of Colonel Hutchinson*, ed. James Sutherland (1973), 261, 275, 277; *A Perfect Relation of the Causes and Manner of the Apprehending by the King's Souldiers... with their Inhumane Usage* (1643); [John Gauden], *Cromwell's Bloody Slaughter- House* (1660), 9, 17, 122; Donagan, *War in England*, 162, 163, 203; Nigel Smith, *Andrew Marvell* (New Haven, CT, 2010), 69–70; Fiona McCall, *Baal's Priests* (Farnham, 2013), 157, 194.

171. *A Catalogue of the... Gentlemen of Worth and Quality Slain* (1647), single sheet; or 'civil, uncivil wars', as in *Englands Wolfe with Eagles Clawes* (1646), single sheet.

172. C. G. Cruickshank, *Army Royal* (Oxford, 1969), 121; Thomas Churchyard, *A Generall Rehearsall of Warres* (1579), sigs. Qi,

Qii–iiv; Gentili, *De Iure Belli*, 234, 235 (II. xviii), 320 (II. vii); Fulbecke, *Pandectes of the Law of Nations*, fols. 39v, 46v, 81v; Zouche, *Iuris et Iudicii Fecialis*, vol. 2, 37–38 (I. vii. 5).

173. Carlton, *Going to the Wars*, 240–41; Donagan, *War in England*, 376–82.

174. Geoffrey Plank, *Rebellion and Savagery* (Philadelphia, PA, 2006), chaps. 1 and 2.

175. Peter Wilson, *German Armies* (1998), 84–85.

176. Ferguson, *Essay on the History of Civil Society*, 198–201; Hume, *Essays*, vol. 1, 303.

177. Edward Search [Abraham Tucker], *The Light of Nature Pursued* (1777), vol. 3, pt. 2, 387.

178. Gibbon, *Decline and Fall*, vol. 3, 70 (chap. 27); Adam Smith, *Lectures on Jurisprudence*, ed. R. L. Meek et al. (Oxford, 1978), 7, 549–50.

179. *Cal. Home Off ice Papers, 1760–5*, 469; *Works of William Robertson*, vol. 3, 16.

180. David Parrott, *The Business of War* (Cambridge, 2012), 318–19.

181. Introduction by Albert de Lapradelle to E. de Vattel, *Le Droit des gens ou principes de la loi naturelle* (Washington, DC, 1916), iii, xlviii–li; Geoffrey Best, *Humanity in Warfare* (1980), chap. 1; Armstrong Starkey, *War in the Age of the Enlightenment, 1700—1789* (Westport, CT, 2003), 93–98; David A. Bell, *The First Total War* (2007), 5, 44–47, 71–72; Peter H. Wilson, 'Prisoners in Early Modern Warfare', in *Prisoners in War*, ed. Scheipers, 46.

182. Conway, *Britain, Ireland, and Continental Europe*, 11, 282–83, 287–89.

183. 我依據的是James Q. Whitman, *The Verdict of Battle* (Cambridge, MA, 2012). 有關一七九〇年代非常不同的作戰，請見Bell, *The First Total War*.

184. *John Ledyard's Journey through Russia and Siberia 1787–1788*, ed. Stephen D. Watrous (Madison, WI, 1966), 190; T. R. Malthus, *An Essay on the Principle of Population* (2nd edn, 1803), 35–36（建立在旅遊文學上的鮮明敘述）。

185. Carl Becker, *The Declaration of Independence* (New York, 1922), 14; Jack P. Greene, *Evaluating Empire and Confronting Colonialism in Eighteenth- Century Britain* (Cambridge, 2013), 206, 218–19, 227, 231, 242.

186. Helger Hoock, 'Mangled Bodies', *P&P* 230 (2016).

187. Hume of Godscroft, *History of the Houses of Douglas and Angus*, 103; Edith Hall, *Inventing the Barbarian* (Oxford, 1989), 158–59; W. R. Jones, 'The Image of the Barbarian in Medieval Europe', *CSSH* 13 (1971), 378, 391; Bartlett, *Gerald of Wales*, 165–67; Pagden, *Fall of Natural Man*, 18; John Bullokar, *An English Expositor* (1616), s.v. 'barbarisme'; *OED*, s.v. 'barbarity' and 'barbarous'.

188. Thomas Aquinas, *Summa Theologiae*, 2a, 2ae, q. 159.

189. Thomas Scot, *Christs Politician and Salomons Puritan* (1616), part 2, 2.

190. *The Essays of Montaigne*, trans. John Florio, ed. George Saintsbury (1892), vol. 2, 119.

191. Thomas Hobbes, *De Cive, The Latin Version*, ed. Howard Warrender (Oxford, 1983), 113 (iii. xi), 118 (iii. xxvii); *Leviathan*, ed. Malcolm, vol. 2, 232 (chap. 15), and 90–91 (chap. 6) 在那裡，殘忍被定義為「對別人遇到的災難沒有多少感覺 (*alienae calamitatis contemptus*)。」

192. 192. Herodotus, *Histories*, bk 4, chaps. 1–2, 64–66; James William Johnson, 'The Scythian', *JHI* 20 (1959); Francois Hartog, *The Mirror of Herodotus*, trans. Janet Lloyd (Berkeley, CA, 1988), pt 1.

193. *Polydore Vergil's English History*, ed. Sir Henry Ellis (Camden Soc., 1846), 74; Barnaby Rich, *A New Description of Ireland* (1610), 15 (also Moryson, *Shakespeare's Europe*, 238–39); Hankins, 'Renaissance Crusaders', 136–37, 142–44; Housley, *Crusading and the Ottoman Threat*, 19; Andrea Cambini, *Two Very Notable Commentaries the One of the Originall of the Turcks*, trans. J. Shute (1562), sig. A1; Rycaut, *Present State of the Ottoman Empire*, 3; Joshua Poole, *The English Parnassus* (1677), 213; Nancy Bisaha, ' "New Barbarian" or Worthy Adversary?', in *Western Views of Islam in Medieval and Early Modern Europe*, ed. David R. Blanks and Michael Frassetto (Basingstoke, 1999), 193; Joseph de Acosta, *The Naturall and Morall Historie of the East and West Indies*, trans. E[dward] G[rimestone] (1604), 381–90; Fletcher, *Of the Rus Commonwealth*, 155.

194. *Holinshed's Chronicles of England, Scotland and Ireland* (1807–8), vol. 2, 516; vol. 3, 34; Jones, 'Image of the Barbarian', 169–70; Hume, *Essays*, vol. 1, 307; Henry Home, Lord Kames, *Sketches of the History of Man* (Edinburgh, 1774), vol. 1, 242.

195. Cadwallader Colden, *The History of the Five Indian Nations Depending on the Province of New- York* (New York, 1727), 16;

Boswell's Life of Johnson, vol. 1, 437; *Captain Cook's Voyages of Discovery* (Everyman's Lib., 1906), 348. (This edition is an unacknowledged reprint of *Cook's Voyages of Discovery*, ed. John Barrow (Edinburgh, 1860).這部作品中所顯示出庫克的思想感情，有些也許真是他所具有的，但他卻從沒有表達出來。

196. [William and Edmund Burke], *An Account of the European Settlements in America* (1757), vol. 1, 188–94; *The Memoirs of Lieut. Henry Timberlake* (1765), 52–53, 57–58; Wayne E. Lee, *Barbarians and Brothers* (Oxford, 2011), 130–67; Armstrong Starkey, *European and Native American Warfare, 1675–1815* (1998), chap. 2; Jill Lepore, *The Name of War* (New York, 1998), 13–14, 180, 257n35; Peter Way, 'The Cutting Edge of Culture', in *Empire and Others*, ed. Martin Daunton and Rick Halpern (1999), 131–34.

197. Smith, *Theory of Moral Sentiments*, 204–11 (V. 2. 8–16).

198. Raymond Firth, *Elements of Social Organisation* (5th edn, 1971), 198, 200; Daniel de Moulin, 'A Historical- Phenomenological Study of Bodily Pain', *Bull. History of Medicine* 48 (1974), 569.

199. James Ross, 'The Battle of Towton (1461)', *Magazine of the Friends of the National Archives* 22 (2011), 13.

200. Arnold Oskar Meyer, *England and the Catholic Church under Queen Elizabeth*, trans. J. R. McKee (1916), 182; Christopher Highley, *Catholics Writing the Nation in Early Modern Britain and Ireland* (Oxford, 2008), 36, 55–57, 69, 72; *The Troubles of Our Catholic Forefathers*, ed. John Morris (1872–77), 3rd ser., 68–70, 74, 87, 96, 98; Richard Challoner, *Memoirs of Missionary Priests* (1741–42), vol. 1, 38, 44, 230; vol. 2, 100.

201. Patrick Gordon of Ruthven, *A Short Abridgement of Britane's Distemper, 1639–49* (Aberdeen, 1844), 160.

202. William Burton, *The Rowsing of the Sluggard* (1595), 152; *Proceedings in the Parliaments of Elizabeth I*, ed. T. E. Hartley (Leicester, 1981–95), vol. 2, 185; *A New Enterlude No Less Wittie than Pleasant, Entituled New Custome* (1573), sig. Ciiiv; Philip Stubbes, *A Motive to Good Workes* (1593), 97–98.

203. Thomas Deloney, *A New Ballet of the Straunge and Most Cruell Whippes which the Spanyards had prepared to Whippe and Torment English Men and Women* (1588).

204. Lancelot Andrewes, *XCVI Sermons* (1629), 893.

205. H. J. Moule, *Descriptive Catalogue of the Charters, Minute Books and Other Documents of the Borough of Weymouth and Melcombe Regis* (Weymouth, 1883), 198.

206. *Works of Whichcote*, vol. 2, 224.

207. Bartholome de las Casas, *The Spanish Colonie*, trans. M. M. S. (1583); id., *The Tears of the Indians*, trans. J[ohn] P[hillips] (1656). 阿凡南爵士的歌劇原本為了支持克倫威爾與西班牙的戰爭，見Janet Clare, 'The Production and Reception of Davenant's "Cruelty of the Spaniards in Peru" ', *Modern Language Rev.* 89 (1994).

208. William Burton, *Davids Evidence, or the Assurance of Gods Love* (1596), 23–24; Sidney, *Discourses concerning Government*, 125.更廣泛而言，請見J. H. Elliott, *The Old World and the New* (Cambridge, 1970), 94–96; William S. Maltby, *The Black Legend in England* (Durham, NC, 1971).

209. Daniel Defoe, *Robinson Crusoe* ([1719]; Oxford, 1927), vol. 1, 198–99; id., *Serious Reflections*, 206–7.

210. Margaret Meserve, *Empires of Islam in Renaissance Historical Thought* (Cambridge, MA, 2008), 67, 95.

211. Carla Gardina Pestana, 'Cruelty and Religious Justifications for Conquest in the Mid- Seventeenth- Century English Atlantic', in *Empires of God*, ed. Linda Gregerson and Susan Juster (Philadelphia, PA, 2011), 503.

212. 引自一七三八年發布的拉丁文譯本（可能是出自密爾頓手筆），有理由認為是為了為一七三九年對西班牙作戰作準備。英語原文本中提到：「所有人類具有兄弟情誼，所以也許會對彼此遭遇到的恐怖事件和巨大傷害心有戚戚。」見*A Manifesto of the Lord Protector* (2nd edn, Eng. trans., 1738), 6; *Scriptum Dom. Protectoris... in quo huius Reipublicae Causa contra Hispanos justa esse demonstratur* (1655), 6. 另見*A Declaration of His Highnes, by the Advice of His Council* (1655).

213. Tuck, *Rights of War and Peace*, 34–47; Thomas More, *Utopia*, ed. George M. Logan and Robert P. Adams (Cambridge, 1989), 87; Gentili, *De Jure Belli*, 67–73 (I. xv), 122–23 (I. xxv); *Humanitarian Intervention in History*, ed. Brendan Simms and D. J. B. Trim (Cambridge, 2011).最後這本著作有用，但沒有提到克倫威爾對西印度群島的干涉。

214. S. J. Connolly, *Divided Kingdom* (Oxford, 2008), 98; [James Cranford], *The Teares of Ireland* (1642), 3.

215. *Certaine Informations from Severall Parts of the Kingdome*, 56 (2–15 Feb. 1644), 436–37; *The Kings Letters Intercepted Coming from Oxford* (1644), sig. A3v; Nehemiah Wallington, *Historical Notes of Events Occurring Chiefly in the Reign of*

Charles I, [ed. R. Webb] (1869), vol. 1, 290; 並請參閱Mark Stoyle, 'The Road to Farndon Field', *EHR* 128 (2008).

216. Brian Magee, 'The Protestant Wind', *Month* 177 (1941); William L. Sachse, 'The Mob and the Revolution of 1688', *JBS* 4 (1964); J. Anthony Williams, 'No- Popery Violence in 1688', in *Studies in Seventeenth- Century English Literature, History and Bibliography*, ed. G. A. M. Janssens and F. G. A. M. Aarts (Amsterdam, 1984), 251; Pincus, *1688*, 247–49.

217. Gilbert Burnet, preface to his translation of L. C. F. Lactantius, *A Relation of the Death of the Primitive Persecutors* (Amsterdam, 1687), 24–25.

218. *The Works of... Henry St John, Lord Viscount Bolingbroke* (new edn, 1809), vol. 4, 38; (Pierre) Bayle, *A Philosophical Commentary on Those Words of the Gospel, Luke, XIV. 23* (Eng. trans., 1708), vol. 1, 29.

219. *Considerations upon War, upon Cruelty in General, and Religious Cruelty in Particular* (1758), 220–28.

220. Bulstrode Whitelocke, *Memorials of the English Affairs* (Oxford, 1853), vol. 3, 225.

221. *The Childrens Petition* (1669), 51; Sir Samuel Morland, *The Urim of Conscience* (1695), 120–22; W. A. L. Vincent, *The Grammar Schools* (1969), 61.

222. Bolton, *Some Generall Directions*, 156; *The Actors Remonstrance* (1643), 4; 'A Gentleman at London', *The Tricks of the Town Laid Open* (1746), 55; *The Miscellaneous Works of the Right Honourable Edward, Earl of Clarendon* (2nd edn, 1751), 347; Robert W. Malcolmson, *Popular Recreations in English Society* (Cambridge, 1973), 119, 121, 135–37; Keith Thomas, *Man and the Natural World* (1983), chap. 4; Emma Griffin, *England's Revelry* (British Academy, Oxford, 2005), 127–30.

223. Gibbon, *Decline and Fall*, vol. 3, 72–73 (chap. 26).

224. Samuel Hoard, *Gods Love to Mankind* (1633); Will[iam] Whiston, *The Eternity of Hell Torments Considered* (1740), 18, 137; D. P. Walker, *The Decline of Hell* (1964), esp. 62, 101, 108–9, 112, 201; Ava Chamberlain, 'The Theology of Cruelty', *Harvard Theological Rev.* 85 (1992).

225. Sir John Fortescue, *On the Laws and Governance of England*, ed. Shelley Lockwood (Cambridge, 1997), 31–34; Larissa Tracy, *Torture and Brutality in Medieval Literature* (Cambridge, 2012), 16, 246, 285, 294–95; Smith, *De Republica Anglorum*, 117–18. 我略去了「斬首」（heading）二次，讓人驚訝的是Smith竟認為這個詞不合乎英語規範。

226. Described in Moryson, *Shakespeare's Europe*, 67–69, and, with illustrations, in *The Travels of Peter Mundy in Europe and Asia, 1608–1667*, ed. Sir Richard Carnac Temple (Hakluyt Soc., 1907–36), vol. 1, 55–58.

227. *Russia at the Close of the Sixteenth Century*, ed. Edward A. Bond (Hakluyt Soc., 1856), 172–73.

228. Lisa Silverman, *Tortured Subjects* (Chicago, IL, 2001), 74–75; Robert Muchembled, *A History of Violence*, trans. Jean Birrell (2012), 130–31; Gregory Hanlon, 'The Decline of Violence in the West', *EHR* 128 (2013), 372, 385.

229. John H. Langbein, *Torture and the Law of Proof in Europe and England in the Ancien Regime* (Chicago, IL, 2006), 73–139; Sir John Baker, *The Oxford History of the Laws of England*, vol. 6 (Oxford, 2003), 512; William Cecil, *The Execution of Justice in England*, ed. Robert M. Kingdon (Ithaca, NY, 1965), 47, 50.

230. *The Laws and Liberties of Massachusetts* ([1648]; Cambridge, MA, 1929), 50.

231. *The Diaries and Papers of Sir Edward Dering, Second Baronet, 1644 to 1684*, ed. Maurice F. Bond (1976), 214–15. For torture in Bridewell and Newgate,見 Paul Griffiths, *Lost Londons* (Cambridge, 2008), 243, 249, 253–54.

232. *The Diary of William Lawrence*, ed. G. E. Aylmer (Beaminster, 1961), 36–37; *The Diary of Thomas Burton*, ed. John Towill Rutt (1828), vol. 1, 158; *Cal. SP, Domestic, 1661–62*, 285; *The Petty Papers*, ed. Marquess of Lansdowne (1927), vol. 2, 213; Timothy Nourse, *Campania Foelix* (1700), 230–31; J. R., *Hanging, not Punishment Enough, for Murtherers, High- Way Men, and House- Breakers* (1701); J. M. Beattie, *Crime and the Courts in England 1660–1800* (Princeton, NJ, 1986), 78, 525–28; id., *Policing and Punishment in London, 1660–1750* (Oxford, 2001), 311.

233. Fortescue, *Laws and Governance of England*, 111; Estienne Perlin, *Description des Royaulmes d'Angleterre et d'Escosse* (Paris, 1558; London, 1775), 28.

234. Philip Jenkins, 'From Gallows to Prison?' *Criminal Justice History* 7 (1986), 52.

235. Nicholas Geffe, 'A discourse of his own', 13, attached to his translation of Olivier de Serres, *The Perfect Use of Silk- Wormes and Their Benef its* (1607).

236. Cesare Beccaria, *An Essay on Crimes and Punishments* ([1764]; Eng. trans., 14th edn, 1785), translator's preface, viii.

237. Starkey, *Dialogue*, 129; 22 Hen. VIII, c. 9; Baker, *Oxford History of the Laws of England*, vol. 6, 587.

238. *The Lisle Letters*, ed. Muriel St Clare Byrne (Chicago, IL, 1981), vol. 2, 476 (these would have been the executions of three Carthusians and a Bridgettine monk; *Letters and Papers of Henry VIII*, vol. 8, 250–51); *Barrington Family Letters*, ed. Arthur Searle (Camden ser., 1983), 239.

239. Stephen Alford, *The Watchers* (2012), 144.

240. *Proceedings in the Parliaments of Elizabeth I*, ed. T. E. Hartley (Leicester, 1981–95), vol. 2, 84–85; *Cobbett's Complete Collection of State Trials*, ed. T. B. and T. J. Howell (1809–28), vol. 1, cols. 1158, 1160–62.

241. Henry Foley, *Records of the English Province of the Society of Jesus* (1875–83), vol. 1, 375; Richard Challoner, *Memoirs of Missionary Priests*, ed. John Hungerford Pollen (1924), 427.

242. Edward Coke, *The Third Part of the Institutes of the Laws of England* (1644), sig. Kk1.

243. *The Life and Times of Anthony Wood*, ed. Andrew Clark (Oxford Hist. Soc., 1891– 1900), vol. 1, 186.

244. *The Diary of John Evelyn*, ed. E. S. de Beer (Oxford, 1955), vol. 3, 28–29.

245. Reginald Scot, *The Discoverie of Witchcraft* (1584), ed. Brinsley Nicholson ([1886]; Wakefield, 1973), 14.

246. Starkey, *Dialogue*, 80; *The Writings of William Paterson*, ed. Saxe Bannister (1859), vol. 1, 86; Donald Veall, *The Popular Movement for Law Reform 1640–1660* (Oxford, 1970), 128–31.

247. Steve Hindle, *The State and Social Change in Early Modern England, c. 1550–1640* (Basingstoke, 2000), 133–34.

248. *Examen Legum Angliae* (1656), 54; Whitelocke Bulstrode, *Essays upon the Following Subjects* (1724), 127; *Acts and Ordinances of the Interregnum*, ed. C. H. Firth and R. S. Rait (1911), vol. 2, 419, 918; William M. Hamlin, *Montaigne's English Journey* (Oxford, 2013), 138 (cf. *Essays of Montaigne*, vol. 2, 121).

249. *Henry Brinklow's Complaynt of Roderyck Mors*, ed. J. Meadows Cowper (EETS, 1874), 30–32; J. F. Mozley, *John Foxe and His Book* (1940), 86–91; Walsham, *Charitable Hatred*, 58; Ian Atherton and David Como, 'The Burning of Edward Wightman', *EHR* 120 (2005), 1247.

250. [William Eden], *Principles of Penal Law* (1771), 87; Barlow, *Several Miscellaneous and Weighty Cases of Conscience*, vol. 1, 37; Marshall, *John Locke, Toleration and Early Enlightenment Culture*, 619–20; *Acts and Ordinances of the Interregnum*, vol. 1,

1133–36; vol. 2, 412; 29 Car. II, c. 9 (1677).

251. John March, *Amicus Reipublicae* (1651), 144, 147.相關請見Andrea McKenzie, 'This death some strong and stouthearted man doth choose', *Law and History Rev.* 23 (2005).

252. 1 William and Mary, sess. 2, c. 2 (1689); *The Entring Book of Roger Morrice 1677–1691*, vol. 3, ed. Tim Harris (Woodbridge, 2007), 5–6; *The Laws and Liberties of Massachusetts*, 46, 50; Anthony F. Granucci, 'Nor Cruel and Unusual Punishments Inflicted', *California Law Rev.* 57 (1969).

253. *M. Misson's Memoirs and Observations in His Travels over England*, trans. [John] Ozell (1719), 325; Eden, *Principles of Penal Law*, 189–90; Blackstone, *Commentaries*, vol. 4, 243 (IV. 29).

254. J. A. Sharpe, *Crime in Early Modern England 1550–1750* (Harlow, 1984), 63–71; id., 'Civility, Civilizing Processes, and the End of Public Punishment in England', in *Civil Histories*, ed. Peter Burke et al. (Oxford, 2000), 218–19; Jenkins, 'From Gallows to Prison?'; Peter King, *Crime, Justice, and Discretion in England 1740–1820* (Oxford, 2000), 277–78.

255. Peter King and Richard Ward, 'Rethinking the Bloody Code in Eighteenth- Century Britain', *P&P* 228 (2015).

256. Cynthia Herrup, 'Punishing Pardon', in *Penal Practice and Culture*, ed. Simon Devereaux and Paul Griffiths (Basingstoke, 2004); Beattie, *Crime and the Courts*, 500–6; id., *Policing and Punishment in London*, 290–96, 301–4, 308–9, 364–68, and chap. 9; A. Roger Ekirch, *Bound for America* (Oxford, 1987).

257. 出自許多治理者的於心不忍（squeamishness），見Simon Devereaux, 'The Abolition of the Burning of Women in England Reconsidered', *Crime, histoire et societes* 9 (2005).

258. Leon Radzinowicz, *A History of Criminal Law and Its Administration from 1750* (1948–86), vol. 1, 232–38; vol. 2, 1–2; Michael Ignatieff, *A Just Measure of Pain* (1978), vol. 13, 18–19; Beattie, *Crime and the Courts*, chaps 8, 9 and 10; id., *Policing and Punishment*, part 2; Sharpe, 'Civility, Civilizing Processes, and the End of Public Punishment in England'; King, *Crime, Justice and Discretion*, 266–67; Simon Devereaux, 'England's Bloody Code in Crisis and Transition', *Journ. of Canadian Hist. Association* 24 (2013).

259. Richard J. Evans, *Rituals of Retribution* (Oxford, 1996), 228–29, and id., *The Pursuit of Power* (2016), 433.

260. Anthony Ashley Cooper, 3rd Earl of Shaftesbury, *Second Characters or the Language of Forms*, ed. Benjamin Rand (Cambridge, 1914), 170; John Brown, *An Estimate of the Manners and Principles of the Times* (2nd edn, 1757), 21; Smith, *Theory of Moral Sentiments,* 100–101 (II. iii. 2. 4); Blackstone, *Commentaries*, vol. 4, 210–13.

261. Thomas Sheridan, *A Discourse of the Rise and Power of Parliaments* (1677), 48; Randall McGowen, 'The Problem of Punishment in Eighteenth- Century England', in *Penal Practice and Culture, 1500–1800*, ed. Simon Devereaux and Paul Griffiths (Basingstoke, 2004), 215; Anthony Page, *John Jebb and the Enlightenment Origins of British Radicalism* (Westport, CT, 2003), 231.

262. Andrea McKenzie, 'Martyrs in Low Life', *JBS* (2003), 190–91; Ann Thompson, *The Art of Suffering and the Impact of Seventeenth- Century Anti- Providential Thought* (Aldershot, 2003), vii, 4, 95; Esther Cohen, *The Modulated Scream* (Chicago, IL, 2009), 25–42; Jan Frans Van Dijkhuizen, *Pain and Compassion in Early Modern English Literature and Culture* (Woodbridge, 2012); Hannah Newton, *The Sick Child in Early Modern England, 1580–1720* (Oxford, 2012), 129, 192–93, 201–8; Joanna Bourke, *The Story of Pain* (Oxford, 2014), chap. 4; Alexandra Walsham, 'The Happiness of Suffering', in *Suffering and Happiness in England 1550–1850*, ed. Michael J. Braddick and Joanna Innes (Oxford, 2017).

263. Katherine Royer, *The English Execution Narrative* (2014), 35, 46–48; Henry Home, Lord Kames, *Sketches of the History of Man* (2nd edn, Edinburgh, 1778), vol. 1, 377–78.

264. Baron Lahontan, *New Voyages to North America* (Eng. trans., 2nd edn, 1735), vol. 1, 179; 請見 Karen Halttunen, 'Humanitarianism and the Pornography of Pain in Anglo- American Culture', *AHR* 100 (1995), esp. 303–7; Greg T. Smith, 'Civilized People Don't Want to See That Sort of Thing', in *Qualities of Mercy*, ed. Carolyn Strange (Vancouver, BC, 1996); Silverman, *Tortured Subjects*, 119, 149–51; Lynn Hunt, *Inventing Human Rights* (New York, 2007), chap. 2.

265. John Stuart Mill, 'Civilisation', in *Essays in Politics and Society*, vol. 1, ed. J. M. Robson (*Collected Works of John Stuart Mill*, vol. 18, Toronto, 1977), 130.

266. 這樣主張的人中，最有名的是傅柯（Michel Foucault），不過就連他也承認新的刑罰「沖淡了嚴厲性」。見*Discipline and Punish*, trans. Alan Sheridan (1977), 82.

267. 在他的擲地有聲之作*The Hanging Tree*（Oxford, 1994）中，V. A. C. Gatrell主張大眾對被吊死者的同情對法律沒有什麼影響。對這種觀點的有效批評見Randall McGowen, ‘Revisiting *The Hanging Tree*’, *British Journ. of Criminology* 40 (2000), and Devereaux, ‘England’s Bloody Code in Crisis and Transition’.

268. A. Ruth Fry, *John Bellers 1654–1725* (1935), 76. Cf. Georg Rusche and Otto Kirchheimer, *Punishment and Social Structure* (New York, 1939), chaps. 3–5.

269. Beccaria, *Essay on Crimes and Punishments*, 178; Kames, *Sketches of the History of Man*, vol. 1, 251; William Smith, *Mild Punishments Sound Policy* (1777), 6.

270. *Gentleman’s Magazine* 60 (1790), 1185, cited in Beattie, ‘Violence and Society’, 55–56; Henry Dagge, *Considerations on Criminal Law* (2nd edn, 1774), vol. 2, 10; Randall McGowen, ‘The Body and Punishment in Eighteenth- Century England’, *JMH* 59 (1987), 677–78; id., ‘Punishing Violence, Sentencing Crime’, in *The Violence of Representation*, ed. Nancy Armstrong and Leonard Tennenhouse (1989), 142, 145–46; id., ‘Civilizing Punishment’, *JBS* 33 (1994); James Gregory, *Victorians against the Gallows* (2012), 8.

271. Tucker, *Light of Nature*, vol. 3, pt 2, 376.

272. *Letters from Mrs Elizabeth Carter, to Mrs Montagu, between the Years 1755 and 1800* (1817), vol. 1, 261.

273. George Hakewill, *An Apologie or Declaration of the Power and Providence of God in the Government of the World* (Oxford, 1630), 327; Edmond Howes, ‘An Historicall Preface’, in John Stow, *Annales, or, a Generall Chronicle of England*, continued by Howes (1631), sig. C4v; Ferguson, *Essay on the History of Civil Society*, 194–95; Kames, *Sketches*, vol. 1, 248–49.

274. John Favour, *Antiquitie Triumphing over Noveltie* (1619), 410; Gilpin, *Observations, Relative Chiefly to Picturesque Beauty in the Highlands*, vol. 2, 149–50; Kames, *Sketches*, vol. 1, 190–91.

275. Smith, *Theory of Moral Sentiments*, 207–9 (V. 2. 10–13), and 9 (I. 1. 1); Thomas, *Man and the Natural World*, 187–88; W. Hutton, *An History of Birmingham* (3rd edn, 1795), 171.

276. See, for example, Alan Macfarlane’s review of Beattie, *Crime and the Courts,* in *London Rev. of Books* 8 (24 July 1986), 8–9.

277. *Spectator* 397 (5 June 1712), ed. Donald F. Bond (Oxford, 1965), vol. 3, 486; Gordon and Trenchard, *Independent Whig*,

312–13; *An Appeal to Humanity, in an Account of the Life and Cruel Actions of Elizabeth Brownrigg* (1767), 1–2; Norman S. Fiering, 'Irresistible Compassion', *JHI* 37 (1986), 204–5; James A. Steintrager, *Cruel Delight* (Bloomington, IN, 2004), xiv; Margaret Abruzzo, *Polemical Pain* (Baltimore, MD, 2011), chap. 2.

278. 十八世紀笑話書的這個方面，見Simon Dickie, *Cruelty and Laughter* (Chicago, IL, 2011).

279. Palmer, *Essay of the Meanes*, 61.

280. Rowlands, *Mona Antiqua Restaurata*, 257; *The Literary Life of the Late Thomas Pennant, Esq., by himself* (1793), 55.

281. Sir Philip Sidney, *The Defence of Poesie*, ed. Albert Feuillerat (Cambridge, 1923), 42; a criticism reiterated by Sir Balthazar Gerbier, *A Brief Discourse concerning the Three Chief Points of Magnificent Building* (1664), 7.

282. Roger Williams, *A Key into the Language of America* (1643), 184; Spenser, *View*, 99–102, 111; Moryson, *Shakespeare's Europe*, 212–14; Sir William Herbert, *Croftus*, ed. Arthur Keaveney and John A. Madden (Dublin, 1992), 82–84; John Patrick Montano, *The Roots of English Colonialism in Ireland* (Cambridge, 2011), 378–79.

283. *Spectator* 631 (10 Dec. 1714), ed. Bond, vol. 5, 157; Michael Hunter, '*Pitcairneana*', *HJ* 59, no. 2 (2016), 605n35; William Buchan, *Domestic Medicine* (8th edn, 1784), 113–14; T. R. Malthus, *An Essay on the Principle of Population* (3rd edn, 1806), 56–57.

284. Guy Miege, *A Relation of the Three Embassies from His Sacred Majestie Charles II to the Great Duke of Muscovie* (1669), 341; *An Embassy to China*, ed. J. L. Cranmer- Byng (1963), 225.

285. Kames, *Sketches*, vol. 1, 233.

286. J[ean] Gailhard, *The Compleat Gentleman* (1678), vol. 1, 87.

287. Bernard Picart, *The Ceremonies and Religious Customs of the Known Peoples of the World* (abridged Eng. trans., 1741), 294; Pagden, *Fall of Natural Man*, 185.

288. Captain John Smith, *Works*, ed. Edward Arber (Westminster, 1895), vol. 2, 529.

289. Roger Williams, *George Fox Digg'd out of his Burrowes* (Boston, MA, 1676), 308.

290. Thomas Morton, *New English Canaan or New Canaan* (Amsterdam, 1637), 40; Rebecca Earle, *The Body of the Conquistador*

(Cambridge, 2012), 119–21.

291. Purchas, *Hakluytus Posthumus*, vol. 7, 303; Graham Kew, *The Irish Sections of Fynes Moryson's Itinerary* (Dublin, 1998), 111; Andre Thevet, *The New Found Worlde, or Antarcktike* (trans. [Thomas Hacket], 1568), fol. 26v; [Edward Long], *History of Jamaica* (1774), vol. 2, 382.

292. Robert Boyle, *Occasional Reflections upon Several Subjects* (1665), vol. 2, 19.

293. Richard Hakluyt, *The Principall Navigations... of the English Nation* (Glasgow, 1903– 5), vol. 7, 224; William Wood, *New Englands Prospect* (1634), 67; *Memoirs of Lieut. Henry Timberlake*, 35.

294. Sherley, 'Discours of the Turks'; Purchas, *Hakluytus Posthumus*, vol. 4, 15; Thomas Herbert, *A Relation of Some Yeares Travaile* (1634), 149; Long, *History of Jamaica*, vol. 2, 383.

295. Miege, *Relation of Three Embassies*, 435; *An Embassy to China*, 225.

296. Alex[ander] Niccholes, *A Discourse of Marriage and Wiving* (1615), 6.

297. Millar, 'Origin of Ranks', in Lehmann, *John Millar of Glasgow*, 183–84; *Voyages of Humphrey Gilbert*, vol. 2, 285.

298. Kames, *Sketches*, vol. 1, 190; Richard Payne Knight, *The Progress of Civil Society* (1796), 53 (bk 3, lines 103–4).

299. Sharpe, *A Fiery & Furious People*, 187–89, 415; W[illiam] H[eale], *An Apologie for Women* (1609), 7 (repeated in *The Great Advocate and Orator for Women* (1682), 1); A Lady [Judith Drake?], *An Essay in Defence of the Female Sex* (3rd edn, 1697), 22.

300. *Spectator* 236 (30 Nov. 1711), ed. Bond, vol. 2, 417–18; Joanne Bailey, *Unquiet Lives* (Cambridge, 2003), 115, 124; Elizabeth Foyster, *Marital Violence* (Cambridge, 2005), 47, 63, 65–66, 169, 195.

301. Henry Cornelius Agrippa, *Female Pre- Eminence*, trans. H[enry] C[are], 'with additional advantages' (1670), 71 (this passage is one of the translator's interpolations).

302. Anna Suranyi, *The Genius of the English Nation* (Newark, DE, 2008), chap. 6; Cramsie, *British Travellers*, 225; William Eton, *A Survey of the Turkish Empire* (1798), 247.

303. Richard Baxter, *A Christian Directory* (1673), 396.

304. Hume, *Essays*, vol. 1, 233–34.
305. Adam Smith, *Lectures on Jurisprudence*, ed. R. L. Meek et al. (Oxford, 1978), 150–59.
306. Kames, *Sketches*, vol. 1, 190–93, 213; *The Letters of Richard Brinsley Sheridan*, ed. Cecil Price (Oxford, 1966), vol. 1, 49.
307. Sir George Staunton, *An Authentic Account of an Embassy from the King of Great Britain to the Emperor of China* (Dublin, 1798), vol. 1, 51–52; vol. 2, 328–29.
308. *Relations of Golconda in the Early Seventeenth Century*, ed. W. H. Moreland (Hakluyt Soc., 1931), 29.
309. Meenakshi Jain, *Sati* (New Delhi, 2016), xiv–xv, 85, 188; Kate Teltscher, *India Inscribed* (New Delhi, 1999), chap. 2; Andrea Major, *Pious Flames* (New Delhi, 2006).
310. Bathsua Makin, *An Essay to Revive the Antient Education of Gentlewomen* (1673), 28; *ODNB*, 'Makin, Bathsua'; Daniel Defoe, *An Essay upon Projects* (1697), ed. Joyce D. Kennedy et al. (New York, 1999), 108.
311. Kames, *Sketches*, vol. 1, sketch 6.
312. Malthus, *Essay on the Principle of Population*, vol. 1, 27; Lehmann, *John Millar of Glasgow*, 192–94; *Memoirs of Lieut. Henry Timberlake*, 76; Hume, *Essays*, vol. 1, 193, 301–2.
313. Dalrymple, *Essay towards a General History of Feudal Property*, 185–86; Kames, *Sketches*, vol. 1, 191. 有關這個主題，見 Silvia Sebastiani, *The Scottish Enlightenment*, trans. Jeremy Carden (New York, 2013), chap. 5.
314. 'Origin of Ranks', chap. 1, in Lehmann, *John Millar of Glasgow*.
315. *Writings and Speeches of Edmund Burke*, vol. 2, 357 (and vol. 9, 243).
316. Francis Jeffrey, *Contributions to the Edinburgh Review* (2nd edn, 1846), vol. 1, 229–33; Ian Maclean, *Woman Triumphant* (Oxford, 1977), chap. 5; Dena Goodman, *The Republic of Letters* (Ithaca, NY, 1994), chap. 3; Antoine Lilti, *The World of the Salons*, trans. Lydia G. Cochrane (Oxford, 2005), 236, 248n11; Philippe Raynaud, *La Politesse des lumieres* (Paris, 2013), 3, 11.
317. Sylvana Tomaselli, 'The Enlightenment Debate on Women', *HWJ* 20 (1985); Rosemarie Zagarri, 'Morals, Manners, and the Republican Mother', *American Quarterly* 44 (1992); *Women, Gender and Enlightenment*, ed. Sarah Knott and Barbara Taylor

(Basingstoke, 2005), 70, 695; Harriet Guest, *Empire, Barbarism, and Civilisation* (Cambridge, 2007), 57, 111; Karen O'Brien, *Women and Enlightenment in Eighteenth- Century Britain* (Cambridge, 2009).

318. *The Journals of Captain Cook*, ed. J. C. Beaglehole (Hakluyt Soc., 1955–74), vol. 3 (2), 933, 1366.

319. William Alexander, *The History of Women* (1779), vol. 1, 103.

320. *An Embassy to China*, ed. J. L. Cranmer- Byng (1962), 223.

321. Hobbes, *Leviathan*, ed. Malcolm, vol. 2, 192 (chap. 13).

322. Locke, *Two Treatises of Government*, 311–12 (II. paras. 36–37), 319–20 (II. paras. 49–50); *Locke on Money*, ed. Patrick Hyde Kelly (Oxford, 1991), vol. 2, 410; Mandeville, *Fable of the Bees*, vol. 2, 349; *Complete Works of Montesquieu*, vol. 1, 367 ('The Spirit of Laws', bk 1, chap. 15).

323. 'The Answer of Mr Hobbes', in *Sir William Davenant's Gondibert*, ed. David F. Gladish (Oxford, 1971), 49 (one of Hobbes's three earlier accounts of the distinctive benefits of civil society; the others are in *The Elements of Law* (completed 1640), ed. Ferdinand Tonnies (2nd edn, 1969), 65–66 (I. 13. 3), and *De Cive: the Latin Version* (1642), ed. Howard Warrender (Oxford, 1983), 171 (x. 1)).

324. Margaret T. Hodgen, *Early Anthropology in the Sixteenth and Seventeenth Centuries* (Philadelphia, PA, 1964), 196–201; Michele Duchet, *Anthropologie et histoire au siecle des Lumieres* (Paris, 1971), 11; Ferguson, *Essay on the History of Civil Society*, 75.

325. Thomas Hobbes, *The Questions concerning Liberty, Necessity, and Chance* (1656), 239.

326. Hobbes, *Elements of Law*, 65–66 (I. 13. 3); 'The Answer of Mr Hobbes', 49; id., *Leviathan*, ed. Malcolm, vol. 3, 1054 (chap. 46); *Principes de la Philosophie*, preface, 2, in *Oeuvres de Descartes*, ed. Charles Adam and Paul Tannery (Paris, 1897–1913), ix; Pierre D'Avity, *The Estates, Empires, & Principallities of the World*, trans. Edw[ard] Grimstone (1615), 268.

327. Thevet, *New Found Worlde*, sig. *ii; Francis Bacon, *The Instauratio Magna, Part II: Novum Organum and Associated Texts*, ed. Graham Rees with Maria Wakely (Oxford, 2004), 194–95; Purchas, *Hakluytus Posthumus*, vol. 1, 52 (and 32); Greengrass, *Christendom Destroyed*, 25. 中國航行能力在十八世紀晚期的低落狀態，見Staunton, *Authentic Account*, vol. 1, 37–39.

328. Richard Cumberland, *An Essay towards the Recovery of the Jewish Measures and Weights* (1686), 133.

329. Smith, *Wealth of Nations*, vol. 2, 708 (V. i. a. 44); 'Elements of the Philosophy of the Human Mind', in *The Collected Works of Dugald Stewart*, ed. Sir William Hamilton and John Veitch (Edinburgh, 1854–60), vol. 2, 242. Cf. Philip T. Hoffman, 'Prices, the Military Revolution, and Western Europe's Comparative Advantage', *EcHR* 64 (2011).

330. John Locke, *An Essay concerning Human Understanding*, ed. Peter H. Nidditch (Oxford, 1975), 646 (IV. xii. 11); John Ray, *The Wisdom of God Manifested in the Works of Creation* (1691; 12th edn, 1759), 96.有關金屬重要性的經典論述，請見 book 1 of Rodolphus Agricola, *De Re Metallica* (Basel, 1556). Sir John Pettus在一六三九年著手於英譯版本，但從未出版；請見Herbert Clark Hoover 與Lou Henry Hoover的翻譯 (New York, 1950), xviii.

331. *Memoirs and Correspondence of Francis Horner*, ed. Leonard Horner (1843), vol. 1, 113; Paul Mantoux, *The Industrial Revolution in the Eighteenth Century*, trans. Marjorie Vernon (rev. edn, 1928), 397; Jean- Jacques Rousseau, 'Discours sur l'origine et les fondemens de l'inegalite', in *Oeuvres completes*, ed. Bernard Gagnebin (Paris, 1964), vol. 3, 171; Gibbon, *Decline and Fall*, vol. 1, 220 (chap. 9); *Works of William Robertson*, vol. 6, 140–41.

332. Purchas, *Hakluytus Posthumus*, vol. 1, 486; Matthew Hale, *The Primitive Origination of Mankind* (1677), 150; *Works of William Robertson*, vol. 3, 76–78; Mandeville, *Fable of the Bees*, vol. 2, 269, 283; Gibbon, *Decline and Fall*, vol. 1, 218 (chap. 9).

333. See W. B. Stephens, 'Literacy in England, Scotland, and Wales, 1500–1900', *History of Education Qtly* 30 (1990), and David Cressy, 'Literacy in Context', in *Consumption and the World of Goods*, ed. John Brewer and Roy Porter (1993).

334. *Boswell's Life of Johnson*, vol. 2, 170, vol. 3, 37; Knud Haakonssen, *Natural Law and Moral Philosophy* (Cambridge, 1996), 233, 286.

335. E.g., John Banister, *A Needefull, New, and Necessarie Treatise of Chyrurgerie* (1575), sig. *ij.

336. John Whitgift, *The Defense of the Aunswere to the Admonition* (1574), 450; id., *An Answere to a Certen Libel* (1572), 225; Edward Waterhouse, *An Humble Apologie for Learning and Learned Men* (1653), 111–12.

337. John Gauden, *Hieraspistes* (1653), 400, 403; 'Of Dramatick Poesie', in *The Works of John Dryden* (Berkeley, CA, 1956–2000), vol. 17, 63.

338. Jamie C. Kassler, *The Honourable Roger North (1651–1734)* (Farnham, 2009), 229; F. J. M. Korsten, *Roger North (1651–1734)* (Amsterdam, 1981), 80.

339. Thomas Sprat, *The History of the Royal Society*, ed. Jackson I. Cope and Harold Whitmore Jones (St Louis, WA, 1959), 57, 124; William Marsden, *The History of Sumatra* (1783), 170n; David Hume, *The Natural History of Religion*, ed. Tom L. Beauchamp (Oxford, 2007), 38–39; Guest, *Empire, Barbarism, and Civilisation*, 40–41; James Ramsay, *An Essay on the Treatment and Conversion of African Slaves* (Dublin, 1784), 191, 224.

340. *Melanges inedits de Montesquieu*, ed. Baron de Montesquieu (Bordeaux, 1892), 129–31.

341. [John] Logan, *Elements of the Philosophy of History* (Edinburgh, 1781), 7; William Wilkinson, *A Confutation of Certain Articles Delivered unto the Familye of Love* (1579), fol. 35v; Fletcher, *Of the Rus Commonwealth*, 68, 154; Miege, *Relation of the Three Embassies*, 65–66; Hale, *Primitive Origination of Mankind*, 159.

342. *Works of Benjamin Whichcote*, vol. 2, 223.

343. *The Works of Michael Drayton*, ed. J. William Hebel (Oxford, 1961), vol. 3, 207; Roger Ascham, *English Works*, ed. William Aldis Wright (Cambridge, 1904), 48; *The Works of Francis Bacon*, ed. James Spedding et al. (1857–59), vol. 7, 22; Sherley, 'Discours of the Turkes', 4; Smith, *Manners, Religion and Government of the Turks*, 2–3, 226; P. J. Marshall and Glyndwr Williams, *The Great Map of Mankind* (1982), 142–43; Bisaha, ' "New Barbarian" or Worthy Adversary?', 190–93; Noel Malcolm, 'The Study of Islam in Early Modern Europe', in *Antiquarianism and Intellectual Life in Europe and China, 1500–1800*, ed. Peter N. Miller and Francois Louis (Ann Arbor, MI, 2012), 276–78.

344. George Sandys, *A Relation of a Journey begun anno Dom. 1610* (1615), 72.

345. Jonathan Richardson, *Two Discourses* (1719), pt 2, 57.

346. The *Letters of David Hume*, ed. J. Y. T. Greig (Oxford, 1932), vol. 2, 111; Hume, *Essays*, vol. 1, 223, 301–3; id., *An Enquiry Concerning the Principles of Morals*, ed. Tom L. Beauchamp (Oxford, 1998), 62–63.

347. 347. Marshall and Williams, *Great Map of Mankind*, 146.

348. Kenneth Pomeranz, *The Great Divergence* (Princeton, NJ, 2000), and id., 'Without Coal?' in *Unmaking the West*, ed. Philip E.

Tetlock et al. (Ann Arbor, MI, 2006).

349. Claude Levi- Strauss, *Race and History* (Paris, 1968), 25. Cf. E. A. Wrigley, *Continuity, Chance and Change* (Cambridge, 1988); Vaclav Smil, *Energy in World History* (Boulder, CO, 1994), chap. 5; Ian Morris, *The Measure of Civilization* (2013), 53, 62–66, 87.

350. [Thomas Bentley], *Letters on the Utility and Policy of Employing Machines to Shorten Labour* (1780), 3.

351. Charles Hall, *The Effects of Civilization on the People in European States* (1805), 131–32.

352. Barbaro and Contarini, *Travels to Tana and Persia*, 1.

353. Malthus, *Essay on the Principle of Population*, vol. 1, chap. 3; Smith, *Wealth of Nations*, vol. 1, 10 (Introduction), 22 (I. i. 10).

354. Michael Adas, *Machines as the Measure of Men* (Ithaca, NY, 1989), esp. chap. 4; John Stuart Mill, 'Guizot's Lectures on European Civilization', in *Essays on French History and Historians*, ed. John M. Robson (*Collected Works of John Stuart Mill*, vol. 20) (Toronto, 1985), 374, and 'Civilization', in *Essays on Politics and Society,* 1.

355. R. G. Collingwood, *The New Leviathan* ([1942]; Oxford, 1947), 291, 299.

356. J. R. Seeley, *The Expansion of England* (1883), 4.

357. 'The Manifesto of the Communist Party', in Karl Marx and Frederick Engels, *Selected Works* (1950).

358. James Dunbar, *Essays on the History of Mankind* (1780), 142, 145.

第四章　文明的進程

1. 有關這些作者，請見Arthur O. Lovejoy and George Boas, *Primitivism and Related Ideas in Antiquity* (Baltimore, MD, 1935; New York, 1965); Erwin Panofsky, *Studies in Iconology* ([1939]; New York, 1972), chap.

2. Ludwig Edelstein, *The Idea of Progress in Classical Antiquity* (Baltimore, MD, 1967). 2. Thomas Starkey, *A Dialogue between Pole and Lupset*, ed. T. F. Mayer (Camden ser., 1989), 35–36. 類似記述請見Arthur B. Ferguson, *Clio Unbound* (Durham, NC, 1979), chap 10, and id., *Utter Antiquity* (Durham, NC, 1993), chap. 4, and 152n2; Richard Tuck, *Natural Rights Theories* (Cambridge, 1979), 33–34, 37, 43, 93, 103.

3. Cicero, *De Oratore*, bk 1, sect. 33–34; *Wilson's Arte of Rhetorique 1560*, ed. G. H. Mair (Oxford, 1903), preface, sig. Avii; William Webbe, *A Discourse of English Poetrie* (1586), sigs. Biiiv–iiii; George Puttenham, *The Arte of English Poesie*, ed. Gladys Doidge Willcock and Alice Walker (Cambridge, 1936), 6 (I. iii); *The Poems of George Chapman*, ed. Phyllis Brooks Bartlett (New York, 1941), 362; Joseph Warton, *An Essay on the Writings and Genius of Pope* (1756), 60–61.
4. Sir William Temple, *Miscellanea: The Second Part* (4th edn, 1696), 151.
5. Joannes Boemus, *The Fardle of Facions*, trans. William Watreman (1555), sig. Biiij; *Wilson's Arte of Rhetorique*, sig. Aviv; Francis Bacon, *New Atlantis* ([1627]; 1906), 273–74; Henry Parker, *Observations upon Some of His Majesties Late Answers and Expresses* (1642), 13; John Woodward, *An Essay toward a Natural History of the Earth* (1695), 56–57, 94–95, 102.
6. 6. George Sandys, *A Relation of a Iourney begun An. Dom. 1610* (1615), 20.
7. Quentin Skinner, *The Foundations of Modern Political Thought* (Cambridge, 1978), vol. 2, 116–18, 340–41.
8. *Bishop Overall's Convocation Book MDCVI* [ed. William Sancroft] (1690), 3–4.
9. John Byrom, *The Necessity of Subjection Asserted* (1681), 2.
10. *The Works of the Most Reverend Father in God John Bramhall* [ed. A. W. H(addan)] (Oxford, 1842–45), vol. 4, 567.
11. E.g., Gabriel Towerson, *An Explication of the Decalogue* (1686), 332 (citing Lactantius, *Divine Institutes*, 6. 10. 13–15).
12. Samuel Parker, *A Discourse of Ecclesiastical Politie* (1670), 118.
13. Adam Smith, *Essays on Philosophical Subjects*, ed. W. P. D. Wightman and J. C. Bryce (Oxford, 1980), 293.
14. William Wood, *New Englands Prospect* (3rd edn, 1764), 94n; *Letters of Roger Williams*, ed. John Russell Bartlett (Pubs. of the Narrangansett Club, Providence, RI, 1866–74, vol. 6), 276; William Walter Hening, *The Statutes at Large; Being a Collection of All the Laws of Virginia* ([1823]; Charlottesville, VA, 1969), vol. 1, 395.
15. [George Abbot], *A Briefe Description of the Whole Worlde* ([1599]; Amsterdam, 1970), sig. B1v.
16. 他讀過西塞羅在《論演說》（*De Oratore*）中對人類早期狀態的描述，證據見於他的著作*Expugnatio Hibernica*, ed. and trans. A. B. Scott and F. X. Martin (Dublin, 1978), 10. 他可能受到撒路斯提烏斯（Sallust）的《朱古達戰爭》（Jugurtha）此段落的影響，見Michael Staunton, *The Historians of Angevin England* (Oxford, 2017), 98.

17. Gerald of Wales, *The History and Topography of Ireland*, trans. J. J. O'Meara (Harmondsworth, 1981), 101–2, and *The Description of Wales*, trans. Lewis Thorpe (Harmondsworth, 1978), 233–35; John Gillingham, 'Civilizing the English?', *HistRes* 74 (2001), 26–27（他挑釁性地稱之為比十六世紀和十七世紀任何用英文寫的東西更清楚的表達出一種歷史的發展觀和進步觀。他顯然沒把博姆、達維蒂和勒羅伊等人作品的英譯本算在內。）Edward Gibbon, *The History of the Decline and Fall of the Roman Empire*, ed. J. B. Bury (5th edn, 1912), vol. 3, chap. 26 (quotation at 72). 有關Gerald的民族誌請見Robert Bartlett, *Gerald of Wales 1146–1223* (Oxford, 1982), chap. 7.
18. *Gesta Stephani*, ed. and trans. K. R. Potter (Oxford, 1976), 14–15, 20–21, 54–55 (paras. 8, 11, 26), 不過作者沒有像引用這些段落的Gillingham那樣，在放牧和好戰之間直接畫上等號。見Gillingham, 'Civilizing the English?', 27.
19. Edmund Spenser, *A View of the Present State of Ireland*, in *Spenser's Prose Works*, ed. Rudolf Gottfried (Baltimore, MD, 1949), 217–18 (and 98).
20. Samuel Purchas, *Hakluytus Posthumus, or Purchas His Pilgrimes* ([1625]; Glasgow, 1905–7), vol. 7, 303.
21. Fynes Moryson, *Shakespeare's Europe*, ed. Charles Hughes (2nd edn, New York, 1967), 201.
22. Kenneth Nicholls, 'Gaelic Society and Economy', in *A New History of Ireland*, vol. 2, ed. Art Cosgrove (Oxford, 1993), 413–14; R. A. Butlin, 'Land and People, *c.* 1600', in *A New History of Ireland*, vol. 3, ed. T. W. Moody et al. (Oxford, 1978), 152–53; John Patrick Montano, *The Roots of English Colonialism in Ireland* (Cambridge, 2011), 8–10; Andrew Hadfield, *Edmund Spenser* (Oxford, 2012), 216–18; Fynes Moryson, *An Itinerary* (Glasgow, 1907–8), vol. 2, 330.
23. Nicholas Canny, 'The Ideology of English Colonization', *WMQ*, 3rd ser., vol. 30 (1973), 597.
24. *Forty- Six Lives* (from Boccaccio, *De Claris Mulieribus*), trans. Henry Parker, Lord Morley, ed. Herbert G. Wright (EETS, 1943), 21–23; Barbette Stanley Spaeth, *The Roman Goddess Ceres* (Austin, TX, 1996), 34–41.
25. [Sir Thomas Smith and Thomas Smith], *A Letter sent by I. B. Gentleman unto his very Friend and Master R. C. Esquire* (1572), sigs. Ei, Div; Mary Dewar, *Sir Thomas Smith* (1964), 166; Spenser, *View*, 225; *Cal. SP, Ireland, 1588–1592*, 168; Moryson, *Shakespeare's Europe*, 201. 農業培育（agricultural cultivation）對「開化」十六世紀愛爾蘭的核心重要性，見Montano, *Roots of English Colonialism*.

26. Andrew Boorde, *The Fyrst Boke of the Introduction of Knowledge*, ed. F. J. Furnivall (EETS, 1870), 126, 132; *The Jacobean Union*, ed. Bruce R. Galloway and Brian P. Levack (Scottish Hist. Soc., 1985), 22; Alison Games, *The Web of Empire* (Oxford, 2008), 119.
27. *The Journal of John Stevens*, ed. Robert H. Murray (Oxford, 1912), 140.
28. [Peter Chamberlen], *The Poore Mans Advocate* (n.d. [1649]), 9; Spenser, *View*, 219.
29. William Wood, *New Englands Prospect* (1634), 78; Letter by John Eliot, in Thomas Shepard, *The Clear Sun- shine of the Gospel Breaking Forth upon the Indians in New- England* (1648), 17.
30. *The Works of Isaac Barrow* (Edinburgh, 1842), vol. 1, 477; *A Letter from a Gentleman in Ireland to his Brother in England* (1677), 12 ('step to civility'). Similarly Jo[hn] Streater, *A Glympse of That Jewel, Judicial, Just, Preserving Libertie* (1653), 15; John Cary, *An Account of the Proceedings of the Corporation of Bristol* (1700), 4.
31. Thomas F. Mayer, *Thomas Starkey and the Commonweal* (Cambridge, 1989), 120.
32. James Buckley, 'A Vice- Regal Progress through the South and West of Ireland in 1567', *Journ. of the Waterford and South-East of Ireland Archaeol. Soc.* 12 (1909), 72–73; *Cal. SP, Foreign, Jan.–June 1583*, 491; Spenser, *View*, 225.
33. *The Voyages and Colonizing Enterprises of Humphrey Gilbert*, ed. David Beers Quinn (Hakluyt Soc., 1940), vol. 1, 181; Edward Waterhouse, *A Declaration of the State of the Colony and Affaires in Virginia* (1622), 24.
34. M. Iuniani Iustinus, *Epitoma Historiarum Philippicarum Pompei Trogi*, ed. Marco Galdi (Turin, 1923), bk 43, para. 4: translated by Arthur Golding as 'a more civil trade of living' (*The Abridgment of the Histories of Trogus Pompeius* (1563), fol. 178), and by Robert Codrington as 'a more refined course of life' (*The Historie of Iustine* (1654), 507).
35. *Registrum Epistolarum Fratris Johannis Peckham*, ed. Charles Trice Martin (Rolls Ser., 1882–85), vol. 3, 776–77; Gillingham, 'Civilizing the English?', 38–40.
36. T[homas] H[eywood], *The Generall History of Women* (1657), 634; Spenser, *View*, 225; *'Reform' Treatises on Tudor Ireland*, ed. David Heffernan (Irish MSS Commission, Dublin, 2016), 21.
37. 'A discourse of the names and first causes of the institution of cities and peopled townes', in John Stow, *A Survey of London*, ed.

Charles Lethbridge Kingsford (Oxford, 1908), vol. 2, 196–98. Similarly, John Barston, *The Safegarde of Societie* (1576), fols. 26–27v.

38. Purchas, *Hakluytus Posthumus*, vol. 5, 359.

39. 'A View of the Progress of Society in Europe', in *The Works of the Late William Robertson*, ed. R. Lynam (1826), vol. 3, 61; Adam Smith, *An Inquiry into the Nature and Causes of the Wealth of Nations*, ed. R. H. Campbell and A. S. Skinner (Oxford, 1976), vol. 1, 412–22 (III. iv. 1–18).

40. Francesco Patrizi, *A Moral Methode of Civile Policie*, trans. Richard Robinson (1576), fol. 5.

41. Steven G. Ellis, 'Civilizing the Natives', in *Frontiers and Identities*, ed. Lud'a Klusakova and Steven G. Ellis (Pisa, 2006), 81.

42. Edmund Hogan, *The Description of Ireland* ([1598]; Dublin, 1878), 65; Debora Shuger, 'Irishmen, Aristocrats, and Other White Barbarians', *Renaissance Qtly* 50 (1997), who rightly recognizes in the Irish tracts 'a rare contemporary analysis of the infrastructural bases of the civilizing process' (521–22).

43. *Cal. SP, Ireland, 1611–14*, 501–2.

44. Thomas Churchyard, *A Prayse, and Reporte of Maister Martyne Forboishers Voyage to Meta Incognita* (1578), sig. Bvii.

45. Samuel Purchas, *Purchas His Pilgrimage* (1626), 230; id., *Hakluytus Posthumus*, vol. 9, 100; Lancelot Addison, *West Barbary* (Oxford, 1671), 138.

46. [Sir Dalby Thomas], *An Historical Account of the Rise and Growth of the West- India Collonies [sic]* (1690), 6; Smith, *Wealth of Nations*, vol. 1, 10 (Introduction), 22 (I. i).

47. 特別可參閱J. G. A. Pocock, *The Machiavellian Moment* ([1975]; 2nd edn, Princeton, NJ, 2003), chaps. 13 and 14, and afterword; 'Gibbon and the Shepherds', *History of European Ideas* 2 (1981), 194–96; 'Cambridge Paradigms and Scottish Philosophers', in *Wealth and Virtue*, ed. Istvan Hont and Michael Ignatieff (Cambridge, 1983), 240–45; and *Virtue, Commerce and History* (Cambridge, 1985), 49–50 ('ideological need'), 114–15, 235–38.

48. *The Complete Works of M. de Montesquieu* (1777), vol. 2, 1–3 (xx. 1–2).

49. *The Political and Commercial Works of... Charles D'Avenant*, ed. Charles Whitworth (1771), vol. 2, 275; David A. G. Waddell,

'The Career and Writings of Charles Davenant (1656–1714)' (D.Phil. thesis, Univ. of Oxford, 1954).

50. William Fulbecke, *The Pandectes of the Law of Nations* (1602), fol. 65v.

51. Jacob Viner, *The Role of Providence in the Social Order* (Amer. Philos. Soc., Philadelphia, 1972), chap. 2; David Harris Sacks, 'The True Temper of Empire', *Renaissance Studies*, 26 (2012), 534–40.

52. William Thomas, *The Pilgrim*, ed. J. A. Froude (1861), 4; Andre Thevet, *The New Found World, or Antarctike*, trans. Thomas Hacket (1568), fol. 74.

53. Purchas, *Hakluytus Posthumus*, vol. 1, 10–11; vol. 19, 223; [Sir Thomas Smith?], *A Discourse of the Commonweal*, ed. Mary Dewar (Charlottesville, VA, 1969), 62; Charles Richardson, *A Sermon against Oppression and Fraudulent Dealing* (1615), 17; Nathanael Carpenter, *Geographie Delineated Forth in Two Bookes* (1625), vol. 2, 274; *The Arrivall and Intertainements of the Embassador, Alkaid Jauvar Ben Abdella* (1637), 1–3; William Gray, *Chorographia, or a Survey of Newcastle* (1649), 26; 'Preface in Defence of Trade and Commerce', in Edmund Bolton, *The Cities Great Concern* (1674) (not in the original edition of 1629), sigs. A1v–2; Peter Heylyn, *Cosmography in Four Books* (1674), 4; William Molyneux, *Sciothericum Telescopicum* (Dublin, 1686), 2; [John Streater], *Observations Historical, Political and Philosophical upon Aristotle's First Book of Political Government*, 4 (25 Apr.–2 May 1654), 28.

54. Sir James Perrott, *The Chronicle of Ireland 1584–1608*, ed. Herbert Wood (Dublin, 1933), 16.

55. Stephen Conway, *Britain, Ireland, and Continental Europe in the Eighteenth Century* (Oxford, 2011), 260–65; Thomas Wemyss Fulton, *The Sovereignty of the Sea* (Edinburgh, 1911), 206–8.

56. Joyce Appleby, *Economic Thought and Ideology in Seventeenth- Century England* (Princeton, NJ, 1978), 118–19; Craig Muldrew, *The Economy of Obligation* (Basingstoke, 1998), chap. 5.

57. Games, *Web of Empire*, esp. 24, 51, 78, 79, 113, 115, 320; Roxann Wheeler, *The Complexion of Race* (Philadelphia, PA, 2000), 103; Adam Smith, *Lectures on Jurisprudence*, ed. R. L. Meek et al. (Oxford, 1978), 538.

58. Thomas Sprat, *History of the Royal Society*, ed. Jackson I. Cope and Harold Whitmore Jones (St Louis, MO, 1959), 408; Aylett Sammes, *Britannia Antiqua Illustrata* (1676), 15, 73; John Evelyn, *Navigation and Commerce* (1674), 4, 11; id., *The History of*

Religion, ed. R. M. Evanson (1850), vol. 2, 195.

59. *The Diary and Autobiography of Edmund Bohun Esq*, ed. S. Wilton Rix (Beccles, 1853), 134.

60. William Dampier, *A New Voyage around the World* (1697), 115–16.

61. Bernard Mandeville, *The Fable of the Bees*, ed. F. B. Kaye (Oxford, 1924), vol. 2, 349; Malachy Postlethwayt, *The Universal Dictionary of Trade and Commerce* (1751), 3; *Works of William Robertson*, vol. 3, 123.

62. Edward Graves, *A Brief Narration and Deduction* (1679), 6; *John Locke on Money*, ed. Patrick Hyde Kelly (Oxford, 1991), vol. 2, 410; *The Constitution of the Off ice of Land Credit Declared in a Deed by Hugh Chamberlen* (1696), 2; Matthew Henry, *A Sermon on Acts XXVIII,* 22 (1699), 20. 有關「文明貿易」（civilizing trade），請見 Albert O. Hirschman, *The Passions and the Interests* (Princeton, NJ, 1977), 51–52, 58–63, 70–80; id., *Rival Views of Market Society and Other Recent Essays* (New York, 1986), 107–9; Anthony Pagden, *Lords of All the World* (New Haven, CT, 1995), 178–87.

63. William Wood, *New Englands Prospect* (3rd edn, 1764), 94.

64. Smith, *Lectures on Jurisprudence*, 14–16, 459–60; *Turgot on Progress, Sociology and Economics*, trans. and ed. Ronald L. Meek (Cambridge, 1973), 65–69. 相關討論請見Ronald L. Meek, *Social Science and the Ignoble Savage* (Cambridge, 1976), esp. chap. 4; Andrew S. Skinner, *A System of Social Science* (Oxford, 1979), 71–90; Peter Stein, *Legal Evolution* (Cambridge, 1980), chap. 2, and 'The Four Stage Theory of the Development of Societies', in his *The Character and Influence of the Civil Law* (1988); Knud Haakonssen, *The Science of a Legislator* (Cambridge, 1981), chap. 7; Christopher J. Berry, *Social Theory of the Scottish Enlightenment* (Edinburgh, 1997), 93–99, and *The Idea of Commercial Society in the Scottish Enlightenment* (Edinburgh, 2013), chap. 2 (a particularly precise analysis); J. G. A. Pocock, *Barbarism and Religion* (Cambridge, 1999–2016), vol. 2, 309–45; vol. 4, 100, 166–71; Frank Palmeri, *Stages of Nature, Stages of Society* (New York, 2016), introduction and chap 1.

65. Christopher J. Berry, 'Rude Religion', in *The Scottish Enlightenment*, ed. Paul Wood (Rochester, NY, 2000).

66. Lovejoy and Boas, *Primitivism and Related Ideas*, esp. chaps. 7, 8, 9, 12; Thomas Cole, *Democritus and the Sources of Greek Anthropology* (Cleveland, OH, 1967), 26, 149, 184.

67. [Johannes Boemus], 'Preface of the Authour', in *The Fardle of Facions*, trans. William Watreman (1555), and in id., *The Manners, Lawes, and Customes of All Nations*, trans. Ed. Aston (1611). 據此請見C. Phillip E. Nothaft, 'The Early History of Man and the Uses of Diodorus in Renaissance Scholarship', in *For the Sake of Learning*, ed. Ann Blair and Anja- Silvia Goeing (Leiden, 2016).
68. Louis le Roy, *Of the Interchangeable Course, or Variety of Things in the Whole World*, trans. R[obert] A[shley] (1594), bk 3, esp. fols. 27v–28v; Pierre d'Avity, *The Estates, Empires and Principallities of the World*, trans. Edward Grimstone (1615), 266–67 (on degrees of barbarism), 267–68 (on stages of development); Geoffroy Atkinson, *Les Nouveaux Horizons de la Renaissance francaise* (Paris, 1935), 37–80; Federico Chabod, *Giovanni Botero* (Rome, [1934]), 80; Rosario Romeo, *Le scoperte americane nella coscienza italiana del Cinquecento* (Milan, 1954), 93–106.
69. Istvan Hont, 'The Language of Sociability and Commerce', in his *Jealousy of Trade* (Cambridge, MA, 2005), 160–84, 364–70.
70. Jed Z. Buchwald and Mordechai Feingold, *Newton and the Origin of Civilization* (Princeton, NJ, 2013), 428.
71. *Complete Works of Montesquieu*, vol. 1, 363, 365–69 ('The Spirit of Laws', bk 18, 8, 11–17).
72. Smith, *Lectures on Jurisprudence*, 61, 69–70（在那裡，他在連續兩個段落五次說愛爾蘭的體系會導致「荒謬」），70–71, 467–69, 524–25; id., *Wealth of Nations*, 383–86 (III. ii. 7); Henry Home, Lord Kames, *Historical Law- Tracts* (Edinburgh, 1758), vol. 1, 219. 與此相反，另一個四階段論的個主張者約翰．達爾林普認為第四階段商業階段會導致土地財產的異化，又為這情形的後果慨嘆。見John Dalrymple, *An Essay towards a General History of Feudal Property in Great Britain* (2nd edn, 1758), chaps. 3 and 4; id., *Considerations upon the Policy of Entails in Great Britain* (Edinburgh, 1764).
73. Berry, *Idea of a Commercial Society*, 38.
74. Kames, *Historical Law- Tracts*, vol. 1, 77n–80n, 126–29, 139–40, 146.
75. Adam Ferguson, *An Essay on the History of Civil Society 1767*, ed. Duncan Forbes (Edinburgh, 1966).
76. John Brown, *A Dissertation on the Rise... of Poetry and Music* (1763). 看來沒有十七世紀的英格蘭注意到捷克教育和宗教改革家康米紐斯（Jan Amos Komenský）在《光明之路》（*Via Lucis*）中對人類知性進步階段的傑出原創性講述：*Via Lucis* (Amsterdam, 1668, but written twenty- six years earlier), trans. E. T. Campagnac as *The Way of Light* (Liverpool, 1938),

chap. 13.

77. [William and Edmund Burke], *An account of the European Settlements in America* (1757), vol. 1, 167.

78. Donald R. Kelley, *Foundations of Modern Historical Scholarship* (New York, 1970), 64, 83; Robert Burton, *The Anatomy of Melancholy*, ed. Thomas C. Faulkner et al. (Oxford, 1989–2000), vol. 2, 154; Ferguson, *Essay on the History of Civil Society*, 208.

79. Bartlett, *Gerald of Wales*, 190; Spenser, *View*, 96, 113–20; William Camden, *Britain* (1610), 2nd pagination, 148; Richard A. McCabe, *Spenser's Monstrous Regiment* (Oxford, 2002), 140.

80. George Hakewill, *An Apologie or Declaration of the Power and Providence of God* (3rd edn, 1635), vol. 5, 58.

81. Nicholas Tyacke, 'An Oxford Education in the Early Seventeenth Century', *History of Universities*, vol. 27 (2013), 37.

82. Benjamin Farrington, *The Philosophy of Francis Bacon* (Liverpool, 1964), 109; Sprat, *History of the Royal Society*, 22–23, 389; *The Petty Papers*, ed. Marquess of Lansdowne (1927), vol. 2, 24. 見 Paul Slack, *The Invention of Improvement* ([2014]; Oxford, '2015'), index, s.v. 'progress'.

83. 與此相反，十四世紀的阿拉伯哲學家相信當一個社會發展到頂點，就會無可避免地衰落。見Muhsin Mahdi, *Ibn Khaldun's Philosophy of History* (1957), 202.

84. Joseph Hall, *The Discovery of a New World* (1609), sig. A4.

85. William C. Lehmann, *John Millar of Glasgow 1735–1801* (Cambridge, 1960), 176; *Works of William Robertson*, vol. 3, 21; Hugh Blair, *Sermons* (19th edn, 1794), vol. 4, 253; and more generally, David Spadafora, *The Idea of Progress in Eighteenth-Century Britain* (New Haven, CT, 1990).

86. Temple, *Miscellanea: The Second Part*, 173, 196.

87. *An Embassy to China*, ed. J. L. Cranmer- Byng (Hamden, CT, 1963), 226, 222; P. J. Marshall and Glyndwr Williams, *The Great Map of Mankind* (1982), 135, 147, 177; P. J. Marshall, *'A Free though Conquering People'* (Aldershot, 2003), chap. 11, 22–24.

88. Duncan Forbes, *Hume's Philosophical Politics* (Cambridge, 1975), 296–97; Dalrymple, *Essay towards a General History of Feudal Property*, ix–x; Ferguson, *Essay on the History of Civil Society*, 1; Lehmann, *John Millar of Glasgow*, 99–100; *Works of*

William Robertson, vol. 1, 21; Thomas Babington Macaulay, *The History of England from the Accession of James II* ([1848–61]; 1905), vol. 1, 378 (chap 3); Spadafora, *Idea of Progress*, chap. 7.

89. Kames, *Historical Law- Tracts*, vol. 1, v.
90. E.g., Sir Richard Blackmore, *Creation* (3rd edn, 1715), 71–74, and Richard Payne Knight, *The Progress of Civility* (1796), both basing their accounts on Lucretius.
91. W. Baring Pemberton, *Lord Palmerston* (1954), 141.
92. John Webb, *An Historical Essay Endeavoring the Probability That the Language of the Empire of China Is the Primitive Language* (1669), 21 (citing Sir Walter Ralegh, *The History of the World* (1617), 115–16).
93. Purchas, *Hakluytus Posthumus*, vol. 1, 81, 252.
94. Sir Clement Edmondes, *Observations upon the First Five Bookes of Caesar's Commentaries* (1604), 5th commentary, chap. 4; Thomas Hobbes, *Decameron Physiologicum* (1678), 5; Sprat, *History of the Royal Society*, 5. 有關這個概念在中世紀的萌芽，請見Clarence J. Glacken, *Traces on the Rhodian Shore* (Berkeley, CA, 1967), 276–78.
95. Purchas, *Hakluytus Posthumus*, vol. 1, 249–51; *Autobiography of Thomas Raymond and Memoirs of the Family of Guise of Elmore, Gloucestershire*, ed. G. Davies (Camden, 3rd ser., 1917), 101; [Johann Amos Comenius], *A Generall Table of Europe* (1670), 2; Robert Morden, *Geography Rectified* (1688), 10.
96. Larry Wolff, *Inventing Eastern Europe* (Stanford, CA, 1994).
97. M. Balfoure, 'To the Reader', in Sir Andrew Balfour, *Letters write [sic] to a Friend* (1700), 11; David Hume, *Essays Moral, Political, and Literary*, ed. T. H. Green and T. H. Grose (1875), vol. 1, 307.
98. 有關這個巨大的主題，請見Marshall G. S. Hodgson, *Rethinking World History*, ed. Edmund Burke III (Cambridge, 1993), chap. 4; Kenneth Pomeranz, *The Great Divergence* (Princeton, NJ, 2000); C. A. Bayly, *The Birth of the Modern World, 1780–1914* (Oxford, 2004), 60–63; John Darwin, *After Tamerlane* (2007), chap. 3; *Unmasking the West*, ed. Philip E. Tetlock et al. (Ann Arbor, MI, 2009), chaps. 9 (by Kenneth Pomeranz) and 10 (by Joel Mokyr).
99. Michael Wintle, *The Image of Europe* (Cambridge, 2009), 53–67, and index, s.v. 'Eurocentrism.'

100. *The Writings and Speeches of Edmund Burke*, ed. Paul Langford et al. (Oxford, 1981– 2015), vol. 9, 248–49; *The Correspondence of Edmund Burke*, ed. Thomas W. Copeland (Cambridge, 1958–78), vol. 7, 387; vol. 9, 306–7; Georges Gusdorf, *Les Principes de la pensee au siecle des Lumieres* (Paris, 1971), pt 1, chap. 1; *Penser l'Europe au XVIIIe siecle*, ed. Antoine Lilti and Celine Spector (Oxford, 2014).

101. John Aubrey, *Wiltshire: The Topographical Collections*, ed. John Edward Jackson (Devizes, 1862), 4; John Bridges, *A Sermon, Preached at Paules Crosse* (1571), 17; *Camden's Britannia*, ed. Edmund Gibson (1695; facsimile, 1971), col. 4; Carpenter, *Geographie Delineated*, vol. 2, 281.

102. *The Letters of Sir Thomas Browne*, ed. Geoffrey Keynes (new edn, 1946), 351; Michael Hunter, *John Aubrey and the Realm of Learning* (1975), 175; Thomas Hariot, *A Briefe and True Report of the New Found Land of Virginia* (1590), appendix, sig. E1; Purchas, *Hakluytus Posthumus*, vol. 1, 80, 162.

103. *Writings and Speeches of Edmund Burke*, vol. 1, 348.

104. Thomas Digges, *Foure Paradoxes, or Politique Discourses* (1604), 3rd pagination, 82; William Strachey, *The Historie of Travell into Virginia Britania* (1612), ed. Louis B. Wright and Virginia Freund (Hakluyt Soc., 1953), 24.

105. Inigo Jones, *The Most Notable Antiquity of Great Britain, Vulgarly Called Stone- Heng* (1655), 13 (following Tacitus, *Agricola,* 21).

106. *Complete Prose Works of John Milton*, ed. Don M. Wolfe et al. (New Haven, CT, 1953– 82), vol. 5(i), 61 (echoing Camden, *Britain*, 1st pagination, 63); *Diary and Autobiography of Edmund Bohun*, 134–35. There is much on this theme in Richard Hingley, *The Recovery of Roman Britain 1585–1906* (Oxford, 2008), esp. chap. 1.

107. *Complete Prose Works of John Milton*, vol. 5(i), 142; Spenser, *View*, 202–3; David Hume, *The History of England from the Invasion of Julius Caesar to the Revolution in 1688* (new edn, 1773), vol. 1, 229.

108. William of Malmesbury, *Gesta Regum Anglorum*, ed. and trans. R. A. B. Mynors et al. (Oxford, 1998–99), vol. 1, 118–19, 152–53, 190–95, 456–61; id., *The Deeds of the Bishops of England (Gesta Pontif icorum Anglorum)*, trans. David Preest (Woodbridge, 2002), 127, 281; John Gillingham, *The English in the Twelfth Century* (Woodbridge, 2000), 5–6, and 'Civilizing the English?',

35–43.

109. *The Miscellaneous Works of the Right Honourable Edward Earl of Clarendon* (2nd edn, 1751), 236; Sir William Temple, *An Introduction to the History of England* (1695), 315. For eighteenth- century views of the Anglo- Saxons, 見 Rosemary Sweet, *Antiquaries* (2004), chap. 6.

110. *Writings and Speeches of Edmund Burke*, vol. 3, 115.

111. George Hakewill, *An Apologie or Declaration of the Power and Providence of God* (1630), 327–50; Roger North, *Of Building*, ed. Howard Colvin and John Newman (Oxford, 1981), 108; Daniel Defoe, *Serious Reflections during the Life and Surprising Adventures of Robinson Crusoe* (1720), 130, 255.

112. Philip Kinder, *The Surfeit: To A. B. C.* (1656), 27.

113. Joseph Priestley, *Lectures on History and General Policy* (1793), vol. 2, 283; 'An Historical and Moral View of the French Revolution', in *The Works of Mary Wollstonecraft*, ed. Janet Todd and Marilyn Butler (1989), vol. 6, 111n.

114. John Prise, *Historiae Britannicae Defensio* (1573), ed. and trans. Ceri Davies (Toronto, 2015), 36–37, 50–51; Humphrey Llwyd, *The Breviary of Britayne* (1573), fols. 42v–43.

115. George Saltern, *Of the Antient Lawes of Great Britaine* (1605), sig. F1; *The Works of Michael Drayton*, ed. J. William Hebel (Oxford, 1961), vol. 4, 208 (*Polyolbion*, song 10, 298–99).

116. *Camden's Britannia*, ed. Gibson, cols. 648, 672; Graham Parry, *The Trophies of Time* (Oxford, 1995), 345–55.

117. *ODNB*, s.v. 'Parker, Matthew'; William Camden, *Remains*, ed. R. D. Dunn (Toronto, 1984), 13, 16–17, 24, 27, 29.

118. Puttenham, *Arte of English Poesie*, 59–60 (I. xxxi); Starkey, *Dialogue*, 129; J. Fidoe et al., *The Parliament Justified in Their Late Proceedings against Charls Stuart* (1648 [1649]), 14; Bulstrode Whitelocke, *Memorials of the English Affairs* (Oxford, 1853), vol. 3, 263, 269; Thomas Carte, *A General History of England*, I (1747), 449–51; and more generally, Samuel Kliger, *The Goths in England* (Cambridge, MA, 1952); Christopher Hill, 'The Norman Yoke', in *Puritanism and Revolution* (1958).

119. *The Works of the Late Right Honourable Henry St John, Lord Viscount Bolingbroke* (new edn, 1809), vol. 7, 414–15; *The Complete Writings of William Blake*, ed. Geoffrey Keynes (1957), 577; Sweet, *Antiquaries*, chaps. 4 and 6.

120. Keith Thomas, *The Perception of the Past in Early Modern England* ([1984]), 9–10.

121. Wallace K. Ferguson, *The Renaissance in Historical Thought* (Cambridge, MA, 1948), chaps. 1–3,其中敘述相當精彩。有關中世紀的美學野蠻（aesthetic barbarism），另見Keith Thomas, 'English Protestantism and Classical Art', in *Albion's Classicism*, ed. Lucy Gent (New Haven, CT, 1995), 228.

122. James Simpson, 'Ageism', *New Medieval Literatures*, vol. 1 (1997), 230; Spenser, *View*, 54; Francis Bacon, *Early Writings 1584–1596*, ed. Alan Stewart with Harriet Knight (Oxford, 2012), vol. 1, 362; Barston, *Safegarde of Societie*, fols. 22v–23.

123. Richard Helgerson, *Forms of Nationhood* (Chicago, IL, 1992); Spenser, *View*, 118; Gabriel Harvey, *Pierces Supererogation* (1593), 14; Francis Osborne, *Advice to a Son*, ed. Edward Abbott Parry (1896), 67; Anthony Ashley Cooper, 3rd Earl of Shaftesbury, *Characteristicks of Men, Manners, Opinions, Times*, ed. Philip Ayres (Oxford, 1999), vol. 2, 201; Hume, *Essays*, vol. 1, 346.

124. Thomas, *Perception of the Past*; [Robert Persons], *An Epistle of the Persecution of Catholickes in England* (Douai, 1582), 136–37.

125. Henry Wotton, *The Elements of Architecture* ([1624]; 1903), viii; S[imon] P[atrick], *A Brief Account of the New Sect of Latitude-Men* (1662), 23.

126. Wotton, *Elements of Architecture*, 40–41; Hakewill, *Apologie* (1630 edn), 318–20; Matthew Hale, *The History of the Common Law of England* (3rd edn, 1739), 152; *Works of William Robertson*, vol. 3, 45–51.

127. Christopher Wren, *Parentalia: Or, Memoirs of the Family of the Wrens*, ed. Stephen Wren (1751), 307–8; Terry Friedman, *The Eighteenth- Century Church in Britain* (New Haven, CT, 2011), 186–87, 648n10; Hugh Blair, *Sermons* (1790), vol. 3, 234; Lord Ernle, *English Farming Past and Present* (6th edn, 1961), 199–200.

128. Camoens, *The Lusiads*, trans. William Julius Mickle (Oxford, 1776), introduction, xii–xvi.

129. 'A View of the Progress of Society in Europe', in *Works of William Robertson*, vol. 3, 39; Jonathan Richardson, *Two Discourses* (1719), vol. 2, 221.

130. *A Brief History of Trade in England*, 121–22.

131. *New Letters of David Hume*, ed. Raymond Klibansky and Ernest C. Mossner (Oxford, 1954), 198–99; John Locke, *Two Treatises of Government*, ed. Peter Laslett (Cambridge, 1960), 314–15 (II. 41); Smith, *Lectures on Jurisprudence*, 338–39 (and *Wealth of Nations*, vol. 1, 24 (I. i), where the king is African); Hume, *History of England*, vol. 3, 296.

132. Hume, *History of England*, vol. 5, 459–60; vol. 3, 46.

133. Mandeville, *Fable of the Bees*, vol. 2, 306; William Hutton, *The Beetham Repository*, ed. John Rawlinson Ford (Cumberland and Westmorland Archaeol. and Antiqn Soc., 1906), 125.

134. Woodward, *Essay toward a Natural History*, 95; similarly, Clarendon, *Miscellaneous Works*, 195; Algernon Sidney, *Discourses concerning Government* (3rd edn, 1751), 281.

135. Carpenter, *Geography Delineated*, vol. 2, chaps. 14–15, 給了詳盡的闡述。有關氣候解釋了人類的差異，請見Glacken, *Traces on the Rhodian Shore*; Waldemar Zacharasiewicz, *Die Klimatheorie in der englischen Literatur und Literaturkritik von der Mitte des 16. bis zum fruhen 18. Jahrhundert* (Vienna, 1977); Mark Harrison, *Climates and Constitutions* (Oxford, 1999); Mary Floyd- Wilson, *English Ethnicity and Race in Early Modern Drama* (Cambridge, 2003).

136. Sir Thomas Palmer, *An Essay of the Meanes how to Make our Travailes, into Forraine Countries* (1606), 60–62; John Ogilby, *America* (1671), 472.

137. William Vaughan, *The Newlanders Cure* (1630), 3; Sir Matthew Hale, *The Primitive Origination of Mankind* (1677), 154; and more generally, Rebecca Earle, *The Body of the Conquistador* (Cambridge, 2012).

138. Le Roy, *Of the Interchangeable Course, or Variety of Things*, fol. 27v; Ogilby, *America*, 33; Thomas Hobbes, *De Cive*, ed. Howard Warrender (Oxford, 1983), I. xiii (Latin version, 96; English version, 49).

139. R. R. Davies, *The First English Empire* (Oxford, 2000), chap. 5, 此章對於威爾斯及其英格蘭鄰居的文化差異做了相當精彩的分析。另亦可見W. R. Jones, 'England against the Celtic Fringe', *Cahiers d'Histoire Mondiale* 12 (1971), and Bartlett, *Gerald of Wales*, 194–200.

140. *Polychronicon Ranulphi Higden Monacho Cestrensis*, ed. Charles Babington (Rolls ser., 1865–86), vol. 1, 410–11. 有關愛德華一世的成就，請見 J. Goronwy Edwards, *The Principality of Wales* (Caernarvonshire Hist. Soc., n. pl., 1969), 9–16.

141. *Polydore Vergil's English History*, ed. Sir Henry Ellis (Camden Soc., 1846), vol. 1, 13; Boorde, *Fyrst Boke of the Introduction of Knowledge*, 127.

142. Edwards, *Principality of Wales*, 20–26; Peter R. Roberts, 'Wales and England after the Tudors', in *Law and Government under the Tudors*, ed. Claire Cross (Cambridge, 1988); Ciaran Brady, 'Comparable Histories', in *Conquest and Union*, ed. Stephen G. Ellis and Sarah Barber (1995).

143. James Spedding, *The Letters and the Life of Francis Bacon* (1862–74), vol. 3, 384; *Early Chronicles of Shrewsbury, 1372–1603*, ed. W. A. Leighton (n. pl., 1880), 19.

144. Edward Yardley, *Menevia Sacra*, ed. Francis Green (Cambrian Archaeol. Assn, 1927), 388.

145. D. Lleufer Thomas, 'Further Notes on the Court of the Marches', *Y Cymmrodor* 13 (1900), 124, and appendix D; Richard Suggett, 'The Welsh Language and the Court of Great Sessions', in *The Welsh Language before the Industrial Revolution*, ed. Geraint H. Jenkins (Cardiff, 1997), 153–54; Penry Williams, *The Council in the Marches of Wales under Elizabeth I* (Cardiff, 1958), 61–65, 83–84.

146. Peter Roberts, 'The English Crown, the Principality of Wales and the Council in the Marches, 1534–1641', in *The British Problem, c. 1534–1707*, ed. Brendan Bradshaw and John Morrill (Basingstoke, 1966), 145–46.

147. Humphrey Lluyd, *The Breviary of Britayne*, trans. Thomas Twyne (1573), fol. 60v (Lluyd died in 1568).

148. *Historical Tracts by Sir John Davies* (1786), 107; Edmondes, *Observations upon Caesar's Commentaries* (2nd pagination), 7th commentary, chap. 2, 49–50; Ed. Aston, in Boemus, *Manners, Lawes, and Customes of All Nations*, 399.

149. W[illiam] R[ichards], *Wallography* (1682); John Cramsie, *British Travellers and the Encounter with Britain, 1450–1700* (Woodbridge, 2015), 315, 390.

150. Bodl., MS Don. d.187, fol. 73 (James Dallaway, 1756); *An American Quaker in the British Isles*, ed. Kenneth Morgan (British Academy, Oxford, 1992), 227; *The Torrington Diaries*, ed. C. Bruyn Andrews (1934–36; 1970), vol. 1, 291, 302; vol. 3, 277, 301, 311。大體而言，請見Prys Morgan, 'Wild Wales', in *Civil Histories*, ed. Peter Burke et al. (Oxford, 2000).

151. *Camden's Britannia*, ed. Gibson, col. 885; G. W. S. Barrow, *The Kingdom of the Scots* (2nd edn, Edinburgh, 1973), 336. On the

origins of the Highland/Lowland distinction, 見*John of Fordun's Chronicle of the Scottish Nation*, trans. Felix J. H. Skene, ed. W. F. Skene (Edinburgh, 1872), 37–38; Alexander Grant, 'Aspects of National Consciousness in Medieval Scotland', in *Nations, Nationalism and Patriotism in the European Past*, ed. Claus Bjorn et al. (Copenhagen, 1994); Charles Withers, 'The Historical Creation of the Scottish Highlands', in *The Manufacture of Scottish History*, ed. Ian Donnachie and Christopher Whatley (Edinburgh, 1991); Arthur H. Williamson, 'Scots, Indians and Empire', *P&P* 150 (1996), 59–66, and, especially, Jane Dawson, 'The Gaidhealtacd and the Emergence of the Scottish Highlands', in *British Consciousness and Identity*, ed. Brendan Bradshaw and Peter Roberts (Cambridge, 1998).

152. *The Political Works of James I*, ed. Charles Howard McIlwain (Cambridge, MA, 1918), 22.

153. Williamson, 'Scots, Indians and Empire', 64–66; David Armitage, 'Making the Empire British', *P&P* 155 (1997), 42–45; Anna Groundwater, 'The Chasm between James VI and I's Vision of the Orderly "Middle Shires" and the "Wickit" Borderers, 1587 to 1625', *Renaissance and Reformation* 30 (2006–7); Jane H. Ohlmeyer, ' "Civilizinge of Those Rude Parts" ', in *The Origins of Empire*, ed. Nicholas Canny (*Oxford History of the British Empire*, vol. 1, Oxford, 1998).

154. Allan I. Macinnes, 'Crown, Clans and *Fine*', *Northern Scotland* 13 (1993); Julian Goodare, 'The Statutes of Iona in Context', *Scottish Hist. Rev.* 77 (1998), 46; Colin Kidd, *British Identities before Nationalism* (Cambridge, 1999), 126–27; Ohlmeyer, 'Civilizinge of Those Rude Parts', 134.

155. Sherrilyn Theiss, 'The Western Highlands and Central Government, 1616–1645', and Danielle McCormack, 'Highland Lawlessness and the Cromwellian Regime', in *Scotland in the Age of Two Revolutions*, ed. Sharon Adams and Julian Goodare (Woodbridge, 2014); 並請查閱*Registers of the Privy Council of Scotland*一書傑出索引中的「feuds」條目。

156. *M. Misson's Memoirs and Observations in his Travels over England*, trans. (John) Ozell (1719), 286; P. Hume Brown, *Early Travellers in Scotland* (Edinburgh, 1891), 203, 205, 241; Cramsie, *British Travellers*, 400–401, 404–6, 417.

157. Henry Fielding, *The True Patriot and Related Writings*, ed. W. B. Coley (Oxford, 1987), 113.

158. 19 George II, chap. 39 (1746); 20 George II, chap. 20, 50–51 (1747).

159. Samuel Johnson, *A Journey to the Western Islands of Scotland*, ed. J. D. Fleeman (Oxford, 1985), 51. Similarly, William Gilpin,

Observations, relative chiefly to Picturesque Beauty, made in the Year 1776, on Several Parts of Great- Britain; particularly the High- Lands of Scotland (1789), vol. 1, 209–10.

160. *Letters and Papers Illustrating the Relations between Charles the Second and Scotland in 1650*, ed. Samuel Rawson Gardiner (Scottish Hist. Soc., 1894), 136–37; An English Gentleman [Thomas Kirke], *A Modern Account of Scotland* (1679), 6; Hume Brown, *Early Travellers in Scotland*, 97, 102–3, 142–43, 231; Alan Bell, *Sydney Smith* (Oxford, 1982), 15; *Letters and the Second Diary of Samuel Pepys*, ed. R. G. Howarth (1933), 139.

161. Joseph Taylor, *A Journey to Edenborough in Scotland*, ed. William Cowan (Edinburgh, 1903), 134. On the efforts of the Edinburgh Council to keep the streets clean, 見 Leona J. Skelton, *Sanitation in Urban Britain 1560–1700* (2016), 111, 121–28, 172.

162. Horace Bleackley, *Life of John Wilkes* (1917), 323.

163. *The Economic Writings of Sir William Petty*, ed. Charles Henry Hull (Cambridge, 1899), vol. 1, 154–55.

164. Gerald of Wales, *History and Topography of Ireland*, 92–125; W. R. Jones, '*Giraldus Redivivus*', *Eire- Ireland* 9 (1974), 101–3; Michael Richter, 'Giraldiana', *Irish Historical Studies* 22 (1979); John Gillingham, 'Images of Ireland, 1170–1600', *History Today* 37 (1987); id., *The English in the Twelfth Century*, chap. 9; Andrew Hadfield, *Edmund Spenser's Irish Experience* (Oxford, 1997), 25–29, 53, 92–94; Hiram Morgan, 'Giraldus Cambrensis and the Tudor Conquest of Ireland', in *Political Ideology in Ireland, 1541– 1641*, ed. Morgan (Dublin, 1999).

165. Stanford E. Lehmberg, *The Later Parliaments of Henry VIII 1536–1547* (Cambridge, 1977), 142; Walter Bourchier Devereux, *Lives and Letters of the Devereux, Earls of Essex* (1853), vol. 1, 74.

166. Sir Thomas Elyot, *The Boke Named the Gouernour*, ed. Henry Herbert Stephen Croft (1883), 87–89 (i. xi); Spenser, *View*, 90 and index, s.v. 'Scythians'; Andrew Hadfield, 'Briton and Scythian', *Irish Historical Studies* 28 (1993).

167. Francis Bacon, *Early Writings, 1584–1596*, ed. Alan Stewart with Harriet Knight (Oxford, 2012), 82; *The Clarke Papers*, ed. C. H. Firth (Camden Soc., 1891–1901), vol. 2, 205. 一般而言，請見 Nicholas P. Canny, *The Elizabethan Conquest of Ireland* (Hassocks, 1976), chap.6; Joep Leerssen, *Mere Irish and Fíor Ghael* (Cork, 1996), 33–84; Eamon Darcy, *The Irish Rebellion of*

1641 and the Wars of the Three Kingdoms (Woodbridge, 2013), chap. 1; Ian Campbell, *Renaissance Humanism and Ethnicity before Race* (Manchester, 2013), chap. 2.

168. Nicholas Canny, 'Revising the Revisionists', *Irish Hist. Studies* 30 (1996), 250; Darcy, *Irish Rebellion of 1641*, 46.
169. David Beers Quinn, *The Elizabethans and the Irish* (Ithaca, NY, 1966), 29, 31–33, 58–59.
170. *Economic Writings of Sir William Petty*, vol. 1, 204; Jones, '*Giraldus Redivivus*', 13–20; Brendan Bradshaw, 'Geoffrey Keating', in *Representing Ireland*, ed. Bradshaw et al. (Cambridge, 1993); [John Lynch], *Cambrensis Eversus*, ed. and trans. Matthew Kelly (Celtic Soc., Dublin, 1848–51), esp. vol. 2, 198–222; Leerssen, *Mere Irish and Fior- Ghael*, 291–434; Campbell, *Renaissance Humanism and Ethnicity*, chap. 3.
171. Kidd, *British Identities,* 157–62, 200; Clare O'Halloran, *Golden Ages and Barbarous Nations* (Cork, 2004).
172. Quinn, *Elizabethans and the Irish*, 64–71; Fynes Moryson, *An Itinerary* (Glasgow, 1907– 8), vol. 4, 198–203, 236–38; id., *Shakespeare's Europe*, 485; *Trevelyan Papers*, vol. 3, ed. Walter Calverley Trevelyan and Sir Charles Edward Trevelyan (Camden Soc., 1872), 103; BL, Cotton MS, Faustinus 109 ('A Discourse upon the Reformation of Ireland'), fol. 40v; John Derricke, *The Image of Irelande*, ed. John Small (Edinburgh, 1883); Graham Kew, *The Irish Sections of Fynes Moryson's Unpublished Itinerary* (Dublin, 1998), 40, 102–3, 105, 106; Barnabe Rich, *A New Description of Ireland* (1610), 16, 24–27, 40.
173. Barnabe Rich, *A Short Survey of Ireland* (1609), 2; Kew, *Irish Sections of Moryson's Itinerary*, 111; Gerard Boate, *Irelands Naturall History*, published by Samuel Hartlib (1657), 7.

第五章 輸出文明

1. Francisco de Vitoria, *Political Writings*, ed. Anthony Pagden and Jeremy Lawrance (Cambridge, 1991), 278–84; Jose de Acosta, *De Procuranda Indorum Salute*, trans. and ed. G. Stewart McIntosh (Tayport, 1995–96), 86–87 (II. xiv), 111–12 (III. vi).
2. *The Voyages and Colonizing Enterprises of Sir Humphrey Gilbert*, ed. David Beers Quinn (Hakluyt Soc., 1940), vol. 2, 453.
3. Alberico Gentili, *De Iure Belli Libri Tres* (1612), trans. John C. Rolfe (Oxford, 1933), 86–87, 89–90 (I. xix) (though with qualifications); Richard Zouche, *Iuris et Iudicii Fecialis*, ed. Thomas Erskine Holland, trans. J. L. Brierly ([1650]; Washington,

DC, 1911), vol. 2, 27 (I. v. 1); *The Original Writings and Correspondence of the Two Richard Hakluyts*, ed. E. G. R. Taylor (Hakluyt Soc., 1935), vol. 2, 342; William Strachey, *The Historie of Travell into Virginia Britania (1612)*, ed. Louis B. Wright and Virginia Freund (Hakluyt Soc., 1953), 22–23; Samuel Purchas, *Hakluytus Posthumus, or Purchas his Pilgrimes* (1625; Glasgow, 1905–7), vol. 19, 223–24; Joseph Hall, *Resolutions and Decisions of Divers Practicall Cases of Conscience* (3rd edn, 1654), 243–44; Thomas Hobbes, *The Elements of Law*, ed. Ferdinand Tonnies (1889), 87 (16.12); Andrew Fitzmaurice, *Sovereignty, Property and Empire, 1500–1800* (Cambridge, 2014), 70–73.

4. Annabel Brett, *Changes of State* (Princeton, NJ, 2001), 14; Hedley Bull, 'The Emergence of a Universal International Society', in *The Expansion of International Society*, ed. Bull and Adam Watson (Oxford, 1984), 120; Purchas, *Hakluytus Posthumus*, vol. 19, 224.

5. Daniel Defoe, *A General History of Discoveries* (n.d.), 97, 133–52; id., *A Plan of the English Commerce* ([1728]; Oxford, 1928), pt 3, chap. 2.

6. *Cal. SP, Foreign, Jan.–June 1583 and Addenda*, 478.

7. 以下幾部著作對這個受到頗多討論的問題有寶貴見解：Anthony Pagden, 'The Struggle for Legitimacy and the Image of Empire in the Atlantic to *c.* 1700', in *The Origins of Empire*, ed. Nicholas Canny (*Oxford History of the British Empire*, vol. 1; Oxford, 1998); Richard Tuck, *The Rights of War and Peace* (Oxford, 1999), 47–50, 105–6, 123–26, 175–76, 182–83; Christopher Tomlins, *Freedom Bound* (Cambridge, 2010), chaps. 3 and 4; Fitzmaurice, *Sovereignty, Property and Empire*, 51–58.

8. Thomas More, *Utopia*, ed. George M. Logan and Robert M. Adams (Cambridge, 1989), 56.

9. *Winthrop Papers*, vol. 2, 1623–1630 (Massachusetts Hist. Soc., 1931), 113, 120, 140–41; John Cotton, 'A reply to Mr Williams', appended to his *The Bloody Tenent, Washed and Made White in the Bloude of the Lambe* (1647), 27–28.

10. John Rolfe, *A True Relation of the State of Virginia Lefte by Sir Thomas Dale* (New Haven, CT, 1951), 41, 36; Jeremiah Dummer, *A Defence of the New- England Charters* (1721), 13–14, 19–21; Francis Jennings, *The Invasion of America* (Chapel Hill, NC, 1975), chap. 8; Andrew Fitzmaurice, *Humanism and America* (Cambridge, 2003), 165–66, 184–86; Stuart Banner,

How the Indians Lost Their Land (Cambridge, MA, 2005), esp. 21–29.

11. Gentili, *De Iure Belli*, 80–81 (I. xvii); Purchas, *Hakluytus Posthumus*, vol. 1, 82; vol. 19, 222–32; *The Sermons of John Donne*, ed. George R. Potter and Evelyn M. Simpson (Berkeley, CA, 1953–62), vol. 4, 274.
12. Thomas Hobbes, *Leviathan*, ed. Noel Malcolm (Oxford, 2012), vol. 2, 540 (chap. 30); Francis Bacon, *The Essayes or Counsels, Civill and Morall*, ed. Michael Kiernan (Oxford, 1985), 106.
13. Peter Sarris, *Empires of Faith* (Oxford, 2011), 31–32.
14. *Register of the Privy Council of Scotland*, vol. 6, 825; vol. 7, 524–25.
15. Emmer de Vattel, *The Law of Nations*, ed. Bela Kapossy and Richard Whatmore (Indianapolis, IN, 2008), 306 (II. vi. 85), 310–11 (II. vii. 97), 129 (I. vii. 81).
16. *Cal. SP, Colonial, America and West Indies, 1681–1685*, 100–101, 179–81, 197; Hilary Beckles, 'The Genocidal Policy in English- Karifuna Relations in the Seventeenth Century', in *Empire and Others*, ed. Martin Daunton and Rick Halpern (Philadelphia, PA, 1999).
17. Elizabeth Fenn, *Pox Americana* (New York, 2001), 88–89, 155–57.
18. C. A. Bayly, *The Birth of the Modern World* (Oxford, 2004), chap. 13. Tom Lawson, *The Last Man* (2014)是對塔斯曼尼亞種族屠殺的記述，內容激烈、具高度有爭議但有根有據。
19. Hobbes, *Leviathan*, ed. Malcolm, vol. 2, 194 (chap. 13); John Locke, *Two Treatises of Government*, ed. Peter Laslett (Cambridge, 1960), 353 (II. para. 102), 357–58 (II. para. 108); 'Advertisement Touching on Holy Warre', in *The Works of Francis Bacon*, ed. James Spedding et al. (new edn, 1879), vol. 7(i), 29–31 (the speaker is a Roman Catholic 'zelant').
20. Christopher Levett, *A Voyage into New England* (1624), 20; and similarly, Robert Gray, *A Good Speed to Virginia* (1609), sigs. C2v–4; Robert Johnson, *Nova Britannia* (1609), sig. B4.
21. *Newfoundland Discovered*, ed. Gillian T. Cell (Hakluyt Soc., 1982), 258–69; Tomlins, *Freedom Bound*, 176–77.
22. 不同的觀點請見 James Tully, *An Approach to Political Philosophy* (Cambridge, 1993), chap. 5; Noel Malcolm, *Aspects of Hobbes* (Oxford, 2002), 75; Srinivas Aravamurdan, 'Hobbes and America', in *The Postcolonial Enlightenment*, ed. Daniel

Carey and Lynn Festa (Oxford, 2009); Pat Moloney, 'Hobbes, Savagery, and International Anarchy', *Amer. Political Science Rev.* 195 (2011); Fitzmaurice, *Sovereignty, Property and Empire*, 61, 73, 77–78, 178–79.

23. 書中列舉相當多例子：Grotius, *Rights of War and Peace*, 438 (II. xx. 40. 4).
24. Gentili, *De Iure Belli*, 122–25 (I. xxv); *The Works of Sir Walter Ralegh* (Oxford, 1829), vol. 8, 69 (not by Ralegh); *Works of Francis Bacon*, ed. Spedding, vol. 7(i), 28–36; Purchas, *Hakluytus Posthumus*, vol. 19, 224; Hugo Grotius, *The Rights of War and Peace* (Eng. trans., 1738), 436–37 (II. xx. 40–49), 440 (II. xx. 43. 3); Zouche, *Iuris et Iudicii Fecialis*, vol. 2, 115–16 (II. vii. 1–2); James Muldoon, *Popes, Lawyers, and Infidels* (Liverpool, 1979), chap. 2; Tully, *Approach to Political Philosophy*, 142–43; Tuck, *Rights of War and Peace*, 34–35, 39–41, 102–3.
25. Aristotle, *Politics*, 1252b; John Case, *Sphaera Civitatis* (Oxford, 1588), 63–64 (I. v); Greg Woolf, *Becoming Roman* (Cambridge, 1998), esp. chap. 3; Wilfried Nippel, 'The Construction of the "Other" ', in *Greeks and Barbarians*, ed. Thomas Harrison (Edinburgh, 2002), 196; Alberico Gentili, *The Wars of the Romans*, trans. David Lupher, ed. Benedict Kingsbury and Benjamin Straumann (New York, 2011), xiv, xvi, 129–31, 337, 349–51; Sir Matthew Hale, *The Primitive Origination of Mankind* (1677), 159.
26. Gillingham, 'Civilizing the English', *HistRes* 74 (2001), 41.
27. Sir William Temple, *Miscellanea: The Second Part* (4th edn, 1696), 172.
28. Joseph Addison, *Cato* (1713), act 1, scene 4.
29. Rolfe, *True Relation of the State of Virginia*, 40.
30. Spedding, *Letters and Life of Francis Bacon*, vol. 2, 131–32.
31. Haly Heron, *The Kayes of Counsaile* (1579), ed. Virgil B. Heltzel (Liverpool, 1954), 78; Gray, *Good Speed to Virginia*, sig. C4r–v.
32. Edmund Bolton, *Nero Caesar, or Monarchie Depraved* (1624), 77; *Historical Tracts by Sir John Davies* (1786), 4; BL, Add. MS 37, 345 (Whitelocke's *Annals*, vol. 5), fol. 244v.
33. Geoffrey Gates, *The Defence of Militarie Profession* (1579), 13, 15; D. B. Quinn, 'Renaissance Influences in English

Colonization', *TRHS*, 5th ser., 26 (1976); David Armitage, *The Ideological Origins of the British Empire* (Cambridge, 2000), 47–52; Nicholas Canny, *Making Ireland British 1580–1650* (Oxford, 2001), 121–23, 197–98, 214; David Harris Sacks, 'The Prudence of Thrasymachus', in *Historians and Ideologues*, ed. Anthony Grafton and J. H. M. Salmon (Rochester, NY, 2001), 102.

34. 'Basilikon Doron', in *The Political Works of James I*, ed. Charles Howard McIlwain (Cambridge, MA, 1918), 22.
35. Christopher Maginn, ' "Surrender and Regrant" in the Historiography of Sixteenth- Century Ireland', *Sixteenth- Century Journ.* 38 (2007).
36. 有關政策轉變的官方記述，請見Canny, *Making Ireland British*, and S. J. Connolly, *Contested Ireland* (Oxford, 2007).
37. *'Reform' Treatises on Tudor Ireland*, ed. David Heffernan (Irish MSS Commission, Dublin, 2016), 304, 315.
38. *Cal. SP, Ireland, Tudor Period, 1571–1575* (rev. edn, Dublin, 2000), 233 (Smith); Nicholas P. Canny, *The Elizabethan Conquest of Ireland* (Hassocks, 1976), 160; Michael J. Braddick, *State Formation in Early Modern England, c. 1550–1700* (Cambridge, 2000), 341–43, 379–89; S. G. Ellis, 'Promoting "English Civility" in Tudor Times', in *Tolerance and Intolerance in Historical Perspective*, ed. Csaba Levai and Vasile Vese (Pisa, 2003); S. G. Ellis, 'Civilizing the Natives', in *Frontiers and Identities*, ed. Lud'a Klusakova and Steven G. Ellis (Pisa, 2006); Jane Ohlmeyer, 'A Laboratory for Empire?', in *Ireland and the British Empire*, ed. Kevin Kenny (Oxford, 2005), and 'Conquest, Civilization, Colonization: Ireland, 1540–1660', in *The Princeton History of Modern Ireland*, ed. Richard Bourke and Ian McBride (Princeton, NJ, 2016).
39. *Henry VI, Part II*, act 1, scene 1, lines 11, 191–92.
40. *Cal. SP, Ireland, 1509–1573*, 158; Walter Bourchier Devereux, *Lives and Letters of the Devereux, Earls of Essex* (1853), vol. 1, 74.
41. *Holinshed's Chronicles of England, Scotland, and Ireland* (1807–8), vol. 6, 5, 69.
42. Christopher Maginn, *William Cecil, Ireland, and the Tudor State* (Oxford, 2012), 39; Canny, *Making Ireland British*, 81; *Political Works of James I*, 319–20.
43. *Cal. SP, Ireland, 1509–1573*, 158; 其他類似：同前注, *1566–1567*, 37; 同前注, *1586–1588*, 501–2; 同前注, *1603–1606*, 317–

23; 同前注, *1608–1610*, 266; *Letters and Papers of Henry VIII*, vol. 8, 225; *Cal. SP, Foreign, Jan.–June 1583 and Addenda*, 475. 對灌輸「文明」的持續關心，見Canny, *Making Ireland British*, esp. 51, 76, 121–23, 129–33, 240–41, 249–50, 279, 281.

44. Dummer, *Defence of the New- England Charters*, 20–21; *Voyages of Sir Humphrey Gilbert*, vol. 2, 451, 468.

45. *Cal. SP, Colonial, 1670–6 and Additional, 1574–5*, 32.

46. Purchas, *Hakluytus Posthumus*, vol. 19, 238; Thomas Hariot, *A Briefe and True Report of the New Found Land of Virginia* (1588), sig. E2v.

47. Gabriel Glickman, 'Protestantism, Colonization, and the New England Company in Restoration Politics', *HJ* 59 (2016), 375.

48. *Voyages of Sir Humphrey Gilbert*, vol. 1, 161, 357–58; vol. 2, 357, 461; *Original Writings of the Two Hakluyts*, vol. 2, 232.

49. Defoe, *Plan of the English Commerce*, 254–56; *The Life of Olaudah Equiano*, ed. Paul Edwards (1988), 168–69; Jack P. Greene, *Evaluating Empire and Confronting Colonialism in Eighteenth- Century Britain* (Cambridge, 2013), 35–36, 159–60.

50. Daniel Defoe, *Serious Reflections during the Life and Surprising Adventures of Robinson Crusoe* (1720), 250–54, 264–67.

51. John Case, *Sphaera Civitatis* (Frankfurt, 1616), 28–30 (I. iii), 50–51 (I. v).

52. Peter Martyr, *The Decades of the New Worlde*, trans. Richard Eden (1555), sig. aiiv; *ODNB*, s.v. 'Eden, Richard'. Cf. Canny, *Making Ireland British*, 3.

53. Edmund Spenser, *View of the Present State of Ireland*, in *Spenser's Prose Works*, ed. Rudolf Gottfried (Baltimore, MD, 1949), 102, 156–58, 177–80, 219–20, 235–45; Canny, *Making Ireland British*, 62–64; Andrew Hadfield, *Edmund Spenser* (Oxford, 2012), 335–40.

54. *Historical Tracts of Sir John Davies*, 134–40; Hans S. Pawlisch, *Sir John Davies and the Conquest of Ireland* (Cambridge, 1985), chap. 4.

55. James Ware, *The Historie of Ireland, Collected by Three Learned Authors* (Dublin, 1633), sig. 3v; Edward, Earl of Clarendon, *The History of the Rebellion and Civil Wars in England*, ed. W. Dunn Macray (Oxford, 1888), vol. 1, 94; Padraig Lenihan, *Consolidating Conquest* (Harlow, 2008), 58–59.

56. Edward Waterhouse, *A Declaration of the State of the Colony and Affairs in Virginia* (1622), 24; Purchas, *Hakluytus Posthumus*,

vol. 19, 246; *The Records of the Virginia Company of London*, ed. Susan Myra Kingsbury (Washington, DC, 1906–35), vol. 3, 683.

57. BL, Thomason Tract, E.1190(1) (untitled pamphlet, 1644), 9.
58. Malcolm Gaskill, *Between Two Worlds* (Oxford, 2014), 277–78, 284; Dummer, *Defence of the New- England Charters*, 23.
59. 這種差異的其中一個理由，見Sir John Elliott, *Britain and Spain in America* (Reading, 1994), and *Empires of the Atlantic World* (New Haven, CT, 2006), chap. 3. 一個試圖修復態勢的遲來辯解，請見John David Hammerer, *Account of a Plan for Civilizing the North- American Indians* (1765).
60. Luis de Camoes, *The Lusiad*, trans. William Julius Mickle (Oxford, 1776), introduction, vii–viii.
61. *Gweithiau Morgan Llwyd o Wynedd*, ed. Thomas E. Ellis (Bangor, 1899), 28; *The Complete Prose Works of John Milton*, ed. Don. M. Wolfe et al. (New Haven, CT, 1953–82), vol. 3, 304 (also vol. 5, 40); T. C. Barnard, *Cromwellian Ireland* (Oxford, 1975).
62. Charles Carlton, *Going to the Wars* (1992), 213–14.
63. Sir William Petty, *The Political Anatomy of Ireland* (1691), 102; *M. Misson's Memoirs and Observations in His Travels over England*, trans. (John) Ozell (1719), 149–50; *The Correspondence of Jonathan Swift*, ed. Herbert Williams (Oxford, 1963–65), vol. 5, 58; vol. 2, 433; vol. 4, 33–34.
64. W[illiam] Crashaw, *A Sermon preached in London* (1610), sig. D4; John Brinsley, *A Consolation for our Grammar Schooles* (1622), 3; William Wotton, *Reflections upon Ancient and Modern Learning* (1694), 17.
65. Mark Goldie, 'The Civil Religion of James Harrington', in *The Languages of Political Theory in Early- Modern Britain*, ed. Anthony Pagden (Cambridge, 1987).
66. *The Writings and Speeches of Edmund Burke*, ed. Paul Langford et al. (Oxford, 1981– 2015), vol. 8, 141; vol. 1, 349.
67. Thomas Thorowgood, *Jewes in America* (1650), 53.
68. Jo[hn] Jackson, *The True Evangelical Temper* (1641), 102.
69. John Gauden, *Hieraspistes* (1653), 399; Pierre d'Avity, *The Estates, Empires & Principallities of the World*, trans. Edward

Grimestone (1615), 268; Purchas, *Hakluytus Posthumus*, vol. 18, 498n.

70. *The Life of the Reverend Humphrey Prideaux* (1748), 152–53.

71. Travis Glasson, *Mastering Christianity* (New York, 2012), 67–72; William Warburton, *The Divine Legation of Moses Demonstrated* (3rd edn, 1742), vol. 1, 318.

72. 中世紀宗教法專家對這個課題的意見的清晰說明，見Muldoon, *Popes, Lawyers, and Infidels*.

73. *Voyages of Sir Humphrey Gilbert*, vol. 1, 188; vol. 2, 261; Richard Hakluyt, *The Principall Navigations Voyages Traffiques and Discoveries of the English Nation* (Glasgow, 1903–5), vol. 8, 289–96; *Cal. SP, Colonial Series, America and West Indies, 1675–1676, also Addenda, 1574– 1674*, 25, 32, 37, 70, 72, 73; Francis Newton Thorpe, *The Federal and State Constitutions... of... the United States* (Washington, DC, 1909), vol. 3, 1169, 1667–68; Ken MacMillan, *Sovereignty and Possession in the English New World* (Cambridge, 2006), 84, 107–8.

74. *Tudor Royal Proclamations*, ed. Paul L. Hughes and James F. Larkin (New Haven, CT, 1964–9), vol. 3, 221–22; *The Reports of Sr. Creswell Levinz*, trans. (William) Salkeld et al. (2nd edn, 1722), vol. 1 (pt 2), 201; Robert, Lord Raymond, *Reports of Cases Argued and Adjudged in the Courts of King's Bench and Common Pleas* (2nd edn), ed. George Wilson (1765), vol. 1, 147.

75. Gentili, *De Iure Belli*, 56–57 (I. xii), 124–25 (I. xxv).

76. Vitoria, *Political Writings*, 284–86; Richard Baxter, *A Holy Commonwealth*, ed. William Lamont (Cambridge, 1994), 103–4; Noel Malcolm, 'Alberico Gentili and the Ottomans', in *The Roman Foundations of the Law of Nations*, ed. Benedict Kingsbury and Benjamin Straumann (Oxford, 2010), 135; *The Sermons of John Donne*, ed. George Reuben Potter and Evelyn M. Simpson (Berkeley, CA, 1953–62), vii, 372–73; Muldoon, *Popes, Lawyers, and Infidels*, chap. 2.

77. Andrew Porter, *Religion versus Empire?* (Manchester, 2004), chap. 7.

78. Francis Bacon, *The Instauratio Magna, Part II: Novum Organum and Associated Texts*, ed. Graham Rees with Maria Wakely (Oxford, 2004), 194–95; Fynes Moryson, *An Itinerary* (Glasgow, 1907–8), vol. 3, 426–44 (esp. 432).

79. Peter Paxton, *Civil Polity* (1703), sigs. a2–4v; similarly, the Scottish physician Archibald Pitcairne (1652–1713): Michael Hunter, '*Pitcairneana*', *HJ* 59 (2016), 620–21.

80. Bernard Mandeville, *The Fable of the Bees*, ed. F. B. Kaye (Oxford, 1924), vol. 2, 318; James Adair, *The History of the American Indians* (1775), 419, 427.
81. David Hume, *Essays Moral, Political, and Literary*, ed. T. H. Green and T. H. Grose (1875), vol. 1, 249; Edward Gibbon, *The Decline and Fall of the Roman Empire*, ed. J. B. Bury (5th edn, 1912), vol. 3, 71 (chap. 26).
82. Richard Tuck, *The Rights of War and Peace* (Oxford, 1999), 41–42, 47; Gentili, *De Iure Belli*, 53–54 (I. xii). 但對於一些支持者而言，請見Case, *Sphaera Civitatis*, 37–39 (I. iv); John Smyth of Nibley, *A Description of the Hundred of Berkeley*, ed. Sir John Maclean (*The Berkeley Manuscripts*, vol. 3 (Gloucester, 1885)), 43; *Works of Francis Bacon*, ed. Spedding, vol. 7, 29; John Hall of Richmond, *Of Government and Obedience* (1654), 34; Gabriel Towerson, *An Explication of the Decalogue* (1676), 311–12; *Memoirs of the Life of Mr Ambrose Barnes*, ed. W. H. D. Longstaffe (Surtees Soc., 1867), 213; [Algernon] Sidney, *Court Maxims*, ed. Hans W. Blom et al. (Cambridge, 1996), 199–200, and *Discourses concerning Government* (3rd edn, 1751), 64, 90; *Athenian Mercury*, 3 Nov. 1694, cited in Catherine Molineux, *Faces of Perfect Ebony* (Cambridge, MA, 2012), 119.
83. John Milton, 'Samson Agonistes', lines 268–71, and *Complete Prose Works*, vol. 3, 581; vol. 7, 428, 相關請見Quentin Skinner, *Visions of Politics* (Cambridge, 2002), vol. 2, chap. 11.
84. Sir Thomas Palmer, *An Essay of the Meanes how to Make our Travailes, into Forraigne Countries* (1606), 60–61.
85. Gray, *A Good Speed to Virginia*, sig. C2; Nathanael Carpenter, *Geographie Delineated Forth in Two Bookes* (1635), vol. 2, 281; Canny, *Elizabethan Conquest of Ireland*, 25–26.
86. Morgan Godwyn, *The Negro's and Indians Advocate* (1680), 10; John Locke, *An Essay Concerning Human Understanding*, ed. Peter H. Nidditch (Oxford, 1975), 92 (I. iv. 12); Mandeville, *Fable of the Bees*, vol. 2, 214.
87. Roger Williams, *A Key into the Language of America* (1643), 53; Colin Kidd, *The Forging of Races* (Cambridge, 2006), chap. 3.
88. George Best, *A True Discourse of the Late Voyages of Discoverie* (1578), 29–32; Winthrop D. Jordan, *White over Black* (Chapel Hill, NC, 1968), esp. 4–9, 248–49, 252–53; Alden T. Vaughan, *Roots of American Racism* (New York, 1995), 15–16, 306–7; Ania Loomba, *Shakespeare, Race and Colonialism* (Oxford, 2002), chaps. 1 and 2; *Black Africans in Renaissance England*, ed. T. F. Earle and K. J. P. Lowe (Cambridge, 2005); *Race in Early Modern England*, ed. Ania Loomba and Jonathan Burton

(Basingstoke, 2007), 13–15; Francisco Bethencourt, *Racisms* (Princeton, NJ, 2013), 45, 245–46, 368.

89. Purchas, *Hakluytus Posthumus*, vol. 5, 359. 這是引自約翰・博利（John Pory）在一六〇〇年的翻譯，他把作者原來放在過去的非洲落後（African backwardness）改放在現在，見Natalie Zemon Davis, *Trickster Travels* (2008), 145.

90. *Japanese Travellers in Sixteenth- Century Europe*, trans. J. F. Moran, ed. Derek Massarella (Hakluyt Soc., 2012), 87, 89, 446–48.

91. Robert Bartlett, *The Making of Europe* (1993), 236–42; id., 'Medieval and Modern Concepts of Race and Ethnicity', *Journ. of Medieval and Early Modern Studies* 31 (2001); Ian Campbell, *Renaissance Humanism and Ethnicity before Race* (Manchester, 2013), 189–90, and chaps. 4 and 5.

92. *Thomas Browne*, ed. Kevin Killeen (Oxford, 2014), 356.

93. Peter Biller, 'Proto- Racial Thought in Medieval Science', in *The Origins of Racism in the West*, ed. Miriam Eliav- Feldon et al. (Cambridge, 2009), 25, chap. 7; Andrea Ruddick, *English Identity and Political Culture in the Fourteenth Century* (Cambridge, 2013), 140–45, 155, 180–81.

94. 'The Memoirs of Father Robert Persons', ed. J. H. Pollen, in *Miscellanea II* (Catholic Rec. Soc., 1906), 91 ('inter Wallos hos verosque Anglos tamquam diversorum populorum soboles').

95. Graham Kew, *The Irish Sections of Fynes Moryson's Unpublished Itinerary* (Dublin, 1998), 49; Sir John Temple, *The Irish Rebellion* (1646), 9–10; Nicholas Canny, 'Rowland White's "Discors touching Ireland", ca. 1569', *Irish Hist. Studies* 20 (1977), 444; Norah Carlin, 'Extreme or Mainstream?' in *Representing Ireland*, ed. Brendan Bradshaw et al. (Cambridge, 1993). Jane H. Ohlmeyer detects English 'convictions of racial superiority', leading to the perception of the Irish as 'a lower form of humanity'; ' "Civilizinge of those rude parts" ', in *Origins of Empire*, ed. Canny, 131.

96. Christopher Brooke, 'A Poem on the Late Massacre in Virginia', introduction by Robert C. Johnson, *Virginia Magazine of History and Biography* 72 (1964), 262.

97. Philippe Rosenberg, 'Thomas Tryon and the Seventeenth- Century Dimensions of Slavery', *WMQ* 61 (2004), 621–22, 626n39; Tomlins, *Freedom Bound*, 409, 413n50, 464–68, 472–75.

98. Rhodri Lewis, *William Petty on the Order of Nature* (Tempe, AZ, 2012), 54–71, 122–25; Campbell, *Renaissance Humanism and Ethnicity*, 182–84.

99. Kate Loveman, 'Samuel Pepys and "Discourses Touching Religion" under James II', *EHR* 127 (2012), 65–67; Temple, *Miscellanea: Second Part*, 166–67; Francis Lodwick, *On Language, Theology and Utopia*, ed. Felicity Henderson and William Poole (Oxford, 2011), 200–201; Siep Stuurman, 'Francois Bernier and the Invention of Racial Classification', *HWJ* 50 (2000).

100. Margaret T. Hodgen, *Early Anthropology in the Sixteenth and Seventeenth Centuries* (Philadelphia, PA, 1964), 213–14, 424–26; Bethencourt, *Racisms*, chap. 15; Silvia Sebastiani, *The Scottish Enlightenment*, trans. Jeremy Carden (New York, 2013).

101. Hume, *Essays*, vol. 1, 252 (a footnote added to the 1753 edition of an essay first published in 1748); John Immerwahr, 'Hume's Revised Racism', *JHI* 53 (1992), and Aaron Garrett, 'Hume's Revised Racism Revisited', *Hume Studies* 26 (2000).

102. *John Ledyard's Journey through Russia and Siberia 1787–1788*, ed. Stephen D. Watrous (Madison, WI, 1966), 178.

103. Nicholas Hudson, 'From "Nation" to Race', *Eighteenth Century Studies* 29 (1996); Kidd, *Forging of Races*, chap. 4. 有關霍屯督人（Hottentots〔Khoikhoi〕）無法被開化這個新興信念，見Linda E. Merians, *Envisioning the Worst* (Newark, DE, 2001).

104. Edward Long, *The History of Jamaica* (1773), vol. 2, 356, 364; Henry Home, Lord Kames, *Sketches of the History of Man* (Edinburgh, 1774), vol. 1, bk 1, sketch 1 (quotation at 32–33); K. N. Chaudhuri, 'From the Barbarian and the Civilised to the Dialectics of Colour', in *Society and Ideology*, ed. Peter Robb (Delhi, 1993), 32–33; Nicholas Hudson, 'From "Nation" to "Race" ', *Eighteenth- Century Studies* 29 (1996).

105. Eliga H. Gould, 'Zones of Law, Zones of Violence', *WMQ* 60 (2003).

106. Maurice Keen, *Laws of War in the Late Middle Ages* (1965), 58; Gentili, *De Iure Belli*, 293 (III. ii); Frederic Megret, 'A Cautionary Tale from the Crusades', in *Prisoners in War*, ed. Sibylle Scheipers (Oxford, 2010), 3; David Hume, *An Enquiry Concerning the Principles of Morals*, ed. Tom L. Beauchamp (Oxford, 1998), 16.

107. Wilbur Cortez Abbott, *The Writings and Speeches of Oliver Cromwell* (Cambridge, MA, 1939–47), vol. 2, 205.

108. Dan Edelstein, *The Terror of Natural Right* (Chicago, IL, 2007), prologue; Walter Rech, *Enemies of Mankind* (Leiden, 2013). 在

所謂「跨文化戰爭」中，可以發現存在著不同標準，見*Transcultural Wars from the Middle Ages to the 21st Century*, ed. Hans- Henning Kortum (Berlin, 2006).

109. Robert Bartlett, *Gerald of Wales 1146–1223* (Oxford, 1982), 166–67, 197; Matthew Strickland, *War and Chivalry* (Cambridge, 1994), chap. 11; John Gillingham, *The English in the Twelfth Century* (Woodbridge, 2000), 54–55, 58; Frederick Suppe, 'The Cultural Significance of Decapitation in High Medieval Wales and the Marches', *Bulletin of the Board of Celtic Studies* 36 (1989).

110. Bernard W. Sheehan, *Savagism and Civility* (Cambridge, 1980), 174; Bernard Bailyn, *Atlantic History* (Cambridge, MA, 2005), 64–70; Tomlins, *Freedom Bound*, 176–77; Wayne E. Lee, *Barbarians and Brothers* (Oxford, 2011).

111. Rech, *Enemies of Mankind*, 11–13.

112. Andy Wood, 'The Deep Roots of Albion's Fatal Tree', *History* 99 (2014), 417; Smuts, 'Organized Violence in the Elizabethan Monarchical Republic', *History* 99 (2014), 434.

113. Canny, *Elizabethan Conquest of Ireland*, 118.

114. Joseph de Acosta, *The Naturall and Morall Historie of the East and West Indies*, trans. E[dward] G[rimestone] (1604), sig. a4v, 362–63; A Plain Man, 'The True State of the Question (1792)', in *The Slave Trade Debate*, ed. John Pinfold (Oxford, 2007), 304–5; Thomas Clarkson, *The History of the Rise, Progress, and Accomplishment of the Abolition of the African Slave Trade* (1808), vol. 1, 480; Thomas Churchyard, *A Generall Rehearsall of Warres* (1579), sig. Qiiiv. 有關盎格魯—愛爾蘭戰爭中的殘暴行為，請見*Age of Atrocity*, ed. David Edwards et al. (Dublin, 2007); Micheal O Siochru, *God's Executioner* (2008); Rory Rapple, *Martial Power and Elizabethan Political Culture* (Cambridge, 2009), chap. 6; Brendan Kane, 'Ordinary Violence?' *History* 99 (2014).

115. *Acts and Ordinances of the Interregnum*, ed. C. H. Firth and R. S. Rait (1911), vol. 1, 554–55; Roger B. Manning, *An Apprenticeship in Arms* (Oxford, 2006), 222; Barbara Donagan, *War in England, 1642–1649* (Oxford, 2006), 205–9; Elaine Murphy, 'Atrocities at Sea and the Treatment of Prisoners of War by the Parliamentary Navy in Ireland, 1641–1649', *HJ* 53 (2010).

116. O Siochru, *God's Executioner*, 43, 49.

117. Clarendon, *History of the Rebellion*, vol. 3, 530.
118. 見Mark Stoyle, *Soldiers and Strangers* (New Haven, CT, 2005), 29–30, 48, 51–52, 149–50.
119. Alberico Gentili, *De Legationibus Libri Tres* ([1595]; New York, 1924–26), vol. 1, 85–88 (II. viii).
120. Thomas Waring, *A Brief Narration of the Plotting, Beginning and Carrying of That Execrable Rebellion and Butcherie in Ireland* (1650), 42, 64; 亦可見 Carlin, 'Extreme or Mainstream?'
121. Geoffrey Plank, *Rebellion and Savagery* (Philadelphia, 2006), 22, 52.
122. 'A Few Thoughts on Intervention', in *The Collected Works of John Stuart Mill*, ed. John M. Robson et al. (Toronto, 1963–91), vol. 21 (*Essays on Equality, Law and Education*), 118–20; J. F. C. Fuller, *The Reformation of War* (1923), 191; Brett Bowden, *The Empire of Civilization* (Chicago, IL, 2009), 179–82; Alex J. Bellamy, *Massacres and Morality* (Oxford, 2012), 42, 81–86, 95–97.
123. 相關圖表請見*The Eighteenth Century*, ed. P. J. Marshall (*Oxford History of the British Empire*, vol. 2, Oxford, 1998), 2, 15, and chap. 20; Susan Dwyer Amussen, *Caribbean Exchanges* (Chapel Hill, NC, 2007), 41; Herbert S. Klein, *The Atlantic Slave Trade* (2nd edn, Cambridge, 2010), 214–16. 有關施加在奴隸與契約勞工（indentured labourers）的殘暴與／或過失對待，見例如Richard Pares, *Merchants and Planters* (*EcHR*, supp. 4, 1960), 39–40; Philip D. Morgan, 'British Encounters with Africans and African- Americans, circa 1600–1780', in *Strangers within the Realm*, ed. Bernard Bailyn and Philip D. Morgan (Williamsburg, VA, 1991); Larry Gragg, *Englishmen Transplanted* (Oxford, 2003), 129–30; Trevor Burnard, *Mastery, Tyranny, and Desire* (Chapel Hill, NC, 2004); Stephanie Smallwood, *Saltwater Slavery* (Cambridge, MA, 2007).
124. John Rushworth, *Historical Collections* (1721), vol. 2, 468.
125. William Salkeld, *Reports of Cases Adjudged in the Court of King's Bench* (3rd edn, 1731), vol. 2, 666; John Dalrymple, *An Essay towards a General History of Feudal Property in Great Britain* (2nd edn, 1758), 27; David Hume, *The History of England from the Invasion of Julius Caesar to the Revolution in 1688* (new edn, 1773), vol. 3, 304.
126. Granville Sharp, *A Representation of the Injustice and Dangerous Tendency of Tolerating Slavery* (1769), 112, 125–26.
127. *Tudor Royal Proclamations*, ed. Paul L. Hughes and James F. Larkin (New Haven, CT, 1964–69), vol. 1, 352, 455–56; C. S. L.

Davies, 'Slavery and Protector Somerset', *EcHR*, 2nd ser., vol. 19 (1966).

128. *Acts of the Privy Council, 1592–3*, 486–87; *1601–1604*, 489; *Letters of Philip Gawdy*, ed. Isaac Herbert Jeayes (Roxburghe Club, 1906), 123–24.

129. *Commons Debates 1621*, ed. Wallace Notestein et al. (New Haven, CT, 1935), vol. 7, 54–55; BL, Lansdowne MS 22, fol. 64 (statement of 1576); Bodl., Rawlinson MS A 185 (Pepys papers), fol. 311; Michael J. Rozbicki, 'To Save Them from Themselves', *Slavery and Abolition* 22 (2001); Michael Guasco, *Slaves and Englishmen* (Philadelphia, PA, 2014), 33–38.

130. John Donoghue, ' "Out of the Land of Bondage" ', *AHR* 115 (2010); Tomlins, *Freedom Bound*, 8, 30, 35, 593–97; Malcolm Gaskill, *Between Two Worlds* (Oxford, 2014), 342; *Building the Atlantic Empires*, ed. John Donoghue and Evelyn P. Jennings (Leiden, 2016), chap. 5. 對於可憐的白人奴工的嚴苛對待，見Richard Ligon, *A True and Exact History of the Island of Barbados* (1657), 43–46.

131. Richard Jobson, *The Golden Trade* (1623), 88–89; *The Works of Robert Sanderson*, ed. William Jacobson (Oxford, 1854), vol. 1, 177.

132. Amussen, *Caribbean Exchanges*, 129–35; Tomlins, *Freedom Bound*, 452–75.

133. G. E. Aylmer, 'Slavery under Charles II', *EHR* 114 (1999).

134. Locke, *Two Treatises of Government*, 302n–303n (II. 23–24).

135. Abigail L. Swingen, *Competing Visions of Empire* (New Haven, CT, 2015), 197–98.

136. Peter Heylyn, *Cosmography in Four Books*, ed. Edmund Bohun (1703), 941–42.

137. *Boswell's Life of Johnson*, ed. George Birkbeck Hill, rev. L. F. Powell (Oxford, 1934–50), vol. 3, 201.

138. Perry Gauci, *William Beckford* (New Haven, CT, 2013), 81, 203; David Brion Davis, *The Problem of Slavery in Western Culture* (Ithaca, NY, 1966), 108–9; John Darwin, 'Civility and Empire', in *Civil Histories*, ed. Burke et al., 325–26.

139. Adam Smith, *Lectures on Jurisprudence*, ed. R. L. Meek et al. (Oxford, 1978). 452–53.

140. Tomlins, *Freedom Bound*, 464–67, 473; Molineux, *Faces of Perfect Ebony*, 113.

141. Christopher Leslie Brown, *Moral Capital* (Chapel Hill, NC, 2006), 52.

142. Aristotle, *Politics*, 1252b; Euripides, *Iphigenia at Aulis*, lines 1400–1; John E. Coleman, 'Ancient Greek Ethnocentrism', in *Greeks and Barbarians*, ed. Coleman and Clark A. Walz (Bethesda, MD, 1997), 201–2.

143. Amussen, *Caribbean Exchanges*, 139 (and 133).

144. Mandeville, *Fable of the Bees*, vol. 2, 199.

145. Carpenter, *Geographie Delineated*, vol. 2, 222; [Richard Nisbet], *Slavery Not Forbidden by Scripture* (Philadelphia, PA, 1773), 21–25, 307; Long, *History of Jamaica*, vol. 2, 377–78; Anthony J. Barker, *The African Link* (1978), 77, 141, 191–97; P. J. Marshall and Glyndwr Williams, *The Great Map of Mankind* (1982), 231, 239, 252; Loomba, *Shakespeare, Race and Colonialism*, 127, 155; Srividya Swaminathan, *Debating the Slave Trade* (Farnham, 2009), 165–66; Swingen, *Competing Visions of Empire*, 180–81.

146. *The Miscellaneous Writings of Sir Thomas Browne*, ed. Geoffrey Keynes (new edn, 1946), 126–27; James Ramsay, 'An Inquiry into the Effects of Putting a Stop to the African Slave Trade (1784)', in *The Slave Trade Debate*, 52.

147. *Boswell's Life of Johnson*, vol. 3, 204; Davis, *Problem of Slavery*, 186, 202; 'A Plain Man', 'The True State of the Question', in *The Slave Trade Debate*, 301–3; Clarkson, *History of the Abolition of the African Slave- Trade*, vol. 1, 481; [Captain Macart], *An Appeal to the Candour and Justice of the People of England in Behalf of the West India Merchants and Planters* (1792), 21.

148. Barker, *The African Link,* 160, 166; Marshall and Williams, *Great Map of Mankind,* 233; John Taylor, *Newes and Strange Newes from St Christophers* (1638), 2.

149. Morgan Godwyn, *The Negro's and Indians Advocate* (1680), sig. A4v; Richard S. Dunn, *Sugar and Slaves* (1973), 249–50; *Boswell's Life of Johnson*, vol. 2, 476; William C. Lehmann, *John Millar of Glasgow, 1735–1801* (Cambridge, 1960), 303; Bernard Bailyn, *The Ideological Origins of the American Revolution* (Cambridge, MA, 1967), 237, 242; Philip Gould, *Barbaric Traff ic* (Cambridge, MA, 2003).

150. 例如：*Enduring Western Civilization*, ed. Silvia Federici (Westport, CT, 1995), xii–xiii.

151. Karl Marx, *Grundrisse*, trans. Martin Nicolaus (Harmondsworth, 1973), 409; Karl Marx and Frederick Engels, *Selected Works* (1950), vol. 1, 36–37.

152. [Sir Thomas Smith and Thomas Smith], *A Letter sent by I. B. Gentleman unto his very Friend and Master R. C. Esquire* (1572), sig. Civv.

153. Armitage, *Ideological Origins of the British Empire*, 51–52; Sir Thomas More, *Utopia*, ed. J. H. Lupton (Oxford, 1895), 118; id., *Utopia*, trans. Gilbert Burnet (1684), 66; Spenser, *View*, 149.

154. *Original Writings of the Two Hakluyts*, vol. 2, 368; *The Complete Works of Captain John Smith (1580–1631)*, ed. Philip L. Barbour (Williamsburg, VA, 1968), vol. 2, 437, and vol. 3, 277.

155. Chris Durston, 'Let Ireland Be Quiet', *HWJ* 21 (1986), 111; *The Political Works of James Harrington*, ed. J. G. A. Pocock (Cambridge, 1977), 328.

156. Warburton, *Divine Legation of Moses*, vol. 1, 319; Robert Henry, *Revelation the Most Effective Way of Civilizing and Reforming Mankind* (Edinburgh, 1773), 4–5.

157. William Wilberforce, *A Letter on the Abolition of the Slave Trade* (1807), 73–74.

第六章　文明的重新省思

1. 一個極端的聲明可見Wendy Brown, *Regulating Aversion* (Princeton, NJ, 2006).

2. Edward Keene, *Beyond the Anarchical Society* (Cambridge, 2002), 159.

3. 參見李維史陀鞭辟入裡的話：*Race and History* (Paris, 1968), 31–38.

4. 以撒・柏林（Isaiah Berlin）強調赫德在這方面的思想（事實上是誇大了）。他認為赫德的作品預示了自身對價值觀念不可共量（incommensurability of values）的信念。柏林的俐落總結可見'The Counter- Enlightenment', in *Dictionary of the History of Ideas*, ed. Philip P. Wiener (New York, 1968–74), 105–6, and his more extensive treatment in 'Vico and Herder', in *Three Critics of the Enlightenment* (2nd edn, 2013); 'Alleged Relativism in Eighteenth- Century European Thought', in *The Crooked Timber of Humanity*, ed. Henry Hardy (2nd edn, 2013); and *The Roots of Romanticism*, ed. Henry Hardy (1999), 58–67. Contrast Kevin Hilliard, ' "Populism, Expressionism, Pluralism" – and God?', in *Isaiah Berlin and the Enlightenment*, ed. Laurence Brockliss and Ritchie Robertson (Oxford, 2016), chap. 12.

5. 在'Vico and Herder'（289–93, 297）中，柏林退一步承認赫德秉持這些價值觀念，但又小覷它們，認為它們是他思想中相對次要的元素。
6. 例如：Herder, *Outlines of a Philosophy of the History of Man* [*Ideen zur Philosophie der Geschichte der Menschheit*], trans. T. Churchill (1800), 136–45 145, 213, 253, 255, 264 (on civilization), 289, 292, 293 (on bodily appearance), 255, 289, 295, 300, 303 (on the civilized and the barbarous), 213, 309 (on *Sati*). 赫德作品的英譯者通常把他的*Cultur*和*Bildung*觀念翻譯為「文明」（civilization），把他的*gesittet*和*gebildet*觀念翻譯為「開化」（civilized）。
7. *J. G. Herder on Social and Political Culture*, trans. and ed. F. M. Barnard (Cambridge, 1969), 23–24, 27, 35–37, 181–223; Herder, *Philosophical Writings*, trans. and ed. Michael N. Forster (Cambridge, 2002), xvii, xxv–xxx, 324–31, 342, 380–82, 385–86, 394–95, 398–99. 有關不同的看法（perceptions），對不同思想者最相互牴觸之處的評估，請見F. M. Barnard, *Herder's Social and Political Thought* (Oxford, 1965); Anthony Pagden, *European Encounters with the New World* (New Haven, CT, 1993), 172–78; Robert J. C. Young, *Colonial Desire* (1995), 36–43; Sankar Muthu, *Enlightenment against Empire* (Princeton, NJ, 2003), chap. 6; Sonia Sikka, *Herder on Humanity and Cultural Difference* (Cambridge, 2011); Michael N. Forster, *After Herder* (Oxford, 2010); T. J. Reed, *Light in Germany* (Chicago, IL, 2015), 58–61.
8. Herodotus, *The Histories*, bk 38; *The Cynic Epistles*, ed. Abraham J. Malherbe (Missoula, MT, 1977), 37; Ovid, *Tristia*, bk 5, chap. 10, lines 37–38; 1 Corinthians 14:11. 其他案例請見Lynette Mitchell, *Panhellenism and the Barbarian in Ancient and Classical Greece* (Swansea, 2007), 28–29.
9. Joachim du Bellay, *Defence and Illustration of the French Language*, trans. Gladys M. Turquet (1939), 23; Bartolome de Las Casas, *Apologetica Historia Sumaria*, ed. Edmundo O'Gorman (Mexico, D. F., 1967), vol. 2, 639, 654.
10. *Sextus Empiricus*, trans. R. G. Bury (1955), vol. 1, 84–93 (I. xiv. 145–93), 455–511 (III. xxiv–xxxi); C. B. Schmitt, 'The Rediscovery of Ancient Skepticism', in *The Skeptical Tradition*, ed. Myles Burnyeat (Berkeley, CA, 1983), esp. 237–38; Quentin Skinner, *Visions of Politics* (Cambridge, 2002), iii, chap 4.
11. J. H. Elliott, *The Old World and the New* (Cambridge, 1970), 29, 46; Anthony Pagden, *The Fall of Natural Man* (Cambridge, 1982), 125.

12. *The Essays of Montaigne*, trans. John Florio, ed. George Saintsbury (1892–93), vol. 1, 221 (I. xxx), vol. 3, 236 (III. ix); Peter Burke, *Montaigne* (Oxford, 1981), esp. chap. 7. Edwin M. Duval主張蒙田認為理性和判斷力的機能本身是相對的，見 'Lessons of the New World', *Yale French Studies* 64（1983）.
13. Pierre Charron, *Of Wisdome*, trans. Samson Lennard ([1608?]), 308–9.
14. *Essays of Montaigne*, vol. 1, 226 (I. xxx); Charron, *Of Wisdome*, 278–79. 蒙田作為一位「不可知的普遍主義者」（an unwitting universalist）更甚於相對主義者（relativist），見Tzvetan Todorov, *On Human Diversity* (1993), 39–43.
15. Robert Wedderburn, *The Complaynt of Scotland*, ed. A. M. Stewart (Scottish Text Soc., 1979), 83–84.
16. George Puttenham, *The Arte of English Poesie*, ed. Gladys Doidge Willcock and Alice Walker (Cambridge, 1936), 250 (III. xxii). 這並沒有妨礙普滕納姆把其他民族形容為「粗魯的」（rude）、「野蠻的」（savage）或「原始的」（barbarous）(at 11 (I. vi), and 47 (I. xxiv)); 見Carlo Ginzburg的評論, *No Island Is an Island* (New York, 2000), 34–38.
17. Samuel Daniel, *Poems and A Defence of Ryme*, ed. Arthur Colby Sprague (1950), 139–40, 142–43.
18. Gerard de Malynes, *A Treatise of the Canker of Englands Common Wealth* (1601), 66–67, and id., *Consuetudo, vel Lex Mercatoria* (1636), 62; Sir Thomas Palmer, *An Essay of the Meanes how to make our Travailes, into Forraigne Countries, the more Prof itable and Honourable* (1606), 67; *Locke: Political Essays*, ed. Mark Goldie (Cambridge, 1997), 29.
19. *The Traveiler of Ierome Turler* (Eng. trans., [1575]), 39–40; E[d]. A[ston], 'To the friendly reader', in Ioannes Boemus, *The Manners, Lawes, and Customes of all Nations*, trans. Aston (1611); Antoine de Courtin, *The Rules of Civility*, Eng. trans. (1671), 7; Hannah Woolley, *The Gentlewomans Companion* (1675), 46.
20. Adam Smith, *The Theory of Moral Sentiments*, ed. D. D. Raphael and A. L. Macfie (Oxford, 1976), 204 (V. 2. 7).
21. R[obert] B[oyle], *Occasional Reflections upon Several Subjects* (1665), vol. 2, 6, 19.
22. Paul Rycaut, *The Present State of the Ottoman Empire* (1668), sigs. A2v–A3; John Oldmixon, *The British Empire in America* (1708), vol. 1, 161; Simon Ockley, *The History of the Saracens* (2nd edn, 1718), vol. 2, xi.
23. *The Works of John Dryden*, ed. H. T. Swedenborg et al. (Berkeley, CA, 1956–89), vol. 9, 30.
24. L. P. [possibly John Toland], *Two Essays sent in a Letter from Oxford, to a Nobleman in London* (1695), iii.

25. F. J. M. Korsten, *Roger North (1651–1734)* (Amsterdam, 1981), 9–20; Henry Rowlands, *Mona Antiqua Restaurata* (Dublin, 1723), 256; Benjamin Martin, *Lingua Britannica Reformata* (1749), 111.
26. H[enry] B[lount], *A Voyage into the Levant* (2nd edn, 1636), 2, 17, 75, 108.
27. J[ohn] B[ulwer], *Chirologia* (1644), 145.
28. Lancelot Addison, *West Barbary* (Oxford, 1671), sigs. A2v–3, 111, 201. 有關於此請見William J. Bulman, *Anglican Enlightenment* (Cambridge, 2015), 106–14, and on his assessment of the Jews, Elliott Horowitz, ' "A Different Mode of Civility" ', in *Christianity and Judaism*, ed. Diana Wood (*Studies in Church History* 29, Oxford, 1992).
29. John Bulwer, *Anthropometamorphosis* (1653), 184; Samuel Purchas, *Hakluytus Posthumus or Purchas his Pilgrimes* ([1625]; Glasgow, 1905–7), vol. 9, 532–33.
30. 明顯是呼應Jose de Acosta, *The Naturall and Morall Historie of the East and West Indies*, trans. E[dward] G[rimstone] (1604), 495.
31. Palmer, *Essay of the Meanes how to make our Travailes*, 62–64.
32. [A. Roberts], *The Adventures of (Mr. T. S.) an English Merchant taken Prisoner by the Turks of ARGIERS* (1690), 161–62 ,有關作品來源（authorship），請見Gerald M. MacLean, *The Rise of Oriental Travel* (Basingstoke, 2004), chap. 15); William Smith, *A New Voyage to Guinea* (1744), 100–101, 123, 135, 195; Philip D. Morgan, 'British Encounters with Africans and African- Americans, circa 1600–1780', in *Strangers in the Realm*, ed. Bernard Bailyn and Philip D. Morgan (Chapel Hill, NC, 1991), 214.
33. Smith, *New Voyage to Guinea*, 244–45; similarly, Ockley, Preface to *Sentences of Ali, Son of Mahomet*, in *History of the Saracens*, vol. 2, fol. 6r–v.
34. M. E. Yapp, 'Europe in the Turkish Mirror', *P&P* 137 (1992); MacLean, *Rise of Oriental Travel*; Joan- Pau Rubies, *Travellers and Cosmographers* (Aldershot, 2007), chap. 4; James Mather, *Pashas* (New Haven, CT, 2009), esp. 92–95, 99–102, 179–88; John- Paul Ghobrial, *The Whispers of Cities* (Oxford, 2013), chap. 3; Noel Malcolm, 'Positive Views of Islam and of Ottoman Rule in the Sixteenth Century', in *The Renaissance and the Ottoman World*, ed. Anna Contadini and Claire Norton (Farnham,

2013), 198–200; Jerry Brotton, *This Orient Isle* (2016).

35. Rycaut, *Present State of the Ottoman Empire*, sig. A3; Fynes Moryson, *An Itinerary* (Glasgow, 1907–8), vol. 2, 94, 100; vol. 3, 41–42; vol. 4, 125; Thomas Smith, *Remarks upon the Manners, Religion and Government of the Turks* (1678), 1–2, 36–38, 46–49, 209; Anna Suranyi, *The Genius of the English Nation* (Newark, DE, 2008), 55–59, 110–16, 166–67.

36. Scott Sowerby, *Making Toleration* (Cambridge, 2013), 72, 74.

37. Gerald MacLean and Nabil Matar, *Britain and the Islamic World, 1558–1713* (Oxford, 2011), 6; Alexander Bevilacqua and Helen Pfeifer, 'Turquerie', *P&P* 221 (2013).

38. Ockley, Preface to *Sentences of Ali, Son of Mahomet*, sigs. Cc5v–6.

39. *The Complete Letters of Lady Mary Wortley Montagu*, ed. Robert Halsband (Oxford, 1965), vol. 1, 313, 327; [Sir James Porter], *Observations on the Religion, Law, Government, and Manners of the Turks* (2nd edn, 1771), xiv (but for a strongly contrary view, 見W. Eton, *A Survey of the British Empire* (1798)).

40. Karen Ordahl Kupperman, *Settling with the Indians* (1980), 39, 112, 144, 146; Richard Hakluyt, *The Principall Navigations Voyages Traffiques and Discoveries of the English Nation* (Glasgow, 1903–5), vol. 8, 300; Roger Williams, *A Key into the Language of America* (1643), 1, 7, 9–10, 16.

41. Frederick B. Tolles, 'Non- Violent Contact', *Procs. of the Amer. Philosophical Soc.* 107 (1963).

42. Kupperman, *Settling with the Indians*, 50–51, 120–21, and *Indians and English* (Ithaca, NY, 2000), esp. chaps. 3 and 5; [Andrew White], *A Relation of the Successful Beginnings of the Lord Baltemore's Plantation in Mary- land* (1634), 7; *Johnson's Wonder-Working Providence 1628–1651*, ed. J. Franklin Jameson (New York, 1910), 162; Thomas Morton, *New English Canaan or New Canaan* (Amsterdam, 1637), 26 (where 'nations' has been misprinted as 'natives').

43. William Penn, *The Peace of Europe* (Everyman's Lib., n.d.), 288.

44. A. L. Rowse, *The Elizabethans and America* (1959), 96; John Josselyn, *An Account of Two Voyages to New- England* (1674), 124–25; [Robert Molesworth], *An Account of Denmark, as it was in the year 1692* (1694), sigs. a5v–6; Morton, *New English Canaan*, 33–34; *The Mirror* 18 (27 Mar. 1779; by Lord Abercromby), in *The British Essayists*, ed. Robert Lynam (1827), vol.

24, 69.

45. William Strachey, *The History of Travell into Virginia Britannia* (1612), ed. Louis B. Wright and Virginia Freund (Hakluyt Soc., 1953), 84; William Wood, *New England's Prospect*, ed. Alden T. Vaughan (Amherst, MA, 1977), 92.

46. Loren E. Pennington, 'The Amerindian in English Promotional Literature 1575–1625', in *The Westward Enterprise*, ed. K. R. Andrews et al. (Liverpool, 1978).

47. *ODNB*, s.v. 'Morton, Thomas (1580x95–1646/7)'; Williams, *Key into the Language of America*, 9–10, 29, 76, 135.

48. John Forster, *Englands Happiness Increased* (1664), 18; *The Miscellaneous Writings of Sir Thomas Browne*, ed. Geoffrey Keynes (1946), 395. Jared Diamond, *The World until Yesterday* (2012)是這個傳統中的現代著作。

49. James Tyrrell, *Patriarcha non Monarcha* (1681), 110; H[umphrey] B[rooke], *The Durable Legacy* (1681), 19.

50. John Locke, *Some Thoughts concerning Education*, ed. John W. and Jean S. Yolton (Oxford, 1989), 206 (para. 145).另可見他的*Two Treatises of Government*, ed. Peter Laslett (Cambridge, 1960), 201 (I, para. 58).

51. [Joseph- Francois] Lafitau, *Moeurs des sauvages Ameriquaines* (Paris, 1724), vol. 1, 97.

52. William Smellie, *The Philosophy of Natural History* (1790), 199; *Captain Cook's Voyages of Discovery* (Everyman's Library, 1906), 68; also 21, 32, 34, 38, 147; *The Journals of Captain Cook on His Voyages of Discovery*, ed. J. C. Beaglehole (Hakluyt Soc., 1955–67), vol. 2, 271; vol. 3, pt 1, 307, 312, 459; vol. 3, pt 2, 954.

53. Adam Smith, *Lectures on Jurisprudence*, ed. R. L. Meek et al. (Oxford, 1978), 439; id., *Theory of Moral Sentiments*, 204–8 (V. ii. 7–10).

54. 'Ductor Dubitantium', in *The Whole Works of the Right Rev. Jeremy Taylor*, ed. Reginald Heber, rev. Charles Page Eden (1849–61), vol. 9, ed. Alexander Taylor, 287.

55. Sir Tho[mas] Pope Blount, *Essays on Several Subjects* (1692), 73–74; *Spectator* 50 (27 Apr. 1711), ed. Donald F. Bond (Oxford, 1965), vol. 1, 215.

56. Muthu, *Enlightenment against Empire*; Larry Wolff, 'Introduction', in *The Anthropology of the Enlightenment*, ed. Wolff and Marco Cipolloni (Stanford, CA, 2012).

57. David Hartley, *Observations on Man* (1749), vol. 1, 485; Adam Ferguson, *Essay on the History of Civil Society*, ed. Duncan Forbes (Edinburgh, 1966), 205; 'Remarks concerning the Savages of North America', in *The Writings of Benjamin Franklin*, ed. Albert Henry Smyth (New York, 1907), vol. 10, 97; *An Embassy to China*, ed. J. L. Cranmer- Byng (1962), 230.
58. 富蘭克林對美洲土著生活方式的同理心（sympathy）的局限性，見 Elise Marienstras, 'Sauvagerie et civilisation chez Benjamin Franklin', in *Barbares et sauvages*, ed. Jean- Louis Chevalier et al. (Caen, 1994), 155–58.
59. Sir Humphrey Gilbert, *A Discourse of a Discoverie for a New Passage to Cataia* (1576), sig. 102.
60. 亦可見P. J. Marshall and Glyndwr Williams, *The Great Map of Mankind* (1982), chap. 5 and 169–81; Peter Burke, 'A Civil Tongue', in *Civil Histories*, ed. Burke et al. (Oxford, 2000), 34. 一個不尋常的負面評估，見William Julius Mickle's translation of Camoens, *The Lusiad* (1776), 468n–472n.
61. *Sir John Chardin's Travels in Persia*, trans. Edmund Lloyd (1720), vol. 2, 130; *Sir Anthony Sherley his Relation of his Travels into Persia* (1613), 29.
62. *The Works of Sir William Jones* (1807), vol. 3, 50.
63. *The Letters of Sir William Jones*, ed. Garland Cannon (Oxford, 1970), vol. 2, 766; *Works of Sir William Jones*, vol. 3, 17, 34; Garland Cannon, *The Life and Mind of Oriental Jones* (Cambridge, 1990); Richard Fynes, 'Sir William Jones and the Classical Tradition', in *Sir William Jones 1746–1794*, ed. Alexander Murray (Oxford, 1998); *The Writings and Speeches of Edmund Burke*, ed. Paul Langford et al. (Oxford, 1981–2015), vol. 5, 389–90; 並請參考Geoffrey Carnall, 'Robertson and Contemporary Images of India', in *William Robertson and the Expansion of Empire*, ed. Stewart J. Brown (Cambridge, 1997).
64. P. J. Marshall, *Problems of Empire* (1968), 60–61, 69–73, 191; Philip J. Stern, *The Company- State* (New York, 2011), 110–17; Meenakshi Jain, *Sati* (New Delhi, 2016), 444–56; Sir Penderel Moon, *The British Conquest and Dominion of India* (1989), 225.
65. Georgius Trapezuntius [George of Trebizond], *Comparatio Platonis et Aristotelis* (Venice, 1523; written 1457–58), sig. R3.
66. Aziz Al- Azmeh, 'Barbarians in Arab Eyes', *P&P* 134 (1992); Moryson, *Itinerary*, vol. 3, 414; Addison, *West Barbary*, 150; Natalie Zemon Davis, *Trickster Travels* (2007), 148–49.
67. David Hume, *Essays Moral, Political, and Literary*, ed. T. H. Green and T. H. Grose (1898), vol. 1, 266.

68. K. N. Chaudhuri, 'From the Barbarian and the Civilised to the Dialectics of Colour', in *Society and Ideology*, ed. Peter Robb et al. (Delhi, 1993), 37–38.
69. *Japanese Travellers in Sixteenth- Century Europe*, trans. J. F. Moran, ed. Derek Massarella (Hakluyt Soc., 2012), 137.
70. Sir George Staunton, *An Authentic Account of an Embassy from the King of Great Britain to the Emperor of China* (Dublin, 1798), vol. 1, 329.
71. Sir William Temple, *Miscellanea, The Second Part* (4th edn, 1696), 170; Frank Dikotter, *The Discourse of Race in Modern China* (1992), chap. 1; Harry G. Gelber, *The Dragon and the Foreign Devils* (2007), 33–35; Joseph Hall, *The Discovery of a New World* (1609), sig. A4.
72. Ferguson, *Essay on the History of Civil Society*, 75, 95.
73. Peter de La Primaudaye, *The French Academie*, trans. T. B. (1586), 576.
74. John Smith, *A Map of Virginia* (Oxford, 1612), in *Works 1608–1631*, ed. Edward Arber (Birmingham, 1884), 79 (echoed by Alexander Whitaker, *Good Newes from Virginia* (1613), 26); Williams, *Key into the Language of America*, 47; Kupperman, *Settling with the Indians*, 47, 49–50; Peter King, ' "A King in Every Countrey" ', *Journ. of Canadian Hist. Assocn* 14 (2013). Contrast Thomas Hobbes, *Leviathan*, ed. Noel Malcolm (Oxford, 2013), vol. 2, 194 (chap. 13), and other commentators cited in vol. 2, 195, note g.
75. John Ogilby, *Atlas* (1670), sig. c5v, and 8–9; Richard Boothby, *A Breife Discovery or Description of the Most Famous Island of Madagascar* (1646), 17.
76. Peter Paxton, *Civil Polity* (1703), 3.
77. David Hume, *A Treatise of Human Nature*, ed. David Fate Norton and Mary J. Norton (Oxford, 2000), 346 (3. 2. 8); similarly, John Locke, *Two Treatises of Government*, ed. Peter Laslett (Cambridge, 1960), 357–58 (II. para.108).
78. James Dunbar, *Essays on the History of Mankind in Rude and Cultivated Ages* (1780), 147–48. Cf. Levi- Strauss, *Race and History*, 31–38.
79. Philippe Beneton, *Histoire de mots* (Paris, 1975), 40–42.一個一七六七年法國的孤立例子，見Joachim Moras, *Ursprung und*

Entwicklung des Begriffs der Zivilisation in Frankreich, 1756–1830 (Hamburg, 1930), 41. *OED*提及最早的複數型態，引用資料是在一八五七年: ‘civilization’, 3c.

80. J. P. Arnason, ‘Civilizational Analysis, History of ’, in *International Encyclopedia of the Social and Behavioral Sciences*, ed. Neil J. Smelser et al. (Amsterdam, 2001), 1910.

81. ‘Coleridge’, in *Collected Works of John Stuart Mill*, ed. John M. Robson et al. (Toronto, 1963–91), vol. 10, 139–40.

82. Daniel A. Segal, ‘ “Western Civ” and the Staging of History’, *AHR* 105 (2000), 799–800; David Hollinger, ‘Cultural Relativism’, in *The Cambridge History of Science*, vol. 7, ed. Theodore M. Porter and Dorothy Ross (Cambridge, 2003), 712; *OED*, s.v. ‘culture’; Emile Durkheim and Marcel Mauss, ‘Note on the Concept of Civilisation’, and Mauss, ‘Civilisations, Their Elements and Forms’, in Marcel Mauss, *Techniques, Technology, and Civilisation*, ed. Nathan Schlanger (New York, 2006).

83. R. H. Tawney, preface to Raymond Firth, *Primitive Economics of the New Zealand Maori* (1929), xiii.

84. ‘Le barbare, c’est d’abord l’homme qui croit a la barbarie’; Claude Levi- Strauss, *Race et histoire* (Paris, 1961), 22. 對於Raymond Aron的評論，見 ‘Le Paradoxe du meme et de l’autre’, in *Echanges et Communications*, ed. Jean Pouillon and Pierre Maranda (The Hague, 1970), and Charles Taylor, ‘Comparison, History, Truth’, in *Myth and Philosophy*, ed. Frank Reynolds and Derek Tracy (Albany, NY, 1990), 47.

85. Francisco de Vitoria, *Political Writings*, ed. Anthony Pagden and Jeremy Lawrance (Cambridge, 1991), 278–84; Alberico Gentili, *De Iure Belli Libri Tres*, trans. J. C. Rolfe (Oxford, 1933), 86–87, 88–90 (I. xix). Luis de Molina, *De Iustitia Tomus Primus, Complectens Tractatum Primum, et ex Secundo Disputationes* (Cuenca, 1593), cols. 566–67 (*Disputatio*, 105).

86. John Selden, *Of the Dominion, or, Ownership of the Sea*, trans. Marchamont Nedham (1652), 123–26; id., *Opera Omnia*, ed. David Wilkins (1726), vol. 2, pt 2, cols. 1250–52; Toomer, *Selden*, vol. 1, 407; 並請見 Richard Tuck, *The Rights of War and Peace* (Oxford, 1999), 51–52, 68–70, 119–20.

87. Richard Zouche, *Iuris et Iudicii Fecialis* [1650], ed. Thomas Erskine Holland (Washington, DC, 1911), vol. 2, trans. J. L. Brierly, 109–10 (II. v. 9); Robert Skinner, *Reports of Cases adjudged in the Court of King’s Bench* (1728), 91–93, 168.

88. Thomas Hobbes, *The Elements of Law*, ed. Ferdinand Tonnies (2nd edn, 1969), 87 (I. 16. 12); *Leviathan*, ed. Malcolm, vol. 2,

392 (chap. 24); Pat Moloney, ‘Hobbes, Savagery, and International Anarchy’, *Amer. Political Science Rev.* 105 (2011), 197–98.

89. [Samuel], Baron Pufendorf, *The Laws of Nature and Nations*, trans. Basil Kennet[t] (3rd edn, 1717), 2nd pagination, 32–36 (III. iii. 9–12), 168 (IV. v. 10); Gideon Baker, ‘Right of Entry or Right of Refusal?’ *Rev. of International Studs.* 37 (2012), 50–54.

90. Muthu, *Enlightenment against Empire*, 75, 85, 103–4, 192–97; *Journals of Captain Cook*, ed. Beaglehole, vol. 2, 493 and 493n; Dan O’Sullivan, *In Search of Captain Cook* (2008), 139–42.

91. *The Correspondence of Roger Williams*, ed. Glenn W. Lafantasie (Hanover, NH, 1988), vol. 1, 19; John Cotton, ‘A Reply to Mr. Williams his Examination’, in *The Bloudy Tenent Washed, and Made White in the Bloud of the Lambe* (1647), 2nd pagination, 27–28.Anthony Pagden指出，威廉姆斯之所以想要確立土著對他們的土地的財產權，也許是為了確立塞勒姆（Salem）殖民者購買這些土地的權利（英王對這種權利有爭議），見‘The Struggle for Legitimacy and the Image of Empire in the Atlantic to c. 1700’, in *The Origins of Empire*, ed. Nicholas Canny (*Oxford History of the British Empire*, vol. 1, Oxford, 1998), 47.

92. Tuck, *Rights of War and Peace*, 157–58, 172–73, 181, 183–84, 190–91.

93. Robin F. A. Fabel, *Colonial Challenges* (Gainesville, FL, 2000), chaps. 8–11; Jack P. Greene, *Evaluating Empire and Confronting Colonialism in Eighteenth- Century Britain* (Cambridge, 2013), 1–19.

94. *The Reports of Sir Edward Coke*, ed. George Wilson (1777), vol. 4, pt 7, fol. 17r–v (Calvin’s Case); Richard Brownlow and John Goldesborough, *Reports of Divers Choice Cases in Law* (1651), 2nd pagination, 296–97; Sir Edward Coke, *The Second Part of the Institutes of the Laws of England* (1817), 154–55.

95. *Cobbett’s Complete Collection of State Trials*, ed. T. B. Howell et al. (1809–28), vol. 10, cols. 372–554; Richard Tuck對此有清晰討論，見‘Alliances with Infidels in the European Imperial Expansion’, in *Empire and Modern Political Thought*, ed. Sankar Muthu（Cambridge, 2012）。不過Tuck並未指出，傑佛瑞斯認為（雖然與本案案情無關）科克的意見本身是好法律（col. 545）。

96. Michael Dalton, *The Countrey Justice* (6th edn, 1635), 165; William Salkeld, *Reports of Cases adjudged in the Court of King’s Bench* (4th edn, 1742–43), vol. 1, 46; Henry Cowper, *Reports of Cases adjudged in the Court of King’s Bench from Hilary*

Term... 1774 to Trinity Term... 1778 (1783), 209.

97. Edward Coke, *The First Part of the Institutes of the Laws of England*, 15th edn, ed. Francis Hargrave and Charles Butler (1794), 6b; *Reports of Adjudged Cases in the Court of Common Pleas during the time Lord Chief Justice Willes Presided*, ed. Charles Durnford (Dublin, 1800), 542–43.

98. Muldoon, *Popes, Lawyers, and Infidels*, chap. 2; Purchas, *Hakluytus Posthumus*, vol. 1, 38–45; vol. 19, 220.

99. *The Voyages and Colonizing Enterprises of Sir Humphrey Gilbert*, ed. David Beers Quinn (Hakluyt Soc., 1940), vol. 2, 450–58.

100. Bartolome de Las Casas, *In Defense of the Indians*, trans. and ed. Stafford Poole (DeKalb, IL, 1974), 47–48.

101. *Selections from Three Works of Francisco Suarez, S. J.*, ed. James Brown Scott (Oxford, 1944), vol. 2, trans. Gwladys L. Williams et al., 825–26.

102. Roger Williams, *The Bloody Tenent Yet More Bloody* (1652), 276.

103. Jos[eph] Hall, *Resolutions and Decisions of Divers Practicall Cases of Conscience* (3rd edn, 1654), 236. 雖然指出「埃納雷斯堡和薩拉曼卡的博學教授們」揭發了西班牙人的不義篡奪（234, 239-42），但霍爾仍然追隨西班牙人的主張，認為歐洲人有權到他們喜歡去的地方旅行和不得已時使用武力保障他們和土著的貿易權。

104. ‘Ductor Dubitantium’, in *Whole Works of Jeremy Taylor*, vol. 9, 281–82.

105. Sir Thomas More, *Utopia*, ed. George M. Logan and Robert M. Adams (Cambridge, 1989), 56; ‘Of Coaches’, in *Essays of Montaigne*, vol. 3, 142–51. Armitage, ‘Literature and Empire’, in *Origins of Empire*, ed. Canny, 106–12, is an excellent discussion of the conflicting ingredients of the classical legacy.

106. *Tyrannipocrit, Discovered with his Wiles* (1649), in *British Pamphleteers*, ed. George Orwell and Reginald Reynolds, vol. 1 (1948), 90–91, 105; *Leveller Manifestoes of the Puritan Revolution*, ed. Don M. Wolfe ([1944]; New York, 1967), 318; *ODNB*, s.v. ‘Marten, Henry’; *A New Engagement* (1648); *The English Souldiers Standard to Repaire to* (1649), 9–10; *The Souldiers Demand* (Bristol, 1649), 12–13; *Walwins Wiles* (1649), in *The Leveller Tracts 1647–1653*, ed. William Haller and Godfrey Davies (New York, 1944), 288, 310. 見Chris Durston, ‘Let Ireland Be Quiet’, *HWJ* 21 (1986); Norah Carlin, ‘The Levellers and the Conquest of Ireland in 1649’, *HJ* 30 (1987); Christopher Hill, ‘Seventeenth- Century English Radicals and Ireland’, in

A Nation of Change and Novelty (1990). 雖然「平等派」的領袖不願意就愛爾蘭的問題公開表態，但仍然不能因此主張——Mícheál Ó Siochrú在*God's Executioner*（2008）就是這樣——這些反對意見是由政府的支持者編造並為了否定它們而把它們說成是「平等派」的主張。

107. Algernon Sidney, *Discourses concerning Government* (3rd edn, 1753), 40; Locke, *Two Treatises of Government*, 296–300, 406 (ii. 16–20, 180).

108. Edward Stillingfleet, *A Sermon Preached on the Fast- Day, November 13, 1678* (1678), 31; *Barlow's Journal*, ed. Basil Lubbock (1934), vol. 2, 401.

109. 一般而言，請見 Muthu, *Enlightenment against Empire*. 有關大不列顛（British）的面向，請見精彩論述如下：Greene, *Evaluating Empire and Confronting Colonialism*. 有關狄德羅與雷納爾神父，請見 *Raynal's 'Histoire des Deux Indes': Colonialism, Networks and Global Exchange*, ed. Cecil Courtney and Jenny Mander (Oxford, 2015).

110. Denis Diderot, *Political Writings*, trans. and ed. John Hope Mason and Robert Wokler (Cambridge, 1992), 177.

111. John Lawson, *A New Voyage to Carolina* (1709), 236; Samuel Johnson, *The Lives of the Most Eminent English Poets*, ed. Roger Lonsdale (Oxford, 2006), vol. 3, 163; *Idler* 81 (3 Nov. 1759); *Gentleman's Magazine* 8 (June 1738); 且見 Clement Hawes, *The British Eighteenth Century and Global Critique* (New York, 2005), 179–83.

112. David Hume, *An Enquiry concerning the Principles of Morals*, ed. Tom L. Beauchamp (Oxford, 2014), 18.

113. *Journals of Captain Cook*, ed. Beaglehole, vol. 1, 514.

114. Thomas Parker, *Evidence of our Transactions in the East Indies* (1782), iii.

115. William MacIntosh, *Travels in England, Asia, and Africa* (1782), vol. 2, 73; Parker, *Evidence of our Transactions*, v; P. J. Marshall, *'A Free though Conquering People'* (Aldershot, 2003), vol. 1, 8–9; Greene, *Evaluating Empire*, chap. 4.

116. *Writings and Speeches of Edmund Burke*, vols. 5, 6 and 7; Jennifer Pitts, *A Turn to Empire* (Princeton, NJ, 2005), chap. 3.

117. *An Historical Disquisition concerning the Knowledge the Ancients Had of India*, in *The Works of the Late William Robertson* (1826), vol. 2, 483–84.

118. Malachy Postlethwayt, *The Universal Dictionary of Trade and Commerce* (3rd edn, 1766), vol. 1, vii; Granville Sharp, *A*

Representation of the Injustice and Dangerous Tendency of Tolerating Slavery (1769), 112–26, 104–5.

119. *The Diary of Thomas Burton*, ed. John Towill Rutt (1828), vol. 4, 255–73, 301–8.

120. John Donoghue, *Fire under the Ashes* (Chicago, IL, 2013), 265–67, 270–74, 276, 277–78.

121. Richard Baxter, *A Christian Directory* (1673), 538–39.

122. Philippe Rosenberg, 'Thomas Tryon and the Seventeenth- Century Dimensions of Antislavery', *WMQ*, 3rd ser., 61 (2004); Christopher Leslie Brown, *Moral Capital* (Chapel Hill, NC, 2006), chap. 1; Greene, *Evaluating Empire*, 54–60.

123. 例如：Peter Gay, *The Enlightenment* (1970), vol. 2, 412–19; Greene, *Evaluating Empire*, 164.

124. Granville Sharp, *The Law of Liberty, or, Royal Law* (1776), 33; and for an early statement, George Keith, *An Exhortation & Caution to Friends Concerning Buying or Keeping of Negroes* (New York, 1693).

125. Anthony Page, *John Jebb and the Enlightenment Origins of British Radicalism* (Westport, CT, 2003), 226.

126. David Brion Davis, *The Problem of Slavery in the Age of Revolution 1770–1823* (Ithaca, NY, 1975), 258.

127. *The Complete Antislavery Writings of Anthony Benezet 1754–1783*, ed. David L. Crosby (Baton Rouge, LA, 2013), 71; John Wesley, *Thoughts Upon Slavery* (1774), 9–17; John Ady, *The Case of our Fellow- Creatures the Oppressed Africans* (1784), 7; 'Papers relative to our treatment of the people of Africa', 40–42, 46–47, appended to Parker, *Evidence of our Transactions*; 'Charity', in *The Poems of William Cowper*, ed. John D. Baird and Charles Ryskamp (Oxford, 1980–95), vol. 1, 341.

128. 'A Serious Thought (1775)', in *The Complete Writings of Thomas Paine*, ed. Philip S. Foner (New York, 1945), vol. 2, 19–20.

129. 有關廢奴主義者的論據，見Wylie Sypher, *Guinea's Captive Kings* (Chapel Hill, NC, 1942), chap. 2; David Brion Davis, *The Problem of Slavery in Western Culture* (Ithaca, NY, 1966); Roger Anstey, *The Atlantic Slave Trade and British Abolition, 1760–1810* (1975); Brown, *Moral Capital*, chaps. 6 and 7; and Greene, *Evaluating Empire*, chap. 5.

130. 請見倫敦大學學院（University College London），「英國奴隸所有制的歷史遺產」（Legacies of British Slave- Ownership）計畫：www.ucl.ac.uk/lbs.

131. Postlethwayt, *Universal Dictionary*, vol. 1, sig. G1.

132. Anstey, *Atlantic Slave Trade*, chaps. 8 and 9; Brown, *Moral Capital*, chaps. 6 and 7.

133. Bartolome de Las Casas, *In Defense of the Indians*, trans. and ed. Stafford Poole (DeKalb, IL, 1974), 47–48; Jose de Acosta, *De Procuranda Indorum Salute*, trans. and ed. G. Stewart McIntosh (Tayport, 1995–96), vol. 1, 113 (III. vii); D. A. Brading, *The First Americans* (Cambridge, 1991), chaps. 3 and 4; Tuck, *Rights of War and Peace*, 69–72.

134. John Donne, *Biathanatos*, ed. Ernest W. Sullivan II (Newark, DE, 1984), 40.

135. Alberico Gentili, *De Iure Belli Libri Tres*, trans. John C. Rolfe (Oxford, 1936), 53–55 (I. xii); Hugo Grotius, *The Free Sea*, trans. Richard Hakluyt, ed. David Armitage (Indianapolis, IN, 2004), 15 (chap. 2); id., *De Iure Praedae Commentarius*, vol. 1, trans. Gwladys L. Williams and Walter H. Zeydel (Oxford, 1950), 222 (chap. 12); id., *Rights of War and Peace*, 436–40 (II. xx. 40–43), 478–79 (II. xxii. 10 and 12).

136. G. W. Leibniz, *New Essays on Human Understanding*, trans. Peter Remnant and Jonathan Bennett (Cambridge, 1996), 87–88, 93; Muthu, *Enlightenment against Empire*; Jonathan Israel, *Enlightenment Contested* (Oxford, 2006), 590–603 (but mentioning no British author); id., *Democratic Enlightenment* (Oxford, 2011), pt 3; Melvin Richter, 'The Comparative Study of Regimes and Societies', in *The Cambridge History of Eighteenth- Century Political Thought*, ed. Mark Goldie and Robert Wokler (Cambridge, 2006), chap. 5.

137. Pufendorf, *Law of Nature and Nations*, 1st pagination, 126–28 (II. iii. 7–9); 2nd pagination, 18–20 (III. ii. 8); 3rd pagination, 90–91 (VIII. vi. 5); 也見 Tuck, *Rights of War and Peace*, 158–62. 普芬多夫早期對於野蠻民族和開化民族（「moratiores」）不可能簽署協議的反省，見於一封一六六三年的信，見Fiammetta Palladini, 'Le due lettere di Pufendorf al Barone di Boineburg', *Nouvelles de la Republique des Lettres*, vol. 1 (1984), 135–36.

138. Christian Thomasius, *Foundations of the Law of Nature and Nations* (1705), ed. and trans. Thomas Ahnert (Indianapolis, IN, 2011), 619.

139. Emmer de Vattel, *The Law of Nations*, ed. Bela Kapossy and Richard Whatmore (Indianapolis, IN, 2008), 265 (II. 1. 7); Daniel Gordon, 'Uncivilised Civilisation', in *Raynal's 'Histoire des Deux Indes'*, ed. Courtney and Mander.

140. Robert Ward, *An Enquiry into the Foundation and History of the Law of Nations in Europe* (1795), vol. 1, xiv, 135–39, 163–65.

141. Temple, *Miscellanea, Second Part*, 47, 163.

142. Thomas Burnet, *The Sacred Theory of the Earth* (7th edn, 1759), vol. 2, 21.
143. Paxton, *Civil Polity*, sig. a4.
144. *The Briton* (1722), 36 (act 3, scene 8).
145. Jonathan Swift, *Gulliver's Travels* ([1726]; 1919), 292–93 (bk 4, chap. 5).
146. *The Poetical Works of Richard Savage*, ed. Clarence Tracy (Cambridge, 1962), 253.
147. Bulwer, *Anthropometamorphosis*, 155; Smith, *Theory of Moral Sentiments*, 199 (v. i. 9).
148. Richard McCabe, *Spenser's Monstrous Regiment* (Oxford, 2002), 123; George Bishop, *New- England Judged* (1661; repr. 1703), 29, 123.
149. John Underhill, *Newes from America* (1638), 42–43.
150. Elliott, *Old World and the New*, 26.
151. Thomas Fuller, *The Holy State and the Profane State* (1840), 156.
152. Bernard Mandeville, *The Fable of the Bees*, ed. F. B. Kaye (Oxford, 1924), vol. 2, 215; 'Fragments, or Minutes of Essays', in *The Works of the Right Honourable Henry St John, Viscount Bolingbroke* (new edn, 1809), vol. 7, 467.
153. Williams, *Key into the Language of America*, 180; Ira D. Gruber, 'Atlantic Warfare, 1440–1763', in *The Oxford Handbook of the Atlantic World*, ed. Nicholas Canny and Philip Morgan (Oxford, 2011), 420–21.
154. John Hippisley, *Essays* (1764), 13.
155. 對此感到無比驚恐的經典記述，可見Albert Sorel, *Europe and the French Revolution* [1885], trans. and ed. Alfred Cobban and J. W. Hunt (1969), 108–15.
156. Daniel Defoe, *Serious Reflections during the Life and Surprising Adventures of Robinson Crusoe* (1720), 124–25.
157. Joseph Fawcett, *Poems* (1798), 187–242; Henry Roscoe, *The Life of William Roscoe* (1833), vol. 1, 296.
158. *The Complete Works of Gerrard Winstanley*, ed. Thomas N. Corns et al. (Oxford, 2009), vol. 2, 80.
159. John Brown, *An Estimate of the Manners and Principles of the Times* (1760), 93. 有關這個主題相當豐富的討論，請見John Sekora, *Luxury* (Baltimore, MD, 1977); David Spadafora, *The Idea of Progress in Eighteenth- Century Britain* (New Haven,

CT, 1990), 15–16, 35–36, 215–17, 317–18; James Raven, *Judging New Wealth* (Oxford, 1992), chap. 8; Christopher J. Berry, *The Idea of Luxury* (Cambridge, 1994), chaps. 5 and 6; *Luxury in the Eighteenth Century*, ed. Maxine Berg and Elizabeth Eger (Basingstoke, 2003), chap. 1; E. J. Clery, *The Feminization Debate in Eighteenth- Century England* (Basingstoke, 2004); Keith Thomas, *The Ends of Life* (Oxford, 2009), 132–37.

160. Smith, *Lectures on Jurisprudence*, 540–41.
161. *The Complete Works of M. de Montesquieu* (Eng. trans., 1777), vol. 2, 1–3 ('The Spirit of Laws', bk 20, chaps. 1–2).
162. William Letwin, *The Origins of Scientific Economics* (1963), 43–44; Alexander Hamilton et al., *The Federalist*, ed. Max Beloff (Oxford, 1948), 20–25; Muthu, *Enlightenment against Empire*, 97–99; 亦可參考Paul Slack, *The Invention of Improvement* (Oxford, 2014 [2015]), 190.
163. *Writings and Speeches of Edmund Burke*, vol. 8, 130–31.
164. Roscoe, *Life of William Roscoe*, vol. 1, 269–70; *Journals of Captain Cook*, ed. Beaglehole, vol. 2, 174–75 (and similar sentiments in George Forster, *A Voyage Round the World* (1777), vol. 1, 303).
165. 見Mark Harrison, *Contagion* (2012), 276.
166. Ferguson, *Essay on Civil Society*, 183.
167. W. R. Scott, *Adam Smith as Student and Professor* (Glasgow, 1937), 326; Adam Smith, *An Inquiry into the Nature and Causes of the Wealth of Nations*, ed. R. H. Campbell and A. S. Skinner (Oxford, 1976), vol. 2, 781–88 (v. i. f.); *Lectures on Jurisprudence*, 539–40.
168. 'Lectures on Political Economy, I', in *The Collected Works of Dugald Stewart*, ed. Sir William Hamilton (1854–60), vol. 8, 317.
169. Dunbar, *Essays on the History of Mankind*, 146–47, 165, 424.
170. Denis Diderot, *Political Writings*, trans. and ed. John Hope Mason and Robert Wokler (Cambridge, 1992), 72, 173, 185–88, 193–97, 199, 212–14; Jean- Jacques Rousseau, *Oeuvres completes*, ed. Bernard Gagnebin and Marcel Raymond, vol. 3 (Paris, 1964), at, e.g., 164–80, 258.
171. *Mirror* 18 (27 Mar. 1779; by Lord Abercromby), in *British Essayists*, vol. 24, 70.

172. Forster, *Voyage Round the World*, vol. 1, 365–67; vol. 2, 31–35.

173. *The Works of Mary Wollstonecraft*, ed. Janet Todd and Marilyn Butler (1989), vol. 6, 220; vol. 5, 215; *The Life and Major Writings of Thomas Paine*, ed. Philip S. Foner (Secaucus, NJ, 1974), 398, 610.

174. T. R. Malthus, *Essay on the Principle of Population* (1798), 344; Charles Hall, *The Effects of Civilization on People in European States* (1805), 131–32.

175. Alexis de Tocqueville, *Journeys to England and Ireland*, trans. George Lawrence and K. P. Mayer, ed. J. P. Mayer (New York, 1968), 96.

176. Thomas Churchyard, *A Prayse, and Reporte of Maister Martyne Forboishers Voyage to Meta Incognita* (1578), sig. Bii.

177. *A View of the Present State of Ireland*, in *Spenser's Prose Works*, ed. Rudolf Gottfried (Baltimore, MD, 1949), 55, and *A Brief Note of Ireland*, in *Spenser's Prose Works*, 239–40; Samuel Daniel, *The Queenes Arcadia* (1606), sig. K2.

178. Colin Lennon, 'Political Thought of Irish Counter- Reformation Churchmen', in *Political Ideology in Ireland, 1541–1641*, ed. Hiram Morgan (Dublin, 1999), 189, 202; Patricia Palmer, *Language and Conquest in Early Modern Ireland* (Cambridge, 2001), 212; Ian Campbell, *Renaissance Humanism and Ethnicity before Race* (Manchester, 2013), chap. 3.

179. Gerard Boate, *Irelands Naturall History*, published by Samuel Hartlib (1652), 89, 130 (drawing on information from Irish Protestant refugees and from Sir John Temple, *The Irish Rebellion* (1646), vol. 1, sig. b1, 83; vol. 2, 41).

180. *The Works of George Savile, Marquis of Halifax*, ed. Mark N. Brown (Oxford, 1989), vol. 3, 171; Alfred Owen Aldridge, 'Franklin's Letter on Indians and Germans', *Amer. Philos. Soc. Procs.* 14 (1950), 392–93.

181. Colin G. Calloway, *New Worlds for All* (2nd edn, Baltimore, MD, 2013), 192–96; Baron Lahontan, *New Voyages to North-America* (Eng. trans., 1703; 2nd edn, 1705), vol. 2, 21–31, 38–39.

182. Ottobah Cugoano, *Thoughts and Sentiments on the Evil and Wicked Practice of the Slavery and Commerce of the Human Species* (1787), 138–39.

183. John Streater, *Observations Historical, Political, and Philosophical upon Aristotles First Book of Political Government*, no. 4 (25 Apr.–2 May 1654), 28.

184. Ian K. Steele, *Warpaths* (New York, 1994), 39–40; Ester Boserup, *The Conditions of Agricultural Growth* (1965), 24–25; Jill Lepore, *The Name of War* (New York, 1998), 95–96.

185. *The History of America* (1777), in *Works of William Robertson*, vol. 5, 395–97; *The Memoirs of Lieut. Henry Timberlake* (1765), 51.

186. John Demos, *The Unredeemed Captive* (New York, 1994); Calloway, *New Worlds for All*, 160–63; Juliana Barr, 'Captivity, Native American', in *The Princeton Companion to Atlantic History*, ed. Joseph C. Miller (Princeton, NJ, 2015).

187. Edward D. Neill, *Virginia Vetusta* (Albany, NY, 1885), viii; Malcolm Gaskill, *Between Two Worlds* (Oxford, 2014), 285; Nicholas Canny, 'The Permissive Frontier', in *The Westward Enterprise*, ed. Andrews, 30–35 (quotation at 34). 188.

188. James Axtell, *The European and the Indian* (New York, 1981), 156; Peter Way, 'The Cutting Edge of Culture', in *Empire and Others*, ed. Martin Daunton and Rick Halpern (Philadelphia, PA, 1999), 141–43; J. Hector St John de Crevecoeur, *Letters from an American Farmer* (Dublin, 1782), 237–38. In 'Crossing the Cultural Divide', *Procs. Amer. Antiquarian Soc.* 90 (1980), Alden T. Vaughan 與 Daniel K. Richter 得到較低的數據，見 Alden T. Vaughan and Edward W. Clark, *Puritans among the Indians* (Cambridge, MA, 1981), 15.

189. Aldridge, 'Franklin's Letter on Indians and Germans', 392. 關於這個主題請見 Axtell, *The European and the Indian*, 156, 161, 279–84, and 'The White Indians of Colonial America', in *American Encounters*, ed. Peter C. Mancall and James H. Merrell (2nd edn, New York, 2007); Richard VanDerBeets, *The Indian Captivity Narrative* (Lanham, MD, 1984), 47; Linda Colley, *Captives* (2002), 195–98; Evan Haefeli and Kevin Sweeney, *Captors and Captives* (Amherst, MA, 2003), 151–52; Alison Games, *The Web of Empire* (Oxford, 2008), 130–31.

190. *ODNB*, s.v. 'Verney, Sir Francis'; Simon Ockley, *An Account of South- West Barbary* (1713), 125; Kenneth Parker, 'Reading "Barbary" in Early Modern England', *Seventeenth Century* 19 (2004), 80, 91–93.

191. Smith, *Remarks upon the Turks*, 144–45; Joseph Pitts, *A True and Faithful Account of the Religion and Manners of the Mahometans* (Exeter, 1717), chap. 9; Rycaut, *Present State of the Ottoman Empire*, 79–80.

192. Sir Thomas Sherley, 'Discours of the Turkes', ed. E. Denison Ross, 4, in *Camden Miscellany*, vol. 16 (Camden, 3rd ser., 52

(1936)).

193. Smith, *Remarks upon the Turks*, 41–43; Addison, *West Barbary*, 197.

194. Henry Byam, *A Return from Argier* (1628), 74. 總括來看，請見Nabil Matar, *Turks, Moors, and Englishmen in the Age of Discovery* (New York, 1999); *Three Turkish Plays from Early Modern England*, ed. Daniel J. Vitkus (New York, 2000), introduction; Robert C. Davis, *Christian Slaves, Muslim Masters* (Basingstoke, 2003); Tobias P. Graf, *The Sultan's Renegades* (Oxford, 2017).

195. David Allan, 'Manners and Mustard', *CSSH* 37 (1995).

196. [Marc Lescarbot], *Nova Francia*, trans. P. E[rondelle] (1609), esp. 95, 97, 203, 227–28, 247, 283.

197. Moryson, *Itinerary*, vol. 3, 369–70.

198. Morton, *New Englands Caanan*, 56–58; *The Writings of William Walwyn*, ed. Jack R. McMichael and Barbara Taft (Athens, GA, 1989), 82–83; Derek Hirst, 'A Happier Man', *Seventeenth Century* 27 (2012), 59–60, 68.

199. John Lynch, *Cambrensis Eversus* (1662), trans. Matthew Kelly (Dublin, 1848–54), vol. 2, 222–23, 284–85; Thomas Traherne, *Poems, Centuries and Three Thanksgivings*, ed. Anne Ridler (1966), 269–70; John Aubrey, *Monumenta Britannica, Parts 1 and 2*, ed. John Fowles (Sherborne, 1980–82), 194.

200. James Thomson, *The Seasons*, ed. James Sambrook (Oxford, 1981), 242 ('Winter', lines 843–45, 847–48, 851–53); John Scheffer, *The History of Lapland* (Eng. trans., 1704), 35–36, 169.

201. *Journals of Captain Cook*, ed. Beaglehole, vol. 1, 399, 508–9; vol. 2, 271.

202. *John Ledyard's Journal through Russia and Siberia, 1787–8*, ed. Stephen D. Watrous (Madison, WI, 1966), 169.

203. 有關這個傳統，可見 Arthur O. Lovejoy and George Boas, *Primitivism and Related Ideas in Antiquity* (Baltimore, MD, 1935); Alan Dugald McKillop, *The Background of Thomson's Seasons* (Minneapolis, MN, 1942), chap. 3; Ludwig Edelstein, *The Idea of Progress in Classical Antiquity* (Baltimore, MD, 1967), 43–51, 58–62, 93–95; George Boas, *Essays on Primitivism and Related Ideas in the Middle Ages* (Baltimore, MD, 1948); Elizabeth Armstrong, *Ronsard and the Age of Gold* (Cambridge, 1968), chap. 2; Robert Bartlett, *Gerald of Wales 1146–1223* (Oxford, 1982), 172–73, 186, 198–99; Andrew Fitzmaurice,

Humanism and America (Cambridge, 2003), 157–63; Gordon Lindsay Campbell, *Lucretius on Creation and Evolution* (Oxford, 2003), 12–15, 336–53.

204. W[illiam] Watreman, preface to Joannes Boemus, *The Fardle of Facions*, trans. Watreman (1555), sigs. Ai–iiv; 'The Shepheards Garland, 8th Eclog', in *The Works of Michael Drayton*, ed. J. William Hebel (Oxford, 1961), vol. 1, 86–87; *The Works of the Learned Benjamin Whichcote* (Aberdeen, 1751), vol. 2, 223; Locke, *Two Treatises of Government*, 360 (II. 110).

205. Edward Gibbon, *The Decline and Fall of the Roman Empire*, ed. J. B. Bury (6th edn, 1912), vol. 1, 227; *Works of William Robertson*, vol. 5, 281; *Works of Mary Wollstonecraft*, vol. 6, 235.

206. Campbell, *Lucretius on Creation and Evolution*, 14; Catherine Wilson, 'Political Philosophy in a Lucretian Mode', in *Lucretius and the Early Modern*, ed. David Norbrook et al. (Oxford, 2015); Lovejoy and Boas, *Primitivism and Related Ideas*, 47–48, 93–95, 117–52, 239–42.

207. 有關早期和中世紀教會的內部意見衝突，見Peter Garnsey, *Thinking about Property* (Cambridge, 2007), chaps. 3–5；方濟會（Franciscan）的論點，見William of Ockham, *A Letter to the Friars Minor and Other Writings*, ed. Arthur Stephen McGrade and John Kilcullen (Cambridge, 2007), 37, 88–89, 264, 286–87.

208. Henry Parker, Lord Morley, *Forty- Six Lives Translated from Boccaccio's De Claris Mulieribus*, ed. Herbert G. Wright (EETS, 1943), 22–24. Perhaps significantly, a midfifteenth- century verse translation of this work omits the section in which Boccaccio describes the unfortunate consequences of Ceres's invention; *On Famous Women: The Middle English Translation of Boccaccio's De Mulieribus Claris*, ed. Janet Cowen (Heidelberg, 2015), 69.

209. 'Discours contre fortune', in *Oeuvres completes de Ronsard*, ed. Hugues Vaganay (Paris, 1923), vol. 4, 53–54; Lescarbot, *Nova Francia*, 285 (also 280).

210. Morris Palmer Tilley, *A Dictionary of the Proverbs in England* (Ann Arbor, MI, 1950), 459; Pufendorf, *Law of Nature and Nations*, 2nd pagination, 151–52 (IV. iv. 7), 216 (IV. xii. 5).

211. Lahontan, *New Voyages to North- America*, vol. 1, sig. A4v.

212. Mandeville, *Fable of the Bees*, vol. 2, 309; Henry Home, Lord Kames, *Sketches of the History of Man* (Edinburgh, 1774), vol.

1, 242; Gilbert Stuart, *A View of Society in Europe* (Edinburgh, 1778), 2, 75–76; 'The Task' (v. 11. 220–29), in *The Poems of William Cowper*, ed. John D. Baird and Charles Ryskamp (Oxford, 1980–95), vol. 2, 216; Rousseau, *Oeuvres*, vol. 3, 164–76.

213. 'A Short Discourse on the preceeding Comedy', in *The World's Idol: Plutus*, trans. H. H. B. (1659), 33–46.博德利圖書館的目錄把這作品歸在愛爾蘭人（舊英格蘭人天主教徒）劇作家亨利．伯內爾（Henry Burnell）名下是不可信的，因為就像*ODNB*的Burnell條目所說的那樣，並沒有證據可證明這一點。我們也不清楚作者的姓名縮寫是H. H. B.還是只是H. H.，因為H. H.作斜體字而B卻不是斜體，所以也許別有意涵。

214. 現代討論請見Rosie Wyles, 'Publication as Intervention', in *Aristophanes in Performance 421 BC–AD 2007*, ed. Edith Hall and Amanda Wrigley (Leeds, 2007).

215. Greg Woolf, *Becoming Roman* (Cambridge, 1998), 60. 有關正反兩面論證（*utramque partem*）的辯論修辭技巧，建立在每個問題永遠都有兩面的假設上，請見Quintilian, *Institutio Oratoria*, xii. i. 35, and Quentin Skinner, *Reason and Rhetoric in the Philosophy of Hobbes* (Cambridge, 1996), 9–10, 27–30, 97–99, 172–73.

216. J. G. A. Pocock, *Barbarism and Religion* (Cambridge, 1999–2015), vol. 4, 238.

217. Francois Guizot, *The History of Civilization*, trans. William Hazlitt, ed. Larry Siedentop (1997), xviii–xix.

218. 有關變化的討論，可見Pitts, *A Turn to Empire*.

219. Kathleen Wilson, *The Island Race* (2003), 82.

220. 'On Liberty' (1859), in *Collected Works of John Stuart Mill*, vol. 18, 224. 然而同樣在這部著作中，約翰．穆勒又表示：「我不認為任何社群有權強迫別的社群被開化。」（291）.

第七章　文明模式的轉變

1. John Crowther, 'Musae Faciles or an Easy Ascent to Parnassus', ed. Nicholas Tyacke, in *History of Universities* 27 (2013), 12.
2. Lucy Hutchinson, *Memoirs of the Life of Colonel Hutchinson*, ed. James Sutherland (1973), 11.
3. Keith Thomas, *The Ends of Life* (Oxford, 2009), chap. 2.
4. George Buchanan, *The History of Scotland* (Eng. trans., 1690), 23–24.

5. Sir Clement Edmondes, *Observations upon Caesar's Commentaries* (1604), vol. 2, 31 (bk 6, chap. 9).
6. *The Negotiations of Sir Thomas Roe, in his Embassy to the Ottoman Porte from the year 1621 to 1628* (1740), 16.
7. Nathanael Carpenter, *Geographie Delineated* (1635), vol. 2, 283.
8. [Richard Allestree], *The Ladies Calling* ([1673]; 1720), 13; Jean Gailhard, *The Compleat Gentleman* (1678), vol. 2, 49; S. C., *The Art of Complaisance* (1673), 121; *HMC, Salisbury*, vol. 20, vii; Anna Bryson, *From Courtesy to Civility* (Oxford, 1998), 229–30; Michele Cohen, *Fashioning Masculinity* (1996), 9, 42–43, 61–62; Philip Carter, *Men and the Emergence of Polite Society, Britain 1660–1800* (Harlow, 2001), esp. chap. 4; Emma Major, *Madam Britannia* (Oxford, 2012), 197–98.
9. [Thomas Gainsford], *The Rich Cabinet* (1646), fol. 38v; Adam Smith, *The Theory of Moral Sentiments*, ed. D. D. Raphael and A. L. Macfie (Oxford, 1976), 209 (V. 2. 13).
10. *The Political Works of James I*, ed. Charles Howard McIlwain (Cambridge, MA, 1918), 44; Bryson, *Courtesy to Civility*, 229.
11. *Tatler* 244 (31 Oct. 1710), ed. Donald F. Bond (Oxford, 1987), vol. 3, 251.
12. *Negotiations of Sir Thomas Roe*, 16; *Spectator* 236 (30 Nov. 1711), ed. Donald F. Bond (Oxford, 1965), vol. 2, 418.
13. David Hume, *Essays Moral, Political, and Literary*, ed. T. H. Green and T. H. Grose (1875), vol. 1, 304–5.
14. Jennifer Richards, ' "A Wanton Trade of Living" ', *Criticism* 42 (2000); Michele Cohen, ' "Manners" Make the Man', *JBS* 44 (2005); Sheldon Rothblatt, review of Martha Vicinus, *A Widening Sphere,* in *Journ. of Interdisciplinary History* 10 (1979), 175.
15. *Diary of John Manningham*, ed. John Bruce (Camden Soc., 1868), 110.
16. *The Works of... William Laud*, ed. William Scott and James Bliss (Oxford, 1847–60), vi (ii), 377.
17. *The Works of Thomas Nashe*, ed. Ronald B. McKerrow (Oxford, 1966), vol. 1, 361; T[homas] J[ones], *Of the Heart and Its Right Soveraign* (1678), 11.
18. John Earle, *Micro- cosmographie* (1628), sig. G5; [John Leslie], *A Treatise of Treasons against Q. Elizabeth* ([Louvain], 1572), 144; Anthony Stafford, *Meditations, and Resolutions, Moral, Divine, Politicall* (1612), 60; John Smyth, *The Lives of the Berkeleys*, in *The Berkeley Manuscripts*, ed. Sir John Maclean (Gloucester, 1883–85), vol. 2, 386; William Cole, *A Journal of My Journey to Paris in the Year 1765*, ed. Francis Griffin Stokes (1931), 300.

19. [Barnabe Rich], *A Souldiers Wishe to Britons Welfare* (1604), 56.
20. Sir Thomas Palmer, *An Essay of the Meanes how to Make our Travailes* (1606), 42.
21. *Parochial Collections... by Anthony a Wood and Richard Rawlinson*, ed. F. N. Davis (Oxon. Rec. Soc., 1920–29), 226, and *The Poems of Edmund Waller*, ed. G. Thorn Drury (1893), vol. 2, 109.
22. Peter Chamberlen, *The Poore Mans Advocate* (1649), 7; Susan Whyman, *Sociability and Power in Late- Stuart England* (Oxford, 1999), 106–7; 'A lover of his country' [William Sprigge], *A Modest Plea for an Equal Common- wealth* (1659), 68–69.
23. Fynes Moryson, *An Itinerary* (Glasgow, 1907–8), vol. 3, 396–97, 421–22.
24. *Letters of John Holles 1587–1637*, ed. P. R. Seddon (Thoroton Soc., 1975–86), vol. 1, 52.
25. William Harrison, *The Description of England*, ed. Georges Edelen (Ithaca, NY, 1968), 131; William Shakespeare, *King Henry V* (1600), act 5, scene 2; *Parochial Collections by Wood and Rawlinson*, vol. 1, 81; Timothy Nourse, *Campania Foelix* (1700), 15; Sir Thomas Pope Blount, *Essays on Several Subjects* (3rd edn, 1697), 78.
26. *Gentleman's Magazine* 1 (1731), 384. 身為詹姆斯黨人（Jacobite），想必他心裡想的是隨著漢諾威王朝（Hanoverian monarchs）而來的日耳曼人。
27. [Beat Louis de Muralt], *Letters describing the Character and Customs of the English and French Nations* (1726), 6; David H. Solkin, *Painting for Money* (New Haven, CT, 1993), 99–102; Herbert M. Atherton, *Political Prints in the Age of Hogarth* (Oxford, 1974), 267–70; Vic Gatrell, *City of Laughter* (2006), esp. 110–29.
28. *Gentleman's Journal* (Apr. 1692), 18, cited in Lawrence E. Klein, 'The Figure of France', *Yale French Studies* 92 (1997), 43.
29. Philomusus [John Gough?], *The Academy of Complements* (4th edn, 1641), sigs. A8v–9; Whyman, *Sociability and Power*, 106; Nicholas Breton, *The Court and Country* (1618), sig. B1.
30. *The Plays and Poems of Robert Greene*, ed. J. Churton Collins (Oxford, 1905), vol. 2, 214. For a fine account of this enduring Yorkshire tradition of 'sour rudeness',見Elizabeth C. Gaskell, *The Life of Charlotte Bronte* (1857; World's Classics, 1919), 9–13. 亦請見 John Crawshey, *The Country Mans Instructor* (1636), sig. A3; Joseph Hunter, *The Rise of the Old Dissent, Exemplif ied in the Life of Oliver Heywood* (1842), 75; *OED*, s.v. 'Yorkshire, 2'.

31. 例如 J[ohn] Ray, *A Collection of English Proverbs* (2nd edn, 1678), 68–69; *The English Dialect Dictionary*, ed. Joseph Wright (Oxford, 1870), s.v. 'fine', 'Marry! Come up', 'knack', 'skyome'; Samuel Bamford, *Dialect of South Lancashire* (Manchester, 1850), 196–97; B. Lowsley, *A Glossary of Berkshire Words and Phrases* (Eng. Dialect Soc., 1888), 177.

32. *The Correspondence of John Locke*, ed. E. S. de Beer (Oxford, 1976–), vol. 1, 119.

33. Robert B. Shoemaker, *The London Mob* (2004), 294–95; John Tosh, 'Gentlemanly Politeness and Manly Simplicity in Victorian England', *TRHS*, 6th ser., 12 (2002), 468; John Styles, *The Dress of the People* (New Haven, CT, 2007), chap. 12.

34. Smyth, 'The Lives of the Berkeleys', in *The Berkeley Manuscripts*, vol. 2, 386; Ulpian Fulwell, *The First Parte of the Eyghth Liberal Science: Entituled Ars Adulandi* (1579); *Cyuile and Uncyuile Life* (1579), sig. Mivv.

35. R. H. Sweet, 'Topographies of Politeness', *TRHS*, 6th ser., 12 (2012), 371.

36. Paul Langford, *Englishness Identified* (Oxford, 2000), 17; Philomusus [John Gough?], 'To the Reader', *Academy of Complements* (1640), sigs. A8v–9; Joseph Hall, *The Great Impostor* (1623), 34–35; Hume, *Essays*, vol. 1, 191.

37. J[ohn] Saltmarsh, *The Practice of Policie in a Christian Life* (1639), 29–30.

38. *Spectator* 557 (21 June 1714), ed. Donald F. Bond (Oxford, 1965), vol. 4, 504.

39. Daniel Javitch, *Poetry and Courtliness in Renaissance England* (Princeton, NJ, 1978), chap. 4; Sydney Anglo, *The Courtier's Art* (Swansea, 1983); Bryson, *Courtesy to Civility*, 203–5; Susan Brigden, *Thomas Wyatt* (2012), 200, 260–61; Andrew Hadfield, *Lying in Early Modern English Culture* (Oxford, 2017), chap. 5.

40. *The Works of Sir Walter Ralegh* (Oxford, 1829), vol. 6, 459; Sir Henry Wotton, *A Philosophical Survey of Education* (1938), 27; [William Cavendish?], *A Discourse against Flatterie* (1611), 4.

41. A. D. B. [Ambrosius de Bruyn], *The Court of the Most Illustrious and Most Magnificent James, the First* (1619), 163.

42. Edward Waterhous[e], *The Gentlemans Monitor* (1665), 241; *Works of George Savile, Marquis of Halifax*, ed. Mark N. Brown (Oxford, 1989), vol. 3, 328; Bernard Mandeville, *The Fable of the Bees*, ed. F. B. Kaye (Oxford, 1924), vol. 1, 77, 79; 並可參考Markku Peltonen, *The Duel in Early Modern England* (Cambridge, 2003), 30–31, 279–85.

43. A Gentleman, *The Baboon A- la- Mode* (1704), 11.

44. *The Workes of M(aster) W(illiam) Perkins* (Cambridge, 1608–31), vol. 2, 339; Daniel Defoe, *The Complete English Tradesman* (2nd edn, 1727), vol. 1, 235; *New Letters of David Hume*, ed. Raymond Klibansky and Ernest C. Mossner (Oxford, 1954), 83.
45. Henry Stubbe, *A Light Shining out of Darkness* (rev. edn, 1659), 163–65; [Meric Casaubon], *A Treatise of Use and Custom* (1638), 160. 關於書信結尾較不需如此恭敬的轉變，見 Keith Thomas, 'Yours', in *The State of the Language*, ed. Christopher Ricks and Leonard Michaels (Berkeley, CA, 1990).
46. Hannah More, *Thoughts on the Manners of the Great* (1798), in *The Works of Hannah More* (Philadelphia, PA, 1853), vol. 2, 255–56.
47. Bryson, *Courtesy to Civility*, 197–99, 220, 225, 229–30.
48. [John Wilford], *Memorials and Characters* (1741), 9.
49. *Works of William Laud*, vol. 4, 247; J. C. Davis, 'Against Formality', *TRHS*, 6th ser., 3 (1993); Bryson, *Courtesy to Civility*, 209–10.
50. [John Taylor], *Religions Enemies* (1641), 6.
51. *Workes of Perkins*, vol. 2, 339.
52. Jer[emiah] Dyke, *Good Conscience* (1624), 102–3.
53. *The Complete English Works of Thomas Brooks*, ed. Alexander Balloch Grosart (Edinburgh, 1866–67), vol. 4, 88; *Christ A Compleat Saviour*, ed. W. R. Owens, in *The Miscellaneous Works of John Bunyan* (Oxford, 1976–94), vol. 13, 278; John Bunyan, *The Pilgrim's Progress*, ed. W. R. Owens (Oxford, 2003), 24.
54. 'The Plain- Dealer' (published 1677), in *The Plays of William Wycherley*, ed. Arthur Friedman (Oxford, 1979), 378–79 (I. i).
55. William Gouge, *Of Domesticall Duties* (3rd edn, 1634), 539; Mandeville, *Fable of the Bees*, vol. 2, 281.
56. Gouge, *Domesticall Duties*, 539.
57. *Workes of Perkins*, vol. 1, 277 ('275'); Thomas Manton, *A Practical Commentary... on the Epistle of Jude* (1657), 40–42; George Downame, *The Christians Freedome* (1635), 119; James Janeway, *Invisibles, Realities* (1674), 53–54.
58. John White, *Two Sermons* (1615), 81; James Hart, Κλινική, *the Diet of the Diseased* (1633), 220; Richard Rogers, *Seven*

Treatises (1603), 63.

59. *Oliver Heywood's Life of John Angier of Denton*, ed. Ernest Axon (Chetham Soc., 1937), 149–50; Hutchinson, *Memoirs of Colonel Hutchinson*, 28; *Works of George Savile*, vol. 3, 181.
60. Samuel Clarke, *The Lives of Sundry Eminent Persons in this Later Age (1683)*, vol. 1, 165; Nehemiah Rogers, *Christian Curtesie* (1621), 32.
61. Richard Baxter, 'To the Reader', in *Mr Thomas Wadsworth's Last Warning to Sinners* (1677), sig. C4.
62. Richard Younge, *The Drunkard's Character* (1638), 744; Samuel Torshell, *The Hypocrite Discovered and Cured* (1644), 13.
63. G. H. Turnbull, *Hartlib, Drury and Comenius* (Farnborough, 1968), 120; R[obert] B[oyle], *Occasional Reflections upon Several Subjects* (1665), 2nd pagination, 130–31.
64. Ephraim Pagitt, *Heresiography* (1662), 194; *The Lives of Dr Edward Pocock* [et al.], ed. A[lexander] C[halmers] (1816), vol. 1, 93; Caroline Francis Richardson, *English Preachers and Preaching 1640–1670* (1928), 58–65; Arnold Hunt, *The Art of Hearing* (Cambridge, 2010), 86–88; Michael J. Braddick, 'Introduction', in *The Politics of Gesture*, ed. Braddick (*P&P*, supp., 2009), 22–23.
65. *Heywood's Life of John Angier*, 50.
66. Thomas Wilson, *Davids Zeal for Zion* (1641), 17.
67. Samuel Parker, *A Discourse of Ecclesiastical Politie* (1670), viii, xiii; [John Gill], *An Essay on the Original of Funeral Sermons* (1729), 24, 37.
68. Geraint H. Jenkins, *The Foundations of Modern Wales* (Oxford, 1987), 383.
69. [Strickland Gough], *An Enquiry into the Causes of the Decay of the Dissenting Interest* (1730), 43.
70. Thomas, *Ends of Life*, 135, 221–22.
71. *The Works of George Herbert*, ed. F. E. Hutchinson (Oxford, 1941), 277; [Edward Reynolds], *Imitation and Caution for Christian Woman* (1659), 6.
72. Richard Strange, *The Life and Gests of S. Thomas Cantilupe* (1674), 185.

73. *The Practical Works of the Late Reverend and Pious Mr Richard Baxter* (1707), vol. 1, 294, 308; George Gascoigne, 'A Delicate Diet for Daintiemouthed Droonkards' (1571), in *The Glasse of Government*, ed. John W. Cunliffe (Cambridge, 1910), 467.

74. Nath[aniel] Parkhurst, *The Faithful and Diligent Christian* (1684), 155–56.

75. *Workes of Perkins*, vol. 2, 113; vol. 1, 446; Thomas, *Ends of Life*, 221–22.

76. 例如：*Workes of Perkins*, vol. 1, 456, 479, 636.

77. 同前注，頁六三四。

78. [Theodosia Alleine], *The Life and Death of Mr Joseph Alleine* (1672), 35; Clarke, *Lives of Sundry Eminent Persons*, vol. 1, 96, 119, 144; vol. 2, 148, 172, 193, 198, 211; Anthony Walker, *The Holy Life of Elizabeth Walker* (1690), 68.

79. 有關早期貴格會教徒言談、禮儀與儀態舉止的記述，見Adrian Davies, *The Quakers in English Society, 1655–1725* (Oxford, 2000), chap. 3. 關於貴格會教派準則的權威性陳述，見 Robert Barclay, *An Apology for the Christian Divinity* (Latin edn, 1676; 5th English edn, 1703), esp. 512–71.

80. W[illiam] C[ovell], *Polimanteia* (1595), sig. Bb3; Nathaniel Homes, *Daemonologie, and Theologie* (1650), 196; [Bruno Ryves], *Mercurius Rusticus* (1685), 31; John Strype, *Collections of the Life and Acts of... John Aylmer* (1821), 176; William C. Braithwaite, *The Beginnings of Quakerism* (1912), 23; Claus- Peter Clasen, *Anabaptism* (Ithaca, NY, 1972), 146; Christopher Hill, *The World Turned Upside Down* (1972), 198; *The Collected Essays of Christopher Hill* (Brighton, 1986), vol. 2, 99; Penelope Corfield, 'Dress for Deference and Dissent', *Costume* 23 (1989).

81. Arthur O. Lovejoy and George Boas, *Primitivism and Related Ideas in Antiquity* ([1935]; New York, 1965), chap. 4; *The Cynics*, ed. R. Bracht Branham and Marie- Odile Goulet- Caze (Berkeley, CA, 1996).

82. George Fox et al., *A Battle- Door for Teachers & Professors to Learn Singular and Plural* (1660); *The Journal of George Fox*, ed. Norman Penney (Cambridge, 1914), vol. 2, 7.

83. Samuel Fisher, *Rusticus ad Academicos* (1660), vol. 1, 43–46; B[enjamin] F[urly], *The Worlds Honour Detected* (1663), 7; John Whitehead, *A Manifestation of Truth* (1662), 13–16.

84. Francis Higginson, *A Brief Relation of the Irreligion of the Northern Quakers* (1653), 29.

85. Barclay, *Apology for the Christian Divinity*, 515, 519, 524, 367, 369, 372, 376; Whitehead, *Manifestation of Truth*, 13–16; Furly, *Worlds Honour Detected*, 7; Richard Bauman, *Let Your Words Be Few* (Cambridge, 1983), chap. 4.
86. *A Shield of the Truth* (1655), in *A Collection of the Several Writings [of] James Parnel* (1675), 91; Oz Almog, *The Sabra*, trans. Haim Watzmann (Berkeley, CA, 2000), xv (and 145–46, 245–46); Tamar Katriel, *Talking Straight* (Cambridge, 1986).
87. Furly, *Worlds Honour Detected*, 8; Thomas Clarkson, *A Portraiture of Quakerism* (3rd edn, 1807), vol. 1, 361.
88. Clarkson, *Portraiture of Quakerism*, vol. 1, 359; Bunyan, *Christ a Compleat Saviour*, 278.
89. John Gauden, *The Case of Ministers Maintenance by Tithes* (1653), 3.
90. Whitehead, *Manifestation of Truth*, 14; *The Life, Diary, and Correspondence of Sir William Dugdale*, ed. William Hamper (1827), 85n.
91. R. H., *The Character of a Quaker* (1671), 2.
92. [John Parry], *A Resolution of a Seasonable Case of Conscience* (Oxford, 1660), 2; R[oger] W[illiams], *George Fox Digg'd out of his Burrowes* (Boston, MA, 1676), 5.
93. Jonathan Clapham, *A Full Discovery and Confutation of the Wicked and Damnable Doctrines of the Quakers* (1656), 66–71.
94. Thomas Fuller, *The Church History of Britain* (new edn, 1837), vol. 2, 364.
95. *A Shield of the Truth* (1655), 27, in *A Collection of the Writings of James Parnel.*
96. Furly, *Worlds Honour Detected*, 12–13.
97. George Keith, *The Magick of Quakerism* (1707), 11.
98. Stubbe, *Light Shining out of Darkness*, 89.
99. *The Written Gospel- Labours of... John Whitehead* (1709), 144–45.
100. Parnel, *Shield of the Truth*, 91.
101. *The Theological Works of the Most Reverend John Sharp* (Oxford, 1829), vol. 3, 310; vol. 4, 207–12.
102. Edward Fowler, *The Design of Christianity* (1671), 39; Lawrence E. Klein, *Shaftesbury and the Culture of Politeness* (Cambridge, 1994), 158–60, 163–65.

103. [Thomas Gordon], *The Independent Whig* (1721), 116.

104. Clarkson, *Portraiture of Quakerism*, vol. 1, 356; vol. 3, 225–27; Keith Thomas, 'Cleanliness and Godliness in Early Modern England', in *Religion, Culture and Society in Early Modern England*, ed. Anthony Fletcher and Peter Roberts (Cambridge, 1994), 64; Leslie Hannah, 'The Moral Economy of Business', in *Civil Histories*, ed. Peter Burke et al. (Oxford, 2000), 292.

105. Thomas Hobbes, *Leviathan* (1651), ed. Noel Malcolm (Oxford, 2012), vol. 2, 232 (chap. 15).

106. Richard Rogers, *A Commentary upon the Whole Booke of Judges* (1615), 628.

107. 'Of sincerity towards God and Man' (1694), in *The Works of... Dr John Tillotson*, ed. Ralph Barker (4th edn, 1728), vol. 2, 6–8.

108. Gerald Newman, *The Rise of English Nationalism* (Basingstoke, 1997), chap. 6; Langford, *Englishness Identified*, 87–88.

109. Fenela Childs, 'Prescriptions for Manners in English Courtesy Literature, 1690–1760, and their Social Implications' (Oxford University, DPhil thesis, 1984), 123–30.

110. Messieurs du Port Royal, *Moral Essays*, trans. A Person of Quality (2nd edn, 1696), vol. 2, 149; Jean Pungier, *La Civilite de Jean- Baptiste de La Salle* (Rome, 1996– 2000).

111. Mandeville, *Fable of the Bees*, vol. 1, 349.

112. *Misery's Virtues Whetstone: Reliquiae Gethinianae* (1699), 52; *New Letters of David Hume*, vol. 2, 83. Similarly, William Paley, *Principles of Moral and Political Philosophy* ([1785]; 13th edn, 1801), vol. 1, 185–86; Bryson, *Courtesy to Civility*, 221–22. 這個主題可見 Jenny Davidson, *Hypocrisy and the Politics of Politeness* (Cambridge, 2004).

113. Immanuel Kant, *The Metaphysics of Morals*, trans. Mary Gregor (Cambridge, 1991), 227, and *Anthropology from a Pragmatic Point of View*, in id., *Anthropology, History, and Education*, ed. Gunter Zoller and Robert B. Louden (Cambridge, 2007), 263–64; Emile Durkheim, *Cours de philosophie fait au Lycee de Sens (1883–4), sections C, D, and E*, 149 (available in 'Les Classiques des sciences sociales', on the website of the University of Quebec); 'Good Manners and Hypocrisy', in Bertrand Russell, *Mortals and Others*, ed. Harry Ruja (1975–98), ii.

114. N[athaniel] Waker, *The Ref in'd Courtier* (1663), 65; Davidson, *Hypocrisy and the Politics of Politeness*, 13. 維多利亞時期學者斯佩丁（James Spedding）對這個主題有一些有意思的反省，見他的*The Letters and the Life of Francis Bacon* (1861–

74), vol. 4, 31–32.

115. Jean Baptiste Poquelin de Moliere, *The Misanthrope*, trans. Richard Wilbur (1958), 9.

116. William Godwin, *The Enquirer* ([1797]; New York, 1965), pt 2, essay 10; *Analytical Rev.* 27 (Jan.–June 1798), 489.

117. Jean- Jacques Rousseau, 'Julie, ou la nouvelle Heloise', pt 2, ltr. 14, and *Emile*, bk 4, in *Oeuvres completes*, ed. Bernard Gagnebin and Marcel Raymond (Paris, 1964–69), vol. 2, 231–35; vol. 4, 665–69.另見Marshall Berman, *The Politics of Authenticity* (1971). Montesquieu attacked 'false politeness' (*une politesse fausse*) in his unpublished 'Eloge de la sincerite', *Melanges inedits de Montesquieu*, ed. Baron de Montesquieu (Bordeaux, 1892), 18.

118. *The Journals of Captain James Cook on His Voyages of Discovery*, ed. J. C. Beaglehole (Hakluyt Soc., 1955–74), iii (2). 1406; Mary Wollstonecraft, *Letters Written during a Short Residence in Sweden, Norway and Denmark* ([1796]; Fontwell, 1970), 40.

119. Tacitus, *Agricola*, para. 21.

120. *Complete Prose Works of John Milton*, ed. Don M. Wolfe et al. (New Haven, CT, 1953– 82), vol. 5, pt 1, line 85.

121. *Reliquiae Wottonianae* (2nd edn, 1654), 150.

122. Paul Langford, 'Manners and the Eighteenth- Century State', in *Rethinking Leviathan*, ed. John Brewer and Eckhart Hellmuth (Oxford, 1999), 297.

123. Blount, *Essays on Several Subjects*, 78; Joseph Marshall, *Travels... in the years 1768, 1769, and 1770* (1772), vol. 2, 297.

124. Roger Crab, *The English Hermite* (1655), 7; Robert Coster, *A Mite Cast into the Common Treasury* (1649), 3–4.亦可見 K. D. M. Snell, 'Deferential Bitterness', in *Social Orders and Social Classes in Europe since 1500*, ed. M. L. Bush (Harlow, 1992).

125. *Records of Early English Drama, Norwich, 1540–1642*, ed. David Galloway (Toronto, 1984), 294.

126. Phil Withington, *The Politics of Commonwealth* (Cambridge, 2005), 148; Sir Henry Spelman, *The History and Fate of Sacrilege*, 4th edn by C. F. S. Warren (1895), 126; and more generally, Lawrence Stone, *The Crisis of the Aristocracy 1558–1641* (Oxford, 1979), 747–50.

127. Andy Wood, ' "Poore men woll speke one daye" ', in *The Politics of the Excluded, c. 1500– 1850*, ed. Tim Harris (Basingstoke, 2001), chap. 3; Paul Griffiths, *Lost Londons* (Cambridge, 2008), 42–47; Mark Hailwood, *Alehouses and Good Fellowship in*

Early Modern England (Woodbridge, 2014), 64–73; David Cressy, *Charles I and the People of England* (Oxford, 2015), 42–45, 119–22, 240–42, 283–85, 290–91, 300–1.

128. 有關這個主題的近期作品，相關討論見Andy Wood, *Riot, Rebellion and Popular Politics in Early Modern England* (Basingstoke, 2002); Adrian Randall, *Riotous Assemblies* (Oxford, 2010); Keith Thomas, 'John Walter and the Social History of Early Modern England', in *Popular Culture and Political Agency in Early Modern England and Ireland*, ed. Michael J. Braddick and Phil Withington (Woodbridge, 2017).

129. John Walter, 'Gesturing at Authority', in *Politics of Gesture*, ed. Braddick, 114–16.

130. J. S. Morrill, *The Revolt of the Provinces* (1976), 36; John Walter, *Understanding Popular Violence in the English Revolution* (Cambridge, 1999); id., *Covenanting Citizens* (Oxford, 2017), 70; David Cressy, *England on Edge* (Oxford, 2006), esp. chap. 16; Braddick, 'Introduction', *Politics of Gesture*, ed. Braddick, 21–26.

131. Edward, Earl of Clarendon, *The History of the Rebellion and Civil Wars in England*, ed. W. Dunn Macray (Oxford, 1888), vol. 2, 318.

132. 'The Shepheards Oracles' (1646), in *The Complete Works in Prose and Verse of Francis Quarles*, ed. Alexander B. Grosart (1880–81), vol. 3, 236.

133. Frank Grace, ' "Schismaticall and Factious Humours" ', in *Religious Dissent in East Anglia*, ed. David Chadd (Norwich, 1996), 99; *HMC*, vol. 5, 163.

134. Hutchinson, *Memoirs of Colonel Hutchinson*, 89–90, 相關可參考David Norbrook, ' "Words more than civil" ', in *Early Modern Civil Discourses*, ed. Jennifer Richards (Basingstoke, 2003).

135. Thomas Edwards, *Gangraena* (1646), pt 2, 154.

136. Frances Parthenope Verney, *Memoirs of the Verney Family during the Civil War* ([1892]; 1971), vol. 2, 312.

137. *Complete Prose Works of Milton*, vol. 7 (rev. edn), 426, 428.

138. *Original Letters and Papers of State Addressed to Oliver Cromwell*, ed. John Nickolls (1743), 102; *Middlesex County Records*, ed. John Cordy Jeaffreson (Mddx County Records Soc., 1886–92), vol. 3, 231.

139. *The Life and Times of Anthony Wood*, ed. Andrew Clark (Oxford Hist. Soc., 1891– 1900), vol. 1, 299; John Evelyn, *A Character of England* (1659), in *The Writings of John Evelyn*, ed. Guy de la Bedoyere (Woodbridge, 1995), 73.
140. Parry, *Resolution of a Seasonable Case of Conscience*, 2–3.
141. *The Life of Edward Earl of Clarendon by Himself* (Oxford, 1857), vol. 1, 305.
142. TNA, *SP* 29/69/21 (3 Mar. 1662–63).
143. Paul Griffiths, *Youth and Authority* (Oxford, 1996), 26–27.
144. (William Aglionby), *Painting Illustrated in Three Diallogues* (1686), sig. b3; Klein, *Shaftesbury and the Culture of Politeness*, 164–65; Samuel Parker, *A Demonstration of the Divine Authority of the Law of Nature and of the Christian Religion* (1681), iii–iv.
145. Brian Weiser, *Charles II and the Politics of Access* (Woodbridge, 2003), 36–37, 55.
146. Nicholas Breton, *The Court and the Country* (1618), sig. B1v; Richard Braithwaite, *The English Gentleman* (1630), epistle dedicatory; Thomas Heywood, *Machiavels Ghost* (1641), sig. B3v; Daniel Price, *Lamentations for the Death of the Late Illustrious Prince Henry* (1613), 18.
147. Logan Pearsall Smith, *The Life and Letters of Sir Henry Wotton* (Oxford, 1907), vol. 2, 335; *The Works of Isaac Barrow* (Edinburgh, 1842), vol. 1, 491; Bryson, *Courtesy to Civility*, 208–12; Peltonen, *Duel in England*, 227–31.
148. Hutchinson, *Memoirs of Colonel Hutchinson*, 4; Jonathan Swift, *A Proposal for Correcting the English Tongue*, ed. Herbert Davis and Louis Landa (Oxford, 1957), 213, 215–16, 221; *The Letters of the Earl of Chesterf ield to His Son*, ed. Charles Strachey (1901), vol. 2, 165.
149. Anthony Ashley Cooper, 3rd Earl of Shaftesbury, *Second Characters or the Language of Forms*, ed. Benjamin Rand (Cambridge, 1914), 128–29; William Enfield, *The Speaker* (1774), xxix; Childs, 'Prescriptions for Manners', 175–76; *Galateo of Manners* (Eng. trans., 1703), sig. a2v.
150. Sir Thomas Browne, *Religio Medici and Other Works*, ed. L. C. Martin (Oxford, 1964), 85; *Correspondence of John Locke*, vol. 8, 7, 177–78; *John Locke: Selected Correspondence*, ed. Mark Goldie (Oxford, 2002), xxii.

151. Thomas Sprat, *History of the Royal Society*, ed. Jackson I. Cope and Harold Whitmore Jones (St Louis, MO, 1959), 406–7. Cf. Harrison, *Description of England*, 132.

152. F. J. M. Korsten, *Roger North (1651–1734)* (Amsterdam, 1981), 119 (date unknown).

153. *Life of Edward Earl of Clarendon*, vol. 1, 305.

154. Seneca, *De Benef iciis*, bk 1, chap. 10, sect. 1; *Works of Sir Walter Ralegh*, vol. 2, 349. 有關較後期的例子，可見Elizabeth More, 'Some Remarks on the Change of Manners in My Own Time', in *Selections from Family Papers Preserved at Caldwell*, pt 1 (New [Maitland] Club ser., Paisley, 1883); Algernon West, 'Some Changes in Social Life during the Queen's Reign', *Nineteenth Century* 242 (April 1897), 649.

155. [John Dod and Robert Cleaver], *A Plaine and Familiar Exposition of the Ten Commandements* (1618), 249.

156. *The Works of Robert Sanderson*, ed. William Jacobson (Oxford, 1854), vol. 2, xxxv; Giles Firmin, *The Real Character* (1670), 268; Gabriel Towerson, *An Explication of the Decalogue* (1676), 239–40; John Shower, *Family Religion* (1694), 105.

157. George Estie, *A Most Sweete and Comfortable Exposition, upon the Tenne Commaund - ments* (1602), sig. P5; Gouge, *Domesticall Duties*, 443–45; Edward Elton, *Gods Holy Minde touching Matters Morall* (1648), 130; Thomas Fuller, *A Comment on the Eleven First Verses of the Fourth Chapter of S. Matthew's Gospel concerning Christ's Temptations* (1652), 158; Laur[ence] Claxton [Clarkson], *The Lost Sheep Found* (1660), 5; Moryson, *Itinerary*, vol. 3, 352.

158. *Winthrop's Journal*, ed. James Kendall Hosmer (New York, 1908), vol. 2, 324; Deodat Lawson, *The Duty and Property of a Religious Housholder* (Boston, MA, 1693), 51; *The Correspondence of John Cotton*, ed. Sargent Bush (Chapel Hill, NC, 2001), 343–44.

159. Roger North, *Notes of Me*, ed. Peter Millard (Toronto, 2000), 84; Cesar de Saussure, *A Foreign View of England in the Reigns of George I and George II*, trans. and ed. Mme Van Muyden (1902), 296.

160. [John Garretson], *The School of Manners* (4th edn, 1706; repr. 1983), 29. Similar advice was offered in [Eleazer Moody], *The School of Good Manners* (5th edn, Boston, MA, 1769), 9.

161. Gilly Lehmann, 'Representations du comportement a table dans les manuels de civilite anglais de 1660 a 1880', in *Convivialite*

et politesse, [ed. Alain Montandon] (Clermont- Ferrand, 1993); Korsten, *Roger North*, 120.

162. Hesther Lynch Piozzi, *Anecdotes of Samuel Johnson*, ed. S. C. Roberts (Cambridge, 1932), 72.

163. *Spectator* 119 (17 July 1711), ed. Bond, vol. 1, 486–87.

164. *Collectanea*, 2nd ser., ed. Montagu Burrows (Oxford Hist. Soc., 1890), 391 (following John Locke, *Some Thoughts concerning Education*, ed. John W. and Jean S. Yolton (Oxford, 1989), 203 (para. 144)). 有關喬治一世偏好簡潔（simplicity），見John M. Beattie, *The English Court in the Reign of George I* (Cambridge, 1967), 257–58.

165. *M. Misson's Memoirs and Observations in his Travels over England*, trans. [John] Ozell (1719), 7; Penelope Corfield, 'Dress for Deference and Dissent', *Costume* 23 (1989); Langford, *Englishness Identified*, 275–79; Louis Simond, *Journal of a Tour and Residence in Great Britain during the Years 1810 and 1811* (Edinburgh, 1817), vol. 1, 26.

166. Anne Buck, *Dress in Eighteenth- Century England* (1979), 55–59, 138, 204; Paul Langford, 'Politics and Manners from Sir Robert Walpole to Sir Robert Peel', *Procs. Brit. Acad.*, 94 (1997), 109–10; id., 'The Uses of Eighteenth- Century Politeness', *TRHS*, 6th ser., 12 (2002), 329–30; Styles, *Dress of the People*, 189–93.

167. *Rambler* 200 (15 Feb. 1752), in *The British Essayists*, ed. Robert Lynam (1827), vol. 12, 406; also *Rambler* 172 (9 Nov. 1751), in *The British Essayists*, ed. Lynam, vol. 13, 301.

168. *The New Bath Directory, for the year, 1792* (Bath, 1792), 5.

169. Alexis de Tocqueville, *Democracy in America*, trans. Henry Reeve and Francis Bowen, ed. Phillips Bradley (New York, 1954), vol. 2, 179 (II. 3. 2); Paul Langford, 'British Politeness and the Progress of Western Manners', *TRHS*, 6th ser., 7 (1997).饒富意義的是，這篇傑出文章所舉出的所有有關英國矜持的證據都是十八世紀晚期和十九世紀初期的例子。

170. Jane Austen, *Pride and Prejudice* (1813), 190–93 (chap. 4, last para.).

171. Francis Hawkins, *Youths Behaviour, or Decency in Conversation amongst Men* (4th edn, 1646), 19; Charles Barber, *Early Modern English* (1976), 208–13.

172. Barber, *Early Modern English*, 150–52; *OED*, s.v. 'Mr, 1a'; Paul Langford, *A Polite and Commercial People* (Oxford, 1989), 66; David A. Postles, *Social Proprieties* (Washington, DC, 2006), 133; Amy Louise Erickson, 'Mistresses and Marriage', *HWJ*

78 (2014). 卡薩曾經建議應該對陌生人存懷疑態度，見*Galateo of Maister John Della Casa*, trans. Robert Peterson (1576), 43.

173. Edward Chamberlayne, *Angliae Notitia* (3rd edn, 1669), 60–61; Muralt, *Letters Describing the English and French Nations* (1726), 2–3.

174. R. T. [Sir Peter Pett], *A Discourse concerning Liberty of Conscience* (1661), 33; Sprat, *History of the Royal Society*, 407.

175. Thorstein Veblen, *The Theory of the Leisure Class* ([1899]; New York, 1912), 46.

176. Henry Fielding, *The Covent- Garden Journal*, ed. Bertrand A. Goldgar (Oxford, 1988), 270; Penelope Corfield, 'Walking the City Streets', *Journ. of Urban History* 16 (1990), 156, and 'Dress for Deference and Dissent', 72–74.

177. *Elizabeth Ham by Herself 1783–1820*, ed. Eric Gillett (1945), 27; *The Torrington Diaries*, ed. C. Bruyn Andrews ([1935]; 1970), vol. 2, 149.

178. Richard Price, *Political Writings*, ed. D. O. Thomas (Cambridge, 1991), 164.

179. Hume, *Essays*, vol. 1, 187–88.

180. Spirit of the Laws', in *The Complete Works of Montesquieu* (1777), vol. 1, 37–39 (bk 4, chap. 2), 417–18 (bk 19, chap. 17); Godwin, *Enquirer*, 335–36.

181. Henry Home, Lord Kames, *Sketches of the History of Man* (2nd edn, Edinburgh, 1778), vol. 1, 332–33.

182. Joseph Priestley, *Lectures on History, and General Policy* (1793), vol. 2, 281–82.

183. *Boswell on the Grand Tour: Germany and Switzerland 1764*, ed. Frederick A. Pottle (1953), 271, 298.

184. *Reflections on the Revolution in France*, in *The Writings and Speeches of Edmund Burke*, ed. Paul Langford et al. (Oxford, 1981–2015), vol. 8, 120–21; Alfred Soboul, *Les Sansculottes parisiens en l'an II* (Paris, 1958), 655–57. 有些大革命的支持者試圖發展一套以平等和尊重別人為基礎的「共和主義的文雅」（republican civility）理論，見Roger Chartier, *Lectures et lecteurs dans la France d'Ancien Regime* (Paris, 1987), 75–79.

185. Thomas Paine, *The Rights of Man*, in *The Life and Major Writings of Thomas Paine*, ed. Philip S. Foner (Secausus, NJ, 1974), 267.

186. Godwin, *Enquirer*, 326; *The Works of Mary Wollstonecraft*, ed. Janet Todd and Marilyn Butler (1989), vol. 5, 237.
187. Stephen Conway, *Britain, Ireland and Continental Europe in the Eighteenth Century* (Oxford, 2011), 131–32; Mrs Henry Sandford, *Thomas Poole and His Friends* (1888), vol. 2, 312.
188. Herbert Spencer, *An Autobiography* (1904), vol. 1, 47.
189. Thomas Hobbes, *Behemoth or the Long Parliament*, ed. Paul Seaward (Oxford, 2010), 274.
190. See, e.g., Iris Marion Young, *Justice and the Politics of Difference* (Princeton, NJ, 1990)，136–38，（中譯本《正義與差異政治》，二〇〇七，商周出版）; Randall Kennedy, 'The Case against "Civility" ', *American Prospect* 41 (Nov.–Dec. 1998); James Schmidt, 'Is Civility a Virtue?' in *Civility*, ed. Leroy S. Rouner (Notre Dame, IN, 2000), 36–37; Linda M. G. Zerilli, 'Against Civility', in *Civility, Legality and Justice in America*, ed. Austin Sarat (Cambridge, 2014).
191. P. F. Clarke, *Liberals and Democrats* (Cambridge, 1978), 34.
192. John Osborne, 'They Call It Cricket', in Lindsay Anderson et al., *Declaration*, ed. Tom Maschler (1957), 83.
193. 因為假定一個「講究正式禮儀的社會」的主要目的是創造和維持階級區分，傑出的以色列哲學家阿維賽．馬格利特（Avishai Margalit）主張這種社會現在不在必要。見*The Decent Society*, trans. Naomi Goldblum (Cambridge, MA, 1996), 192–94.
194. Nicola Lacey, *A Life of H. L. A. Hart* (Oxford, 2004), 266.有關以色列人的舉止是反映著相信真誠和坦率極為重要，見Shoshana Blum-Kulka, 'The Metapragmatics of Politeness in Israeli Society', in *Politeness in Language*, ed. Richard J. Watts et al. (Berlin, 1992).
195. *Correspondence of the Family of Hatton*, ed. Edward Maunde Thompson (Camden Soc., 1878), vol. 1, 47.
196. Archibald Alison, *Essays on the Nature and Principles of Taste* (4th edn, Edinburgh, 1815), vol. 2, 292.
197. Clarkson, *Portraiture of Quakerism*, vol. 1, 398–400; Dan Cruickshank and Neil Burton, *Life in the Georgian City* (1990), 40–43; William Stafford, 'The Gender of the Place', *TRHS*, 6th ser., 13 (2003), 309; Mme [Germaine] de Stael, *Corinne, or Italy*, trans. and ed. Sylvia Raphael (Oxford, 1998), 244.
198. *Works of Mary Wollstonecraft*, ed. Todd and Butler, vol. 5, 114, 129–30.

199. Arthur M. Schlesinger, *Learning How to Behave* ([1946]; New York, 1968), vii–viii; Michael Zuckerman, 'Tocqueville, Turner, and Turds', *Journ. of Amer. History* 85 (1998); C. Dallett Hemphill, *Bowing to Necessities* (New York, 1999), 136, 212.

200. James Fenimore Cooper, *The American Democrat* (1838), ed. George Dekker and Larry Johnston (Harmondsworth, 1969), 202–5; Jack Larkin, *The Reshaping of Everyday Life 1790–1840* (New York, 1988), 155–57; Kenneth Cmiel, *Democratic Eloquence* (New York, 1990), 67–70, 127–28; Matthew McCormack, *The Independent Man* (Manchester, 2005), 109; Dallett Hemphill, 'Manners and Class in the Revolutionary Era', *WMQ*, 3rd ser., 63 (2006).

201. *A Journal by Thos. Hughes*, with an introduction by E. A. Benians (Cambridge, 1947), 25; Frances Trollope, *Domestic Manners of the Americans* (5th edn, 1839), ed. Richard Mullen (Oxford, 1984), 15, 37–40, 190, 197; Charles Dickens, *American Notes and Pictures from Italy* (Everyman's Lib., 1907), 111–12, 121, 147 (though cf. 23–24); John F. Kasson, *Rudeness and Civility* (New York, 1990), 58–59, 186–87; Cooper, *American Democrat*, 205.

202. Tocqueville, *Democracy in America*, vol. 2, 179–80 (II. 3. 2), 228–31 (II. 3. 14); Cooper, *American Democrat*, 201–2; Hemphill, *Bowing to Necessities*. For a balanced assessment, 見Stephen Mennell, *The American Civilizing Process* (Cambridge, 2007).

203. Margaret Cavendish, Marchioness of Newcastle, *CCXVI Sociable Letters* (1664), 137; Michael Farrelly and Elena Seoane, 'Democratization', in *The Oxford Handbook of the History of English*, ed. Terttu Nevalainen and Elizabeth Closs Traugott (Oxford, 2012).

204. 'Dipsychus', scene 3, in *The Poems of Arthur H. Clough*, ed. H. F. Lowry et al. (Oxford, 1951), 237.

205. Jose Harris, 'Tradition and Transformation', in *The British Isles since 1945*, ed. Kathleen Burk (Oxford, 2003), 123.

206. Norbert Elias, *On the Process of Civilization*, trans. Edmund Jephcott, ed. Stephen Mennell, in *Collected Works of Norbert Elias* (Dublin, 2006–14), vol. 13, 139; id., *Studies on the Germans*, trans. Eric Dunning and Stephen Mennell, in *Collected Works*, vol. 9, 33–35, 41–43, 84–85; Cas Wouters, *Informalization* (2007), 141; Stephen Mennell, *Norbert Elias* (1989), 241–46（他認為愛里亞斯的論證是主張在一個不拘禮的世界，自我控制變得更加必要。）

207. 對於中世紀有高很多的自殺率這一點，見James Sharpe, *A Fiery & Furious People* (2016), chap. 1 and p. 622.

208. 'The Spirit of Laws', xix, 6, 14, 16, in *Complete Works of Montesquieu*, vol. 1, 390–91, 396, 398.

209. John C. Lassiter, 'Defamation of Peers', *Amer. Journn. of Legal History* 22 (1978).

210. . Teresa M. Bejan, *Mere Civility* (Cambridge, MA, 2017), 43–47; Hobbes, *Leviathan*, vol. 2, 276 (chap. 18).

211. John Locke, 'First Tract of Government' (1660), in *Locke: Political Essays*, ed. Mark Goldie (Cambridge, 1990), 22–24; id., *A Letter concerning Toleration and Other Writings*, ed. Mark Goldie (Indianapolis, IN, 2010), 182; Bejan, *Mere Civility*, 46, 125–26, 170–71.

212. Martin Ingram, 'Ridings, Rough Music, and the "Reform of Popular Culture" in Early Modern England', *P&P* 105 (1984); id., 'Ridings, Rough Music and Mocking Rhymes in Early Modern England', in *Popular Culture in Seventeenth- Century England*, ed. Barry Reay (1985); E. P. Thompson, 'Rough Music', in *Customs in Common* (1991), chap. 8; Bernard Capp, *When Gossips Meet* (Oxford, 2003), 268–81.

213. Peter King, *Crime and Law in England, 1750–1840* (Cambridge, 2006), 17.

214. William Blackstone, *Commentaries on the Laws of England*, ed. Wilfrid Prest et al. (Oxford, 2016), vol. 4, 106–15.

215. Robert B. Shoemaker, 'The Decline of Public Insult in London, 1600–1800', *P&P* 169 (2000).

216. Hume, *Essays*, vol. 1, 192–93; 'First Letter on a Regicide Peace' (1796), in *Writings and Speeches of Burke*, vol. 9, 242. Also 'Reflections on the Revolution in France', in vol. 8, 129–31, and Montesquieu, *Complete Works*, vol. 1, 406–8 ('The Spirit of Laws', bk 19, chaps. 23–26), and vol. 3, 57–58 ('Considerations of the Causes of the Grandeur and Decline of the Roman Empire', chap. 8).

217. *William Lambarde and Local Government*, ed. Conyers Read (Ithaca, NY, 1962), 68–69 (echoing Horace, *Odes*, bk 3, no. 24, lines 35–36).

218. [Henry Home, Lord Kames], *Elements of Criticism* (Edinburgh, 1762), vi; Adam Ferguson, *An Essay on the History of Civil Society*, ed. Duncan Forbes (Edinburgh, 1966), 237; Smith, *Theory of Moral Sentiments*, 163 (III. 5. 2–3), 85–86 (II. 3. 2–4); id., *An Inquiry into the Nature and Causes of the Wealth of Nations*, ed. R. H. Campbell and A.S. Skinner (Oxford, 1976), vol.1, 26–27 (I. 11. 12).

219. 特別是有關侮辱的德國法，見James Q. Whitman,'Enforcing Civility and Respect', *Yale Law Journ.*, 109 (2000).

220. See the observations of Michael Power, *The Audit Society* (Oxford, 1991); Onora O'Neill, *A Question of Trust* (Cambridge, 2002); and Lord [Jonathan] Sumption, 'The Limits of Law', *27th Sultan Azlan Shah Lecture, Kuala Lumpur*, 3, https://www.supremecourt. uk/docs/speech-131120.pdf.

221. See W. Michael Reisman, *Law in Brief Encounters* (New Haven, CT, 1999).

222. Chartier, *Lectures*, 73; Cooper, *American Democrat*, 200–201.

223. R. G. Collingwood, *The New Leviathan* (Oxford, 1947), 291 (para. 35, 4), 相關可見 Peter Johnson, 'R. G. Collingwood on Civility and Economic Licentiousness', *International Journ. of Social Economics*, 37 (2010). 其他對禮儀的道德和政治重要性的反省，見Edward Shils, Charles R. Kessler and Clifford Orwin to *Civility and Citizenship in Liberal Democratic Societies*, ed. Edward C. Banfield (New York, 1992); and Sarah Buss, 'Appearing Respectful', *Ethics*, 109 (1999). 有力的論點可見：Camille Pernot, *La Politesse et sa philosophie* (Paris, 1996).

224. John Darwin, 'Civility and Empire', in *Civil Histories*, ed. Burke et al., 323.

225. John Rawls, *A Theory of Justice* (Cambridge, 1971), 355.

226. Michael Walzer恰如其分地稱讚美國所得稅制讓納稅人憑良心計算自己要交多少稅款，乃是「文明的一個勝利」。見'Civility and Civic Virtue in Contemporary America', *Social Research* 41 (1974) ,598。

227. Joan Scott, letter in *New York Rev. of Books* (11 Feb. 2016), 45–46. 有個關於這些議題的精采討論（無論是在十七世紀或二十一世紀的脈絡），見 Bejan, *Mere Civility*. 亦可見 *Extreme Speech and Democracy*, ed. Ivan Hare andJames Weinstein (Oxford, 2009).

228. Mark Kingswell, *A Civil Tongue* (University Park, PA, 1995), 26; Bejan, *Mere Civility*, 1–4, 209n. 可另外參考 Kenneth Cmiel, 'The Politics of Civility', in *The Sixties*, ed. David Farber (Chapel Hill, NC, 1994), and *Civility, Legality, and Justice in America*, ed. Sarat.

229. E.g., Jeremy Waldron, *The Harm in Hate Speech* (Cambridge, MA, 2012).

230. E.g., Ronald Dworkin, 'Foreword', *Extreme Speech and Democracy*; Timothy Garton Ash, *Free Speech* (2016), esp. 211–12; John A. Hall, *The Importance of Being Civil* (Princeton, NJ, 2013), 32.

232. 有關這些議題的代表性論述，見John Rawls, *Political Liberalism* (New York, 1996), 217, 219–20, 226, 236, 242; id., *The Law of Peoples* (Cambridge, MA, 1999), 55–56, 59, 62, 67, 135–36; id., *Justice as Fairness*, ed. Erin Kelly (Cambridge, MA, 2001), 90, 92, 117; Janet Holmes, *Women, Men and Politeness* (1995), 4–5; Richard Boyd, *Uncivil Society* (Lanham, MD, 2004), 26–28, 38–39, 248–49; Jacob T. Ley, 'Multicultural Manners', in *The Plural States of Recognition*, ed. Michel Seymour (Basingstoke, 2010); Dieter Rucht, 'Civil Society and Civility in Twentieth- Century Theorizing', *European Rev. of History* 18 (2011).

233. 如Keith J. Bybee所指出，見 *How Civility Works* (Stanford, CA, 2016), 68–69.

234. *The Early Essays and Ethics of Robert Boyle*, ed. John T. Harwood (Carbondale, IL, 1991), 240; Williams, *George Fox Digg'd out of his Burrowes*, 308.

235. Godwin, *Enquirer*, 336.

236. Chesterfield, in *The World*, 148 (30 Oct. 1755), in *British Essayists*, ed. Lynam, vol. 17, 182. 237.

237. B. H. Liddell Hart, *The Revolution in Warfare* (1946), 93; F[rancis] R[eginald] Scott (1899–1985), 'Degeneration', in *Selected Poems* (1966), 98.

238. 有關愛里亞斯的反思，請見*Studies on the Germans*, trans. Eric Dunning and Stephen Mennell, in *Collected Works of Norbert Elias*, vol. 11, 190, 206, 213, and chap. 5; Georg Schwarzenberger, 'The Standard of Civilisation in International Law', *Current Legal Problems* 8 (1955), 229–30; and Eric Hobsbawm, 'Barbarism: A User's Guide', in *On History* (1997).

239. 東德關於禮節與良好禮儀的看法，建立在平等與相互尊重更甚於社會階層之上，乃是社會主義國家式文明（socialist civilization）必不可少的元素，見Paul Betts, *Within Walls* (Oxford, 2010), 136–41, 168.

圖片來源

1. 《追求文雅》（*Te Court of Civill Courtesie*, 1591）© The British Library Board (C.54.b.25.) / Bridgeman Images.
2. 德雷斯登禱告書作者（Master of the Dresden Prayer Book）：《節制者與不節制者》（The Temperate and the Intemperate），微型畫，見於瓦萊里烏斯（Valerius Maximus）：《善言懿行錄》（*Faits et ditsmémorables des romains* [trans. Simon de Hesdin and Nicolas de Gonesse], *c.*1475-80），現藏The J. Paul Getty Museum. 公共領域，via getty.edu/.
3. 兩格描繪餐桌禮儀的圖畫，見於萊塞斯（Gerard de Lairesse）：《繪畫的藝術》（*The Art of Painting* [trans. John Frederick Fritsch], 1738）Gerard de Lairesse，公共領域，via Wikimedia Commons.
4. 桑希爾（James Tornhill）：《奎克與第一任戈多爾芬伯爵、艾迪生、斯蒂爾爵士及畫家本人聊天》（Quicke in Conversation with the 1st Earl of Godolphin, Joseph Addison, Sir Richard Stheele, and the Artist, *c.* 1711-12），私人收藏。© Dave Penman.
5. 盎格魯—尼德蘭畫派（Anglo-Netherlands School）：羅伯特・達德利（Robert Dudley）的肖像，約1575年。National Portrait Gallery, London，公共領域，via Wikimedia Commons.
6. 賀加斯（William Hogarth）：《宴會》（The Levée）局部，見於《浪子的歷程》（*The Rake's Progress*, 1735）。公共領域，via Wikimedia Commons.
7. 庚斯博羅（Tomas Gainsborough）：韋德上尉（Captain William Wade）肖像，1771年。現藏Victoria Art Gallery, Bath

and North East Somerset Council。公共領域，via athenaeum.org/
8. 里奇（Marco Ricci）：《聖詹姆斯公園的林蔭大道》（View of the Mall in St James's Park），約1710年。現藏：National Gallery of Art, Washington, Ailsa Mellon BruceCollection. 公共領域，via Wikimedia Commons.
9. 德瑞克（Nathan Drake）：《約克新露台步道》（The New Terrace Walk, York），十八世紀。現藏York Museums Trust (York Art Gallery)，公共領域。
10. 《一間咖啡館內部》（Intherior of a Coffee-House），約1700年。Anonymous Unknown author，公共領域，via Wikimedia Commons.
11. 賀加斯（William Hogarth）：《午夜現代談話》（A Midnight Modern Conversation, 1733）。公共領域，via Wikimedia Commons.
12. 《分裂宗教者在英格蘭受到的殘忍對待》（Schismaticorum in Anglia crudelitas），見於維斯特根（Richard Versthegan, 即羅蘭茲[Richard Rowlands]）：《我們這個時代的殘酷異端劇場》（*Theatrum Crudelitatum Haereticorum Nostri Themporis*, 1592）. British Museum，公共領域，via Wikimedia Commons.
13. 古斯塔夫（Gustavus Adolphus）的軍隊的諷刺畫，約1630年。出處：Stadt Ulm, Stadtbibliothek, E 231. Sueddeutsche Zeitung Photo / Alamy Stock Photo..
14. 懷特（John Whithe）：《皮克特人的戰士鄰居》（Warrior neighbour of the Picts, c. 1585-93）。©The Trusthees of the British Museum.
15. 懷特：《皮克特戰士》（Pict Warrior , c. 1585-93）。 © The Trusthees of the British Museum.
16. 《英格蘭將士的凱旋》（Triumphant Return of the English Soldiers），見於德里克（John Derrricke）：《愛爾蘭的圖像》（*The Image of Ireland*, 1581, ed. John Small, 1883）。公共領，via archive.org.
17. 《「野性愛爾蘭人」的復仇》（The Revenge of the "Wild Irish），見於克蘭福德（James Cranford）：《愛爾蘭的眼淚》（*The Teares of Ireland*, 1642）。現藏British Library, London, UK. 公共領域，via wiki/Teares_of_Ireland.
18. 《史密斯上尉俘虜潘蒙基人國王》（Captain Smith taketh the King of Pamaunkey prisoner），見於《史密斯》（John Smith）：

《維吉尼亞通史》（*The Generall Historie of Virginia, New England, and the Summer Iles*, 1624）。Robert Vaughan，公共領域，via Wikimedia Commons.

19. 懷特（John White）：《弗羅比舍灣血腥點的衝突》（The skirmish at Bloody Point, Frobisher Bay, c. 1588）。公共領域，via Wikimedia Commons.
20. 漢密爾頓（William Hamilton）：阿古利可拉（Julius Agricola）的蝕刻畫，見於班納德（Edward Barnard）：《無偏倚和足本英格蘭新歷史》（*The New, Impartial and Complethe History of England*, 1790）。 Classic Image / Alamy Stock Photo.
21. 斯米爾克（Robert Smirke）：《大溪地島馬塔瓦伊區的割讓區》（The Cession of the District of Matavai in the Island of Otaheite to Captain James Wilson for the use of the Missionaries Sent Thither by that Society in the Ship Duff, 1798）。公共領域，via Wikimedia Commons.
22. 狄克遜（Nicholas Dixon）：《一位貴婦人（可能是安．里奇女士）和已故的埃克塞特伯爵夫人》（A Lady, possibly Lady Ann Rich, nee Cavendish and later 5th Counthess of Exeter, with a youth and a black page, 1668）。現藏 The Burghley House Collection / Bridgeman Images.
23. 一七六九年南卡羅萊納州查爾斯頓（Charleston）一場奴隸拍賣會的宣傳單的複製品。Unknown author，公共領域，via Wikimedia Commons
24. 羅蘭森（Thomas Rowlandson）：《兩個女人在吵鬧的路人圍觀下吵架》（Two women fighting watched by rowdy spectators），見於《倫敦的慘狀》（*Miseries of London*, 1807）。The Elisha Whittelsey Collection, The Elisha Whittelsey Fund, 1959. 公共領域，via the Met's.
25. 《站著的馬車夫，又稱穿一身好衣服的傲慢仕女》（Stand Coachman, or the haughty lady well fitted, 1750）。British Museum，公共領域，via Wikimedia Commons.
26. 科萊特（John Collet）：《在倫敦的法國人》（The Frenchman in London, 1770）。British Museum，公共領域，via Wikimedia Commons.

國家圖書館出版品預行編目資料

追求文明：從近代早期英格蘭的禮儀，重探人類文明化進程的意義／基思．湯瑪斯（Keith Thomas）作；梁永安譯. -- 初版. -- 臺北市：麥田出版：英屬蓋曼群島商家庭傳媒股份有限公司城邦分公司發行, 2022.06
面； 公分. -- (courant ; 10)
譯自：In pursuit of civility : manners and civilization in early modern England.
ISBN 978-626-310-220-0（平裝）
1.CST: 文明史 2.CST: 英國
741.3 111004350

courant 10

追求文明

從近代早期英格蘭的禮儀，重探人類文明化進程的意義

In Pursuit of Civility: Manners and Civilization in Early Modern England

作　　者／基思．湯瑪斯（Keith Thomas）
譯　　者／梁永安
責任編輯／許月苓
校　　對／魏秋綢
主　　編／林怡君

國際版權／吳玲緯
行　　銷／巫維珍　何維民　吳宇軒　陳欣岑　林欣平
業　　務／李再星　陳紫晴　陳美燕　葉晉源
編輯總監／劉麗真
總 經 理／陳逸瑛
發 行 人／凃玉雲
出　　版／麥田出版
10483臺北市民生東路二段141號5樓
電話：(886)2-2500-7696　傳真：(886)2-2500-1967
發　　行／英屬蓋曼群島商家庭傳媒股份有限公司城邦分公司
10483臺北市民生東路二段141號11樓
客服服務專線：(886) 2-2500-7718、2500-7719
24小時傳真服務：(886) 2-2500-1990、2500-1991
服務時間：週一至週五09:30-12:00．13:30-17:00
郵撥帳號：19863813　戶名：書虫股份有限公司
讀者服務信箱E-mail：service@readingclub.com.tw
麥田網址／https://www.facebook.com/RyeField.Cite/
香港發行所／城邦（香港）出版集團有限公司
香港灣仔駱克道193號東超商業中心1/F
電話：(852)2508-6231　傳真：(852)2578-9337
馬新發行所／城邦（馬新）出版集團Cite (M) Sdn Bhd.
41-3, Jalan Radin Anum, Bandar Baru Sri Petaling, 57000 Kuala Lumpur, Malaysia.
電話：(603)9056-3833　傳真：(603)9057-6622
讀者服務信箱：services@cite.my

封面設計／廖勁智
印　　刷／前進彩藝有限公司

■2022年6月　初版一刷

定價：650元
ISBN 978-626-310-220-0
其他版本ISBN／978-626-310-222-4（EPUB）

cite城邦媒體 麥田出版
Rye Field Publications
A division of Cité Publishing Ltd.

廣　告　回　函
北區郵政管理局登記證
台北廣字第000791號
免　貼　郵　票

英屬蓋曼群島商
家庭傳媒股份有限公司城邦分公司
104 台北市民生東路二段141號5樓

▼
請沿虛線折下裝訂，謝謝！

文學・歷史・人文・軍事・生活

麥田出版
Rye Field Publications

書號：RQ2010　　書名：追求文明

讀者回函卡

cite城邦媒體

※為提供訂購、行銷、客戶管理或其他合於營業登記項目或章程所定業務需要之目的，家庭傳媒集團（即英屬蓋曼群島商家庭傳媒股份有限公司城邦分公司、城邦文化事業股份有限公司、書虫股份有限公司、墨刻出版股份有限公司、城邦原創股份有限公司），於本集團之營運期間及地區內，將以e-mail、傳真、電話、簡訊、郵寄或其他公告方式利用您提供之資料（資料類別：C001、C002、C003、C011等）。利用對象除本集團外，亦可能包括相關服務的協力機構。如您有依個資法第三條或其他需服務之處，得致電本公司客服中心電話請求協助。相關資料如為非必填項目，不提供亦不影響您的權益。

□ 請勾選：本人已詳閱上述注意事項，並同意麥田出版使用所填資料於限定用途。

姓名：＿＿＿＿＿＿＿＿＿＿ 聯絡電話：＿＿＿＿＿＿＿＿＿＿

聯絡地址：□□□□□＿＿＿＿＿＿＿＿＿＿

電子信箱：＿＿＿＿＿＿＿＿＿＿

身分證字號：＿＿＿＿＿＿＿＿＿＿（此即您的讀者編號）

生日：＿＿年＿＿月＿＿日　性別：□男　□女　□其他＿＿＿＿

職業：□軍警　□公教　□學生　□傳播業　□製造業　□金融業　□資訊業　□銷售業

□其他＿＿＿＿＿＿＿＿＿＿

教育程度：□碩士及以上　□大學　□專科　□高中　□國中及以下

購買方式：□書店　□郵購　□其他＿＿＿＿＿＿＿＿＿＿

喜歡閱讀的種類：（可複選）

□文學　□商業　□軍事　□歷史　□旅遊　□藝術　□科學　□推理　□傳記　□生活、勵志

□教育、心理　□其他＿＿＿＿＿＿＿＿＿＿

您從何處得知本書的消息？（可複選）

□書店　□報章雜誌　□網路　□廣播　□電視　□書訊　□親友　□其他＿＿＿＿＿＿＿＿＿＿

本書優點：（可複選）

□內容符合期待　□文筆流暢　□具實用性　□版面、圖片、字體安排適當

□其他＿＿＿＿＿＿＿＿＿＿

本書缺點：（可複選）

□內容不符合期待　□文筆欠佳　□內容保守　□版面、圖片、字體安排不易閱讀　□價格偏高

□其他＿＿＿＿＿＿＿＿＿＿

您對我們的建議：＿＿＿＿＿＿＿＿＿＿

＿＿＿＿＿＿＿＿＿＿